Gömör És Kishont: Törvényesen Egyesült Vármegyének Leirása...

János Hunfalvy

Franz Coburg Gothai Herczeg.

GÖMÖR és KISHONT

TÖRVÉNYESEN EGYESÜLT VÁRMEGYÉNEK

LEIRÁSA.

(Két arcz-, három térképpel s két fametszettel.)

A MAGYAR ORVOSOK ÉS TERMÉSZETVIZSGÁLÓK XII-IK, RIMASZOMBATON 1867-BEN
TARTOTT NAGYGYŰLÉSE TAGJAINAK EMLÉKÜL.

NYOMATOTT

ÁGOSTON SZÁSZ-COBURG HERCZEG Ő FENSÉGE KÖLTSÉGÉN.

SZERKESZTETTE

HUNFALVY JÁNOS,

a magyar t. akadémia, a magyar kir. természettudományi és földtani társaságok rendes,
a birodalmi földtani intézet levelező tagja, s a budai József műegyetemnél r. tanár.

PEST,
NYOMATOTT EMICH GUSZTÁV, MAGY. AKAD. NYOMDÁSZNÁL.
1867.

ELOSZO.

A magyar orvosok és természetvizsgálók 1865-ben Pozsony városában tartott XI-dik nagygyűlése. Rimaszombat városa lelkes meghívása következtén, a legközelebbi. 1866-ban tartandó, nagygyűlés helyéül Rimaszombatot tűzte ki. Miután e határozatról Rimaszombat és Gömör megye közönsége értesűlt, azonnal egy bizottság alakúlt, mely javasolta, hogy a magyar orvosok és természetvizsgálók XII-dik nagygyűlése emlékeűl Gömör vármegye leírása készíttessék és adassék ki. A munka terve elkészűlvén, s Ágost Szász-Coburg herczeg ő Fensége a megkivántató költséget nagylelkűen felajánlván, a munka egyes részeinek kidolgozására alkalmas egyének ajánlkoztak s illetőleg felkérettek. Ezek az 1865-ki ősszel fogtak munkálataik készítéséhez, s felkérettek, hogy kézirataikat az 1866-ki tavaszig küldjék meg a szerkesztőnek. A munka nyomtatása az 1866-diki april havában indúlt meg. s már csaknem teljesen be volt fejezve, midőn a gyűlés a háborús viszonyok és járvány miatt az 1867-ki évre elhalasztatott. A dolgozatok készítésére s a munka kinyomatására tehát kissé rövid idő volt szabva, s ez szolgáljon mentségűl, ha a nyomatáson s netalán egyik másik czikknek szerkesztésén is az elhamarkodásnak némi nyomai észrevehetők.

A Szerkesztő.

GÖMÖR VÁRMEGYE LEIRÁSA.

I. RÉSZ.

Gömör vármegye természeti viszonyai.

I. FEJEZET.

A vármegye vizszintes és függélyes tagosúlata. *)

I. A vármegye alkotó részei, fekvése, határai, alakja.

Gömör vármegye förészét azon terület teszi, mely azt a nevet már régóta viseli; 1803-ban a kis-honti járás csatoltatott hozzája, minélfogva G ö m ö r és K i s h o n t t ö r v é n y e s e n e g y e s i t e t t v á r m e g y é n e k neveztetik.

F ö l d i r a t i f e k v é s e még csak hozzávetőleg van kiszámítva, mert a mit *Bartholomaeides* mondott, hogy t. i. még egyetlen pontjának fekvése sincs csillagászati észleletek által meghatározva, az még most is áll. *Lipszky* volt az elsö, ki a vármegye néhány helyének földirati

---

*) V. ö.: *Bartholomaeides László*: Comitatus Gömöriensis Notitia historico-geographico-statistica etc. Leutschoviae, 1806—1808; *Windisch*, Ungarisches Magazin: Kurze Beschreibung des Königsberges, etc.; *Zipser András*: Versuch eines topographisch-mineralogischen Handbuches von Ungarn, Soprony 1817; *Kubinyi Ágost*: Kirándulás Pohorelláből a Királyhegyre, a magyar orvosok és természetvizsgálók III. nagygyülésének munkálatai, 97. l.; *Stur*: Geologische Uebersicht des Wassergebietes der Wag, etc. Jahrbuch der k. k. Geolog. R. A. XI. köt. I. füz.; *Dr. Kiss Antal*: Dobsina föld- és ásványtani tekintetben, Magyarhoni természetbarát II. évfolyam; b. *Richthofen és Hauer*: Bericht über die geol. Untersuchungen im nordöstlichen Ungarn, Jahrb. der Geol. R. A. X. köt. 339 s k. l.; *Andrian*: Aufnahme in Zipsen und Gömör, ugyanott X. köt. 535 s k. l.; *Cotta*: Die Erzlagerstaetten Ungarns und Siebenbürgens; *Hunfalvy János*: A magyar birodalom természeti viszonyainak leirása, Pest 1863—66. I. köt. 227, 256, 315 stb. lapokon s III. köt. különböző helyein.

A

fekvését nagyobb szabatossággal kiszámította. Szerinte Gömör vármegye fekszik az É. Sz. 48° 6′ és 48° 57′ s a K. H. 37° 19′ s 38° 22′ között (Ferrótól számítva). *Bartholomaeides* némileg eltéröleg azt állítja, hogy a vármegye az É. Sz. 48° 11′ és 49° 3′ s a K. H. 37° 29′ és 38° 32′ 5″ között terjed el. Szerinte tehát a legszélsö helységek fekvése ez:

	Éjszaki szélesség	Keleti hosszúság
Az északi határon V e r n á r	48° 56′ 58″	38° 13″
A déli határon T ó t - Z a b a r	48° 13′ 30″	37° 40′ 30″
A nyugati határon F o r g á c s f a l v a	48° 47′ 20″	37° 31′ 15″
A keleti határon U h o r n a	48° 39′ 30″	38° 31′ 45″

Az 1855 óta *Albrecht* cs. k. föherczeg meghagyásából a földirati katonai intézet által kiadott „Administrativ- und Generalkarte des Königreiches Ungarn" [*]) Gömör vármegyét illetöleg egészben véve *Lipszky* földképéhez alkalmazkodik; szerinte az említett négy határszéli helységnek fekvése a következö:

	Északi szélesség	keleti hosszúság
Vernár	48° 55′	37° 56′
Tót-Zabar	48° 8 1/4′	37° 42 1/2′
Forgácsfalva	48° 38 1/2′	37° 19′
Uhorna	48° 42 1/2′	38° 21′

Azon térkép szerint tehát a vármegye határai. úgy mint *Lipszky* szerint, az É. Sz. 48° 6′ és 48° 57′ s a K. H. 37° 19′ és 38° 22′ között terjednek el. Látni való, hogy Bartholomaeides kivált a hosszúsági meghatározásokban tetemesen eltér. Közöljük még a következö helységek földirati fekvését, Lipszky, Bartholomaeides s az Albrecht cs. k. föherczeg meghagyásából kiadott földkép (táborkar) szerint.

	Északi szélesség	Keleti hosszúság	Meghatározó
Putnok	48° 17′ 28″	38° 6′ 40″	Lipszky.
„	48 16 45	38 5 15	Barthol.
„	48 17 30	38 5 45	Táborkar
Sajó-Gömör . . .	48 27 0	38 0 28	Lipszky
„	48 27 45	38 2 45	Barthol.
„	48 27 0	37 59 0	Táborkar
Pelsöcz	48 32 40	38 4 40	Lipszky
„	48 32 0	38 10 15	Barthol.
„	48 33 15	38 4 30	Táborkar

	Északi szélesség	Keleti hosszúság	Meghatározó
Rima-Szombat . .	48° 23′ 16″	37° 42′ 2″	Lipszky
„ . . .	48 27 0	37 44 0	Barthol.
„ . . .	48 23 15	37 41 15	Táborkar
Jólsva	48 37 26	37 55 45	Lipszky
„	48 39 15	38 3 15	Barthol.
„	48 37 30	37 54 0	Táborkar
Csetnek . .	48 39 25	38 2 32	Lipszky
„ . . .	48 39 0	38 11 15	Barthol.
„ . . .	48 39 30	38 2 0	Táborkar
Rosnyó . . .	48 39 2	38 12 28	Lipszky
„ . . .	48 37 30	38 21 0	Barthol.
„ . . .	48 39 15	38 12 30	Táborkar
Tiszolcz . .	48 41 0	37 37 0	Lipszky
„ . .	48 45 0	37 46 45	Barthol.
„ . .	48 40 45	37 32 15	Táborkar
Dobsina . .	48 49 25	38 3 5	Lipszky
„ . . .	48 49 0	38 15 0	Barthol.
„ . .	48 48 45	38 2 40	Táborkar
Nagy-Röcze . .	48 41 2	37 47 57	Lipszky
„ . .	48 44 30	37 57 15	Barthol.
„ . .	48 41 0	37 47 15	Táborkar

Látjuk, hogy a katonai földirati intézet által kiadott térkép csak keveset, ellenben Bartholomaeides földképe *) a helyek szélességére nézve 9 – 10, a hosszúságra nézve pedig 10 – 17 perczczel is különbözik Lipszky meghatározásaitól. Az É. Sz. 48-ik foka alatt egy szélességi percz körülbelöl 977.$_{212}$, egy hosszúsági percz pedig 657.$_{27}$ bécsi ölet tesz. Tehát pl. Vernár fekvése Bartholomaeides által majdnem egy fél mflddel odább északra, s több mint másfél mflddel odább keletre van téve, mint a hogy Lipszky meghatározta. Forgácsfalva Bartholomaeides szerint több mint 2 mflddel fekszik odább északra s több mint egy mfldddel odább keletre, mint Lipszky szerint.

Gömör legszélső határpontjai : északra a Hlovecsja-Hlava és Hinczava hegyek találkozása Vernár és a szepesmegyei Grénicz kü-

___

*) *Bartholomaeides* a munkájához csatolt térképet *Gömöri Izrael*, volt megyei mérnök térképe szerint készitette, mely a megyei levéltárban öriztetik, s melynek czíme : „Mappa Inclyti Comitatus Gömör cum Kishont uniti, limites genuinos, ductum item viarum ac fluviorum verum, situmque montium exhibens. 1790.“ E térképen a szélességi és hosszúsági fokok nincsenek meghatározva, Bartholomaeides tehát szintén Lipszky meghatározásaihoz alkalmazkodott, a mennyiben lehetett.

zött; dél felé a Tajtitól délnyugatra és Zagyva nógrádmegyei helység
szélességébe eső földsarok; nyugatra Forgácsfalva határa; keletre az
Uhorna és Stósz szepesmegyei helység közé eső határvonal. A megye
legnagyobb hossza északról délre 51 perczet, azaz mintegy 12'₂
mfldet, legnagyobb szélessége nyugatról keletre 1 fokot és 3 perczet,
vagyis körülbelül 10¼ mfldet tesz. Legkeskenyebb helyét azon vonal
mutatja, mely Rima-Lehota környékéről Pelsöcz-Ardó felé h úzatik, s
melynek hossza a nyugati határtól a keletiig 6 mfld. Bartholomaeides
legnagyobb hosszát a helpai havasoktól délre Heves határszéléig több
mint 13, legkisebb hosszát Vernár és Zubogy, vagy Forgácsfalva és Za-
bar között 9, szélességét Kánó és Sid között 8, Uhorna és Forgácsfalva
(Luom) között 11, a Garam és Gölniczi viz között 7 mfldre teszi.

A vármegye n a g y s á g á t illetőleg szintén eltérnek a különböző
felvetések, *Novotny 56, Schwartner* több mint 70, *Bartholomaeides* 86,
Fényes 76.₂₃ ☐ mfldre tették területét; a legujabb s legszabatosabb
kiszámitások 74.₈ mfldre teszik. Tehát Gömör megye nagyobb mint a
következő 26 magyar megye : Soprony, Mosony, Győr, Komárom,
Tolna, Esztergom, Hont, Bars, Zólyom, Liptó, Árva, Thurócz, Szepes,
Abauj, Torna, Borsod, Sáros, Ung, Bereg, Ugocsa, Békés, Csanád,
Csongrád, Kraszna, Közép-Szolnok és Zaránd; ellenben kisebb, mint
a következő 22 : Veszprém, Fejér, Vas, Zala, Somogy, Baranya, Pest-
Pilis-Solt, Bács-Bodrog, Nógrád, Trencsin, Nyitra, Pozsony, Heves és
Külső-Szolnok, Zemplén, Mármaros, Szatmár, Szabolcs, Bihar, Arad,
Temes, Torontál és Krassó.

A l a k j á r a vagyis k ü l s ö s z a b á s á r a nézve Gömör megye
egy szabálytalan sokszög, mely északról délre nyúló hosszukás négy-
szöghöz jar legközelebb. Területének legnagyobb részét azon szabá-
lyos négyszög foglalja magában, mely a K. H. 37° 35' és 38° 5', meg
az É. Sz. 48° 15' és 48° 51' között terjed el; azon négyszög széles-
sége 5, hossza pedig 8½ mfld, nagysága tehát körülbelől 42.₅ ☐ mfld.

Gömör vmegye éjszak felöl Liptóval és Szepessel, kelet felöl
Tornával és Borsoddal, dél felöl Borsoddal és Hevessel, nyugat felöl
Nógráddal és Zólyommal határos. Mostani határjait következő módon
jelölhetjük meg. A Baczuki havasnak azon részén, melyet a környék
szláv népe J a n o v - G r u n -nak nevez, Liptó, Zólyom és Gömör
egybeszögellenek. Ennek határai azután onnan kezdve a Garami ha-
vasok fögerinczét követvén, keletre kanyarodnak azon helyig, melyet
N a - t r i - S z t u d n e (három kúthoz) neveznek, s melyen a Király-
hegy mögött Gömör, Liptó és Szepes határjai találkoznak. Tehát Gö-
mört Liptótól a Garami havasok, vagyis Alacsony-Tátra magas főge-

rincze választja el. Szepes felé határvonala már alacsonyabb hegyeken halad el s a Három kúthoz nevü hely felöl az úgynevezett E m b e r f e j (Cslovecsja Hlava) havasra kanyarodik fel; innen azon völgyeken megy keresztül, melyekben a Hernád éjszaki ága támad, azután abba a völgybe ereszkedik le, melyet a Vernár felöl Szepesbe tartó ország-út követ. A Hernád két ága között emelkedö hegyeken tetemes kanyarokkal átvonúlván, a Kopanecz hegy nyugati oldalán a Gölniczi völgybe jut, s most ezt követi vagy 3 mfldre. A Szepesben emelkedö Knolla hegytöl délre a Gölnicz völgyét elhagyván, ismét a hegyekre vonúl fel, melyek Oláh-Patak, Gócs, A.-Sajó, Veszverés, Betlér, Rosnyó, Pacsa, Uhorna és Váralja helységek területeit Vagendrüsszel, Csendespatak, Óviz és Szomolnok szepesmegyei helységek határaitól választják el. Azon hegyeken keresztül délkeletre kanyarodván tovább, a Pipiske havast éri el, melynek tetején Gömör, Szepes és Torna határai találkoznak. Onnan nagy görbületekkel délre, délnyugatra, délkeletre s ismét délnyugatra kanyarodik, Torna megyét választván el. Kánó, Zubogy és Putnok környékein Borsod megyét éri; Putnoknál a Sajó völgyébe fordul s egy darabig azon húzódik felfelé nyugatra tartva. Bánréve környékén otthagyja a Sajót s ennek déli oldalán kanyarodik tovább. Zabarnál Heves megyét érinti, de csakhamar Tót-Ujfalu és Pogony között Nógrád megyét éri el. Most igen nagy hajlásokkal és görbületekkel vonúl tovább, mignem Guszona és Darócz helységeket elhagyván, végkép éjszakra fordúl, Darócz és Osgyán vidékéröl egyenesebb irányt vevén, éjszakra és éjszaknyugatra halad tovább s Gyubákó, Antalfalva és Forgácsfalva mellett vonúl el. Málnapataka határának sarkán, az úgynevezett Cserno-Blato helyen Nógrád és Zólyom határai találkoznak Gömörrel. Ennek határvonala azután Szihla vidékéröl északkeletre kanyarodik tovább s a Vepor és Fabova hegy-csoportok fögerinczét követvén, a Szmrekoviczán át a Garam völgyébe jut. Innen a Baczuki völgyön fölfelé tartván, ismét a hegyekre vonúl fel a Janov- Grunig.

Ezek szerint Gömör vármegye határjait csak egy részben mondhatjuk t e r m é s z e t e s e k n e k, azaz olyanoknak, melyeket hegységek vagy folyók és völgyek által maga a természet jelölt ki; nagyobb részök, kivált Torna, Borsod, Heves és Nógrád felé, csak országlati intézkedéseken alapúl. Egész határvonalának hossza körülbelöl 50 mfld; ebböl az éjszaki határra mintegy $10^1/_2$, a keletire 16, a délire 6, a nyugatira 17—18 mfld csik.

II. Gömör vármegye domborzati viszonyai.

(Hegyrajz, vagyis Orographia.)

Gömör vármegye legnagyobb részét hegységek lepik el, melyek között hol regényes, szaggatott és zord, hol kies, termékeny és nyájas völgyelések vannak, úgy hogy területe nagyon változatos. Terjedelmesebb lapályok csak déli részében vannak, mely általában alantabb fekszik mint északi része. Mivel a legmagasabb hegységek az éjszaki és éjszaknyugati oldalán emelkednek, azért a megye fölejtösödése délkeletdélre van irányozva. De tövölgye, melyen a Sajó fut le, Rosnyó felöl Tornalján túlig délnyugatdélre csap, azután délre s végül keletre kanyarodik. A Rima is keleti irányt vesz végszakaszában a Sajóval egyesülendő, s völgyének ezen keleti darabjába nyilnak azon mellékvölgyek, melyek a megye legdélibb részét barázdálják, éjszakra és éjszakkeletre csapván. A többi folyók túlnyomólag délkeleti irányt vesznek. A legtömegesebb s legmagasabb hegységek a megye határszélén terjednek el, ugy hogy azt csaknem köröskörül bebástyázzák, és csak két elég keskeny nyilást hagynak, t. i. délkeleten, hol a Putnoki szük völgylapályon a megye fövizgyüjtöje, a Sajó, kanyarodik el a Tisza nagy siksága felé, s délen, hol a Zabari még keskenyebb völgy nyúlik el. Ezen határszéli magas hegységövön belöl sok változatos völgy által szeldelt s különbözö domborzatú hegységek terjednek el, melyek dr. Kiss Antal úr szerint mintegy 20 □ mfldnyi területet boritanak be.

A megye legmagasabb pontja a K i r á l y h e g y csúcsa, mely 6144 lábnyira emelkedik a tenger fölé; legmélyebben fekvö részei Putnok környékein 450 lábnyi általános magassággal birnak. Legmagasabban fekvö helységei a Garam éjszaki oldalán találtatnak s a következök: Sumjácz 2803, Telgárt 2773, Vereskö 2468, Vernár 2428, Pohorella 2212, Polonka 1975 lábnyi magasságban vannak. A Csertjáz hegy meredek hátán levö Forgácsfalva, valamint Drabszko és Ottilia is nagy magásságban fekszenek. Egyes szállások és tanyák a hegységekben 1000 és több lábbal magasabban fekszenek, pl. a Murányi hegyekben létezö Sztudna kerülöi lak, mely Greiner Lajos erdészeti tanácsos szerint 3771 l. magasságban van, s mely eddigi tudomásunk szerint Magyarországon a legmagasabban fekvö lakott hely. Sumjácz és Telgárt egész Magyarország legmagasabb helységei közé tartoznak, Erdélyben azonban még magasabban fekvö helységek vannak; ilyen pl. Rekiczel, melynek magassága több mint 3000 láb. Gömörnek legmélyebben fekvő helységei: Almágy 590, Várgede 583, Darnya 520, Putnok 480 lábnyi magasságban vannak. Általában azon éjszaknyugati, 3 szögletű darabja, mely Zólyom és Liptó megyékkel határos s melyet délkelet felől a Tiszolczról Vernárnak tartó országút határol, legmagasabbra van felduzzadva; közepes magasságát legalább 3500 lábra kell tennünk, mig a megye legmélyebben fekvő részeinek átlagos magassága csak 5—600 láb. Tetemes magasságra emelkedik a Jólsvai völgytől éjszakkeletre eső négyszegletü terület is, melynek szélein Pelsöcz, Pacsa, Dobsina, Nagy-Rőcze és Jólsva helységeket találjuk. Azon földdarab átlagos magassága körülbelöl 2000 - 2500 láb. Az egész megye átlagos magasságát 900—1000 lábra becsülhetjük.

Bartholomaeides idézett munkájában már igen helyesen osztályozza és csoportosítja Gömör megye hegységeit. Négy osztályt különböztet meg bennök. Az első osztályba azokat számítja, melyek a Garam mindkét oldalán s a Gölnicz bal partján emelkednek, s melyeket a Csermosnya pataktól Berzéte, Rudna, Rekenye, Sebespatak, Gencs, Csetnek, Jólsva, Turcsok, Rákos, Szirk, Ratkó, Ratkó-Szuha, Dobrapatak, Baradna, Kiete, Rima-Brezó és Rimabánya helységeken keresztül keletről nyugotra húzott vonal határol meg. Ezen hegységek tehát a megye éjszaki nagyobb felét foglalják el, s különböző ércztelepjeikről nevezetesek.

A hegységek második osztályának határát azon vonal jelöli, melyet szintén a Csermosnya völgyéből a megye keleti szélén Putnokig, innen pedig Sajó-Gömörön át a Balog völgyéig s a kettős Pokorágyig húzunk. Az ezen második osztályba való hegységek alacsonyabbak s kisebbek, mint az első osztálybeliek, s többnyire mészközetekből állanak; ércztelepjeik nincsenek. Nyugat felé a kettős Pokorágynál és Szkálноknál szakadnak meg, kelet felé azonban Torna megyébe csapnak át.

A gömöri hegységek harmadik osztályába Bartholomaeides azon alacsony dombokat számítja, melyek a Sajó és Rima egyesülésétől, Oldalfalu, Runya és Csíz határaitól, nyugatra a nógrádi határig elterjedő vidéket hullámossá teszik, s nevezetesen Lénártfalu, Rimaszécs, Csíz, Hanva, Runya, Czákó, Baracza, Füge, Rakotyás, Radnóth, Mártonfalu, Bellény, Pálfalu, Feled, Jánossi, Rimaszombat, Uzapanyit, Dusa, Batka, Susány, Rahó és Szuha határaiban láthatók. Ezek többnyire csak földhátak és földhullámok; néhol tölgyesekkel fedvék.

Végre a negyedik osztályba tartozó hegyek Borsod, Heves és Nógrád vármegyék határszélén emelkednek, s Bartholomaeides szerint magasságra a második, meredekségökre és sziklás voltukra helyenként az első osztálybeli hegységekkel versenyeznek.

Mi Gömör vármegye hegységeit szintén négy fő osztály alá foglaljuk, de Bartholomaeidestöl kissé eltéröleg. Azok t. i. a **Kárpátok** hegyrendszerében általunk megkülönböztetett fötagjai közöl a következő négy hegylánczolathoz tartoznak: 1) A z **O s z t r o s k i - V e p o r** ; 2) az **A l a c s o n y - T á t r a** ; 3) a **g ö m ö r - s z e p e s i É r c z h e g y s é g** ; 4) a **C s e r h á t é s M á t r a h e g y l á n c z o l a t o k h o z**.

A következő részletes leirásból látni fogjuk, a négy hegylánczolatnak micsoda részei tartoznak Gömör megyéhez, s ezek micsoda külön csoportokra és tagokra oszlanak. A legmagasabb hegycsúcsok az Alacsony-Tátra tagjaiban találtatnak ; az Osztroski-Vepor hegylánczolat legmagasabb tetöivel a gömör-szepesi Érczhegység fötagjainak csúcsai versenyeznek.

Gömör megye tulajdonképi hegyes vidéke délre körülbelöl Pelsöcz, Ratkó, Rimabrezó és Gyubákó szélességéig ér. Azon részén terjedelmes sikságok nincsenek, csak kisebb nagyobb völgytágulatok vannak. Efféle völgytágulatok: a Rosnyó, Krasznahorka és Berzéte között elterjedő gyönyörü térség ; a Csetnek és Felső Sajó melletti lapályok ; a Murányi völgynek tágulatai Chisno és Süvete mellett. Az említett vonaltól délre nemcsak a völgyek tágulnak ki, hanem az egész egy hullámos térség, melyböl csak egyes dombok és földhátak dudorodnak fel. Különösen a Sajó mentében Csoltótól kezdve, a Turócz mellett Újvásártól kezdve, a Balog mellett Esztrénytöl kezdve s a Rima mellett Rahótól kezdve szép és termékeny sikságok terülnek el. De a megye délnyugati sarkán, Ajnácskö környékén, a föld ismét magasabbra duzzad föl s ott újra egybefüggő hegyeket találunk.

A megye mathematikai központja Ratkó környékébe esik. De a hegységei között nyíló völgyek által több külön vidékre osztatik, nevezetesen a nyugatra nyiló Garam, a délkeletre nyiló felsö Sajó, Csetnek, Jólsva, Turócz, Balog, azután a túlnyomólag délre tartó s egymással majdnem egyenközü Rima és közép Sajó, végre a délről éjszakra s azután keletre csapó Gortva völgyeinek vidékeire. Ezeknél fogva természetes központja nincs a megyének. Legnépesebb részét két fövölgye, a Sajó és Rima fogják be.

I. Az Osztroski és Vepor hegylánczolathoz tartozó hegységek.

Az **O s z t r o s k i é s V e p o r h e g y l á n c z o l a t** a S c l m e c z b á n y a i h e g y c s o p o r t t a l együtt Bars, Hont, Nógrád, Zólyom és

Gömör vármegyékben terjed el, a Garam, Ipoly és Rima völgyei között. Nem annyira hosszan elnyúló gerinczes hegylánczolat, mint inkább mindenfelé terjeszkedő s egymás mellé sorakozó kisebb nagyobb hegycsoportok összesége. Ezek együttvéve terjedelmes s helyenként zord és lakatlan felföldet képeznek, mely nyugotról keletre körülbelöl 20, éjszakról délre pedig 5 – 12 mfldre terjed. Közülök Gömörhez csak azok tartoznak, melyeket szorosabb értelemben vett V e p o r h e g y-s é g n e k s F a b o v a h e g y c s o p o r t n a k nevezünk.

a) A t u l a j d o n k é p i V e p o r h e g y s é g. Ez Szihla és For-gácsfalva vidékéről, a Szalatnya, Szihla, Ipoly és kokavai Rima (Ri-mavicza) forrásaitól kezdve éjszaknak tart s a Furmanyecz által öntözött völgyig és a Djel·hágóig vonúl, mely utóbbin az út Tiszolczról Breznobányára visz. Déli oldalán az Ipoly. kokavai és klenóczi Rima (Tiszarszka), éjszaki oldalán a Szihla, Feketeviz és Rohosna fo-lyók támadnak.

Fögerincze Gömör és Zólyom határszélén nyúlik el, s rajta a következő hegyek emelkednek: D r a b s z k a - P o l y á n k a, H o m o l-k a, J a v o r i n a, S z r e m o s vagy C s e r e m o s vagy H á r o m-h a t á r h e g y (Trihotari), k l e n ó c z i V e p o r, K a l i s t n y e (Ka-lisnyi), D i v a, K i c s e r a és B a n o v a. Ezek közöl a 4261 lábnyi általános magasságra emelkedő V e p o r a legmagasabb s legkitünöbb. Klenócz és Breznobánya határait választja el egymástól. Nevét állító-lag a vaddisznóktól kapta, melyek hajdan rajta és környékén tanyáz-tak, s melyeket a klenócziak szoktak vadászni. Kettős keresztben fekvő gerincze vagyis karja van. Egyik karja t. i. délről éjszakra nyúlik nagyobb és nagyobb magasságra emelkedve, s ott, hol legna-gyobb magasságát eléri, a másik gerinczhez csatlakozik, mely ellen-kező irányban, keletről nyugotra vonúl. E kettős gerincznél fogva messziről feltünik s különbözik a környező havasoktól. A délről éj-szakra húzódó hegykar alján bükkerdő terül, melyben a klenóczi Ri-ma egyik ága támad, feljebb mezök, rétek, juhszállások és tanyák van-nak. A másik hegykar részint meredek és nagy sziklákból áll, részint fenyvessel van borítva, háta pedig kopasz. A hegy csúcsának keleti része sziklás; állítólag földalatti üregek is vannak benne, melyek a zsiványoknak lakásúl szolgáltak. Mondják, hogy az elhirhedett Janos-sik is azon üregekben tanyázott, s némelyek ott vélt kincseit is keres-ték. Alacsonyabb ágán egy ösvény Breznobánya felé viszen, az ugy-nevezett H a n d l e helyre.

A D i v a és K a l i s n y e hegyeken részint erdök, részint legelök, rétek és szántóföldek vannak, tövükön a M a z u r k ának nevezett mező terül, sok juhszállással. A Diván egy patak forrása fakad.

A K i c s e r a havason Tiszolcz, Breznóbánya és Klenócz határai találkoznak. Részint bükkes, részint fenyves fedi, mely helyenként, kivált Klenócz felé mezők, rétek és szántóföldek által van megszakasztva. Egyik karja Tiszolcz területébe esik; G ö r b e völgynek (Krivi Grun) nevezik, s rajta szántóföldek és rétek terülnek el. A havason, a Borovina völgyben, fakadó Görbe patak azon hegykarnál egyesül a Furmanyecz folyócskával. A hegy déli és nyugati része Klenócz határába esik, s ott is vannak mezők, kaszálók és juhszállások; rajta vezet át egy ösvény, mely a Djel hegy alatt a közútra tér. Az azon hegykaron eredő két patak a klenóczi Rima keleti ágát képezi. A Kicserához kelet felöl a S z á l l á s i k, ehhez pedig dél és nyugat felöl a B o r o v a csatlakozik, melyekről még alább.

A B a n o v a s a hozzája csatlakozó D l u h o - P o l e breznobányai oldalát sürü fenyves, tiszolczi oldalát fenyves és bükkes fedi. De mindkét hegyen terjedelmes havasi legelők és rétek, sőt szántóföldek is vannak. A Banova két ágat ereszt dél felé; egyik az O s z l u n-B a n o v a, melyen sok kaszálló és szántóföld van, másik a Z a p a c s-B a n o v a, mely Bartholomaeides szerint a medvék, farkasok és dámvadak hazája.

A Vepor hegység fögerinczéhez mind éjszak, mind dél felöl jókora hegyágak csatlakoznak. Az éjszakiak a Feketeviz és Rohosna között, Zólyom megyében, terjednek el. Ellenben a déli oldalágak az Ipoly és Rima völgyei közötti területet, Gömör megye kis-honti járását, borítják be; egyik részök azonban Nógrádban és Gömör határán kanyarodik el. A határszéli ág Osgyán felé vonúl, s nevezetesebb hegyei : a Homolkához csatlakozó C s e r t j á z, melyen Forgácsfalva épült, továbbá a P i e t r o v a, D r a h o v a, N a - D j e l, H a j, J a-s z e n n o vagy J a s z e n i n a, M i k u s, Zlatno Kornától keletre; S z a s z n o - P l a t o Rima-Lehotától éjszaknyugatra; Z s g y á r e c z Keczegétöl éjszaknyugatra; P r i c h o m Szelcze és Valykó közt; N a g y - B é r c z Susány mellett éjszakkeletre. Az utóbbi hegyek már csak dombozatok.

A kokavai Rima és klenóczi Rima völgyei között elterjedő hegyek a Homolka, Javorina és Cseremos nyulványaihoz csatlakoznak, s éjszaknygatról délkeletre és délre következő renddel sorakoznak egymáshoz: Z i m o s e l, C s i s z á r s z k o, H a v r i l o v o, U j - T e-k á c s vagy U j - A n t a l h e g y, K r a h u l e s o v o, M e r i n d o v o.

Kelemenke, Legartovo, Bernakovo, Bohatuo, Drah-
na és Szinecz.

Mindezen hegyek részint erdőkkel fedvék, részint legelőkkel,
mezőkkel és szántóföldekkel kinálkoznak. Közülök legterjedelmesebb
a Szinecz, mely Rima-Brezótól éjszaknyugatra s Nyustyától dél-
nyugatra nyúlik el hosszan, majdnem $^2/_3$ mfldre. Birtokában a nyus-
tyaiak, likériek, brezno-bányaiak, rimóczaiak, lehotaiak és kokavaiak
osztoznak. Magassága 3168 láb. Tetején gyepmező terül, lejtőit erdők
és bokrosok fedik, tövén rétek és szántóföldek vannak. Több patak
támad rajta, nevezetesen : a nyustyai és klenóczi határokat egymástól
elválasztó Hajó patak; a Likér és Brezo, melyek a hasonnevű helysé-
geket locsolják; a Szvarin, mely a rima-bányai határt öntözi. Szélén
Rima-Bánya falu épült. Hajdan, ugy látszik, aranybányák voltak a
Szineczen. Ásványai között hegyijegeczek és topázok találtatnak.

A vele határos Bohatuo hegyen, mely Kokavától délkeletre s
Klenócztól délnyugatra esik, szintén voltak aranybányák.

A szomszéd hegyágak a klenóczi Rima, Furmanyecz és tiszolczi
Rima völgyei között terjednek el s a Vepor és Kicsera havasok nyul-
ványaihoz támaszkodnak. Ide legelsőben a következő hegyek tartoz-
nak : a Vepor déli oldalán s Rásztokától éjszakra emelkedő Oltárno;
a Tiszolcztól éjszaknyugatra eső Hradova; a Tiszolcztól délnyu-
gatra levő Borova; továbbá a Cseresnovo Fürésztől nyugatra
s a Borovától délre; a Babina és Osztra Hacsavától nyugatra.

Az Oltárno hegyet a gyepes tetején egyenként felnyúló kő-
sziklák jellemzik, melyek hol asztalhoz, hol oltárhoz hasonlitanak.
Déli nyúlványa Rásztokának neveztetik. mivel az odáig osztatlan
völgyet és vizet két részre osztja. A Pred-Rásztocsnim nevü
mezőn sok szántóföld és tanya van, melyek együtt jókora falut ké-
peznének.

A Hradova vagyis Várhegy Tiszolcz nyugoti oldalán
meredekül emelkedik; kerek, sziklás, majdnem egészen mészkő szik-
lákból áll. Keleti tövén szép fekete és veres márványt fejtenek. *Déli*
oldalán egy nagy pinczéhez hasonló barlang van; ugyanott *egy for-*
rás bugyog, mely a tárgyakat mészkéreggel vonja be. Éjszaki oldalán
egy igen mély üreg van. Éjszaki csúcsát hajdan egy vár foglalta el. A
hegy többnyire kopasz, helyenként holmi csalit és egyes ligetek van-
nak, melyek hársfákból és tiszafákból állanak. Oldalain szántóföldek
is láthatók. Dél felől közvetlenül hozzája csatlakoznak a Kriva és
Obadovo-Ocsko, melyek csak felszántott dombok. A Borova
a Kicserához támaszkodó Szállássik déli és nyugati nyúlványa; sürü

fenyvessel van fedve. Hátulját a Kicseráról lesietö víz locsolja, déli oldalán a Borovai patak támad. Tövén a Z a - B o r o v o mező terül, melyen vaséreczek nyomai láthatók, s melyből a klenócziak az égetésre szolgáló mészköveket fejtik.

A B a b i n a vagyis B á b a hegyen terjedelmes gyepmezők, rétek, szántóföldek és számos tanya van; rajta a Nagy patak forrásai fakadnak.

A C s e r e s n o v o a Borova és Babina hegyekhez csatlakozik dél felöl, több völgy által van barázdálva, megannyi patakkal; részint erdök, részint gyepmezök, kaszálók és szántóföldekböl áll.

Az O s z t r a a környék egyik legkitünöbb hegye, a Szineczczel átellenben éjszakra emelkedik, mindenfelé kisebb nagyobb oldalnyulványokat ereszt. Ilyen oldalnyulványa az éjszakra vonuló H o l u b j e- n e c z; nyugati ága a H a j n a k nevezett szép erdö; déli oldalán a J e l s o v o hegy van, melyröl több patak folyik le, milyen a Vandrovi patak. Az Osztrán azon két patak is támad, melyek a H u o r a domb alján egyesülvén, a Klenóczi vizet képezik. A hegy keleti tetejét O h- r e b l ó n a k nevezik, hol már a nyustyaiak tanyái kezdödnek.

A klenóczi és tiszolczi Rima völgyei közötti területen még a S z á l l á s i k, P o h o r e l l o, P o l á n a, J a v o r i n a, B e r t k o- Z s g y á r i k hegyeket találjuk.

A S z á l l á s i k, mint már emlitettük, a Kicsera havashoz csatlakozik kelet felöl, a rajta levö sok juhszállásról neveztetett el; egyes részei bükkesek és fenyvesekkel vannak fedve. A rajta támadó hasonnevü patak a Kicsera patakba ömlik, mely a Borova mögött folyik le.

A P o h o r e l l o szintén a Kicsera alatt terjed el; hátán fenyves és legelök vannak; gyomrában vas és más éreczeket találnak. Rajta támad a Pohorellói patak, mely a Jeszenina völgyben a Furmaneczczel egyesül. A Hradova, Cservena és Javorina hegyek egy jókora térséget és völgyet rekesztenek be, melyet S z á r a z v ö l g y n e k (Suche doly) neveznek. Ebben régi bányák vannak. Csekély víz-ér kigyódzik benne, mignem egy üregbe esik, melynek neve M i c h n o- v a, azután soha be nem fagyva a T e p l i c z i völgyön folyik le a Furmaneczczel egyesülendö.

A P o l á n a a tiszolczi területet dél felé a fürészi, nyugat felé a klenóczi határoktól választja el; egyik ágát C s e r v e n a hegynek nevezik, melyben több üreg és barlang van, s mely alatt a Jesztistyei és Száraz völgy nyúlik el. A Polánán a Rejkovi patak támad, melyben hajdan sok aranyhal volt, s mely Tiszolczon alul a Rimába ömlik.

A J a v o r i n a vagy J a v o r i n y terjedelmes hegy, melyen hajdan sürü erdö volt, most többnyire gyepmezök és szántóföldekböl

áll. Némi barlangok is vannak benne. Egyik karját B a l a z s o v á-
n a k nevezik.

A B e r t k o - Z s g y á r i k az elöbbi két hegyre támaszkodik;
részint erdös, részint a K r a l o v y - J a m y nevü mezöböl áll. Ti-
szolcz felé terjed.

b) A F a b o v a h e g y c s o p o r t. Ez a Vepor hegységnek éj-
szaki és éjszakkeleti folytatása s Gömör megyének azon részét fog-
lalja el, mely a Furmanecz völgyétöl a Garamig, keletre pedig a mu-
rány-tiszolczi országút által jelölt völgyelésekig és horpadásokig ter-
jed. Az egész egy terjedelmes és jókora magasságú hegyzöm, mely-
nek föcsomója s majdnem középpontja a Zólyom és Gömör határán
4761 lábnyira emelkedö F a b o v a - H o l a vagyis B u k o v i - D j e l.
Ez Tiszolcztól éjszaknyugatéjszakra, Muránytól nyugatéjszaknyugatra,
Breznobányától keletdélkeletre s Polonkától délkeletdélre esik. Olda-
lait fenyvesek és bükkesek fedik, háta jobbára gyepes. Csaknem leg-
magasb tetején fakad azon forrás, mely a Zpluzlo patakba ömlö Ro-
veni csermelynek kútfeje. A hegyen 1803-ban vasbányákat nyitottak,
melyekböl a polhorai vasolvasztók számára érczeket vájnak. Kishont-
ból a Fabován át egy gyalogösvény a Garam völgyébe visz.

A Fabova havashoz délkelet felöl azon hegyek csatlakoznak,
melyek Gömör és Zólyom határszélén egymás mellé sorakozván, a
Rohosna és Rima vizeit választják el egymástól s a Djel nyereg által a
Vepor hegységhez tartozó Banova hegygyel állanak kapcsolatban.
Ezek: a K u c s e l a c h, S z t r e b e r n y e, R e m e t e k ö és Z v a-
d l i v a. A Kucselach a környék egyik legmagasb hegye, állítólag a
zsiványok kedvelt találkozási helye volt. Több barlang van benne,
melyek, ugy mondják, a zsiványok lakásaul szolgáltak. Bartholomaei-
des szerint igen gazdag ezüstbánya is volt rajta, melyet mintegy 300
éve a török pusztítások miatt elhagytak, s melynek aknáját az újabb
idöben hasztalanúl keresték.

A Furmanecz és Rima völgyei között elterjedö hegyágak kivált
a Kucselach hegyböl indúlnak ki. Közte és a Fabova vagy a tiszol-
cziak által ugynevezett Bukovi-Djel között a Z b o g s z k a hegy van,
melyet hajdan rengeteg erdök, a zsiványok rejtekeivel, borítottak, s
mely most jobbára kaszálókból és szántóföldekböl áll. Több mint 2
mfldre esik Tiszolcztól.

A S z t r e b e r n y e vagy S z t r j e b r n é a régi ezüst bányák-
ról neveztetik igy, melyek nyomai még most is láthatók. Részint er-
dös, részint fel van szántva. Oldalát a Kucselach hegyen eredö Sztre-

bernei patak locsolja, mely a K o s z t o l n a nevü hely felett a Zpluzlo patakkal egyesülvén, a Rima nevét veszi fel.

A R e m e t e (Remetta, Remelta?) hátán kaszálók és erdök vannak. Keletre terjedö ága C s e r t o - V r e hnek neveztetik, oldalán igen magas, függölegesen fölmeredö, s egymástól mintegy négy lábnyira álló sziklafalak között egy patak rohan le nagy zajjal. E szük sziklaszoros közelében nehány üreg van, sok cseppeménynyel. *Tajler Samu* hontmegyei mérnök a Remetén át egy útat tervezett a Zbogszka nevü mezöre s innen Breznobányára. Azon mezö hajdan sürü erdöség volt, melyben a zsiványok szoktak lappangani, onnan a neve. Most az erdöség ki van írtva s helyét kaszálók és szántóföldek foglalják el.

A Z v a d l i v a a tiszolczi és breznobányai erdöket választja el egymástól. Tetején egy kis rét terül, melyen bö források fakadnak. De vizök csakhamar ismét a sziklák alá buvik, s azután csak a S t a m b e r gnek vagy S t e i n b e rgnek nevezett nyulványa alatt bukkan fel újra. E hegy részint erdös, részint sziklás; régi vas és rézbányák nyomai mutatkoznak rajta.

A D j e l nyereg tenger feletti magassága 2587 láb; tehát tetemes horpadás; tulsó oldalán fenyves, innensö oldalán bükkes van, melyek már nagyon megritkultak. Rajta megy keresztül a breznobányai út. Alatta Tiszolcz felé a P o d - D j e l vagy F u r m a n e c z nevü korcsma van, melyet számos szállás és tanya környez. A rajta eredö Djeli patak alább Furmanecznek neveztetik.

A Kucselach és Fabova déli oldalaihoz azon hegyhátak és tetök is csatlakoznak, melyek Tiszolcz éjszaki oldalán s Muránytól nyugatra emelkednek. Ide tartoznak: a V i s z o k i - V r e h s keleti karjai a K l a k és H u t t a hegyek; a V o n j a c z a s nyugati nyúlványai a H a j n á s és K o z i - H r e b e t; a P a l e n i c z a, S z t r o m p l o, M á g n e s h e g y, K i s s o v a vagy N a g y - M a s n a, K i s - M a s n a K a s t e r vagy K a c h i, S a j b a vagy M u r á n y i J á v o r s az O s z t r i c z a.

A V i s z o k i - V r e h-en erdök és legelök vannak, némi nyomai a vasérczeknek is mutatkoznak.

A V o n j a c z a a veres fenyüröl neveztetik ugy, mely rajta helyenként terem; de nagyobb részén mezök és legelök vannak. Tetején egy töböralakú mélység van, melybe a hó és csö vize egybegyül, tócsát képezve. Forrás nincs rajta, s az ember és marha csak az emlitett tócsa vizét találja szomja enyhitésére. H a j n á snak nevezett nyúlványán is van egy tócsa

A P a l e n i c z a részint Murány Hosszú-Rét, részint Lehota határába esik, se szekérrel, se szánnal nem lehet hozzájutni, miért is csak legeltetésül szolgál. A rajta eredő Hluboki patak a Kacskovába ömlik.

A S z t r o m p l o a Viszoki-Vrchhel függ össze, rajta csak gyepmezők és szántók vannak. Oldalát a Klaky hegyről lefolyó patak locsolja, miért is Sztromplói pataknak neveztetik s csakhamar a Kacskovával egyesülvén, a Rimába ömlik.

A M á g n e s hegyen néhol a pázsit alatti homokban termés mágnesvas darabok találtatnak; különben rajta régóta vannak vasbányák.

A K i s s o v a és K i s-M a s n a hegyeken sürü erdők és vasbányák vannak.

A K a s t e r hegyen, mely a Kucselach délkeleti nyúlványa s Tiszolcztól nyugatéjszaknyugatra esik, meredek sziklákat és mélységeket találunk; belsejében több üreg és barlang, egyikben állítólag igen tiszta vizü tócsa van.

A F a b o v a éjszaki oldalához a Baczuk felé vonuló, hosszúra nyúlt S z m r e k o v i c z a csatlakozik, melynek gerincze Gömör megyét Zólyomtól egészen a Garam völgyéig választja el. Fenyvesekkel van borítva. Keleti oldalán a hasonnevü patak folyik, mely Polonka közelében a Garamba szakad. A Fabova éjszakkeletre Závadka felé is ereszt egy ágat, mely a Szmrekovicza és Kis-Garam völgyei között terjed el; S z v a t o n s z k y - V r c h a neve, legéjszakibb nyúlványát N a d - P a s z ónak nevezik, mely alatt a Volchovi patak folyik el.

A Fabovához s a vele közvetlenül határos hegyhez azon terjedelmes és magas mészkő hegység is csatlakozik, mely egyes mélyen bevágódott szurdokok által kivölgyelt s kisebb nagyobb kúptetőkkel tetézett felsík; M u r á n y i f e l s i k n a k nevezhetjük. Mint hosszukás, majdnem háromszögletü, nagyszerü hegyhát terjed el Vereskő, Murány, Tiszolcz, Závadka és Pohorella között, a Kis-Garam felső völgyétől kezdve a Garam forráscsermelyéig. Széleit magasabb, 400—600 lábnyi viszonylagos magasságú, s helyenként nagyon rovátkos és horgas sziklafalak párkányozzák körül.

Éjszaknyugati sarkán a S z t o s k i hegy vagy S z t o s k a-S z k a l a tornyosúl, melyhez dél felé a S a j b a vagyis m u r á n y i J á v o r, éjszakkelet felé pedig a C z i g á n y nevü hegyfal csatlakoznak. Ez utóbbitól délre a Murány-Váralja éjszaknyugati oldalán emelkedő N a d - S z k a l j e van, vele kapcsolódik a S á n c z h e g y. Tehát a Murányi felsíkot szegélyző sziklafalak közöl a C z i g á n y Pohorella és Zlatno felett; a másik, melynek hossza $2^{1}/_{2}$ mfld, Vereskő, Hutta, Murány és Tiszolcz között nyúlik el; végre a S z t o s k i és K l a k által képezett harmadik sziklafal Závadkától délre esik. A S a j b a kerek alakjáról neveztetik igy, nagyon meredek, sziklás vagy gyepes; nyugati alacsony nyúlványa Murány-Váraljáig terjed, C s r e m o s z n á n a k nevezik, s ezen szántók is vannak. Mondják, hogy benne néhány barlang van; különösen déli oldalában tátong egy barlang, mely templomhoz hasonlit, s melynek szája a Murányi völgybe szolgál. A C z i g á n y hegyben, Zlatno felett, két barlang van, az egyikben nyáron sokáig marad meg a hó; az egy kürtöforma mély hasadék. Egy más barlang Zlatno és Vöröskö között van, mely számos üregböl áll; neve N a d - M a r n i k o v i S z t o d o l a. Még egy jeges barlangot emlitenek, mely állitólag a Murányi völgyet szegélyező S z t r e d n y a nevü hegyben, 3500 lábnyi magasságban volna.

A S á n c z hegy délkeleti sziklás homlokzatán M u r á n y v á r omladékai láthatók Murányváraljától éjszaknyugatra. Azon oldalában, mely Hutta helység felé van forditva, egy 250 lépés hosszú barlang van.

A S z t o s k i n két patak támad; egyik Murány-Váralján folyik keresztül, a másik éjszakra és nyugatra tartván, a Kis-Garamot képezi. A hegyen keresztül egy ösvény viszen a Garam völgyébe; gyalog vagy lóháton követhetjük. A Sztoskitól délkeletre esik a már emlitett, magassága és sziklás meredekségei által kitünő K l a k y hegy, mely közte és a murányi várhegy között emelkedik, nyugat felé a V i s z o k i - V r c h h e l függ össze s egészen a tiszolczi határig ér, hol azonban már sokkal alacsonyabb s többnyire gyepmezökböl és szántókból áll. Ugyanott magában foglalja az üregeiröl ugynevezett S z m r a d l a v a - V o d a térséget.

A Klak legmagasb csúcsa 4480 lábnyira emelkedik a tenger fölé. Murány-Lehota irányában a várhegyhez közvetlenül csatlakozó T e s n a - S z k a l a mered föl.

A Fabovával tehát közvetlen kapcsolatban van a töle délkeletre levö Viszoki-Vrch, ennek keleti ága a Klakhoz és Sajbához csatlakozik, mely ismét éjszak felé a Sztoska-Szkalával s dél felé az Osztriczával függ össze. Ennek nyúlványai azután délnyugatra a Hajnás felé, délre pedig Tiszolcz felé vonúlnak.

A Murányi felsik szélei meredekek és sziklásak, belseje azonban részint erdős, részint gyepes hegytérség. Éjszakkeleti sarkán a H o r k a hegy emelkedik Sumjácztól délnyugatra s Pohorellától délkeletre, a Garam bal partján; a Horkától délnyugatra a felsik éjszaki oldalán még a S z t o s hegy s ettöl éjszaknyugatra a C s e r n a k o v a, éjszakra pedig a G i n d u r a van, mely még 3300 láb magas s mely alatt a Garam kanyarodik el. Végre Murány közelében még a Havrankova, R z a v n o és C s i c s a u n o v o hegyeket találjuk.

A H a v r a n k o v a igen meredek; a R z a v n o csaknem merőben kopasz sziklákból áll; a C s i c s a u n o v o veres fenyükkel és legelökkel van fedve.

Az elősorolt hegyek közöl a Fabova vagy Bukou-Djel, Zbogszka, Kucselach, Sztrjeberné, Mágnes, Kissova, Kis-Masna, Kaster, Viszoki-Vrch, Sztromplo-Vrch, Palenicza, Havrankova, Rzavno, Vonjacza, Csicsaunovo, Sajba, Remete, Zvadliva, Djel, Banova, Kicsera, Pohorelluo, Polána, Javorini, Brtko-Zsgyárik, Hradova, Kriva és Obadovo-Ocsko vagy egészen vagy részben a tiszolczi határba esnek, miértis T i s z o l c z i h a v a s o knak is neveztetnek.

II. Az Alacsony-Tátrához tartozó hegységek.

Az Alacsony-Tátra hegylánczolat alatt azon magas és tömeges hegységeket értjük, melyek a Vág és Garam völgyei között a Szti-reczi hágótól kezdve a Vernári völgyelésig húzódnak. Fügerinczök egészben véve keletre tart s magassága mindenütt meghaladja a 3000 lábat, de gyakran 4500 és több lábnyi. Legmagasabb csúcsai a G y ö m-b é r 6462 s a K i r á l y h e g y *) 6144 lábnyira emelkedik. Az egész hegylánczolat hossza körülbelöl 10, szélessége 3—4 mfld, magának a főgerincznek szélessége ½ és 1½ mfld között változik. Tagosulatát illetőleg két főrészre szakad: nyugatira és keletire; mindkettő ismét két külön csoportra osztható, t. i. a nyugati szakasz tagjai: a P r a s-s i v a és G y ö m b é r, a keleti szakasz tagjai pedig: a V a p e n i c z a és K i r á l y h e g y csoportjai. E négy hegycsoport közöl Gömör megyébe csak a két utóbbinak déli fele tartozik. Ezeket G a r a m i és G ö m ö r i h a v a s o knak is nevezik; nyugatról keletre mintegy 4 mfldre terjednek.

Azon havasok oldalait és tövét erdők fedik, melyekben a fenyvesek uralkodnak; de a különböző fenyük közé sok helyütt a bükk, szil, jávor, köris, nyir és égerfák is vegyülnek. Gerinczök és tetejök többnyire erdőtlen, gyepes, s a gyepmezőkön igen sokféle virágos növények díszlenek. A havasi legelőkön számos szállás van.

a.) A V a p e n i c z a c s o p o r t. Ez az Ördöglakodalma hágónál

---

*) *Bartholomaeides* a Királyhegy magasságát 1702 bécsi ölre teszi; de megjegyzi mégis, „ha a rendelkezésünkre álló barometeri észleletekben bízni lehet."

kezdődik s keletre azon hágóig terjed, melyen Pohorella felől a fekete
Vág völgyébe juthatni. Fögerinczét e hegyek tetézik: a R a m s a, B a-
c z u k i h a v a s, V e r b o v i c z a Polonkától éjszaknyugatra, Z a d-
n i a - H o l a, J á v o r n a vagy J a v o r i n k a Polonkától éjszakra,
N é m e t h a v a s (Nemeczka Hola) Helpától éjszakra, T e m n a ha-
vas, N a g y - V a p e n i c z a és N a g y - I p o l t Pohorellától éjszak-
nyugatra.

A Baczuki havas azon részén, melyet J á n o s v ö l g y é n e k
(Janov-Grun) neveznek, Gömör, Zólyom és Liptó határai találkoznak,
mint már említettük. A T e m n a havason a murányi és liptó-ujvári
uradalmak területeit elválasztó föhatárjelt találjuk. A J a v o r i n k á-
hoz az O l t a r i k nevü magaslat csatlakozik, mely alatt az Ipolti pa-
tak kanyarodik el. A N a g y - I p o l t tetemes magasságra emelkedik,
Bartholomaeides szerint majdnem akkora mint a Királyhegy; jóllehet
nem sziklás, mégis nagyon meredek. Teteje lapos és gyepes. Rajta tá-
madnak az Ipolti és Szvarin patakok. Közvetlenül hozzá csatlakozik a
K o z i H r e b e t hegy.

Mindezen hegyek a Garam völgye felé elég hirtelen ereszked-
nek le, nagyobbacska oldalágak nélkül. Éjszaki lejtőikhez jelentősebb
oldalágak csatlakoznak, melyek Liptóban terjednek el. A Teplicska
és Fekete-Vág völgyeit szegélyező hegyek közöl a P l e c h o v a - H o l a
vagy V e l k o - P o l e, továbbá a P a n s z k a - H o l a és B u b n a r k a-
H o l a még Gömörben vannak.

b). A K i r á l y h e g y c s o p o r t j a. Ez az előbbi hegycsoport-
nak délkeleti oldalához csatlakozik, s fögerinczét a következő hegyek
alkotják: az említett B u b n a r k a, B a r t o v a - H o l a, G y u r o v a-
H o l a, B r u n o v a - H o l a. S a s h e g y (Orlova), K i r á l y h e g y
(Kralova-Hola).

Közülök legkitünöbb a K i r á l y h e g y. Ez gömbölyded alakú,
igen terjedelmes tövéről lassan és egyenletesen emelkedik oly magas-
ságra, hogy az egész környéken büszkén uralkodik s az átellenben
emelkedő Magas-Tátra horgas tornyaival vetélkedik. Lejtőinek alsó fe-
lét, valamint lábait is gyepmezökkel váltakozó erdők fedik, feljebb
törpe és gyalogfenyük övezik, kúpdad lapos tetejét pedig gyep és sok-
féle szagos orvosi növények ékesítik. Alúlról a sikságról nézve a szé-
les kúp csakis nagy füves földnek látszik lenni; de ha feljutunk,
észrevesszük, hogy ott is úgy, mint mindenütt a havasokon, a talajt
csak vékony s számtalan kötuskók- és hömpölyöktől megszakasztott
növénytakaró fedi, s ott is nagy területet a törpe fenyü egyes csoport-
jai foglalnak el. Egész alakjánál, majdnem sziklanélküli lejtőjénél,

széles és gyengén domború hátánál fogva feltünöleg üt a Magas
Tátra vadon szakadozott horgas tornyaitól és ormaitól. Minden oldal-
ról elég könnyen megmászhatjuk. Fátlan csúcsáról felséges kilátás
esik a környező hegyrengetegre, a szepesi és liptói lapályokra, az eze-
ken túl felmeredő Magas-Tátra pompás sziklafalzatára és merész or-
maira, s másfelől Gömör megye regényes, változatos völgyeire. Nevét
állítólag onnan vette, hogy IV. Béla a mongolok elől futván, itt talált
menedéket, s hogy Mátyás király gyakran rajta vadászgatott. *Bél* sze-
rint Mátyás király a hegy tetején egy kősziklára, mely neki asztalul
szolgált vala, a következő felirást vésette be: „Hic hospitatus est Ma-
thias Rex Hungariae anno 1474 — Privatum Commodum, Latens
Odium, Juvenile Consilium — Per Haec Tria Omnia Pereunt Regna."
A feliratos követ nem találni többé.

A Királyhegy nagy befolyást gyakorol a környék időjárására.
Épen Liptó, Gömör és Szepes határszegletén emelkedik nagy méltó-
sággal, Sumjáctól éjszakra, Vikartóctól délre, Sztraczenától nyugat-
éjszaknyugatra. Délkeleti tövén a Garam, éjszakkeleti alján a Gölnicz,
éjszaki oldalán a Hernád s végre éjszaknyugati lejtőjén a fekete Vág
forrásai bugyognak. A hozzája nyugat felől csatlakozó széles, hol szik-
lás, hol gyepes és mohos hegygerinczen gyalog vagy lóháton minden
akadály nélkül egészen Bóczabányáig lehet menni. A hegység azon
fügerinczének déli lejtőségét sok völgy szeldeli, éjszak felől pedig je-
lentős oldalágak támaszkodnak rája, melyek a fekete Vág forrás-cser-
melyei között és mellett terjednek szét.

A Királyhegy nyugati oldalán a S a s h e g y (Orlova-Hola)
emelkedik Pohorellától éjszakkeletre és Sumjáctól éjszaknyugatra,
Magassága 5684 láb. A két magas hegy között, kissé délibbre dölve,
a B r u n o v a - H o l a terjed el; odább éjszaknyugatra a fekete Vág
két felső ága között a H o l i c z a emelkedik, melyet a Tepla locsol s
melyen néhány magas szikla mutatkozik. Mindjárt a Holicza mellett a
B a r t o v a - H o l a emelkedik, melyhez az U p l a z csatlakozik. A
G y u r o v a H o l a vagy G y ö r g y h a v a s a a Vág völgyéből az
előhegyek miatt nem látszik, noha szintén nagy magasságra emelke-
dik. A B r u n o v a h a v a s hasonnevű völgyén fölfelé egy ösvény a
Királyhegyre vezet föl. A B u b n a r k a Teplicz felé lejtősödik, kö-
zelében A n d r á s h e g y e (Ondreicsova) domborodik; végre még a
S i n d l a v k a, K l i n és P o p o v a H o l a vagyis P a p h a v a s kö-
vetkeznek. Délkelet felől a Királyhegyhez a Telgárt éjszaki oldalán
emelkedő Z s g y á r és H r o n a, éjszakkelet felől pedig a Vernártól

nyugatra levő S z t r e d n a - H o l a csatlakoznak. A Gölnicz forrása a Hrona és Sztredna-Hola közötti völgyeletben fakad.

Odább éjszakra a B o r z a v a vagy B r e z i n o v a - H o l a van, melylyel átellenben a M u r á n y i k emelkedik, s melyhez a H i n c z a v a sorakozik. Egy jelentős hegyág a fekete Vág keleti oldalán Sunyava felé vonul, ahhoz tartozik a C s l o v e c s j a - H l a v a meg a Vikartócztól délre levő C s e r t o v i c z a.

A Gömör és Liptó közötti határvonal különösen a Janov-Grun. Panszka, Plechova, Gyurova, Holicza, Bartova, Uplaz, Bubnarka, Ondreicsova és Temna havasokon kanyarodik el s a na-tri-Sztudne nevü helyiségen a P r a s s i v i - V r s s e k tetőn Szepes megyét is érinti.

III. A Gömör-Szepesi Érczhegységhez tartozó hegycsoportok.

Azon tömeges és tetemes magasságú hegycsoportokat, melyek a Tiszolczról Murányon, Telgárton és Vernáron át Gréniczre és Poprádra menő országúttól keletre a Hernád délre forduló könyökéig és Kasság terjednek, a G ö m ö r - S z e p e s i É r c z h e g y s é g nevezete alá foglaljuk, mivel a gömör- és szepesmegyei bányák leginkább azokban vannak. A nevezett országút, mely keskeny völgyek mentén s elég magas hegyhátakon és hágókon keresztül húzódik el, nem választja el ugyan nagyon élesen azon hegytömegeket az Alacsony-Tátra s az Osztroski-Vepor hegylánczolatok keleti tagjaitól; mindazáltal kü lön jellemök és elhelyezkedésök van, s igy méltán megkülönböztetjük azokat. Mind éjszaki, mind déli oldalukat mészkő-hegységek kisérik, s ezekkel együtt szélesen elterjedve Gömör, Szepes és Torna megyék nagy részét lepik el, sőt még Abaújba is átcsapnak. Kelet felől a Hernád, dél felől a Sajó és Rima tágas völgyei által határozottan el vannak választva az odább keletre és délre levő hegységektől.

Az ezen kiterjedésben vett G ö m ö r - S z e p e s i É r c z h e g y s é g hossza nyugatról keletre 7 és 13 mfld között változik; Tiszolcz és Kassa között 13, Vernár és Margitfalva, valamint Sz.-Király és Forró között pedig körülbelül 7 mfld. Szélessége éjszakról délre mintegy 10 mfld, melynek majdnem felét a hegység fő tagjainak déli és éjszaki mészkő párkányzatai teszik.

A Gömör-Szepesi Érczhegység, olyformán mint az Osztroski-Vepor, nem annyira lánczolatos, egy főgerinczezetből álló hegység, hanem inkább egymás mellé csoportosuló hullámzatos hegytömegek sokasága, melyet a Jolsva, Csetnek, Sajó és Bódva dél felé, a Hernád és Gölnicz völgyei pedig kelet felé külön-külön hegycsoportokra osztanak. Fötagjai azon hegytömegek, melyek Nagy-Rőcze vidékéről elsőben éjszakkeletre, azután keletre s végre délkeletre vonúlnak, s melyeknek emelkedési vonalát a Rőczei Havas, Sztolicsna, Tresznyik, Radzim, Bába, Szúlhegy, Ökörhegy és Pipiske jelölik meg. Ez a tulajdonképi érczhegység, mely éjszakra egy darabig a Gölnicz, azután a Hernád, délre pedig azon vonal által határoltatik, melyet a Cseimoslya völgyétől kezdve délnyugatra Jóls-ván és Ratkón keresztül Rima-Brezo felé húzhatunk. A magas, és túlnyomólag palakőzetekből álló, hegytömegek azon határvonalok között terjednek el, ezektöl délre és éjszakra már az alacsonyabb mészkőhegyek következnek. A kijelölt fő hegytagok közepes magassága 3000—4000 láb; egyes tetöik néhány száz lábbal magasabbak. Ellenben a szélbeli mészhegyek közepes magassága alig haladja meg a 2000 lábat.

A Gömör-Szepesi Érczhegység a következő külön hegycsoportokra szakad: a Hernád és Gölnicz közötti hegységekre; a Dobsinai, Rosnyói, Szomolnok-Kasai, Rőczei, Ratkói, Tornai és Szendrő-Forrói hegycsoportokra. Ezekböl Gömör megyéhez csak a Dobsinai, Rosnyói, Rőczei és Ratkói csoportok tartoznak, kis részben a Tornai is.

A részletes leirásban nyugatról keletre menvén, legelsőben a Ratkói csoportot ismertetjük meg, azután a Rőczei, Dobsinai és Rosnyói csoportokat s végre a Tornainak gömör megyei részét.

a) A Ratkói hegycsoport. Ez a Gömör-Szepesi Érczhegységnek legdélnyugatibb s legkisebb tagja. A Vepor hegység keleti ágazataihoz csatlakozik, tehát az Osztroski-Vepor hegylánczolatról az átmenetet egyfelöl az érczhegységre, másfelöl a mészkő hegyekre képezi. Tiszolcz- és Murány-Lehotától délkeletre a Rima és Jólsva völgyei.között terjed el a keskeny Ratkói, vagyis Turóczi völgy két oldalán. Legnagyobb magasságra Ratkó helység éjszaknyugati és éjszakkeleti oldalán duzzad fel. Maga Ratkó a Dubje és Szrtmy-Djel hegyek aljában épült; a csoportnak legmagasabb hegye a Trsztye, mely Tiszolcztól délkeletre esik s 3516 lábra emelkedik. Részint bükkerdővel van fedve, részint gyepmezökből áll. Ezekből a Ladov patak egyik mellékere szivárog ki.

A Trsztye hegyhez egyfelöl a Holczkova, mely vele magasságra versenyez, másfelöl az alacsonyabb Sartáz csatlakozik. A Holczkova és Trsztye a tiszolczi és fürészi határokat a bisztrói és krokavai határoktól választják el. Odább éjszakkeletre a filléri Zsgyár domborodik, mely a filléri határt a murány-lehotaitól választja el. Közelében van a K o r i m o v o, mely a murány-lehotai, ratkó-bisztrói és tiszolczi területekkel határos. Hajdan nagy fenyvesek boritották, melyekben a fajd szeretett tartózkodni. Körülbelöl 80 éve, hogy az erdöt kiirtották, s a hegynek nagy részét felszántották. Azóta, mondja *Bartholomaeides*, a tiszolcziak borsóját, mely azelött igen jeles volt, a féreg rongálja. A ratkó-bisztrói és tiszolczi határokat egymástól elválasztó S z t r a c z e n á n is kivágták az erdöt.

Ezen és más alacsonyabb hegyhátak által a Trsztye hegy a P o l á n á v a l van összekötve, mely Murány-Lehotától délre esik, s melynek délkeleti oldalán a Z a - K r i z s u hegyhát domborodik. A Polána kanyarodó gerincze egy dél felé nyilt félkört képez, s karjaival két hegysorhoz csatlakozik. A nyugati hegysor a Trsztye hegygyel s ennek ágazataival a Rima völgyének keleti oldalát szegélyezi, a második keleti hegysor pedig a Jólsva völgyének nyugati oldalán húzódik el. A két hegysor között a Turócz kanyarodik délkeletre, melynek forráscsermelyei a Polána és Trsztye közötti hátak délkeleti oldaláról folynak le.

A Turócz és Jólsva völgyei között elnyúló ágazatnak s általában az egész Ratkói hegycsoportnak legnevezetesb hegye a V a s h e g y vagyis Z e l e z n i k, melynek gerincze nyugatról keletre húzódik Szirk, Rákos és Turcsok helységek között; hossza keletröl nyugatra majdnem fél mföld. Lassan emelkedik 2800 lábnyi magasságra. Felületét erdö, csalit és gyep fedi. Gyomrában rendkivül gazdag vasércz telepek vannak, melyeket már régóta vájnak, úgy hogy minden oldalán bányák és aknák láthatók. Rajta fakad Turcsok határában s az úgynevezett Valaszka völgyben a Turócz kövii ágának vagyis Turcseknek forrása.

A Vashegyhez azon hegyhátak csatlakoznak, melyek a Turócz és Turcsek között Harkács vidékéig terjednek. Rákos határában domborodnak: a S z t a r a - H o r a, S k a l i c z a és K r e s a c z y - K a m e n: Szirktöl éjszakra a K i r á l y h e g y, nyugatra a N o v i - L a z, délnyugatra a S z r a z vasövekkel, délre a J e z v i n y i és V e r e s - Vágás völgy. Azután következnek: a D r e n o v a (B r e v e n o vagy B r e v n o v o) Ratkótól délkeletre Répás, Rákos, Szásza és Kövi közt; a H r a d i s t y e Szásza mellett; H e r d a r k a és V i s z e l e z e v a vagy V i s z o c z o v a Ujvásártól éjszakkeletre; a B o r o s z n o k i hegy, melyböl jó köszörüköveket fejtettek. Ezek már többnyire csak alacsony dombozatok s az átmenetet a mészkő hegyekre közvetítik.

Jólsva mváros nyugati oldalán a B r a d l o és S z k a l k a hegyek domborodnak; odább délre a M u t n i k o t és K e l i z e t e t ö t találjuk, amazt Perlásztól éjszakkeletre s Jólsva-Tapolczától délkeletre; emezt Deresk mellett éjszakkeletre. A Szkalka még 1650, a Mutnik már csak 984 lábnyi. Ezen hegyek már a mészkő-képlethez tartoznak.

A Turócz jobb oldalán Rónapatak és Ratkó-Szuha mellett az említett S t r m y - D j e l van, melyben homokkövet fejtenek.

b) A R ő c z e i h e g y c s o p o r t. Ez azon hegyekből áll, melyek a Murányi mészkő felsíktől délkeletre a Jólsva és Sajó völgyei között terjednek el. Az aránylag mélyen fekvő Csetneki völgy a hegycsoportot épen kellő közepén hasítja s két részre osztja. Egészben véve jóval magasabb és tömegesebb mint a Ratkói csoport. Legmagasabb s legtömegesebb része a Revucza vagyis Rőczei víz, a Csetnek, Sajó és Garam forrásvidékei között terjed el. Ennek főtagja a R ő c z e i vagyis F e k e t e H a v a s, mely Nagy-Rőcze mvárostól éjszakkeletéjszakra emelkedik. Csúcsa közönségesen K a k a snak (Kohut) neveztetik, 4410 lábnyi magas, tehát viszonylagos magassága Rőcze felett 3461, Csetnek felett pedig 3498 láb. Róla mindenfelé messzire terjedő szép kilátást élvezhetünk. Oldalait és lejtőit Csetnek felé fenyves, Murány felé bükkes fedi. Teteje csak fűvel és mohhal van benőve. A Csetnek folyó egyik ága csaknem a csúcsán veszi eredetét.

A Rőczei havashoz mind éjszak, mind dél felől jókora hegyágak csatlakoznak; az éjszak felé vonuló hegyhátak a T r e s z n y i k hegygyel kapcsolják össze.

Ide tartoznak: a P r i s z l o p, R o v n a (Hlavina?), H u m e n e c z, Prjehiba, Sztoli vagyis Sztolicsna, K l i m e n t o v a és K i p r o v a. E hegyek majdnem egyenlő magasságúak, ho erdővel, hol gyepmezőkkel fedvék, közéjök kisebb nagyobb völgyek vágódnak be. A S z t o l i c s n a valamennyi közöl legmagasabb, még a Rőczei havast is felülmúlja, mert nagysága 4590 láb. Redovától délnyugatra, Murány-Huttától keletre s Oláhpatakától nyugatra emelkedik.

Azon hegysor nyugati oldalán alacsonyabb hegyek domborodnak, melyek a Tresznyik felől délre a Jólsva völgyéig tartanak egymáshoz sorakozva. A Murányi hegycsoporthoz csatlakoznak s a Rőczei havastól csak a Babarszkai vagyis Rőczei völgy által vannak elválasztva. Ide valók: a V i s z o k i - V r c h, B a l k o v a Vereskötöl délkeletre s a Tresznyik hegytől délnyugatdélre; a M a g u r a és J a v o r i n a odább délre Murány-Huttától éjszakkeletre; a H r a d z i n Murányváraljától keletre és Nagy-Rőczétől éjszakra; s a S z m o l á r k a Nagy-Rőcze mellett, üregekkel.

A Sztolicsna délkeleti oldalán, Hankovától éjszaknyugatra levő hegy, melyet Bartholomaeides R o v n á nak nevez, s mely, ugy látszik, az Albrecht-féle térképen találtató H l a v i n á v a l azonos, nyúlványait a Csetnek felső két föága közé délkeletre Nagy-Szlabosig és Ochtináig ereszti. Közülök legjelentösebb hegy a D u b r á v a, mely a Csetnek völgyét két ágra osztja, s arany- és réztelepeket rejt gyomrában. Másfelől a Rovnához a sokkal nevezetesebb R é z hegy vagyis R a d z i m csatlakozik, melyet a Sztolicsnától a Sajónak egyik keskeny mellékvölgye választ el s mely Felső-Sajó helységtöl délre esik. Magassága 3027 láb. Szép alakjánál s nagyobb magasságánál fogva valamennyi környező hegy közöl kitünik. Teteje kopasz, sziklás, oldalait részint bükkes, részint fenyves (fehér és veres fenyü) fedi, tövén szántók vannak. Alsó részeiben ércztelepek találtatnak, felső része mészköből, s teteje nevezetesen különböző, zöld, vereses fehér egyszinü s tarka fehér, veres, de föleg kék mészköből áll.

A Réz hegy gerincze nyugatról keletre nyúlik, keleti oldalán a S z t o z o k emelkedik, déli oldalán néhány szurdok van, egyikében Berdarka helység épült. Hozzája támaszkodik azon hegysor, mely a Csetneki és Rosnyói (Sajó) völgyek között délkeletre Nadabuláig és Rudnáig tart, s melynek egyes hegyei: a J e z o v a a Sajó völgye, Berdárka és Fekete-Patak között; a Z s g y á r, mely a többiek közöl magassága által kitünik, s melyböl hajdan állitólag sok érczet vájtak, az eső most is gyakran kimos belöle egyes czinóber darabokat; a S z á r a z h e g y (Szuchy-Vrch), mely a Zsgyárral alacsonyabb, de szintén érczes dombok által van összekapcsolva, s melynek egyik nyúlványát M á t y á s d ö m b j ának (Matzhübel) nevezik; a L a s z-c z e Pétermánytól délkeletre; a T u r e c z k e, I v á d ó vagy I v á g y ó, mely Nadabulától éjszaknyugatra esik s mely Rosnyóig tartván, ott a N y e r g e s, R u d n a i p a r t és B á n y a o l d a l vagyis O l d a l b á-n y a magaslatokkal végzödik. A Rosnyóról Csetnekre vivö út a Rudnai parton megyen keresztül.

Az I v á g y ó a környék legmagasb hegye, Rekenye, Sebespatak (Bisztra) és Gencs felé is ereszt kisebb nagyobb hegyhátakat, melyekben, úgy mint az elöbbi hegyekben is, különböző ércztelepek találtatnak. Ide tartoznak: a S z u c h i - V r c h Restér mellett; a G l a c z hegy Csetnektöl éjszakkeletéjszakra; M e l e g h e g y (Tepli-Vrch) Csetnek mellett. A Glacz és Meleg hegyek közt a Peklo völgy nyúlik el. Délfelé a T e p l a - S z t r a n a domborodik, melyen hajdan szölö volt.

Végre a Röczei havas délkelet felé is ereszt tetemes hegyágazatokat, melyek a Csetneki és Jólsvai völgyek között nyúlnak el. Az ide tartozó hegyek részint erdökkel, részint gyepmezökkel fedvék, részint fel is vannak szántva, gyomrukban pedig különböző érczek ta-

láltatnak. Ide valók: a N é m e t b á n y a, melyben hajdan kétség-
kivűl bányák voltak; H e g y e s h e g y (Osztry-Vrch) F e k e t e-L e h o-
tától nyugatdélnyugatra, és Nagy-Szlabostól nyugatra, a környék leg-
magasb hegye, melynek lejtöségei délre Koprás és Mnisány, délke-
letre pedig Rochfalva és Ochtina helységekig tartanak; erdőkkel, le-
gelőkkel és szántóföldekkel s ércztelepekkel kinálkozik; a Z a j a r a
Röczei havastól délre, Vizesréttől éjszakkeletéjszakra; D u b r á v a
Ochtinától éjszakra; B r e d á c s és M a g u r a Ochtinától nyugatra és
Koprástól keletéjszakkeletre; a K y a r e a Hegyes hegynek Ochtina
felé fekvö nyúlványa, melyben sok rézkéneg van s melynek környé-
kén az úgynevezett Arany bánya (Zlateg bány) helyiséget találjuk;
J a k u b o v a és K i e s a Kyare alatt; P a l u s o v a, K i s-H a n o v a,
B u k o v j e és D l o u h y-D j e l Chisnyó környékén; a K i s-H e r b y
a Magurától délkeletre Chisnyó és Csetnek között; a T é r hegy Och-
tinától délre; a H á r s a s Csetnektől nyugatdélnyugatra; a K e r e n g ö
és O r t á s Csetnektől délre; a S e b k o v a a Hársastól délnyugatra
és Jólsvától éjszakkeletre; a H r a d e k Jólsva mellett; a Z s g y á r
szintén Jólsva mellett éjszakkeletre; a S z i n t i n a, melynek hosszan
elnyúló gerincze délnyugatról éjszakkeletre Jólsva és Rozlozsna kö-
zött terjed el. Ez utóbb felsorolt hegyek közöl legkitünöbb a H r a d e k,
mely Csetnektől nyugatra, Jólsvától keletre s Ochtinától délre fekszik,
s mint a Szintina nyugatról keletre hosszan nyúlik el. Oldalai szelíden
emelkednek, de teteje meredek s nagy sziklatömegekböl áll, melyek
romhalomhoz hasonlitanak. Lejtöi gyér bükkessel, feljebb fenyvessel
vannak borítva; de legelőkkel is kínálkoznak. Sziklás teteje alatt ki-
sebb nagyobb termés vaskö fészkek találtatnak, melyeket csak egy
vékony televényréteg fed be (kyarnicza); mélyebben pedig, a hegy
belsejében, vas- és rézércz telepek vannak, melyek a jeles csetneki
vasat szolgáltatják. *Bartholomaeides* ugy véli, hogy nevét a kisebbik
Ilsva vártól kapta, mely aljában állott.

c) A D o b s i n a i h e g y c s o p o r t. Ez az elöbbi hegycsoport-
nak éjszaki folytatása s nyugat felé a Királyhegy keleti ágaihoz csat-
lakozván, a Sajó és Gölnicz forráscsermelyei között terjed el. Közép-
pontja s legmagasabb hegye a Tresznyik, mely 4242 lábnyi s Telgárt-
tól délkeletre, Dobsinától pedig éjszaknyugatra emelkedik. Gerincze
éjszaknyugatról délkeletre nyúlik; legnagyobb része erdőtlen, gyepes,
havasi legelőket és kaszálókat szolgáltatván. Leginkább Dobsina ha-
tárába esik ugyan, mégis egyes részeit Telgárt és Redova bírják. Ága-
zatai egyfelöl a Dobsina völgyét a Sajó felsö részétöl választják
el, másfelöl a Garam és Gölnicz forrásai között terjednek el. A cso-

mójából kiinduló hegyek a Sajó és Göluicz között kelet felé az újvilági vagyis hnileczi hágóig érnek.

A felső Sajó és Dobsina völgyei közötti területet a következő hegyek foglalják el: a B ü k k e s, E z ü s t v á j á s (Silberzech), C s e n d e s e r d ő, N y i r e s, T e t ő (Höhe), B e l u s, Á f o n y á s, K ö z ú g ó (Steingerausch), I s z a p o s (Schlammer) és M e d e n c z e hegy. Az Áfonyás, Közúgó és Tető a Dobsina és Sajó egyesülése által képezett szögleten domborodnak; az Albrechtféle térképen azon helyen R a m s z hegy áll.

A Dobsinai völgy éjszaki oldalát szegélyezik nyugotról keletre menve: a C s u n t a v a, O l d a l h e g y (Gelehn), Ó k ö (Elterstein), T á r c s a, S z e l e s (Windzog), B o r j a s és N y i r e c s k e (Birkeln), A k a s z t ó és Ú j ú t. Ezekre éjszak felől támaszkodnak: az A n d r á s h e g y a Csuntava és Oldalhegy mögött; F e k e t e hegy az Óko és Tárcsa mögött; T ó t a r é j (Teichkamm) a Fekete hegy mögött; S t e m p e l e s ü r a Szeles és Nyirecske mögött; S z e n e s (Hirschkohlung) az Akasztó mögött: S z á r a z t e t ő (Szuchi-Vreh).

Végre a Göluicz déli oldalát szegélyezik: a K a t l a n o s az Andráshegy mögött; K r i v á n; B u n d á s (Pelz) a Tótaréj mögött Sztraczenától délre; K ő; H o s s z ú h e g y; T e k é s (Kugel); V a d k a n h e g y, B á b a vagyis B a b i n a s az ezelőtt elnyúló V e r e s h a r a s z t (Zinopelkamm). A Bába hegyhez végre a S z t r o m i s és S z t r m y - V r c h csatlakoznak Oláhpatak irányában.

Mindezen hegyek közöl legnevezetesebbek: a F e k e t e, H o s z s z ú és T e k é s. A Fekete hegy talán legmagasabb, Dobsinától éjszakra esik; egyik részét még messziről látható fenyves fedi, különben nagy részén az erdő helyét már gyepmezők és szántóföldek foglalják el. A déli oldaláról lefolyó csermelyek a Dobsinai víznek képezik egyik ágát. Éjszaki oldalán két erős forrás bugyog ki, ezek vize azután a sziklák alatt eltünik s csak a Bundás hegy alján, Sztraczenával szemben, tör ki újra a Göluiczczel egyesülendő.

A Hosszúhegy és Tekés aljában a Z e m b e r gnek nevezett híres bányák vannak.

A Dobsinai hegyrengeteget többnyire csak keskeny szurdokok szeldelik. Ezek közöl a mezőváros szomszédságában a Dobsinai fővölgy éjszaki oldalán vannak: a Tesner, Köves, Farkas, Ép és Gubás; déli oldalán pedig: az Itató, Mély és Ramszi völgyek.

A Garam és Göluicz forrásai körül a Királyhegy ágazatai és Cslovecsja-Hlava keleti oldalán még más erdős hegyek is domborodnak, melyek azonban most sem ismeretesebbek mint Bartholomaeides korában voltak. Azon hegyrengeteg egy részét Pusztamezőnek nevezik.

A vernár-telgárti út a Tresznyik éjszaknyugati nyúlványai s a Király hegyhez délkelet felől csatlakozó Hrona hegy közötti horpadást követi s a Popova hegyen viszen keresztűl. Egy út Telgárt felől az É l e s k ö éjszaki s a Popova déli oldalán, továbbá a Csuntaván s a Fekete hegy déli oldalán keresztűl, más út a sztraczenai völgyből a Bundás és Kö hegyek között s a Fekete hegy keleti oldalán, végre egy harmadik út Istvánfalváról a Tekés meg Akasztó hegyeken át mennek Dobsinára, mely egy mély völgykatlanban fekszik. Iglóról a Hosszú-hegyen át visz egy szekérút Dobsinára, ellenben Oláhpatakról a Sztro-mison át csak gyalog vagy lovon lehet Szepesbe menni.

Az egyesült Dobsina-Sajó és Szúlova völgyei közt az úgyneve-zett J a s z e n o v a erdö terül el, mely a Bába felől délre vonúl. Ez egy terjedelmes hegyhát, melyet még a Dobsinai csoporthoz számitha-tunk; legmagasb kúpja az Albrechtféle térképen K o l c s á r s z k y-V r c h n e k, mások által B u c s i n a - K o b i l a r s z k a nevével van megjelölve, mely Alsó-Sajó falutól éjszakkeletre esik, s 2534 láb ma-gas. Ezen területen vannak Alsó-Sajó és Gócs helységek erdöi és lege-löi. Ide tartozik a D o - R u d n c h o helyiség, hol ezüst és rézbánya volt; a Z s g y á r hegy, melynek tetején erös forrás bugyog; a N a d-Z s l a b k y erdö; a B r e z y n y, a vízben bővelkedö Do-Lipove-Sztudni s a G r u n hegy, melyen a Gócsi völgy kezdödik; túl rajta egy más völgy a Gölnicz felé vonúl.

d) A R o s n y ó i hegycsoport. Ez az előbbinek keleti folyta-tása, s a Szulova, Sajó, Gölnicz, Szomolnok és Csermoslya vizek völ-gyei között terjed el. Hossza nyugatról délkeletre körülbelől 4, széles-sége 1—2 mfld. Némelyek egyik föhegyéről Ö k ö r h e g y s é g n e k nevezik. Számos hegyből és hegyágból áll, melyek mély völgyek által vannak egymástól elválasztva, s melyek hol kopaszok, hol erdősek. A A hegyek lejtöit s a völgyeket gyepmezökkel váltakozó s néhol már igen megritkitott erdök borítják, még pedig a szepesi oldalon fenyve-sek, a gömöri oldalon bükkesek, melyekben nyírek, gyertyán s más lombos fák is gyakran előfordulnak. A tetök rendesen gyepesek s ter-jedelmes havasi legelökkel és kaszálókkal kinálkoznak.

Ide a következő nevezetesebb hegyek tartoznak nyugatról dél-keletre: a S z ú l hegy (Szulova) Oláhpataktól éjszakkeletre; Ö r d ö g-h e g y (Csertova-Hola) Veszveréstöl éjszakkeletre; Ö k ö r h e g y vagy P o z s á l l ó (Volovecz, Pod Zsarlo) Rosnyótól éjszakra; K i s - Ö k ö r-h e g y (Volovcsik); B u k o v i n a már Szepesben; S z á r a z h e g y a

Pozsállótól délkeletre; P a c s a i h a v a s; M a d á r t e t ö Uhorna kö-
zelében; L a z a r o v a és P i p i s k e Rosnyótól keletéjszakkeletre.

Ezek közöl legkitünöbb s legmagasabb az Ö k ö r h e g y vagy
P o z s á r l ó (Posálló), mely 4020 lábnyi, tehát viszonylagos magas-
sága Rosnyó felett több mint 3000 láb. Terjedelme nagy, igen széles
töve lévén. Mindenfelé szétterjedö lejtösebb és alacsonyabb hegyek ál-
tal környezve, eleintén lassan és menedékesen, azután meredekebbül
nyúlakodik fel. Mindazáltal kopasz sziklákat és mélységet kevés he-
lyen mutat. Oldalain erdök és gyepmezök váltakoznak, teteje lapos és
gyepes. Ugyancsak tetején néhány tiszta forrás bugyog. A hó sokáig
marad rajta, majdnem oly sokáig mint a Királyhegyen, s rendesen
csak májusban olvad el. Tetején a légmérséklet *Bartholomaeides* sze-
rint 5—6 R. fokkal alantabban áll, mint a tövén elnyúló völgyekben.
Számos pásztorszállás van rajta. Hátán át Szepesböl gyalog és lóval
lehet Gömörbe menni. Délnyugati és déli oldaláról négy faluval népe-
sitett három völgy ereszkedik le, t. i. a Veszverési, Betléri és Csucsomi.
E völgyeket tetemes hegyhátak választják el egymástól, megannyi
nyúlványai a Pozsárlónak. A Rosnyó felé nyiló Csucsomi völgyet, me-
lyen a Drázas patak fut le, jobb felöl a H á r o m k ú t f e l ö l nevü la-
pos hegyhát s a Rosnyó és Csucsom között levö K a l v á r i a hegy,
bal felöl pedig azon magasabb hegyág rekeszti be, mely a Kis Ökör
hegyhez csatlakozik s tág ívben elsöben délkeletre, azután délnyu-
gatra vonúl, s melyet R a m s z á snak és R á k o snak neveznek. E
regényes hegy Rosnyó és K.-H.-Váralja között domborodik. Középsö
legmagasb kúpja a H e g y e s t e t ö (Osztri-Vreh). A Rákosnak ne-
vezett hegyág a S z á r a z és P a c s a i hegyekkel is kapcsolatban van
s igy a Pacsai völgyet a Csucsomitól választja el. Rosnyó városa ré-
szint a keskeny Csucsomi völgyben és oldallejtöin, részint a dél felé
kitáguló lapályban épült. A Drázas patak a várostól éjszak felé ¹⁄₄
órányira két ágra szakad, melyek közöl az éjszakkelet felé vonulónak
völgye nagyobb és hoszabb, mint a másik. E nagyobbik éjszakkeleti
völgy a várostól 1¹⁄₂ órányi távolban ismét két ágra oszlik; az éjszak-
nyugoti ág Sötétvölgynek neveztetik, az éjszakkeleti pedig Ramszás-
nak. Ettöl kelet felé a Pacsai völgy nyúlik el, melynek déli torkolatá-
nál K. H. Váralja fekszik. Nemcsak a völgyet nevezik Ramszásnak,
hanem a két oldalán elterjedö városi erdörészt s kivált az éjszakkeleti
oldalát képezö hegyet is.

A P i p i t y k e vagyis P i p i s k e a hegycsoport délkeleti szélén
áll s 3861 láb magas tetején Gömör, Szepes és Torna megyék hatá-
rai szögellenek egybe. Köröskörül alacsonyabb és szép alkotású he-

gyekkel van környezve. Tetejéről messzire láthatunk s Felső-Magyar-
ország nagy részét szemlélhetjük. Tövét és oldalait erdök foglalják el,
teteje gyepes.

A Pacsai Hola gerincze dél felé vonúl, s a krasznahorkai
várhegy támaszkodik rája. Azon nyúlványát egy út szegi, mely Ros-
nyó felöl Krasznahorka-Váralján keresztül s a Pacsai völgyön felfelé
tartván, a Szomolnoki keskeny völgybe szolgál.

A Kis-Veszverés felé nyíló völgy messzire benyúlik a hegytö-
megbe, a Szúlhegy és Pozsárló közé, s belőle egy elég mélyen fekvő
hágón át a Pozsárló éjszaki oldalán levonuló Csendespataki (Stillbach)
völgybe juthatunk. A Szulovai völgy, mely éjszakról délre Nagy-Vesz-
verés felé nyílik, a Jaszenova és Bába hegyek keleti s a Szúl hegy
nyugati oldalán húzódik el, s belőle a főút viszen az Újvilági hágón át
a Gölnicz völgyébe.

A Kis-Ökör hegy és Száraz hegy éjszaki oldalán az Óvíz völ-
gye van, mely a Pozsárlót az odább keletre levő Bukovinától választja
el s éjszakkeletre a Gölnicz felé kanyarodik. Vele egyenközüek a
Csendespataki és más szepesi völgyek.

A Rosnyói hegycsoporthoz még a Szepesben emelkedő követ-
kező hegyek tartoznak: a Jávortető az uhorna-pacsai völgyelet
délkeleti oldalán; a Tompa hegy Szomolnoktól délre; a Szarvas
hegy Stósztól délkeletre.

c) A Tornai hegység. Ezen nevezet alá foglaljuk Gömör
megye azon hegyeit, melyek a Csermoslya felső völgyétöl délre Put-
nok vidékéig terjednek. E hegyek tehát Gömör megye délkeleti részét
foglalják el, s közvetlenül a Torna megyét ellepő és keletre a Bódváig
terjedő hegytömegekhez csatlakoznak, melyek az egész hegység föré-
szét teszik. Meröben mészközetből állanak s a tornamegyei nagy
mészkö felsíknak nyugati párkányát képezik, melynek elöhegyei még
a Sajó jobb oldalán majdnem a Rima völgyéig. Esztrényig és Poko-
rágyig érnek s a Ratkótól és Jólsvától délre a Rima-Szombatból Torn-
aljára menö országútig elterjedő területet dombossá és hullámossá te-
szik. Ez alacsony elöhegyek éjszak felé tehát a Gömör-Szepesi Ércz-
hegység Ratkói és Röczei csoportjainak déli nyúlványaival olvad-
nak össze.

Gömör megyében a mészkö hegyek nem képeznek önálló hegy-
csoportot, s külső alkotásukra úgy mint belső szerkezetökre nézve a
szorosabb értelemben vett Tornai hegységhez tartoznak, a mint ezt
már *Bartholomaeides* megjegyezte, ki jellemöket is helyesen leírta. A
Sajótól nyugatra többnyire csak szórványosan mutatkoznak a mészkö

hátak és hegyek, s a hegység igazi jelleme leginkább a Sajótól keletre
Torna megye felé mutatkozik világosan, hol t. i. már folytonos felsíkok
s összefüggő hegytömegek vannak. A hegység főrésze t. i. egy, mély
völgyek által több részre szakasztott, terjedelmes, körülbelöl 2000 láb-
nyira emelkedő felsík, melynek felülete hullámos s egyes púpokkal
van tetézve. Azon felsíkot azután minden oldalról egyes hegyek és
hátak szárnyékolják. Az egész hegységben igen sok kisebb nagyobb
üreg és barlang van, melyek közöl legnagyobb s legismeretesebb az
A g g t e l k i; ennek részletes leirása alább következik. Kisebb üre-
geket és barlangokat találunk: a pelsöczi, büdöstói, hosszúszói, ardói,
páskaházai, miglészi, jólsva-taploczai, kövii, szászai, ispánymezöi, szi-
listyei, derencsi, hrussói, baradnai hegyekben is. Általában mindezen
mészkő hegyek belseje nagyon hasadékos. De külsö felületökön is
mindenféle horpadásokat, teknö és tölcsér alakú mélyedéseket, úgyne-
vezett lápákat, nyelöket, töböröket és ravaszlyukakat találunk. E mé-
lyedések nagyon jellemzök; rendesen a magaslatok tetején, a felsíkok
hátán fordúlnak elö. A mélyebben fekvök gyakran megtelnek a hó és
esö vizével, s ekkép kisebb nagyobb tócsákat képeznek; néha veszé-
lyes örvények is támadnak, ha hirtelen megáradnak. Ily természetűek
nevezetesen a ravaszlyukak. Különben mindazon hegyek felette szá-
razak, minthogy a csapadékokat a belsejökben levö üregek nyelik el.
A töbörök nagysága különböző, némelyek kiterjedése nehány hold-
nyi, s belsejök vagy gyep, vagy szántóföld. Gyakran több kerek tö-
bör kapcsolatban van egymással, s igy hosszan elnyúló völgyelések is
vannak, melyek azonban szárazak s kivájt árkokhoz hasonlítanak.
Forrást magokon a hegyhátakon alig találunk valahol. Magok a hegy-
ség tömegébe mélyebben bevágódott völgyek is szükölködnek vízben,
s azért többnyire ridegek és kietlenek. Ilyen különösen a Szárazvölgy,
mely Trizs felöl Zubogynak tart. Bövebb vizü források rendesen csak
a hegység szélein vannak. A nagy szárazság miatt a hegység egészben
véve kopár és terméketlen; a hegyhátakat többnyire csak gyér erdő,
silány csalit fedi; helyenként azonban jó legelök vannak.

A Tornai hegység részletes ismertetése nem tartozik ide, csak
gömörmegyei részéröl teszünk még nehány szót.

Azon szakaszát, mely a Csermoslya, Sajó és Torna völgyei kö-
zött elterjed, S z i l i c z e i f e l s í k n a k nevezzük, s ennek nyugati
szárnya benyúlik Gömörbe. Éjszaki oldalán t. i. a S z o r o s k ö és
S o m h e g y kúpok vannak, s e torna megyei hegyeket a C z é g é r
hegy a gömöri hegyekhez csatolja. Gömör megye határszögletében
könyökszerüleg nyúlik el egyfelöl a Somhegy és Szoroskö, másfelöl

pedig a Sajó partján Szalócz és Gombaszeg felé húzódván. Vele átellenben a Sajó és Csetnek egyesülése által képezett szögleten a Pelsőczi felsík domborodik. Nyugatról, délről és keletről tehát a Sajó két ága, t. i. a csetneki és rosnyói, által határoltatik, éjszaki határát pedig azon völgyelés jelöli, mely Csetnek felöl Gencs és Sebespatak falvakon át Rosnyóra vonúl, s mely azt a Röczei hegycsoport keleti végnyúlványaitól választja el. Kiterjedése majdnem egy □ mfld. Magssssága nem nagy, az éjszaki felében Csetnek és Körös között levő Bércz hegy csak 2622 lábnyi. De nyugati oldala, kivált Pelsöcz és Csetnek felé, majdnem függölegesen emelkedő sziklafal, mely azért magasabbnak látszik, mint a milyen valóban. Keleti oldala ellenben lassan és menedékesen lejtösödik, s többnyire szántóföldekből és gyepmezökből áll, s éjszaki felében Körös faluval is van népesitve. Háta púpokkal van megrakva és többnyire erdös. Hogy benne több üreg és barlang van, már megemlítettük. Egyik ürege a tetején tátong, Csengölyuknak hívják. Más üregeinek és barlangjainak nyilásai Vígtelke, Kún-Taplócz és Csetnek felé vannak. Kún Taplócznál két ürege látszik, melyekböl sok viz ömlik ki, miért is Zúgónak nevezik. A csetneki Trnava pusztán létező barlang állitólag a zsiványoknak szolgált tanyáúl. Magán a hegy hátán egy forrás sincsen. Sok orvosi növény diszlik rajta.

Odább délre a még terjedelmesebb Aggtelki vagy Ágteleki felsík van, mely körülbelöl 4 □ mfldet foglal el, kisebbik fele Gömörben van. Egyes hátai és púpjai: a Baradla vagyis Gözölgös Aggtelektöl éjszaknyugatra, melyben a híres barlang van; a Poronya Kecsötöl délre; a Hosszúszói magaslatok; a Büdöstói magaslatok; a Vaskapu Aggtelektöl délnyugatra s a Sár hegy Aggtelektöl délkeletre. Az Aggtelki és Pelsöczi felsikok között különösen a Pelsöcz-Ardó körüli magaslatok emelkednek: a Kis-Zapács, Meleg, Hideg, Ravony és Szegénység hegyek; azután dél felé a Nagy- és Kis-Bércz, meg Nyistrom; nyugat felé a Dubina. A Hosszúszó környékén levö Nyistromot a Szoroszoba völgy választja el más hegyektöl, vele átellenben a Borzut halom van, ezt a Juhaszova völgy váltja fel, erre a Szölöshegy következik, mely alatt a Szölöshegyalja völgy vonúl el. Végre még e vidéken a Kemenecz, Rezö és más hegyek vannak. Kecsö felé az Ancsina völgy és Verespart hegy esik, nyugat felé pedig a Lapos hegy és Hiczko halom van.

Sajó-Gömör és Egerszeg szélességétöl délre a hegység mind alacsonyabb s végre egyes dombhátakkal végződik a Sajónak keletre kanyarodó völgye felé. Azon dombos területet C s e l é n erdőnek szokták nevezni; ez Hosszúszó, Tornalja, Aggtelek és Naprágy közt terjed el, szélessége 1½, hossza 2 mfld. Többnyire tölgyesekből áll. **Keleti** szélén a feljebb említett Szárazvölgy nyúlik el. Az ide való **hegyekből** még említendők: a N a g y - A s z t a l hegy Tornaljától **keletre**; az E g y e s t e t ö Szuhafötöl éjszakkeletre; H a l o m b i k k Hubó és Poszaba közt; S z é l m a l o m Naprágytól délkeletre. Ez utóbbinak magassága már csak 942 láb.

A trizsi, hubói és putnoki dombok már szőllőkkel vannak beültetve.

A Sajó jobb oldalán a Pelsöczi hegytől nyugatra Rozlosna, **Páska**háza és Horka környékein szintén alacsony mészkőhegyek **vannak,** melyeknek nyúlványai dél felé Beretkéig, söt Sajó-Gömörig érnek le, hol az ugynevezett V á r hegygyel s az Otrokocs és Tornalja **közötti** S z ö l ö hegygyel végződnek. E mészhegyek tehát a Szintinához csatlakoznak. Hátaik részint erdősök, részint gyepesek; de források nincsenek rajtuk, s a köztük elnyúló völgyekben csak időszakonkint folynak csekély vízerek. A Várhegyen Sajó-Gömör mellett, hajdan azon vár állott, melyről a megye neveztetett el. A szomszéd dombokon szöllök és gyümölcsösök vannak. Megemlítjük még a S ó s hegyet Giczétől keletre és Pelsöcztöl éjszaknyugatra, s a K o n y á r t Pelsöcztöl nyugatra.

A Jólsva jobb oldalán Jólsva-Taplócza és Kövi környékén valamivel magasabb mészkö hegyek is vannak. Ilyenek: a M u t n i k Jólsva-Taplócza mellett délre s Miglésztöl nyugatra; a K e l i z e t e t ö Deresktöl éjszakkeletre.

A Turócz és Balog völgyei között a lipóczi, szilistyei, hrussói és ispánmezöi hegyhátak terjednek el, melyek szintén jobbára mészköze tekböl állanak. Ide tartoznak: a D r j e n o k Lipócz mellett; B a n k o v o; H a j, mely éjszakról délre nyulik Derencs mellett s melyben a Kislyuk és Magyarlyuk nevü barlangok vannak; B u k o v i n a, V r c h i, V r s s o k, L i p i n i, C s e r o v a Ispánmezö mellett; C z i g á n y hegy. H a j - O l d a l, K o p a s z k a Budikfalva közelében, és H r a d i s t y e vagyis b a l o g i v á r h e g y.

A Rima és Balog közötti hegyhátak közé tartoznak: a K o p r i v n i k, S i s e l, H r a d i s t y e, N e m c s i n a, H r b, Szedlo, Z a k l u c s, Sztrebernyé, B a n i s t y e mind Baradna környékén, a Hradistyén várrom van; a L i s z k o v e c z R.-Brezótól dk-re; C s e r v e n a - S z k a l k a Lukovistyétöl nyugatra; K o n k o v a Lukovistye szőlőhegye; Magin-Hrad Alsó-Szkálnok mellett; Hegymász és Kosár Pokorágytól éjszakra.

Végre a rimaszombat-tornaljai úttól délre, a Rima és Sajó völgyei között, még alacsonyabb dombozatok és földhullámok vannak. Közölük talán legmagasabb a Jánositól éjszakra domborodó Kikiricza, melynek tengerfeletti magassága 912 láb; a Lucska Runyától délre csak 816 lábnyi; Szutortól éjszakkeletre és Zsiptöl keletre egy magaslat van, melyet az Albrechtféle térképen Batki-Birónak neveznek; Fügétöl délre a Lapcsa magaslatot találjuk.

IV. A Mátra és Cserhát éjszaki oldalára támaszkodó dombvidék.

Azon dombvidék legnagyobb része Heves és Nógrád megyékben terjed el, s Gömör megyéhez csak azon magaslatok tartoznak, melyeket az Ajnácskői hegycsoport neve alá foglalhatunk, s melyek a megye legdélibb szakaszát lepik el. Gömörben az Ajnácskői hegycsoport kelet felöl a Hangony, éjszak felöl a Rima s az osgyánrimaszombati országút által határoltatik; dél és nyugat felé még Hevesbe és Nógrádba is átcsap. Az ezen területen feldomborodó hegykúpok többnyire vulkáni kőzetekböl állanak, s azért már külső alakjoknál fogva is különböznek a megye más hegyeitöl.

A Gortva, mely Zabar környékéröl elsöben nyugatra, azután éjszakra s végre keletre tart, s ekkép nagy ívet kanyarít, a hegycsoportot majdnem a közepén szeldeli át; azonkivül még a Macskás és más patakok futják be.

Ajnácskő a Gortva által öntözött Almágyi völgyben épült, a megye határszélén. Környékén emelkednek az emlitett völgy két oldalán a hegycsoport legmagasb kúpjai. Nevezetesen jobb oldalán a Strázsa, Matrács, Ragács és Zabotta, bal oldalán pedig a Kisvár, Pogányvár, Tilicz és Erös-Ág hegyeket találjuk. A völgy hátulján az Ajnácskő áll. Köztük az 1698 lábnyi Ragács Ajnácskőtől éjszakkeletre és Gortva pusztától délkeletdélre legmagasabb. — A Meleg hegy a Gortva forrásai felett, a Kalicz hegy Tajti mellett domborodik. — Odább nyugatra a hegycsoport legnagyobb s legmagasabb tömege t. i. a Medves terjed el, mely azonban már Nógrádba esik. Keleti tövén Tajti, Vecseklő, Egyházas-Bást és Ó-Bást fekszenek s rajta a barnai, tajtii, zagyvai és puszta-szörösi határok szögellenek egybe. A Medves éjszaki nyúlványa két ágra szakad; egyik éjszakkeletre Sátoros, másik keletre Sőreg felé vonúl s ott a már emlitett Erös Ág és Pogányvár hegyek csatlakoznak hozzája.

A megye keleti határán a sörcgi hegyek, a S á t o r o s, a V á r-
n á s hegy és N a g y k ő Csoma és Béna között, a B é n a i hegy, azu-
tán a R e m e t e hegy és B u c s o n y emelkednek. Beljebb s a Gort-
vától éjszakra a meredek és sziklás oldalu V á r g e d e i hegy, azután
a S z u t k a Majomtól délnyugatra, s a M a g y a r hegy Osgyántól dél-
keletre vannak. Az osgyáni dombozatok a Szuha völgyének két olda-
lán az átmenetet közvetítik az Osztroski-Vepor hegylánczolat déli
ágazataira.

A Gortva déli oldalát a Ragácshoz csatlakozó dombozatok sze-
gélyezik. Ide tartoznak : a Z a b o t t a, melyet már említettünk; a
B i k k hegy Várgedétöl délnyugatra; a gúlaalakú S e r k i hegy; a
R ö v i d - B é r c z Detértöl éjszakra; a D a n c s a szintén Detér mellett.

Végre a Darnyai és Hangonyi völgyek közötti hegyhátak Zabar
vidékéről terjednek Rimaszécs felé. Ide tartoznak : a K i s - K a s z a
hegy Magyar-Zabartól éjszakra; a B i k k Péterfalúnál, rajta megy
keresztül az út Heves megyébe; K o v á c s - H a n g o s Sikátortól éj-
szaknyugatra és Hangonytól délnyugatra; V a s D o b o r (vagy Vös
Dobor?) Darnyától délkeletre; B é r c z, melyről a Karaszvény pa
tak folyik le; S z ő l ő - M a g a s Darnya és Harmacz között a Macskás-
pataknál; S z u r d o k hegy Sajó-Püspöki mellett.

III. Gömör megye földtani viszonyai.

E helyen csak általános vázlatát adjuk a megye földtani viszo-
nyainak. Az ércztelepek és azon viszonyok, melyek között előfordúl-
nak, alább részletesebben iratnak le. Más föld- és ásványtani részle-
tekkel K u b i n y i F e r e n c z úr fogja e vázlatot kiegészíteni.

A V e p o r és P o l y á n a hegycsoportok, valamint az Alacsony-
Tátrához tartozó V a p e n e c z és K i r á l y h e g y csoportjai is nagy
részt j e g ö c z ö s p a l á k b ó l, t. i. agyagpala, csillámpala, amfibol-
pala és gnájsz kőzetekből állanak, melyek alól helyenként a gránit
üti ki magát. A Banova hegytől éjszakkeletre a Szepes határán levő
Geraván túlig s keletre Vernár felé az ő s a g y a g p a l a uralkodik
egy kisebb nagyobb szélességü övet alkotva. Odább délre egy hasonló
kőzetekből álló más öv terjed el, mely Rahó és Rimabánya éjszakke-
leti oldalán kezdődik s a Vas hegyen, Jólsva, Csetnek és Rosnyó váro-
sokon át vonulván, majdnem Kassáig tart. Ez övet éjszak felöl a csil-
lámpala, délfelöl a mészkőzetek szegélyezik.

Az A l a c s o n y - T á t r a fögerincze Bóczabányától keletre, te-
hát Gömörben is, túlnyomólag gnájszból áll, melyet más palakőzetek,

s homok- és mészképletek szegélyeznek. A hegylánczolat keleti részében az átalakult palák uralkodnak, melyek között a talkpala és csillámpala igen gyakori. Maga a Királyhegy sem áll tulajdonképi gránitból. Ugy látszik, hogy palaközeteit s részint mészképleteit, a feltóduló gránit csak emelte, a nélkül, hogy, mint a Magas-Tátrában történt, a réteges közeteken keresztül tört volna. *Kalchbrenner* ennek tulajdonítja az ellentétet, melyet a Királyhegy s az Alacsony-Tátra más domború kúpjai a Magas-Tátra horgas, hasogatott tornyaival és éles, szaggatott ormaival képeznek. Pohorella közelében egy keskeny márványöv mutatkozik, a talkpala déli szélén, azon márvány a Murányi hegyek felé lassanként liaszféle (vagy triaszféle) mészkőbe megyen át. Telgárt környékén már a m e l a f i r bukkan fel.

A G ö m ö r - S z e p e s i é r c z h e g y s é g csoportjainak legmagasabb tömegeit, mint már emlitettük, a j e g ö c z ö s p a l á k, g n á j s z s helyenként g r á n i t alkotja. Nevezetesen a gnájsz s alárendelten a gránit képezi a R ö c z e i h e g y s é g e t, a T r e s z n y i k, S z t o l i c s n a, R o v n a, S z ú l, B ü k k e s stb. hegyeket. A Röczei hegység a Királyhegygyel van kapcsolatban, de a felületen fiatalabb palák és mészkövek megszakasztják a kapcsolatot. Az ottani gnájsz- és gránit-képletek, melyek többnyire csillám- és agyagpalával vannak szegélyezve, legnagyobb szélességöket Murány, Nagy-Röcze és Lubenyik között érik el, hol azok 6—7000 ölnyire terjednek; de hosszában délnyugotról éjszakkeletre, t. i. a Tiszolcztól nyugatra levő Borova hegytől kezdve F.-Sajó vidékéig, legalább még egyszer oly messzire huzódnak. E gnájsz s illetőleg gránit területhez nyugat és kelet felé igen nagy vastagságú és terjedelmes palatömegek csatlakoznak, melyek egyfelöl Libetbányán túlig, másfelöl pedig a Hernád völgyéig keletre érnek. A palaközetek tehát Gömörben azon hegycsoportokat képezik, melyek átlagos magassága körülbelöl 4000 láb. Közöttük általán véve a következő fötagokat különböztethetjük meg: a c s i l l á m -, ő s-a g y a g, k e s e l y k ö- (Grauwacke) és az úgynevezett w e r f e n i p a l á k a t. A csillámpala az emlitett területnek csaknem kellő közepét foglalja el. Az ősagyagpala az előbbi övnek déli oldalát szegélyezi s Rimabánya- és Szkálnoktól kezdve keletre Kassáig terjed, hol szélesebb, hol keskenyebb vonalban. Öve a Rimai és Csetneki völgyek között legkeskenyebb. Hasonló, de keskenyebb s a Garam völgye által megszakasztott, öve az ősagyagpalának a Murányi mészkő-terület éjszaki és éjszaknyugoti oldalát fogja be. A keselykö-palák leginkább az ősagyagpala övnek déli oldalán fordulnak elő, Ratkó, Csetnek, Dobsina és Rosnyó környékein. Végre azoktól délre a Csetneki völgy ke-

leti és nyugati oldalán a werfeni palák mutatkoznak keskeny, szaka-
dozott övben.

Csetnek vidékén a palaképződmény délre kanyarodik **Páskahá-**
záig; nyugati nyulványa pedig Rozlozsnán és Jólsván át s **a Chisnyó-**
Voda vasbánya-telep mellett elmenve Nandrás, Rákos és **Ratkó** felé
csap. De a Hradek, Vashegy s Ochtina környékén levő más hegyek is
túlnyomólag gnájszos csillámpalából állanak. A különböző **agyagpalá-**
kat helyenként durva kvarczkonglomerátok (verrucano), ezeket pedig
zöld, veres és kék homokos palák (werfeni rétegek) fedik; **így a Fe-**
ketehegy, Tárcsa, Kökeverék, Hradek és Vas hegyeken.

Igen nagy változatosságot találunk a D o b s i n a i h e g y c s o-
p o r t közeteiben. Dr. *Kiss Antal* úr szerint a jegöczös **agyagpala** van
leginkább elterjedve. Délen a Z u h a n ó k körül kezdve azon hegytö-
megeken húzódik el, melyek a K o s v ö l g y e t (Ramsengrund), N y i-
r e s t, I t a t ó t, M é l y v ö l g y e t, S z á r a z t e t ő t, V e r e s h a r a s z-
t o t, B á b á t, S z e n e s t, M a g a s h á t a t (Hohe Grad) és H o s s z ú-
h e g y éjszaki oldalát, azután a B o k r o s t (Krueski), K o m l ó k e r-
t e t, S z e n t, Ú s z t a t ó (Floss), S z e l e s és M a r o n hegyeket ké-
pezik. Tehát a jegöczös **agyagpalából** álló hegyek egész kört alkot-
nak, mely egy a Dobs vize által szegett medenczét zár körül, melyen
belől fiatalabb képletek mutatkoznak. Az agyagpala részint tömött s
igen kemény, részint c h l o r i t- és t a l k p a l á r a, részint **végre**
k o v a p a l á r a megyen át.

A Dobs völgye vagyis Nagyvölgy (Grund) mindkét oldalán a
c s i l l á m p a l a és g n á j s z uralkodnak; a város feletti vasolvasz-
tótól kezdve nyugatnak húzódnak, s ott a F e l s ö - B ü k k e s e n fel-
bukkanó gránit vet nekik határt. De másfelől a S z e l e s alját, a T á r-
c s a, O l d a l, C s u n t a v a és T r e s z n y i k hegyeket képezik, me-
redek sziklafalakban, meztelen, magas és szaggatott tömegekben nyú-
lakodván fel. A csillámpala részint t a l k f é l e, részint rostos, héza-
gos, fehér ezüstszinü tiszta csillámpala. Az előbbi féleséget az olvasz-
tók kibélelésére használják. A g n á j s z leginkább az A l s ó - B ü k k e-
s e n, T á r c s á n, C s u n t a v a és O l d a l hegyeken mutatkozik.

A talk- és csillámpala meg gnájsz rétegei közé á t a l a k ú l t
m é s z k ö van befészkelve, különösen a Nagy-Völgy két oldalán az
E z ü s t v á j á s (Silberzeche), S t e f i k v ö l g y és feljebb a S z á r a z-
v ö l g y tájain s az Ó k ö v ö n (Elterstein). Azon mészkö területen
mészégető kemenczék vannak.

A réteges közetek közül dr. *Kiss* úr szerint Dobsina környékén a
k e s e l y k ő - k é p z ő d m é n y n e k három főtagja fordúl elö. **A Kö-**

zúgó, Áfonyás (Helperhübel), Akasztó, Újút és Éleshegy
(Scharfeuberg) tájain, továbbá a Feketehegyen és környezetén
s Abaúj és Szepes határain, s végre a Fábiáncsür egy kis csúcsán
keselyköi breccia és homokkő mutatkozik. A Borjas és
Hát dombok elejét keselyköi mészkő képezi, mely onnan az
Épvölgybe (Nierengründl) és a nyirecskei köbányáig vonúl,
hol a szerpentinnél és gabbrónál végződik. Elszórt foltokban a Jeru-
zsálem és Gyök dombokon, valamint a Sztraczenai völgy-
ben is, a Válúknál (Spunten), látható. Benne nevezetes kövületek ta-
láltatnak, kivált a nyirecskei köbányában s az átellenben levő Jeruzsá-
lemen, valamint a Válúknál.

A keselyköi agyagpala csak egyes rögöket, szigeteket
képez a gabbrón és környezetében; így az Óhegyen, Tekésen,
Nagy- és Kis-Farkasvölgyön (Klein-, Gross-Wolfsseufen),
Köves és Tesner-völgyeken; a Jeruzsálem dombon, a
Nyíresen, az Andráshegy mögött, a Magashegy alján, a
Szegletvölgyben (Podkuti), végre a Belus és Közúgó közt.

Ebben is érdekes kövületek s ezeken kivül gazdag vasércztele-
pek fordúlnak elő.

A gránit Dobsina délnyugati határszélén a Felső-Bükkes
nagy hegyét alkotja, balról a gnájszszal, jobbról a Tresznyik czüst-
szinü csillámpalájával levén határos.

Odább nyugatra s a Sztraczenai völgynek kivált éjszaki oldalán
a mészképlet uralkodik, melyet fokozatok, töbörök, vályadékok
és sokféle üregek és barlangok jellemeznek. E mészképletről még
alább szólunk. Itt csak azt említjük meg, hogy Dobsina közelében a
Ducsa hegy éjszaki oldalában egy jeges barlang van.

De a Dobsinai hegycsoport legérdekesebb kőzetei közé tartoz-
nak: a gabbró és szerpentin.

A gabbró területe keleten a Tesner völgy, éjszakon a
Hosszúhegy, Tekés, Vadkan hegy gerinczei, nyugaton a
Slovekvölgy és Fizlmező, délen a Nyirecske (Birkeln)
orma, Akasztó és Éleshegy által határoltatik. Ezen így meg-
határolt négyszögletü területen a délkeleti széléről benyúlakodó agyag-
palák részben elfedik a gabbrót. Ezen négyszögletü gabbrótömegen
kivül egy kis tömzsöke még a Hosszúhegy nyugati ormán, a
sztraczenai útnál mutatkozik. A dobsinaiak a gabbrót egyszerűen zöld
könek nevezik, dr. *Kiss* szerint az részint diorit, pl. a Vadkan,
Nyirecske hegyeken s a Vilmosgórczán, részint igazi gabbró
mely labradorból és chlorittá átváltozott diallagból áll.

A szerpentin a dobsinai határban egymástól félmfldnyi tá-
volságra eső két helyen találtatik: t. i. a Nyirecske és Borjas
vidékén és a Kerthegy aljában. A Borjas és Nyirecske dombhátak
a Hosszúhegy déli alján nyúlnak le a város kerítéséhez. s ezekben a
szerpentin valami 20,000 □ ölnyi kiterjedésben fordúl elő, környezve
gabbróval, keselykői mészkővel és agyagpalával. Második kisebb tö-
mege a Kerthegy éjszakkeleti oldalában a jura mészképleten tódult ke-
resztül, kiterjedése 4—500 □ öl.

Zeuschner szerint a gabbró keskeny hasadékokon tódult ki mint
a bazalt, s az érczek képződése szoros kapcsolatban van vele. Annyi
csakugyan bizonyosnak látszik, hogy a nikol- és kobalt-telepek a gab-
bróhoz vannak kötve.

De Gömörnek legtöbb s leggazdagabb ércztelepei a palahegy-
ségekben találtatnak.

A gràniton, gnàjszon és sokféle palakőzeteken kivül Gömörben
a mészképlet is nagyon el van terjedve. Már az Alacsony-Tátra
lejtőségei és előhegyei jobbára mészkőből állanak. Egyik legneveze-
tesb tömzsöke a mészképletnek a Murányi hegycsoportot
képezi. Ez, mint láttuk, egy nagy hegytérség, mely Vereskö és Poho-
rella között majdnem rendes háromszöget képez. Kelet felé a Röczei
havas gnájszterülete, éjszak felé Pohorella és Závadka között a gránit.
s dél felé Tiszolcz és Pohorella között ismét a gnájsz által van hatá-
rolva. A háromszögletü mészkö-felsik széleit a völgyelések fölé 400—
600 láb magas sziklafalak bástyázzák körül. A mészképletre nézve a
Popova hegy némileg egy csomót képez; ebben annak szélessége
mintegy 2 mfldnyi. A Závadka melletti vastelepnél egy 1000 lépés
hosszú mészkö tömeg jegöczös és harmadkori képletek közé fészkelte
be magát.

A gömörmegyei mészképletet némelyek a jurához, mások a
liaszhoz, még mások a triaszhoz számitják. Kora és települési
viszonyai tehát még nincsenek kellőleg felderitve. Sok helyütt a dolo-
mit uralkodik benne, s ennek málladékai adják meg pl. a Pusztopolyei
hegytérségnek sajátságos jellemét. Helyenként bizonyos márgás, ho-
mokos mészkö találkozik, igy pl. a Zajaczovai völgyben a Vereskőből
Telgárt felé vivő út mellett. A Pohorella környékén levő hegyekben.
pl. a Gindurán és Czigányon szürke mészkö mutatkozik. Ez
utóbbi hegyben agyagos mészkö (liasz?) és gipsz is fordúl elő. Ugyan-
csak rajta egy ólomércz telep van, és pedig ott. hol a szürke tömött
mészkö talkpalával és félig jegöczős mészkövekkel érintkezik, mely

utóbbiak azután fehér márványba mennek át. Végre a Czigány hegynek C s i s z t i G r u n nevü lejtőjén homokkő is mutatkozik.

A palahegységek déli oldalán a mészképlet még sokkal nagyobb területet foglal el. Esztrénytől s Ratkó-Szuhától kezdve keletre az egész megyén végig terjed el, sőt Torna megyén át Jászóig vonúl. Dél felé Harkács és Tornalja szélességéig uralkodik a mészképlet, sőt egyes szakadékai még odább délre is érnek; de itt-ott palák váltakoznak vele. Igy Telgártnál a mészképlet közepett veres palák, werfeni rétegek merülnek fel; ugyanez az eset Rosnyó és Hosszúrét környékén is. Másfelől a pala és gnájsz területeket helyenként mészkőzetek szakasztják meg, pl. Dobsina környékén.

Láttuk, hogy a mészkő hegyekben igen sok barlang és üreg fordúl elő, s külső alkotásukban is az úgynevezett k a r s t jellem van kifejezve.

Más kőzetek képezik az A j n á c s k ö i h e g y c s o p o r t o t; ez t. i. jobbára b a z a l t b ó l, alárendelten pedig t r a c h i t b ó l és t a j t - k ö k o n g l o m e r á t b ó l áll. Nevezetesen a S t r á z s a, M a t r á c s, R a g á c s, A j n á c s k ö, T i l i c z hegyek, valamint a P o g á n y v á r és a Nógrád megyében elterjedő M e d v e s is merőben bazaltból állanak, mely azon vidéken többnyire a palóczok által a p o k á n a k nevezett neogén homokból és homokköböl tolja fel magát. Igy a Ragács bazaltját a tövén homok és agyag fedi s az ebbe bevágódott vízmosás a kövületeknek igen nevezetes lelhelye, melyről alább bővebben. Az ajnácsköi Várhegy hirtelen feltódult bazaltoszlop, melyet apoka s alantabb laza agyag környez. A Gortva baloldalán emelkedő Pogányvár teteje egy lapos, melyet meztelen bazaltfal kerít be. Ez egy helyen megszakad, s e nyílásán egész tengere tódult ki a bazaltkőnek, vulkáni kavicsoknak (lapilli), bombáknak A Pogányvár teteje tehát egy bazalt kráter, mely hosszúkás s nem épen szabályos ellipszoid; közepe mélyebben horpadt be, mint szélei, s belőle két apró kúp dudorodik ki, melyek között két tócsa van. *)

A bazalt, valamint az apokaképlet Nógrád és Heves megyékből nyúlik át Gömörbe s csak a Gortva mellékeire szorítkozik.

A völgyek talpát s általában a megye lapályos részeit n e o g é n, n e g y e d k o r i és á r a d m á n y i képletek foglalják el, melyek elterjedési viszonyai azonban még nincsenek kellőleg megvizsgálva.

Helyenként igen jó f a z e k a s a g y a g találtatik, igy kivált

---

*) A R a g á c s r ó l *Kubinyi Ferencz* úr, a P o g á n y v á r r ó l s az apoka képletről *Szabó József* úr tartottak nehány érdekes értekezést a magyar földtani társulat üléseiben

Mastinecz pusztán, továbbá Rosnyó, Ochtina, Jólsva, Miglész, Mikocsány, Sivette, Perlácz, Licze és Lévárt helységek határaiban. Restérnél és Lubenyiknél bizonyos palás agyag van, melyet az érczkohókban szükségelnek.

A televény a megye éjszaki nagyobb felében többnyire verhenyes és veres, ellenben a lapályos déli részeken fekete és sokkal termékenyebb. Futóhomok nincs a megyében.

E helyen megemlítjük még, hogy a Radzim hegyen, itt-ott a Murányi hegyekben, továbbá Jólsva-Taplócza, Kövy, Hrussó és F.-Pokorágy határaiban különböző egyszinü és tarka mészkő találtatik, melyet közönségesen márványnak neveznek.

Bánrévénél kőszén nyomai mutatkoznak; alkalmasint lignit és barnaszén más helyeken is találtatik.

A legnevezetesebb ásványok a bányákban fordúlnak elő. Dobsina határában dr. *Kiss Antal* úr szerint [*]) a következő ásványok találtatnak:

Mészpát, igen sok helyen;

Aragonit, az Amália-górczán heverő gabbródarabok hézagfelületén s a Kerthegy alatti vasérczek között;

Ankerit, egész tömegeket képez;

Dolomit, jegeczes szerkezetben a Springerféle kert kőbányájában:

Vaspát (Siderit), telérekben és telepekben:

Barnavaskő (Limonit);

Vasfényle, fészkekben, telepekben s kisebb nagyobb tömegekben;

Vaskovand (Pyrit), nagy bőségben;

Uvarovit, Picrolith és Kölen (Asbest) a szerpentinben;

Kova, nevezetesen rózsakova a Mélyvölgyön felfelé, s veres jáspis;

Szmaltin és fehér nikolkovand vagyis Cloanthit:

Erythrin vagy kékenyvirág;

Réznikol (Nikelin) és Nikolvirág;

Arszénkovand;

Rézkovand (Chalcopyrit), Zemberg vájnán jegeczekben is:

Fakond (Tetraëdrit), telepekben és telérekben:

Antimon;

Pimelith, a Tesnervölgy egy górczán:

Epichlorit;

Szelenit, régi vájnákban;

Pharmakolith;

Súlypát, keserpát és czinnóber:

Rézlazúr, fakond-telérekben;

Malachit rézkovand telepekben;

Veresrézércz vagyis téglaércz;

Delejvaskő, a szerpentinben, gabbróban:

Termésréz István-vájnában;

[*]) Lásd feljebb idézett értekezését.

Rutil, kivált a röczei határban :

Tarka rézércz (Bornit) a Zemberg vájnán

Cotta *) még a nikolarszénkovandot (Amoibit), nikolporvát, kék vaskövet (Vivianit) és turmalint említi.

Ugyancsak *Cotta* szerint következő ásványok találtatnak B e t l é r környékén :

Rézkovand ;	Vasfényle ;
Malachit ;	Barnavaskő ;
Allophan ;	Vaskovand ;
Rézzöld ;	Fakóércz ;
Aragonit ;	Pyrolusit ;
Wolnyn (jegeczödött súlypát) ;	Mágneskovand ;
Mészpát ;	Göthit ;
Antimonfényle ;	Speiszkobalt.

A l s ó - S a j ó környékén :

Kova ;	Fakóércz ;
Vaspát :	Rézkovand ;
Barnapát ;	Termés higany ;
Súlypát ;	Amalgam ;
Mészpát ;	Vaskovand.
Czinnóber ;	

F e l s ő - S a j ó környékén :

Vasfényle ;	Vaskovand ;
Súlypát ;	Manganit ;
Mészpát ;	Rézkovand.
Witherit.	

IV. A Gömör vármegye területén tett magasságmérések.

Aggtelek, a fogadó	1115	Wolf
„	1039	Sen.
„	1332	Schmidl.
„ a Baradla szája	988	„
„ „ „	968	Wolf
„ a Baradla közepe	955	Schmidl
„ „ Apolló templom	843	„
„ „ Csillagásztorony	843	„
„ „ a Styx partján levő pad	1186	„
„ „ a Retekbarlang előtt	1032	„
„ „ a Paradicsom	1308	„
„ „ a barlang belsejének elérhető legmélyebb pontja	863	Wolf
„ a Baradla előtti nyereg	1221	Schmidl
Ajnácsköi vagy Bataházi fürdő	859	Molnár
Almágy, a Gortvánál	590	Wolf
Bába hegy vagy Babina	3932	Sen.

---

*) L. Die Erzlagerstaetten Ungarns und Siebenbürgens. 1862.

Bartkovka, hegy az Alacsony-Tátrában	5561	Sen.
Berzéte, a tervezett vasút	721	
Bércz, hegy Csetnektől délkeletre	2622	△
Bresztova, hegy az Alacsony-Tátrában	4914	Sen.
Bubnarka, a nyergen levő forrás	4334	"
Bucsina-Kobilarszka	2534	"
Chorepa, a tiszttartó lakása Kokavánál	929	Wolf
Csetnek	895	Sen.
"	912	△
Csuntava hegy hágója	3670	
Darnya, a templom	520	Wolf
Darnya és Hangony közötti hágó	1004	Wolf
Djel hágó Tiszolcz és Polhora közt, jegöczös palák . .	2587.₀₄	Kornh.
Dobsina	2435	Greiner
"	1392	Sen.
Fabova havas	4760	△
"	4541	Greiner
Gindura hegy	3300	Sen.
Gömör (Kis-)	716	Wolf
Gömör (Sajó-)	560	Sen.
Hanva	558	
Hosszúrét, a tervezett vasút	955	·
vízválasztó a tervezett alagútnál . . .	955	
" az alagút vége	976	
Hradek hegy	2152	Sen.
Hradova hegy	2594	Sen.
Jólész, a tervezett vasút	721	
Jólsva	863	Sen.
" a templom	828	Greiner
Kakas (Kohut), Röczei havas csúcsa	4410	△
"	4481	Greiner
Kelemérből Zádorfalára menő út legmagasb pontja . .	646	Wolf
Kelize tető	936	△
Kikerics vagy Kikiricza Jánosi mellett	912	△
"	862	△
Királyhegy (Kralova Hola)	6141	△
"	6030	Sen.
"	6040	Zeuschner
"	6115	Greiner
" keleti ágazata a Gölnicz éjszaki partján a vernári útnál	3328	Kornh.
Klak vagy Klaky hegy	4480	Greiner
Kövecses, a tervezett vasút	517	
Lekenye, a Sajón tervezett vasúti híd	595	
Lénártfalu, tervezett vasút a Sajónál	491	Wolf
Luczka, hegy Runya és Hamva közt	816	△
Mágneshegy Tiszolcznál, a József tárna száda, diorit jegöczös mész	2571.₀₄	Kornh.
" hágója Pod-Djelből a vasbánya felé . .	2713.₀₅	"

Maszniko, papirgyár	1400	Szontágh
Méhi	516	△
Murányalja	1243	Greiner
„ a fogadó 1 emel.	1216	Kornh.
Murányi várrom	2973	Greiner
Nadabula	868	Sen.
Nad-Zsgyárnem hegy az Alacsony-Tátrában	5833	Sen.
Ochtina	768	Sen.
Oláhpatak	1072	Sen.
Osgyántól, keletre az országút legmagasb pontja	1000	Wolf
Ökörhegy (Nagy-, Volovecz, Pozsálló)	4020	△
Ökörhegy (Kis-, Volovcsik)	3478	Sen.
Pelsöcz, a tervezett vasút	631	
Pipíske (Pipityke)	2864	△
„	3820	△
Pohorella	2190	Sen.
„ az Ágost és Ferencz kohók közt	2212	Kornh.
„	2074	Greiner
Polomka, erdőszlak, jegöczös palák	1951	Kornh.
„	1975	Greiner.
Poronya tető Aggteleknél	1578	△
Prehiba nyereg Pohorella mellett, az erdő felső határa	4386	Sen.
Pusztopolye, az erdőcsősz lakása	2910	Greiner
Putnok, piaczi fogadó	480	Wolf
Putnok és Kelemér közötti hágó	970	Wolf
Radzim vagyis Hradzim, mészkő	3027	△
„	2998	Sen.
Ragács hegy	1698	△
Ratkó környékén a mészhegyek közepes magassága	1422	Beudant
Ratkó és Hrussó közötti felsík	1431	„
Recske (Nagy-)	522	△
„ a tervezett vasút	490	Wolf
Rimabrezó, a rima-murányi bányatársulat irodája	812	Wolf
Rimaszombat, fogadó a zöld fához, 1 emel.	650	„
„ fogadó a három rózsához	704	Kreil
Rimaszombati lapály átlagos magassága	412	Beudant
Rimaszombat és Sávoly közötti felsík	791	„
Rosnyó	970	Sen.
„ a barometer álláspontja	1145...	
Rovna havas (Illavina)	4567	Sen.
Röcze (Nagy-), a piaczon, áradmány	949.26	Kornh.
Sas hegy (Orlova vagy Orlovecz)	5684	Sen.
Sumjácz, az erdőszlak, talkcsillám	2809	Kornh.
„ a falu	2803	Greiner
Szélmalom, hegy Naprágynál	942	△
Szinecz hegy	3168	△
Szkalka, hegy Jólsvánál	1650	△
Sztolicsna, hegy	4590	△

Sztozek, hegy	2243	Sen.
Sztudnya, erdőkerülői lak a murányi hegyekben	3721	Greiner
Szúlhegy (Szulova) hágója	2743	Sen.
Tekés hegy	3100	Sen.
„ a hegyen levő bányák	2767—3063	Beud.
Telgárt	2773	Greiner
„	2522	S.
„ a Garam forrása közelében	2917	Kornh.
Tiszolcz	1218	Sen.
„ a kohóval átellenben, szemcsés dolomit	1338	Kornh.
Tiszolczról Ratkóra vivő út legmagasb pontja	2970	Sen.
Tornalja	582	
„ fogadó, 1 emel.	796	Schmidl
„ a tervezett vasút	517	
Tresznyil	4242	△
Trsztye	3516	△
„	3482	△
Turóczi és Murányi völgyek vízválasztéka	1824.,	Kornh.
Uptazik, hegy az Alacsony Tátrában	4737	Sen.
Várgede, templom	583	Wolf
„ Kubinyi úr háza előtt	555	Wolf
Vas hegy (Zeleznik)	2373	Beudant.
„ a kohász lakja a keresztfánál	1674.,	Kornh.
Vas-Dobor hegy	1254	△
Vepor (klenóczi)	4261	△
Vereskő, mész	2548.,	Kornh.
„	2468	Kiss Ant.
Vernár	2338	Sen.
„ a templom	2428	Greiner
Vígtelke, a tervezett vasút	709	

II. FEJEZET.

Gömör vármegye vízirati és éghajlati viszonyai.

I. Gömör vármegye forrásai, tavai, folyói.

Gömör bővelkedik forrásokban, kivevén azon részét, melyet a Tornai hegycsoporthoz tartozó és murányi mészkő hegyek lepnek el, hol csak kevés, de annál erősebb forrás fakad. A közönséges források jó egészséges ivóvizzel kínálkoznak. — A Dobsina melletti Szeles hegyen és a Vashegyen állitólag egy-egy dagadó forrás van, úgy Szásza helységben is.

Hév forrás, úgy látszik, nincs Gömörben, de langyos forrást s oly vizet, mely soha sem fagy be, sok helyütt találunk. Részint fürdöül használják, részint a kendert és lent áztatják bennök. Ily langyos források nevezetesen Királyi, Lévárt, Nagy-Rőcze, Jólsva, Jólsva-Taplócza és Kún-Taplócza helységek határaiban vannak.

Királyinál a Sajó nyugati oldalán, a falu alatt, több forrás bugyog, melyek egy tócsát képeznek. Ennek mélysége a közepén állitólag megmérhetetlen. A belőle kifolyó víz egy malmot hajt. Hőmérsékét 17—18 R. fokra teszik. Leginkább csak kendert áztatnak benne.

Lévárt falu alatt a legközelebbi völgyeletben a Harkácsnak tartó út mellett szintén egy tócsa van, melynek hőmérséke körülbelől 17 R. fok. Századunk elején ott egy fürdőt állitottak. Az ottani víz sok meszet tartalmaz.

Valamint a királyi és lévárti, ugy a többi langyos vizek sincsenek még az új vegybontás szerint kellőleg megvizsgálva. *) Csak any-

---

*) A gömöri forrásokat *Bartholomaeides* szerint *Keszler Antal* megyei orvos vizsgálta meg először; 1795-ben dr. *Pillmann István* vizsgálta meg azon kérdőpontok szerint, melyeket a Helytartótanács tett vala fel. De Pillmann válaszai a tudomány mostani igényeit nem elégíthetik ki. A telgárti vizeket 1798. dr. *Marikovszky György* vizsgálta meg alaposabban. Az újabb időben csak az ajnácskői és csizi források vétettek helyes vegybontás alá.

nyit tudunk róluk, hogy meszesek. Kún-Taplóczánál a Pelsöczi hegy két hasadékából fakadnak ki a Zúgónak nevezett bővizü források, melyek vize be nem fagy. Egy más, valamivel melegebb, forrás magában a helységben fakad.

Még Rosnyó, Ochtina, Horka és Aggtelek mellett vannak oly vizek, melyek télen se fagynak be.

Egyéb ásványos és gyógyvizekben is bővelkedik Gömör. Kivált a savanyú vagyis borvizeknek száma nagy. Nevezetesen a következő helységek mellett vannak borvizek: Ajnácskő vagyis Battaháza, jódtartalmú égvényes földes vasas;

Baracza, vasas földes, a falutól délre nedves réten;

Bizófala (Gortva-Kisfalu), vasas földes;

Czakó, az Iványi felé menő út mellett két forrás;

Fazekas-Zaluzsány, földes;

Gortva-Kisfalú, a falutól délre eső erdőben;

Helpa, vasas;

Jelene puszta (Susány és Szuha közt), vasas földes;

Kokava, vasas;

Lukovistye, földes;

Mastinecz puszta, vasas földes;

Osgyán;

Poesevieze (Várgedétől nyugatra félórajárásnyira egy erdőben három forrás; vasas földes;

Pohorella, vasas;

Polonka (Baczukról is neveztetik), a helységtől nyugatra, vasas;

Pongyelok, földes;

Ratkó-Szuha, gipszes, Ratkó mvárostól délre egy erdei réten;

Rimabrezó (Likér felé), konyhasós földes vasas;

Rima-Zaluzsány, földes;

Rónapatak, vasas;

Rosnyó, a Kálváriahegy alatt, 3 forrás, gáliczos;

Sid, konyhasós földes vasas, a helységtől délre 4 forrás;

Sumjácz, vasas;

Szuha, a Rimaszombati út mellett, konyhasós-égvényes-földes;

Szútor, földes kénes, a helységtől délre lapályon;

Telgárt, konyhasós égvényes vasas, 3 forrás;

Tiszolcz, sós földes;

Várgede, vasas földes, a vár alatti völgyben, közel hozzá egy tócsa van;

Vernár.

Látjuk ez áttekintetből, hogy sok savanyúforrás vasat is tartalmaz. Különösen pedig az ajnácskői, a Poesevieze s rozsnyói püspökfürdői források számíthatók a vasas vagyis aczélos vizek közé. A püspökfürdői források gáliczkövet és glaubersót is tartalmaznak.

Gömör egyik legnevezetesebb gyógyvize a csízi konyhasós víz, mely brómot és sok jódot tartalmaz s a halli vizhez hasonlít.

Ezeken kivűl még Hét (talán langyos és semleges a helységtől délre levő forrás), Pogony, Dobsina, Csetnek, Ochtina, .Kraszna-Váralja és Rochfalva mellett vannak ásványos vizek.

Tulajdonképi tó Gömörben nincsen; csak nehány tócsa és locsogó van, melyek részint időszakosak, részint állandók; némelyek egykori halastónak maradványai.

A Királyi és Lévárt mellett fakadó langyos források által képezett tócsákat már megemlitettük. Az Aggtelek környékén levő Csernajtavat és Büdös tavat is megemlitettük már.

Hasonló kisebb nagyobb időszakos tócsák a Pelsőczi felsíkon s más mészkő hegyeken is találtatnak.

Más tócsákat helyenként a patakok képeznek. Igy a Hangony a hasonnevű helység mellett képez egy tócsát, mely talán halastó volt. A Gortva három tócsát képez, egyet Tajti, mást Ajnácskő, s a harmadikat Várgede mellett. Ez utóbbi helység mellett a Gortva a Várhegy és Bükkhegy közötti szoroson foly el s ott van a tócsa.

Gömör megye folyóvizei vagy a Tisza, vagy a Duna vizkörnyékéhez tartoznak. Fő vizgyüjtöje a Sajó, melylyel a Rima s a megyén kivűl a Hernád is egyesül. A Dunába csak a Garam ömlik közvetlenül s nehány mellékvize az Ipolynak; a Duna és Tisza közötti vízválaszték a megye éjszaknyugati szögletén kanyarodik el a Vepor és Murányi hegycsoportok fögerinczét, a Röczei hegycsoport éjszaki ágazatait s a Királyhegy éjszaki nyúlványait követvén.

1.) A Garam. A Királyhegy alatt Telgárton felül támad két forráscsermelyből. Ezek közöl az egyik a nevezett falun keresztül foly, a másik kelet felől megkerüli azt, s mindkettö útjában több forrással és patakcsával növekedik. A helységen alúl vagy félmfldnyire egyesülnek. Az így támadt folyócska Telgártig délkeletre, Vereskőig délnyugatdélre tart, azután nyugatra fordúl s a Garami havasok déli és a Murányi meg Fabova hegycsoportok éjszaki oldalán nyugati irányban kanyarodik tovább. Útjában Sumjácz, Pohorella, Helpa, Závadka és Polonka határait locsolja. Polonka és Baczuk környékén Zólyom megyébe kerül. Gömöri folyásának hossza körülbelöl 4½ mfld; e legfelső szakaszában mintegy 40 kisebb nagyobb mellékvizet vesz föl medrébe, ugy hogy a megye határszélén már tutajozhatóvá válik. Forrásai körülbelöl 3000 lábnyi magasságban fakadnak, medre ott, hol a megyét elhagyja, körülbelöl 1800 lábnyira van a tenger felett, egész esése tehát mintegy 1200, azaz mfldenként 266° „ láb. Folyása azért Gömörben elég sebes.

A Garam mellékvizei jobb felől: a Sumjáczi patak,

mely a Király és Sas hegyek közötti völgyön foly le; a S a s h e g y i
patak; P o h o r e l l a i viz; a Vapeneczröl lefolyó patak; a H e l p a i,
Z á v a d k a i és P o l o n k a i vizek s végre a B a c z u k i patak, mely
a Csertovicza és Ramsza hegyeken eredvén egy darabon Gömör és
Zólyom határát jelöli meg.

A G a r a m b a l f e l ö l i m e l l é k v i z e i közöl legnagyobbak:
a Murányi hegyekröl lefolyó V e r e s k ö i patak; a Klak és Sztosky
hegyeken eredö K i s - G a r a m vagyis H r o n e c z, mely Závadká-
val átellenben szakad beléje, s a Nad-Paszo hegy alatt elfolyó s Po-
lonka közelében beléje ömlö V o l c h o v i patak.

A H e r n á d és G ö l n i c z Gömör megyében erednek ugyan,
de csakhamar Szepesbe jutnak.

2) A H e r n á d Vernár helység határában a Királyhegy éjszak-
keleti oldalán a Csertovicza, Sztredna-Hola, Jávorinka és Borova he-
gyekröl lefolyó patakok egyesüléséböl támad. Gömöri forráspataka
Vernárnál támad két ágnak egyesüléséböl. Ezek közöl a nagyobbik a
nevezett helységtöl éjszaknyugatra ered s a helységen átfolyván, a
másik ággal egyesül, mely odább délre ered s a falut kelet felöl meg-
kerüli. Azon V e r n á r i v i z éjszakra kanyarodván, félmfldnyi folyás
után Szepesbe jut s Grénicz helységen foly át. Ezt elhagyván, a sze-
pesi ággal egyesül, mely ismét a K u b a c h i és V i k a r t ó c z i pata-
kok egyesüléséböl támad. Alább Káposztafalva környékén még egy
patakot vesz fel, mely Sztraczena mellett eredvén, Gömör megye ha-
tárát is érinti.

3) A G ö l n i c z (Gelnicza, Hlincz) a Királyhegy délkeleti olda-
lán támad s a Tresznyik, Feketehegy s a Dobsinai hegycsoporthoz tar-
tozó más hegyek éjszaki oldaláról lefolyó csermelykékkel növeked-
vén, Sztraczena környékén a Jánostetö (Hancshöh) és Kopanecz hegyek
közöl kiérvén, Gömör és Szepes határán kanyarodik keletre. Újvilág-
nál (Hnilecz) délre fordúl, de csakhamar ismét keleti irányt vévén, el-
hagyja Gömört és Vagendrüszszel felé kanyarodik, Szepes megyében a
Hernáddal egyesülendö. Gömöri és határbeli folyásának hossza körül-
belöl 3¹⁄₂ mfld.

4) A S a j ó három föág, a r o s n y ó i, c s e t n e k i és m u r á-
n y i vagyis j ó l s v a i folyócskák egyesüléséböl támad.

A r o s n y ó i S a j ó n a k ismét két forrásága van: egyik a sza-
rosb értelemben vett S a j ó, másik a D o b s i n a i p a t a k. Az elsö a
Tresznyik, Sztoliesna és Rovna havasok között elnyúló Sós völgyben
(Szlanszka-Dolina), Redova területén ered. Legfelsöbb forráscsermelye
a Garam kútfejétöl délre mintegy 1¹⁄₂ mfldre a Javorina keleti oldalán

a Balkova és Sztolicsna között gyül egybe néhány gyenge forrásból. Elsőben éjszakkeletre, azután délkeletre tartván, Redova mellett kanyarodik el s igy Felső-Sajó helységet éri; ezt elhagyván, keletéjszakkeletre halad tovább. Ezen több mint 2 mfldnyi útjában a Sztolicsnáról lefolyó R e d o v a i s más csermelyekkel növekedik, ugy hogy csakhamar jelentős és zajos folyócskává válik. Oláhpatak és Dobsina között másik ága egyesül vele. Ez a Tresznyik éjszakkeleti oldalán támad s a Sós völgygyel egyenközű Dobsinai völgyön foly le délkeleti és keleti irányban, s különösen bal felől, a Fekete, Tárcsa és más hegyekről lesiető számos érrel növekedvén, Dobsina mvároson kigyódzik keresztül. Ezt elhagyván, délre fordúl s a Medenczehegy alatt az előbbi ággal egyesül. Az ekkép alakúlt folyó délkeletdéli irányt vesz s Oláhpatak és Gócs mellett halad el; azután Alsó-Sajóig egyenest délre tart, Henczko mellett keletre fordúl, Nagy- és Kis-Veszverés, Betlér és Nadabula mellett délkeleti irányban folytatja útját, Rosnyó mellett délnyugatra hajlik s Pelsöczig a délnyugati irányt tartván meg, Berzéte, Szalócz és Vígtelke helységek mellett halad el.

Pelsöczig jobb felől csak apró csermelyek ömlenek beléje; milyenek a Berdarkától délre eredő, Feketepatakot és Alsó-Sajót locsoló patak; a H e n c z k ó i és N a d a b u l a i vizecskék; s a Sebespatak felől Rekenyén es Berzétén átmenő s a R u d n a i vizecskével egyesülő patak. Bal felől tetemesebb patakok szakadnak beléje: az O l á h p a t a k i; a Grun hegy alatt eredő s gyakran kiáradó G ó c s i; a számos csermelykéből alakuló S z ú l patak, mely a két Veszverés között ömlik beléje; az Ökör hegyről lefolyó B e t l é r i; az Ökörhegyen és Pacsai havason eredő Csucsomi és más patakok egyesüléséből támadó D r á z a s, mely Rosnyót locsolja és számos malmot meg kallót hajt; a C s e r m o s n y a (Csermoslya, Csermonya), mely a Pipíske hegyen ered s Dernön és Hárskúton átfolyván, Hosszúrét mellett kerül Torna megyéből Gömörbe s Jólészen át kanyarodik a Sajó felé, melybe Berzétén alul ömlik, miután Hosszurétnél a Pacsán és Kraszna-Váralján keresztülmenő P a c s a i patakkal egyesül.

A C s e t n e k i víz, mely a Sajó harmadik forrása, a Szuchi Vrchen eredő R e s t é r i és az O c h t i n a i patakok egyesüléséből támad. Az O c h t i n a i vagyis S z l a b o s i patak Fekete-Lehota határában, a Fekete hegy vagyis Röczei havas keleti oldalán s a Humenecz hegyen eredő csermelyekből alakúl. Ezek Fekete-Lehotán alúl egyesülvén, délkeletre kanyarodnak tovább s igy N.-Szlabos, Rochfalva és Ochtina mellett haladnak el, Nagy-Szlabosnál és Rochfalvánál egy-egy tetemes, balfelől, éjszakkeletről jövő csermelylyel növekedvén. Ochtinán alúl a már jelentős folyócskába az éjszakról jövő Restéri ág ömlik, mely Hankó környékén a Rovna havas és Radzim között s kivált ennek két völgyében eredő csermelykék egyesüléséből támad. Hankó, Markusfalva, Geczelfalva és Restér mellett kanyarodik el. s a Berdarkai, Geczeli, Pétermányi s néhány más csermelykével növekedik. Az egyesült folyócska Ochtina felöl Csetneken át Kún-Taplócza és Páskaháza mellett kanyarodik el s Pelsöcz nyugati oldalán szakad a Sajóba. Csetneknél még a Gencsi, Páskaházán alúl pedig a Gacsalkit magába vevő Rozlozsnai patakkal egyesül.

Pelsöcztöl Lekenyéig inkább délre, Csoltón át Beretkéig inkább nyugatra kanyarodik a Sajó s ott harmadik fő forráságával találkozik, t. i. a murányi Sajóval vagyis Jólsvával.

A Jólsva vagy Ilsva a murányi vár két oldalán eredő csermelyekből alakúl. Néhány csermely a Sztoski délkeleti oldaláról délkeletre folyván Murányalja helységen fut keresztül, s azután az a Várhegy másik oldalán néhány csermelykéből egybegyülő s nyugatdélnyugatra tartó patakot veszi fel. Murány-Hosszúréten átkigyódzván, a Klak s Osztricza hegyek felől keletre és Murány-Lehotán át délkeletre folyó patakkal egyesül. Azután Nagy-Röczét éri s ott balfelöl a Murányhutánál, a helység felett levő 250 lépés hosszú barlangból kiömlő s más csermelykékkel növekedő s a Röczei havas nyugati oldalán, Murány-Zdichava mellett délre és Kis-Röczén át délkeletre kanyarodó bővizű Kis-Röcze patakot veszi fel. Azután Vizesrét, Umrla-Lehota és Lubenyik helységek mellett elhaladván, Jólsvát éri, s ennek déli oldalán eddigi délkeleti irányát csaknem egészen délivel váltja fel. Igy Jólsva-Taplócza, Miglész, Süvette, Gicze, Licze, Meléthe és Beretke helységeket vagy határaikat locsolja. Útjában kivált bal, azaz kelet felöl számos patakkal növekedik, nevezetesen a Vizesrétivel, Umrla-Lehotaival, a Lubenyik mellett elkanyarodó Chisnyóival, a Magura hegyről lefolyó Koprásival, a Rochfalvától nyugatra eredő s Jólsván átmenő patakkal, a Hradekről lefolyó vizecskével, a Mikocsányival, mely a Naszrajival egyesül.

Csoltótól és Beretkétöl kezdve a Sajó mind jobban kitáguló völgyben kanyarodik tovább, Gömör-Panith, Sajó-Gömör, Sztárnya, Tornalja, Királyi és Méhi helységek mellett egészben véve délnyugati irányt követvén.

Sajó-Gömörnél két ágra szakad, melyek egy hosszúkás szigetet fognak be s Tornaljánál egyesülnek. Runyánál keletre fordúl, de csakhamar ismét délre hajlik s Kövecses, Recske és Hanva helységek határait locsolván, Sz.-Királynál ismét két ágra szakad, melyek Sajó-Püspökinél egyesülnek a Rimával. Beretkétöl Sajó-Püspökiig jobb felöl csak a T u r ó c z s a B a r a c z a i patak ömlenek beléje.

A T u r ó c z n a k két forrása van. Hosszabbik nyugati ága, a R a t k ó i v i z Murány-Hosszúrét és Tiszolcz között, Murány-Lehotától délre a Polána hegy déli oldalán támad, a bisztrói és filléri határokban. A föcsermely délkeletdélre tartván, a L e s z -, R i b n u o - és F e k e t e v i z z e l (Cserna-Voda) egyesül s a Turecsnuo hegy alatt folyik el, melyről Turecznek neveztetik; Fillért elhagyván, a Trsztye hegy keleti oldaláról lefolyó B i s z t r ó i s a Gerliczén átmenö K r o k o v a i csermelyeket veszi fel jobb felöl, s a Vashegy nyugati oldalán délre tartván, Ploszkó keleti oldalán kanyarodik el s igy Ratkót éri. Onnan délkeletdélre folytatja útját s Ratkó-Lehota és Újvásár mellett halad el; ez utóbbi helységnél jobb felöl a R a t k ó - S z u c h a i vagy L i p ó c z i patakkal egyesülvén, Borosznok, Visnyó, Felfalu, Szkáros és Alfalu mellett kanyarodik tovább délkeleti irányban. Felfalunál az I s p á n m e z ő i patakkal egyesül s végre Sánkfalvával a Turócz másik ágával, a K ö v i i patakkal találkozik.

A K ö v i i p a t a k Turcsoknál és Szirknél a Vashegy két oldalán, a Bisztrai és Valaszkai völgyekben eredö csermelyekböl alakúl, melyek közöl amaz a N a n d r á s i v a l, emez pedig a R á k o s i v a l egyesül. Kövi felöl délkeleti irányban haladván tovább, Deresk és Lévárt falvakat locsolja s igy Sánkfalva nyugati oldalán egyesül az elöbbivel. A Turócz azután Harkácsot kelet felöl megkerülvén, délre kanyarodik s Lökösháza, Otrokocs, Zsór, Beje, Kisfalu és Oldalfala mellett halad el s Méhivel átellenben szakad a Sajóba. Harkácson alul csak jobb, azaz nyugat felöl ömlik beléje két jelentösebb patak, t. i. Lökösházánál a R á s i, s Oldalfalán alul a nagyobb patak, mely a B i k s z e g h i, F.-Vályi, K.-Kálosai és F i g h e i csermelyek egyesüléséböl támad, s mely Mihályfalát és Nagy-Kálósát is érinti.

A B a r a c z a i patak Abloncza pusztán ered s Téska pusztán, Baraczán, Csízen és Lénártfalán át délkeletre folyván, a Sajó nyugati ágával egyesül.

5) A R i m a a Sajó egyik legnagyobb mellékvize s Gömörnek második folyója. Három forráságból, a t i s z o l c z i, k l e n ó c z i és k o k a v a i Rimából gyül egybe.

A t i s z o l c z i R i m a ismét két forráspatakból alakúl, melyek a Banova, Kicsera, Kucselach, Fabova, murányi Jávor és Osztricza hegyek keleti, délkeleti, déli és délnyugati oldalairól lefolyó csermelyeket gyüjtik medrökbe. A Fabova tetején a R o v n i o v i patak forrása fakad, mely csakhamar a Z p l u z l ó patakkal egyesül. Ugyancsak a Zpluzlóba a Kucselachon eredő s a Sztrebernye alatt elfolyó S z t r e b e r n y e patak is szakad, a Kosztolna nevű térségen. A három egyesült patak azután a Rima nevét veszi fel; vele egyesül a K a c s k o v a, melybe a S z t r o m p l o v i hegyről lefolyó hasonnevű csermely s a Paleniczán eredő H l u b o k y szakadnak. Végre még a Remete alatt emelkedő C s e r t ó hegyről lefolyó hasonnevű csermely is ömlik a Rimába. Ekkép ez mindinkább növekedvén, Tiszolczot éri, hol második ágával a F u r m a n y e c zczel egyesül.

A F u r m a n y e c z forráscsermelye a D j e l i víz, melylyel a B a n o v a i, a Kicserán eredő s a Krivy Grun alatt a Borovina völgyben elfolyó K r i v y, a P o h o r e l l ó i s a Hradova, Cservena és Javorina hegyek által szegélyezett Száraz völgyön elkigyódzó, a Michnova barlangba eső és azután a Tepliczi völgyet követő patakok egyesülnek.

Az igy támadt Rima Tiszolczot elhagyván, délre tart, s a Polánán eredő R e j k o v i patakkal egyesül; azután Fürészen át, hol még az Osztra felől jövő csermelykét veszi fel, s Hacsava mellett elkanyarodván, Nyustyánál a k l e n ó c z i R i m á v a l találkozik.

A k l e n ó c z i R i m a szintén két ágból alakúl. Keleti ága a Kicserán eredő két csermelykéből támad s azután a D i v a és S z á l l á s i k hegyekről lefolyó két csermelyt is felveszi. Nyugati ága a Vepor hegyen támad, az Oltárno nyugati oldalán délkeletre kanyarodik s Rasztocsnánál az előbbi ággal egyesül, mely az Oltárno keleti oldalán foly le. Az azon két forráságból alakúlt folyócska a Havrilovo, Merindovo és Bernakovo s más felől a Cseresnovo hegyek által szegélyezett völgyben délkeletre Klenócznak tart; mielőtt ezt eléri, a Babináról jövő N a g y p a t a kkal (Velki potok) egyesül, mely a Cseresnovót az Osztrától választja el; azután az Osztra nyúlványán, a Jelsovón eredő s a Huora alatt egyesülő két patakot, alább a H a j ó patakot veszi fel. Nyustyán átmenvén, a tiszolczi Rimával egyesül.

A Rima azután Likér, R.-Brezó és R.-Bánya mellett kanyarodik el, a Szinecz hegy keleti és déli oldalán elnyúló völgyet követvén, s jobb felől a L i k é r i, B r e z ó i és S z v a r i n csermelykékkel növekedik. R.-Zaluzsánynál a kokavai ággal találkozik.

A k o k a v a i R i m a Forgácsfalva környékén a Homolka és Javorina déli s a Pietrova és Drahova éjszaki oldalán támad; a klenóczi Rimával egyenközűleg délkeletre folyván, mindkét oldalról igen sok csermelykét vesz fel medrébe. Ezek közöl legnagyobbak a nyugat felől beléje ömlő A n t a l f a l v a i és G y u b á k ó i patakok. Kokavát,

R.-Lehotát és Rimóczát érintvén, R.-Zaluzsány keleti oldalán szakad az egyesült tiszolczi és klenóczi Rimába.

Zaluzsányon alul a Rima mindinkább kiszélesedő, igen nyájas és termékeny völgyben kanyarodik délre Serke felé s Priboly, Keczege, Rahó, F.-Szkálnok, A. Szkálnok, Varbócz, Orlai-Törék, Bakos-Törék, Cserencsény, Tamásfalva, Rimaszombat, Jánossi, Pálfalva és Feled helységek mellett halad el. Serkénél keletre fordul s igy Simony, Dubony, Mártonfala, Rimaszécs és Velkenye mellett elhaladván, Sajó-Püspökinél a Sajóba merül. Torkolatán felül két ágra szakadván, egy szigetet képez.

Az egyesült hármas Rimába bal, azaz kelet felől szakadnak: a S z k á l n o k i v a l egyesülő K r a s z k ó i, a F e l s ő- és A l s ó-P o k o r á g y i, Z e h e r j e i, a Szútor, Gernyő és Mártonfala mellett elkanyarodó B e l l é n y i patakok, s végre a B a l o g h.

Ennek két forrása van, melyek N a g y- és K i s - B a l o g h n a k neveztetnek. A N a g y- B a l o g h Fürész és Krokova környékén támad; délkeletre tartván Ratkó-Zdichaván, Róna- és Dobrapatakon megy keresztül s a P o p r ó c s i és néhány más csermelykével növekedik. A K i s - B a l o g h odább nyugatra Polom felett keletkezik s Baradnán és Sztrizsen át délre tartván, szintén csak egy két apró vizecskét vesz fel medrébe. A két ág Hrussónál egyesül. A Balogh azután mint jelentéktelen folyócska Esztrény, Derencs, F. és A.-Balogh, Uzapanyit, Hacsi, Rakotyás, F. és A.-Batka, Dúlháza, Zsip, Újfalu, Radnóth, Czákó, Iványi, Zádorháza helységek mellett elfolyván, Rimaszécs és Csíz között kanyarodik tovább a Rima felé. Bal felől csak egykét csermelyke ömlik beléje, melyek közöl legjelentösebb a S z i l i s-t y e i, mely Bugyikfalvánál a G e s z t e s i v e l egyesül s azután a Meleghegy felett a Balogba szakad. Jobb felöli mellékvizei: a K i e t t e i, mely Lukovistyét és Papócsot érinti, s ez utóbbi helység mellett a Tót-Hegymeg felől jövő csermelykét veszi fel; a P a d á r i vizecske, mely F.-Balog mellett ömlik beléje; a P e r j e s i és T a m á s i i.

Az egyesült Rimába jobb felől szakadnak: a Z a l u z s á n y i, K e c z e g e i, R a h ó i, V a r b ó c z i csermelykék; azután a nagyobb A p á t i i patak következik, mely Varbócztól délnyugatra támadván, Apátiig délre tart, ott a M a g y a r - H e g y m e g i vízzel egyesülvén, keletre fordúl s Rimaszombaton alúl szakad a Rimába; a Majom felől jövő D ú s a i patak; a K i s - G ö m ö r i patak. Azután a nagyobb G o r t v a és M a c s k á s patakok következnek.

A G o r t v a Tajtin felől a megye határszélén ered; Tajtin át éjszakkeletre kanyarodik. Almágynál éjszaknyugatra fordúl, Ajnácskő

mellett elhaladván, Gortva pusztán és Balogfalva mellett **éjszakra tart,**
Várgedénél a várhegy déli oldalán keletre fordúl s igy **Kisfalún** át-
menvén, Felednél találkozik a Rimával. Jobb felöli **mellékvizei közöl**
legnagyobb a D o b f e n é k i patak. Bal felöl beléje ömlenek : az
E g y h á z a s - B á s t i, Ó - B á s t i, B a l o g f a l v a i s nehány más
apróbb csermely.

A M a c s k á s p a t a k Péterfalvánál támad ; onnan **Tamástelke,**
Jeszte, Gesztete. Darnya, Harmacz és Jene mellett kanyarodik el, éj-
szakkeleti s azután keleti irányban. Már Jeszténél kiér a hegyek kö-
zöl s azután tág völgyben kigyódzik tovább. Legnagyobb **mellékpa-**
taka az, mely bal felöl Geszteténél ömlik beléje s mely **Kerékgede** fe-
lett a Bükkhegyen ered és a Zabottáról lefolyó meg a Serke felöl jövö
csermelykékkel növekedvén, Detért locsolja.

6) A Rima torkolatán alul a Sajó délkeletre fordúlván, csakha-
mar a megye határát éri s egy darabon azt jelöli meg Hét és **Putnok**
mellett; végre Dobicsánynál egészen Borsodba megyen **át.** Héttel
szemben jobb felöl még a H a n g o n y szakad beléje; ennek **nagyobb**
része Borsodba esik. Forrásai is Borsodban fakadnak s Gömör határán
csak Domaházán túl lép át. Ott keletre fordúlván, Szilakszó, Alsó-
Hangony és Simonyi mellett kanyarodik el ; azután délre **fordúlván,**
elhagyja Gömört s Borsodban folytatja útját, a határhoz közel, **Bolyk,**
Ozd. Várkony és Czenter helységeket locsolván, Sajó-Németinél a **Sa-**
jóval találkozik.

A Sajó balfelöli mellékvizei a Csermosnya torkolatán alúl csak
jelentéktelen csermelyek. Ilyenek: a P e l s ö c z - A r d ó i v a l egye-
sülö H o s s z ú s z ó i patak; a C s o l t ó i és G ö m ö r - P a n y i t i cser-
melykék; a Sztárnyánál beléje ömlö három vizecske. Valamivel na-
gyobbak azon patakok, melyek a Cselény erdö nyugati oldaláról foly-
nak beléje : a Lenke és Méhi mellett elmenö H u b ó i; a **Keszi** felöl
jövö K ö v e c s e s i; a R e c s k e i (apró); a Sz.-Királyon **átmenö**
N a p r á g y i. Legjelentösebb a P o s z o b a i patak, mely Szuhafötöl
éjszaknyugatra támad. Poszobánál egy Szuhafö délnyugati oldalán
eredö csermelykével egyesül s azután Kelemér és Mále helységeken át-
folyván. Putnokhoz érkezik, hol a P u t n o k i vizzel egyesülvén, a Sa-
jóba ömlik. Alább még egy csermelyke szakad a Sajóba s **azután** Gö-
mör ottani határfolyócskája, a Z u p o n y e patak következik, mely
délnyugati irányban kanyarodván, Dobicsányon túl szakad a Sajóba.

A S z u h a vagyis Z á d o r f a l v a i patak már Borsodban ömlik
a Sajóba. A Cselény erdöben támad Tornaljától keletre; Szuhaföig
délre foly, azután kel-tre fordúl, Zádorfalvánál ismét délre **kanyarodik**

s Alsó-Szuhán átfolyván, Dövény mellett otthagyja Gömört. A Szuha mellékvize, a R a g á l y i patak, szintén Gömörben Hosszúszó területén Büdöstónál ered; Trizsnél az Aggtelek felöl jövő vízzel egyesül, azután Ragályon és Zubogyon megy át, hol a Csákányon átmenő I m o l y a i vízzel egyesülvén, Kelecsénynél elhagyja a megyét.

Végre Gömörben azon vidéken, Kánó környékén, még a F e l e k e s i patak támad, mely Borsodban a Bódvába ömlik.

Gömör délnyugati határszélén a Nógrádmegyén átkigyódzó Ipolynak is támad nehány mellékvize. Ide tartozik nevezetesen a S z u h á nak nevezett folyócska, mely Zaluzsánytól nyugotra eredvén, Valykó, Pongyelok, Szuha, Fazekas-Zaluzsány és Osgyán mellett kanyarodik el s Nagy-Darócznál Nógrádba kerül. Gömörben jobbról a P o n g y e l o k i és M a s t i n c c z i, balról a S z e l c z e i, S u s á n y i és O s g y á n i, alább még a G u s z o n a i csermelykék szakadnak beléje. — Ugyancsak Gömörben ered a F ü l e k i patak, mely a S i d i s a Csumán átmenő S ö r e g i csermelyek egyesüléséből alakúl, s melylyel a B é n a i víz is egyesül. Végre a kettős Zabar környékén a Hevesbe folyó E g e r forráscsermelykéi vannak.

Gömörnek tehát nincsen hajózható folyója. Legnagyobb folyója, a Sajó is csak tutajozásra használható. Ennek egész hossza minden kanyarulataival együtt Gömörben körülbelöl 16 mfldet tesz, s ez útjában közvetlenül vagy 56, közvetve pedig vagy 500 mellékvizzel növekedik. Forrásai úgy mint a Garaméi körülbelöl 3000 lábnyi magasságban fakadnak, medrének tengerfeletti magassága Dubicsonynál mintegy 400 láb; egész esete tehát Gömör megyében körülbelöl 2600, s mfldenként 162 1/2 láb. Azonban csak Pelsőczig van nagy esete. Forrásainak távolsága odáig, hol Gömört elhagyja, egyenes vonalban 8 mfld. — A Rima összes hossza 12 mfld, forrásai a Fabován mintegy 4500 l. magasságban fakadnak, torkolata 420 l. magasságban van; egész esete tehát 4080, vagyis mfldenként 240 láb; de Zaluzsánytól s kivált Rimaszombattól kezdve csekély az esete. Legtávolabbi forrásai a torkolatától egyenes vonalban 8 mflre esnek.

A Csetnek összes hossza 4 1/2, forrásainak távolsága torkolatától 3 1/4 mfld.

A Jólsva	„	„	7	„	„	„ 5 1/2 „
A Turócz	„	„	6 1/2	„	„	„ 5 „
A Balogh	„	„	5 3/4	„	„	„ 4 3/4 „
A Gortva	„	„	4	„	„	„ 2 1/2 „

Hunfalvy János.

II. Gömör megye égalji viszonyai

Gömör-Kishont megyének éghajlata területileg nem **rendesen** fokozatos, időjárásában évszakilag nem következetes; és **általában** hüsebb, mint a megye földirati szélességéhez képest lennie **kellene**; mert felső két harmadának területét rengeteg erdőségekkel borított és tetemes magasságú hegységek foglalják el, s azonkivül a szomszédos zólyomi, liptói és szepesi havasok is hathatós befolyással **vannak a** körlég hüsítésére, mozgalmára és csapadékaira.

Elnézve a sok lakatlan hegyektől, melyek 2—6000 lábig emelkednek a tenger színe fölé, a lakott helyek tenger feletti **magassága** is 500—3000 láb között változik. Minő nagy ennélfogva a déli lapályok, völgyek és a hegyes, főkép éjszaki vidékrész között magasság tekintetében a különbség: ép oly szembeszökőleg tér el a megye egyes vidékeinek égalja. Mig amott kellemesen mérsékelt a körlég hő- és páraviszonya: kedvező a nemesebb és értékesebb növényzet tenyészetére, a hazai növények gyöngye a szőlő, czége a dinnye, dohány, búza gazdaságilag szabadon mivelhetésére: addig itt fent zordon a körlég mivolta, örökös feszerejének a hullámzása, gyakran szilárdabb párájának az alakja és csak zab, burgonya és néhány más élelmi növények tenyészetére alkalmatos: itt majdnem havasi természet honol. Az égaljnak e metsző ellentéte és alább leirandó kivételszerü mivolta oly természeti nevezetesség, mely megérdemli, hogy közelebbről ismertessék meg.

A megye hegységei és domborzati viszonyai az előbbi fejezetben bőven lévén leirva, itt csak némely fömozzanatot emelünk ki annak külső alakzatából. Láttuk, hogy a megye körimje tetemes hegylánczokkal van bebástyázva, melyek csak két helyen szakadnak félbe: délkeleten, hol a Putnoki völgylapály van, és délen, hol a Zabari szük völgyet találjuk. E két szororoson kivül a megye belsejébe csak hegyeken át lehet jutni. Ezen h a t á r h e g y s é g keritésén belöl és tőle különválva van egy összefüggő, közel 20 ☐ mfldnyi hegytömkeleg, a k ö z b e n s ő h e g y s é g, melynek éjszaki magas zöméből mértföldekre nyúlnak le délfelé, a megye belsejében, a változatos öblü és derékségü völgyek. Azon belső hegység köröskörül vízvezető völgyek és lapályok által van elkülönítve a határhegységtől. Ugyanis éjszakon a Murány és Tiszolcz közötti harántvölgy, mely vizválasztó dombbal birván, félkörben mindkét végén délre hajlik, nyugaton mint t i s z o l c z - b r e z ó i v ö l g y a Rima folyóját vezeti a s z o m b a t i la-

pályra, keleten mint m u r á n y - j ó l s v a i v ö l g y a Jólsva vizét
önti Beretkénél a megye keleti lapályára a t o r n a l j a i r a; e két la-
pály azután délen a s z é c s i l a p á l y l y a l egyesűl. Határhegysé-
günk többé kevésbé közös a szomszéd megyékkel; de a különvált
belső hegység oly kiváló sajátja Gömörnek, mint az azt övező R i m a,
J ó l s v a és a közbensö fövölgyeiböl kisietö B a l o g h és T h u r ó c z
kis folyói, melyek e megye területén erednek és a Sajóba ömölvén,
azon végződnek is. Ha ráutalunk az alább emlitendő Garam folyójára,
mely éjszakon hagyja el a megye határát: úgy ezen hegyrajzi kép
szembeötlő hasonlatosságot mutat Magyarország alakjával kicsinyben.

A határhegységnek éjszaki része a legszélesebb, kiterjedése vagy
12 ☐ mfldnyi. Ide tartozik az u. n. G a r a m v i d é k (Hron) hét hely-
séggel és 12,000 lakossal; a 2468' t. sz. feletti magasságú Vereskö
helységben volt lebtani állomásunknak alább adandó jegyzetei szerint,
ez leghidegebb vidéke Gömörnek; éghajlata vetekedik a norvegiaival:
itt a tél nagyon hideg, eltart hét hónapig; a tavasz és ösz igen rövid;
a nyár legmelegebb hónapjaiban is fagyasztó derek és zivatarok aka-
dályozzák a gyengébb élelmi növények tenyésztét. Igy 1857-ik évi
Junius 14 én —5.05° R. fagy volt; a legmelegebb évszakban is hirte-
len hólepel fedi be az itteni havasok tetejét; 1838-ik év julius 25-én
a murányi hegyeken bokáig esett a hó; a lebtani csapadék is itt a leg-
nagyobb mennyiségü. S u m j á c z o n (2803'), T e l g á r t o n (2773')
és V e r n á r on (2428') gyümölcsfa nem tenyészhet; borsó-bab némi-
leg csak zöldjében használható; Sumjáczon a tudományt kedvelő
Wagner erdész úr egy apró fehér szilvafajtát termeszt; egyéb gyü-
mölcsfákkal tett kisérlete nem jutalmazó; ugorkáját egész nyáron
üveg alatt növeszti; általában e vidék élelmi föterménye a zab és bur-
gonya; árpa kevés, öszit nem vethetnek; a tavaszi rozs még lejebb
Pohorellán sem sikerül kellőleg; mig csak a káposzta, saláta, kender,
len és a föld alatt növő répa- és hagymanemüek állják ki az éghajla-
tot. Legnagyobb völgyét e vidéknek, t. i. a Garamét, éjszakról a K i-
r á l y h e g y (6115'), O r l o v a (5684') és egyéb társhavasok szegé-
lyezik; nyugatról és délről a 4 ☐ mfldnyi egészen lakatlan hegy s
erdöség terül el Zólyommegye határáig; csak a murányi hegyekben
van egy S z t u d n a nevű kerülöi lak, mely 3771 lábnyi magasságban
fekszik a t. sz. felett. A völgy alsóbb része, bár Gömörnek abban
utolsó helysége P o l o m k a még 1975' magasságban van, a gyümölcs-
fa és gazdasági vetemények termesztésére már alkalmatosabb. — E vi-
dékkel összefüggésben van még a kelet felé kanyaruló és hasonló zor-
don égaljjal biró G ö l n i c z v ö l g y e, melyen a hires regényességü

Sztraczena vasgyári telepítvényben is csak a biszke és **ribiszke**
érik meg. — Az itt leirt egész vidék legnagyobb részben fenyvesek-
kel van borítva.

Határhegységünk nyugati részében is vannak a 3000 lábnyit
megközelítö magasságban fekvö helységek, melyek igen **hideg** éghaj-
lattal birnak. A Rima folyótól emelkedö K o k a v a i v ö l g y végére
hat órai út után jutunk fel, hol a C s e r t j á z hegy elnyúló **s meredek**
hátán, Zólyommegye kezdetén, fenyves erdök közepett fekszik F o r-
g á c s f a l v a (tótul: Lom); ez is szomorú laka az embernek. Rende-
sen éghajlati ridegség karöltve jár a talaj silányságával; itt **azonban a**
fekete, zsiros televény termékenysége meglepett; mégis **a lég zordon-**
sága miatt csak a zab, burgonya, káposzta és efélék tenyésznek legin-
kább; a gyümölcsfák egész kincse egy pár szilva- és két cseresznye-
fára szorítkozik, melyeket a lelkész és tanító kertjében találtam; ezek
juniusban kezdenek virágzani és szeptember 8-ka körül egyszerre ér-
nek meg, hihetöleg már a csipös derek segedelmével; **a lelkész úr**
egyéb gyümölcsfák ültetésével is akar megpróbálkozni; **a tavaszi rozst**
kezdik sikerrel termeszteni, söt öszi vetésre is kezdenek **ily kitünö**
televény mellett gondolni. Csemege gyanánt a felfutó lengyelborsót,
földbe tüzött fenyöágakhoz kötözve — mint szölös vidéken **karóhoz**
a venyigét — termesztik a mezön, melynek minden egyes **borsótökéje**
csak ágasbogas üstökén érlel sok magvas hüvelyt. — Ily égalju hely-
ségek azon földháton még D r a b s z k o és O t t i l i a. — Nyugati
hegykeritésünk Csertjáztól délfelé Osgyánnál a losonczi völgybe si-
múl; itt közigazgatási határvonalunk a természetes hegyhatáron **kivül**
esik; ezen oldal szelidebb éghajlattal bir.

Keleti határhegységünk éghajlat tekintetében ismét jellemzetes,
másodrangú 1039' t. sz. felvidéket képez; ebböl vagy 8 ☐ mfldnyi
terület tartozik megyénkhez. Felsö kisebb fele több falvaktól **lakott**
térkelyt (terrasse) képez, mely éjszakról igen meredek, néhol 80 fokon
felüli hajlású sziklafalakkal 50—60 öl magasságra emelkedik **az alatta**
folyó Sajó szine és vidéke fölé: e felvidéken fekszik Aggtelek, a Torna
megyéhez tartozó Szilicze, barlangjaikkal. Igen sajnálom, hogy e vidé-
ken lebtani észleléseket ekkoráig nem eszközölheték, azoknak ered-
ménye igen érdekes lett volna. E térkelynek felülete leginkább töbrök-
böl (völgyekböl), hullámos és kúpos domboktól áll; vizforrásai gyé-
rek, patakjai kicsiny vizerek, többnyire a televény alatti üreges mész-
kötalajba vesznek el; és igy a lebtani vizek legnagyobb részben **mint**
barlangvizek a hegység alján, néhol malmot hajtó erövel folynak ki. A
környezö magas hegytetök, söt a láttér hátsó szinén felmerülö, örökös

hóval fedett, szepesi **Kárpátok** csúcsai is hidegebb levegőt bocsátanak **azon vidékre**; ennek égalja tehát hidegebb, szellősebb és szárazabb, mint a közel alatta fekvő Sajó völgye; éjszaki részében a kukoricza nem, a szilva is alig érik meg.' (Szilicze); mindazonáltal a számos völgyeletek, tölgyerdőséggel fedett dombok és csúcsok elég oltalmat adnak egyéb mezei tenyészetnek. E vidéknek déli nagyobb fele, a S z á - r a z v ö l g y lassú eséssel hajlik be a miskolczi lapályba és már szelidebb bortermelő égaljban részesül.

A déli hegyöv csak láttávilag tetszik összefüggő hegyláncznak ; valóban pedig az ajnácskő-zabari tekervényes szűk völgy jellemző két hegycsoportot választ el: a vulkánikus bazalt- és a harmadlagos neogén képlethez tartozó homokkőhegyeket, vagy, mint az itteni magyarság mondja, s o m k ő- és a p o k a k ő-hegyeket. Valamint azon emberelőtti ős korban, midőn a Pogányvár nagy kraterjéből kiokádott láva itt a számos bazalthegyeket alkotá, ez volt a mostani Gömörnek tűzhona : úgy most is e vidék legmelegebb tája megyénknek, daczára az **Erdőhát** azon magasabb apokatérkelyének, melyen a dinnyét termelő Szentsimony, Hangony és a t. fekszenek.

Végre Gömörnek belső hegyvölgyeiben és déli lapályán a tengerszin feletti magasságnak, a körlég s növénytenyészet mindazon viszonyai ismétlődnek, melyeket imént általában a megye természetes határbástyájáról, a határhegységről elmondtam; ismétlődnek pedig jellemző kiosztással. Hol észrevétlenül lassan emelkedik a földfelület a tenger szine fölé, ott ugy mint Alföldünk síkján, a földirati szélességnek megfelelőleg lassan nő vagy apad a körlég mérséklete; ott tetemes szélességi különbség is csak csekély változást okoz a légmérsékletben és növényzetben. Hol ellenben hirtelen emelkedik a felület a tengerszín felett, ott már egykét percznyi különbség a földirati szélességben (egy percz annyi, mint egy negyedmfld), nagy változást okoz, s az égalji eltérések annál nagyobbak és hirtelenebbek, mentől nagyobb különbségek mutatkoznak a földfelület domborzati viszonyaiban.

Lebtani észlelések nélkül is meggyőződhetünk Gömör megyében az itt érintett égalji különbségekről; ezekről tanuságot tesz az egyes vidékek különböző növényzete, melyet gyakran már néhány órányi távolságra találunk. Egy szóval a lakott vidék évi höértékét szembetünőleg módosítja a tengerszín feletti magasság, a hegyek általi védelem, vagy védtelenség éjszakról és a nap irányábani fekvés, vagy attóli eltérés.

Háromrendű f ő v ö l g y e k e t különböztetek meg megyénk belsejében : 1) a határhegységből lenyúló hegyágak által képzetteket; ke-

leten a D o b s i n a - R o s n y ó i t, melyen a Sajó ered, és a C s e t n e k-
P e l s ő c z i t, mely Csetnek patakját viszi a Sajónak; nyugaton a
F o r g á c s f a l v a - K o k a v a i t. A Dobsina-Rosnyói völgynek leg-
felső helységében, R é d o v a hideg talaján a zab, burgonya és tavaszi
rozs terem meg legjobban, a kukoricza és baraczk fajták nem érnek
meg, mig ugyanazon völgyön két órával lejebb, Rosnyón, a kukoricza
a szabad mezőn, a baraczkfajok és szőlő a kertekben jól díszlenek. A
Csetnek-Pelsőczi völgy felső végén fekszik F e k e t e l e h o t a granit
talajon, ez is, mint Rédova, inkább a zab, fenyő és afonya hideg ha-
zája; egy órával lejebb Csetneken a legfinomabb mindennemü honi
gyümölcs és hires dohány terem; az urak turkesztáni tökéletes dinnyé-
ket termesztenek. A kokavai völgy is, bár ezeknél hüsebb, hasonló ég-
alji eltéréseket mutat lefelé való terjedésében. 2) A középhegység f ő-
völgyei a B a l o g i és R a t k ó i; a legéjszakibb T r s z t y e hegyé-
nek csúcsa alatt fekszenek, leginkább csak zabot, burgonyát termö ri-
deg vidékü P o l o m és K r o k o v a helységek közel 2500 magasság-
ban; ezeknek déli irányú völgyeiben, csak egy pár órai távolra is, az
égalj felötlőleg melegebb, igy a bortermö Baloghon, U. panyiton, Vá-
lyon, Benyén. 3) Félkör gyanánt, éjszak felé domboruló leghosszabb
völgye Gömör megyének, mint már emlitém, az, mely a belső hegysé-
geket választja a határhegységektől; ennek keleti része a M u r á n y-
J ó l s v a i völgy melegebb éghajlatu, mint éjszaknyugati része a
M u r á n y - T i s z o l c z - B r e z ó i, mert ez legkiterjedtebb erdöségek-
kel és magas hegycsoportokkal vétetik körül, melyek a hasonlóan er-
dős és havasos zólyomi vidékkel érintkeznek, honnét azonkivül e völgy
az oda felnyúló kokovai és klenóczi völgyek által is hüttetik; különben
e völgynek különböző pontjain is van a növényzetben felötlő különb-
ség. Szóval ezen völgyekben, azoknak egy kis fordulata, egykét órai
lejtése a meleg évszaki növénytenyészet idötartamára 4—6 heti kü-
lönbséget okoz, az éghajlatnak oly ellentételét eszközli, minöt más kö-
rülmények között a földirati szélességnek 30 mfldnyi különbsége is
alig eredményez.

A szölömivelö vidéknek határvonala a megyének két felső har-
mada alá esik, s nyugatról keletfelé Z e h e r j é n a szélességi 48°
25;', B a l o g h o n a 48° 27;', V á l y- s B e j é n a 48° 25', S a j ó-
G ö m ö r j ö n a 48° 27', R a g á l y o n a 48° 25;' alatt húzódik; tehát
jóval délibbre kanyarodik mint Torna, Abauj, Zemplén, Ung, és más
nyugati megyékben. Ez szintén azt bizonyitja, hogy Gömörnek hü-
sebb égalja van, mint földirati fekvésénél fogva megilletné.

A növényvirágzásnak kezdete, a gyümölcsérlelésnek és a ván

dormadarak megjelenésének ideje szintúgy az éghajlat természetrajzi jelveihez tartoznak. 1857-ik évből vannak egyidejü jegyzeteink Rosnyóról, Rimaszombatról és a zordonabb éghajlatú Dobsináról terv szerént ugyanazon természetrajzi egyéniségek felett; megjegyzendő itt, hogy ez évben a kikelet igen jókor nyilott, más években az itt jegyzett jelenségek 8—10 nappal későbbre tehetők.

Rimaszombatban **Rosnyón** **Dobsinán**
mart. 20. — april 12-kéig, april 3. — 20-káig, april 6. — 30-káig egymásutáni rendben következő növények kezdették meg virágzásukat: a köz. mogyoró fa (Coryllus avellana), mézgás égerfa (Alnus glutinosa), leány kökörcsin (Anemone pulsatilla, lókörmű szattyú (Tussilago farfara), csigolya fűz (Salix purpurea), rezgő nyárfa (Populus tremula), madár sósdi (Oxalis acetosella), virváncz galamó (Isopyrum talyctroides), újjas költike (Corydalis digitata), tüdőfű gálna (Pulmonaria off.), mocsári gólyahir (Caltha palustris), berki kökörcsin (Anemone nemorosa), húsos somfa (Cornus mas), szagos és csuklyás viola (Viola odorata et ambigua), pongyola pitypang (Leontodon taraxacum.)

	Rimaszombaton	Rosnyón	Dobsinán
a kajszinbaraczk, (Prunus arm.)	april 13-kán	april 16-kán,	május 6-kán
a cseresnye s megy (Prunus cerasus, mer.)	april 18-kán,	april 21-kén,	május 8-kán,
ugyan az érett	jun. 3-án,	jun. 12-én,	jun. 20-án,

a körtve és alma (Pyrus com. et malus) rendesen nyolcz nappal később virítanak mint a cseresnye, de ezen évben a közbejött fagyos időjárat miatt elkéstek.

	Rimaszombaton,	Rosnyón,	Dobsinán,
Az első pacsirta jelentkezett	márcz. 4-én,	márcz. 8-án,	márcz. 30-án,
az első fecske	márcz. 28-án,	april 5-én,	april 8-án,
erdei szalonka (schnepf)	márcz. 16-án,	márcz. 28-án,	april 7-én,
az első kakuk	april 7-én,	april 17-én,	april 30-án.

Most már a lebészetnek megfigyelt számtani adatait közlöm. Észleléseim Rosnyón kilencz évre terjednek; öt éven át magam saját, négyen pedig a bécsi lebtani intézet eszközeit használtam. Hő kivánatom volt Gömör megye éghajlatát kifürkészni, de egyelőre is keveseltem e czélra csak egy földrajzi pont kiismerésén dolgozni, látván a megye egyes vidékeinek feltünő égalji eltéréseit; a Rosnyón nyert megfigyelési eredménnyel nem jellemezhettem volna az egész megyének éghajlatát. Feladatom lett tehát, egy időben a megye több pontjain észleléseket eszközölni. A megye leghidegebb vidékén, t. i. a Garamon ez ügynek bold. *Kaufmann K.* orvos, a déli részben, t. i. Rimaszombaton *Hamaljár K.* gyógyszerész urakat sikerült megnyernem;

e két állomásra a bécsi lebtani intézettöl szereztem szabatos hév- és esömérőket, melyekkel Hamaljár ur négy, Kaufmann ur közbejött halála miatt egy és fél évig velem egyidejüleg észleltek és jegyeztek. Igen megörvendeztetett ezenkivül a garami állomáson Kaufmann úr utódjának dr. Mauks K. úrnak legújabban hozzám küldött két évi lebtani észleleteinek kivonatos jegyzéke, mely bár a mienkkel nem egyidejü s későbbi évekről szól: mégis megyénk közép höértékének kidolgozásához nagyon becses adalék. A bécsi lebtani intézet birodalmi állomásainak az észlelés tiszta kezelését illető utasitásokat küld, melyeket én gömöri társaimmal is közöltem: igy megyénk éghajlatát jellemző adataink a lebészeti tudomány kivánalmai szerént készültek. Észleléseinket naponként három izben jegyezgettük, s azoknak kivonatos eredményeit az alább következő rovatos kimutatásokban közlöm.

Összes észleléseink végeredményei következők.

I. Légmérséklet.

1) Mérsékleti szélsőségek.

A) Egyidőbeni észleléseknél:

a) 1857-ik lebtani évben *):

Rosnyón legnagyobb hideg — 16.80° R. decz. 5-én (ugyan ez napon Rimaszombatban — 17.00° R.; Vereskön — 21.58° R.)

   „   legnagyobb meleg + 25.40° R jul. 27-én (az napon Rimaszombatban + 26.47° R ; Vereskön + 18.63° R.)

Rimaszombatban legnagyobb hideg — 17.00° R. decz. 5-én (ez napon Rosnyón — 16.80° R., Vereskön — 21.58° R.)

   „   legnagyobb meleg + 25.68° R. jul. 27-én (ez napon Rosnyón + 25.40° R., Vereskön + 18.63° R.)

b) 1858, 1859, 1860-ik években:

Rosnyón legnagyobb hideg — 15.00° R. 1858. febr. 15-én (ez napon Szombatban — 7.04° R.)

   „   legnagyobb meleg + 25.60° R. 1859. jul. 22-én (ez napon Szombatban + 22.16° R.)

Rimaszombatban legnagyobb hideg — 15 95° R. 1858. febr. 25-én (ez nap Rosnyón — 12.40° R.)

   „   legnagyobb meleg + 26.47° R. 1859. jul. 14-én (ez napon Rosnyón + 24.60° R.)

B) Külön idöbeni észleléseknél:

a) Rosnyón 1850, 1851, 1852, 1853 és 1856-ik években:

legnagyobb hideg — 24.06° R. 1850. jan. 23-án.

legnagyobb meleg + 23.89° R. 1852. jul. 16-án.

---

*) A lebtani év deczemberrel kezdődik és novemberrel végződik.

b) Vereskön 1864 és 1865-ík években:

legnagyobb hideg — 25.00° R. 1864. januarban.
legnagyobb meleg + 23.00° R. 1865. juliusban.

2) A légmérséklet évszaki középértékei.

a) Tél: Rosnyón 9 évi észlelés után . . . . — 2.53° R.
         Rimaszombatban 4 évi észlelés után — 2.99° R.
         Vereskön 3 évi észlelés után . . — 5.51° R.
b) Tavasz: Rosnyón . . . . + 5.72° R.
         Rimaszombathon . . . . . + 7.26° R.
         Vereskön . . . . + 1.90° R.
c) Nyár: Rosnyón . . . . + 13.81° R.
         Rimaszombathou . . . . . + 15.84° R.
         Vereskön . . . . + 9.61° R.
d) Ősz: Rosnyón . . . . + 6.26° R.
         Rimaszombathon . . . . . + 7.25° R.
         Vereskön . . . . + 3.75° R.

3) A légmérséklet egészévi középértékei.

Rosnyón 9 évi észlelés után . . . . . + 5.82° R.
Rimaszombathon 4 évi észlelés után . . + 6.79° R.
Vereskön 3 évi észlelés után . . . . + 2.59° R.
Ezek szerint egész Gömörmegyének évi középmérséklete + 5.06° R.

Ha legdélibb vidékén tehettük volna észleléseinket a hő foknak több százalékjával magasabban ütött volna ki a megye közép köfoka.

Források mérséklete.

Rosnyón egy éven át 12 vizforrásnak havonkénti vizsgálata után . . . . + 7.24° R.
Rimaszombatban két éven át egy vizforrásnak havonkinti vizsgálata után . . . . + 7.43° R.

4) Párhuzam az éghajlatok között.
(Humboldt S. munkái után.)

Rosnyón az év közép mérséklete + 7.27° Cels. (+ 5.82° R.); Danczigban + 7.68° Cels, tehát melegebb a rosnyóinál.

„   a tél középmérséke — 3.16° Cels (— 2.53° R.); Königsbergben — 3.26° Cels.

„   a tavasz középmérséke + 7.15° Cels. (+ 5.72° R.), Boroszlón + 7.21° Cels.

„   a nyár középmérséke + 17.26° Cels. (+ 13.81° R.), Berlinben + 17.60° Cels.

„   az ősz középmérséke + 7.83° Cels. (+ 6.26° R.), Boroszlón + 8.12° Cels.

Rimaszombathon az év középmérséke + 8.49° Cels. (+ 6.79° R.) Berlinben + 8.50° Cels.

Rimaszombatban a tél középmérséke — 3.74° Cels. (— 2.99° R.),
Stockholmban — 3.67° Cels.

" a tavasz középmérséke + 9.08° Cels. (+ 7.26° R.), Lon-
donban + 9.33 Cels.

" a nyár középmérséke + 19.80° Cels. (+ 15.84° R.), Brest-
ben (éjszaknyugat. atlanti tengerpart Frankhonban) + 19.80° Cels
Varsóban + 20.60° Cels.

" az ősz középmérséke + 9.06° Cels. (+ 7.25° R.), Koppen-
hágában + 9.21° Cels, Varsóban + 9.70° Cels.

Vereskőn az év középmérséke + 3.21° Cels (+ 2.59° R.), Moszkvá-
ban + 3.26° Cels.; Pétervárott + 3.80° Cels.

" a tél középmérséke — 6.89° Cels. (— 5.51° R.), Eyafiord
(Island éjszaki öble) — 6.20° Cels., Abo (Finnország) — 5.38° Cels.

" a tavasz középmérséke + 2.37° Cels. (+ 1.90° R.), Abo
+ 2.61° Cels.

" a nyár középmérséke + 12.01° Cels. (+ 9.61° R.), Unst
(Scotia) + 11.92° Cels.; Reikiavik (Island fővárosa) + 13.86°
Cels, mennyivel melegebb!

" az ősz középmérséke + 4.69° Cels. (+ 3.75° R.), Abo +
5.45° Cels., Drontheim (Norvegia) + 4.57° Cels.

II. Lég- és páranyomás és felhőzet Rosnyón.

A körlég nyomását Kapellerféle edénylégsúlymérővel. a körlég-
nek viztartalmát és párájának feszerejét száraz és nedves hévmérők-
ből álló készülékkel észleltem; a lég nyomását a légnek fagy-
pontjára számítám át; a párafeszt, a lég nedvtartalmát
pedig a két hévmérői hőkülömbség és a légnyomat számbavétele mel-
lett, adott mennyiségtani képlet szerént dolgoztam ki. A lég- és pára
nyomása párisi vonalokban, a lég nedvessége pedig számokban van
kifejezve; 100 a körlégnek párával tökéletes telitését mutatja; ez tehát
legnagyobb nedvességi szám: azonban valamennyi csak viszonylagos
és nem absolut értékkel bir; például igen hő vagy erős nyomásu kör-
lég nedvmérönkön kis számra mutat, azaz száraznak mondatik, és még
is több absolut viztartalma lehet, mint más körülmények között a teli-
tett levegönek. — A felhőzetet a tudósok által megállapított számok-
kal csak a két utólsó évben jegyezgettem; 10 egészen borult, 0 egé-
szen derült eget jelent.

1) A légsúlymérö legmagasabb állása volt négy év alatt 334.49'",
legalantabb 313.47'": e szerént 21.02'" vonalnyi merőleges téren mozgott a hi-
ganyoszlop teteje. Négy évi középértéke 325.46'".

2) A páranyomat ugyanannyi időben legerősebb volt 5.40'", leg-
gyengébb 0.95'": közép feszerő 2.86'".

3) **Körlégi nedvesség,** legkisebb 52, a telítés és szárazság közötti középérték 76.

4) Két évi észlelés szerint az égnek közép felhözete Rosnyón : 4.69.

A légsúlymérő állásából a bekövetkező jó vagy rosz időjárást szokták jósolni, de köztudomásilag nem nagy biztossággal. Engem figyelésre ösztönzött a higanyoszlop hirtelen emelkedése és sülyedése (2 - 5 vonalnyi egy éj vagy 8 óra alatt), talán ennek értelmét a természetvizsgálók biztosabban használhatják fel a beállandó lebtani változásokra : e kisérletet aphoristikus töredékeim alapján némi érdekkel megkezdhetőnek vélem.

1856, 1857, 1858, 1859-ik években Rosnyón :

1. Hirtelen emelkedésnél.

A) *Hidegebb évszakban* (októbertől aprilisig).

a) Ha a higanyoszlop hirtelen emelkedett és magassága megmaradt: a fagy növekedett, 3 izben csendes borús idővel, 3 izben É. széllel derült ég mellett

b) Ha magassága még ezután is emelkedett: derüs ég mellett a fagy még nagyobb lett, magas higanyállásnál (323—332''') 12 izben É. széllel: alanti állásnál (319—322''') 1 izben DN. széllel, 4 izben hiányzott a szél.

c) Ha a higany hirtelen vett magassága ismét sülyedett: alanti állásnál (319—321''') 3 izben semmi változás se volt az időjáratban ; 1 izben beborult és röviden tartó É. szél támadt ; 1 izben D. szél és változó derüség mellett, a felhők a széllel ellenkező irányban vonultak ; de ha magas állásból történt a higanyoszlop emelkedése és azonnali sülyedése (331—334—332'''): akkor derült éggel É. szél támadt.

B) *Melegebb évszakban* (aprilistól októberig).

a) Ha a higanyoszlop hirtelen vett magassága megmaradt : 1 izben derült éggel É szél, 1 izben csendes idő következett ;

b) ha ugrás után még emelkedett a higanyoszlop: hasonló volt az eredmény ;

c) ha sülyedt utána : 2 izben égi háború, 2 izben ború mellett erős É. szél támadt

2. Hirtelen sülyedésnél.

A) *Hidegebb évszakban.*

a) Ha a légsúlymérő sülyedését megtartotta : 2 izben semmi változás, 1 izben hóesés N. széllel ;

b) ha sülyedése után ismét emelkedett: 2 izben semmi változás; 3 izben hó-esö; 1 izben derü után csendes ködös idő ; 1 izben változó derüség mellett ÉN. szél ;

c) Ha hirtelen sülyedés után még azontúl is apadt a

higanyoszlop: 7 izben hó, eső és lágy idő (Thauwetter) következett; 1 izben deczemberben dörgés-villámlás; 2 izben csendes idö, 2 izben ÉN. szél mellett beborúlt, ekkor felsőbb vidéken földingást éreztek, 326—324—322''' légsúlymérői állásnál.

B) Melegebb évszakban.

a) Ha maradt a sülyedés: 1 izben eső N. széllel;

b) ha utána emelkedett: vagy égiháború, vagy eső N. széllel, vagy változó derűség mellett É. szél támadt;

c) ha hirtelen sülyedés után még tovább is sülyedt: esök következtek néha déli, többnyire N. széllel.

Kiss Antal,
orv. seb. tudor.

Jegyzet. Némi időjárási adatot Bartholomaeides is közöl ismételve idézett munkájában. Velejök ez: A Garam völgyén s az ezt szegélyező havasokon zordon éghajlat van, a hegytetőket gyakran már szeptemberben, októberben mindig fedi a hó s májusig marad meg. 1641 aug. 5-én oly hideg állott be a Királyhegyen, hogy 150 ló s két pásztor megfagyott; 1716-ban a garamvölgyi vetések elfagytak; 1768 májusban nagy hó esett, 1795-ben mind május elején, mind végén havazott; 1800-ban junius derekán, 1805-ben pedig jun. végén havazott több napig a hegyekben. Az 1799 és 1800-ban Rosnyón és Ochtinán tett észlelések szerint a legnagyobb meleg és legnagyobb hideg ez volt:

Év	legnagyobb meleg	legnagyobb hideg	legnagyobb meleg	legnagyobb hideg.
1799	28°R.	—10°R.	24°R.	— 9°R
1800	23 „	13 „	28 „	—10 „

A ROSNYÓN, RIMASZOMBATON ÉS VERESKÖVÖN

TETT ÉSZLELÉSEK

TÁBLÁZATOS KIMUTATÁSAI.

I) Időjárat Rosnyón, Rimaszombatban és Veres

1857-ik lebtani évben		Légmérséklet Réaumur hévmérője szerént					
hónapok	észlelési állomás	leg-nagyobb meleg	leg-nagyobb hideg	reggeli középhév	déli középhév	estvéli középhév	havi köz
December (1856.)	Rosnyó	+ 4. 2°	— 16. 8°	— 4.22°	— 0.80°	— 3.02°	—
	Szombath.	+ 4.61°	— 17.25°	— 3.65°	— 1.72°	— 3.15°	—
	Vereskö	+ 3.53°	— 21.58°	— 6.08°	— 1.33°	— 5.23°	—
Január	Rosnyó	+ 3. 5°	— 12. 1°	— 2.87°	— 0.18°	— 1.98°	—
	Szombath.	+ 2. 7°	— 10.85°	— 2.12°	— 0.48°	— 1.54°	—
	Vereskö	+ 0.52°	— 16.72°	— 6.28°	— 2.39°	— 5.55°	—
Február	Rosnyó	+ 2. 8°	— 13. 7°	— 7.25°	— 1.26°	— 4.84°	—
	Szombath.	+ 1.97°	— 12.75°	— 7.08°	— 2.39°	— 4.84°	—
	Vereskö	+ 3.81°	— 18.66°	— 11.95°	— 0.32°	— 8.60°	—
Martius	Rosnyó	+ 8. 7°	— 7. 9°	1 40°	+ 3.54°	+ 0.05°	+
	Szombath.	+ 8.82°	— 6.84°	— 0.86°	+ 3.13°	+ 1.09°	+
	Vereskö	+ 4 37°	— 9.64°	— 1.56°	+ 0.78°	— 3.77°	
Aprilis	Rosnyó	+18. 4°	— 1. 4°	+ 4.12°	+11.37°	+ 6.98°	+
	Szombath.	+16.70°	— 0.94°	+ 5.59°	+12.17°	+ 8.36°	+
	Vereskö	+12.22°	— 3.87°	+ 2.03°	+ 6.61°	+ 1.01°	+
Május	Rosnyó	+18. 6°	+ 0.90°	+ 6.19°	+11.31°	+ 9.51°	+
	Szombath.	+20.60°	+ 1.97°	+ 7.95°	+15.85°	+11.15°	+
	Vereskö	+15.23°	+ 0.28°	+ 5.55°	+10.29°	+ 4.85°	+
Junius	Rosnyó	+22. 6°	+ 6. 7°	+ 9.86°	+16.52°	+11.95°	+
	Szombath.	+22.55°	+ 3.88°	+10.90°	+17.69°	+13.53°	+
	Vereskö	+18.23°	— 5.05"!!	+ 8. 6°	+12 81°	+ 7 43°	+
Julius	Rosnyó	+25. 4	4. 1°	+10 52°	+18 54°	+12.93°	+
	Szombath.	+26 47°	+ 8.82°	+13 35°	+21 74°	+16.35°	+
	Vereskö	+18 63°	+ 5 75°	+10 77°	+11.13°	+ 8.54°	+
Augustus	Rosnyó	+24. 1°	7. 8°	+12 16°	+19.10	+12 54°	+
	Szombath.	+25.48°	+ 6.83°	+12.63°	+19.77°	+15.55°	+
	Vereskö	+20.30°	+ 5 75°	+11.63°	+14.37°	+ 8.97°	+
September	Rosnyó	+20. 0°	1. 5°	+ 5 75°	+15.22	+ 7 47°	+
	Szombath	+20.60°	+ 1 01	+ 8. 54°	+16.07°	+10 54°	+
	Vereskö	+17.34°	— 3 29°	+ 1.65°	+11.58°	+ 4 93°	+
October	Rosnyó	+18. 5°	1. 4°	+ 6.60°	+13 86°	+ 8 08°	+
	Szombath.	+17.68°	+ 2.92°	+ 7.07°	+13.53°	+ 9.05°	+
	Vereskö	+11.17°	— 1.91°	+ 4.21°	+ 9 14°	+ 4.37°	+
November	Rosnyó	+ 9. 0°	8.04°	— 1.00°	+ 3.17°	+ 0.46°	+
	Szombath.	+ 7 83°	— 9.75°	1.06°	+ 2.55°	+ 0 44°	+
	Vereskö	+ 6.76°	— 11.51°	— 3.24°	+ 1.63°	— 2.44°	—
az egész 1857-ik lebtani évben	Rosnyó	+25. 4 Jul. 27.	— 16. 8 Dec. 1856.	+ 4 20°	+ 9 15°	+ 5 01°	e
	Szombath	+26.47° Jul 27	17.25° Dec. 1856	+ 4 26	+ 9.82°	+ 6 43°	e
	Vereskö	+20. 0° Aug. 4.	21 58 Dec. 1856	+ 2 26	+ 6 47°	+ 1 21°	e

A lebtani csapadék mennyiségére nézve megjegyzendő, hogy az Vereskön csak

ramvidék) egyidejü észleletek szerint 1857. évben.

borult nap	télik derült	kiderülő nap	esőnap	havasnap	jégeső	mennyiség	szélnap	a szelek tartama órák szerint	uralkodó szél	égi háború	Rosnyó	Szombath	Vereskö
8	16	12	3	4	—	0.27'''	4	17 óra	E	—		**télben**	
7	17	1	4	2	—	0.36'''	11	160 "	E N	—			
8	15	—	2	7	-	7.03'''	—	24 "	—	—			
18	11	10	2	11	—	1.99'''	8	96 "	E	—			
18	11	—	—	4	—	2.05'''	15	121 .	E	—	— 2.93°	— 3.00°	— 5.31°
17	7	1	—	8	—	13.37'''	7	126 "	—	—			
5	8	2	—	2	—	8.79'''	3	58 "	E	—			
5	11	6	—	3	—	3.07'''	9	62 "	E N	—			
2	3	—	—	1	—	3.37'''	17	212 "	—	—			
13	10	5	5	3	—	10.98'''	12	178 "	E EN	—		**tavaszkor**	
13	12	3	5	4	—	8.24'''	16	155 "	K	—			
15	8	1	3	4	—	18.21'''	15	250 "	—	—			
7	15	—	9	2	—	3.79'''	23	329 "	E	—			
6	13	—	14	1	—	3.58'''	15	150 "	N	—	+ 6.07°	+ 7 16°	+ 2.09°
12	10	1	13	2	—	2.75'''	13	198 "	—	—			
6	16	—	11	—	—	16.44'''	13	111 "	E	3			
3	14	—	9	—	—	13.69'''	19	102 "	E	—			
9	20	3	5	—	—	19.76'''	22	266 "	—	2			
8	8	-	10	—	—	13.01'''	23	312 "	E EN	1		**nyárban**	
5	14	—	11	—	—	25.48'''	19	140 "	K	—			
15	12	1	8	—	—	30.19'''	24	108 "	—	1			
1	23	—	11	—	—	1.34'''	16	156 "	EN	6			
3	16	—	9	—	—	23.23'''	20	152 "	N	—	+13.44°	+15.68°	+ 9.86°
21	7	—	16	—	—	62.42'''	16	370 "	—	8			
2	22	1	7	—	1	19.71'''	17	196 "	E	2			
2	13	1	8	—	—	33.85'''	9	72 "	K	—			
8	15	—	10	—	1	44.62'''	11	219 "	—	7			
4	13	1	3	—	—	6 72'''	15	179 "	E	1		**öszkor**	
2	12	—	5	—	—	3.41'''	13	100 "	N	—			
9	14	—	6	2	2	13.76'''	4	98 "	—	1			
6	15	3	8	-	—	26.46'''	13	140 "	E	—			
4	11	3	8	—	—	13.70'''	12	86 "	K	—	+ 6.73°	+ 7.38°	+ 3.63°
18	7	—	6	—	—	30.79'''	10	206 "	—	—			
8	13	8	3	1	—	7.33'''	10	163 "	E	—			
10	8	4	6	—	—	9.57'''	8	68 "	EK	—			
7	11	2	3	1	—	14.25'''	11	372 "	—	—			
86	170	43	75	23	1	9.70''	162	82 nap	E	13			
78	152	18	79	14	—	11.68''	166	54 nap 4 óra	N és K	nem jegyeztetett			
141	129	9	62	25	4	21.71''	153	111 nap 11 óra	nem jegyeztetett	19			

Május elejétöl 1858. év April végeig méretett, párhuzamosság miatt Rosnyón, Szom-évi öszvege az 1857. évnek csak 8 hónapját illeti.

hónapok	észlelési allomás	Légmérséklet Réaumur hévm. szerént					
		legnagyobb meleg	legnagyobb hideg	reggeli középhév	déli középhév	esteli középhév	havi közép
December (1857	Rosnyó	+ 4. 6°	— 9. 4°	— 3.11°	— 0.59°	— 2.36°	— 2.
	Szombath	+ 8.03°	— 8.49°	— 2.00°	+ 0.02°	— 1.35°	— 1.
Januarius	Rosnyó	+ 4. 4°	— 14. 0°	— 8.95°	— 3.16°	— 7.03°	— 6.
	Szombath	+ 3.78°	— 14.75°	— 9.20°	— 4.49°	— 7.46°	— 7.
Februar	Rosnyó	+ 1. 0°	— 15. 0°	— 10.83°	— 2.37°	— 7.59°	— 6.
	Szombath	+ 1.93°	— 15.95°	— 11.58°	— 5.28°	— 8.10°	— 8.
Martius	Rosnyó	+ 9. 4°	— 11. 6°	— 2.17°	+ 3.75°	— 0.61°	+ 0.
	Szombath	+ 11.01°	— 10.75°	— 2.04°	+ 3.55°	+ 0.30°	+ 0.
Aprilis	Rosnyó	+ 17. 1°	— 3. 8°	+ 1.20°	+ 9.92°	+ 3.91°	+ 5.
	Szombath	+ 18.56°	— 2.72°	+ 2.01°	+ 10.44°	+ 5.91°	+ 6.
Május	Rosnyó	+ 21. 6°	+ 2. 0°	+ 7.07°	+ 15.12°	+ 8.07°	+ 10.
	Szombath	+ 21.87°	+ 4.85°	+ 9.00°	+ 16.16°	+ 11.38°	+ 12.
Junius	Rosnyó	+ 23. 2°	+ 6. 2°	+ 10.24°	+ 17.80°	+ 12.74°	+ 13.
	Szombath	+ 22.74°	+ 7.53°	+ 12.54°	+ 19.72°	+ 15.39°	+ 15.
Julius	Rosnyó	+ 21. 1°	+ 7. 2°	+ 11.51°	+ 18.96°	+ 13.81°	+ 14.
	Szombath	+ 24.70°	+ 9.32°	+ 14.37°	+ 19.71°	+ 15.74°	+ 16.
Augustus	Rosnyó	+ 21. 6°	+ 4. 6°	+ 9.64°	+ 17.14°	+ 12.60°	+ 13.
	Szombath	+ 21.87°	+ 5.35°	+ 12.34°	+ 18.23°	+ 14.38°	+ 14.
September	Rosnyó	+ 19. 6°	+ 4. 8°	+ 7.57°	+ 16.07°	+ 10.66°	+ 11.
	Szombath	+ 19.52°	+ 7.75°	+ 9.88°	+ 16.52°	+ 12.59°	+ 13.
October	Rosnyó	+ 17. 2°	+ 0. 7°	+ 4.75°	+ 13.66°	+ 7.47°	+ 8.
	Szombath	+ 16.41°	+ 2.47°	+ 7.05°	+ 12.81°	+ 8.89°	+ 9.
November	Rosnyó	+ 8. 8°	— 8. 4°	— 1.51°	+ 1.20°	— 0.58°	— 9.0
	Szombath	+ 5.15°	— 5.87°	— 1.20°	+ 0.76°	— 0.70°	— 0.3
Az egész 1858-ik lebtani évben	Rosnyó	+ 24. 1° Jul. 22	— 15. 0° Febr. 15	+ 2.06°	+ 8.98°	+ 4.26°	+ 5.1
	Szombath	+ 24.70° Jul. 28	— 15 95° Febr. 25	+ 3.13°	+ 9.04°	— 5.58°	+ 6.0

Rimaszombatban 1858 ban·

felhözet			lebtani csapadék				körlégi mozgalom			villany	évszakok közép mérséke	
borült nap	félig derült	ködös nap	esős nap	havas nap	jégesső	mennyiség	szeles nap	a szelek tartama	uralkodó szél	égi háboru	Rosnyón	Rima-szombat-ban
13	15	21	0	2	0	0.27'''	3	21 óra	E N	—	télben	
16	8	6	—	1	—	0.36'''	10	75 „	N	—		
2	10	3	—	2	—	1.99'''	11	130 „	E	—	−5.12°	−5 49°
4	8	1	—	1	—	2.05'''	13	184 „	E N	—		
4	6	1	—	2	—	8.79'''	8	85 „	E	—		
2	8	2	—	2	—	3.07'''	6	24 „	N és K	—		
7	17	5	—	4	—	10.98'''	19	206 „	EN E	—	tavaszkor	
6	7	—	—	8	—	8.24'''	25	156 „	N	—		
5	17	1	2	—	—	3.79'''	19	182 „	E	—	+5.11°	+6.34°
2	12	—	3	2	—	3.58'''	19	200 „	N	—		
3	24	—	5	—	—	14.60'''	22	252 „	E	—		
4	15	—	8	—	—	12.12'''	23	255 „	K N	—		
—	27	—	11	—	—	30.37'''	19	221 „	E	—	nyárban	
—	8	—	7	—	—	27.81'''	22	232 „	K	—		
6	21	—	12	—	1	38 96'''	27	270 „	E	3	+13.86°	+15.82°
5	10	—	13	—	—	37.83'''	21	248 „	N	—		
1	26	1	12	1	—	66.52'''	12	113 „	D	4		
4	16	2	11	—	—	35.72'''	26	288 „	N	5		
4	14	—	6	—	—	39.16'''	6	65 „	D	3	öszkor	
1	14	2	8	—	—	16.25'''	10	104 „	E K	2		
7	13	3	5	—	—	4.44'''	8	119 „	E	—	+6.67°	+7.51°
4	16	5	10	—	—	3.81'''	13	157 „	K	—		
15	12	9	7	4	—	23.32'''	12	163 „	E	—		
16	7	2	10	5	—	28.45'''	12	160 „	K	—		
67	202	44	60	15	—	20''3.19'''	166	75 nap 20 óra	E	10		
64	129	20	70	19	—	14''11.29'''	200	85 nap 3 óra	N	7		

II) Időjárat Rosnyón és Rim

hónapok	észlelési állomás	Légmérséklet Réaumur hévm. szerént					
		legna- gyobb meleg	leg- nagyobb hideg	reggeli középhév	déli középhév	estveli középhév	havi és é közép
December (1858)	Rosnyó	+ 6. 0"	— 10. 1"	— 2.86"	+ 0.31	— 2 17"	— 1.
	Szombath.	+ 5.15"	— 8.79"	— 2.71"	— 0.71"	— 2.12°	— 1.
Januar	Rosnyó	+ 6 0"	— 14. 8"	— 5.17"	— 1.99°	— 4.19	— 3.
	Szombath.	+ 5.84"	— 15.05"	— 4.98"	— 2.55"	— 3.75"	— 5.
Február	Rosnyó	+ 5. 8"	5. 0"	— 1.10"	+ 3.61"	+ 0.07	+ 2.
	Szombath.	+ 8.72°	— 6.17"	+ 0.03"	+ 3.33"	+ 0.79"	+ 1.
Martius	Rosnyó	+ 13. 2"	4. 2"	— 0 30"	+ 6.76"	+ 3.10"	+ 5.
	Szombath.	+ 13.96"	— 3.12"	+ 1.63"	+ 7.77°	+ 3.61"	+ i
Aprilis	Rosnyó	+ 20. 1"	— 1. 6"	+ 3.90"	+ 11.22°	+ 7.15"	+ 7
	Szombath.	+ 18.65"	— 3.12"	+ 4.91"	+ 11.73"	+ 7.90°	+ 8
Május	Rosnyó	+ 20. 1"	+ 1. 6"	+ 9.09"	+ 15.11"	+ 11.12"	+ 11
	Szombath.	+ 20.90"	+ 1.27"	+ 10.67"	+ 16.33"	+ 12.30"	+ 15
Junius	Rosnyó	+ 23. 2"	+ 8. 0"	+ 10.86"	+ 17.31"	+ 12.47"	+ 13
	Szombath.	+ 22.37"	+ 7.76"	+ 11.64"	+ 18.19"	+ 13.45°	+ 14
Julius	Rosnyó	+ 25. 6"	+ 8. 8"	+ 11.96"	+ 22.36"	+ 15.56"	+ 16
	Szombath.	+ 26.17"	+ 10.12"	+ 11.61"	+ 22.59"	+ 16.87"	+ 18
Augustus	Rosnyó	+ 25. 6"	+ 8. 4	+ 11.85"	+ 19.98"	+ 14.23°	+ 15
	Szombath.	+ 25.38"	+ 9 12"	+ 13.97"	+ 21.23	+ 16.31"	+ 17
September	Rosnyó	+ 17. 6"	+ 2. 5"	+ 7.62"	+ 13.85"	+ 9.16"	+ 10
	Szombath.	+ 18.17"	+ 3.78"	+ 9.29"	+ 14.26"	+ 11.13°	+ 11
Oktober	Rosnyó	+ 17. 2"	— 0. 6"	+ 6.19"	+ 11.16"	+ 7.93"	+ 8
	Szombath.	+ 16.21"	+ 1.29"	+ 7.18"	+ 10.97"	+ 8.31°	+ 8
November	Rosnyó	+ 12.30"	— 5. 8"	+ 0.11"	+ 4.49	+ 1.38°	+ 2
	Szombath.	+ 11.50"	— 6.65"	+ 0.07"	+ 3.15°	+ 1.15°	+ 1
az egész 1859-iki évben.	Rosnyó	+ 25. 6" Jul. 22., Aug. 11.	— 11. 8" Jan. 10.	+ 4.43°	+ 10.35°	+ 6.34°	+ 7
	Szombath.	+ 26.47" Jul 11	— 15.05" Jan. 9. 10.	+ 5 51"	+ 10.52	+ 7.14"	+ 7

ombatban 1859-dik évben.

borult nap	félig derült	ködös nap	essős nap	havas nap	jég esső	mennyiség	szélnap	a szelek tartama	uralkodó szél	égi háboru	Reaumur hévmérő szerint	Rosnyón	Szombath.
16	7	14	1	3	—	14.23'''	8	142 óra	E	—	—		télben
14	8	6	1	5	—	10.06'''	7	96 „	K	—	—		
14	10	8	2	3	—	3.26'''	6	91 „	E	—	+ 5.40°		
10	12	5	2	7	—	3.35'''	12	160 „	N	—	+ 5.75°	— 1.59°	— 1.41°
4	20	3	2	1	—	2.26'''	11	116 „	E	—	+ 5.26°		
2	18	3	5	2	—	2.44'''	17	232 „	N	—	+ 5.93°		
6	21	3	3	4	—	6.94'''	23	277 „	E EN	—	+ 5.60°		tavaszkor
3	19	1	5	3	—	8.11'''	19	240 „	N	—	+ 6.23°		
6	21	1	4	—	—	12.32'''	22	269 „	D	1	+ 5.88°		
3	17	1	9	—	—	11.26'''	21	240 „	N	—	+ 6.50°	+ 7.49°	+ 8.54°
13	17	1	15	—	2	48.81'''	15	148 „	N EN	3	+ 6.30°		
5	21	1	20	—	—	22.78'''	24	312 „	K	8	+ 7.00°		
3	20	—	12	—	—	28.09'''	19	229 „	E EN	—	+ 7.85°		nyárban
2	16	1	17	—	1	30.79'''	19	200 „	N	7	+ 7.73°		
1	19	—	9	—	—	44.50'''	19	184 „	N E	3	+ 8.65°		
	10	—	11	—	—	29.17'''	23	208 „	N	2	+ 8.10°	+ 15.27°	+ 16.53°
2	16	—	10	—	—	33.11'''	10	103 „	E	2	+ 9.80°		
2	14	—	13	—	—	26.39'''	16	152 „	K	2	+ 9.40°		
9	17	3	6	—	—	21.67'''	11	77 „	N	—	+ 9.07°		őszkor
9	17	4	14	—	—	31.20'''	17	184 „	N	1	+ 9.39°		
9	20	8	12	—	—	64.82'''	18	175 „	DK	2	+ 8.50°		
12	11	3	13	—	—	57.46'''	16	216 „	N K	2	+ 9.30°	+ 6.87°	+ 7.28°
8	11	4	4	3	—	18.74'''	8	117 „	EN E	—	+ 7.87°		
8	8	5	4	4	—	15.22'''	10	128 „	N	—	+ 7.93°		
15 91	199	45	80	14	2	24'' 11.06'''	170	80 nap 8 óra	E EN	12	—		
24 70	171	30	115	21	1	20'' 8.63'''	202	99 nap 12 óra	N	22	—		

II) Időjárat Rosnyón, Rim

hónapok	észlelési állomás	Légmérséklet Reaumur hévmérője szerént					
		legnagyobb meleg	legnagyobb hideg	reggeli középhév	déli középhév	estveli középhév	havi és é középhé
December (1859).	Rosnyón	+ 3. 2°	— 11. 1°	— 2.84°	— 1.15°	— 3.06°	— 2.3
	Szombath	+ 2.64°	— 10.15°	— 3.12°	— 1.95°	— 3.19°	— 2.7
Január	Rosnyó	+ 4. 1°	— 10. 4°	— 3.66°	— 0.18°	— 2.75°	— 2.1
	Szombath	+ 3.50°	— 7.81°	— 2.13°	— 0.19°	— 1.89°	— 1.4
Február	Rosnyó	+ 3. 3"	— 11. 8°	— 4.06°	— 0.30°	— 2.64°	— 2 3
	Szombath	+ 3.41°	— 12.05°	— 3.71°	— 0.42°	— 2.25	— 2.1
Martius	Rosnyó	+ 7. 6°	— 11. 8°	— 2.13	+ 4.08°	— 0.31°	+ 0.5
	Szombath	+ 9.52°	— 9.36°	— 2.10°	+ 2.86°	— 0.08	+ 0 2
Aprilis	Rosnyó	+15. 2°	+ 0. 8°	+ 5.55°	+10.42°	+ 6.92°	+ 7.6
	Szombath	+15.04°	+ 1.29°	+ 5 84°	+11.18°	+ 7.75°	+ 8.2
Május	Rosnyó	+20. 9°	+ 0. 6"	+ 8.92"	+15.52°	+10.62°	+11.6
	Szombath	+20.70°	+ 2.63°	+ 9.89°	+16.17°	+11.51°	+12.5
Junius	Rosnyó	+23. 6°	+ 2. 4°	+12.59°	+18.86°	+13 31°	+14.8
	Szombath	+23.72°	+ 6.73°	+13.25°	+19.71°	+15.09°	+16.0
Julius	Rosnyó	+24. 6°	+ 6. 4°	+12.74°	+18.34°	+11.94°	+14.3
	Szombath	+22.93°	+ 7.53°	+12.56"	+18.26°	+13.82"	+14.8
Augustus	Rosnyó	+22. 8"	+ 7. 2°	+10.69°	+18.41°	+12.06°	+13.7
	Szombath	+23.23°	+ 8.62"	+11.88°	+18.86°	+14.39°	+15.0
September	Rosnyó	+23. 0°	+ 1. 2"	+ 8.28°	+12.98°	+ 9.80°	+10.3
	Szombath	+23.42°	+ 4.07°	+10.07°	+16.13°	+11.83°	+12.6
Oktober	Rosnyó	+12. 8°	— 2. 0°	+ 2 08°	+ 8.38°	+ 3.83°	+ 4.7
	Szombath	+15.33°	— 2.53°	+ 3.52°	+ 8.50°	+ 5.13°	+ 5.7
November	Rosnyó	+ 9. 9°	— 6. 1°	+ 0.98°	+ 3.59°	+ 1.31°	+ 1.9
	Szombath	+ 9.32°	— 4.51"	+ 0.90°	+ 3.32°	+ 2.13°	+ 2.1
az egész 1860-iki	Rosnyó	+24. 6° — 11. 8° Jul. 8. Febr. 19.		+ 4.09°	+ 9.08°	+ 5.08°	+ 6.0
évben	Szombath	+23.72° — 12.05° Jul. 27. Febr. 18.		+ 4.71°	+ 9.37°	+ 3.94°	+ 6.6

mbatban 1860-ik évben.

gderüség			lebtani csapadék				körlégi mozgalom			villany	forrás viz hőmérséke	évszakok kézéphő-értéke R. szerint	
borút nap	félig derült	ködősnap	essősnap	havasnap	jégesső	mennyiség	szélnap	a szelek tartama	uralkodó szél	égi háború	Reaumur hévmérő szerint	Rosnyón	Szombath
19	12	9	3	9	—	40.44'''	5	70 óra	E. EN.	—	+ 6.73°	**t é l b e n**	
18	12	4	4	14	—	49.80'''	8	114 „	K.	—	+ 7.93°		
8	15	9	4	2	—	14.24'''	3	32 „	—	—			
10	13	5	4	6	—	12.19'''	15	168 „	N. K.	—	+ 5.90°	2.27° —	2.08°
18	7	3	1	9	—	19.17'''	11	176 „	EN.	—			
11	11	—	—	16	—	27.90'''	15	176 „	N. K.	—	+ 5.43°		
12	12	2	2	5	—	13.51'''	12	108 „	D.	—		**t a v a s z k o r**	
3	17	2	5	8	—	16.44'''	9	136 „	N.	—	+ 5.33°		
11	15	—	9	—	3	27.96'''	16	172 „	E.	3			
6	15	—	14	—	1	26.48'''	21	248 „	K.	1	+ 5.83°	+ 6.92°	+ 7.00°
6	18	1	8	1	1	41.66'''	24	185 „	E. EN.	4			
1	17	1	16	—	2	35.92'''	20	256 „	N.	3	+ 7 50°		
4	20	—	10	—	—	38.73'''	8	56 „	D.	4		**n y á r b a n**	
4	12	—	15	—	—	35.17'''	18	168 „	N.	3	+ 7.90°		
7	23	1	13	—	1	88.94'''	15	102 „	D. EN.	1			
5	19	2	18	—	—	62.63'''	16	181 „	N.	2	+ 8 50°	+14.33°	+15.33°
24	3	—	8	—	—	14.52'''	13	70 „	D.	2			
1	11	—	9	—	—	14 67'''	17	176 „	N	2	+ 8.73°		
5	15	5	7	—	—	39.58'''	16	146 „	D.	1		**ő s z k o r**	
3	15	4	8	—	—	37.97'''	16	152 „	K.	—	+ 8.73°		
7	16	7	4	—	—	18.53'''	12	127 „	EK.	—			
5	17	7	4	—	—	15.34'''	15	176 „	N.	—	+ 8.86°	+ 5.71°	+ 6.84°
16	11	6	7	5	—	40.42'''	10	155 „	EN.	—			
15	12	1	10	4	—	29·59'''	17	200 „	K.	—	+ 7.33°		
13	188	46	76	31	5	33'' 1.70'''	145	58nap 8 óra	EN. és D.	15	—		
82	171	26	107	48	3	31'' 2.31'''	187	89nap 8 óra	N. és K.		—		

III) Légsuly- és páram

1856					
hónapok nevei	légsúlymérő			páramérő	
	legmagasabb állás	legalantabb állás	közép állás	páranyomat közép értéke	nedvess közép érték
December (1855	328. 9'''	314. 7'''	323 60'''	1.19'''	90
Januar	328. 6'''	315. 9'''	321.92'''	1.74'''	95
Februar	326. 3'''	318. 5'''	323.13'''	1.83'''	94
Martius	332. 7'''	320. 3'''	326.41'''	1.46'''	79
Aprilis	328. 7'''	320. 5'''	324.66'''	2.36'''	64
Majus	326. 4'''	317. 2'''	322.10'''	3.17'''	72
Junius	327. 1'''	320. 5'''	325.21'''	4.40'''	73
Julius	328. 3'''	322. 7'''	325.56'''	4.05'''	72
Augustus	329. 7'''	319. 1'''	325 11'''	4.42'''	71
September	328. 1'''	322. 0'''	324 83'''	3.51'''	72
October	331. 3'''	325. 2'''	328.92'''	2.99'''	78
November	331.34'''	316.34'''	325.12'''	1.59'''	85
1856-ik évben	332. 7'''	314. 7'''	324.66'''	2.71'''	79
1857					
December (1856)	331.78'''	316.46'''	324.80'''	1.42'''	84
Januar	329.04'''	318.45'''	323.68'''	1 52'''	86
Februar	333.62'''	322.18'''	328.73'''	1.13'''	81
Martius	331.15'''	320 08'''	325.35'''	1.82'''	81
Aprilis	328.68'''	318.61'''	323.61'''	2.75'''	72
Majus	327.19'''	321.21'''	324.75'''	3.66'''	77
Junius	328.59'''	321.31'''	325.34'''	4.23'''	68
Julius	329.41'''	322 58'''	326 19'''	4.78'''	72
Augustus	328.45'''	321.56'''	325.46'''	5.40'''	76
September	329.51'''	322.22'''	326.37'''	3.75'''	79
October	329.22'''	321.33'''	326·16'''	3.71'''	80
November	333.13'''	321.15'''	327.79'''	1.93'''	86
1857-ik évben	333.13'''	316.46'''	325.71'''	3.08'''	78

Jegyzés: a körlégnyomás, és a körlég párájának feszereje p ségi számok a 10 és 0 között vannak, 10 egészen borúlt, 0 egészen derült eget jelent.

ői észlelések Rosnyón.

1858

hónapok nevei	légsúly mérő			páramérő		égderüség
	leg-magasabb állás	leg-alantabb állás	közép állás	páranyo-mat közép értéke	nedvesség közép értéke	közép érték
December (1857)	333.33'''	322.68'''	329.71'''	1.58'''	95	6.95
anuar	331.49'''	319.02'''	328.91'''	1.04'''	91	2.17
ebruar	331.07'''	322.02'''	327.82'''	0 95'''	89	2.01
Iartius	329.53'''	313.47'''	324.31'''	1 58'''	79	5.02
prilis	329.94'''	319 62'''	321.95'''	1.83'''	62	4.51
Iajus	328.60'''	319 99'''	321 60'''	2.73'''	52	1.51
unius	327.50'''	322.90'''	325.68'''	4.40'''	62	3 88
ulius	326.82'''	320.28'''	324.15'''	4.58'''	67	1.70
ugustus	327.77'''	319.90'''	324.92'''	4.23'''	69	4.79
eptember	329.73'''	323.86'''	327.06'''	3.91'''	73	4.35
ctober	329.03'''	320.80'''	326.80'''	3.46'''	80	4.33
ovember	328.96'''	319 41'''	325.60'''	1.79'''	89	7.93
858-ik évben	331.49'''	313.47'''	326.21'''	2.67'''	75	4 13

1859

hónapok nevei	légsúly mérő			páramérő		égderüség
December (1858)	330.06'''	318.89'''	326.30'''	1.59'''	86	7.30
anuar	333.57'''	321.79'''	327.88'''	1.30'''	87	6.00
ebruar	329.18'''	320.69'''	325.22'''	1.75'''	78	5.93
Iartius	329.85'''	319.42'''	324.86'''	2 00'''	75	5.02
prilis	328.41'''	317.98'''	322.92'''	2.40 ''	62	5.60
ajus	326.67'''	320.84'''	324.04'''	3.50'''	64	7.72
unius	328.02'''	321.48'''	323.92'''	4 07'''	66	3.80
ulius	338.55'''	323.85'''	325.79'''	4 26'''	54	3.44
ugustus	326 88'''	323.39'''	325 51'''	4.89'''	68	2.89
eptember	328.49'''	320.21'''	325.04'''	3.88'''	78	5.52
ctober	327.70'''	318.50'''	321.45'''	3.50'''	83	6.44
ovember	331.52'''	319.18'''	327.07'''	2.21'''	86	4.43
858-ik évben	333 57'''	317.98'''	325.25'''	2.95'''	74	5 25

alokban van kifejezve, a nedvesség számokban. 100 a telítésnek a száma, a derü-

IV) Lebtani jegyzetek Vereskőről (a garamvidéken
Mauks K. orvos-tudortól.

1 8 6 4.

hó	legcsekélyebb hévség	legmagasabb hévség	közép hévség	derült nap	fé ig derült nap	borúlt nap	köd	esső	jégesső	hó	szél	szélvész	menydörgés
Januárius	− 25° R.	+ 2° R.	− 9.5° R.	24	4	2	0	1	0	1	10	4	0
Február	− 23° R.	+ 7° R.	− 3.2° R.	9	2	18	4	5	0	10	2	1	0
Martius	− 6° R.	+ 9° R.	+ 0.2° R.	8	6	17	2	4	0	4	11	5	0
Aprilis	− 9° R.	+ 14° R.	+ 1.0° R.	15	4	11	1	3	0	7	22	1	0
Május	− 11° R.	+ 15° R.	+ 4.2° R.	13	5	13	1	9	0	1	23	4	0
Junius	+ 4° R.	+ 19° R.	+ 9.3° R.	6	16	8	0	14	0	0	17	2	0
Julius	+ 5° R.	+ 19° R.	+ 8.3° R.	7	15	9	0	13	0	0	27	1	0
Augustus	− 0° R.	+ 19° R.	+ 8.9° R.	10	10	11	1	10	1	0	17	2	2
September	− 2° R.	+ 17° R.	+ 7.9° R.	12	11	7	0	13	0	0	6	2	2
October	− 7° R.	+ 12° R.	+ 2.5° R.	9	12	10	1	7	0	3	8	2	1
November	− 14° R.	+ 6° R.	− 0.4° R.	3	11	16	3	8	0	1	7	1	1
December	− 18° R.	+ 4° R.	− 5.6° R.	15	7	9	2	0	0	8	7	2	0
Összesen				132	103	131	15	87	1	35	175	24*	7

Az évnek közép hőmértéke: + 2.3° Reaumur.

1 8 6 5.

hó	legcsekélyebb hévség	legmagasabb hévség	közép hévség	derült nap	fé ig derült nap	borúlt nap	köd	esső	jégesső	hó	szél	szélvész	menydörgés
Január	− 22° R.	+ 2° R.	− 4.7° R.	25	4	2	1	1	0	1	10	4	0
Február	− 18° R.	+ 2° R.	− 6.3° R.	8	10	10	0	0	0	8	14	5	0
Martius	− 20° R.	+ 5° R.	− 1.6° R.	8	6	17	1	0	0	13	10	4	0
Aprilis	− 9° R.	+ 13° R.	+ 2.2° R.	20	7	3	0	1	0	0	15	2	0
Május	− 5° R.	+ 19.5° R.	+ 8.0° R.	11	12	8	6	12	1	0	12	8	4
Junius	− 0° R.	+ 15° R.	+ 7.3° A.	4	16	10	2	15	0	0	25	2	0
Julius	+ 5° R.	+ 23° R.	+ 12.8° R.	16	15	0	0	11	0	0	12	1	2
Augustus	− 0° R.	+ 21° R.	+ 10.3° R.	13	14	4	0	11	2	0	10	2	2
September	− 3° R.	+ 18° R.	+ 6.4° R.	22	6	2	1	4	0	0	13	1	0
October	− 6° R.	+ 14° R.	+ 4.0° R.	10	10	11	1	8	0	0	2	0	1
November	−10.5° R.	+12.5° R.	+ 2.4° R.	8	6	16	0	4	0	5	1	0	0
December	− 14° R.	+ 6° R.	− 3.3° R.	13	11	7	0	1	0	1	5	1	0
Összesen				158	117	90	12	68	3	28	129	29	9

Az évnek közép hőmértéke: + 2.7° Reaumur.

*) A szélvészek a szelek számába vannak betudva

III. FEJEZET.

Gömör megye virány a.

Nem túlzott ez állítás, hogy Gömör megye Magyarország kicsinyben. Természetadta kincseit az okszerű ipar jókor sietett kiaknázni és értékesíteni, ámde a tudomány nem tett még annyit, hogy e megye természeti viszonyait a kor kivánalmaihoz képest felderítette volna. Tény, hogy főleg virányunk kevés különleges figyelemre méltattatott, holott megyénk akár hegy- és földtani viszonyainál, akár vízrendszerénél fogva a természetbúvár vizsgálódásának mindenesetre érdekes teréül szolgálhat. Innen van azon föltünő különbség, mely szerint több megye füvészetileg át meg átvizsgáltatván, egész növénytani irodalmat képes fölmutatni, míg megyénk virányára csakis a következő művek vonatkoznak :

Ludov. Bartholomaeides „Historia prirozenj s tabulkami wlastnj rukau rytumi." Buda 1798. 8-adrét.

Ugyancsak *Bartholomaeides :* „Comitatus Gömöriensis notitia, etc." Leutschoviae 1806—1807. 4-edrét (Pars I. cap III. sect. 1. §§. 13—25.)

Kubinyi Ágoston „Kirándulás Pohorelláról a Királyhegyre jul. 28-án 1842 némi földismei s füvészeti tekintetben." (A magy. orv. és term. vizsg. III. n. gyül.)

Dr. Bernh. Müller „Elenchus plantarum in Comitatus Gömöriensis territorio Murányensi observatorum." 1843.

Dr. Gustav Reuss „Kvêtna slovenská." Selmecz. 1853 LXXV. és 496 l. 8-adrét.

Fábry János „Rimaszombat viránya" (a rszomb. egyesült prot. gymnasium 1858—59. évi értesítvényeiben.)

Szontagh Miklós „Adatok Gömör megye éjszaknyugati részeinek természetrajzi viszonyaira, különös tekintettel virányára." Olvastatott a magy. orv. és term. vizsg. XI-dik n. gyülésén Pozsonyban.

Ide számítandó még :

Hazslinszky Frigyes „Éjszaki Magyarhon virránya." Kassa 1864.

A hazai virány általános viszonyaihoz képest Gömör megye érdekes változatosságot mutat. Legmagasb hegyei alig emelkednek ugyan 6000 lábnyi magasságig : mindazáltal a Királyhegy körül csoportosulók a havasi táj (Pinus pumilio Haenk., Anemone alpina L., Aconitum Napellus L. stb.) jellemével bírnak. Délfelé ágazó másodrendü hegyeink sürün váltakoznak a csörgedező patakokszegte völgyekkel, melyek fölséges tájképeket nyújtanak a szemlélőnek. És mig a magasabb hegyek kopár tetöi a legdúsabb viránynyal csak a nyár kezdetével büszkélkednek, addig a csendes völgy ölében még késő öszszel is költögeti Flóra istennő szende gyermekeit; s mig fönt az ormokon a tavaszi szelek a csillogó havat széthordják, majd összehalmozzák, addig itt alant a pelyhes leány-kökörcsin (Anemone Pulsatilla *L.* Halleri *All.*) nyilt szemekkel kandikál a melegítő nap felé, vagy az illatos viola a takaró avaron áttörve, büszkén emeli kis virágbimbaját. Még lejebb a szük völgyek tágulván, a hegyek halmokká törpülvén, a földmüvelés nyer nagyobb és nagyobb tért. Hol a sikerdús buza, a kukoricza, a szölö, söt a repcze elég gazdagon terem, ott más földtani s égalji viszonyokra vonhatunk következtetést. Ceres és Bachus adományaikat a Rima és Sajó alsóbb vidékeinek nem érdemetlenül nyújtják.

Hogy virányunk képét keretbe foglaljuk, nem mellőzhetö itt a talaji viszonyok felemlitése. Amott az idő fogával daczolni látszó gránittömeg (röczei hegység) s a gyönyörü rétegeket alkotó csillámpala (Vashegy, Murány), itt a fövenynyé csakhamar elporladó gneusz (Kakashegy), a sokszinü agyagpala (Murány, N.-Röcze és Lubenyik közt), a szétdarabolt kigyla; majd a sötétszinü gabbró, a szemcsés márvány és dolomit (Tiszolcz) s ismét a barlangokban gazdag jura mészkö (keleten), a tüzhegyi képletü bazalt sudar oszlopai (Ajnácskö vidékén), a zöldes diorit s más ezerféle közetek tarkállanak egymás mellett, alatt vagy fölött. Ezért változók annyira a földrétegek is. Mig a televénydús téreken gazdag virány gyönyörködteti a szemlélöt s délibb jellemét nyilván tanusitja, a magasb hegyoldalokon oly fákra találunk, melyek a havasi növények szomszédságára engednek következtetni, holott a kopár mészhegyeken egy-egy kóró is alig tengödhetik.

A 352,184 katastr. holdon elterülő erdők élénk változatosságot tüntetnek elö. Lombos erdeink túlnyomó álladéka a t ö l g y- és b ü k k fa. A mily sajnos, hogy az erdöpusztitás káros következményeire akadunk, pl. Bisztró körül, hol pár évtized óta az egymásmellett épitett kohók annyira igénybe vették az erdök állományát, miként az egykori roppant erdök nyomait jelenleg nyir- és nyárfa, egyes cseplyék s cserjefedte fatörzsek jelölik: vagy, mint Imolán, hol igen sok szenet égetnek, csert hántanak — mi ott fölér egyegy aratással, — az erdök rendetlenül vágatnak: vagy pedig, mint Aggtelken, a sok mészégeté-

folytán csaknem kipusztultak már: époly örvendetes azon okszerü erdökezelés, melyben rendszeresen ápolt s gondviselt erdöségeivel (K. H. Váraljai, Koburg hgi uradalmak stb.) föleg a nagyobb birtokos osztály magát általában kitünteti. — Legnagyobb tért elfoglalnak a tölgyfa-fajok (Quercus pedunculata *Ehrh.*, sessiliflora *Sm.*, pubescens *Willd.* s kivált Querc. cerris *L.*), közben egyenként vagy csoportosan a fejér gyertyánfa (Carpinus Betulus *L.*), a sima szilfa (Ulmus campestris *L.*), söt a Sajó mentében Ulm. effusa *Willd.* is. Dusan tenyész ezek közt a köz mogyorófa (Corylus Avellana *L.*), ritkábbak a hársfák (Tilia grandi- s parvifolia *Ehrh.*) és a körisfa (Fraxinus excelsior *L.*); de vannak terjedtebb nyireseink (Betula alba *L.* és pubescens *Ehrh.*) pl. Csellénben (mely 2 mf h., 1¼ mf sz. erdöség) stb. helyen, melyek az elhanyagolt talajnak többnyire biztos jellemzöi. — Néhol (Jólsva, N. Röcze, K. H. Váralja) Sorbus aucuparia *L.* s domestica *L.* is elöfordul, valamint Sorbus Aria *Crantz* is. Prunus Padus *L.* és Cornus sanguinea *L.* sem ritka, holott a juharfajok közül többen (Acer campestre *L.*; platanoides *L.* stb.) szintén gyakoriak. Acer pseudoplatanus *L.* hegyi erdökben, Acer Negundo Osgyánban a „Bükk"-ben — itt egykor díszkert lehetett - elvadulva jön elö. Ezekhez csatlakoznak a bengék (Rhamnus cathartica *L.* és frangula *L.*), melyek az igen elterjedt kökénynyel (Prunus spinosa *L.*), a gyalogfenyö borókával (Juniperus communis *L.*) és a kecskerágóval (Evonymus europaeus *L.*, verrucosus *Scop.*) inkább a cseplyéket, ligeteket teszik áthatlanabbakká. Gyakoriak még a Rubus-, Rosa-, Crataegusfajok is, de Staphyllea pinnata *L.* (Zabar, Osgyán, N. Röcze) Berberis vulgaris *L.* Syringa vulgaris *L.* — Rszombat mellett a dúzsai Majsa völgyben elvadulva gyérebbek. — Rozsnyó vidékén nagyobb mennyiségben tenyész a Ceratophora dulcis *Fl. Wett.* és Chamaecerasus *Jacq.* — utóbbi Rszombat-Gernyön igen böven, valamint a Padus Mahaleb *L.*, melynek 2 3 éves hajtásai az illatos pipaszárakat szolgáltatják. Ezek „rozsnyói pipaszárak" név alatt — évenként mintegy kétszázezer darab - - a külföldre is szállittatnak.

Vizeink körött közönségesek óriási égerfáink (Alnus glutinosa *Gärtn* és incana *D. C.*) s a füzek (Salix fragilis *L.*, alba *L.*, amygdalina *L.*, purpurea *L.*, viminalis *L.*) társaságában szegélyzik a partokat, mig a S. angustifolia *Wulf.* föleg mocsáros téreken bokrosodik. Egyes példányokban, söt csoportosan a S. capraea *L.* ligetekben lomberdökben szürkéllik, holott a S. cinerea *L.* leginkább legelökön tanyáz. A kecskefüzhöz gyakran csatlakozik az uttéfre is ültettetni szokott rezgö nyárfa (Populus tremula *L.*). Hegyeink közt díszlik a P alba *L.*, canescens *Smith.* és nigra *L.*, s ez utóbbi gyakori az erdőszéleken. A P. pyramidalis *Roz.* és monilifera *Ait.* mint nem honiak a lakok közelében vagy utfélre ültettetnek.

S mig a tölgyesek bérczeink déli lejtőit koszoruzzák s a bükkfa (Fagus sylvatica *L.*) az éjszakiakat kedveli, — fenyveseink az erdöterület jelentékeny részét foglalják el. Ez azon határvonal, mely virányunknak éjszakibb jellemet kölcsönöz. Legelterjedtebb: az Abies excelsa *Poir.*, a rozsnyói területen ugyanis két völgyet árnyal be, azonban Dobsina és Csetnek*), valamint a megye éjszaknyugati része felé mindig nagyobb területekkel találkozunk, majd Abies pectinata *D.C.*, Pinus sylvestris *L.* foglalják el a tért, P. picea *L.* rokon fajával, melyekhez olykor a Larix europaea *D.C.* is csatlakozik**), mig végre a Pinus Pumilio *Haenk.* s P. Cembra *L.* a fatenyészetnek határt (Királyhegy) szab.

Egyik nevezetessége megyénk virányának a ternyö **tiszafa** (Taxus baccata *L.*, mely ugyan idönkben ittott (Theissholz = Tiszólez 1218' S., Dobsina 1392' S.) már csak egyes törpe példányokban elszórtan jelöli azon helyeket, hol egykor ezredéves ősei **diszelegtek**. A hatalmas várurak hajdan különös pártfogásukban **részesiték** a tiszafát, ez szolgáltatván fegyverzetükhöz hajlékony és **tartós** iveket, minélfogva a várak közelében különös gonddal **ápoltatott.**

A tér szüke miatt egyébiránt elég legyen a többire nézve röviden jellemezni megyénknek néhány kiválóbb pontját, elösorolván ezeknek érdekesb növényeit.

Rimaszombat (650' W., lapály 412' Bend.) virányát illetöleg, nehogy ismételni kelljen azokat, a miket az emlitett tanodai értesitvényekben már közöltem, ezuttal csupán az azóta fölmerült némely növényfajokat fogok elösorolni. Ranunculus lanuginosus *L.* és polyanthemos *L.* a szabadkai erdöben, R. bulbosus *L.* mezön; Nasturtium austriacum *Crantz.* Rima mellett; Viola sylvestris *Lam.* és elatior *Fries* bokrok közt, Silene nutans *L.* és Otites *Smith.*, Lychnis vespertina *Sibth.* a pokorágyi hegyek közt. Geranium molle *L.* utfélen és columbinum *L.*, Cytisus austriacus *L.* a pokorágyi feny-

---

*) Megemlitendö, hogy 1864-ben a csetneki s közelvidéki erdökben a betüzö szu (Bostrychus typographus) nagy pusztitást tett, melynek meggátlására történtek-e intézkedések? nem tudja a közlö. F.

**) Balog völgyén és Rimaszécs körül a herczegi uradalomban igen sikerül az éjsz., kel s nyug. lejtökön a Pinus austriaca Höss. és nigra Link., a magasabb dombokon Larix europaea H. Par. ültetése. E fenyvek fóleg a talajjavitás végett ültettetnek. F.

vesben (borókás); Galega officinalis *L.* alsópokorágyi kenderáztatók-
nál; Hippocrepis comosa *L.* Akasztóhegy körül; Vicia cassubica
L. városerdőn, V. cracca *L.*, Ervum tetraspermum *L.* mezőn; La-
thyrus hirsutus *L.* ritkábban jön elő a Papharasztban, Lath. pla-
typhyllos *Retz.* ugyanott bőven; Waldsteinia geoides *Willd.* Alsó-
Pokorágyon; Potentilla hirta *L.* Tamásfalván, P. opaca *L.* és rep-
tans *L.* pok. fenyvesben, rupestris *L.* pok. sziklák körül. Epilo-
bium parviflorum *Schreb.* Rimaparton; Saxifraga bulbifera *L.* sza-
badkai téglaház mellett. Bupleurum rotundifolium *L.* vetés közt;
Torilis Anthriscus *Gmel.* szab. erdőn; Chaerophyllum bulbosum *L.*
műveletlen helyeken. Asperula galioides *M. Bieb.* szab. erdőn, Ga-
lium boreale *L.* Papharasztban, Scabiosa columbaria *L.* Akasztó-
hegy körül; Cephalaria transylvanica *Schrad.* Kikerieshegyen (912
△) és szab. tégl. körül. — Inula Britannica *L* gyakori, Bidens tri-
partita Rparton; Achillea magna *Willd.* Paphar., Leontodon has-
tilis *L.* réten; Lactuca perennis *L.* pok. szikl., Tragopogon orienta-
lis réten, Crepis praemorsa *Tausch.* pok. szikl., Hieracium murorum
L. erdőben. Lithospermum purpureocoeruleum *L.* bokrok közt, My-
osotis intermedia *Link*, hispida *Schlcht.* mezőn, sparsiflora *Mik.* er-
dőn. Verbascum Lychnitis *L.*, phoeniceum *L.* gyakoriak; Veronica
scutellata *L.*, Orobanche Galii *Duby.*, ramosa *L.* mezőn; Digitalis
grandiflora *Lam.* pok. szikl.; Melampyrum barbatum *W. K.* vetés-
közt, Salvia glutinosa *L.* erdőn; Galeophis pubescens *Bess.* mezőn:
Stachys palustris *L.* Scutellaria galericulata *L.* Rparton; Teucrium
montanum *L.* pok. szikl., Utricularia vulgaris *L.* felső Karlónál;
Polygonum lapathifolium *L.* Rparton, minus *Huds.* mezőn; Thesi-
um humile *Wahl.*, Euphorbia lucida *W. K.*, virgata *W. K.* a pok.
fenyvesben. Hydrocharis morsus ranae *L.* Alsó Pokorágyon; Zani-
chellia palustris *L.* felső Karlónál. — Orchis militaris *L.* szab. tégl.;
Cypripedium Calceolus *L.* szőlőhegyen. Convallaria latifolia *Jacq.*
városerdőn, Maianthemum bifolium *D. C.* Papharasztban; Gagea
pratensis *Koch.* mezőn, pusilla *Schult.* erdőn; Ornithogalum pyrenai-
cum *L.* mezőn. Juncus effusus *L.* gyakori, Luzula campestris
D. C. pok. fenyvesben. Phleum Boehmeri *Wibel.* száraz réten,
Calamagrostis epigeios *Roth.* Holcus lanatus *L.*, Avena pubes-
cens *L.*, Koeleria cristata *Pers.* réten; Brachypodium sylvati-
cum *Roem* et *Schult.*, Festuca gigantea *Vill.*, elatior *L.* Poa ne-
moralis *L.* erdőn; bulbosa *L.*, distans *L.* mezőn; Hordeum muri-
num *L.* utfélen. — A virágtalanok (cryptogamae) vizsgálásával
tüzetesebben csak rövid idő óta foglalkozván, az eredmény nem

oly jelentékeny, hogy közlése által Rszombat virányát ez oldalról is biztosan jellemezhetnők.

Osgyán (legmagasabb pont 1001′ W.) vidékét jellemzik: Nigella arvensis *L.*, Dentaria bulbifera *L.*, Camelina sativa Cr., Lychnis vespertina *Sibth.*, Oxalis Acetosella *L.*, Cytisus biflorus *W. K.*, Petasites albus *Gärtn.*; — Tanacetum vulgare *L.* utfélen, Senecio nemorensis *L.* széleslevelü, Podospermum laciniatum *DC.*, Antirrhinum Orontium *L.*, Euphrasia Odontites *L.*, lutea *L.*, Salvia glutinosa *L.*, Polygonum Convolvulus *L*, Orchis latifolia *L*; Asparagus officinalis *L.* réten; végre a „Bükk" nevü hegyen: Carlina acaulis *L.* és vulgaris *L.*, Gentiana cruciata *L.*, Hedera helix *L.*, Veronica spicata *L.*, Gymnadenia conopsea *R. Br.*, Cephalanthera pallens *Rich.*, Neottia Nidusavis., — Andropogon Ischemum *L.* pedig a Zivánhegyen.

Pongyelok körül előfordulnak a sok emlitetteken kivül: Solidago Virga aurea *L.*, Serratula tinctoria *L.*, Adenophora svaveolens *Fisch.*; valamint R i m a - B r e z ó n (Szineczhegy 3168′m.) Helleborus viridis *L.*, Sedum maximum *Sut.* és Fabaria *Koch.*

Klenócz gazdag hegyi virányából kiemelendők : Ranunculus aconitifolius *L.*, Aconitum moldavicum *Hacq.*, Alchemilla vulgaris *L.*, Lychnis diurna *Sibth.*, Adenostyles alpina *Wahl.* (= Cacalia albifrons *L.*) és sonchifolia, Doronicum scorpioides *Willd.*, Sonchus alpinus *L.* Veporhegyen (2987.₄₆′ K.); Lycopodium clavatum *L.*, Ribes Grossularia *L.* ß. pubescens Oltárnohegyen, Atropa Belladonna *L.* és Galium montanum *Huds.*

Murány várhegyén (triaszféle mészkö. 2973′ Greiner) találtatnak: Erysimum odoratum *Ehrh.*, Geranium phaeum *L.*, Geum rivale *L.*, Potentilla aurea *L.*, Sempervivum hirtum *L.*, Saxifraga Aizoon *Jacq.* és umbrosa *L*, Astrantia major, *L.*, Bupleurum longifolium *L.*, Hedera helix *L.*, V i s c u m a l b u m *L.*, Galium sylvaticum *L.*, Tussilago alpina *L.*, Bellidiastrum Michelii Cass., Centauria axillaris *W*, Hyppochoeris helvetica *Jacq.* (uniflora *Vill.*), Prenanthes purpurea *L.*, Phyteuma orbiculare *L.* és spicatum *L.*, Polemonium coeruleum *L.*, Thymus alpinus *L.*, Soldanella alpina *L.*, Salix incubacea *Willd.*, Platanthera bifolia *Rich.* - Ezeken kivül (Dr. Marczell János közlése nyomán) Atragene alpina, Aquilegia vulgaris, Aconitum Anthora. Alsine laricifolia. Cytisus ciliatus és biflorus, Cotoneaster vulgaris, Saxifraga petraea, Siler trilobum, Tordylium neglecta, Centauria montana. Hieracium Nesleri, Campanula carpatica, Pyrola uniflora, Scrophularia vernalis, Calamintha alpina. Cortusa Matthioli, Soldanella montana, Polygonum viviparum. Daphne Cneorum, Allium fallax. — **Murány Lehotán**: Silene gallica. — **Murány völgyén**: Hesperis matronalis, Alsine rubra, Hypericum hirsutum, Geranium divaricatum, Torillis neglecta, Lycopus europaeus.

Nagy Röcze vidékén díszlenek: Arabis Halleri, Dentaria enneaphyllos és glandulosa, Dianthus superbus (Szkalkán), Stellaria uliginosa, Spiraea ulmifolia és Aruncus *L.* (ez utóbbit A. Frischeknél a folyóparton találtam), Eupatorium cannabinum, Filago germanica, Senecio viscosa, Carlina acaulis (Szkalkán), Pyrola secunda és umbellata, Nepeta nuda; Lysimachia punctata *L.* (Ukorován, — Vashegyen találtam), Orchis coriophora, Galanthus nivalis, Luzula pilosa, Avena tenuis, Nardus stricta, Carex Schreberi, pilosa, panicea stb.

A 6144′ △ mag. **Királyhegy** a havasi virányt képviseli, holott a fatenyészetnek — úgy a lombos, mint a tülevelüeknek csoportját magában foglalván — az ericaceák és a törpe fenyő határt vetnek. Egyébiránt, nem ismételvén a Kubinyi Ágoston által 1842-ben tett ismertetést, virányunk e kitünő pontja még bővebb vizsgálatra vár.

A 4410′ △ mag. **Kakashegyen** (Kohút) az elősoroltak nagy részén kivül jellemzik e magasabb táj virányát: Pulsatilla alpina, Aconitum Napellus és Stoerkianum, Lunaria incana, Sedum carpaticum, Homogyne alpina, Arabis arenosa, Cytisus capitatus, Pyrola minor, Vaccinium myrtillus és Vitisidaea, Tofjeldia calyculata, Luzula albida, Chrysocoma linosyris, Hieracium Schraderi, Campanula Scheuzeri, Scrophularia Scopolii, Stachys alpina, Soldanella montana, Epigonium Gmelinii, Crocus discolor.

Megemlítendők még e vidéken: Rhinanthus alpinus Baumg. és Gladiolus imbricatus (Telgárton); — Dracocephalum austriacum, Arnica montana, Gentiana lutea (a gyógyszerészek jelentékeny mennyiségben itt szedetik), Juncus effusus és stygnis (Garan körül); Delphinium alpinum, Arabis bellidifolium, Silene quadrifolia, Scabiosa lucida, Senecio cordatus (Javorinán); — Cimicifuga foetida (Vernáron); — Menyanthes trifoliata (Vizesréten); — Alyssum incanum *L.*, Verbascum phlomoides *L.* (Jólsván).

Rozsnyó s vidékének virányá eléggé érdekes arra, hogy — Geyer G. Gyula tanár észleleteinek alapján — bővebben megismertessük. Lathyrus sylvestris, latifolius (Nyerges), Vicia dumetorum, Astragalus glycyphyllos (Bányaoldal), Aster Cicer (réten, legelőn) és Onobrychis, Dorycnium suffruticosum (jólészi hegyen); Trifolium filiforme (vizmentén), pannonicum (hegyi réteken), alpestre; Anthyllis vulneraria (hegyi rét.); Cytisus austriacus (jólészi hegyen), Lotus tetragonolobus *L.* (Rudnán, az Ivágyó alján, sürü erdőben), Genista pilosa

(Posálló), Padus Mahaleb (szölök körul a szádellöi völgyben).
Rosa alpina, rubiginosa, tomentosa; Fragaria collina, Potentilla incli-
nata, opaca; Alchemilla vulgaris (hegyi legelökön), Geum montanum,
rivale; Spiraea aruncus, Ulmaria, chamaedrifolia (Hradzim mészhe-
gyen 3027′ △), Sorbus aucuparia (erdökön), Aria nivea (jólészi hegy,
Nyerges). Crataegus torminalis, Hippuris vulgaris; Oenothera biennis;
Geranium phaeum, palustre, sylvaticum, rotundifolium stb. Linum
catharticum, Mercurialis perennis, Euphorbia amygdaloides, esula, pa-
lustris, dulcis, platyphyllos. Staphylea pinnata. Polygala major, vul-
garis, comosa, amara. Acer négy faj. Hypericum hirsutum (Ökörhegy
4020′ △), quadrangulum. Malva sylvestris, rotundifolia, vulgaris; La-
vatera thüringiaca. Lychnis diurna, vespertina; Silene inflata, gallica,
nutans, nemoralis; Dianthus deltoides, superbus; Stellaria uliginosa,
glauca; Moehringia trinerva; Sagina procumbens (Sajó mellett homo-
kos réteken); Scleranthus annuus; Herniaria glabra. Parnassia palu-
stris (hegyeken), Diplotaxis tenuifolia, Neslia paniculata; Erysimum
cheiranthus, crepidifolium, odoratum; Hesperis matronalis (szádellöi
völgy); Biscutella laevigata, Draba aizoon és nemoralis, Alyssum caly-
cinum (jólészi hegy), alpestre (Szoroskö); Lunaria rediviva, Turritis
hirsuta, Dentaria enneaphyllos és bulbifera, Cardamine amara (Posálló
hegy) és hirsuta, Corydalis cava, Papaver dubium; Cimicifuga foetida,
Actaea spicata, Delphinium elatum (hegyeken), Aquilegia vulgaris
Trollius europaeus (Dobsina vidéke); Ranunculus polyanthemos, phi-
lonotis stb. Hepatica triloba (a hegyek éjsz. oldalán), Anemone pulsa-
tilla, Halleri, sylvestris, nemorosa, ranunculoides; Thalictrum flavum
(jólészi hegy), aquilegifolium; Atragene alpina (Hradzim), Clematis
vitalba, recta (Körös m. Lészek völgyében), Ribes Grossularia (he-
gyeken közönséges), alpinum (Dobsina fölött a hegyeken). Saxifraga
Aizoon, Sempervivum hirtum, Anthriscus sylvestris (Posálló völgyei-
ben), Angelica sylvestris (Sajónál), Heracleum sphondilium, Peuceda-
num officinale, Bupleurum rotundifolium (dobsinai hegyeken). Pimpi-
nella saxifraga, magna (erdöszélen), Athamanta libanotis (Ivágyó).
Eryngium planum (csetneki uton), Astrantia major, Sanicula europaea,
Erica vulgaris, Vaccinium myrtillus és vitisidaea, Trientalis europaea,
Soldanella alpina (Posállón, β. montana), Cortusa Matthioli. Primula
elatior, auricula, Orobanche polymorpha, Pedicularis palustris (Posálló
völgyeiben, Dobsinán), sylvatica; Euphrasia Odentites (Dobsina), lu-
tea. Veronica spicata, latifolia, prostrata, austriaca, Anagallis, Becca-
bunga, officinalis, serpyllifolia stb. Digitalis grandiflora, Linaria geni-
stifolia, Scrophularia Scopolii, Verbascum lychnitis, blattaria stb, ori-

entale β. austriacum. Atropa Belladonna (Bányaoldal). Polemonium coeruleum (Dobsina). Onosma echioides. Stachys sylvatica (Posálló), alpina (Ivágyó tetején), recta (Nyergesben), Chenopodium vulgare, Lamium album, Galeobdolon luteum, Calamintha acinos, alpina (jólészi hegy), Glecoma hirsuta (Ivágyó). Salvia austriaca, glutinosa, verticillata; Melittis melissophyllum (Nyerges), Lycopus europaeus, Mentha aquatica, Verbena officinalis (Nadabulán). Gentiana amarella, cruciata, ciliata, asclepiadea; Cynanchum vincetoxicum. Viburnum lantana, Sherardia arvensis. Asperula odorata, cynanchica, Aparine; Galium sylvaticum, Adenophora svaveolens (Ramzsás), Campanula rotundifolia, carpatica (Dobsina), trachelium, rapunculoides, cervicaria; Phyteuma orbiculare, spicatum. Valeriana tripteris. Hieracium stoloniferum, saxatile (jólészi hegy), villosum, murorum; Rudbeckia laciniata (Betlér), Prenanthes purpurea; Leontodon Schraderi (Posálló felé a Ramzsás fölött); Lapsana communis, Serratula tinctoria, Cacalia albifrons; Cirsium eriophorum (jólészi és berzéti hegyek), oleraceum; Inula bubonium (Nyerges); Carlina acaulis, subacaulis (Sajóparton), vulgaris; Senecio Jacobaea, viscosus (erdővágásokban), saracenicus (Ramzsás völgyeiben), Doronicum austriacum (Posálló), Sonchus asper, alpinus (Ramzsás). Gnaphalium germanicum (Posálló), sylvaticum (Ramzsás), Cineraria aurantiaca; Achillea tanacetifolia, ptarmica (Nyirjes mellett); Carduus personata (Nyerges alján), Cnicus palustris, eriophorus (jólészi hegy), canus, Bidens cernua, tripartita. Asarum europaeum. Daphne mezereum. Polygonum hydropiper, dumetorum, convolvulus. Amaranth. retroflexus. Parietaria erecta (szádellői völgy); Pinus Strobus (erdei fának is növelik). Lemna trisulca, polyrrhiza, min. Cypripedium Calceolus (Nyerges). Neottia Nidus avis (Ivágyó). Platanthera bifolia (Posálló), Gymnadenia odoratissima és conopsea (Posállón és völgyeiben,) Orchis maculata, latifolia, sambucina, globosa és mascula (Posálló). Galanthus nivalis. Hyacinthus comosus (Rákoshegy alján a vetés közt), Crocus vernus (Dobsina); Polygonatum verticillatum (Posálló), multiflorum, vulgare; Allium ursinum (Ramzsás völgyeiben), flavum (Szoroskő s jólészi hegy). Lilium martagon; Gagea arvensis, lutea; Anthericum ramosum; Veratrum album; Luzula pilosa, albida; Juncus campestris, effusus, obtusiflorus; Cyperus fuscus. Eriophorum latifolium, angustifolium; Scirpus maritimus, sylvaticus; Heleocharis palustris; Carex caespitosa (Jólész), montana, praecox stb. Andropogon Ischemum (jólészi hegy), Nardus stricta, Bromus pinnatus, inermis, secalinus, tectorum; Avena fatua, Melica ciliata (jólészi hegy), nutans; Eragrotis poaeoides, Festuca duriuscula,

Sesleria coerulea, Aira caespitosa, Anemagrostis spica venti, Stipa pennata, Arundo phragmites, Triticum repens, Setaria glauca, verticillata, Panicum crus galli, italicum, dactylon; Holcus mollis. — Ezekhez adandók: Circaea lutetiana (Ivágyó, Posálló), Polycnemum arvense (homokos réteken), Scabiosa ochroleuca, Dipsacus pilosus (Ivágyó alján), Hedera helix, Chenopodium olidum, glaucum, polyspermum; Sambucus ebulus, racemosus; Monotropa Hyppopitys (Csucsom felett a tölgyesekben !), Sedum maximum, Asarum europaeum, Rezeda lutea, Waldsteinia geoides, Geum rivale, Hibiscus Trionum, Zanichellia palustris (Sajó mellett álló vizben). Az eddigi vizsgálatok szerint e vidékről mintegy 830 virágos (phanerogamae) növényfaj ismeretes. — A virágtalanok közül nevezetesbek: Lycopodium clavatum, Botrychium lunaria, Pteris aquilina (Ramzsás), Scolopendrium officinarum (berzéti hegy), Asplenium trichomanes, viride, ruta. muraria; Aspidium aculeatum, filixmas, Thelypteris (Nyerges alján a nádasban); Polypodium vulgare, Equisetum arvense, sylvaticum, palustre stb. Eddigelé mintegy 110 cryptogam határoztatott meg.

Kraszna-Horka- Váralja növényzetéből különösen kiemelendők: Lonicera alpigena, Reseda luteola, Sium angustifolium, Cynodon Dactylon, Digitaria sanguinalis. Scabiosa columbaria, Petasites officinalis; Ranunculus lanuginosus, Geranium pratense, Paris quadrifolia, Gladiolus communis (nedves réteken), Gentiana pumilata, Verbascum orientale, Digitalis ambigua, Angelica sylvestris, Helleborus viridis, niger (?), Aconitum Napellus, Euphorbia dulcis stb.

A Sajó mentében kiválólag előfordulnak még Berzétén: Primula auricula, Erythronium dens canis, Draba aizoides. Szalóczon: Althaea officinalis igen bőven, Echinops sphaerocephalus. Pelsöczön, legkivált a Nagyhegyen: Lychnis coronaria, Silene viscosa, Clematis vitalba, Glycirrhiza glabra, Hedera helix, Echinospermum Lappula. Lithospermum officinale, Cirsium oleraceum (nedves réten), Scorsonera purpurea, Hypochoeris maculata. Cineraria campestris, Inula ensifolia, salicifolia; Atropa Belladonna, Corydalis capnoides, Orchis coriophora, Epipactis pallens, Stipa pennata. Valamint Nagy Teréz hátrahagyott jegyzékéből megemlitendők: Cynoglossum officinale, Clematis recta, Borago officinalis, Sambucus nigra, Verbena officinalis, Convallaria Polygonatum. Stachys recta, Helleborus viridis. Hypericum androsaemum, Lysimachia vulgaris, nummularia, Malva rotundifolia, Eupatorium cannabinum, Herniaria glabra, Inula helenium, Euphorbia Lathyris, Veronica Anagallis, Beccabunga, officinalis, spicata, Sedum maximum. Scrophularia aquatica, Erythraea Centaurium, Centauria benedicta, Turritis glabra, Xanthium Strumarium, Polygonum amphibium, Nepeta Cataria, Althaea officinalis, Malva Alcea, Prunella vulgaris stb.

Tornalja (582' *) és **Sajó-Gömör** (560' S.) vidékén: Nymphaea alba *L.* (?) és Nuphar luteum *Sm.* (Sajóban), Menyanthes trifoliata *L.* (L. kertben a tó melletti réteken), Ononis spinosa *L.,* Inula Helenium *L.* (S Gömör nedves rétin), Nasturtium amphibium *R. Br.* Arabis arenosa *Scop.* Cardamine impatiens *L.,* Alissum calycinum *L.,* Stellaria viscida *M. B.* (Sajó), Sida Abutilon *L.* (Sajó medrében), Myosotis caespitosa *Schultz.,* Hydrocharis Morsus ranae *L.* (Sajó), Gagea lutea *Schultz.* Juncus lamprocarpus *Ehrh.,* Carex stenophylla *Whlbg.,* disticha *Huds.,* frigida *All.* Andropogon Ischemum *L.* stb.

Levárt tavaiban előfordul: Acorus Calamus *L.* — **Méhi** nedvesb rétein s Turócz folyónál Teucrium Scordium *L.* — A **bejei szőlőben** és **királyi temetőben** Marrubium peregrinum *L.* — Z s i p mellett Adonis vernalis *L.* (földeken), Gratiola officinalis *L.* és Tanacetum vulgare *L.* (árkokban), Atropa Belladonna *L.* (a horkai erdőben).

Serke határában előjönnek: Callitriche verna *L.,* Aira aquatica *L.,* Hottonia palustris *L.,* Ranunculus aquatilis *L.,* fluviatilis *Wigg.,* Geranium palustre (vizekben és patakcsákban); Veronica longifolia *L.* (cserjés patakpartokon); Plantago Psyllium *L.* (kövér nedves lapályon); Heliotropium europaeum *L.* (lapályos ugarokon); Asperugo procumbens *L.* (kerítések körül); Androsace elongata *L.,* Arenaria trinervia *L.,* rubra *α.* campestris *L.* (hegyi homokos szántóföldeken); Evonymus verrucosus *Scop.* (erdőn); Salsola Tragus *L.* (árkokban s utaknál), Scilla bifolia *L.,* Chrysosplenium alternifolium *L.* (árnyas erdőkben); Teucrium Scordium *L.* (nedves réten); Iberis nudicaulis *L.,* Arabis Thaliana *L.,* Amaranthus Blitum *L.* (kerti gyomok); Sisymbrium pannonicum *Jcg.* (lapályos homokos szántóföldeken); Geranium phaeum *L.* (cserjés partokon); Vicia lathyroides *L.* (hegyi legelőkön); Astragalus Onobrychis *L.* (mezön); Artemisia scoparia *W. K.* (homokos sovány partoldalakon).

A megye egyéb déli részeinek virányát főleg a rimaszombati eléggé képviseli; mindazáltal szükség némelyeket kiemelnünk: Viburnum Lantana *L.,* Crataegus Aria *L.,* Clematis Viticella *L.,* Ononis spinosa *L.,* Xanthium Strumarium *L.* R i m a s z é c s (515' mag.) körül; — Dianthus collinus *W. K.,* Cytisus leucanthus *W. K.* P u t n o k (467' m.) határában; — Adonis vernalis *L.,* Platanthera bifolia *Rich.* S u s a mellett; — végre F e l s ő Z a b a r o n (Farkhegytető 1072' S.) a Hedera helix *L.* és Trifolium alpestre *L.* említendők, s az utóbbi itt

a legsoványabb vörös agyagtalajon tenyész, má fél lábnyi magasra
nő, és e vidékre nézve megbecsülhetlen növény.

* * *

Nem lesz felesleges e helyt a mivelt növények elterjedésére és
termesztésére egy futó tekintetet vetnünk. Megyénk 707,222 katas-
tralis holdat tevő területéből 170,241 a szántóföldekre, 95,270 a rétek-
re, és 36,079 k. h. a legelöre esik. — A gabnafélék közül kiváló-
lag a déli részen: buza, tönköly (kevesebb), rozs, árpa (kevesebb), ku-
koricza, — éjszakon: rozs, árpa, zab termesztetik. Igy Rimaszécs s
Putnok körül a buza és kukoricza a mivelés alatti fölterületnek
majdnem felét foglalják el, míg Zabaron már a talaj soványsága mi-
att csak annyi vétetik mivelés alá, mennyit trágyázás által birnak a
termelők e czélra használni. Itt tehát inkább tulnyomó a rozs. Rima-
szombat 2648 k. holdnyi szántóföldein — a divatozó hármas ugar-
rendszer mellett $\frac{1}{3}$-ban öszi (buza, rozs), $\frac{1}{3}$-ban tavaszi vetés és
kapanövények diszlenek, általában a gabnafélék 6—8 magot adván.
Nehéz, fekete, nyirkos, majdnem agyagos talajában legjobban fizet a
buza és kukoricza, kevésbbé a rozs, árpa, zab. Páltalván egy hold jól
mivelt földön a buza 12—13, a rozs 7—8, a zab 13—15 köblöt ad.
Az árpa is dúsan fizet. Tornalján a buza, rozs, kukoricza, köles $\frac{1}{2}$—
$\frac{1}{3}$-ában: a tönköly, árpa, zab (kevésbbé) $\frac{1}{6}$-ában termeltetik. Ros-
nyón a 942 holdnyi szántóföld jobb fekvésü része is gondos mivelést
igényel, mely esetben a rozs — mint fötermény — 8—10 magot ad-
hat, holott átlagosan 4—6 magot lehet számítni, ezen kivül az árpa
is jól díszlik, kevésbbé a buza, s kukoricza csak kivételképen. Csetne-
ken a mivelt föld területe 1767$\frac{1}{3}$ k. hold, s a termények 30%-t öszi,
25%-át tavaszi vetés képezi. Nagy-Röcze szántóföldje 1238 hold-
melyben föképp rozs, árpa, zab, valamint kevés köles és kukoricza ter-
meltetnek, ez utóbbi azonban ritkán fizet jól. Az összes megyei gabo-
natermés 1865-ben volt: buza 189,804, rozs 325,659, árpa 67,373,
zab 390,940, kukoricza 48,293 pozsonyi mérő. — A rétek általában
változó jelleműek, mert míg pl. sok helyen kiasznak, ugyhogy — mint
Tornalján — többnyire mesterséges takarmányok földévé változtat-
nak; addig Nagy-Röcze (720 holdnyi) körül s a hegyközi rétek illatos,
tápláló s bő takarmányt nyujtanak. Termett a megyében 1865-ben
631,772 mázsa széna, 102,199 m. sarju, 17,040 m. luczerna; melyeken
kivül kisebb mennyiségben még bükköny, lóhere, babó, muhar stb.
termesztetnek. — A legelők részint elkülönzöttek, részint erdeiek,

Tornalja, Rimaszombat), vagy mint Bisztró, Fillér s Szirken ilyenejül a vágások használtatnak, ha azoknak állabjai legalább 12—15 resek.

Az i p a r- és k e r e s k e d e l m i n ö v é n y e k közül: a kender egendö mennyiségben termeltetik Gortva, Pálfalva, Tornalja, Nagyöcze vidékén s kivált a Balogvölgyön, melyböl házi vásznat, s erős zérnát készitenek, s ezzel egész Pestig kereskedést üznek. A röczei n már régóta nagy hírre kapott. Mákot Klenócz vidéke termel so- at. A dohány megyénkben egykor kitünö termelési czikket képe- tt; idönkben, úgy látszik, Csetnekre és Ochtinára központosul, me- ek szerencsés fekvésük- és talajuknál fogva kiválólag e növény te- yésztésére utalvák. Amott 100 kat. holdnyi területen fökép a virgi- iai és muskotály a legelterjedtebb, itt 120 holdon jelenleg a csetne- incl is — mivel a talaj nincs annyira kimerítve erejéböl, s a birto- osok maguk müvelik szorgalmasan földjeiket — jobb dohányt ter- esztenek, mely az alföldinek kövérségét a csetnekinek zamatával ellemesen egyesíti. Említést érdemel még a dúlházi is.

Z ö l d s é g több-kevesebb terem. Kitünö zöldségtermelö helyek: felvidék általában a „burgonya hazája", s némelyik vidék szegény- ségének — mondhatni — egyedüli tápszere. (Megjegyzendő, hogy itt burgonya nagybani termesztését Chászár András, nagynevü ügy- éd, a Martinovics-féle összeesküvés fogalmazója (!) kezdte, mi végett jólészi hegy lejtöjén nagyszerü pinczéket és egy nyárilakot épitte- tt, mely utóbbinak romjai a pinczék fölött most is láthatók; a pin- zék ellenben majdnem teljes épségben megmaradtak. (A köznép e mokat „Krumpli-vár"-nak nevezi). A délibb tájakon tetemesen ki- bb mennyiségben és silányabb minöségben termeltetik annyira, gy ez a szükséget sem pótolja. S mig Csetnek termesztményeinek), Klenóczéinak 30%, át a burgonya teszi, Rimaszombat burgonyater- ését legfölebb 2%-ra tehetni. — Káposztát nagyban és sikerrel ter- elnek Rimaszombat, Csetnek, Jólsva, Nagy-Röcze, de ezek sem oly érvben, hogy az általános szükségletet pótolnák, miért is Szepes és iptó megyék e részben a hiányt fedezik. A termelés alatt való válfa- k száma 18. — Egyéb zöldségnemüekre nézve elsö helyen áll Pel- cz (petrezselyem, zeller) stb. és Baradna vidéke (sárga répa), mig a rgundi répát sok helyen ugyan, de csak saját szükségletre (mint- y 4000 pozs. mérőt) termesztik. Ez áll az ugorka-, saláta-, hagymá- l, s egyebekröl is, melyekre nézve a hiányt a szomszéd Torna és eves megyék pótolják.

A g y ü m ö l c s termesztés általában virágzónak mondható. Míg egy részről ugyan a köznép a nemesitéssel keveset gondol, **annál** örvendetesebb az értelmiség állandó s fejlödő buzgalma, mely **több helyt** a termelés ezen ágának emelése tekintetéből, társulatokat **képez.** Legelső helyen állanak Jólsva, Nagy-Röcze (40 alma-, 38 körte-, **10 szil**vaválfajjal), Tiszolcz és Csetnek (20—25 alma-, 30—40 körte-, **8—** 10 szilva-, 6—8 dióválfajjal) vidékei, holott a gyümölcstenyésztés **a** legrégibb időktöl fogva elismerésre méltó fokra emelkedett. **Számos** és díszlö gyümölcsöskert épen oly helyeken keletkezett, **melyek** meredekségök s sziklás voltuk, vagy vizmosások miatt szántásra **alkal**matlanok valának. Csupán Csetneken nem ritka évben 1000—1500 mérő gyümölcs (alma, körte), s 200—300 hordó szilva — **ez utóbbi** aszaltan vagy szeszszé fözve — jön eladásba. A Rima és **Sajó mente**ben a gyümölcstenyésztés emelkedöben van. A talaj- s égalji viszonyok nem csekély befolyással vannak a gyümölcsfatenyészetre. **Igy** Rimaszombat inkább a Prunusfajoknak kedvezöbb, míg a **Pyrusfajok** rövid életück. — Somot nagyobb mérvben tenyészt Jólsva-**Taplócza,** Miglesz, Mikolcsány, Jólész, Berzéte — szeszfözésre, — **szilvát in**kább Gicze, Perlát, Hosszurét és Murány. A Balogvölgye **sem áll há**trább e tekintetben a nevezett helyeknél. Tenyészt e vidék **a berke**nyétöl egész a mandoláig, de mégis leginkább szilvát (szesznek **s ki**föttnek — lekvár —), almát, körtét és cseresznyét, s ezeket részint frissében — Zólyom, Liptó és Szepes megyékbe szekereken. — részint aszalva a kereskedésbe bocsátja. A megyében 1865-ben termett gyümölcs hiv. kimutatás szerint — 26,925 **mázsára tétetik,** melyből 1465 mázsa kivitetett. — A szölömüvelés föbb **pontjai** Putnok, Ajnácskö és a Balogvölgye. Bortermelö község van a **megyé**ben 44. Hogy azonban ez megyénkben hajdan nagyobb virágzásnak örvendett, mint jelenleg, arról nemcsak a köznép nyelvén **forgó adomák,** hanem némely helyek régi elnevezései is tanúságot **tesznek.** A Rozsnyó felett emelkedö „Kálváriahegy" déli lejtöjének egyik része pl. most is „Szölömar"-nak neveztetik; a pelsöczi hegy **a város** felé nézö részén még most is az egyes szöloskertek határait **könnyen** megkülönböztethetni, habár a tökék rég eltüntek is; Sajó-Gömör **ha**tárában levö szöloskertek dicsö Mátyás korában nagyobb **jelentöség**gel birhattak, mint jelenleg, ámbár mostani tulajdonosaik kitünö **szor**galmat fejtenek ki müvelésükre. A rimaszombati szölök is **maholnap** csak névleg lesznek azok, miután hovatovább egyéb növények termesztésére fordittatnak. Itt is áll azon körülmény, mely szerint e vidék égalji viszonyai a véderdök kipusztítása óta tetemesen **megvál**toztak. Egykor a „Papharaszt" Rimaszombat gyümölcsöskertje, a

„Kikerics" és a Nagyhegy" víg és bő szüretek tanui valának. Az éj-szaki tájakon csak védett helyeken tenyésznek egyes szőlőtők, me-lyek — kivált a fekete és kék eperszőlő — kevesebb gondviselés mellett elég bőven teremnek. Az 1564 kat. holdra terjedő szőlők ter-mése 1865-ben 1417 akóra tétetik, mi a rendszerinti szükségletet — 28,600 akó — csak kis részben fedezi. — A sárga- (Cucumis melo L.) és görög-dinnye (Citrullus vulgaris Schrad.) igen sok helyt, de csak — mondhatni — „izlelésül" termesztetik, úgy hogy e részben me-gyénk a szomszéd Hevesmegye nagyobbszerű szállítmányait kényte-len igénybe venni. Egyes szenvedélyes dinyészeink a legfinomabb válfajokat — gyakran kitünő sikerrel termelik. — Mogyoró, dió majdnem mindenütt, hol a gyümölcstenyésztés virágzik; szelíd gesz-tenye (Castanea vesca Gaert.) csak egyes példányokban fordúl elő, a szomszéd Nógrádból — Kékkő vidékéről — szállítva ide kisebb mennyiségben.

Gömörmegye virányának teljes ismertetését, valamint statis-tikáját csupán úgy és akkor lehet majd adni, ha megyénk minden kiváló pontjának növénytani viszonyait megfigyelni, s átvizsgálni szakférfiak vállalkoznak, kiknek minden irányban kifejtett tudo-mányos buvárlatai alapján biztos és minél bővebb adatokkal ren-dekezhetünk.

Fábry János,
tanár.

IV. FEJEZET.

Az aggtelki és büdöstói barlangok. *)

1) A Baradla.

(Egy térképpel.)

Azon külső és belső sajátságok, melyek, mint láttuk a gömöri mészkő-hegységet jellemzik, seholsem mutatkoznak oly határozottan, mint Aggtelek környékén, a Kecső, Jósafő, Teresztenye puszta, Égerszög, Kanó, Trizs, Cselényi puszta és Hosszúszó közötti területen. Ezt a pelsőczi és égerszögi utak majdnem a közepén szegik, amaz nyugat, emez kelet felől tartván Aggteleknek. Innen a kassai út éjszak felé kanyarodik, a lapsai, tornaljai vagyis pesti és imolai utak pedig valamint a trizsi ösvény déli irányt vesznek. Az egész terület kisebb nagyobb sziklahátakból, többnyire gömbölyű hegyekből és lapos földhullámokból áll, melyeket sajátságos völgyelések és vájadékok választanak el egymástól. Mind a sziklahátakon és hegyeken, mind a völgyekben és lapályokon kisebb nagyobb mélye-

---

*) Az Aggtelki barlangot a megye néhai főmérnöke Rajsz Keresztély mérte fel legelőször 1801 jul. 6. s köv. nap., még pedig Bartholomaeides közben járása mellett s Prónay Gábor főispány meghagyásából és költségén. Rajsz leírása és rajzolatai 1802 ben Görög János költségén jelentek meg Bécsben, továbbá Bredeczky „Beiträge zur Topographie" etc. V. kötetében, azután Bartholomaeides is közölte Gömörmegye leírásában, előrebocsátván Townson angol utazó leírását, ki a barlangot 1792-ben látogatta volt meg. A „Tudományos Gyüjtemény" 1823-diki évfolyamában találunk egy ismertetést, mely szintén a barlangnak csak régen ismert ágát irja le. 1831-ben Vass Imre volt megyei főmérnök munkája jelent meg két térképpel, az egyiken az egész környék területe van feltüntetve (Fekte területe az agtelki barlangnak egész kiterjedésében), a másikon különösen maga a barlang van ábrázolva. Ez utóbbit kisebbített mérvben újra metszettük s e munkához csatoltuk. Vass nemcsak a régi ágat irta le szabatosabban, mint elődjei, hanem az új ágat is ő fedezte fel és ismertette meg első. Újabb időben dr. Schmidl Adolf új adalékokkal bővítette a barlang ismertetését. (Die Baradla Höhle bei Aggtelek etc. Sitzungsb. der math. natur. Classe der k Akademie der Wissensch. XXII köt., végre dr. Schwab (Land und Leute in Ungarn, Leipzig 1865) irta le a barlangot, melyet 1855, 1857 és 1860-ban látogatott vala meg.

dések és horpadások vannak, melyeket töbörnek, ravasz-
lyuknak és lápának neveznek. Folytonosan csergedező patak
az egész környéken csak egy van, t. i. a Kecső, mert az eső vizét a
sok töbör és ravaszlyuk nyeli el. Forrás is kevés helyen bugyog, s
mikor szárazság uralkodik, a lakosoknak helyenként elegendő ivó-
vizök sincs. De a töbörök és ravaszlyukak nyelöin beszivárgó s a
hegyek gyomrában egybegyülő víz azután helyenként annál nagyobb
bőséggel fakad ki, ugy hogy egy-egy forrás legott malmot hajtó pa-
takot képez. Igy Aggtelektől éjszakkeletre ½ mfldre, Jósafőnél egy
sziklafal alól oly bővizű forrás fakad, hogy vize több malomkereket
képes forgatni, mielőtt a Kecsővel egyesül. Hasonló bővizű forrás
Torna mvárostól éjszakkeletre fakad; Döbröd helység lakosainak is
egyetlen forrás szolgáltatja a szükséges vizet.

A pelsőczi és égerszögi úttól éjszakra eső vidék hegyesebb,
dombosabb, mint a terület déli része. A magaslatok többnyire ke-
rekalakúak, gyér erdővel fedvék, néha egészen kopaszok, gyakran
mind hátukon mind oldalaikon kisebb nagyobb szikladarabokkal be-
hintvék. Aggtelek közvetlen szomszédjában a Baradla tető emel-
kedik s félív alakjában délnyugatról éjszakkeletre húzódik, éjszak-
keleti nyulványa Kis Bikknek, délnyugati szakadéka Kis Ba-
radlának neveztetik. Odább éjszakra a Kishegy domborodik,
délkeleti széle a Mészoldal; Aggtelektől éjszakra s a Kishegytől
délnyugatra a Karófészek tető van, melyhez kelet felől egy más
szintén, éjszakkeletre huzódó sziklahát csatlakozik, s melyet a Kis-
hegytől az éjszakról délre tartó, töbörök lánczolatából álló Mogyorós
völgy választ el; odább keletre a Középhegy, ettől délkeletre meg
délre a Mellyész, Szár, Nagy- és Kis-Téne és Szomor
hegyek domborodnak. Az Aggtelek felől Jósafőnek tartó kassai út
a Karófészek és keleti mellékszárnya alatt keletre kanyarodik, azu-
tán a Nagy-Téne és Mellyész nyugati oldalán éjszakra fordúl. A
Mellyésztől délkeletre s a Szárhegytől éjszakkeletre a Miczki ma-
gaslat s ettől éjszakra a Jósva Gallya nevü terjedelmes hegyhát
nyúlik el Jósafő nyugati oldalán, éjszakról délre. Odább nyugatra
a Magas hegy emelkedik a Karófészek tetőtől éjszakkeletre, alatta
a „Gabonakert" terül.

A Baradla tetőtől éjszaknyugatra a környék legmagasb hegye,
a Poronya tető nyúlik el délről éjszakkeletre, éjszakkeleti vég-
foka Várhegynek neveztetik. Közte s a Baradla tető és Kis hegy
közt a Baradla völgye kanyarodik el éjszakról délre. A Poronya
tető nyugati oldalán a Berkenye domborodik Kecsőtől délre;

odább nyugatra a D o m i c z a és G y ö n g y i B o l a, Kecsönél pedig éjszak felé a L á s z l ó tető magaslanak.

A terület déli felében laposabb és alacsonyabb földhullámok vannak, melyek részint felszántvák, részint erdősök. Ilyen Domiczkától délre a N y í r j e s, ettől délkeletre a H o l l ó f é s z e k, B a g o l y v á g á s stb.

Az egész vidéket jellemző töbörök, ravaszlyukak és lápák közöl némelyek állandóan, mások csak nedves időben vízzel vannak megtelve, s tehát állandó vagy időszakos tócsákat képeznek. Nagy esőzések alkalmával nyelőik nem képesek a bennök meggyülő vizet oly hirtelen felvenni, s így az összetódult viz, néha embereknek is veszélyes örvényeket hány. Mindjárt Aggtelektől keletre negyed órányira egy sziklahasadék látható, melybe nehány ölnyire be lehet hatolni. Ez kiválólag Ravasz lyuknak vagy Zamboly lyuknak neveztetik, épen a Retek barlangtól délre esik, melyben Schmidl a harmadik barlangi patakot fedezte fel. Ettől éjszakra a helység keleti házai s a Karófészektető délnyugati nyulványa között a T ó h e l y van, mely vagy 80 év előtt lepetett el a víztől, más, bokrokkal benőtt ravaszlyuk, melynél esőzéskor nagy örvények támadnak, a Kis Baradla nevű sziklafal tövében, hozzá közel a C s e r n a i tó van, mely azonban nehány év óta száraz; odább a már régóta létező V e r e s tavat találjuk. A Karófészek tető és Aggtelek között a sziklaháton a G a l l y a töbör, ettől délre a K o n k o l y o s nyugati oldalán azon ravaszlyuk van, mely a délről éjszakra kigyódzó Nagyvölgyi ér vizét nyeli el; odább keletre a S z o m o r h e g y i lyukat találjuk, melyben a Bartók völgye felől éjszakra kigyódzó ér tűnik el, s melynek közelében a N á d a s tó és ettől éjszakra egy más tócsa van. A Szánhegy délkeleti oldalán a M a c s k á s lyukat, a Középhegy és Jósva Gallya közt, a kassai út éjszaki oldalán, a S o r t ö b r ö t, odább éjszakra a Magas hegy és Jósva Gallya közt a H o s s z ú t ö b r ö t, a Magas hegy éjszaki oldalán a F a r k a s l y u k a t találjuk. Végre a Domicza nyugati oldalán az Ö r d ö g l y u k s közelében egy magaslaton a B ü d ö s t ó, attól keletre D o m i k l á p á j a, a lapsai és tornaljai út között a R ó k a l y u k, Aggtelektől délre a B á b a l y u k, ettől délre, s a trizsi ösvénytől keletre a F e k e t e t ó vannak.

A sziklahátak és hegyek külső hasadékai, vájadékai és horpadásai gyaníttatják, hogy az egész környéken földalatti üregek és barlangok vannak. Közölük legismeretesebb és minden tekintetben legnevezetesebb a B a r a d l a. Ez a hasonnevű sziklahát gyomrában éjszakkeleti irányban kanyarodik, azután keletre és délkeletre fordúl, a Mogyorós völgy alatt elmenvén a Karófészek tető és Középhegy déli oldalán a kassai úton túlig terjed, onnan éjszakra kanyarodván, a Jósva Gallyában húzódik tovább Jósafő felé.

A Baradla sok kisebb nagyobb üregnek és földalatti járatnak nagyszerü tömkelege. Nagyobb kiterjedésü mint Európa bármely más barlangja, s talán csakis az Éjszak-Amerikában, Kentucky államban találtató Mammuth-barlang múlja felül. *) Tudniillik eddigelé kikutatott ágainak összes hossza 4,194 öl; ebből esik a régóta ismeretes főágra a Vaskapuig 750, a Vass Imre fömérnök által fölfedezett új főágra a Vaskaputól a Pokolig 2,317, az eddigelé megvizsgált különböző mellékágakra együttvéve 1,127 öl.

Szélessége és magassága különböző. Általában régóta ismert főága szélesebb mint az új; a kis templomtól kezdve a Parnasszusig 400, s ebből a Virágos kertig egyenes irányban 140 ölnyi hosszuságában mindenütt 10 öl széles; más ugyan oly széles szakasza a Horeb hegytől a Vaskapuig 200 ölre nyúlik. Ellenben az új barlang egyremásra 4—5, helyenként csak 1—3 öl széles, de végső üregének annál nagyobbszerü méretei vannak, t. i. 40 öl széles és 70 öl hosszú.

Különösen következő sajátságai jellemzik a Baradlát: vízszintes kiterjedése igen nagy, egy osztrák mfldet meghaladván; különböző üregei terjedelmesek, tágasak, az ezeket egybekapcsoló járatok többnyire vízszintes irányúak, szintén elég téresek és tárnához hasonlók; fenekét többnyire kö-omolványok és homok, helyenként agyag és cseppköves boriték fedik; benne az álló, mintegy a fenekéből kinött cseppkövek (stalagmitok) túlnyomók, s ezek többnyire barna, verhenyes vagy sárgás szinüek; függö cseppkövek (stalaktitok) aránylag gyérebben fordúlnak elő; általában csepegökövei a közönséges tönkökön, óriási spárgákon, idomtalan oszlopokon kivül gyakran igen sajátságos és szép alakzatokat képeznek: végre főágát s néhány mellékágát is folyóvíz futja végig, mely itt-ott tetemes mély ségi tócsákat képez.

*) Az ismeretes európai barlangok főágainak hossza a következő.

A Bieli barlang főága	107 öl.
Az Antiparoszi barlang főága	110 öl.
A Baumann barlang főága	126 öl.
Devils-Arse Derbyshireben	458 öl.
Bredevind-barlang Felső-Pfalzban	600 öl.
Jurte-barlang Iszlandon	862 öl.
Eldon-barlang a Peakben Derbyshireben	1642 öl.
Adelszbergi barlang Krajnában	1243 öl.
Planinai barlang Krajnában	1710 öl.

A Mammuth barlang hossza Kentuckyban állitólag 9 angol — 1, 15 oszt. mfld.

Szálljunk immár le a csodálatos földalatti világba. A barlang szája a Baradlatetö homlokzatában van, mely mint sziklafal függölegesen mered fel mintegy 450 ölnyi távolságban Aggtelektöl éjszaknyugatra. Egy ösvény a helység felöl, más egyenest az országut felöl a völgyön felfelé viszen oda. Gyepes s itt-ott szikladarabokkal behintett lejtön felmenvén, egy nyeregforma horpadásba jutunk, mely a Baradla tetö meredek sziklafala felé lankásan ereszkedik s vele együtt egy háromszegletü kis völgyeleget képez, melynek keleti oldalán a barlang nyilását találjuk. A Baradla tetö jobbára kopasz és lapos felületü, kivált a szomszéd erdös és bokros hegyek sorából elöredölö homloka majdnem egészen meztelen, csak egyes bokrosok mutatkoznak rajta. A barlang száját sokáig hiában keressük szemünkkel, a mint a sziklafal felé közeledünk, mert egy jobb felöl kiálló sziklaszál elrejti elöttünk. Végre a sziklafal tövéhez érvén, ott állunk a nyilás elött, mely nyugatra néz s egy hat láb magas, keskeny kapu. Eredetileg még alacsonyabb és szükebb volt; még Bartholomaeides csak 3¼ láb magasnak s 5 láb szélesnek mondja. Küszöbe fölé a sziklafal felsö párkánya 151 lábnyira emelkedik. Bemenvén a tátongó nyiláson, a barlangnak mindinkább kitáguló torkán haladunk elöre, mely még mindig lejtösen ereszkedik le a hegy belsejébe. T. i. a nyilás elött domborodó part csupa omladékokból áll, melyek egy darabig még a barlang torkába is leszolgálnak. A barlang sík fenekét csak ott érjük, hol az omolvány képezte lejtönek vége szakad. A két „Pitvar" már elég tágas üreg, falain és boltozatain már némi cseppköveket is találunk. Az elsö pitvarban, 16 ölnyire a bejárástól, balra egy felfelé menö sziklahasadék, a „Kémény" látható, melynek fenekén iható vize van. A második pitvar jobb oldalán egy melléküreg nyilik, melyet „Csontház"-nak neveznek, minthogy emberi tetemeket találtak benne.

A hagyomány szerint a lakosok ide menekültek a tatárok és törökök elöl s az ellenség rakta tuznek füstjétöl fúltak meg. Hihetöleg a ragályos betegségben elhalt embereket takaritották el e helyen. A Csontházban a barlang elsö pataka fakad ki, melyet Rajsz A c h e r o n n a k nevezett el, s mely a Baradla tetö homlokzata elötti völgyelegben beszivárgó vizböl támad. Csak nedves idöjáráskor folyik, száraz idöben kiapad és egyes álló tócsákat meg pocsolyákat képez. A Csontházból a barlang föágába jut. Oda hagyván azon melléküreget s bal felé tovább haladván, csak hamar az Acheronhoz jutunk; ezen átkelvén jobb partján egy roppant sziklaszálat pillantunk meg, mely a falhoz támazkodik és sok, de a befüstelés miatt már olvashatatlan felirattal van boritva. Ez az „Ország kötáblája" Vele átellenben a patak bal partján egy 3 láb mély apró vizmedencze van, igen jó iható vízzel.

Az Ország kötáblája körül tekergő úton előrehaladván, nemsokára „Mojzes oltárát" érjük el, mely gyönyörű cseppkő-alkotmány lehetett, több egymás fölé rakott és sok diszítménynyel ékesített mennyezetet ábrázolván; most legtöbb horga és diszítménye már le van törve. Vele átellenben jobbra a „Róka lyuk"-nak nevezett melléküreg nyílik. A főágban az Acheron mentében tovább haladván, a „Cseppkő-függöny"-hez jutunk, mely azonban mint egyáltalán a főág legtöbb része már nagyon kormos és füstös, mert azelőtt fenyőforgácsot használtak, most pedig szurokszövétneket használnak világításra. Azután a patakon átkelvén, mely a függöny mögött jobbra egy alacsony üregbe folyván eltünik, bal oldalán kapaszkodunk fel s így a „Nagy templom"-ba jutunk, melynek feneke, falai és cseppkő-alkotmányai már egészen kormosak. Közepén a „Nagy oltár" van, egy igen vastag, de nem magas állócseppkő, mögötte két csúcsíves kapucska a „Szószék"-hez vezet, körülte a „Hármas torony", a „Pápa tiarája", az óriási „Fuvó", a „Kályha" s más alakzatok mutatkoznak; odább a „Szent háromság oszlopa" emelkedik, mely mellett a „Denevér barlang" tágas bejárással nyílik. A főágban tovább menvén, és „Sz. István tornyát", mely gót tornyú és sárga cseppkőből való kápolna, balra hagyván, kanyargós lépcsőzetre jutunk s a barlang főágában emelkedő sziklatömeg tövén egy nyájas csarnokot pillantunk meg, melybe agyagos lejtőn ereszkedünk le s mely 100 láb hosszú és 96 láb magas; agyagtalaja egészen sík. Ez a „Kis templom", mely azonban jóval tágasabb üreg mind a „Nagy templom". Itt a vezetők botjaikat a különböző hosszúságú és vastagságú s részint üreges állócseppkövekhez ütik s így meglepő harangszólást támasztanak, mely hol fenséges komoly, hol halkan rezgő, hol hangosan és derülten dagadozó. Ha alkalmas helyeken megállva szövétnekeiket majd csendesen tartják, majd függőleges körökben forgatják: akkor a legábrándosabb s legváltozatosabb képeket varázsolják elő. A Kis templomban megzendülő karének egy mellékregből hallgatva, leirhatatlan ünnepies benyomást tesz az emberre, főleg ha a szövétnekeket eloltják.

A Kis templomnál a barlang főága 16 öl magas és 15 öl széles, s azután mintegy 400 ölyi hosszúságban átlagos szélessége 10 öl, és pedig vagy 140 ölnyire csaknem egészen egyenes irányú. Balra igen alacsony boltozat alól, mely a B ü d ö s t ó á g n a k vagyis P a r a d ic s o m n a k nevezett melléküreg bejárása, egy vigan szökdelő patak búvik elő, melyet S t y x nek nevezték el. Ez bővebb vizű mint az

Acheron, a Kis Baradla tövében beszivárgó vizekből támad és soha
sem apad ki. Némelyek azt vélik, hogy a Büdöstóból ered, mely 1430
ölnyire van a Baradlától. — Néhány öllel odább a jobb oldalon, egy
medencze van, melyből a víz nagy zúgással rohan ki. A Styx patak
hídján átmenvén, oly sima fenekű üregbe jutunk, hogy benne tánczol-
ni lehet. Azért „Tánczterem"-nek nevezték el, s nem hiában, mert
olykor csakugyan tánczolnak benne: oldalain köröskörül fapadok
vannak. Tovább menvén, „Sz. János oszlopá"-hoz jutunk melynél az
Acheron ismét a föágba kerül s egy szikla alagúton át csendesen foly-
ván, a Styx-szel egyesül. A két patak egyesülésénél nevezetes cseppe-
gés van, s a feneken kerékvágányhoz hasonló hornyolások láthatók.
Efféle bevágások a Denevérbarlangban is vannak, és sokan valóban
azt hiszik, hogy keréknyomai azon talyigáknak, melyeket az emberek
használtak, kik a barlangban laktak. A bevágások ugyan egyenközü-
ek, s mintegy 3 lábnyira esnek egymástól, mégis nem hihető, hogy
talyiga vagy szekér járásától származnának. Rendesen úgy vélik, hogy
sohasem iszapolódnak be, de *Schrab* 1860-ban, hosszas esőzés után
látogatván meg a barlangot, mindenütt sok sarat és iszapot talált, s ne-
vezetesen a legtöbb „kerékvágány" is be volt iszapolva.

Azontul a barlang nyirkos, csúszós és egyenetlen, de a „Virá-
goskert" elfeledteti a fáradságot. E szép üreg nagyon magas és tágas,
s fenekét hullámosan tekert és pikkelyes csepegőkövek borítják, me-
lyek csak 1—2 hüvelyk magasak s hajdan vakító fehérek voltak, most
azonban már nagyon kormosak. Ha e szép csarnokban a földre irány-
zott pistolyt sütünk el, akkor nagysokára mennydörgéshez hasonló,
sokáig tartó visszhang hallik. Ily felséges visszhang a barlangnak né-
mely más helyén is támad a lövésre.

A Virágoskert végén 16 öl magas sziklaomlás van, ezen túl a
„Trónust" találjuk, mely dúsan rojtozott mennyezetével s egyéb ékes-
ségeivel mintha a falban ki volna vésve; ott a barlang ismét kitágúl,
benne tövén 18 lábnyi körületű, felfelé mindinkább vékonyodó s he-
gyénél csak 2 lábnyi kőoszlop emelkedik, melyet „Nádor oszlopának"
vagyis „Gúlának" szoktak nevezni. A barlang ezen szakaszát „Nádor
utczának" nevezik József nádor 1806-ban tett látogatásáról. A Nádor-
oszlopon e felirat van bevésve: „JosephVs archIDVX aVstrIae regnI
hVngarIae paLatInVs pater patrIae Latebras sVbterraneI antrI ba-
raDLa VIDIT." Most a barlang mindinkább kitágúl s mind számo-
sabb csepegőkő alakzatokkal van ékesítve; ilyenek a S z á r n y a s
a n g y a l, V e r e s b a r á t, F e r d i n a n d o s z l o p a testei föherczeg

Ferdinandról neveztetett el, ki a barlangot 1817-ben látogatta meg.), Reviczky oszlopa, Pánczélos lovag, Koporsó, Méhkosár. Gróf Reviczky fökanczellár 1829-diki látogatását e felirat örökíti meg: ÜDVöz Légy Drága s Jó kIráLyVnk JobbJa ReVIsnyeI gróf ReVICzky hazánk tsILLaga s DIsze." — Ezekre a „Nagy terem" következik, melynek hossza 20, szélessége 10 öl, s melyben a zenészek számára köülések vannak.

A nagy termen túl a hegyek és sziklaomlások váltakoznak, s az ösvény vagy 100 ölnyi hosszúságban felette bajos. De annál érdekesebb csepegökő-alakzatok mutatkoznak. Magas lépcsökön kapaszkodunk Mória hegyére, mely, midön felülröl megvilágíttatik, szép látványt nyujt, s melyen át felfelé a régi barlangba és mellékür egeibe juthatunk. A Mória hátulsó lábán, a Parnasszuson egy holt embert találtak, ki talán magában ment a barlangba s eltévedvén, ott lelé halálát. A Zsidótemplomban sok oszlop van, melyek hol egyenesen állanak, s a boltozatot tartják, hol fel vannak döntve. Ha onnan felülröl a föágba visszatérünk, ismét a patakhoz jutunk, a tömeges csepegökövekkel megrakott Török fürdönél, melyet azonban nem lehet megjárni. Közelében egy melléküreg nyilik, melyet még egészen tiszta csepegökövek ékesítenek: odább a Galambház és Hóhegy van, melynek hullámos csepegmény-kérge vakító fehér szinét már elveszté. Azután az ösvény a Horebnek nevezett, 30 öl magas omladékhegyen viszen fel, alatta titkos aknából egy zajos, még ki nem kutatott patak ömlik a barlang fövizébe.

Most mind vadabb alakot ölt magára a barlang; a sziklák a folyót jobbra szorítják, más omladékok medrén keresztül vonúlnak, köröskörül a megáradt hullámok csapkodásainak nyomai látszanak. Fogarasi hegyének oldalai köröskörül feldölt csepegökövekkel behintvék, melyek a „Kendermezöt" képezik. A „Jeges sikot" s „Murányi várat" elhagyván, igen bajos úton a mélységbe ereszkedünk alá, s így két sziklaszál között elmenvén, azon vad hasadékba jutunk, hol a patak egy lefüggö szikla alatt kis eséssel elbúvik. Ez a Vaskapu. Idáig 750 ölnyi hosszúságban a barlang már 1825 elött ki volt kutatva; itt kezdödik az új ág, melyet Vass Imre járt meg elsö. Bejárása csak 6 láb széles, s a folyó és álló víz miatt csak nagy bajjal lehet rajta keresztül vergödni. Nagy vizálláskor egyáltalában nem lehet az uj ágba bemenni, sajkán se volna tanácsos a kisérletet megtenni, mert a víznek nagy esése van. A keskeny hasadékban vagy tárnában mintegy 70 ölnyire tart az igen bajos járás. Elsöben a patak oldalán csak igen keskeny és csúszós ösvény húzódik el; azután **egy sziklaoszlop** két ágra osztja a barlangot, jobb ágában a patak foly, baljában pocsolyák vannak. Ebben kell meggörnyedve előrenyomúlni; azután a függőlegesen felmeredő sziklaszálat körülölelve s egy 6 láb mély locsogó felett függve kell tovább hatolni; s így egy **karfátlan hídhoz** jutunk, melyen a patak túlsó oldalára megyünk. A hídon túl lassankint eltünnek a locsogók és pocsolyák; de a „tó" mögött ismeretlen üregekből kirohanó vizek zajonganak, s ha megáradnak, a **nagy ösvény**nél nagy iszapolásokat okoznak.

A barlang ezen szakasza egyre-másra csak 3—5 öl széles, és mintegy 400 lábnyi hosszúságra üres tárna, iszapos és kavicsos talajjal. Mármár sajnálni kezdjük, hogy idáig fáradtunk, midőn véletlenül az éji homályból a **Szentháromság oszlopa** merül fel, három magas sárgaszinű álló csepegőkő. Ezekkel a szebbnél szebb alkotmányok kezdődnek, melyek épségök, tisztaságuk, nagyszerüségük és változatosságuk által azokat is meglepik, kik az adelszbergit s Európa más híres barlangjait látták. Jobbra és balra oszlop oszlophoz sorakozik, melyek fehér, sárga és hússzinüek; a földről álló csepegőkövek nyúlakodnak fel, feléjök a boltozatról függők nyújtózkodnak; az oldalfalakon gyönyörü függönyök és kárpitok ereszkednek le, s a feneket hullámos csillogó szönyegek borítják. A baloldalon különösen gyönyörü függönyök mutatkoznak. Azután az **Olympus** következik, mely vagy 120 lábnyira emelkedik a 150 láb magas üregben, s melyet számtalan oszlop és szobor ékesít. Mellette egy keskeny, de magas mellékág nyílik, melyet 50 ölnyi hosszúságra lehet megjárni. Az Olympuson túl egy más halmon 12 láb magas, csak **2 hüvelyk** vastag és vakitó fehérségü oszlopok nyúlakodnak fel, gyönyörü látványt képezve. Efféle oszlopkák másutt is vannak, s a **Baradlának** sajátságos ékességei közé tartoznak. Leomlott oszlopokon át, s a „Török oszlop" és „Sírbolt" mellett elhaladván, a rovátkokkal és horgakkal ékesített **Vasvárába**, s azután a **Tündérek várába** jutunk, melyet mindenféle igen tiszta, fehér, veres és sárga szinü csepegőkövek pazarul ékesítenek. Ez igen szép csepegőkövek **mind a boltozatról** lenyúló sziklát, mind az ez alatt domborodó halmot borítják be. Most a barlang 20—25 öl magas, s 4—5 öl széles. A „Szekrény" és „Jupiter trónusa" mellett elhaladván, a „Köcsepegett hid"-hoz jutunk, mely a patakot áthidaló nagy oszlop. Más helyen az **iszapos** talaj felett lebeg egy hatalmas csepegőkő oszlop, mely felfelé nagyon kiszélesedik, s ábrándosan van ékesítve; egykor a földön **állva** öregbedett lassankint s nött össze a boltozattal, melyről most **szabadon** függ, miután talpa elmosatott, s így a földtől elválasztatott. Ez „Szemiramis függő kertje." Itt balra egy járhatatlan mellékág van. Most a barlang ismét letörpül s egy meztelen, szürke és fekete tárna, majdnem 100 ölnyi hosszúságban csepegőkő alakúlatokban szükölködvén, csak a „Vulkán pamlagán" látni csepegőkövet. Odább rideg egyhanguságát a „Pagóda" szakasztja meg, mely igen tekintélyes csepegőkő alkotmány, 30 láb magas s aránylag vastag oszlop levén. Azután a vadregényes „Puszta mező" vagyis Omladékos hely" következik, melynek fekete repedékes falai, összezuzott sziklaszálai, széttördelt oszlopai, tátongó mélységei tanuságot tesznek a megáradt vizek romboló hatásáról: oszlopok és töredékek össze-visszahányva hevernek vagy állanak, a zuzadékokon új oszlopok támadtak, melyek csakhamar szintén elromboltattak. Siri csend uralkodik, az ember is önkénytelen elnémúl, midőn e rideg sikátorban előrehalad, s jobbra és balra csak a sötéten tátongó hasadékokat látja, a csendet csak lépteinek tompa viszhangja, s a boltozatról lehulló és a köveken széttörődő vízcseppek sajátságos, fájdalmasan rezgő hangja szakasztja meg. A vízcseppek elsőben a fekete boltozaton rezegnek, mint nehéz gyémántok, azután a szövétnekek világában hulló csillagok gyanánt a legfelségesb színekkel ragyogva kimért időközökben lehullanak. Szemünkkel és fülünkkel követhetjük tehát az egyes vízcseppeket, ragyogásuk és sajátságos zenéjök erősen hat képzelődésünkre.

Végre a barlang ismét kitágúl, s ott jobbra a „Ravasz'yuk" vagyis „Retekbarlang" nyílik, mely az uj barlang leghosszabb mellékága s általában a Baradla egyik legszebb része, igazi kincsesháza.

De még a főágban maradunk. Itt egy fekete üreg közepén a fehér „Óriás" emelkedik, tizenkét láb magas oszlop; erre a „Barátság oszlopa" vagyis „Kasztor és Pollux", a „Gattya", „Zsidó torony" és „Pantheon" következnek, ezek után a két „Temető" van, melyek az Olympus kisebbített másolatai. A „Pindus hegye" mellett elhaladván, balra egy mellékágat találunk, melyben „Proszerpina hálószobája" van. Igen meglep a falnak nyílása, melyből rozsdabarna csepegőkő tömeg tódult ki mint patak, mely megmerevedett volna. Azon a helyen a boltozat hol már építészeti díszitményekhez hasonló csepegőkövekkel van ékesítve, hol hatalmas fedökövekből van alkotva; itt egy roppant kőlapot csak az oldalfalak nyomása tart fenn, ott számtalan csillag ragyog a sötét bolthajtáson. Általában itt a „Vaczkos oszlop"-nál a főág legszebb része kezdődik; széles és magas s nagyon sok és gyönyörű csepegőkövekkel van ékesítve. Itt van a bájos „Tempe", a patak bal oldalán az igen karcsú „Minerva oszlopa", azután „Fe kete vár." Kápolna, Gyémánt Kályha, Vadászkürt, az áttetsző sárgabarna „Szalonnaoldalok," s a vakító fehérségü „Alabastromtorony." E mögött a barlang legdélibb kanyarúlata nyúlik el, s boltozata azon a helyen legvéknyabb, csak mintegy 30 öl vastag; a kassai út itt megyen el felette. Néhány száz láb hosszú oldalvásti ágazatok nyílnak, melyek részint megközelíthetlenek a vékony, könnyen beszakadó csepegökö talaj miatt, mely alatt víz foly. A barlang éles szeglet alatt éjszakkeletre fordúl, s ott azon szakaszában, melynek neve: „Más üreg a barlang"-ban, egy halom domborodik, melyen rendkivül magas csepegökö oszlopok állanak. Azután „Medea oszlopa" vonja magára figyelmünket; tetejéről sárkányfejhez hasonló alak csüng alá, melynek szájából kigyók nyúlakodnak ki; odább Apolloterene, Pluto orgonája, az Aranyutczának nevezett kis mellékág nyílása, Vulkanus mühelye (veres köszál fehér borítékkal), a Pizai torony és a szép Méhkosarak s más álló cseppkö alkotmányok következnek. Azután a barlang egyik legnagyobb üregébe jutunk, mely 40 öl széles és 70 öl hosszú. Ebben jobbra Sz. Gellért hegye domborodik, melyet a barlang legnagyobbszerü oszlopa ékesít, t. i. a Csillagvizsgálótorony; átmérője 4, magassága 10 öl: elöl óriási pálmafához hasonlit, hátul pedig emeletes, felséges diszitményü mennyezetekkel van nagyon pazarúl ékesítve. Csodálatos, nagyszerü látvány! Ámde erős világítás kell, a szövétnekek nem képesek az oszlop csúcsát megvilágítani, a barlang boltozata pedig 60 öl magas levén, még a vezetök által ügyesen felhajitott égö szövétnek világítása mellett is csak pillanatra látható. E roppant oszloppal szemben, a barlang falánál egy vizmedenczét fehér oszlopkák környeznek; ezt Pluto lakhelyének nevezik. Itt rögtön a barlang boltozata, épen a közepén, leereszkedik a patak fölé, úgy hogy a fenéktöl csak 5 ölnyire marad. Most a barlang azon része következik, melynek megjárása legbajosb. Gyakran nagyon összeszükül s csak egy hasadékon juthatni a patak sziklás medréhez. Néhol csak 6 láb széles, s mikor a benne folyó patak meg van dagadva, teljes lehetetlen benne elörenyomulni. A barlang ezen része azért felette rideg és borzadályos, s Vass, ki elsö járta meg, a komor jeleneteknek mefelelö neveket adott, milyenek: Munkácsi tömlöcz, Siralomház, Czerberus feje. Ott egy sötét töbör tátong, a megáradt víz borzasztó morajjal több fokozaton 24 lábat esvén rohan beléje. A mélységhez veszélyes ösvény vezet. A szép világítótoronyt balra hagyván, összeviszszahányt köveken s hatalmas sziklaszálokon át haladván, a Czerberus fejéhez jutunk, azután az agyagos és sima Óriási hegyen kell átkapaszkodnunk, melyet sok csepegököhalom borít, de roppant oszlopok is ékesítenek, mint a **Bálvány nagy oszlop,** mely oly magas mint a Csillagvizsgáló torony, noha nem oly vastag. Itt is ott is apró locsogók vannak, környezve szép oszlopokkal. Egy halom tetején **Ganymedes kútja** látható, azon halom meredekül ereszkedik le minden oldalról, tövén egyes oszlopok nyulakodnak fel. E hegyhez 100 lábnyira a barlangnak vége van, körülte nagy mélységek tátongnak, csak nagy bajjal mászhatunk még az igen keskeny függölges hasadékig, melyet **Pokol**nak neveznek, s melyben a patak eltünik. E pont a Vaskaputól 2217 ölnyire esik. Eddiggelé hiában igyekeztek a hasadékot kitágítani s tovább előrehatolni. 174 öllel odább (azaz fél mfldre éjszakkeletre Aggtelektöl) Jósafönél a barlangban egybegyült víz egy sziklából tódúl ki mint tetemes patak.

Miután a barlang föágát egész kiterjedésében bejártuk, forduljunk be a mellékágakba is. Mindjárt a föbarlang elején a Csontházon kivül, melyben most semmi nevezetesség nincsen, a **Rókalyuk** van. Szikladarabokon át s két igen szük hasadékon keresztül egy templomforma nagy üregbe jutunk, melyet egy hegyomlás két részre oszt. A hegyomlás az ugynevezett Veres falat képezi, mely 60 láb hosszú s 48 láb magas; rajta barnaveres csepegökö tömeg látható, átszöve sárga és világosveres sávolyokkal. A hegyomlás oldalát roppant szikladarabok borítják, túl rajta a sötét mélységböl karcsú fehér álló csepkövek merülnek fel egyenkint, a távolból mint rémes halálharang úgy szól egy álló csepkö, melyhez a vezetö botját üti: a nagy sötétség erösen meghatja képzelödésünket. Leszállván a mélységbe, egy gazdagon ékesített csarnokba jutunk, melynek oldalán a „Vár" emelkedik, egy domb sok fehér szép oszloppal. A „Rókalyuk" más helyein is vannak magas oszlopok, általában igen ábrándos mellékág, számos oldalvásti nyílásokkal, melyek talán érdekes, de még ismeretlen ágazatokba vezetnek. Nevét a rókadögröl kapta, melyet benne találtak.

Második mellékág a **Denevérbarlang,** mely a föággal egyenközüleg nyúlik el, de ellenkezö irányban s magasabban fekszik mint a föág. Egészen száraz, s azelött mesés mennyiségü denevérek tartózkodtak benne. Ugy látszik boltozata hasadékos, s a denevérek több nyíláson mehetnek beléje kivülröl. Mondják, hogy hajdan az emberek is juthattak kivülröl beléje. Boltozatán egyes csomókban denevérek csüngnek, sürün összeszorúlva; ha követ dobálunk közéjök, sivítva szétröpülnek. Minthogy minden látogatás alkalmával felzavartatnak, azért már nagyon meggyérültek s hihetöleg más buvóhelyeket találtak. Hogy hajdan sokkal nagyobb mennyiségben tartózkodtak itt, bizonyítja a ganéj, mely helyenként ölnyi vastag réteget képez a földön. — Beszélik, hogy a Denevérbarlang bejárását 1750-ben kőfallal találták berakva; a kőfalat elhányván, benyomúltak, de a képzelt kincsek helyett csak holmi elrothadt ládákat és ruhadarabokat találtak; néhány tüzhelyet is lehetett kivenni, holmi állatcsontokkal és cserepekkel.

A Paradicsom vagyis Büdöstói ága a Baradla legérdekesebb mellékága, sőt dr. *Schmidl*, ki e tekintetben illetékes bíró volt, állítja, hogy az egész osztrák birodalomban sincs hozzá fogható barlangrészlet. Ámde bejárása igen bajos. A Styx patak tódul be e helyen a főágba. Azon pataknak majd jobb majd bal oldalán kell az alacsony hasadékon átvergődni, legörnyedve, sőt itt-ott hason csúszva s a „kötej"-nek nevezett sárban fetrengve. Különösen a Purgatoriumnak nevezett tömeges csepegőkő köpeny annyira összeszükíti a bejárást, hogy alig 2 láb széles és magas nyílás marad, melyen át kell szorúlni s e mellett az ember fejét a boltozat éleitől, lábait a víztől kell megóvni. A szövétnekek füstje a szük hasadékban a lélekzést is nehezíti s lehető gyorsan kell előre törekedni. Ámde fáradságunk meg is jutalmaztatik. Már a Paradicsom előcsarnoka szép, azon része pedig melyet Palmira omladékainak neveznek, igazán felséges. Ez egy 4—5 öl magas csarnok, melynek mennyezetét 14 pálmaforma, sárga csepegőkő oszlop tartja, melyek ábrándos kúszó növényekkel és füzérekkel ékesítvék, s melyek között más kisebb és karcsú, fehér s felfelé vékonyodó oszlopok emelkednek. Ezek közöl legmagasabb az, melyet Káin buzogányának neveznek. A csarnok talaját 2 lábnyi vastagságban csupa fehér kőcseppek fedik be, s e sírlepel alatt ősvilági csontok (barlangi medve csontjai) vannak. Előterében a talajjal együtt az álló cseppkövek is fölfelé emelkednek, mintegy második emeletté. Csakugyan nagyszerü, bámulatos a látvány, mely a csarnokban kinálkozik. Azonban számos szövétnek sem világítja meg teljesen, s bengáli tüzet kell gyujtani, mely nemcsak a csarnokot és különböző alakcsoportjait teljesen kivilágítja, hanem fényt vet az odább balra terjedő üregbe is, melyben egy dombot számos álló cseppkő ékesít. Ezek közöl kivált három tünik fel nagysága által: „Ádám", „Éva" s az „Almafa." Ott két más mellékág is nyílik, melyekben 50 ölnyire lehet előhatolni.

A Mória hegyen lefelé menve, mint láttuk, az új barlangba juthatni, felfelé pedig magas lépcsökön a régen ismert ágba és ennek oldalvásti üregeibe mehetünk. Ebben is sok érdekes csepegőkő alakokat találunk, de ezek jobbára már nagyon megcsonkítvák és meg-

rongálvák. Ily érdekes részletei: a Zsidótemplom sok fenálló és fel
dölt oszloppal; a V i a s z u t c z a, melyet a látogatók már sok dísztől
megfosztottak, csak az egész oszlopsort képező „k a r z a t a" és „g y é-
m á n t k ö v e" még meglehetősen ép; azután A l m á s s y o s z l o p a
következik e felirással: „SpeLVnCa BaraDLa sVa qVonVe LItat se-
nIorI Josepho ALMássI," emlékeül gr. Almássy József alispány 1825-
ki látogatására; továbbá a S z a l o n n á s b o l t, A n d r á s s y o s z l o-
p a, Pesti orgona, Retek kerts diadema. Ezen régen ismert
ág egész hossza 145 öl. Végén egy sziklaszálon e felirás van: „Ferdi-
nandus coronae Princeps."

A R a v a s z l y u k vagyis R e t e g b a r l a n g a borzadályos
„Omladékos hely" mellett nyúlik el. A Baradla legszebb részei közé
tartozik. Boltozatán és falain ezer meg ezer csepegőkő függ, csöveket,
csapokat, függönyöket, vízzuhatagokat, mennyezeteket, koporsókat
stb. **képezve**. Egy szóval a Baradla ezen ága oly dúsan van a legcsi-
nosabb függő csepegményekkel ékesítve, mint talán egy más barlang
sem a földkerekségén, s e szép kő ékszerek annál érdekesebbek,
minthogy többnyire új alakúlatok vagy épen alakúló félben vannak.
Köztük kivált azok ötlenek fel, melyek retekhez hasonlítanak. A láto
gatók leginkább ezeket ütik le, mi nagyon kár. Mindjárt azon mel
lékág elején K u p í d o v á r a van, melyben különösen sok cső és csö-
vecske, redőzet, apró mennyezet, koszorú-gyertyatartó, vízzuhatag,
koporsó, gallér, czafrang és rojt, keresztelőmedencze, háló, hullám s
egyéb apró képződmények gyönyörködtetik a szemet és képzelmet.
S mindezen alakúlásokon a legfrisebb szinezet ömlik el. S az egész
580 öl hosszú üregben efféle csillogó mesés pompa uralkodik, mely
minden lépten nyomon új meglepő változatosságban tünik fel. Néhol
csupa veres csap között 2—3 láb hosszú, vakító fehérségü csövecs-
kék függnek alá, melyek oly véknyak mint a tollszár, s melyek végén
vízcsepp csillog. E gyengéd képezetekből sokat önkénytelen leüt az
ember, midőn a helyenként alacsony járatokban előhalad; oly hang-
gal törnek szét, mintha fémből volnának. Ha szemünket gyorsan be-
húnyjuk, álomnak tetszik az egész, s nincs az a toll, mely a látott tár-
gyakat leírhatná, s nincs művészet, mely azokat utánozhatná. Új meg
új szépségek mutatkoznak, egészen elbájolva haladunk előre, nem gon-
dolunk se a földön itt-ott heverő szikladarabokkal, se a vízpocsolyák-
kal. De végre folyóvíz gátolja előrehaladásunkat, nehéz szivvel fordu-
lunk meg s még egyszer gyönyörködünk a mesés világ tündéries al-
kotmányain. Mintegy 300 ölnyire lehet a Retekbarlangba nagy baj nél-
kül behatolni, e részét már Vass vizsgálta meg. Schmidl 1856-ban a

folyóvizben még 280 ölnyire hatolt be tovább, s így egészen odáig jutott, hol a víz két összehajló szikla által képezett hasadékból kitódul.

Végre még az A r a n y u t c z á n a k nevezett keskeny mellékágat kell megemlítenünk. Ezt is szép függő csepegmények ékesítik, de csak 10 ölet lehet benne előrehaladni.

Ide csatoljuk még a Baradlában tett mérsékleti észleléseket.

Észlelő	Észlelési idő	Külső levegő	barlang.	
T o w n s o n	1787 jul. 14.	15° R.	a Styx partján	7.„" R.
„	„	„	a Styx vize	7.„ „
V a s s I m r e	1826 febr. 2.	4., „	Mojzes oltára	6., „
„	„	„	Vaskapunál	8., „
„	„	„ febr. 8.	0., „	Mojzes oltára	6., „
„	„	„	„	Vaskapunál	8., „
„	„	„ febr. 15.	—	Mojzes oltára	4., „
„	„	„	—	Vaskapunál	7.6 „
S c h m i d l A d o l f 1855 aug. 12.	Rozsnyón			
	22 ., órakor	15.,' R.	Apollo templom	9., .
„	„ aug. 12·2 ór.	18., „	Csillagvizsgáló	
			torony	10., „
„	„ aug. 14. 1 „	19.6 „	Styx partján a	
			padnál	8., „
„	„ „ 15. 23 „	13., „	„ „	8., „
„	„ „ „ 1 „	— „	Csontház	8., „
„	„ „ 18. 20 „	13., „	Styx partján	8., „
„	„ „ 17. 23. „	13. . „	A Retekbarl. előtt	8., .
„	„ „ „ 23., „	„	„ „ végén	9., „
„	„ „ „ 3., „	— „	Vaskapunál	8., „
„	„ „ 18. 21., „	15., .	Paradicsomban	8., „
„	„ „ 12. 22., „	— „	Apollo templom	
			a pocsolya vize	7., „
„	„ „ 15. 1.,,	— „	Acheron vize	6., „
„	„ „ 14. 4., „	— „	Styx vize	7., „
„	„ „ „ 11., „	— „	„ „	7., „
„	„ „ 18. 20 „	— „	„ „	7., „
„	„ „ 17. 3., „	— „	„ „	7., „
„	„ „ 17. 23. „	— „	Retekbarlang vize	8., „

Dr. K i s s A n t a l 1856 august. 1-kán s 1857 febr. 20-kán észlelte meg a levegő és víz hőmérsékletét Réaumur fokokban.

	Februarban		Augusztusban	
	víz	levegő	víz	levegő
A barlang előtt a szabadban reg. 8 óra	—	7., °	—	16.,
A barlangban, Kistemplom	6.,°	6.,	7., °	8., °
„ „ , Csontház	3.,	3.,	6.,	7.,
Az ujág kezdetétől 25 ölnyi távolságban	6.,	8.,	—	—
Az új hófúvásnál	6.,	7.,	—	—
A Ravaszlyuk végén	8.,	8.,	—	—

Ezen észleletekből kitetszik, hogy a barlang beljebb eső részeiben a mérséklet melegebb s állandóbb mint külső részeiben, hogy továbbá a száraz részek is melegebbek mint azok, melyekben álló vagy folyó víz van, s végre hogy az elölső üregekben találtató locsogók hidegebbek, mint a folyó patakok. A folyóvizek közép mérsékletét 7.., az álló vizekét 6., R. fokúnak tartja Schmidl.

A Baradla állatvilágát illetőleg megemlítjük, hogy Schmidl benne a barlangi medve csontjait találta; hihetőleg cseppköves talajborítéka alatt más ősvilági állatok csontjai is vannak eltemetve. A most élő valódi barlanglakók közől eddigelé a következő állatfajok találtattak benne: a kareslábú Rejtér (Eschatocephalus gracilipes) s a kareslábú Vérszip (Haemalastor gracilipes) a patkányok osztályából; a szemeretés Vakász (Titanethes graniger) a héjanczok osztályából; s Kovács Vakóczája (Typhlobdella Kovátsii) a gyűrűnyök osztályából, a Baradla saját faja. A barlangot kedvelő állatok közöl találtattak: Schreibers denevére (Vespertilio Schreibersii) és Fényes Kurkász (Quedius fulgidus), téhelyröpü rovar.

2) A büdöstói barlang.

Aggtelek és Hosszúszó között Büdöstó puszta van, melyen a pelsőczi úttól éjszakra nevezetes barlangot találunk. Ezt azonban ritkán látogatják. Tudtomra eddigelé legrészletesebben Bartholomaeides (gyakran idézett munkája 523 s. k. l.) irta le. Ennek bejárása máskép van alkotva mint a Baradláé. T. i. egy függöleges mélység tátong, mely boltozat és fedél nélküli pinczéhez hasonlít és sürü bokrokkal meg fákkal van eltakarva. E másfél ölnyi mélységbe leszállván, éjszaki falában egy 4 láb magas s 7 láb széles, félkerek és igen szabályos alkotású nyílást találunk, mely olyan mintha a sziklában mesterségesen volna kivájva. Ez alacsony nyíláson bemenvén, s egy két ölnyire előrehaladván, mind magasabb üregbe jutunk, melynek feneke sok leszakadt szikladarabbal van behintve s lejtősen ereszkedik lefelé. Ez első üregből hosszan elnyúló, keskeny hasadékon át, melyben már cseppkövek is mutatkoznak, egy más üregbe s ebből hágesón leszállván egy harmadikba jutunk, mely aknához hasonlít. Igy folyvást mélyebbre és mélyebbre ereszkedvén, a hegy gyomrában még több más üregbe nyomulhatunk be. Mindezen üregek kisebbek és szükebbek mint a Baradla, se hosszában se széltében nem terjednek messzire, de magasságuk roppant, s üreges tornyokhoz vagy mély kutakhoz hasonlítanak. Azért látogatásuk veszedelmesebb mint a Baradláé, nem lehet bennök egyenest előre menni, hanem tekergősen kell körüljárni. Valamennyi üregben, melyeket Bartholomaeides megvizsgálhatott, a falak, boltozat és fenék különböző alakú és nagyságú folyóvizben még 280 ölnyire hatolt be tovább, s így egészen odáig jutott, hol a víz két összehajló szikla által képezett hasadékból kitódul.

Végre még az Aranyutczának nevezett keskeny mellékágat kell megemlítenünk. Ezt is szép függő csepegmények ékesítik, de csak 10 ölet lehet benne előrehaladni.

Ide csatoljuk még a Baradlában tett mérsékleti észleléseket.

Észlelő	Észlelési idő	Külső levegő	barlang.	
Townson	1787 jul. 11.	15° R.	a Styx partján	7.₀° R.
„	„	„	a Styx vize	7.₀ „
Vass Imre	1826 febr. 2.	4.₀ „	Mojzes oltára	6.₂ „
„	„	„	Vaskapunál	8.₀ „
„	„	„ febr. 8.	0.₀ „	Mojzes oltára	6.₂ „
„	„	„	„	Vaskapunál	8.₀ „
„	„	„ febr. 15.	—	Mojzes oltára	4.₁ „
„	„	„	—	Vaskapunál	7.6 „
Schmidl Adolf	1855 aug. 12.	Rozsnyón		
		22 ₀ órakor	15.₀° R.	Apollo templom	9.₀ „
„	„	„ aug. 12 2 ór.	18.₄ „	Csillagvizsgáló torony	10.₁ „
„	„	„ aug. 14. 4 „	19.6 „	Styx partján a padnál	8.₀ „
„	„	„ „ 15. 23 „	13.₀ „	„ „	8.₆ „
„	„	„ „ 1 „	— „	Csontház	8.₆ „
„	„	„ „ 18. 20 „	13.₂ „	Styx partján	8.₁ „
„	„	„ „ 17. 23 „	13. „	A Retekbarl. előtt	8.₂ „
„	„	„ „ 23 „	„	„ „ végén	9.₂ „
„	„	„ „ 3 „	— „	Vaskapunál	8.₁ „
„	„	„ „ 18 21 „	15.₀ „	Paradicsomban	8.₀ „
„	„	„ „ 12 22 „	— „	Apollo templom a poczolya vize	7.₆ „
„	„	„ „ 15 1 „	— „	Acheron vize	6.₂ „
„	„	„ „ 14 4 „	— „	Styx vize	7.₄ „
„	„	„ „ 11 „	— „	„ „	7.₂ „
„	„	„ „ 18 20 „	— „	„ „	7.₃ „
„	„	„ „ 17 3 „	— „	„ „	7.₁ „
„	„	„ „ 17. 23 „	— „	Retekbarlang vize	8.₂ „

Dr. Kiss Antal 1856 augus. 18-kán s 1857 febr. 20-kán észlelte meg a levegő és víz hőmérsékletét Réaumur fokokban.

	Februarban		Augusztusban	
	víz	levegő	víz	levegő
A barlang előtt a szabadban reg. 8 óra	—	7.₂°	—	16.₀
A barlangban, Kistemplom	6.₀°	6.₂	7.₈°	8.₀°
„ „ Csontház	3.₄	3.₀	6.₂	7.₁
Az ujág kezdetétől 25 ölnyi távolságban	6.₀	8.₀	—	—
Az új hófúvásnál	6.₃	7.₄	—	—
A Ravaszlyuk végén	8.₃	8.₄	—	—

Ezen észleletekböl kitetszik, hogy a barlang beljebb esö részeiben a mérséklet **melegebb s állandóbb mint külsö részeiben,** hogy továbbá a száraz részek is melegebbek **mint azok.** melyekben álló vagy folyó víz van, s végre hogy az elölsö üregekben ta. láltató locsogók hidegebbek, mint a folyó patakok A folyóvizek közép mérsékletét 7 ,, az álló vizekét 6., R. fokúnak tartja Schmidl.

A Baradla á l l a t v i l á g á t illetőleg m gemlítjük, hogy *Schmidl* benne a **b a r l a n g i m e d ve** csontjait találta; hihetöleg cseppköves talajboritéka alatt más ös- világi állatok csontjai is vannak eltemetve. A most élö v a l ó d i b a r l a n g l a k ó k közöl eddigelé a következö állatfajok találtattak benne: **a k a r c s l á b ú R e j t é r** (Eschatocephalus gracilipes) s **a k a r c s l á b ú V é r s z i p** (Haemalastor gracilipes) **a p a t k á n y o k** osztályából; **a s z e m e r c s é s V a k á s z** (Titanethes graniger) a hé- janczok osztályából; s **K o v á c s V a k ó c z á j a** (Typhlobdella Kovátsii) a gyürünyök osztályából, a Baradla saját faja. A **b a r l a n g o t k e d v e l ö á l l a t o k** közöl talál- tattak: **S c h r e i b e r s d e n e v é r e** (Vespertilio Schreibersii) és **F é n y e s K u r- k á s z** (Quedius fulgidus), téhelyröpü rovar.

2) A b ü d ö s t ó i b a r l a n g.

Aggtelek és Hosszúszó között Büdöstó puszta van, melyen a pel- söczi úttól éjszakra nevezetes barlangot találunk. Ezt azonban ritkán **látogatják.** Tudtomra eddigelé legrészletesebben **B a r t h o l o m a e i- d e s** (gyakran idézett munkája 523 s. k. l.) irta le. Ennek bejárása **máskép van alkotva mint a Baradláé.** T. i. egy függöleges mélység **tátong, mely boltozat és fedél nélküli pinczéhez hasonlit és sürü bok- rokkal meg fákkal van eltakarva.** E másfél ölnyi mélységbe leszáll- ván, éjszaki falában egy 4 láb magas s 7 láb széles, félkerek és igen **szabályos alkotású nyílást találunk,** mely olyan mintha a sziklában **mesterségesen volna kivájva.** Ez alacsony nyíláson bemenvén, s egy két ölnyire elörehaladván, mind magasabb üregbe jutunk, melynek feneke sok leszakadt szikladarabbal van behintve s lejtösen ereszke- dik lefelé. Ez elsö üregböl hosszan elnyúló, keskeny hasadékon át, melyben már cseppkövek is mutatkoznak, egy más üregbe s ebböl hágcsón leszállván egy harmadikba jutunk, mely aknához hasonlit. Igy folyvást mélyebbre és mélyebbre ereszkedvén, a hegy gyomrában még több más üregbe nyomulhatunk be. Mindezen üregek kisebbek és szükebbek mint a Baradla, se hosszában se széltében nem terjed- **nek messzire,** de magasságuk roppant, s üreges tornyokhoz vagy mély **kutakhoz hasonlítanak.** Azért látogatásuk veszedelmesebb mint a Ba- **radláé,** nem lehet bennök egyenest elöre menni, hanem tekergösen **kell körüljárni.** Valamennyi üregben, melyeket Bartholomaeides meg vizsgálhatott, a falak, boltozat és fenék különbözö alakú és nagy ágú

cseppkövekkel vannak befedve, ugy hogy a meztelen sziklát alig láthat-
ni. Különösen három üreg érdemel kiváló figyelmet. Az egyikben emberi
tetemeket találni; regélik ugyanis, hogy valamikor a büdöstói csárdá-
ban egy Ancsa nevü korcsmárosné volt, ki zsiványokkal czimborás-
kodván a vendégeket meggyilkoltatta s a holt testeket az említett
üregbe hányatta. A másik üreg roppant magassága által tünik ki; legte-
tején néhány repedés van, melyen a nap világa behat s a boltozat ma-
gasságát láthatóvá teszi. A harmadik üregben egy igen tis.ta vízü
forrás bugyog. Bartholomeides csak azon forrásig jutott, hihetőnek tart-
ja, hogy az általa megvizsgált büdöstói üregek csak bejárását képezik
egy nagy barlangnak, mely talán a Baradlával van kapcsolatban. Mert
miként a Baradla, ugy a büdöstói üregek is kelet-felé csapnak.

Hunfalvy János.

II. RÉSZ.

Gömör történelmi és statistikai viszonyai.

I. FEJEZET.

Adatok Gömör és Kishont t. e. vármegye történelméhez.

Írták

**Bodon Ábrahám, Ebeczky Emil, Baksay István
és Kramarcsik Károly.**

Hogy honszerző Árpád Gömör és Nógrád várai meghódítására anyai nagybátyja Hülek két fiát Szoárdot és Kadocsát, nemkülönben Hubát, a fejedelmi személyek egyikét küldte ki, és hogy ők Pásztóról kiindulván s a Hangony vize mentén fellovagolván, e folyón a Sajó mellett keltek át (Sajónémetinél); majd a Sajó és Balog völgyeit érintve, a Rima völgyén haladtak a nógrádi és honti részeken, hova szerencséjök vezette, Nyitra váráig, Szvatopluk székhelyéig: Béla király névtelen jegyzőjétől tudjuk.

Több hiteles adattal a honfoglalás itteni részleteire nézve nem birunk. *)

Egyébiránt tény, hogy a hét magyar kijöttével egy függöny gördült le az itt talált jazig, szláv és német fajta nép régi története szinpadán s uj jelenetek kezdődnek az állammá alakúlt ország történelmi mezején. Novus ab integro saeculorum nascitur ordo.

---

*) Néhai *Reisz Sámuel,* rőczei evang. lelkész ugyanily czimü s kéziratban levő munkájában: „Deresk (ein magyarisches Gränzdorf in Gömörer Comitat) vor 1000 Jahren" Kadocsát a Sajó és Turócz völgyén Dereskig, a Vály völgyén Kálosaig felvezeti, sőt amott fel is köszönteti a tótok által a magyarokat és szövetségre lépteti őket; de e részben a történeti bizonyiték helyét csupa inductiókkal pótolja. — *Bartholomaeides* pedig „Notitia Cottus Gömör" czimü, tartalomdús és sok buvárkodást tanusitó munkájában: abból, hogy Gömör vára birtokát IV. Béla a Bors család magvaszakadtából adományozta a Máriássyak egyik ősének, azt következteti, hogy Gömör Sajómellékének is Bors vezér, a Bönger fia, Borsod vára épitője volt hóditója.

1*

Ezen jeleneteket szándékozunk itt, a mennyiben azok Magyarország gömöri és a vele 1802-ben egyesült kishonti területén játszattak le, monographiák alakjában előadni, azután azokat, mik a megyét egyetemileg illetik, röviden elsorolni s igy a honi orvosok- és természetvizsgálókat, kik XII-dik gyülésükkel megyénket szándékoznak megtisztelni, megyénk nevezetesebb helyeinek történelmével némileg megösmerkedtetni.

BALOG.

Ha a Béla király névtelen jegyzője könyvének XXXIII-ik fejezetében nevezett B u l h a d u hegy alatt, — hol t. i. Szoárd és Kadocsa vezérek állomást tartottak, — Bartholomaeidesz és Szabó Károly után Baloghegyet vagy Baloghátat kell érteni: következik, hogy a nevét maig megtartott balogi „várhegy" a magyarok kijövetelekor már nevezetes és igy a magyar történelemmel egykorú helyiség.

Balogot a 13-ik században a Bologh vagy Balogh nemzetség birta, azután a Széchyek.

Várát a 15-ik században Széchy Miklós fiai: László és Péter, mint Erzsébet pártján levők, Giskra kezére bocsájták.

1451. Hunyady János ugy Balog mint Derencsény várából kiveri a cseheket.

1459. Hunyady Mátyás, még mint ifju király, a patai favár (a Mátra alatt) bevétele után a Sajó völgyének vevé útját, a sajónémeti, gömöri s több itteni várakkal együtt „a balogi erődöt is a várhegyen" elfoglalja (Hunyad. kora III. k. 168. l.), aztán a hütelen Széchyektől elvevén, elébb Komjáthy Ulriknak, majd 1463-ban Rozgonyi Sebestyénnek adományozza.

1481. Rozgonyi László kezéről egész uradalom a Széchyekre visszamegy, kik annak 1646-ig megmaradtak birtokában.

1560. Bebek Györgyöt a Balogvár melletti erdőben, törökök lesből elfogják.

1563. a vár parancsnoka Balog András volt.

1567. 17. t. cz. Gömör vármegyének kötelességévé teszi, hogy Balog és Gede várához munkásokat adjon, hogy az ellen kezére ne jusson.

Az 1608. 15. t. cz. a véghelyek közé sorozza.

1619. Széchy György, Bethlen Gábor híve, várát igen megerősíti, miben a vármegye által is segíttetett, a ki 1625-ben orgyilkosság által meghalván, özvegye Homonnai Drugeth Mária, kapitányok által

kormányozta. Leánya, Széchy Mária, a murányi Venus, és már másod
izben özvegy, itt irta 1644. septem. 16-án kelt azon levelet iványi Fe-
kete Lászlónak, mely e f. évi Vas. Ujs. 7-ik számában közöltetett.

Széchy Máriával mint Murány, ugy Balogvár is Vesselényi Fe-
rencz birtokába jutott. Ő alatta volt legvirágzóbb kora a régi idökben;
sokáig emlegette a nép: „hej, mikor a király a várban lakott!"

1664. Vesselényi is ujolag megerősitette, miben a megye is se-
gité. A várhegy alatt kastélyt épittetett, melynek magános falai közt
sokszor fött feje az összeesküvés terveiben.

1671. a fiscusra szállt, Vesselényi nótájából. A Tököly, Rákóczy
mozgalmak alatt lerontatott.

1691. a Koháry nagyuri család jött a balogi uradalom birtokába.
Koháry István gr. uj lakot épittetett 1720-ban a Vesselényiféle he-
lyére; de a jelenlegi s az egész Balogvölgyén fejedelmileg diszlő kas-
télyt e folyó század elején Koháry Ferencz herczeg épitteté.

(Koháry István a hős, a király iránti hüség tükre, a költö életraj-
zát láthatni Toldy Ferencz „Magyar költészet kézi könyve" I. kötet
274—280. ll.)

BARADLA.

Igy neveztetik a világhirü aggteleki barlang, a gömöri alvilág.
Tudományos vizsgálódásra legelöször az angol tudóstársaság
méltatta — Korabinszky geogr. Lexicona szerint — szakértö
biztosokat küldvén ki annak leirására. Aztán — Vályi Ferencz geogr.
Lexicona szerint — bizonyos Farkas nevezetü magyar ember járta be.

1792-ben ujra egy Townson nevü angol utazó látogatta meg, ki
azonban csak Korabinszky után tesz emlitést az öt megelözött angol
tudóstársasági küldöttségröl. Townson leirását közli Bartholom. Notitia
Cottus Gömör 493 s köv. ll. Schedius Lajos latin forditása után.

A század elején a megyei hatóság is kiterjeszté reá figyelmét.
1801-ben Reisz Keresztély, megyei fömérnök fölmérte; 1825-ben Vas
Imre, szinte m. mérnök, uj ágát felfedezte, felmérte és leirta, 1831-ben
Pesten kiadott munkájában. Ujabb időben Schmidl Ádolf irta le német
nyelven, Hunfalvy János pedig „A magyar birodalom természeti vi-
szonyainak leirása" czimü munkájának I. kötetében közli az eddigi
leirások velejét.

E munkához Vas Imre mérnök új kiadásban megjelent rajza
csatoltatott, mely a barlangot leghivebben tünteti fel,

BREZÓ.

Cseh telepítmény a XV. századból. Ha nemcsak gazdagság, de szegénység is híressé tehet: úgy e helység hajdan arról volt nevezetes, hogy legszegényebbnek tartatott egész Kishontban.

Vasgyárt itt legelöl két jolsvai polgár állított 1770 körül, egyszerü olvasztó kemenczével, de igen gyönge és törékeny vasat termelvén, majd Schifferdecker iglói polgárt társulatokba felvevén, ugynevezett massát állítottak; költség hiánya miatt azonban a mivelést félbenhagyták, miglen találkoztak, kik a mostoha kezdeménynek sikeres lendületet adtak, annyira, hogy csakhamar egész gyárteleppé nötte ki magát; ugy hogy már ma — ellenkezőleg hajdani hirével — gazdaságot hirdetnek az ipar és szorgalom mühelyében zörgő gépei.

CSETNEK.

Eredete a létező legrégibb okiratokból sem nyomozható ki. Nevének tót értelme (stjetnik = szénégető, milehely) a bányászat s éreczolvasztás bölcsökorára vezet. Régibb okiratai a tatárdúlásnak lehettek áldozatai.

1243-ban IV. Béla által Pelsöczczel együtt Bebek Detriknek és Fülöpnek adományoztatik.

1244-ben mint község az egyház felett a papválasztásra nézve kegyúri jogot nyert.

1328-ban Róbert Károlytól Bebek Detrik érdemeért Pelsöczczel együtt Korponához hasonló jogokat nyer, jelesül: tolvajlások, gyilkosságok eseteiben biráskodást, pallosjogot, heti vásároknak (Pelsöczön pénteken, Csetneken pedig szombaton) tartását s mindezeken felül vámmentességet országszerte.

A város ezen szabadalmakkal szabadon élt 1759-ig, midőn Mária Therézia által a miatt, hogy bizonyos Vozár Máriát, Severini Illés nejét 300 korbácsra itélte, megfosztatott szabadalmaitól. Később, Rojko András város birája által ösztönöztetve és Pelsöczczel kezet fogva, 430 évig élvezett jogaik visszaadatását elindultak kérelmezni, mig aztán többszöri esedezés és hosszas utánjárás következtében, 1781-ben II. József, 1791-ben pedig II. Leopold által, elöbbi jogaikba visszatétettek.

A lakosok nyelve eredetileg szláv volt, később azonban a bányamivelésben jártas Korpona városiakkal és szepességiekkel szövetkezvén, ezek által egy ideig túlszárnyaltattak, annyira, hogy a város jegyzökönyveit is német nyelven vezették.

A város délkeleti síkján egy vár állt, melynek eredete a Bebek család korára vihetö vissza, mely azt több szomszédos várai példájára erőddé alakitotta; majd egyik ága, melynek ez osztályába jutott, Csetneky nevet vett fel, erröl ismét a Bakos családra szállt s fentartatott 1666-ig, mikor az utolsó Bakos Gábor kihalván, nejével, Bornemisza Máriával, az evangelikusok gót épitésü templomába temettetett s utána a vár is romlásnak indult, a Tököly-Rákóczy mozgalmak alatt pedig végkép romba dölt.

Sokat szenvedett a XVI. században a két ellenkirály közti háboruskodás miatt, lakosainak egy része Zápolyához, más része Ferdinándhoz csatlakozván. 1555-ben nagy döghalál pusztitott benne és vidékén, a Jakab naptól gyertyaszentelöig tartott vész 526, többnyire fiatal lakosától fosztván meg a várost. Kiraboltatott a török által is több izben, lakosai rablánczra füzve elhurczoltattak, ugy, hogy népessége e században alig haladta meg az ezeret.

Vallásukra nézve a reformatio elött latin szertartáson kivül a görög szertartáshoz tartozók is voltak, a szentek közül különösen szent Miklóst tisztelték. A XV. században a husszita vallás szellemével ismerkedvén meg, annál könnyebben vették be, 1545—1568 év körül, a szepességi tudósok s kereskedők által Németországból hazánkba átültetett reformált egyháznak Luther szerinti tanait.

Az evangelikusok temploma, mely a város minden birtokos ura és polgára áttértével ezeknek tulajdonává lön, régiségben vetélkedik hazánk legrégibb templomaival. Az „o rex gloriae veni cum pace" gót felirat a templomi székeken itt is olvasható; mi ha chronosztikon: 1272 év jö ki belöle, miröl vitázni a régészek dolga. Épitése folytattatott 1460-ban.

A nevelés ügye a reformatio meggyökerezése óta Csetnek városában szép virágzásnak örvendett; népiskolái mellett koronként jól rendezett magánintézete, sőt egy — elöbb hat majd 4 osztályu — gymnasiuma volt, mig 1850 után az Entwurf szigorú követelései annak beszüntetését tették szükségessé.

Magántanintézetei közt emlitésre méltó a Csis Tamásé (1790—1804), melyben 1793-tól fogva a honban divatozott minden müvelt nyelvet lehetett tanulni s mely többek közt a Podmaniczky-, Prónay-Vay- és Lónyai-akban jeles férfiakat adott a hazának.

DERENCSÉNY.

A derencsényi uradalom tőle veszi nevezetét. Régi neve Drench vagy Derencs. Legrégibb urai a Balogh nemzetség, mely egy ága volt a Széchynek.

1297-ben Derencsnek és Osztrának felét Balogh Domokos és Miklós kapják királyi adomány útján. Miklós fia László aztán Derenchényi nevet vesz fel, s kezdett egy új családot, mely virágzott a 17-ik század elejéig.

A 15-dik században a csehek a falun alól, a réten erődöt építnek, melyben Valgatha rablóvezér parancsolt.

1451-ben Hunyady János a losonczi szerencsétlen ütközete után a csehekkel t. i. uj erőt véve magához, miután már Sepsit és Rosnyót elfoglalta, a derencsényi várat körülszárnyalja, a mellette folyó Balog vizét elgátoltatván, az egész völgyet vizbe boritja és a várnagyot, Valgathát, a vár feladására szoritja. De a hős elvonultával a csehek ismét visszaveszik, mig

1459-ben Hunyady Mátyás, a király, Gömör, Rimaszécs, Serke, Balog s több várakkal együtt egészen hatalma alá hajtja. (Hunyadyak kora II. k. 187. l. III. k. 168. l.)

1544-ben Derenchényi Pál, fivéreivel Széchy László derencsényi udvarára törvén s nejét Thibay Orsolyát megsebesítvén, ebből pör támadt, mi a fejedelem által akként döntetett el, hogy a Derenchényiek Derencsény és Kápolna birtokából kiestek s kénytelenittettek azt a Széchyeknek átengedni.

DOBSINA.

Eredete igen régi s mai napig megtartott nyelvéről itélve quad és szarmata bányász telepitvény.

IV. Béla 1243-diki adománylevelében azon helységek közt soroltatik elé, melyek Domonkos bán fia Bors magvaszakadtával a koronára szálltak s mikkel együtt Dobsina is (Topsucha) Bebek Fülöpnek és Detriknek adományoztatik. Hogy az itteni bányákból a királyok azelőtt bizonyos jövedelmet húztak: ezen okmány azt is tanusítja.

1326-ban a fenti Bebek Detriknek unokái: Miklós (melléknéven Kún), továbbá László és János — fivérök Péter nevében is — az egri káptalan előtt valljak, miként ők bizonyos sürü erdőt, Szepes földje szomszédságában a Dobsina pataka mellett, hol már Miklós, László fia

telket irtatott magának, azon Miklósnak, László liának, minden haszon-
vételeivel átadják, hogy abban, a korponai németekéhez hasonló sza-
badsággal népeket telepithessen, s többek közt a bányákbeli érczek
jövedelméről is intézkedvén.

1417-ben Bebek László a konstanczi zsinaton levő Zsigmond csá-
szár és királytól vásári szabadalmat és pallosjogot eszközöl a dobsi-
naiaknak.

A XV. század a cseh martalóczok fegyetlen hadjáratainak, a XVI-
dik a törökök kicsapongásainak emlékét hagyta fel Dobsina emléklap-
jain, valamint az e vidék urai egymás közti villongásainak, melyekkel
járt pusztitásoknak — egy a 17-dik század elején kelt emlékirat sze-
rint — a város többnemü fontos okiratai és szabadalomlevelei is áldo-
zatul estek.

1540-ben ugyanis Bazsó vezérlete alatt haddal támadták meg a
murányiak és elpusztitották.

1556-ban a törökök foglalták el és tették adózóvá; midőn t. i. a
Bebekek segitségével Krasznahorkánál megvert császáriakat ide üz-
ték. Évi adót fizetett ezután a töröknek, miről vezetett számadásai
magyar nyelven szerkesztvék. De befizetvén pontosan adóját Füleken,
békésen türte a török igát s csaknem hozzászokva lenni látszott már,
midőn a csendes szolgaságot egy közbejött esemény megzavarta.
Történt ugyanis

1580-ban, hogy a füleki basa állomását változtatván s a Dobsina
város által megfizetett adót számadásába be nem vezetvén, következője
azt ujolag követelte. De a város azt ismét megfizetni nem akarván

1584. október 14-ét követő éjen török fegyveresek rohanták meg
a várost s azt nagy részben felégették s 350 lakosát vitték a két nem-
ből rabságra. E gyászos esemény emlékét az evang. templombeli felirat
tartotta fenn a maradéknak.

A Bebek család Csetneky ága, a XVI. század végén, Ferencz-
ben kihalván, Dobsina sok urat cserélt, kik közt Tökölyek és Rákó-
czyak is foglaltatván, ujabb alkalom nyilt a város viszontagságos tör-
ténelmére.

Sokszoros sarczoknak levén alávetve, a város az illető hatalom
kezelöknél keresett oltalmat. Tanusitják ezt következő eredetben
meglevő protectionalis levelek, u. m. Bocskaytól: 1605. január 11-ik-
ről, Szuhay Mátyás, Kende Gábor és Szepessy Pál a magyar hadak
deputatus gondviselöitől 1612; gróf Göcz János fötábornoktól a Gö-
mör melletti táborból, 1644. október 18-án; Arszláni basának 1647.
mindszenthó 27-én kelt s magyar nyelven irt, úgynevezett hitlevele :

Strassaldo Károly fötábornok Sziliczén 1680. márczius 18 án; Tököly
Imrének Löcsén 1683. márcz. 9-én; Rákóczy Ferencznek 1703-ban
kelt, úgy szinte Bethlen Gábor egy eredeti oklevele.

IV. Béla által a korponaiaknak 1244-ben adott szabadalom s il-
letöleg az abban foglalt kiváltságokra hivatkozó fentérintett 1326-ik
évi okmány alapján Dobsina városa, biráját és tanácsát a régi idökben
is szabadon választotta.

A városi tanács, a polgári ügyekbeni biráskodáson kivül, az
1780-ik év elött „albányabiróság" czim alatt a bányahatóságot, neve-
zetesen a bányaadományozási jogot is gyakorolta, miröl különvezetett
jegyzökönyvei, a mostani kassai bányakapitányságnál, feltalálhatók.

Dobsina bányavárosi jellemét mindenkor hiven megörizte. A ta-
nács kiadványait következö czim alatt állitotta ki:

„Mi Dobsina szabadalmas királyi bányaváros birája, bányames-
tere és tanácsa."

Legrégibb, évszám nélküli pecsétjén egy paizson a bányászat
jelvénye (kettös kalapács) s következö körirat foglaltatik:

„Sigillum der freyen Bergstadt Topschau."

Egy másik pecsétjén szinte a bányászati jelvény „Bergstadt
Topschau 1585" körirattal.

Az 1844. évben a város közigazgatási és törvénykezési ügye, a
tanács és képviselötestület, a megye által jóváhagyott szabályzat sze-
rint uj szervezetet nyert.

Dobsina b á n y a i p a r a a város eredetével egykorú. IV. Béla
1243 évi azon adományleveléböl, mely szerint Dobsina Bebek Filep és
Detriknek adományoztatott, kitünik, hogy azelött a korona tulajdona
vala, s hogy az akkori telepitvényesek a bányák jövedelméböl bizonyos
illetéket a koronának fizettek.

Az 1326-ik okmányban a dobsinai határban találtató érczekröl
is van szó (omnium metallorum inibi existentium).

A jászói Convent által 1408-ban kiállitott oklevél a dob-inai ha-
tárbeli Czemberg nevü hegyen létezö rézérczbányákról tesz emlitést.

De különös fejlödésnek indúlt a dobsinai bányamivelés Mátyás
király idejében.

Ugyanis Máyás király 1475-ik évben kelt s nyomozást rendelö
parancsából kitünik, hogy Bebek György, Hamvay Demeter, Vasváry
János, Barna Lörincz, Bodon János, Szuhay Pál, s többek segitségével
a dobsinai Czemberg hegyen lévö rézbányákat eröszakkal elfoglalván,
az czen bányákat mivelö Andersmal és Nickl nevü lakosoknak 500
aranyt forinnyi kárt okozott.

A budai káptalannak az érintett királyi parancs következtében a helyszinén történt nyomozásról szólló 1476-ban kelt jelentésében a többi közt szószerint az foglaltatik: „ad quendam montem Czemberg inter fluvios Dobsinapataka et Gilnetzvize adjacente, in quo variae aliae ferri fodinae tam in summitate quam in latere capiosae exstitissent."

A XVI. XVII. és XVIII-ik században is, a vasbányákon kivül, gazdag érczbányák miveltettek, mig a Kassán létezett, felső magyar országi kir. kamara különös óltalma alatt állottak. Ezt tanusitják ugyan azon kamara által az 1686, 1703 és 1731-ik években kiadott óltalom levelei. Az érintett 1703. évi oklevél a „Schwarzenberg és Johannistok" nevü bányákat különösen kiemeli.

A XVIII-ik század vége felé a dobsinai bányaipar új fordulatot s különös lendületet nyert.

Az 1780-ik évben ugyan is bizonyos Schön János Gottlieb nevü szász, Dobsinára jövet, mint szakértő a bányamivelésnek különös figyelmét szentelvén, csakhamar felismerte az akkor rézérczeket termelt Czemberg és más bányákban előfordult, de meddő és hasznavehetlen könek vélt kékleny nickel-érczet.

Az általa 1780. nov. 4-én sajátkezüleg kiállitott örökeladási okmányból (mellyet következőképen irt alá: Johann Gottlieb Schön m. p. Koboldt-Erfünder) kitetszik, hogy a Czemberg, Steinberg, Kegel és Gugel nevezetü kéklenybányákat (Farb-Koboldt-Gruben) ő fedezte fel, s ezeknek $^1/_{16}$ részét 248 mázsa kékleny érczczel együtt a városnak eladta.

Ezen felfedezés az addig más nemes érczekre nagy szorgalommal mivelt bányákat hát-térbe szoritván, a dobsinai bányaipar majdnem kizárólag a kékleny telepek felnyitására s mivelésére szoritkozott. És az a körül kifejtett szorgalom, ernyedetlen kitartás és áldozatkészségnek sikerült is, kivált az 1830-ik év óta, a mikor angol iparosok a kékleny ércz rendes és állandó vevői lettek, a bányamivelés ezen ágát oly virágzásra fejleszteni, hogy a dobsinai kéklenybányászat jelenben nemcsak 8000 mázsára terjedő évi termelési mennyiségénél, hanem kivált az ércz fémtartalmának gazdagságánál fogva, nemcsak Európa, hanem Dél-Amerika hasonnemü nevezetes bányaipárát is felülmúlja.

Ezen, nemzetgazdasági szempontból is felette nevezetes, de állami tekintetekből eddig — sajnos — igen kevés figyelemre méltatott bányaipar, ujabb lendületnek örvend azon vállalat által, melynek a Czemberg bányatársulat épen napjainkban alapját vetette, midőn a szegényebb 6—7% fémtartalmú eddig nem értékesitett érczek olvasztását megkezdé, s az ez idei kisérletnél 400 mázsa 25"/₀ fémtartalmú kékleny nickel-speiset már termelt is.

Vajmi kivánatos voina, ha az államhatóság ezen vállalatot a Joachimsthali kincstári érczolvaszdában hasonnemü kisérletnél nyert tapasztalások közlésével felkarolná, és általában közbenjárása által az eddig —. a nemzeti vagyon nagy veszteségével — Szász- és Angolországokba szállitott nyersércz belföldi feldolgozását elősegitené.

A dobsinai bányaiparral a vasgyártás is karöltve járt.

Mátyás királynak 1462, 1466 és 1470-ik években kelt parancsaiból kitünik, hogy a dobsinai vashámorokat — quondam locum cusionis ferri Hámora vocatum in fluvio Gilnetz intra veras metas possessionis Dobsina — Bebek György és Hamvay Sándor erőszakos foglalásai ellen királyi óltalma alá vette, s a dobsinai vasgyártás felett elismerését jelentette ki.

A dobsinai vasgyáripar legszebb fejlődésnek és virágzásnak örvendett a Tököliek és Rákócziak idejében, a mikor itt fegyvergyár létezett, melyről a Szepesi káptalan az 1771. évi oklevelében is emlitést tesz (Malcaturam olim Tuborum Sclopctariorum). A Tökölick s Rákócziak bekövetkezett bukások azonban a fegyvergyárt és aczélkészitő műhelyt is elsodrotta magával.

A városi jegyzökönyv tanusága szerint 1640 körül Dobsinán több aczélmühely (Stohlhammer) létezett.

A vasgyártás a dobsinai gazdag vasköbányáknál fogva jelenben is a város legnevezetesebb iparága. A nagyszerű vaskötelepek e vidéki 8 vasolvasztót látják el a szükséges vasérczczel.

GOMBASZEG.

1341: Bebek György és László Remete szt. Pál nevét viselő barátoknak zárdául épiteték.

1371: Csetneky László több birtokkal növelte.

1555: Bebek Ferencznek, az evangelicusok nagyüldözőjének fia: György, ki már nejével Patócsy Zsófiával együtt prot. hitre tért, elbocsátván belőle a barátokat világul, erőddé átalakitotta, mig végre

1566: Szvendy Lázár földig lerontotta.

GÖMÖR.

Hogy Gömör vára a magyarok idejövetelekor már létezett, Béla király névtelen jegyzőjétől tudjuk; sőt hogy az már azelőtt több századokon keresztül, nemcsak a mellette lekigyózó Sajó folyója, hanem az alatta lakott jazig, szarmata és quad fajú és vaskalapáló lakosok felett uralgott: mind neve, mit az etymologok „Hammer"ből származtatnak, mind a történetirók, mint Timon és Severini, bizonyitják. Ptolemaeus Claudius alexandriai, II-ik századbeli iró, földrajzában, a jazigek Sajó melletti városai közt Gorman várost is emlit.

Mindezek a helyiségnek régi eredetét bizonyitják.

A magyarok kijövetelével Bors vezérnek, Bönger fiának, Borsod vára épitőjének jött birtokába s utódai birták IV. Béla koráig; midőn Domonkos bán fijának Borsnak e családban utólsónak leányát Veronikát, Szepessy Gallus, a Mariássiak egyik őse nőül vevén, fijokra Markusra szállt, ki máskép Máriusnak is neveztetett s majd Gömör és Szentmihály úrának czimeztetett. Megis maradt a Mariássiak birtokában a XV-dik századig, mikor a Giskra cseh martalócz hadai foglalták el.

Mind a két Hunyady zászlói lengtek vára alatt, a csehek elleni hadjárataikban, mig végre Mátyás, a király, hatalma alá hajtotta. Az utóbbi viszontagságokban a vár végkép elpusztúlt, ugy hogy már ma csak neve, a „várhegy" hirdeti hajdani dicsőségét.

Urai azután is történeti nevezetességek voltak. Birták Vesselényi Ferencz, a Csákyak; lakták Gyöngyösy István, az alispán és költő: a tudomány és művészet kedvelő Lányiak; Gerhárd, mig végre a Szentiványi család egyik ágának jött birtokába.

Ide való volt a hirneves Czinka Panna czigánynő, remek hegedős a mult századból, kit egyik Lányi tanitatott ki e művészetre.

HAJNÁCSKŐ.

A százbérczű Gömörben, mint koszorus költőnk nevezi megyénket, egyike a legkedvesebb kirándulásoknak, mellyet tehetünk: Rimaszombatból Ajnácsköbe vagyis Hajnácsköbe.

Kétfelé vehetjük utunkat e kedves üde hely felé: Jánosinak, hol egy nemesi lakházon e jellemző felirat olvasható:

„Clara sed et haec mortalia!"

vagy pedig Tamásfalának, hol egy másik nemesi lakházra mi-

dön épült, e szinte jellemző de a ház köztiszteletben részesült egykori
urára épen nem alkalmazható felirást ajánlák tréfás kortársai :

„Insurrectione surrexi et statutione sto!“

Ha ez utóbb megnevezett falunak indulunk, ugy az aesthetikát-
lan „Pendeles“ s ez után a „Kurincz“ nevű szép két pusztán —
melly mindkettő Rimaszombat város tulajdona, — ha pedig Jánosinak
kerülünk, akkor jó csinált országuton ugyan, de egy kissé hosszabb
idő alatt Pálfala s Feled helységeken keresztül Várgedébe ju-
tunk. Első esetben mindjárt Rimaszombat, a másikban Feled mellett
kell a Rima folyón áthaladnunk.

Feleden mindjárt Török Adolf ur lakháza homlokzatán egy
régi török felirást lelhetünk, melly a Rimából kihalászott s itt
falba rakott kötáblán magyarázatát várja.

Utunk Serke mellett visz el, melly helység a serki Loránth-
ffyak fészke vala; — az egykori várnak már csak romjai is alig lát-
szanak.

„A Sasfészek üres, magas a köszikla verébnek.“

Szilassy Ferencz Gömör megye egykori Alispánjának uri laka
hanyatlóban van. E faluban lakik tisztes bölcsünk Balogh az ifju lelkű
kedves aggastyán is.

Balra hagyván Kisfaludot elnémult troubadourunk s szel-
lemdus neje szerény lakhelyét, Várgedébe érünk, melly több uri
lakházával mosolygó szinben tünik fel. Itt van megyénk ez idő sze-
rinti föispánjának olvasóink előtt a Vasárnapi Ujságból is ismeretes jó
izlésű nyaralója. Itt van a bazalt tódulási szikla, mellyen hajdan Gedő
vára állott. Előpostája ama kialudt kráternek, mellyet az ajnácskői
fürdő megett fellellendünk. Várgede, melly hajdan Gedőallyának ne-
veztetett, cseviczével is bővelkedik, melly mellé a közbirtokos urak
csinos fürdő helyiséget emeltettek.

Várgederől Balogfalán s Gortván keresztül csakhamar
Ajnácskőbe, s nehány percz alatt a Bataházi pusztára, vagyis
az „Ajnácskői fürdőbe“ eljutunk.

Alig lehet magyarembernek kedvesebb pihenője, mint az ajnács-
kői fürdő !

Czukorsüveg alaku bazalt hegyektől karikába fogva, melyeken
Diana s Bachus honol, viruló bársonyrét közepett egy csoport falusi
kinézésű, nem nagy de tiszta, épület áll egy szép erdő tövében, mint a
„gallina multorum pullorum sollicita mater.“ A lakályosság s ottho-
niasság szivderitő érzése fogja el keblünket, ha e kedves helyet meg-

szálljuk, hasonló a rokonszenvhez, mellyet szives tulajdonosa iránt első látásra érezünk.

Az itten mindenütt felbugyogó viznek vegytani elemzése oly arányokat mutat, millyeket Bataházán kivül országszerte alig lelünk.

Itt nem csak a betegek egészségesekké, de az egészségesek is még egészségesebbekké szoktak válni, s a Medvesallyi palóczságnak ezen mosakodó Mekkája vasárnaponként a legszebb társaságot gyüjti termeibe. Ki az itteni fesztelen vigalmakat megízlelte, olyan mint az ember, ki a Dunát egyszer általúszta, átussza azt bizonyosan másodszor is.

Olcsóságra nézve párja nincsen Európában, mert Bataházán valóban majdnem ingyen időzhetünk s oly szép helyeket, milyeket a beteg itt mindjárt a fürdők mellett lévő erdő illatos árnyaiban lelhet, alig fog lelni sok más fürdőben, s érdekesebb sétákat, milyekkel Bataháza kinálkozik, a tudvágy másutt bizonyosan nem lelend.

Három igenigen tanuságos pontja van Ajnácskőnek. Egyik a vár, — másik az ős emlősök gazdag lelhelye, — harmadik a pogányvári kráter.

Az ajnácskői vár 1066 lábnyira a tenger szine felett egy bazalt brecciából álló meredek hegyen emelkedett, függélyes oldalu bazalt oszlopra támaszkodva.

Ott, hol a történelem a mesével összefolyik, Ajnácskő, máskép Hajnácskő várnak nevét az „Haj nagy kő!" mondatban keresték, mint a Nabukodonozorét a „Ne bolondozzon az ur!"-ban.

1540. évben *Balassa Menyhért* birta, s 1546-ban török kézbe került, a mint nyoma is van, miként sorsa mindig Fülek vár sorsával függött össze. Igy 1554. és 1555-ben.

1552. *Parlaghy László*, a budai királyi udvar tiszttartója, s a kurok kapitánya, Ajnácskő várát s a hozzá tartozó uradalmat *Feledy Eusztáh*nak adá el, ki *Feledy János*nak, az 1505. évi rákosi országgyülés gömöri követének, s *Derencsény Zsófiá*nak fia volt, s maga *Móré Katát* birá nőül. Ezen örökeladást a király adománylevéllel is megerősité. Feledy Eusztáh volt az, ki kövekkel s golyókkal telt ládákat szekerekre rakva, Gedő vára előtt megjelent, s bebocsátást kért a vár urától, hogy az akkori zavargó időkben nem eléggé biztos feledi kastélyából hozott kincseit Gedő vár őrizetére bizhassa, s midőn hamis kincsével a várba bocsátatott, azt a Kubinyiaktól elfoglalá, miből hoszszas per keletkezett.

1590. A *Kubinyiak* a Feledyekkel oly egyességre léptek, mely szerint Gedő és Ajnácskő váraikban egymást kölcsönösen öröklendik.

Feledy Boldizsár néhai Feledy Eusztáhnak kiskoru fia, tatárfog-
ságba esvén, 1595-ben midőn onnan kiszabadult, Lórántffy Kristófnak
gyámnokának, s idősb nővére *Feledy Margit* férjének fiai, nem akar-
ták néki ajnácskői várát visszaadni, azt állitván, hogy azt apjok nem
gyámnokul kezelte, de valóságos tulajdonul birta.

Feledy Boldizsár mag nélkül elhalván az ajnácskői várat **nővére**
Lórántffy Kristófné öröklé, s utána 1601. fiai *Lórántffy Péter*, illető-
leg özvegye *Keczer Zsuzsanna*, s *Lórántffy Zsigmond* birák azt.   Utób-
binak második felesége *Horváth Anna*, férje halála után *Pongrácz Má-
tyás*hoz menvén nőül, ettől két fia Imre és Boldizsár született, **kikkel**
egy ideig benn ült Ajnácskőben, azt állitva, miként a várat s hozzá
tartozó javakat, fiu maradék nélkül elhalt első férje végrendeletileg
néki hagyta; azonban *Vécsey György* és a Monayak, mint Lórántffy
örökösök „**protestáltak az testamentomnak ellene,**
minthogy ő kegyelme nem producálta azt." 1607. még
Horváth Mihály volt a vár-kapitány.

1609. a *Kubinyi*ak kaptak királyi adományt az ajnácskői **várról**
s hozzá tartozó uradalomról, de bizony Vécsey György s a **Monayak**,
kik között *Monaji Monay Bora*, **iványi** *Fekete Györgyné* annak is
ellent mondottak, az esztergami káptalannál. 1604. *Rédey Ferencz*,
1619. *Széchy György*, 1645. a török foglalta el, mig iványi *Fekete László*
füleki alkapitány, Fekete Györgynek fia, *Vécsey Sándorral*, Vécsey
György fiával, ki Fekctének *Mária* leányát vette nőül, mint Monay,
illetőleg Lórántffy örökösök Ajnácskőre nova donatiót nem kértek,   s
azt Ferdinandtól meg is nyerték.

1649. tehát iványi Fekete László s veje: Vécsey Sándor, **az egri**
káptalan kiküldötte által Ajnácskő várába s a hozzá tartozó **urada-**
lomba mint örökös urak bevezettettek. Tartoztak pedig akkor Ajnácskő
várához: Ajnácskő, Feled, Gesztete, Kerékgedő (sic), Csoma és **Ma-**
jom Gömör vármegyében, — Jelene, Cserencsény, alsó és felső **Poko-**
rágy, Rimabrézó, Likér, Rimócza, Szelcze, s Rimabánya Hont **várme-**
gyében, s végre Szvinyebánya (sic) Nógrád vármegyében. — **Felső**
Pokorágyot, Csomát, Rimóczát és Jelenét Fekete László és második
neje *Aszalay Erzsébet* 1665. *Tahy Istvántól* s nejétől *Monay Zsófiától*
váltotta vissza 1600 frtért, — valamint Kubinyi Jánostól egykori Pon-
grácz Mátyásné férjétől, s illetőleg *Pongrácz Juliannától*, Mátyás le-
ányától s *Ujlaky Ferencz* nejétől 3000 frtért azon részt, melyet ezek
néhai Lórántffy Zsigmond jogán birtak Ajnácskőben.

Fekete László, füleki kapitány, Fekete Györgynek s a dúsgaz-
dag Monay Borbálának fia, volt ujjá-teremtője a már bomladozni kezdő

Ajnácskői várnak, s helyreállitója, kiegészitője az ajnácskői uradalomnak. 1652. év márcz. 20-án trakostyáni Gróf Draskovich János nádor parancsa mellett küldöttséget kért a megyétől, hogy vizsgálná meg az ajnácskői várat, s birálná meg azon épitéseket, melyeket tett s még tenni szándékozott; mely küldöttség *Tornallyay Márton* Alispán elnöklete alatt Ajnácskőben meg is jelent. Sőt 1657. évben Gömör megye közönsége Ajnácskő vár teljes kiépitésének költségeihez 100 frtnyi adakozással is járult, ugy hogy 1698. évben Ajnácskő vára, Krasznahorka s Muránynyal egy vonalban a nép biztos menhelyéül jeleltethetett ki.

Vécsey Sándor, a k e g y e t l e n, ki 1685-ben még a megye katonáit is öleté, alapitá a Báró Vécsey családot; s az egykori ajnácskői uradalom foszlányait jelenlegi birtokosi Vécsey és Vay ágon birják valamennyen; Fekete Erzsébet lévén öreg *Vay Ádám,* s Fekete Mária Vécseynek felesége.

1705. évben ifjabb *Vay Ádám,* mint I. Rákóczy Ferencznek udvari marsalja hütlenség bünébe esvén, édes anyja Fekete Erzsébet Vécsey Sándornak inscribálta az Ajnácskői vár és uradalom fele részét; de későbben Vay Ádám amnestiát kapván, a vár s dominium fele Vécseyt, fele továbbá is Vayakat illette. Maig is felét ezen jószágoknak Vay lyának jogán az erdélyi urak, másik felét pedig magyarországiak birják Vécseyek jogán.

Utolsó nyomait Ajnácskővára fennállásának 1744. év május 18-ról birjuk, midőn *Vay Judith* czegei *Vas Dániel* özvegye *Teleki Ádámnak* adá el ¼ részét, melynek inventálása alkalmával *Nagy Ferencz* Gömör megye szolgabirája s *Mihályi János* esküdttársa hitelesen bizonyitják: miként a várban, melynek teljesen bebutorozott termeit végig járták, sem kivülről sem belülről „n e m s o k n o t a b i l i s d e f e c-t u s t t a p a s z t a l t a k." A vár tiszttartója akkor *Balajthy Pál,* s porkolábja *Nagy János* volt.

Ajnácskő faluban *Károlyi Jánosné* született *Jankovich Róza* vendégszerető urhölgy birtokában a szakértő igen érdekes régiséget szemlélhet meg. Ez e g y k i s k é z teljesen kiformálva, mely fekete zománczczal bevonva mutató s hüvelykujja között egy kék köves arany gyürüt tart, melynek természetes nagyságu eredetije e kicsi jobb-kézzel együtt, ugyan azon ezüst tokban, egy ősrégi sirnak romjai közt találtatott. Nem merünk véleményt mondani az igen-igen becses ereklyéről, de nekünk ugy tetszik, mintha é k f e l i r á s lenne rajta környöskörül.

Az ő s e m l ő s ö k maradványainak ajnácskői lelhelyét már idősb

Kubinyi Ferencz ur ismerteté, s a nemzeti muzeum eddig is elég szép és számos példányait birja az itteni lelményeknek. Alig van hely, hol annyiféle ösállatok maradványait együtt találhatnók, mi a palaeontológnak rendkivüli élvezetes. Az ajnácskői ösfaunát képezik: a Mastodon, Rhinoceros, Tapir, melyek leggyakrabban észlelhetők, továbbá e q u u s, c e r v u s, s u s és a c e r a t h e r i u m, melyek már ritkábban jőnek elö. O v i s, c a s t o r, m u s t e l a, s más aprább állatok, mint a beremendi csonttorlatban észlelt n y u l f a j szinte fellelhetők, söt s ó v i z i h a l f o g a k, s z á l k á k és c s i g á k sem ritkaságok.

S mind ez ugyanazon helyen, bazalt, bazalt-salak, vulkáni homok és agyagból álló torlatszerü vegyülékben, összevissza hányva, de nehezebb részével mindig alant, csalhatlan jeléül azon körülménynek, hogy a pogányvári kráter müködése által okozott vizömlések hordák egybe.

A p o g á n y v á r i k r á t e r ismertetésének dicsösége az irodalom terén eddig *Szabó József* tanár urnak jutott. Alig van jutalmazóbb séta a bataházi fürdöböl, mint Pogányvárra! Pogányvárnak neveztetik, mert régi hagyományok szerint e kráter omladozó falaiból s a felhalmozott salakdarabokból egy idöben torlaszvárat készitének, a Söregi deszkavárból ide szorult husssziták, kiket *Herkó Páter* palóczai pogányoknak nevezének.

Érdekesek ama bazalt tódulások, melyek e vulkánnal összefüggnek. Északfelé: a s ö r e g - b é n a - f ü l e k i, — keletfelé: az a j n á c s k ö - g o r t v a - v á r g e d i, — s nyugotfelé: a b á s t - p o g o n y b á r n a i rádiusokban, melyek mind ugyanazon anyag különféle viszonyait tüntetik fel.

Pogányvár laposára Ajnácskö felöl, az ugynevezett „m u l a t ó b é r c z e n" juthatunk fel kényelmesen, de sokkal meglepöbb Ó-Bást felöl.

E kialudt öskori tüzhányó kráterfalai, egy kis utánjárás mellett, m i n d e n ü t t egyenlö párhuzamos távolságban a bazaltsalakok fellelhetök, vagy kitárva, vagy takarva. Ezek egykor érdekes körülmények tanújeleit nyujtják a geológnak. Hol a kráterfalak megszakitvák, ott a l á v a f o l y á s á n a k elmosódott nyomaira bukkanunk, miként délnyugoton Söreg felett, s délnek Ó-Bást felett, a hol is t r a c h i t, töméntelen l a p i l l i s gyönyörü v o l k á n i b o m b á k találhatók.

Szakértönek az itteni buvárkodás igen-igen tanúlságos.

De int az idö visszatérnünk kirándulásunkból, s búcsút veszünk olvasónktól, kinek ezen igénytelen sorokat a szives visszaemlékezés oltárán kivántuk átnyujtani.

Ebeczky Emil.

HAMVA.

1676-ban (a megyei jkönyv szerint), az egri basa Hamvától minden szép és fiatal nöt maga elibe parancsolt vitetni és csak egy megyei küldöttség tudta lebeszélni e különös kivánatáról.

Ugyancsak a megyei jkönyv szerint, Hamván egy időben oly különös szokás kezdett a falusi nők közt divattá lenni, hogy férfi ruhában jártak egymáshoz; mely miatt közügyészi perbe fogatván, megbüntettettek.

JÓLSVA.

Eredetét határozott évhez nem köthetjük. Kérdés az is: tótok vagy németek telepedtek-e elöbb égerfás helyére? Hogy az elöbbiek, hihetöbb tót nevének (Jelssawa) jelentéséböl. A német Eltsch, latin Alnovia, magyar Jolsva mind ezután lettek.

I. Béla, ki a királyi műházakban vert pénz értékét szilárd alapra fektette, bányamívelésben jártas gótokat szállittatott mindenütt e vidékre. Telepeik négy különböző helyét (Illsva, Sz. Margit, Lazsma, Kisfalu) mai napig tudják a lakosok Jolsva határában.

Mint kir. birtok, a szabadság, arany és ezüst korát élte, mig t. i. arany és ezüst bányái ki nem fogytak. Chisnyónak helyén ez időben épitettek szobát s igy tették le alapját e falunak.

Köz oklevél, melyben neve (Illswa) legelöször elöfordúl, a IV. Béla kir. adománylevele 1243-ból, mely szerint Pelsöczöt, Csetneket stb. Bebek Fülöpnek és Detriknek ajándékozza a nevezett király, s melyben a csetnekivel találkozó határai leiratnak s akkori uraiúl Egruch és Illés emlittetnek. Majd

1283-ban a még Kálmán király alatt (1095—1114) Apuliából bejött Rátold nemzetség tagjai osztozván együtt: Ilsva Dezsönek, az Istók fiának, jutott, ki aztán Illsway nevet vett fel. Később ismét

1299-ben tétetik róla emlités az okmányban, mely szerint III. Endre ezen vidék urai közt támadt villongást elintézi s melyben Illsva még possessiónak neveztetik. Ezen oklevél meg van a v. levéltárban.

Városi rangra mikor emeltetett, bizonyos éve nem tudatik. A városnál eredetiben meglevő okmány szerint

1539-ben János királytól — mint már azelőtt is város — tanácsi szabadalmat nyert; 1551-ben vásári kiváltságot; 1552-ben pallos jogot kapott s bizonyos Mali Jánost akasztófára itélt.

Vára kettő volt, a Jólsva vize két partján; egyik nyugot felől Óvár névvel, melyben templárius barátok laktak s a tatárjáráskor pusztult el kolostoruk. Mnizsányt — mint jelentéséből kitűnik — e barátok bírták, Koprás pedig majoruk volt, hol kecskéket (capras) tartottak; a másik vár Hradek névvel a város felett uralgott. Hihetőleg a csehdöntő Mátyás rontatta le.

Az Ilsva nemzetség, mely Istókban nádort is adott a honnak (1387—1392), a 14. század végén kihalván, Jólsvának sorsa ezután együtt járt Murányéval, birtoklás tekintetében a murányi uradalomhoz tartozván.

A 15-ik században Giskra foglalta el. Majd Hunyady Mátyás kivervén a cseheket, Tornallyai jogon bíratott. A 16-dikban a bitorló Bazsótól Szalm gróf, Bebek Ferencz segitségével (1549) elvevén Murányt, a korona birtokában találjuk Jólsvát. E századból valók legrégibb jegyzőkönyvei is, mikben tót, német, sőt magyar fogalmazatok is váltakoznak (v. ö. Dobsinával).

A 17-dikben Rothálok, Széchyek és Vesselényi Ferencz bírták, ki alatt megyei gyülésck s különféle összejövetelek tartattak itten.

1627. május 30-án itt ülte lakodalmát Bethlen István Széchy Máriával. (Ez volt elsö férje.)

1660-ban Vesselényi egy kis templomot épittetett itt, mely 1829-ben égett le s hányatott szét.

Az e század szabadságharczaiból is kijutott a része Jolsvának, hol a fiscus kezére jutván — zálog jogon — a kassai jezsuiták is bírták; mig a 18-dik század elején a Koháry grófok jöttek birtokába.

Az uradalmi kastély Koháry András által idomíttatott jelenlegi alakjába; azelőtt kolostor volt, a templáriusoké, kik a tatárfutás után jöttek be ide Illswa óvárából.

Fátumai közt emlitésre méltók:

1540-ben BebekFerencz, Bazsó elleni boszuból pusztitotta; 1556-ban a török fölgyujtotta s 400 lakosát rabszijra füzte.

1579-ben a városi tanács Fabricius Györgyöt, mint növendékét, Wittenbergbe küldi papi ordinatio végett, miután — mint mondák — török járom alatt nyögnek s az ellentöli félelem miatt papot alig kapnak.

1575, 1711, 1745-ben döghalál; 1795, 1800, 1829-ben tüzvész pusztitott benne.

KRASZNAHORKA.

(A Vasárnapi Ujság 1857. évi 1-ső számában közlött leirás után rövidítve.)

E vár keletkeztéröl bizonyos adataink nincsenek; Timon e vár eredetét is az e környéken létezett hét vár alapitójának, Bubek Mátyásnak tulajdonítja.

Krasznahorkát három századon át a Bubek, vagy későbbi elnenezés szerint a Bebek család birván, ezen nagy időköz alatt sok mindenféle események szinhelye vala. A csehek által elfoglaltatott s húsz évi bitorlás után 1461-ben jött vissza az akkori birtokos Bebek István kezére. — A Ferdinánd és Zápolya közötti koronaharcz idejében Krasznahorka Bebek Ferencz birtokában vala.

Bebek Ferencz, mint Gömör megyének föispánja, I-ső Ferdinándhoz szitott, kiürült erszénye azonban lehetlenné tevé hadat folytatni, s a gyakran kért s megigért segély meg nem érkezte után, Bebek Ferencz, Bazsónak Muránybani példájára, Krasznahorkán pénzverdét állittatott. Az itt veretett pénz Ferdinánd képét hordozá s egy márkában 8 lat ezüst helyett egy latot foglalt magában; ezen hamis veretü pénz sok panasznak vala kútfeje, és minthogy Bazsó ezt Zápolya nevében üzte, s Bebekkel jó viszonyban élt: azon gyanut ébreszté, mintha Bebek Zápolya részére hajlanék. E gyanu 1532-ben való lett; a Krasznahorkán veretett pénz már Zápolya mellképét viselé, mely a falukból összehordatott harangokból készült s az elöbbinél sokkal roszabb volt. Egyesülvén Bebek Ferencz Perényi Péterrel és Monoky Györgygyel, mindazokat haddal támadá meg, kik Ferdinánd részén voltak. Igy 1540-ben e vidéken Luther tanát hirdető Fischer Andrást Krasznahorka legmagasabb bástyájáról a mélységbe taszittatá.

Bebeket I. Ferdinándtól elpártolásaért az 1556-ki országgyülés számadásra hívta fel, ki azonban ott meg nem jelenvén, öt, mint országháboritót számüzésre itélte, mely itélet végrehajtására Pukhaim és Detrik vezérek lettek kiküldve négyezer gyalog, hatszáz nehéz lovas, ugyanannyi könnyü lovas, nem csekély ágyuk és más hadieszközökkel. Ezek útjokba ejtve elöbb Tarkö, Ujvár és Nagyida várait vették be s azután mentek Krasznahorka ellen, hol Bebek Ferencz háromezer emberével várt reájuk a csata elfogadására. Kisasszony elötti vasárnap 1556-ban a várbeliek kitörtek az ostromlókra, a német lovasság vitézül viselte magát s többször visszaverte a megtámadást, mindazáltal a gyalogság által nem kellöleg segitve, megveszté a csatát s futásnak eredtek. Ezt Bebek cleinte csak hadi cselnek tekintvén, kevés szünet után üzöbe vette s Rosnyóig keményen ágyúztatta. A futamlók a bekövetkezett éjt Rosnyón tölték s másnap, hogy könnyebben futhassanak, ágyuikat s egyéb hadi készleteiket egy völgyben hagyták — Lőcse felé vett útjokban, mikre nyolcz nap mulva akadtak a Bebek szolgálatában levő törökök s azokat Krasznahorkára szálliták.

Nemsokára ezután elhagyta Bebek Ferencz Krasznahorkát s Izabellához huzódott Erdélybe; itt azonban a neki igért főméltóság helyett erőszakos halálát lelte. Fiának, Györgynek, kiengesztelését a királylyal, valamint az ifju Zápolyának Maximilián elleni serkentgetéseit különféle esetek kisérték, s ez utóbbinak következménye lőn, miszerint Svendi Lázár a Bebek féle birtokokat elfoglalván, Krasznahorka is a koronához csatoltatott. Ez időben Szádvárát Bebek György neje Patócsy Zsófi védelmezte, s azt addig oltalmazta, mig a falak rakásra nem düledeztek.

Kevéssel ezután elhalt György Erdélyben, három leányt hagyván maga után, s vele letünt a Bebek nemzet. — Az 1575-ik évben Krasznahorkán már Andrássy Pétert, mint várkapitányt találjuk, ki is azon időben Erdélynek leggazdagabb nagyja, a vesztes Békesy Gáspár pártján Báthory István ellen harczolván, s mint olyan az utóbbitól száműzetve, birtokaitól is megfosztatott.

A vitézségéről ismeretes Andrássy Péter ekkor Magyarországba jövén, Rudolf király által az érdeklett várkapitánysággal bizatott meg, mig 1585-ben Krasznahorka az ahoz tartozó jövedelmekkel neki oly feltétel mellett adatott át, hogy mihelyt 150 jobbágyot magában foglaló jószág máshol kimutattathatik, akkor Krasznahorka a helyett tőle vissza fog vétetni. — Ily czím alatt birta Andrássy Péter és fia Mátyás (I-ső) Krasznahorka várát sok év lefolyása alatt, miglen 1642-ben unokájának, (II-ik) Mátyásnak, az királyi adomány mellett biztosittatott. Csak futólag valának ijesztgetői e várnak és környékének a Bocskay, Bethlen és Rákóczy mozgalmai.

Midőn Tökölyi 1678-ban Krasznahorka előtt termett, a vár ura, báró Andrássy Miklós, noha közeli sógorságban volt Tökölyivel, nem vett részt az ő kifőzött terveiben, s ellentállt minden csábítgatás- és fenyegetéseinek. Végre midőn Tökölyi semmi sikerét e részbeni igyekezetének nem látná, heves fenyegető levelet irt a vár urának, hogy „pontban minden emberével álljon az ő részére, mert ha nem, minden birtokát elpusztitandja." Hatezer aranynyal váltá ki magát a gyöngébb s mindennek daczára Krasznahorka mégis a Tökölyi hadaitól vala megszállva, melyet midőn Andrássy György, atyja halála után egész a kétségbeesésig védelmezett volna, ő maga is végre a Tökölyi hadaihoz átmenni kényszerült.

Schulz tábornok, ki a felsőmagyarországi királyi népeket vezérlette, miután Eperjest 1685-ben elfoglalta, a Tökölyi által megszállott várak alá nyomult s azokat ostrommal elfoglalta, Krasznahorka alá is megérkezett. A tábornok itt nem számitott ellentállásra talált s több hasztalanul megkisértett ostrom után hadaival a várat körülvette, mely állapot majd egy évig tartott.

Értésére esvén azonban a vár urának, hogy Tökölyi a töröktől elfogatott s Petneházy a király részére hajlott, Schulz pedig a király nevében amnestiát hirdet, Krasznahorkának hős védője is alávetette magát oly feltételek alatt, hahogy minden emberének, ki vele az ostromot kitartotta, bizonyos hó-pénz fizettetik, s neki szabad legyen katonai rangjával s fegyvereivel kiköltözködni, a nélkül, hogy birtokának legkisebb kárát látná.

Valamint a többi körülfekvő várak, ugy Krasznahorka is, a legutolsó Rákóczy mozgalmaiban, ennek embereitől vala megszállva.

Nem hangzottak ez időtől az ágyuk Krasznahorka falairól.

Krasznahorka egy azon régibb várak közül honunkban, mely jóllehet az 1817 dik évben villámgyujtás következtében egészen elhamvasztatott, mégis gondosan befedetvén, villámháritókkal elláttatott, maig is lakható állapotban fel van tartva és sok régi arczképeket, fegyvereket és hadi öltönyöket őriz régiségtárában. A várfokon több ágyuk közt egy igyen szól az olvasóhoz: „Franciscus Bebek de Pelsevicz me fieri jussit 1547."

MURÁNY.

Murány várához legtöbb történeti emlék van kötve e megyében. Porlongó romai régi időkről tanuskodnak, avatag történetekről beszélnek, miket költők és történészek vetélkedve megirtak, még a földirók sem feledvén Murányt Gömör nevezetesebb helyei közé sorozni.

Toljuk félre egykissé a sötét lepelt és tekintsünk bele Murány történeti évkönyvébe.

Timon után Wagner: Bubek vagy Bebek Mátyást tartja épitőjének; mások: Jolsva vára urait az Illsva nemzetséget; mig ismét mások — az Erzsébet királyné, Albert özvegye által behivott — Giszkra Jánossal rakatják e sas fészket. Annyi bizonyos, hogy Murány vára is egyike volt a csch martalócz hadak védhelyeinek felső Magyarországon.

Gyöngyösy szerint:

> „Ezt régenten hol egy, hol pedig más birta,
> „Bástyáit, falait ez, s az is rakatta."

Mátyás király, 1461. oct. 14-én Lythva várában kelt levelében, parancsolja a löcseieknek, hogy segitsék Zápolya Istvánt, felsőmagyar-országi alkapitányt, a murányi csehek ellen, kik murányi fészkökből valami titkos ajtón kijárván, a vidéket gazul sarczolják, — a Karpá-tok tövében épitendö ellenerőd munkájában. Ezen erőd meg nem le-hetett más, mint az Alsósajó helység határán levö hegy tövében épült vár, melynek már alig látható nyomait maiglan *Murancsek*nek (Kis-muránynak) hijják a lakosok.

Hadi pályáját a Giszkra elleni hadjárattal kezdö **ifju király** Hu-nyady Mátyás, a Mátra tövében volt patai favár bevétele után (1459), a Sajó melletti többi fészkökben is felkeresvén a cseheket: Sajónémetit, Gömört, Balogot, Derencsént, Szécset, Serkét, Rimaszombatot, Szkál-nokot, Osgyánt mind hatalmába hajtá (l. Hunyadiak kora III. köt. 168. l.) E lett sorsa Muránynak is, ki azt, mint a Szepesség kulcsát Zá-polya Istvánnak adta, kire ott fényes birtok vala nézendö.

A XVI-dik század elején már a Tornallyay családot találjuk birtokában.

Mohács hada után, a hatalmas de rosz hirü Bazsó Mátyás üzte innen sokáig rabló kalandjait, nemcsak a hon határain, hanem a szom-szédos országokban is.

Istvánfi Miklós, ki nemcsak mások tetteit szépen megirta, hanem megirni méltókat is tett, — mint egykoru történetiró után ezeket ir-hatjuk a Tornallyayakról és a Bazsókról:

Tornallyay Jakab bár születésére nézve köznemes, mégis a fö-urak közé számitatott, mert sokakat felülmult gazdagsággal és János királynak kedvelt hive volt.

Tornallyaynak meg Bazsó Mátyás volt czirákja (cliense). Egyet-len fijának, a négy éves Tornallyay Jánoskának öt tette gyámjává végrendeletében, átadván neki Murányvárát s rábizván egyéb javai kormányzását is, mig árvája a törvényes kort eléri. Gyámfija javai-ban Bazsó aztán, mint magáéban kénye kedve szerint uralkodott, és mivel igen gonosz lelkü, szerfelett gögös s a másé után leledző ember volt, gyámfiját tizenkét éves korában, Tarnovszky János szarmata ki-rályka udvarába adta, azon ürügy alatt, hogy ott nagy uri nevelést kapjon s katonai fegyelemhez szokjék, voltaképen pedig azért, hogy öt magától elháritsa s birtokát magához ragadhassa. Majd azokat, kik a fiu iránt hüséggel viseltettek, koholt vádak ürügye alatt, megölette

vagy ravasz fortélylyal behálózva, ártalmatlanokká tette. — Vetély-
társakat s kémeket ekként elhárítva magától, mások javait kezdé ra-
gadozni, utonálló fosztogatóvá lön s majd ruthén és lengyel rablókat
fogadván zsoldjába, nemcsak az ország hegyei s erdei közt kalózolt,
hanem a szomszéd Lengyelben, Sziléziában és Moldva határain is üzte
rabló kalandjait, mikből nagy gazdagságot halmozott Murányvárában
rakásra.

Következő részletes rablásait jegyezzük fel itt, a hon határain
belől: 1530-ban Szepes földét járta be rabló czinkosaival s gazdag
zsákmánynyal tért vissza Murányba. — 1535-ben Lőcse táján szedett
harácsot, lovakat és szarvas marhákat rabolt. — 1541-hen Grenicz
mellett fosztogatott. — 1543. jun. 29-dikén a L a p i s r e f u g i i nevü
karthauz monostort rabolta ki 150 legényével s ugyanakkor tetemes
harácsot csikart a szepesi XIII. város lakosain.

Gömörnek akkor két főispánya volt *Bebek Ferencz* és *Imre* fivé-
rekben, ép ugy miként Hontnak Nyáryban és Balassában, nem azért,
hogy a megye annál jobban kormányoztassék, de ugy látszik, csak
azért, hogy annál több nyúzója legyen.

Nyáry Ferencz 1531-ben véletlenül épen Ferdinándnak hive volt,
ez Bazsót elfogá az istvánfalvi csatában, s Ajnácskő várába csukatá!
Itt ült hősünk egy darabig, ki az emlitett csatában jobb karját veszit-
vén, orvosi ápolást igényelt.

Kevéssel ezután 1532-ben a szepesi városok küldének Ferdinánd-
hoz követeket, hogy védené meg őket Szapolyay ellen; ezeket meg
Laszki fogdosá el Pless mellett Szlézsiában s Árva várába küldé el
Kosztka Mihály kapitányhoz.

A foglyok között bizonyos *Werner György* is volt Eperjesről, ki
egy könyvet irt „M a g y a r o r s z á g c s o d á s v i z e i r ő l." Ez cse-
réltetett ki a czeviczék várában tartott csonka kapitányért, s Murány-
vár ismét szerepelni kezdett.

Bebek Ferencz Gömör megye, „v i z e s z ű" főispánja, Krasz-
nahorka, Salgó, Fülek s több más várak ura, ki többet rabolt el száz
harangnál falukról s városokból, ki R i m a s z o m b a t város legna-
gyobb harangját is elvétette, szorosabb viszonyba lépett a murányi
kapitánynyal. Mig ez Murányban vereté a hamis érczpénzt, addig ő
Krasznahorka várában üzé e nemes mesterséget. Az ország törvényei
szerint, minden ezüst márkában nyolcz lat színezüstnek kelle lenni, Be-
bek s Basó csupán egy-egy latot adtak, a többit pedig lopott rézből
pótolák meg. Az érdemes társak kölcsönösen szerzének egymás rosz
pénzének jó keletet; csel és erőszak, fenyegetődzés és kicsikart kö-

tésck feltolák azt mindenkire, igy Bebek a lőcsei polgárokkal is tett kötést, melynél fogva azok Bazsó pénzét elfogadni tartozának.

Bazsó gaz tettei által rettentő kényuri hirt s nevet vivott ki magának; miért az 1548. évi országgyülés, a 49. t. c. 3 §-ában róla követ-kezökép intézkedik: „miután eléggé tudva van, hogy Bazsó Mátyás már régóta oly gonosztevőket tart, kik az ország felső részein, az urak mellett, mindenütt lesben állnak és már eddigelé több rablásokat és gyilkosságokat elkövettek s naponta elkövetnek: méltóztassék Ő Felsége Bazsónak, szolgáinak és a vele szövetkezetteknek megbüntetése iránt haladék nélkül intézkedni. Az erdök az utak mellett, kétszáz röfnyi szélességben vágattassanak ki, hogy a rablóknak leshelyekül ne szolgálhassanak."

Ezen országos intézkedés folytán, a következett évben, Szalm Miklós pozsonyi gróf küldetett ki magyar, német és spanyol hadakkal, Balassa Menyhért lévai és Bazsó Mátyás murányi várurak megfenyi-tésére, segitvén öt e hadjáratában, a király parancsára, Bebek Ferencz is, nógrádi és gömöri önkéntesekkel.

Murány ekkori vivását és bevételét igy irja Istvánfi: „A Balassa lévai s egyéb várai bevétele után, hegyes és járatlan utakon, felülrá folytonos csöszakadás közt, feneketlen sárban, lassu léptekkel haladt a sereg Murány felé. Marhák és katonák nagy erőfeszitésébe került az ágyuk és társzekerek vontatása, mig fáradtan behatoltak mindenek a várról nevezett Murányvölgyébe. — Bazsó Mátyás várának mester-séges és természetes védfalaiban bizva, egyelőre minden veszélyt meg-vetve, vig és legkevésbé csüggeteg kedélylyel látszott várni az ellen közelgését.

Bebek Ferencz már azelőtt, a király parancsára, a vár körül több védhelyet rögtönzött, az utakat hat mfd hosszaságra ledöntögetett magas fákkal elzárta, most meg az előséreggel három nappal előre kikül-detett, hogy tábornak alkalmas helyet szemeljen és a vártól minden közlekedést s élelemszállitást elzárjon.

Szalm ezalatt, Sárosvárából kapott uj csapatokkal és ágyukkal erősbült derék seregével megérkezett és a Bebek választotta helyen, nem messze a Jolsva vizéhez tábort ütött, ugy intézkedvén, hogy az osztályvezérek ki a völgy mentén, ki a hegy oldalakon, ki a bérczek ormain lennének előnyomulandók.

Murány felette magas sziklatetön fekszik; körülte délről más magas szirt emelkedik; ezek közt egyetlen sziklaút vezet a várba. — E szirtet öriztcté Bazsó leghivebb embereivel, egy kis várdát billeszt-vén annak tetejére; a pedig, mely nyugotról tornyosodik, magasságával a várat is felülmulja s ennek nyakán egy forrás csörgedez. — Délről kapuja van, min bejuthatni az elég tágas vártérre, mely néhány dandárt befogadhat és nem mindenütt falakkal, hanem közben-közben meredek és megmászhatatlan sziklaormokkal van köritve. — Északról más köszál emelkedik, elég lapos tetövel, a vár falai fölé; mely csaknem gyözhetetlen akadálylyal megmászható, de ha egyszer megmászatott, róla egészen beletekinthetni a várba s felvont ijjakkal nem kis kárt okozhatni annak. — Bebek e tetöre — vonó marhák, parasztok, és katonák megfeszitett erejével — nyolcz ágyut tolatott és azt éjjel ásatott sánczok s — másunnan hordatott gyeppel kirakott — törvények által egy kis erőddé alakitotta.

Szalm az ostromot a keleti oldalon Bebekre bizta, kiröl már tudta, hogy ö Bazsónak — az ellene elkövetett számos és gúnyos kihivások miatt — esküdt ellensége. Nyugotra a magyar gyalogságot állitá, Majthényi Uriel parancsnok és Gregoróczy Vincze, Péchy Farkas, Bornemisza Gergely és Martalin Mátyás hadnagyok alatt. A német csapatot Ebersdorf Ulrik vezénylé. Maga a gróf spanyoljaival, kik Castelluvio Gáspár és Zapata Péter hadnagyok alatt már több év óta katonáskodtak Magyarhonban, az északi oldalt választotta. Horvátinovicsra, ki Csábrág ostromától jött ide osztályával, a tábort és az örséget bizván, meghagyta neki, hogy a tábort éjjel nappal körüljárja, az örszemek állomásait megtekintgesse, az utakat szemmel tartsa és a várba egy lelket se bocsásson be.

Bazsó ellenben nem szünt meg a falakon elhelyzett legnagyobb ágyuit gyakran átdörgetni azon szirttetöre, melyet a micink sánczokkal megeröditettek és ámbár ugy tettette magát, hogy a Szalm müködéseit egészen megveti s félelemnek legkisebb jelét sem látszott elárulni: mindazáltal mintha a később csakugyan bekövetkezett veszélyt elöre megérezte volna, többféle tanácsot főzött agyában élete megmentésére. Annálfogva fivérét Mártont, lovagi közbiztonság védve alatt, a táborba küldte s általa a maga mentségére előadatott érvek után — maga és társai számára a király kegyelmét, azonfelül a várnak örökös tulajdoni joggal részére leendö adományozását kéreté, miután a gyermek — mint mondatá — kit az örökös jogon illet, Lengyelhonban elveszett (holott élt és e háboru után épségben haza tért), végre hogy lovas és gyalog katonáinak becsületes és biztos zsold adassék.

De Szalm mind ezeket, mint egy elvetemedett gonosztevöhöz méltatlan feltételeket, elvetette és Bazsó Mártont keményen kiszidva küldte bátyjához vissza.

Mondják, hogy még ezen ostrom előtt, mit nagy bünei öntudatában előbb utóbb bekövetkezendőnek hitt, Isabella királyné oltalmába ajánlotta magát, nagy ajándékkal küldözvén hozzá s György'baráthoz és Petrovicshoz követeit. De minthogy Murányvárát kivánták ott is, ő pedig arról lemondani váltig vonakodott, meg nem egyezhettek.

A két felülröli ostrom már több napig tartott, midőn a hadi tanács azt határozta, hogy a Bazsó által a várral szemközt rakatott váracsot kell egész erővel megrohanni és minden áron bevenni, mely már az ágyugolyók által nagy részben ugy is leromboltatott. Annálfogva azt egyszerre egész erövel megrohanták s védőit levagdalván, a váracsot bevették s a várat innen is elkezdvén lödözni, rövid időn elég tágas rést nyitottak a falakon.

Mielött azonban egész eröveli megrohanás intéztetnék a vár ellen, közbejött egy tény, mely nem kevés bámulatra méltó és a spanyolok vitézségének, katonai fegyelmének s a várvivás mesterségében jártasságának elégé meg nem dicsérhető fényes tanubizonyságát adta. Hét spanyol gyalogkatona ugyan is, hol bokrokba fogószkodva, hol kiálló szirtek csucsaiba kapaszkodva felmászott a tetőre és nagy lelkimerészséggel bejutott a várba; Bazsó katonái történetesen a harczolókkal lévén elfoglalva, másfelé forditák figyelmöket; de aztán észrevevén, nagy kézviadalra került a dolog; kettőt a spanyolok közül azon helyen leszurnak, a többi öt, bámulatos ügyességgel, gyorsan áthajintván magát a falakon s átküzdve a kiálló hegyes sziklacsucsokon, bár számos puskagolyó repült utánok, épségben tértek vissza, mindenek reménye és várakozása ellenére, a táborba.

Megtudván ezektöl a mieink, honnan lehet legkönnyebben berohanni a várba, felkérték Szalm grófot, hogy adasson jelt a rohamra, ki azt habozás nélkül megengedvén: megharsantak a tárogatók, megperdültek a dobok s nagy erélylyel rohant az egész had, a falak azon része felé, hol a rés megnyittatott s lön kegyetlen és véres csata. Bazsó Márton lábát egy golyó átfurja, emberei a veszélyből kiszabadítván, a vár keleti tornyába viszik. A mieink közül Horvatinovics, midőn vitézeit szóval, kézzel és példával buzditja, nagy sebet kap mellén. Castelluvio pedig a spanyolok vezére hegyes kőrisfa csáklyával a falról letaszitatik és csak vas mellvértjének köszönhette életét. Zapata homlokába golyó furódván, bajtársai nagy fájdalmára halva lerogyik. Igy aztán a mieink — miután több tiszteik elestek — Szalm és Bebek nagy fájdalmára, a vár védöi által visszaveretnek. E viadal alatt Kovács Gergely huszonöt fegyvernökkel a mieinkhez átszökik, kiknek Szalm-Bebek kérésére — megkegyelmez, mert tölük mindent, mit kivánt megtudhatott.

Ekközben Bazsó emberei, főkép ruthén és oláh rablói, kiknek hüségében azelőtt leginkább szokott bizni, látván hogy már Bazsó Márton és több főembereik elestek, titkon összebeszélvén, a felett tanácskoztak, hogy öt elhagyják s a várat az ellennek feladják; mi felől Szalm grófot kiküldött bizonyos emberük által értesitik. Ezen árulásban mindnyájan részt vettek, tizenhatot kivéve, kik azt Mártonnak alattomban tudtul adták, nem mervén azt, szörnyü halál félelme miatt magának Mátyásnak megmondani. Ki azonban, Márton és Demeter testvérei által, a veszély felől csakugyan értesülvén, eszét veszté és szökésről kezde gondolkozni.

Erre a mieink a várat a földgátakb 5l és táborból — jeladásra megtámadják, a ruthén és oláh árulók a kapukat belülről megnyitják, a mieink berohannak; a spanyolok az összecsküdtek által megmutogatott vasládákról a zárakat leyervén: Bazsó ezüstje, aranya s egyéb drágaságaival megrakodnak. Némelyek a várvédek közül, mint Tárnok Ferencz, ki Bazsónak a megjavulást sokszor tanácsolta, továbbá Bejy András és Sörén Péter félelemből, sebe miatt a toronyban fekvő Mártonhoz menekülnek, ennek nejével és gyermekeivel s Farkassal, Mátyás kis fiával és Demeterrel együtt, kik aztán az összecsküdtek által mind elfogadtatván, Szalm táborába vitettek, ki az árulókat pénzzel megajándékozván, szabadon bocsájtotta, kiknek pedig katonái közé felcsapni kedvök volt, azokat besoroztatta.

Ez időből származik a vékony üvegpohár, melynek rajzát a következő lapon közöljük, s melynek egyik felén fejdelmi czimer kék és sárga színnel durván festve, másik felén pedig ily felirás olvasható: „Viva el rey de Espanna!"

Csak egy hiánya volt Szalm diadalmi örömének, az t. i. hogy Bazsó Mátyás kisiklott boszuló kezei közül. Ő ugyanis mihelyt az árulás felől értesült, mielőtt a kapuk megnyittattak volna, egy titkos ajtón, miről senki más nem tudott, két társával kiszökött és járatlan uton, hegyek s rengeteg erdők közt bolyongott, mig egy juhászhoz jutott, kinek szolgálatával gyakran élt az utasok megzabolázásában s kit leghivebb emberi egyikének tartva, nagy igéretekkel kérte, hogy öt a lengyel határokig vezesse. De a juhász oly nagy hivtelenségre vetemedett, hogy elöhivatván három rablótestvérét, Bazsó két társát rögtön legyilkolta, magát pedig megkötözte s ugy vitte Szalm táborába. Ki ezen megörülvén, Bebek sürgetésére Bazsót a többi foglyokkal együtt tábori sátra előtt lenyakaztatta. Tárnok Ferencz volt első, kin a fővesztés végrehajtatott, utána a még sebeiben vérzö Márton és Demeter, Mátyás testvérei, más tizennégy társával együtt. Voltak, kik Má-

A Murányban találtatott üvegpohár.

tyást, mint rablófönököt és országszerte körzött hon- és felségárulót, keményebben kivánták büntettetni egyszerü fövesztésnél, mint keréktöréssel vagy felnégyeléssel, de Szalm elegendönek látta, hogy legutolsó nyakaztassék le. A kis Farkast elvitte Szalm magával s udvarában apródai közt fölneveltetvén, javait visszaadta és szabadon bocsátotta. — Eddig Istvánfi.

A történészek előtt ismeretes i g l ó i n a p l ó t ö r e d é k szerint: Bazsó Mátyást Telgártnál (Thiergarten) fogták el. — A vár ostrománál Bebek Ferencz ágyui szerepeltek és Sárosvárából hoztak, miket szent Anna napján szállitottak Iglón keresztül. A várvivás három napig tartott.

A vár ez alkalommali bevétele aug. 15-én nagybold. Asszony ünnepén történt 1549. (l. Árpádia elsö év.)

Harminczöt év mulva Bazsó Mihály és Farkas uraimék tanukat

vallatnak a Bebek által Murány bevétele után megöletett Bazsók jószá-
gainak misége és holléte iránt. (L. Régi m. nyelvemlékek II. k. 304. l.)

A bevett vár aztán királyi örséget kapott, melynek főnökei ka-
pitányoknak s uradalmi adminisztratoroknak neveztettek. Van, ki
Szalm grófot még 1560-ban is Murányban lakoztatja, de erre bizonyos
adatunk nincs. Várkapitányok voltak: Maschko Menyhárt, 1565 és 85,
báró Herberstein Gyula 1585 és 94 táján. — 1605-ben a Rottal gró-
fok vették meg, mely miatt az 1608-dik évi országgyülés ugy intézke-
dett, hogy Murány és Lipcse váltassék ki az idegen kezekből. A me-
gyei jegyzőkönyvek szerint: még 1610-ben is a Rottal család birta,
mely 1622-ben nyert indigenatust. Rottal János Jakab bárónak s nejé-
nek bethlenfalvai Thurzó Máriának inscribáltatott olyformán, „h o g y
h a s z i n t é n v a l a k i l e t e s z i a z p é n z t ö n e k i M u r á n é r t
é s k i a k a r j a v á l t a n i, n e t a r t o z z é k k e z é b ő l k i e r e s z-
t e n i a z v á r á t s e j ó s z á g o t t a d d i g h, n i s i p r i u s p e r-
c e p t i s i b i d e m f r u c t i b u s e t u t i l i t a t i b u s a c p r o v e n t i-
b u s e t d i m i d i e t a t e d e c i m a r u m t o t i u s C o m i t a t u s G e-
m e r i e n s i s.“

Széchy Tamás azonban, ki 1612. év január 6-án kelt egyik leve-
lén magát igy irja: „R i m a s z é c h i S z é c h y T a m á s, F e l s ő-
L i n d v a, B a l o g h é s M u r á n v á r a i n a k s z a b a d o s u r a,
G ö m ö r v á r m e g y e F ö I s p á n j a, a z f e l s é g e s II. M á t y á s
k i r á l y n a k M a g y a r o r s z á g b a n A s z t a l n o k a é s T a n á-
c s a, a z D u n á n t ú l v a l ó v é g e k n e k é s v á r m e g y é k n e k
g e n e r á l i s k a p i t á n j a,“ — miután 1609. (feria secunda proxima
post dominicam cantate) az Liber Báró Rottal által admoneáltatott
volna, „h o g y h a a p é n z t, m e l l i e l M u r á n v á r a t a k a r j a
k i v á l t a n i B é c s b e l e t e n n é v a g y m á s s u t, a h o l n e m
volna k e d v e s ö n e k i, é s a p é n z t a z é p i t é s é r t é s m i n-
d e n i n g ó b i n g ó m a r h á j á é r t l e n e m t e s z i é s m e g n e m
a l k u s z i k m i n d e n e k é r t, a z v á r a t p r o t e s t a n s s e m m i
k é p e n k e z é b ő l k i n e m e r e s z t i;“ — Rottal János uramat,
hihetőleg nem Bécsben, a mitöl ugy fázott, — kifizetvén, a vár és hoz-
zátartozó uradalom Széchy család birtokába mene által.

S itt gördül fel száz évi időköz után olvasónk szellemi szemei
előtt a másik kép, melynek előterében a m u r á n y i V e n u s z: Szé-
chy Máriának igéző alakja mosolyog mi felénk.

Széchy Tamás után Széchy György, annak fia — „L i b e r B a r o
i n B a l o g e t M u r a n n, S a c r a e R e g i a e R o m a n a e q u e M a-

jestatis Eques" — foglalá el 1618-ik év julius 2-án Gömör vár-
megyének főispáni székét.

1620-ban a beszterczei országgyülésen, Bethlen Gábor, Murány
és Lipcse várát Széchy Györgynek, mint hívének, örökösen adja, mit
II. Ferdinánd király is, miután nevezett, a király hüségére visszatért,
megerősitett. E mellett százezer forintot kellett még Széchy György-
nek lefizetni, hogy élhessen e czimmel: Murány és Balog, Lipcse és
Felsőlindva várak szabad ura.

Széchy György 1625. sept. 1-én éjjel egy csűrben, orgyilkosság
útján, Timon szerint: egyik szolgája által agyonlövetvén, hősielkü öz-
vegye, homonnai Drugeth Mária, — kivel 17 évig élt házasságban és
négy fiút, öt leányt nemzett, — kapitányok által kormányozta Murány
várát, Gyöngyösy szerint: két tiz esztendeig, de valósággal 17
évig és 9 hónapig, mert meghalt 1643. május 28-án; a megyei jegyző-
könyv szerint, Gömör tiszti kara meghivatott temetésére.

Kapitányai voltak ez időben: ráhói Jákóffy Ferencz, ki 1639-ben
halt meg, végrendeletét Murányban tette; azutan Szondy Máté, kiről
még 1646-ban is tétetik emlités.

Széchy György és Drugeth Mária gyermekei valának: János,
Péter, Sámuel és György; Mária, Borbála, Kata, Éva és Magdolna. Ez
utolsó kisdedül halt; a fiak közül pedig csak Péter, Vas megye főispán-
ja, és Köszegvár ura maradt fenn, de magtalanul mulván ki ő is, sirba
vitte magával az utolsó Széchy nevet.

A leányoknak ez lön sorsa: Mária hitet tett Bethlen Istvánnal, a
fejedelmi Gábor kis öcscsével, 1627. május 30-dikán, Jólsván. Borbálát
tizenhárom éves korában Thurzó Ádám jegyzé el: lakadalma Lipcsén
tartatott 1629. junius 17-én. Gyöngyösy szerint korán elhalt. — Évát
Illésházy Gábor nyerte el febr. 9-én 1641. — Katát köpcsényi Liszthy
János vette nőül 1649-ben. Anyjok halála után Kata Lipcsét, Mária és
Éva Murányt és Balogot kapta osztályrészül.

Ifjabb Bethlen István, váradi kapitány, „igen modestus, minden
dologban nagy okossággal, móddal járó, elmés, tanácsos ifju úr volt,
midön Széchy Máriával a jolsvai egyházban megesküdött. Ifju Bethlen
István növérét, Bethlen Katát Zólyomi Dávid vevé nőül. Zólyomi
azonban „jóra roszra serény és hajlandó" lévén, Máriával
titkos szerelembe esett, s ennek hire immár az emberek közt is kicsör-
dült. Idöközben Bethlen István hosszas betegsége után, Ecsed várában
elhalván, Széchy Mária özvegységre jutott.

Kemény János — utóbb Erdély fejedelme — Dávidnak névszе-
rinti rokona, hiven elmondja iratában, hogy midön Bethlen István hul-

lája 1633. év marczius 24-én Fehérvárra szállíttatván, ott az öregbik egyház sirboltjában eltakaríttatott, Zólyomi Dávid Széchy Mária grófnét Dévára elkisérte, „külső szine alatt urával való kötelességének, noha belső oka egészen más vala."

Zólyomi Dávid nem szerette nejét, Bethlen Katát, s Széchy Máriával régóta levelezett. Még azután is, midőn a gyanakodó természetü fejedelem, ki vejéhez „leányával való rosz életéért kedvetlen volt," őt a svéd király mellett kezdett szövetkezés miatt Fogaras várába elzáratá, Kemény szerint „Istennek ily látogatása alatt is Máriával való nem nyájaskodását deplorálta." De Széchy Mária nem sokára Kún Istvánnal kötött frigyet.

Rosalyi *Kún István*, utóbb Szatmár főispánja, nem valami hirneves uri családból volt, Szalárdy öt „tekintetes jószemélyes ifju úrnak" mondja. Széchy Mária Kún mellett nagyon únni kezdé magát. *Krausz* krónikája szerint „vadászni küldé öt vadhúsért, mig foga egészen más vadakra fájt." A rosalyi konyhától szabadulni akarván, „jólóháti asszony" lévén, paripára ült s férjétől Tasnádra, onnét Dévára megszökött.

Ha már Zólyomival való szövetségén megbotránykozott az egész világ, annyival nagyobb hire lett, midőn Kún István harmadfélszáz lovassal neje után indult s egy éjjel a szép asszony udvarházát Déva alatt megrohanván, Máriát a kastély ablakából kiugrasztá. Széchy Mária a „lugosos kerten végig" várába szaladván, onnan igyekezett öreg lőszerszámmal üdvözölni kedves férjét.

Ebből aztán hires válóper támadott, melynek folytán Kun István törvényesen el is választatván, *Kálnoky* leánynyal ujabb házasságra lépett. Széchy Mária pedig Erdélyben Dévát és Tasnádot, melyeket a Bethlenektől jegymarhául birt, ezeknek boszujára Rákóczynak eladván, Murányba költözött családjához.

Széchy György özvegye hiában bánkódott Mária leányán; a történteket nem-történtekké ő sem teheté. Kevéssel azután, hogy ráhói *Jákóffy Ferencznek* a vár egyik boltocskájában megőrzött értékesb ingóit *Berethkey Mihály* szolgabiró előtt örököseinek kézhez adá, a jobb létre átszenderült s 1643. év sept. 3-án Murányban a várkápolna sirboltjában azon koporsó mellé temettetett, melyben mindig siratott férjének hamvai pihentek. A temetésen, melyre a meghivás Széchy Mária, Széchy Kata Liszti Tamásné és Széchy Éva Illésházy Gáborné nevében adatott ki — Gömör megye részéről *Uszapanity Imre* és *Szirmay Péter* voltak jelen.

Széchy Mária sehogy sem találta magát többé Murányvár magá

nyában, a klastromszerű élet, mely az erdélyi udvar körében töltött víg napokhoz képest mindinkább tűrhetlenné kezde válni előtte. csak fokozá vágyát zajosabb élet után; nyughatatlan s könnyelmű természete sóvárgott a kaland után; de az is bántá, hogy a várnak gondjai Illésházy Gáborra s nejére levén bízva, neki ott igen alárendelt szerep jutott csak. S itt vevé kezdetét ama kalandos történet, melyet „a hét év alispánja" az öreg Gyöngyössy „Márssal társalkodó murányi Vénuszában" oly szépen megénekelt.

1644. évben *I. Rákóczy György*, Erdély fejedelme, lépett fel mint az ujitott vallás hős bajnoka. Majdnem egész Magyarország hozzáhajolt s hadi működéseinek egyik támpontjául Murányvár tekinteték.

Fülek vár a császár zászlóit lobogtatá, szemes, bátor, sima modorú s ügyes kapitánya, hadadi *Wesselényi Ferencz* parancsot vőn Murányt megszerezni s Rákóczy táborát hátul nyugtalanítani, mig homonnai *Drugeth György* a lengyel segitséggel megérkeznék.

Wesselényi Ferencz Széchy Máriát már hírből jól ismeré, nem rég elhunyt neje *Bosnyák Zsófia*, ki bejáratos vala a Széchyekhez, sokat regélt kiváncsi férjének az ifju Bethlen Istvánnéról. Egy gondolat villant meg a kéthónapos özvegy fejében: Hátha valamikép meghóditná szivét Máriának?

Jól tudta ő, hogy családja a Drugethek s Széchyek szemében kicsinynek fog tetszeni, de mindamellett nem tartá oly lehetlennek, hogy Kun István elvált neje, bizonyos körülmények között, Wesselényinek is nyujtsa kezét.

„Egy szép asszony s Murányvár!" ez lőn jelszava, s haladéktalanul levelet csempészett be *Kürthyné* cselédje által Széchy Máriának, melyben rég ápolt hő szerelmét rajzolva, találkozásra kéré fel imádottját. Ez épen ötödnapra sárga pecsét alatt boldogitá válaszával.

Kádár Márton volt a posta, s azon erdei forrás, mely a tiszolczi határban most is „Széchy Mária kútjának" neveztetik, tanuja a két szerelmes ömlengéseinek.

Végre miután Fülek kapitánya, kiről kortársai azt jegyzik meg, hogy „kissé köpczös vala," enyelgéssel páros édes szavaival meggyőzé Máriát a felől, hogy a Habsburg-ház mily hálás szokott lenni híveihez, s egyszersmind a nagyravágyó asszonyt biztosítá, hogy azt, mit most közösen bir testvérivel, maga fogja birni ajándokúl; Széchy Mária egy éjjel bebocsátá Wesselényi embereit s Murányvár III. Ferdinándnak 1644. julius 5-én meghódolt.

Igy esett el Murány Rákóczy kezeiről s igy lőn harmadnapra Széchy Mária is Wesselényi Ferencz hites társa.

Wesselényi, ki 1646-ban, midőn megengedte, hogy rabjait a megye Balogvárba küldhesse őrzés végett, e v á r n a k már ura vala, s 1647. augusztus 23-án, midőn Széchy Kata, Mária nővére őt a tized haszonbére harmadával megkinálta, magát „M u r á n y v á r ö r ö k ö s u r á n a k,“ Lisztinét pedig abban csak „t e m p o r a n e á-nak avagy z á l o g o s n a k“ nevezi, nem veheté be Murány várát *1651-ben, mint* igen tisztelt történészünk Ferjencsik állitja : mert 1647-ben Murány vára Ónoddal, Putnokkal, Fülekkel és Szendrővel már confiniummá lett s Wesselényi Ferencz Széchy Máriával együtt, mint felső Magyarország algenerálisa s Szendrővár főkapitánya, ez utóbbi helyen lakott.

Murány megszerzése s a homonnai atyafiság sebes szárnyakkal vivé fel Wesselényit. 1649-ben Pálffy volt a nádor, 1655-ben Wesselényi az. — 1660-ban még homonnai Drugeth György volt felső Magyarország fögenerálisa, 1663-ban már Wesselényi az. Ekkor ő grófnak, Murányvár örökös urának, Magyarország nádorának, kunok birájának, felső Magyarország fögenerálisának, Gömör, nemkülönben Pest, Pilis és Solt megyék főispánjának, ő Felsége titkos tanácsának s Magyarország Helytartójának, végre aranygyapjas vitéznek irá magát. S mindezen főméltóságot murányvári kalandjának köszönheté.

Gyöngyössy uram is elnyeré jutalmát. — Széchy Mária a ratkói járásban B a b a l u s k a helységét inscribálá neki, melyet azután, mint a Derencsényi uradalom alkatrészét 1200 frton Koháry István gróf váltott vissza.

Wesselényinek murányi és balogvári 23 éves uralkodását királyi hirre emelte a köznép szája. Bartholomaeidesz irja, hogy az ő idejében még igy emlegették : hej, mikor itt még király lakott !

E várban szővődtek tovább az összesküvés szálai, mely a vasvári békekötéssel elégedetlen magyar föuraknak, a stubnai fürdöben (1665) kezdett értekezlete folytán kifejlett, s melyből Lippay György esztergomi érsek kihalván, Wesselényi Ferencz, Zrinyi Péter, Rákóczy Ferencz, Nádasdy Ferencz és Frangepán Ferencz neveik alatt ösmeretes a hon történelmében. — Ide hitta, épen két századdal ezelött, u. m. 1666. május havában, legbizalmasabb barátait Wesselényi Ferencz egy értekezletre, melyen Csáky Ferencz, a keletéjszaki megyék főkapitánya és Apafi Mihály erdélyi fejedelem követei : Bethlen Miklós és Teleky Mihály is jelen voltak, s mit Bethlen János bőven leir Erdély történelmében.

Wesselényi követk ező beszéddel üdvözlé e gyülésben az erdélyieket : „Az erdélyi fejedelem, vagy a bennünket megszánt mindenható Isten küldötteiül tekintselek e bennetcket ? elhatározni nem tu-

3 *

dom, szeretett testvérek! Egész Europa reátok függeszté szemeit, mi-
dőn a hajdan hatalmas, de a balsorstól már régen tépett magyar nem-
zet, Isten és világ szerint legbecsesb kincsét, szabadságát és nemzeti-
ségét, könyes szemekkel bizza hüségtekre.

A fényes porta haddal támadván meg bennünket, a ker. fejedel-
mek segitségével kedvezett a szerencse fegyvereinknek, hogy a teljes
győzelemhez nem hiányzott egyéb, mint a legyőzött ellen kiüzése. De
óh fájdalom! midőn már arról álmodoztunk, hogy egyszer már vala-
hára visszaadhatjuk hazánkat nemzetünknek: akkor felséges királyunk
(kiknek tanácsából? maga tudja) meg sem kérdezve bennünket s meg-
feledkezve azon feltételekről, mik alatt szoktak a magyar királyok
trónra jutni, oly békét kötött az ellenséggel, melynek pontjait még Ma-
gyarországgal sem tarták tanácsosnak közölni, holott ennek java for-
gott kérdésben. Ha becsületes békének tartja azt ö Felsége és hasznos-
nak reánk nézve: akkor nincs ok eltitkolni azt előttünk. — De nem
vagyunk mi oly rövidlátók, hogy be ne látnók, mikép semmiknek tart
bennünket ö fge és hogy szabadságunk csak prédául vettetik oda má
soknak. — Ha csakugyan vesznünk kell, veszszünk Sámsomként az-
zal együtt, ki a mi vesztünkre ásitozik. — Tudjuk, hogy csodálkozni
fog a keresztény világ, midőn látja, hogy azt, ki eddig legnagyobb el-
lenségünk volt, urunknak, királyunkat pedig ellenségünknek kezdjük
tekinteni. De róla nem tehetünk, ugy sincs már nekünk egyéb hátra,
mint engedni, hova sorsunk hi. — A hajótörés eme veszélyéből hogy
Isten után csak Apafi menthet ki, öszintén elösmerjük. Jutalmát veen-
ditek hüségtöknek tölünk, kedves honfitársak! — fejedelmetek nagyob-
bat, azt t. i. minél egy nagylelkü fejedelem elött nagyobb nem lehet,
egy nemzet megmentésének dicsőségét."

Lippay után Wesselényi is kidült a következett 1667-dik évben
a szövetkezettek sorai közül. Halála után daliás özvegyére maradt a
vár kormánya, ki ujra erélyesen vitte azt mindaddig, mig az összees-
küvés felfedeztetvén: a várnak is ura és urnője tetteiért meg kellett
lakolni. — Félünk nagyon felbolygatni e mohos romokat, nehogy mar-
dosó kigyó bújjék ki alóla, inkább csak lapozgatunk tovább, okosko-
dás nélkül, a történetek könyvében.

1670 ben már nyolcz éve volt, hogy Leopold országgyülést nem
tartott, a nádori hivatalt Vesselényi halála óta be nem töltötte, és ha
valamikor, most végkép felhagyott a szándékkal visszatérni az ősi al-
kotmányhoz. „A magyar ügyek jó állapotban vannak, meg akarom ra-
gadni az alkalmat a magyar k ö z ü g y e k máskép eni elintézésére" —
ezt üzené Pötting grófnak, a spanyol udvarnáli követének. E czélból

bizottmány neveztetett ki Rottal János elnöklete alatt, mely Lőcsén a végett ült össze, hogy a közbéke helyreállittassék, a gonoszok és ártatlanok kiösmertessenek. Ezen bizottság intézte, hogy a gyanus egyének elfogattassanak, Kassára, Eperjesre, Lőcsére német örségek vettessenek; Murány — az összeesküvés e nagy mühelye — Széchy Máriával együtt kézre kerittessék. Károly lotharingi . hg bizatott meg e tiszttel, és mit tizenhatezer embere, mit ágyui nem valának képesek végbevinni, sikerült sima szavainak, királyi kegyelemmel biztató igéreteinek. Széchy Mária feladta Murányt és — bár a lotharingi herczeg ugy bánt vele mint tisztes matronával — a zordon Spork tábornagy elfogatta s tömlöczre vettette. Az összeesküvésre vonatkozó titkos iratokat (némelyek szerint egy tele hordóval) lessenyei Nagy Ferencz, Vesselényi volt titoknoka s itélőmester, a kinpadra ültetve felfedezvén, a lőcsei biztosság magához vitette, mik aztán számosakat bünvádi keresetbe bonyolitottak, tömlöczbe, vérpadra vittek; köztük Nádasdyt is. Széchy Mária Bécsbe vitetett, hol — Szalay szerint (IV. k. 132. l.) — valószinüleg kolostorban meghalt. 1678. mart. 8-án még élt (Libri regii XVI. köt.). Mások szerint Illésházy Kata, Gábor leánya, férje gróf Csáky László által, bécsi fogságából kiszabaditván, vasmegyei rokonai közt fejezte be regényes életét. (L. Vas. Ujs. 48-dik sz. 1865.)

Ezek szerint 1670-ben császári örség vettetvén a várba, 1671-ben báró Windisch volt parancsnoka, ki sok teljesithetetlent parancsolt a megye lakosainak.

A kurucz világban is jutott rész Muránynak. Tökölyi Imre két izben is elfoglalta, u. m. 1678 és 83-ban; de kevés ideig birhatta, mert 1679-ben Cancellarie Jeromos, 1684-ben pedig Pasek Menyhért János, gróf Szalm ezredbeli kapitány, ujolag császári örséggel rendelkezett benne, 1685-ben Jaquemond Mihály.

1702-ben tüzvész pusztitotta el.

Az utolsó Rákóczyféle forradalomban is szerepelt Murányvára. A kir. helyőrség parancsnoka báró Limprecht hadnagy volt, ki a vár bevétele után (1705) felcsapott kurucznak, megtanulta a magyar nyelvet és kedves tiszte lett, egyik palotás ezrede élén. II. Rákóczy Ferencznek. — A várat a hozzátartozó uradalommal gróf Bercsényi Miklósnak adván Rákóczy, itt talált annak neje legbiztosabb tartózkodási helyet.

A magyar korona és jelvényei, valamint a kir. jkönyvek is itt tartattak volna — Bél Mátyás szerint — 1706-ban, de maga II. Rákóczy Ferencz azt mondja Emlékiratában (lásd a magyar kiadás 135 l.): „a korona Bécsbe vitetett már a háboru kezdetekor." — A

nagyszombati béketerv (1706) 7-dik pontjában is tétetik e várról em·
lités e szavakban: „A korona Murányban őriztessék." Válasz: „Annak
törvényes helye Pozsony." — 1710. október havában vétetett ki a
kuruczok kezéből.

1720-ban Koháry István vette meg örökösen a hozzátartozó
uradalommal.

1782-ben némely régiségbuvárok egy sirboltot fedeztek itt föl,
melyben következő siremlékek jöttek több mint százados éj után vi-
lágosságra, u. m.

1) Széchy Györgyé ily felirással: Hic Dei gratia Comes Georgius
Széchy de Rimaszéch, supremus ac perpetuus Comes Comitatus Gömö-
riensis, Liber Baro arcis Murány, Lipschac, Balogh et Felső-Lindva,
Cubiculariorum Regiorum per Hungariam Magister, eques auratus,
ssmae Caesareae Regiaeque Mattis Consiliarius intimus. Occisus sub
arce Barko anno 1625 die 1 sept. Vixit annos 48.

2) Troppaui Ferencz György nagy rézkoporsója. 1643. évvel.

3) Homonnay Drugeth Máriáé következő fölirattal:

> Hac ego, quae quondam, Comitissaque Széchiniana,
>   Drugeth Homonnay nomine clara fui.
> Claudier augusta, post fata novissima, tumba
>   Nil moror, hic placide nam recubare licet.
> Tristes saepe dedi devoto pectore planctus:
>   Exstimulans Christum voce gemente meum.
> Ingredior terrae gratas jam tetra latebras
>   Laetior ad Christi ressurectura tubas.
> Ac licet hoc antro, prostrato corpore, condar:
>   Liber, at in coelo, spiritus astra tenet.
> Quisquis es ut mecum coelos conscendere, nec non
>   In Domino valeas, vivere, disce mori.

Veni Domine Jesu, etiam veni cito. Amen. Apoc. ult. cap. Job
Cap. XIX. 25. 26. 27. Scio enim quod redemptor meus vivat etc.

4-dik koporsó: Wesselényi Ferenczé. 1667. mart. 7-ről, de föl-
irata nem tartatott meg.

1806. aug. 14-én nagy vendége volt Muránynak. József nádor lá-
togatta meg gömöri körutjában.

1826-ban hg Koháry Ferencz, Murány örökös ura s Magyaror-
szág főkanczellára meghalván s benne a Koháry család fi-ágának
magvaszakadván: veje, Szász-Coburg-Gotha Ferdinánd hg ő magas-

sága, kir. adománylevelet nyert a murányi uradalomra és Balásföldére, miknek

1831. dec. 5 s köv· napjain iktattatott be a helyszinén, nagy ünnepélylyel, birtokába. A koronát, mint királyember, Abafy Károly, megyei elsö alispán, ö hgségét cselfalvai Pulszky Károly, uradalmi fökormányzó, mint meghatalmazott képviselvén.

Igy emelkedett fokonkint birtoklás tekintetében is időröl időre magas Murányvára, mig jelen fejedelmi birtokosa által, uralkodó európai házakkal hozatott mind maga, mind általa a megye viszonyba.

Most vessünk egy pillantást ama szomorú romokra, melyeknek vázlatos történetén átfutottunk.

Rimaszombat városából kiindulva, Bakostörék, Varbócz, Ráhó, Keczege, Rimazaluzsány, Rimabánya, Rimabrézó, Likér, Nyustya, Hacsava, Fürész és Tiszolczon keresztül M u r á n y a l j á r a, 1200 katholikus lélek által lakott tót városkába érkezünk, mely feje a Coburg féle Murányi uradalomnak.

Innen könnyen járható tekervényes uton ama magaslatra hághatunk, melynek szikla tetején keletröl nyugot felé elnyuló mészkö sziklacsoport fölé Murányvár falai épültek.

E hegyoromnak, miként a körül fekvö hegyeknek is, felsöbb része fenyvesekkel, alja pedig bükkes erdövel van benöve. Maga a szirtfok, melyet egykor erös védbástya biztositott, 189 b. öl hosszú, s 50 b. öl széles térséget ad, melynek felszine nem egyenes, sik és róna, de változó hajlásokkal kelet felé lejt. A mész sziklák meredeksége azonban köröskörül oly nevezetes, hogy a tetöt, ha az mindenütt nem is lett volna köfallal keritve, csak egyes embernek s nagy bajjal lehetett megmászni.

Murány várába, melynek romjai tervrajzát *Filbas Adolf* herczegi erdömester felmérése után közöljük, csak egy kapun lehete feljutni, mely rajzunkon 1. számmal jeleltetik. Ezen kapu felett most márványtábla áll e felirással:

„In bonis Ducis Ferdinandi Saxo-Coburg-Gotha."

Hajdan itt más felirás állt, hihetöleg az, mely a várromok közt 7-ik számmal jegyzett ujitott épület egyik szobájának falába rakott márványtáblán olvasható.

Ez egy czimer alatt, mely fejedelmi koronán kiterjesztett szárnyakkal lebegö koronás kétfejü sast ábrázol, ily szavakat tartalmaz:

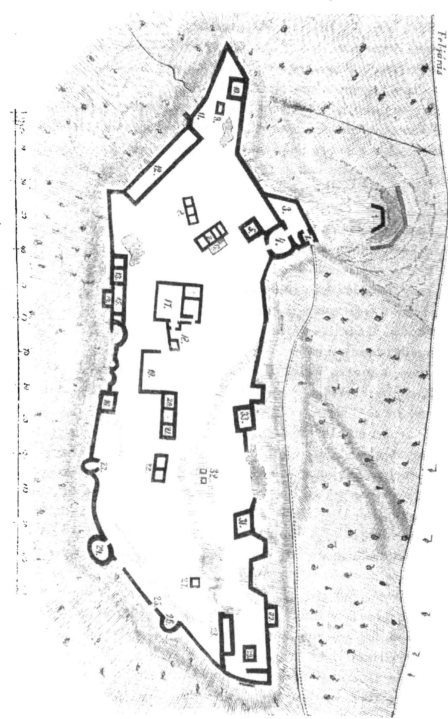

Murányvár alaprajza.

Siste gradum viator

A l t i t u d i nem summam considera   .

M a j e s t atis exemplum.

Perpende constantiam

F o r t a l i t i i humis Comitissa e.

A ritkított betűkkel nyomott tagok a sérült táblán hijányzanak.

E kapuhoz sziklába faragott, száznál több, maig is felismerhető lépcsökön lehete közeledni; eleség, s más egyes ember által nem vihető tárgy, a vár éjszak-keleti részén a 30-ik számmal jegyzett toronyból óriási lánczokon huzatott fel.

Az 1. számu kaputól jobbra, terraszszerü kinyuláson, a várnak nyugoti oldalában a „t ö r ö k f ő n e k" nevezett köztemető volt; mely tervrajzunkon 2. számmal jeleltetik. Itt ez előtt 40. évvel két óriási csontváz 15 fontos bilincsekkel ásatott ki.

A vár külső kapuján áthaladva, a 3-ik számu előerőd nyilt meg a vándornak, melyből kelet felé kanyarodva a 4-ik számmal jegyzett belső kapun a vár belsejébe léphetett. Itt tünt fel a térség legemeltebb pontján a négyszögü főörtorony, melynek szilárd köanyagból épült falai most is fennállanak, s tervrajzunkon 5. szám alatt mutatkoznak. E torony közelében (7. szám alatt) volt a vártaház, mely most kellőleg tatarozva, nyugvó helyül szolgál a romot látogató búvároknak. Mellette (6. szám.) a haltartó, s kissé hátrább 8. szám alatt az éléstár. A 7-dik számmal jegyzett épület egyik helyiségében lelhető fel a két márvány-tábla, melynek egyike a kapu felett, másika pedig a várfal azon pontján létezett, melyen Wesselényi Ferencz Murányvár belsejébe behatolt.

Délnek leljük a vár „C z i g á n y k á n a k" nevezett hegyes csúcsát, melyben (9. szám) a kincsestár s 10. szám alatt a kincsörzöknek tornya állott. A 11. számmal van jelelve tervrajzunkon ama pont, hol Wesselényi Ferencz Murányvárba behatolt, s hol ennek emlékére a falba fennebbi márvány-tábla rakatott. E táblán az arany gyapjas vitézek rendjelének ábrázata alatt következő felirás olvasható:

Ad Dei A g n i Dei

ciusque immaculatae matris

honorem

ad emolumentum patriae

arcisque huius defensam

ad aeviternam loci huius memoriam

quo

Comes Franciscus Vesseleni de Hadad

arcis huius perpetuus comes
Palatinus Regni Hungariae
fortalitium hoc a fide regia deficiens
in obedientiam redegit
dum
omnibus a (r m i s i s t) hoc inexpugnabile
et impervium fuisset,
Suac fortitudini ex hac parte intranti cessit
anno Salutis MDCXLIV
propugnaculum hoc erectum
anno MDCL.

Az „agnus" szavat, a két „Dei" között az arany gyapjas rend bárányának képe helyettesiti.

A várnak szinte déli oldalán (12. szám alatt) az istállók, — délkeletén a 13. 14. és 15. számmal jelelt lakrészek legszebb kilátással Röcze felé, s végre a „Zápol" nevű szédítő mélység felett a négyszögű lőpor torony emelkedett.

Ezekkel átellenben a vártér legszebb részén, s ugy szólván annak közepén, a Széchyeknek emeletes palotája tündöklött, mellyel a várkápolna s egy kis virágos kert vala összekötve. Tervrajzunkon első 17 — a másik 18 — s a harmadik 19. számmal jegyeztetett. A virágos kert oldalán keletfelé a viztartó (20. szám), a sütőház (21. szám), s a liszttár (22. szám) találtatott.

A várkápolna romjai alá temetett sirboltban fellelék *Széchy György* főispán, s *Homonnai Drugeth Máriának* rézkoporsókba zárt tetemeit, s más két rézkoporsót, melynek egyikében *Wesselényi Ferencz* nádor, másikában pedig a t r o p p a u i herczeg hamvai nyugodtak. Fáj szivünknek megjegyezni, hogy 1782 évben a kegyeletet érdemlő maradványok széthányattak, s az eladott értékes koporsókat kassai rézmüvesek olvaszták be.

A terven 23. és 24. számmal jegyzett, a várfal keleti oldalán lévö helyiségek gömbölyü örtornyok valának földalatti börtönökkel, s ugyanazon várfalnak 25. számmal kitüntetett pontján titkos ajtó létezett, melyen Bazsó megszökött társaival. A várfal éjszakkeleti oldalán a 26. szám gömbölyü örtornyot, a 28. szám pinczéket s a 29. szám a négyszögletes ugy nevezett „é h e z t e t ö" tornyot tünteti fel. Itt a 30. szám alatti ponton volt a felvonó, melyen a vár szükségleteivel láttatott el.

Ezt követé a vár belsejében ama kut, melynek vize a vár alatt csörgedez ki; ha e kutba kacsa, vagy más uszó állat dobatott, az a várhe gy oldalából fakadó dús forrásnak nyilásán sértetlenül szokott ismét kibukkanni. Murányvár egyetlen, most már behányt kútja oly mély vala, hogy abból a vizet egyedül börtömlökben merithették s állitólag egy óra kelletett, mig a tömlő a mélységből felkerült.

Végre a várfal éjszaki oldalán még két nagyobb négyszögletes örtorony létezett, melynek egyike tervrajzunkon 31, másika 33. szám alatt előfordul. A 32. szám alatti helyiség egy fával árnyékozott pihenő nyomait láttatja, mely Murányvár urnőinek kedvencz helye volt.

S most bejártuk a romokat, melyek annyi nagyság s törpeség tanui valának, s Gömör koszoruzott költőjével felsóhajtunk:

„Rendületlen sziklán álltál Murány vára!
„És még is rom levél!

Szétnézünk a gyönyörü vidéken, mely harczzajt többé nem viszhangoztat; merengve a multak emlékén vetünk még egy pillantást a vártól 80. öl hosszu, s 30. öl széles hegymélyedés által választott ugy nevezett „Sánczok" sziklára, melyeknek ormán még most is látszanak nyomai a helynek, honnét az uj kor pokolszülöttei, a bömbölő ágyúk, százados pusztitást szórtanak. Innét vitt egykoron a pisztrángdús Zdicháván keresztül Murányhutára egy út, melynek maradványit az itteni pórnép most is „Bebek ur utjának" nevezi.

Bodon Ábrahám és **Ebeczky Emil.**

PELSŐCZ.

A jazigek „Philecia"-ja és igy a hét magyar bejöttével már létezett ősi helyiség, mit aztán Bors vezér foglalt el magának, és e vidék főhelyének tette, mert

IV-dik Béla 1242-ben a Bors család magvaszakadtából adományozta azt, mint „plurium praediorum caput" a Bubek vagy Bebek családnak.

Bebekék itt uj várat épitének lapályon a Sajó partján s lakhelyül használák, de már az előtt is volt itt vár, melynek helyét még ma is Óvárnak hivják.

1328. Korponáéhoz hasonló szabadságot nyervén, városi rangra emelkedett; maga a földesura Bebek Domokos eszközölte ki szabadságát a fejedelemtöl, igy akarván jutalmazni a hozzá, a harczias szellemü urához hiv és hasonlóul hadrakész jobbágyait.

Bebek László emlékét mai napig feltartja egy itteni siremlék 1408-ból.

Aranykorát élte a város egész Bebek Ferencz (II-ik) s fia György (III-ik) koráig; mert Bebek Ferencz előbb János királynak haláláig (1540), majd Ferdinándnak 1556-ig, ismét Izabellának levén hive, több birtokával együtt Pelsőcznek is osztozni kellett ura viszontagságaiban.

Bebek Ferencznek, mint I. Ferdinánd hivének, szerepét 1549-ben már láttuk Murány ostrománál, lássuk elpártolásának indokát (Döbrentey régi magyarnyelvemlékek II. köt. 118. lap).

Pelsőczi Bebek Ferencz felelete Rudai Ferencz és Segesdi Ambrus jászói conventiekhez, miért nem megyen az I. Ferdinánd által 1556. január 1-re összehivott országgyülésre Pozsonyba :

Relatio.

Az ew felsége parancholatyath es hywatallyath jól erthem, en mynd adigh ew felek hywen es igazan szolgaltham, meddyg esmerthem hog ew felsege ez szegen nyomorult orszagoth megakarÿa oltalmaznÿ de mast ymmar latom az ew felsege crewthelen wolthath es hog ew felsege wtan az ellenseg az hatara szÿthe benneketh szwrithoth, ew felsege chak Paysnak tharth benneketh. Az mÿre sokszor igirthe es fogadoth hÿthÿwel ew felsege hog az ellensegwel szemÿleszerinth meg wih magyar orszagnak mÿnden hatharath me szabedÿthÿa azt ew felsege mÿnd ez mÿ wtholso weszedelmeÿnkÿg, nē mÿelte se mÿelhetthe en mÿnd hazaÿa es nemzethÿnek szeretheÿc megerthwen azt a honnek mÿnekek megmaradasunk lenne kethelen azt kellett megkeresnem, mert nē wgy hog ew felsege azt me szabadÿthathna es az ew hÿthÿnek elegeth thehethne, de meg az maradykath es ha mÿ magyarok eszenkben ne wyhszewk magonkath ew felsege wtan elweszunk, mert ha ez ÿdeÿg es ew felsege ez szegen orszagoth meg nē ketheleszÿ wala ennek sok fogadasawal hÿthÿwel es mynketh nē haborgathoth wolna fegwerÿwel bodog elethben woltunk wolna, az hatalmas isten vthan az mynd walank es most ÿmmar feÿenkynth Budosoban estünk. Azert az mÿnth en chelekethem en vg mind Jambor hazaÿa szerethe, illyen wtholso weszedelemkorth vg cheleketthem.

E miatt az 1556. 24. t. cz. szerint Bebek Ferenczet és fiát Györgyöt az országgyülés hivtelenségi bünben perbeli eljárás utján, lemarasztalta.

Ferencz ezutáni sorsát, rosnyói illetöleg krasznahorkai csatározását, Erdélybe menekülését, s ott Izabella parancsából megöletését: illető helyeiken elöadtuk.

Fia György 1559-ben királyi kegyelemért esedezvén s birtokait visszanyervén, azon évi 19. t. cz. által Szepes vármegyének tétetett kötelességévé őt az 1558-ban a török által elpusztitott pelsőczi vára kijavitásában s a városnak mint véghelynek oltalmazásában segiteni.

György 1560-ban Balogvárnál a török által elfogatván, Konstantinápolyba küldetett, onnan öt év mulva az erdélyi fejedelem közbenjárására kiszabadúlt. Hanem mind ő, mind neje Patócsi Zsófia, a császári katonaság e vidéki vezére Svendi Lázár előtt gyanusak levén, általa 1565-ben szendrői várától, majd minden gömöri és tornai birtokától megfosztatott.

Györgynek már fia nem levén, kihalt benne a Bubek vagy Bebek régi hires nagyuri család, mely — bár őt némelyek nem tartják magyar eredetűnek — sok századon keresztül szerepelt Magyarország történelmében s vetélkedett a — hol jól hol rosszul felfogott — hazaszeretetben.

Nővére Bebek Kata, Perényi Ferencz neje által a Perényi, majd a Rákóczy család jött birtokába. Az utólsó Rákóczy Ferencz és nővére Julia (hg Aspremontné) osztoztak Pelsőczczel és tartozványaival..

A XVIII. század elejétöl Pelsőcz a megye állandó gyülekezési helye.

A régi megyeház alapja 1716-ban tétetett le s épült három évig, mig az első gyülés 1719. junius 3-án megtartathatott benne.

II. József császár 9 évi provisoriuma a gyülésezést eltiltván, s a törvénykezést Rimaszombatba tevén át, a pelsöczi megyeház eladóvá tétetett, de a császár halálával visszanyerte régi dicsőségét. Most ujra letünt csillaga a megyéével együtt, s epedve várja a hon egének kiderültét.

PUTNOK.

Reisz Sámuel szerint (idézett munkájában) a magyarok már várost találtak itt kijövetelökkor; sőt hogy itt kellett lakni egy Zsupannak, a zsuponyó völgye maig fenmaradt nevéből következteti.

A magyarok kijötte után a Putnoky és karvai Orlay család birta.

1567-ben törökök foglalták el, miután Temessy Mihály várparancsnok három napig védte. Mikor vetetett vissza, nem tudatik, de hogy

1578 előtt kellett történni, világos, mert ezen évi országgyülésen hozatott 27. t. cz. Putnokot és Balogot azon véghelyek közt sorolja el, miket az illető megyéknek kell vala segiteni.

1582, 1588-dik években is, midőn a török Szikszót és Kazát elpusztitotta, Putnok magyar kézben levőnek mondatik.

1607-ben Bocskaynak Szolnok körül még ekkor is ott portyázott hajdui Nagy András vezérlete alatt felkerekedvén, mint a török császár alattvalói, Putnokot megtámadják, beveszik és egész Tokajig nagy pusztitásokat tesznek. (L. Kazi Hist. lib. 1. p. 70).

1608, 1613, 1618-dik évi országgyülések is a véghelyek közé sorozzák.

1645-ben Rákóczy György hadai a rakamazi táborából a morva határszélek felé vett utjokban beveszik.

1648-ból a megyei jegyzőkönyvek sok panaszt tanusitnak a putnoki magyar és német helyörség ellen, mely a vidéken sok pajkosságot követett el. Monda szerint: ha török birta helyekre kirándultak, rendesen török fővel tömött tarisznyákkal tértek vissza. Innen a közmonda: „putnoki pajkos, putnoki tarisznya."

1653-ban a putnoki vár, a löportorony kigyuladása miatt, szétvettetett, de karvai Orlay András, mint a vár és város ura által kijavittatott. Fia

Orlay Miklós, a Vesselényiféle összeesküvésbeni részvéte miatt putnoki várától és birtokától megfosztatott. Nővérét, Anna Borbálát, kisserényi Serényi András vevén nőül, azon fassionalis erejével, miszerint még atyja Orlay András javait 1649-ben nejének Révay Anna Máriának mind Pozsonyban, mind a turóczi káptalan előtt örökösen bevallotta, az Orlayféle putnoki javaknak a Serényi grófok jöttek birtokába.

1678-ban a kuruczok beveszik, de csakhamar elvesztik. Ugyanez évben Dancs János ide hozatik fogságra.

1684-ben Uza Sándor megyei első alispán szinte

1685-ben nagy ostromot áll ki, és csaknem földig rontatik.

1699-ban Nigrelli tábornok Détery Mihályt és Székely Mártont itt vallatja s kinoztatja.

1705-ban II. Rákóczy Ferencz pártja foglalja el.

1711-ben nagy panaszokat emlitnek a megyei jegyzőkönyvek a putnoki, hajnácsköi és murányi helyörségek ellen.

RÁHÓ.

A régi Jákófy s leányágon utóda a szuhai Jánoky ösfészke. Amaz Ferenczben, ki a Széchyek murányi, balogi és lipcsei várának kapitánya volt, — kihalt 1639, emez Lászlóban 1740 körül. Amannak emlékét a ráhói várkastély és ugy az itteni, mint a pongyeloki templom, a Jákófyakét a templombeli feliratok és jelvények, valamint az iskola, a tudomány és vallásszeretetéről hirdetik.

RIMASZÉCS.

Reisz szerint (már idézett munkájában) az alpári Zalán nyári mulatóhelye, és igy a magyarok által már itt talált ősrégi helyiség. Erre mutat szláv (Szjacs) neve is (Barthol. szerint).

Egy „hetumoger" ezt választván települ, s e tót jelentőségű helyiségről hagyván magát neveztetni, hét századig szerepelt — Széchy név alatt —· Magyarország történelmében. Kik közül csak a következőket említjük:

Miklóst, a Bebek családot, IV. Béla adománya folytán (1242) javaikba igtató királyi egyént. A Hunyady János ellenpártján, az Erzsébet királyné részén állott Tamást (komáromi főisp.) Az esztergomi érsek s bibornok Dénest. A mohácsi csatában elesett másik Tamást. A Giskrával tartott Miklóst, Pétert és Lászlót, kiktől Mátyás király Balog várát elvette s Komjáthi Ulriknak adta (1460). Ferenczet, ki az 1505-diki rákosi országgyülés hires határozatát aláirt Gömör megyei követek közt szemléltetik. Végre Györgyöt a homonnai Drugeth Mária férjét s kilencz gyermeke közt, Mária (a murányi Vénus) atyját, kinek erőszakos halálát (1625) Murány leirásánál már emlitettük, és Pétert, kiben e család fiágon kihalt 1685-ben.

A Giskra elleni hadjáratokban a Széchyek rimaszécsi várának is jutott a szerepekből, u. m. 1458-ban Rozgonyi Sebestyén és Hé· derváry László egri érsek, Vadna és Galgóczról Valgathát és Komorovszkit kivervén, ezek Szécs felé futottak rabló hadaikkal; itt ismét szétverte őket az érsek, az erdőbe menekült cseheket a parasztság vervén agyon. Valgatha serege egy részével foglyul esett, Komorovszki megszabadult.

1459-ben Mátyás, az ifju király, a csehek patai favárának bevételével meg nem elégedvén (1459) az ellenséget többi fészkében is felkereste, különösen a Sajó völgyén, ekkor vette be — többek közt — ezt is és földig lerontatta.

Széchy Mária murányi várának s szivének bevétele után Vesselényi Ferencz birta, mig aztán, az ő nótájából, a fiscusra szállván, a Koháry grófok jöttek ennek is birtokába.

RIMASZOMBAT.

Eredete s régi története homályos. Hogy a város vidéke igen régi idők óta a lakottabbak közé tartozott, méltán gyanittatja velünk ennek minden tekintetben kedvező fekvése is; de az e környéken gyakran talált római pénzek, fegyverek és hamvvedrek töredékei szinte kétségtelenné teszik azt. Sőt Benkár József úr szakavatottsággal rendezett s gazdag pénzgyüjteményében Rimaszombat környékén talált hét darab olynemü pénz is van, melynek csak egyik oldala jelzett, másik oldala sima és domborodott; pedig azon idő, melyben ily pénzeket használtak, legalább is egy évezreddel előzhette meg a magyarok bejövetelének idejét.

Rimaszombat a hagyomány szerint hét egymáshoz közel fekvő apró helységek egyesülése által származott. E helységek voltak, némelyek szerint: Istvánfalva, Szabadka, Kurincz, Téhány, Gacs, Tarnócz és Mőcsény; s valóban a hat utóbbi nevet ma is feltaláljuk a város határában s közvetlen szomszédságában fekvő dülők s puszták elnevezésében, ha ugyan nem épen ezeknek mostani neveiből állitották össze a hagyományos helységek elnevezéseit. A monda szerint e hat elszórt helységek lakosai Istvánfalva körül telepedtek le, s innen maradt fel a községnek régi I s t v á n f a l v a nevezete, melyet még most Grosssteffelsdorfnak szeretnek nevezni némelyek németül.

Azonban mindennek semmi nyomát nem találjuk egyetlen hiteles okmányban sem. Van ugyan a város levéltárában egy igen régi jegyzék, mely szerint (a jegyzékben Szent Margitha, Gernyő, Gats, Tormás, Rákos, Tarnócz és Mőcsény) hét kis falunak lakosai, határaik felett folytonosan versengvén egymással, közös földesurok Losonczy István által 1422-ben együvé telepíttettek le, s a Rima partján épülő városnak az épen szombat napon arra utazott Zsigmond császár s magyar király adta volna Rimaszombat nevezetét; de e jegyzék semmi hitelességgel nem bir, mert a Rimaszombat nevezet a városi levéltárban levő s az emlitett év előtt egy századdal előbb kelt eredeti okmányban is előfordul már; a Losonczy család pedig csak a XV-dik század második felében lépett Rimaszombat birtokába.

Az sem lehetlen, hogy az Istvánfalva régi nevezet egyidejü a Rimaszombat közvetlen szomszédságában fekvő Tamásfalva, Jánosi, Pálfalva, Mártonfalva és Simoni helységek neveivel s talán mindnyájan ugyanazon családból származott birtokosaiktól vették neveiket.

Mikor jutott Rimaszombat a kalocsai érsekség birtokába, nem

bizonyos; azonban már 1334-ben az I. László kalocsai érsek és Tamás aradi, barsi és szerémi főispán közt Róbert Károly által eszközlött cserében az érsekség székhelyétől különben is távol eső Rimaszombat, – Bánya, Törék, Szkálnok, Cserencsén, Brézó, Tiszolcz, Majom és Majsa községekkel Tamásnak jutott, ki Praynál s utána Wagnernél: „Thomas de Zechen, Comes de Zonuch, filius Magistri Farkassii," Virágnál hibásan Farkas Tamás, többeknél, igy Budainál is, Szécs Tamás nevezet alatt említtetik. E csere által Róbert Károly király Széchen Tamást is meg akarta jutalmaztatni ujolag, az állandó ragaszkodásért, melyet iránta, trónja elnyeréseért folytatott küzdelmei között tanusitott, de kivált a Csák Mátéval viselt harczaiban kitüntetett vitézségeért, és az 1318-ban János cseh király nővérével Beatricevel kötött házassági szerződés szerencsés befejezéseért, miután már 1327-ben a Csák Mátéval tartott Cserépi és Fekete család birtokait is neki ajándékozta, söt Erdély vajdájává is emelte. E Széchen Tamás, mint Erdély vajdája, nevezetes arról is, hogy az 1325-ben a Hening vezérlete alatt fellázadt szászokat leverte; azonban a pártosvezér neki adományozott javait, a csatában elesett Hening rokonainak s árváinak 200 ezüst márkáért visszaengedte, s később 1330 ban oly nevezetes szerepe volt a Bazarád oláhországi vajda ellen jogtalanul kezdett s oly szomoru véget ért hadjáratban is.

Ezen Széchen család a Tamás harmad unokájában, Lászlóban halt ki 1474-ben, kinek egyik nővérét, Hedviget Losonczy Albert, másikat, Annát, Guthi Országh János vette nőül; s egyik rimaszombati czéhnek 1479-ben kelt kiváltsági okmányában már a Losonczy Albert fiai, László és István, egy más ilynemü s 1516 ban kelt okmányban pedig a Losonczy László fia Zsigmond s Guthi Ország Ferencz említtetnek mint Rimaszombat földesurai. A jeles Losonczy család fiágon Istvánban, a temesvári hősben, a Zsigmond fiában halt ki 1552. év julius 27-én; s miután az I. Ferdinánd által 1552. év julius 20-án — s igy a hős eleste előtt épen egy héttel — megerősitett okmány értelmében, Anna és Fruzina leányai fiusíttattak, Rimaszombat több birtokokkal Annára szállt, kinek harmadik férje Forgács Zsigmond volt. — A fiusitott nővéreknek közös édes anyjok Pekry Anna utáni testvérbátyjokban, Kristófban, a Guthy Ország család fiága is kihalt 1567-ben.

A fentebb emlitett csere után egészen uj korszak virradt Rimaszombatra, mert uj földesura már 1335ben kinyerte, hogy Rimaszombat községe a városok sorába emeltetett, söt mindazon szabadalmakkal és kiváltságokkal is megajándékoztatott, melylyel Buda városa élt; mint azt a városi levéltárban levő, s pecsétjén kivül tökéletesen ép, eredeti okmányban olvashatni, a többi közt: Nos itaque — — propositis petitionibus praetacti nostri magnifici Thomae vajvodae Transilvani et Comitis de Zonuch — — et ipsius fidelitate considerata — — suam petitionem admissione utique dignam advertentes, eandem suam possessionem Rimaszombatha dictam privilegio et immumitatis praerogativa, memoratae civitatis nostrae Budensis decorare cupientes, ipsam libertatem, cum qua et cives nostri Budenses perfruuntur, in eadem ipsam operibus muralibus circumdandam, turribus, propngnaculis, aedificiis et aliis quibuslibet fornitis seu fortitudinibus aedificandi, construendi et pro suae liberae voluntatis modalitate muniendi, sibi et suis haeredibus perpetuo liberum arbitrium seu voluntatem tradentes, ex nostra licentia seu permissione digna duximus concedendum.

S ez az egyedüli fontosabb okmány, mely az 1506-dik évben egész várost, s vele a városi levéltárt is hamuvá tett nagy tüzvészből felmaradt. — S igy annak sincs semmi nyoma, vajjon a Kálnay család, a nála lévő s 1475-ben kelt eredeti okmány értelmében, mely szerint Zsigmondtól 1405-ben — tehát még a Széchen család életében — több helységen kivül Rimaszombat városra is adományt kért s nyert, mely a fentebbi évben és igy épen a Széchen család kihalása után egy évvel, Mátyás alatt is megerősittetett, birtokába lépett-e valósággal a városnak, mi egyébbiránt már a fentebbiek után is alig hihető.

Midőn 1441-ben Giskra az Albert özvegye — Erzsébet királyné által segitségül hivott csehek vezére, a sárosi főispánságon kivül Bonfin szerint a Kassa és Zólyom közt fekvő földet kapta, melyet azután csehei számtalan kisebb nagyobb rabló fészkekkel épitettek be, Rimaszombatban is kétségtelenül megfészkelték a csehek magokat, jóllehet Bonfin a csehek által lakott és zaklatott városok közt Rimaszombatot sehol sem emliti, s az 1450-ben Hunyady János és Giskra közt köttetett béke feltételei szerint ez utóbbinál hagyott városok közt sem emlittetik. *) Azonban Mátyás hadai által a csehektől 1460-ban elfoglalt

*) Pray, Kaprinai után ezen békekötés helyéül Rimaszombatot emliti, mig több okmányban Kövesd emlittetik. Giskrának egy 1450-ben kelt s a kassai levéltárban létező eredeti levelének hátiratán is ez áll: Litera indempnitatis super observatione pacis in Kewes ordinate. Ennek következtében Horváth is II. 382. Mezőkövesdet teszi az 1450. márczius hó folytában Hunyady János és Giskra személyes jelenlétökben megkötött béke helyévé. Jászai Tudománytár X. 128. Hunyadynak e béke következtében szükségessé lett adóztatás tárgyában Kövesdről 1450. Virágvasárnapját megelőzött szombaton Nógrád megyéhez irt levelét közölvén, azt irja, hogy az alkudozások Rimaszombatban kezdődtek meg, később azonban igy folytatja „Kövesden, Rimaszombathoz a béke helyéhez közel (?) a kormányzóval együtt több fő m

Osgyán alig esvén Rimaszombattól egy óráryira, lehetlen, hogy Rima-
szombatnak is ki ne jutott volna osztályrésze; de Heltai szerint ma-
gának Giskrának is nevezetes kastélya volt itt, s a templomot is tor-
nyokkal s köfalkerítéssel erösitette meg, s a mult században lerontott
kerítés alapjának némi nyoma még nem oly régen is kivehetö volt.
Söt Bartholomaeides szerint a város lakosai a husziták tanát is bevet-
ték, s régi papjaik csak a csehek kiüzetése után tértek vissza a városba.

1506-ban midön az egész város hamuvá lett, söt hiteles okmá-
nyok szerint, lakosai közül is nagy számmal égtek meg, *) II. Ulászló
a közinséget tekintve a város levéltárában lévö királyi kegyelemlevél
következtében a városnak nyolcz évi adómentességet engedett; földes
ura Losonczy István pedig nemcsak tetemes segélyezései által enyhi-
tette a köznyomort, de rábirta a polgárokat is, hogy a város újonnan
építésénél, mind a szebb izlésre, mind a közbiztonságra is kellö figye
lemmel legyenek. Az ö bölcs intézkedéseinek köszönheti Rimaszom-
bat, Kollár szerint, mind téres szép piaczát a város közepén, mind
utczáinak csinos és czélszerü berendezését.

Ugyancsak II. Ulászló 1514-ben, a jogai gyakorlatában háborg-
gatott várost, azon régi kiváltságában is megerösitette, mely szerint
polgárait, míg saját birájuk által el nem marasztatnak, sem szemé-
lyökben, sem javaikban, sem adósságért, sem bármely más ok miatt, az
ország határán belöl letartóztatni senkinek sem szabad.

I. Ferdinand 1549-ben a városnak minden régi kiváltságait meg-
erösitette; söt határozottabban kiemelte, hogy minden polgárai s lako-
sai, úgy személyökre mint fogataikra s árúczikkeikre nézve, minden
nemü rév- és vámfizetéstöl, az ország határain belöl mindenütt telje-
sen mentesek.

Ugyanezen évben nyerte Rimaszombat a vásárjogot is, habár
legalább a heti vásároknak régi idök óta azelött is gyakorlatában volt:
söt némelyek szerint, épen szombat napon tartatni szokott heti vásá-
raitól vette nevezetét is.

Mind ezen kiváltságok a következö királyok által is részint meg-

_____

volt jelen.“ — Ugy látszik, Rimaszombatban csak az alkudozások kezdettek meg,
melyeket aztán az 1449. deczember 5-dikei fegyverszünet s az 1450. márcz. folytán
Mezökövesden megkötött béke követett. — S épen négyszáz év mulva jul. 20—21-dike
közti éjjel ugyancsak Rimaszombatban Görgey, a fegyverletétel feltételei felett kezd
alkudozni Chruleff orosz ezredes küldötteivel.

*) Az ezen vészböl, 1479. kelt fentebb emlitett kiváltsági okmányával együtt
megmentett ládáját, még most is ereklyeként örzi az ötvös kovács s az egyesült czéh
társulat.

4·

erősittettek, részint újakkal is bővittettek; igy Rudolf által 1578-ban, II. Mátyás által 1612-ben, II. Ferdinánd által 1622-ben, III. Ferdinánd által 1637-ben, I. Leopold által 1662, 1667, 1693-ban s VI. '(III.) Károly által 1714 és 1725-ben.

Pallosjogot már 1601-ben engedményezett a városnak akkori földes ura rimaszécsi és alsó lindvai Szésy Tamás, s az e jog erejénél fogva, a városi tanács által Mészáros István ellen 1702-ben hozott halálos itéletet a kanczellária is megerősitette. Azonban később 1734-ben e jog ellen a helytartó tanács tiltakozván, az, a városi tanács folyamodására VI. Károly által 1735-dik év okt. 8-án, királyi oklevél által is megerősittetett; az okmány szavai: Civibus et communitati oppidi Rimaszombath, modernis et futuris — — benigne annuendum et concedendum duximus, — — ut iidem in territorio praenotati oppidi Rimaszombat, patibula, rotas, palos, ac alia tormentorum genera erigi, universosque fures, latrones, plagiarios, veneficos, incendiarios, intoxicatores, incantatores et incantatrices, homicidas, fornicatores et incestuosos. praedones, aliosque quoscunque malefactores, intra veras metas et territorium ejusdem oppidi, publice et manifeste deprehensos, tam nobiles, quam ignobiles in personis detineri, ac comprehensos et detentos, pro ut justitia communis, legesque et consvetudo Regni Nostri Hungariae requirunt, secundum eorum excessus et demerita, condignis poenis affici facere et procurare, omniaque et singula, quae in praemissis juxta praecitatas Regni leges et consvetudinem fieri consveverunt effectuare valeant ac possint.

És mind ezen hiven megőrzött oklevelek mellett, melyek legalább a városnak régi dicsöségéről tanuskodnak, ott van mintegy szomoru ellentétül ugyanazon levéltárban, több mint harmadfélszáz török okmány is, többnyire megannyi parancsok és nyugták, bizonyságai azon temérdek zaklattatásnak és sarcznak, melynek Rimaszombat, több mint egy századon át ki volt téve, — azon időtöl fogva t. i. midőn 1553-ban a törökök Füleket csellel elfoglalván, a foglalmányaik közötti összeköttetés biztositására, Rimaszombattól egy negyed oranyi távolságra az emlékezetes Szabadkai kastélyt épitették s rabló fészekké erőditették, melynek örizetét a környéknek, legnagyobb részben pedig Rimaszombatnak kellett minden szükséglettel ellátni; s a zaklattatások akkor sem szüntek meg ezután teljesen, midőn 1593-ban Teufenbach és Drugeth István által a szabadkai kastély bevétetett s földig rontatott, s a törökök. a nevezett vezérek s Pálfy Miklós által, még ugyanazon évben Fülekről is kiüzettek; mert ezután az egri basa számára kellett a termény s pénzadó illetményeket kiszolgáltatni, söt

1680-ban háromszáz darab aranyat kényszerittettek küldeni a budai basának is.

Az emlitett török levelek, egész hosszúságokban összehajtva, két hüvelyk széles, 1—2 láb hosszú eredeti, szűk, többnyire selyem tokjukban tartatnak most is, rajtok az irás oly élénk, mintha csak tegnap irattak volna.

Egyébbiránt igen hihető, hogy e török levelekben sok történelemérdekű adatokat lehetne felfedezni, oly dolgokra nézve is, melyekről most csak a hagyományok szólnak. Ily hagyomány szerint, egykor egy hihetőleg portyázott török a szomszéd felső pokorágyi határban meggyilkolva találtatott, miért a szabadkai török parancsnok a helység lakosira igen nagy vérdíjt vetett büntetésül; a rimaszombatiak, hogy a fizetni nem képes helységet a feldulatástul megmentsék, magok fizették le érte a vérdijt; midőn a parancsnok, azon területet, melyen a gyilkosság történt egyik okmánynál fogva Rimaszombatnak adományozá, mely még most is vérföldnek neveztetik. — Mondják, e török levelek közt van egy parancs is, mely Rimaszombat lakosinak meghagyja, hogy a beteg szultán meggyógyulásáért imádkozzanak. — De legérdekesebb lehet azon okmány, melylyel valamelyik török parancsnok, mint a hagyomány szól, védszerül, bizonyos szolgálattételért, a nevezetes török sipot vagy tárogatót ajándékozta a városnak. E tárogatót hajdan a város közepén lévő templom tornyában minden órában megfújták, egy pár évtizeddel ez előtt már csak az ünnepélyesebb alkalmakkal, most már megromolva a város régiségtárában tartatik; s részben őrjel gyanánt, s részben pedig talán a hagyományos esemény emlékeül is, éjjel nappal minden óra negyedben egy közönséges síp szava hangzik alá a toronyból.

A törökök zaklatásától végképen megmenekült város, lakosainak legszigorubb erkölcscsel párositott egyszerü életmódja mellett, ernyedetlen szorgalom, virágzó ipar s élénk kereskedelem által egy század alatt a jólétnek oly magas fokára emelkedett, minővel kevés város dicsekedhetett azon korban. Nemcsak határait terjeszté a szomszéd puszták megvétele által, de minden lehetőt megtett arra nézve is, hogy magát a földes uri hatóság alól is teljesen függetlenné tegye.

A fentebbi időszakban, Rimaszombat felett, a földesuri jog egyenlő felerészben, a Koháry és Forgách grófi családok közt volt megosztva. Forgách Ádám 1692-ben a város pénztárából felvett 10,000 forintért a családját illető földesúri joggyakorlatot a városnál mintegy elzálogositván, azt már akkor beszüntette ideiglenesen; később 1747-ben a város, az időközben felfizetett összegeket 40,000 forintra egészitvén ki, a Forgách családdal kötött örökváltsági szerződés szerint magát ezen családtól véglegesen megváltotta.

A földesuri jogok másik felerészét pedig a Koháry családtól, előbb még némi korlátozások mellett 2000 forint évi váltságért, majd minden jogfeltartás nélkül évenkint fizetendő 3000 forintért váltotta meg örökösen; mely összeg a pénzláb változásával 1200 ezüst forintra, legújabb időben pedig az úrbéri kártérités leszámitása mellett 600 ezüst, azaz 630 osztr. ért. forintra szállittatott le, s ily összegben, a Coburg Gotha herczegi családnak, mint a fiágon 1826. jun. 27-dikén kihalt Koháry család örökösének, évenkint most is fizettetik.

De a jólétben emelkedő várost a legérzékenyebb csapások érték több izben. Az 1679-dik év szept. 4-dikén kezdődött, s 1680-dik év febr. 14-dikeig dühöngött dögvészt 1709-dik év alkonyán, egy sokkal nagyobb mértékben pusztitó pestis követte, mely a hiteles anyakönyv szerint, az emlitett év deczemb. 29-dikétől az 1710-dik év novemb. 28-dik napjáig 1149 áldozatot ragadt el, kivált jul.—szept. hónapokban 25—30 is naponkint. E vész romboló dühe még inkább kitetszik, ha azt e század pusztitó járványainak szinte szomoru eredményével hasonlitjuk össze.

1831-ben elhalt jun 13. — okt. 21. r. kath. 37. ág. h. 18. helv. h 120 összesen 175.
1849-ben „ máj. 22. — szept. 11. „ „ 19. „ „ ´5. „ „ 25 „ 49.
1855-ben „ jul. 28. — szept. 11. „ „ 38. „ „ 14. „ „ 34 „ 86.

De bizonyos tekintetben még fájdalmasabb emlékü azon csapás, mely a mut század második felében e városban a helvét hitvallásuak egyházát érte.

Rimaszombat már a XVI. század közepén bevette Luther tanát, azonban még ugyanazon század vége felé a Calvin és Zwingli értelmét fogadta el; mint Pepich, azon időben kokovai lelkész s kishonti esperes is több helyen bizonyitja, ki többek közt ekként irt: Duos noster comitatus alit sacramentarios, Rimaszombatini unus, alter in Osgyán, qui freti dominorum suorum patrocinio, in synodum nostram pertinaciter venire recusant. (Vera imag. christianarum defensio. Bartphae 1598.) Osgyán, földes urával Bakos Jánossal, leginkább Pepich buzgalma következtében, ismét elfogadta Luther értelmét, Rimaszombat azonban hü maradt Calvin tanához; s a XVIII. század elején azon kisded kápolnának sem voltak már többé látogatói, melyet pár évtizeddel előbb a temető északi részében, saját családja s a még akkor a r. katholika vallásban megmaradt kevés hitsorsosainak lelki épületére Varga János emeltetett.

A XVII. században s a XVIII. század folytán a ref. egyház-

nak már két lelkésze volt, s iskolájában a bölcsészet s hittan is tanit-
tatott.

1767-ben Rozgonyi F. S. osgyáni plebánus és viczeesperes, és
Uhlarik József szuhai plebánus érzékenyen tapasztalván kerületökben
hitsorsosaiknak naponkinti fogyását *), folyamodványt nyujtottak be a
megye elé, előterjesztvén, hogy: Catholicorum in processu Kis Hon-
tensi, a fide salvifica lamentabilis defectio, qualiter in dies magis et ma-
gis invalescat, lacrimae potius, quam querelae possunt esse documento,
— — cura omnis et sollicitudo nullum omnino fructum infert. — —
Quemadmodum per totam vallem Rima, et inter montes Kis Honten-
ses nullus est plebanorum, ita nemo sit ibi fidelium catholicorum. — —
Felkérik azért a megyei hatóságot, melynek legszentebb kötelességei
közé tartozik a nép lelki üdve felett is őrködni. hogy az azt veszélyez-
tető bajoknak hatáskörében véget vessen.

Mely folyamodás az esztergomi érsekségi helyettes Bányai László
által a n. m. magy. k. helytartótanácshoz áttétetvén, az 1768-dik év
jun. 16-án kelt felsőbb intézmény Kis Hontba két missionariust ren-
delt: „Quorum munus sit, ibidem omni cum sedulitate, tam catholicos
ipsos in orthodoxa fide amplius etiam instruere, quam vero eos, qui in
damnato indifferentismo viverent, vel etiam deserta perfide salvifica
fide, in acatholicismum jam prolapsi essent, ad frugem omni conatu
reducere."

A missionariusok közül egyik Nyustyán, a másik Ráhón telepit-
tetett le. Ez utóbbi, névszerint Karaba György, 1769. május 28-án
számos kiséret mellett Rimaszombatban is tartott egyházi körmenetet·
azonban a városi hatóság előleges intézkedései, s a lelkészeknek a szó-
székből is hirdetett figyelmeztető intései következtében, az egész me-
net, a mily békésen jött, minden háborgattatás nélkül, békésen el
is vonult.

A második egyházi körmenet ugyanazon év junius 25-dikén tar-
tatott meg, a közel s távolabb fekvő vidékekről egybegyüjtött s az

---

*) 1769-ben Karaba György missionarius összeirása szerint r. katholikus volt
a kishonti kerületben összesen: 2127
    t. i. 1. Az osgyáni anyaegyházban. 241
    2. A ráhói anyaegyházban s 20 leányegyházban, azok közt Ri-
maszombatban együtt 337
    3. A nagyszuhai anyaegyházban és 3 leányegyházban . . 1065
    4. A nyustyai anyaegyh. és 5 leányegyh. 149
    5. A tiszolczi anyaegyh. és 1 leányegyh. 88
    6. A tiszolczi királyi vasgyárban mint leányegyh. . . . 247

előbbinél sokkal nagyobb számu kiséret mellett, minek következtében mind többeknél talált hitelre a városban s környékén már előre elterjedt azon kószahir, hogy azon alkalommal a templom elvétele is czéloztatnék *), s midőn a megyeház előtt a templom közelében máté. 20: 8. felett épen azon időben tartatott papi beszéd, midőn a városi nép a templomból jött ki, még pedig bevett szokás szerint előbb a nők, majd az ifjak s az alacsonyabb sorsu férfiak, a szokatlan látvány kivált a müveletlenebb osztályban feléleszté a templom elvételének félelmét, s felejtve lőnek a bölcs előintézkedések, megkezdődtek a kölcsönös zsurlódások, majd ingerült szóváltások és az eredményében oly gyászos tettleges bántalmazások; s a missionarius — bár minden testi bántalom nélkül — egész kiséretével együtt a város határából kiüzetett; de tetemes sérülést senki sem kapott.

A tanács által mindjárt azon év julius 20-dikán legfelsőbb helyre benyujtott esdeklés nem volt többé képes az egyház felett összetornyosult vészt eloszlatni, a hatóságilag eszközlött nyomozások következtében a város népe törvény elé idéztetett, s az 1771-dik év aprilis 9-én meghozatott ellene a leverő itélet, mely szerint: hatan, kik főbb bünösöknek tartattak, 3—5 évig terjedő tömlöczre vasban, — a nők közül a nemesek kilenczen egy évi fogságra, a nem nemesek pedig tizennégyen testi büntetésre itéltettek.

De bünhödött az egész egyház is, mennyiben templomától, tanodájától, mindennemü, úgy fekvő. mint egyéb javaitól, ezek közt 1679. jan. 4-dike óta vezetett anyakönyveitől, és szent czélokra használt számos és nagy értékü edényeitől, egyszersmind a vallás nyilvános gyakorlatától is megfosztatott. Lelkészei, Mártonyi János és Varnay István s tanárai véglegesen megfosztatván hivatalaiktól, az egész tanuló ifjusággal a város határának rögtöni elhagyására itéltettek; ugy szinte biró, jegyző s az egész tanács hivatalaikból letétetvén, azoknak jövendöbeli folytathatására is érdemetleneknek itéltettek.

Mind ezen egyházi javak a Rimaszombatban ez alkalommal szervezett r. kath. egyháznak adattak, melynek lelkészévé az emlitett missionarius Karaba György tétetett.

---

*) Postquam sequenti mense Junio, dieque ejus 25-ta novum in oppidum nostrum, et quidem longe majori cum apparatu, ingentique ex vicinis etiam pluribus comitatibus, velut hontensi, gömöriensi, neogradiensi et plane etiam hevesiensi, sub gravi 50 baculorum et 12 florenorum mulcta, convocata omnis generis hominum aggestinm multitudine, non sine praecurrenti, imo ab ipsis Romano Catholicis sparso occupationis templi nostri, eadem occasione suscipiendae rumore, instituisset idem P. Missionarius ingressum. (Az azon év julius 20-án legfelsőbb helyre benyujtott s alább emlitendő folyamodás szavai.)

A sok viszontagságot átküzdött s két izben is leégett régi templom 1775-ben lerontatott, s helyén a r. kath. egyház számára uj fényes templom épittetett.

A reformatusok pedig vasárnapokon a közelebb fekvő Jánosi és Zeherje helységek egyházaiban el nem férvén, pásztor nélkül, tévelygő nyájként elszéledtek a távolabbi helységek egyházaiba is, köznapokon pedig, tiltva lévén helyben magánházaknál is összegyülekezni, hetenkint kétszer Alsó Pokorágyra jártak isteni tiszteletre; gyermekeiket is a szomszéd helységekben iskoláztatták, egyházi anyakönyveiket pedig a r. kath. lelkészek vezették.

Több izben járultak ezután a trón elé, de kegyelmes válasz nélkül maradtak. Végre az 1781-dik évi türelmi parancs a rimaszombati reformatusokat is egy jobb kor reményével töltötte el, s már 1782-ik év márczius 11-én uj folyamodványt nyujtottak be II. József császár elé, melyben ügyöket elősorolván, szabad vallásgyakorlatért s elvett egyházi javaiknak, mennyiben természetben nem lehet, egyenértékben leendő megtéritésért esedeztek. — S bár Hont megye hatósága, a n. m. magy. kir. helytartótanács által hozzá véleményezés végett áttett folyamodásra azon előterjesztést tette, hogy a kérvényezők a királyi kegyelemre nem méltók, mennyiben — a kihágásukért 1771-ben apr. 9-dikén ellenök hozott itélet szerint — szabad vallásgyakorlattal nem élhetnek: mindazáltal a legfelsöbb helyről 1782. deczember 2-dikán nyert kegyelmes válasz a magán vallásgyakorlatot (privatum religionis exercitium) megengedte a kérvényezőknek, ha az e tekintetben szükséges költségek fedezésére képesek.

Megjelent a vizsgáló bizottmány, s a hitsorsosok nemesen vetélkedtek ajánlataikkal, az igénytelen külsejü Szijgyártó István egymaga 7000 forintot tett le a bizottmány asztalára aranyban s ezüstben, s bebizonyiták, hogy képesek megadni nemcsak a császárnak a mi a császáré, de istennek is, a mi az istené.

Azonban az 1783-dik év febr. 10-én időközben kiadott legfelsöbb rendelet, mely a magán vallásgyakorlatot pótlólag szabályozta, meghiusitá örömüket, mert a rendelet értelmében eltiltatott tölök a magán vallásgyakorlat is, mennyiben Jánosi és Zeherje templomaikkal csak egy-egy órányi távolságra esnek Rimaszombattól.

Az 1783-dik év apr. 10-dikén megujitott esedezésökre a már kiadott kegyelmes válasz késvén, az azon év julius 5-én e városon is keresztül utazott Fölség elé járultak ismét kérelmökkel, midőn végre aug. 10-én a várvavárt kegyelem megérkezett, s még azon év október 3-án meghivták lelkészöknek Szentkirályi Szőke Ferencz esperest s egyházkerületi főjegyzőt, s az 1784-dik év apr. 19-én letették a templom alapját is. Majd a templomot bevégezvén, a torony építéséhez kezdtek, s már 13 öl magas volt, midőn az építőmester gyakorlatlansága miatt 1788. szept. 26-án éjfél tájban egészen összedőlt s csak a következő évben kezdhették több elővigyázattal építéséhez.

Az iskolai épület alapja az 1801. aug. 21-ik napján tétetett le, melyhez a rimaszombati ref. egyházban áldott emlékű Szijgyártó István ismét 5000 forinttal járult, miután a templom s torony építéséhez időközönkint már közel 20,000 forinttal áldozott. S a csak rövid idő alatt felépített iskolában, még ugyan némi muló kellemetlenség közbejöttével, de melyet a vallás nyilvános gyakorlatának majdan bekövetkezett általános szabadsága végképen megszüntetett, — a tanitás a költészeti osztályig terjesztetett ki négy tanár vezetése mellett.

Azóta sok jó és sok nehéz napok vonultak el a város felett, újabb események feledtették a régit s a közel egy százados seb be van hegedve.

A mult század végétől óta az ágostai hitvallásu evangelikusok is mind nagyobb számmal telepedvén Rimaszombatba, a szomszéd tamásfalvi hitsorsosaikkal egy anyaegyházat alakitottak; 1786. febr. 19-én iktatták be lelkészül Kuzmányi Sámuelt s már ugyanazon év aug. 7-dikén a templom alapját is letették; s most r. katholikusok s mindkét hitvalláson lévő protestánsok testvéri egyetértéssel élnek együtt, mire egyébiránt jótékony hatással van azon körülmény is, hogy Rimaszombatban mind a három emlitett felekezet papjai s elemi tanitói teljesen a város közpénztárából fizettetnek. De a három vallásfelekezet közti szivélyesség s közérzületnek fényes bizonysága azon valódi ünnepély is, melylyel a közelebb mult években, mindhárom felekezetnek időszakonkint Rimaszombatban megjelent főpásztorait közösen fogadták, — s azon közös lelkesedés, melylyel a mult évtized utoljáin, a ref. egyház érdemekben megőszült lelkésze hivataloskodásának ötvenedik évét ünnepelték.

Emlitést érdemel Rimaszombatban a Magyarországon első, vajha ne utolsó, egyesült protestáns gymnasium is.

A mult évtized elején felsőbb helyről kiadott gymnasiumi tanszervezet, melynek elfogadása azon időben a protestáns gymnasiumoknak is parancsoltatott, oly tanerőt követelt, a milyet a protestáns gymnasiumok közöl csak kevés volt képes előállitani. — Ily körülmények közt egyes ügybarátok közt megfogamzott az eszme, hogy a helv. hitvallásuaknak rimaszombati — s az ágost. hitvallásuaknak osgyáni és sajógömöri gymnasiumaik, a két protestáns felekezet egyenlő kormány-

zati jogainak biztositása mellett, Rimaszombatban egyesittessenek; s
az eszme, — bár a sajógömöri gymnásium alapítványaival időközben
visszalépett, — több jóakarat mint számitgatással, testté lön, s a rima-
szombati s osgyáni gymnásium egyenlötlen birtokviszonyai mellett is
egyesült, s 185³/₄ iskolai évben megkezdte működését és pedig hat
osztálylyal, a rendes rajztanitón kivül, három ágostai s ugyanannyi
helv. hitvallásu tanár vezetése, s a külön felekezetü patronatust képvi-
selö három ágostai s ugyanannyi helv. hitvallásu választmányi tagok
örködése mellett, előre megállapittatván mind az igazgatónak, mind a
választmányi elnöknek évenkint s felekezet szerinti változása is. Az
egyesült gymnasium közös alapja a város által 10,000 pforinttal, egyes
pártfogók által közel 8000 pfrttal, különösen Dapsy Vilmos úr által
1000 pfrttal növeltetvén, jövöje ez oldalról is teljesen biztositva van;
s azóta szellemi s anyagi tekintetben mindinkább előhalad.

S hogy a város a kor igényeinek ezen oldalról is eleget tegyen,
a még ez év folytán megnyitandó nyilvános felsőbb leánynövelde tete-
mes gyámolitását is határozatilag kimondotta.

De mindezeknél sokkal nagyobb áldozatot tanusitó ajánlatot tett
a felsőmagyarországi gazdasági iskola kebelében leendő felállittatásá-
nak esetére, épen azon időben, midön az akadémiára is 1000, a sáros-
pataki jogi tanszékre pedig 500 forint alapítványt tett.

Nagy mértékben mozditja elő Rimaszombatban a közmüveltsé-
get két olvasó társulata is, mindkettö a város pártfogása alatt. Az
1834-dik év febr. 14-én alakult kaszinó, több mint kétezer darab válo-
gatott könyvet tartalmazó könyvtárán kivül, részint készpénzben, ré-
szint befektetésekben többel bir 2000 forintnál, s irodalmi czélokra,
könyvekre s időszaki lapokra legalább 500 forintot áldozik évenkint:
s nemcsak első volt, mely a magyar irói segélyegyletnek 1859-dik évi
Pesti Napló 210-dik számában megpenditett eszméjét hirlap útján is
melegen üdvözlé; de e segélyegyletnek, megalakulása óta, rendes tag-
ja is. — A később alakult polgári kör is mindinkább szaporodó könyv-
tárral bir.

Rimaszombatban a forgalom s anyagi jólét előmozditására, a né-
pes vásárokon kivül, szinte nagy fontosságu az 1861. év julius elsején
alakult takarékpénztár is, melynek forgalma az 1865-ik évben 1,117.877
forintot tett, s a részvények értéke 50 forintról már is 110 forintra
emelkedett.

A gazdászat mérlege gyanánt megemlitendő, hogy a rimaszom-
bati határban egy hold szántóföld ára 1000—1200 négyszög öllel szá-

mitva 200—300 forint, de a város közelében 400 forinton is könnyen vevőre talál.

A város hajdan 48 nádori telekre (itt házülés) volt felosztva, minden telek után négy holdankint tagosított 48 hold szántóföld s rét-illetménynyel. Később a népesség szaporodván, minden telek 4—4 házhelyre, úgy a birtokilletmény is 4—4 egyenlő részre (itteni neve-zet szerint kötelföldekre) osztatott; de idők folytán, bár minden bir-tokrészletnek ma is eredeti terjedelme van meg, birtokosait illetőleg, a szabad adásvevés következtében, az eredeti állapot teljesen meg-változott.

Azonban a rimaszombati polgárok nemcsak tapasztalt és serény gazdák, de mint iparosok is a legnagyobb mértékben szorgalmasak, általában pedig vállalkozók, áldozatkészek, szabad s józan gondolko-zásuak; nemcsak nyelvökre nézve magyarok, de ruházatukra nézve is majd kivétel nélkül tetőtől talpig magyar jellegüek, a nők viselete is túlnyomólag, sőt majdnem általánosan magyar szabásu, kik azonki-vül kiválóan jeles gazdasszonyok, — a rimaszombati kenyeret messze-földön emlegetik.

A városnak mindenre kiterjeszkedő tetemes kiadásai mellett is a rimaszombati polgár semmi községi adót nem fizet, sőt még némi helybeni jótékonyságban is részesül. A polgárság díja 100 frt o. é.

A népesség száma 4000 körül van, ezek közül választó polgár volt 1861-ben r. kath. 104, ágost. hitvallásu 74, helv. hivallásu 405, összesen 583.

A városi ügyek vezetése: polgármester, kapitány, 12 tagból álló rendezett tanács, 50 rendes és 20 póttagból álló képviselő választmány kezében van: a közel multban törvényszékkel is birt a város, de az, a nép kérésére, mennyiben azt nagyon költségesnek találta, a mult 1865. év decz. 31-én a n. m. magy. kir. helytartótanács által boldogabb idő-kig felfüggesztetett.

A városnak belterülete népességéhez képest nagyon csekély, ugy hogy van udvar, melyben 7—8 család s 30—40 lélek is lakik együtt békés egyetértésben; azonban az ujabb rendőri szabályok sze-rint jövőre már egy házhely több mint négy részre nem osztható.

Téres piacza, melynek közepén van a r. kath. templom, eléggé diszesen van beépítve: de mellékutczái is mind több csinnal építtet-nek, kivált a mintegy két évtizeddel ezelőtt gyakori tüzvészek óta, pedig még a gazdasági épületek is mind tüzellenes anyagokból; s az ujonnan épitők a várostól is tetemes kedvezményben részesülnek.

Szóval úgy a közönség, mint az egyesek minden lehetöt megtesznek szellemi s anyagi jólétök elömozdítására.

A városnak a megyéhez való viszonyáról más helyen, itt csak annyit, hogy a város szokott áldozatkészségével, a volt megyeházért, mindaddig, mig Rimaszombat lesz Gömör Kis Hont egyesült megye székhelye, átengedte cserében a megye használatára, a piaczon levö s vendégfogadónak épitett nagyszerü épületét, melynek homlokzatán most is ott diszlik Rimaszombat czimere: e g y f e j ü f e k e t e s a s k i.t e r j e s z t e t t s z á r n y a k k a l.

Baksay István.

ROZSNYÓ.

Rosnyó eredetét kétségtelenül bányamivelöktöl vette, kik a várost nyugot, észak és keletröl kerítö hegyekben keresték az ércz áldását. Ennek kétségtelen tanusága a tömérdek bányahalom, mely a Pozsáló hegye felé nyuló völgynek hegyoldalát boritja; — taraczkhalom, melynek eredetéröl senki nem emlékezik többé s az, hogy a városnak rónán fekvö része is sokféle menetekkel egészen alá van aknázva. Alap vagy kutásásoknál sajátságos üregekre bukkannak az ásók.

Kik lehettek elsö lakosai, azt homály boritja. Némelyek ugy vélekednek, hogy legelsöbben is szászok telepedtek le itt, kiket II. Endre bányamivelés végett hivott ide; Bartholomaeidesz gyanitja, hogy már a régi jazigok és quadok is bányászatot üztek e helyen; meglehet, de fontos körülménynek kell tekinteni azt, hogy Rosnyó vagyonosabb és jobb része sokáig német jellemü volt. Neve is német eredetűnek látszik, mit leginkább a város tót elnevezéséböl lehet gyanitani, miután ez is a német Rosenau szerint van idomitva (Roznawa). Annyi bizonyos, hogy rózsáról neveztetett, czimerében is 3 rózsa van bányászi jelvényekkel.

Régi okmányokban neve elöször 1291-ben fordul elö, mely évben Rosnyót, mint királyi birtokot III. Endre Lodomerius esztergomi érseknek adta. IV. Miklós pápa hildebrandi lélekkel vitatta a sz. széknek Magyarországhoz való jogát s '1291. jan. 31-én levelet irt az érseknek, melyben dorgálja azért, hogy a pápa hire nélkül megkoronázta Endrét; ez pedig uj adomány által igyekezett magának lekötelezni a magyar föpapot.

Városi nevét I. Lajos alatt nyerte, s annak ösmeri el Demeter érsek is 1382-röl szóló oklevelében.

Zsigmond király 1410-ről szóló diplomájában, Rosnyónak mint szabadalmas bányavárosnak, az idők folyamában megcsonkitott jogait és szabadalmait ujból megerősitette s ugyanezt tette II. Ulászló 1416-ban kibocsátott oklevelében.

Midőn 1776. Mária Therézia a rosnyói püspökséget alapitotta, lett Rosnyó szabadalmas püspöki bányaváros.

Legujabban, midőn 1850-ben a püspökség ellenzené a városnak, a fenállott magyar ministeriumtól nyert országos vásári jogát, a bécsi ministerium megerősitette a vásárjogot, melyre a püspökségnek igénye nem lehet, s a várost „királyi bányavárosnak" ösmerte el.

A város hegyközi fekvése nem engedte, hogy országos mozgalmak utvonalába essék, de akkor, midőn Giskra csehei Erzsébet szolgálatában foglalták el Magyarország felső részeit, a csehek uralma alá került, kik az erődben, mely a mai temető helyén a Sajóra nézett, megfészkelték magokat. Mig Abaujban és a Szepességen szerencsés eredménynyel járt Giskra, Gömörben Vladiszlav seregei Rosnyót vissza vették s a cseh örségét felkonczolták. A vidéknek mégis utóbb is ura maradt a cseh, kinek párthivei terjesztői voltak Husz tanának, s csak az erélyes Mátyás törte meg hatalmát végképen.

Nem sokára nagyobb csapás érte a haza egyes részeit is. A mohácsi vész óta mindinkább megfészkelvén magokat a törökök tépett hazánkban, pusztitásaikat felső Gömör hegyei közé is vitték, s romboló dühöket ismételve érezte környékével Rosnyó is; kivált mióta 1553-ban Fülek vára török kézre került. Igy a szomszéd hatalmas Bebek Ferencz, ki, mint érdeke magával hozni látszott, majd Ferdinand mellett, majd ellene állott, 1556-ban török segitséggel a Krasznahorkát ostromló császáriakat futásra kényszeritvén, a németeket üldöző törökök Rosnyót is pusztitották; ujabb dulás érte 1573-ban, hol az evang. papot nejével együtt magokkal hurczolták el, és ismét 1584-ben, mely évben Dobsinát is felégették. Füleket elvesztvén a törökök, Esztergomból folytatták dúlásaikat 1596 óta, de kevesebb barbársággal, mint elöbb Fülekről.

A város eseményei ez idötöl fogva szoros kapcsolatban vannak a reformátió történetével. De mivel feladatunk nem lehet egyháztörténetet, vagy a protestansok nyomátása felett panaszokat, vagy az elnyomók vallásbuzgalmára dicséretet irni, csak röviden emlitjük, hogy Luther tanait a városbeliek eleinte csak titokban követték, mert nyilvános fellépésben gátolta a szomszédságban hatalmaskodó Bebekektöl s az érseki földesurtól való félelem; 1542-ben elöfordul megemlitése annak, hogy Leudischer György itt igélt s az evangelicusok folyvást

erősödtek annyira, hogy 1656-ig ök voltak a városnak nem tulnyomó.
de csaknem egyedüli felekezete. Ettől kezdve I. Leopold hosszas és
viharteljes uralkodása alatt, sorsuk mindinkább hanyatlott, annyira,
hogy 1711-ben templomaikból már végképen kizavartattak és isteni
tisztelet gyakorolhatása végett majd a szomszéd Csetnek-Bisztró, majd
Berzétére bujdosni kényszerültek, s evang. papnak a városba csak a
jezuiták engedélye mellett volt szabad belépni. — II. József türelmi
rendelete után épült fel rövid két év alatt a nagy evang. templom.

Curiosum gyanánt emlithető itt, mit a jezsuita Thuróczi mesél.
Szerinte t. i. az esztergomi érsek, hogy a róm. kath. vallástól elszaka-
dókat egyházi és földesuri tekintélyével visszatéritse, személyesen in-
dult Rosnyóra. Kisérete egy nappal elöbb, estve ért a városba s le-
nyugodott, de hajnalban különös eset által felzavartatott. A piaczon s
a berzéti utczán végig koporsók hosszu sora állott, gyászolók sokasága
jajgatással és siránkozással töltötte be a várost. Az érseki kiséret a
különös jelenetnek okát kérdezvén, arról értesül, hogy a városban
iszonyatos dögvész dühöng, minek hallatára rémülten fut Rosnyóról, a
közeledő érseket is magával visszatéritve. A csel azonban kiderülve,
érseki itélet a városiakat 200 rhenusi forint évenkinti lefizetésére bün-
tette.

Nevezett összeg fizetésének azonban más forrása van. Midön
Lippay György esztergomi érsek 1656-ban a jezsuitákat Rosnyóra be-
hozta volna, az evangelicusok, hogy templomukat megtartsák, a megye
nagyjaitól is pártoltatva, oly szerződésre léptek az érsekkel, mely sze-
rint a jezsuiták számára templomot épiteni, tartásukra pedig évenkinti
300 frt. fizetésére kötelezték magokat.

A templom most is a piacz közepén áll, a 300 frt. a községi pénz-
tárból rendesen fizettetett. Azonban a városnak gyarapodó katholicis-
musa s tán jezsuita fogások, azt kezdték sürgetni, hogy a 300 frtot
egyedül az evangelicusok fizessék s Keresztély Ágost bibornok és
esztergomi érsek határozata 1718-ról oda szól: „hogy nevezett összeg
fizetésének terhe egyedül az akatholikusokat illesse mint birság, mely
azért rovatott rájuk, mert ök az egri törökökkel czimborálva, azoknak
a város róm. kath. lakosait rabságba kiszolgáltatni szándékoztak. Ime
az évi fizetésnek már harmadik oka! A pört végre a Csákyféle itélet
1753-ban oda döntötte el, hogy a 300 frtot az összes község fizesse
mig a róm. kath. fél egyedül a protestansokat kötelező jogczimet ki
nem mutat.

A jezsuita rend eltöröltetése után a kérdéses 300 ft = 120 pengő
forintnyi összegben a róm. kath. normalis oskola dotatiójára fordita-

tott s 1839-óta városi közgyülés határozatából, mely a 120 frtban nem alapitványt, hanem a korviszonyok által kicsikart oly kedvezményt látott, milyenhez vallási egyenjoguságnál fogva a városi közpénztárba évenkint jóval nagyobb összeget adózó evangelikusoknak is méltányos igénye van, a városi közpénztárból hasonló összeget húznak az evang. elemi oskolák is.

Mi sorsa volt a városnak Bocskay, Bethlen és Rákóczy György fegyveres felkelései alatt, arról okmányok hiányzanak; de a Vesselényi-féle összeesküvés alkalmával már ismételt összejövetelnek volt szinhelye. Itt gyülésezett 1646-ban felső vidéki hat megye; Tökölyi felkelése alatt sokat szenvedett a város is, majd az elégületleneknek, majd a császáriaknak szolgálván táborhelyül.

Még nevezetesebb dolgok szinhelye volt 1706-ban, hol november közepétől a karácsoni ünnepekig Rosnyón időzött Rákóczy Ferencz s értekezett az országtanácscsal. Biztositására ily esküvel kötelezte a szövetkezteknek hüségére a városbelieket: Én N. esküszöm az élő Istenre, ki atya, fiú és sz. lélek egy bizonyörök Isten, hogy a méltóságos fejdelem, felsővadászi Rákóczy Ferencz kegyelmes urnak, ő nagysága hüségében holtomig megmaradok, isten dicsősége, országunk törvénye, édes hazám szabadságának felszabaditásában fejdelmemmel, városommal, vérem kiontását is nem sajnálom, hiven szolgálok, ő nagyságok mellett vitézkedem, el nem árulom, el sem hagyom, sem titkon sem nyilván; az ő Nsga ellenségének ellensége leszek, jó akarójának jó-akarója, — valamely árultatást benn a táborban, avagy jártomban való utazásomban ő Nga személye avagy tábora ellen megtudok, hiven kimondom avagy magoknak ő Ngoknak, avagy ő Nga tiszteinek. Isten engem ugy segéljen.

A szövetkeztek ügyének állása ez volt: XIV. Lajos ismételt csapások után, melyek fegyvereit érték, hajlandó volt békét kötni, mely hir ijesztőleg hatott a nemzetre; a nagyszombati békeértekezlet fejleménye sem nyujtott reményt hazánk törvényeinek és szabadságainak helyreállitására, s miután Francziaországtól békecongressus esetében is csak úgy lehetett lényeges segélyt várni s XIV. Lajos csak oly feltétel alatt léphetett a magyarokkal szorosabb frigyre, ha előbb megszüntek más hatalmasság alattvalói lenni: Rákóczy felhivta a tanácsot „gondolja meg, kivánatos-e, szükséges-e a nemzet által kimondatni, hogy az ausztriai ház megszünt uralkodni felette. Egyébiránt arra is figyelmeztette a tanácsot, hogy az ügy szerencsétlen fejleménye esetében, a császár a hóditás jogára hivatkozva, az ország összes törvényeit eltörülhetné, mint ez Csehországgal a prágai csata után történt." Az összes tanács szükségesnek látta az elszakadás kimondását, hogy olyatén szerződésre lehessen lépni a királylyal, mely neki alkalmatosságot szolgáltasson magyar szövetségeseit támogatni, midőn általános békéről leszen szó. Ezen végzés folytán hivattak össze tavaszra Ónodra a rendek, mert ilyes tárgyhoz megegyezésük volt szükséges, — a határozat azonban titokban tartatott hűségesen.

Dec. 2-án Rosnyóról ment újabb követség a lengyel Szaniszlóhoz és XII. Károlyhoz, hogy Magyarországgal szövetségre birja; innen ment dec. 20-án az angol királynőhöz Rákóczy levele, melyben kéri, hogy a bekövetkezhető általános békeértekezlet mellett méltóztatnék rólunk megemlékezni s minket hatalmas királyi oltalmában részesíteni az által, hogy követeinek meghagyja, miszerint bennünket a bécsi minszterium kapzsisága és kegyetlenkedései elől védjenek meg.

1707-ben jan. 1. másod izben is Rosnyóra hívta Rákóczy az országtanácsot, melynek ülései jan. 18-án nyiltak meg, hol „nagy dolgok csendességgel folytak" — előkészítése az ónodi nevezetes gyűlésnek.

A forradalom legyőzése után Viard Rosnyón székelt s a megyei levéltárt, mely a nagyobb templom sekrestyéjében őriztetett, visszaadta a megyei rendeknek s hűségi esküvel lekötelezvén őket, nekik megyei gyülés tarthatására engedelmet adott.

Ez időtől fogva Rosnyó semmi fontosabb eseménynek nem volt szinhelye, hacsak kisebb megyei gyüléseket, főispáni beigtatásokat ide számítani nem akarunk, vagy feljegyezni azt, mikor érte tüzvész, mikor pusztitott a város közepén keresztül folyó, s a közel nagyobb hegyekből könnyen és sebesen megáradó Drasus patak. Az mégis említhető, hogy az 1710-ki dögvésznek pusztítása iszonyú volt, miután májustól augusztusig 2025 áldozatot ragadott el. Régibb észrevételek azt mutatták, hogy Rosnyón gyakoriabbak és dúlóbbak valának a járványok, különösen a csucsomi utcza mentében; azonban ellenkezőt tanusít azon körülmény, hogy az ázsiai nagy cholerában (1831) kisebb volt Rosnyón a halandóság mint másutt. Nyugalmát akkor más körülmény is fenyegette. A cholerával együttjáró epidemicus álhit, hogy az urak a szegénységet mérgezik, Rosnyón is lázongó támadásra izgatott proletarius csőcseléket; de vérfagyasztó jeleneteknek, milyenek Zemplénben és a szomszéd Szepesben előfordúltak, bizonyságaul annak, mennyire képes minden emberi érzelemből kivetkezni lázongó pórtömeg, — néhány toborzó katonának bátor közbelépése s a rögtön működő statarialis biróság elejét vette.

Az utolsó forradalmi időben nevezetes anyagi csapás érte a várost az által, hogy csaknem utolsó hely lévén, melyen császári katonaság megjelent, kormánybiztosi kényszer mellett, **tán legtovább volt itt forgalomban a magyar pénz,** ugy hogy egyedül Rosnyóról félmilliót haladó összeg szolgáltatott be.

Kramarcsik Károly.

SERKE.

A felette nyugotra felemelkedő halmon épült hajdani **váráról** s birtoklásáról a Lorántfiaknak nevezetes.

E családnál legyen elég — Vagner és Thuróczi után — enynyit megemlíteni:

Kálmán király alatt jött Ráthold Apuliából. Maradéki itt több megyékben nagy birtokokat kaptak. Következő családok fejlődek ki belölök — többek közt — e megyében: a Putnoky, Pásztóy, Kazay, Thar, Illsvay, Feledy és serkei Lorántfi. Ugyanis

1324-ben Roland vagy Lorand a serkei várat **megszerezvén,** utódai Lorántfiaknak neveztettek serkei előnévvel. **Nevezetesebbek** a családból:

György, elöbb karthausi barát, majd (1443) gömöri föispán. Gede várát — Bonfin szerint annak várnagya; Fessler szerint tulajdonosa — a Giskra cseh hadai ellen sikeresen védte (1451), de a **magáét** — a serkeit elvesztette.

Hunyadi Mátyás — mint még ifju király — a Mátra alatti Pata vára bevétele után (1459) a Sajó melletti váraikból kivervén a cseheket, Serke várát is (Bonfin szerint Zirzitum) hatalmába ejté s **visszaadá** régi urainak. Másik nevezetesség a Lorántfiak közt:

Miklós az 1505. évi rákosi hires országgyülési határozaton mint Gömör egyik követének neve olvasható a sok számos nevek **közt.**

Mihály, ki a Ruszkai Dobó család kihaltával a s.-pataki **várat** magáévá tette. Második nejétöl csikszentkirályi Andrássy Katától leányai voltak:

Susanna, ki 1616-ban Rákóczy György erdélyi fejedelemhez ment férjhez; a tudomány barátja, a „Mózes és Próféták" szerzöje és a s.-pataki iskola halhatatlan emlékü jóltevöje — és

Kata, Apaffy István neje.

László, kit Bebek György követségbe küldött Svendi Lázárhoz.

János és *György* testvérek, kik 1571-ben Thrawa Jánossal perlenek Serke és Simonyi miatt.

Péter 1595-ben Putnok várának kapitánya.

A XVII. század első felében eltünik a Lorántfi név a m. jegy-zőkönyvnek lapjairól és Serke a Vay, czegei Was, Szilassy, Toldalagi, Kemény családoknak ment időről időre birtokába.

TISZOLCZ.

Ősi lakói szarmaták és quadok vegyesen szláv és német ere-detüek.

Az 1623 és 1710 évi döghalál nagyon leapasztá népességét, mig 1716 után, Liptó és Árva megyékből, — mely évben ott az augusztusi nagy hideg minden termést megfagyasztott, ujra kinőtte magát.

Hajdani vára közel levén a hires Murányhoz, neki is jutott en-nek hiréből. A XVI-ik századbeli hires rablóvezér Bazsó Mátyás (kit Murány nál bővebben ismertettünk), a tiszolczi vár rejtekeiben tartá gonosz uton szerzett pénzét dugaszban. A XVII. század vége felé, mi-dőn lothringi Károly Murányt bevette, a tiszolczi várnak is csak em-lékét hagyta meg.

1596-ban már városnak czimeztetik, de idő jártával kiesett ki-váltságai gyakorlatából, és csak 1780-ban nyerte vissza vásári jogát s azzal hajdani hirnevét.

Az evang. templom a husszitákra emlékeztet, valamint a falfest-mények és egy régi kehely is.

1594-ben György lelkészt a törökök tuszul vitték magukkal.

1674-ben a murányivárbeliek által vallásuk szabad gyakorlatá-ban háborgattatnak; 1683-ban ugyan a miatt tömlöczöztetnek; 1687-ben sáska pusztitotta határát; 1765-ben Kromer Pál, poprádi lakos, papirmalmot épit itt; 1780-ban Lenner József megbővíti; 1800-ban alapjából uj papirgyár épül.

1792-ben épül a paplak és iskola,

1793-ban a piaczi fabazár, 1797-ben a városháza.

Közel van hozzá az ugynevezett tiszolczi hámor; egy kis falu, mely nappal a Hradova hegye árnyékában rakoskodik, éjente pedig a vasgyár tüzétől világosodik.

VÁRGEDE.

Bartholomaeidesz „Hodegow" cseh szóból származtatja s egy ugrással a Giskra csehei által épitteti. Hogy ez nem áll, kitetszik ab-ból, mert már azon 1244-diki adománylevélben (Fejér Cod. diplom.), mely szerint Fülek vára Móricz nagyurnak adományoztatik, elszámlált szomszédságai közt: Gede (terra Dyonisii, ki akkor nádor volt) továbbá Sisquae (Serke), Haramucz (Harmacz), Colonia Deltarum (Détér), villa Petri (Péterfalva), valamint későbbi okmányokban is, Gede vagy Gedeő néven fordul elő.

Hunyady János losonczi csatája (1451) Giskrával szerencsétlenül ütvén ki, — Pelsőczi István árulása miatt, — kit a csehek **által** másoknak szánt ágyugömbök egyike ott elsodort, — Giskra Gömörbe jött hadaival s Várgedét megostromolta, de siker nélkül.

1502-ben Kubinyi László, a budai vár udvarbirája, Gedeő várát Gedeőalja városával kir. adományul kapja.

1526 ban Sz. Mihály napja táján és igy egy hónappal a mohácsi csata után, Feledi Istók — a trójai fa-lóra emlékeztető csellel — elfoglalja Gede várát; de Kubinyi György felperessége alatt nádori biróság elébe idéztetik s hatalmaskodásáért még Tiszolcz, Klenócz és Nyustya helységeket is elvesztette.

A török ostromainak s pusztitásainak gyakran volt tárgya a XVI. században.

1554-ben innen indult ki Bebek Ferencz és Perényi Gábor a füleki örség segitségére a megyei fölkelt sereggel, de a midőn gyáván teljesitették tisztöket (Szalay IV. k. 302. l.)

1567-ben 17 t. cz. által meghagyatik Gömör vármegyének, hogy Gede és Balog várához munkásokat adjon, nehogy az ellen kezébe jusson.

1569-ben 19. t. cz. által szinte.

1574-ben 5. t. cz.-ben már a török által leromboltnak mondatik.

Már ma csak gúla alaku halma s puszta romjai tesznek bizonyságot hajdani dicsőségéről, s valamint hajdan váraik, ugy ma fürdőik vetélkednek egymással a két szomszéd Hajnácskő és Várgedének.

Az elörebocsátott monographiákban elszórt történelmi adatokon felül, következöket kivánjuk még a megyére — mint egyetemre — vonatkozókat előadni, jelesül a XIII-ik századból:

IV. Béla, ki (Szalay szerint) nagyobb volt az ország visszaállitásában, mint megoltalmazásában, a tatár csorda elvonulta után, bujdosásából hazatérve, Gömör, Nógrád és Hont megyékkel tanácskozott Váczon, az eléktelenitett ország helyreállitása, az elfoglalt **javak** visszaadatása és az uratlanoknak „salvo jure alieno" — mi **aztán** a kir. adománylevelekben kimaradhatatlan záradékká vált — elajándékozása felett.

Igy ajándékozá meg (1243) Bebek Detriket és Filepet, a tatárhadjáratban, királya és hazája mellett szerzett hősi érdemeiért, a fiágon kihalt Bors ősmagyar család birtokainak következő részeivel, u. m. Pelsöcz, Csetnek, Topsina, Somkut, Mirk, Erdő (ma Ardó), Lekenye, Berzéte, Kövi, Licze. — Gömört mint láttuk, a Mariássyak kapták.

A XV-dik századból:

Albert király halála után, az Erzsébet királyné által behivott brandeisi Giskra cseh vezér, kalandor hadaival s népével e megyét is meglepvén, a megye főbb birtokosai többnyire vele tartottak, miért a Hunyadyak haragját, sőt büntetését is magukra vonták. Egyébiránt a megye népessége szaporodott, a huszita elvekkel megösmerkedett s majd a reformatió tanaira fogékonyabbá lőn, épitészeti tekintetben pedig, a sok templom és vár által, miket ezek épitének, nagyban növekedett.

Mind a két Hunyady zászlóját hordozták földünkön, a csehek elleni hadjáratok alkalmával; sőt a hős király azon kivül is gyakran meglátogatta megyénket leginkább vadászat kedveért, a róla nevezett Királyhegyen; mert ez hihetöbb mint az, hogy még IV. Bélától kapta volna királyi nevét. Egy lapos sziklát használt itt asztalul, s következő feliratban hagyta hátra emlékét, mig azt a „gutta cavans lapidem" el nem mosta: „hic hospitatus est Mathias rex Hungariae anno 1474. Privatum commodum, latens odium, juvenile consilium: per haec tria omnia pereunt regna" (itt vendégeskedett Mátyás, Magyarország királya 1474-ben. Önérdek, alattomos gyülölet, éretlen tanács: e három miatt vesz el minden ország).

A XVI-dik századból:

Az 1505. évi rákosi országgyülés azon határzatát, hogy idegent többé királyul nem választ a magyar, a förendüek közül: pelsöczi Bebek János; a követek közül, mint Gömör követei: Csetneky János, serkei Lorántfy Miklós, Rimaszécsy Ferencz és Feledy János irták alá.

Azok közt, kik 1526-ban hősi vérükkel festék a mohácsi vérmezőt: Tomory Pál, Széchyi Tamás és Tornallyay János nevét jegyzék fel a történetirók, e megye szülöttei közöl.

A kettős királyság s a — mindeniknél nagyobb — török uralom korszakából felhozattakon felül, megemlitjük még, miként nagyobb része e megyének is török hódoltság volt s elébb ugyan Fülekre, majd Egerbe hordta adóját, — 40 márka aranyat évenkint, — 1612-ben 195 portájából csak 8 volt, mely nem adózott a töröknek. Azonfelül gyakori rablásaik s gyujtogatásaiknak volt tárgya; mig 1588: Tiefenbach és Pálfi királyi vezérek, a micink segitségével kivervén Fülekböl a törököt, nyolcz évig megkönnyült a megye töle. De 1596: Eger vesztével Gömör is ujra török kézre került. Hanem az egri jármat már könnyebbnek bizonyitják j. könyveink s az Egerben kelt parancsokat szelidebbeknek, mint az elött a fülekieket.

A XVII-dik század szabadság harczaiból felhozottakhoz adjuk: miként nagyobb része e megyének (a prot. nemesség t. i.) Bocskay pártján állott. A Széchyek megoszolva voltak; mert Tamás, a megye föispánja, a király részén volt, fia György pedig, kivált miután Básta, a kir. hadak vezére, az osgyáni csatából e megyén keresztül vonultában (1604) nagy öldökléseket és rablásokat követett el s többek közt az ő javait is pusztitotta, Bocskayhoz állott, ki őt aztán Szerencsen fővezérré tette, Homonnay Bálint zempléni föispánnal együtt.

A megyei levéltárt nagy csapás érte ezen mozgalmak alatt; mert nagyobb biztonság okáért, de — mint a következés megmutatta — nagyobb veszélybe Jászóra vitték; itt meg a konvent feldulatván, e megye irataiból sok elsikkadt, sok pedig másokéival összevegyült, mig aztán a megyének egy küldöttsége (Tornallyay György alisp. Giczey Farkas és Bazsó Péter) ott összeszedte és hazahozta 1610-ben.

Megyei meglevö jegyzökönyveink 1571-ben kezdödnek.

Széchy György (már föisp.) Bethlen Gábornak is hive, söt (Kazy szerint) az ujabb szabadságharcznak egyik fömozgatója, majd seregvezére volt. Ő kezdte e vidéken a háboruskodást Jászó dulásával (1619) és folytatta Rhédey Ferenczczel együtt, mindaddig, mig a Bethlen szövetségesei a csehek, Prága mellett a Fehérhegynél (nov. 8-án) megverettetvén, ő is — Balassa Zsigmond, Rosnyák Tamás és Pálfi Istvánnal II-ik Ferdinandhoz állott; kit aztán Bethlen elfogatni rendelt, de György úr nem vala kézrekerithető, söt Füleken Bethlen örségét felkonczoltatta, Rhédey Ferenczet — ezelött vetélytársát, elfogta és börtönbe vetette, hol ez rövid idön meghalt. Ő pedig azután még Ferdinandtól hivatalokat, a felsömagyarországi sereg fövezérségét, Lipcse és Murány várát kapta, mig (miként már Murány és Szécsnél emlitettük) egy orgyilkos az ő életének is véget vetett 1625-ben.

A szabadságharczok harmadik vezére I. Rákóczy György pártján annyival többnek kellett már lenni e megyében, minthogy neje — a történeti nevü Lórántfi Zsuzsanna — megyebeli, következésképen több itteni elökelö családokkal összeköttetésben volt. — Fiának II. Rákóczy Györgynek, Báthory Zsófiával Gyulafehérváron (1643. febr. 3.) tartott lakodalmára a megye követeket küldött, Szathmáry Károly János és Ragályi Menyhért személyében.

1646. Gömör, Torna, Szepes, Sáros, Heves és Ung megyék, Vesselényi Ferencz elnöklete alatt, értekezletet tartottak, a török ellen felállitandó örsereg kivetése tárgyában. Gömör e gyülésre Andrássy Mátyást küldé, ki aztán értesité a megyét, hogy 25 lovas őr esett rá, mit felszerelve Szendrőbe kellett küldeni, 5 ft havi dijjal ellátni; ő maga négynek kiállitását vállalta magára. Egyébiránt ily őrséget az egész 17-dik században tartani kellett a megyének, a kassai, putnoki, szendrői, ónodi, fülcki, balogi vártafő helyeken.

De a német helyörségek ellen sem levén kevesebb panasza a megyének, ugyancsak Vesselényi az 1647-dik s következő években több összejöveteleket tartott, ezek miatti intézkedés végett, Lőcséu, Kassán, Eperjesen és Jolsván.

1659. Vesselényi Ferencz (1655-től már nádor) mint gömöri föispán, Szunyogh Gáspár után, hivatalába iktattatik Jolsván († 1667. márcz. 28.)

A murányi várnak a lothringeni hg. általi megszállása, Széchy Máriának és lessenyei Nagy Ferencznek elfogatása és a titkos iratoknak kézre kerülése miatt (1670) sokan compromittáltattak e megye föbb birtokosai közül is; n i aztán a fiscusnak, valamint Leslie, Heister, Spankau és Kopp tábornokoknak elfogatási és jószágkobzási intézkedésekre szolgáltatott alkalmat.

Az ugynevezett bujdosó magyarok, majd (1673 óta) kuruczoknak is czimzett pártosok korszakából:

1678. Teleky Mihály kuruczvezér, nyilt fölkelésre hivja fel e megyét is, mint egyikét a felső magyarországi 13 megyének, Tököly Imre hasonlóúl, és Rosnyó mellett tábort ütvén, ezer ftot, száz lovat és fegyvert vet a megyére; Dobos Márton alispánt és a föjegyzöt foglyul viszi, Rosnyót megsarczolja és több birtokosokat.

1680. Tököly Imre Rosnyó mellett másodszor is tábort üt, az egész megyei nemességet fegyverre szólitja, élelmi szereket parancsol.

1682. Kövecsesi Dancs János vezérlete alatt seregestöl megyen a fölkelt nemesség Tököly táborába.

1683. Tököly Murány várát s az uradalmat elfoglalja és csak a töröknek Bécs alatti megveretése után huzódik el innen.

1683. nov. végén ment erre keresztül Szobieszky János lengyel király, Bécs felmentére és Esztergom bevétele után Lőcse, Kassa, Eperjes felé, győzelmes seregével.

Szomoru képét adják a megyei jkönyvek ezen időknek! midön egy felöl a fölkelők, másfelöl a császári vezérek adtak ki homlokegyenest összeütköző rendeleteket, s közbejött a török-é, mely mindenikkel ellenkezett,

A másfél százados török uralom megszünte s a bujdosók hadai feloszlása által sem érhette pedig el a megye a nyugalmat, mert

Mint a testbe fojtott nyavalya, úgy ütött ki még egyszer az elnyomott szabadság harcza a következő század elejé: (1703—1711).

A munkácsi és makoviczai vezér (miként magát nevezte) II. Rákóczy Ferencz, fegyverre szólitott minden magyart, kiben még a haza iránti szeretet lobog, s a száz pontú sérelmi okirat felizgatta a kedélyeket az országban.

Eleinte ugyan nem nagyon rohan'ak e megye nemesei a kurucz zászlók alá ujolag, — mi miatt hálátlansági szemrehányást kaptak Rákóczytól; eljött Bercsényi Miklós és Eszterházy Antal, amaz (miként Tököly a mult században) Murányt, emez Balogot és Rimaszécset elfoglalta.

A murányi kir. helyörség hadnagya báró Limprecht volt, ki a vár bevétele után, maga is felcsapott kurucznak s ki aztán — alezredesi czimmel — palotás ezrede vezére és kedvelt hive lön Rákóczynak.

Bercsényi a parasztságból gyalogokat toborzott, de a nemesség is annyira fellelkesült, hogy — ősi szokás szerint — fejenként akart menni az előbb a Rákosra, majd — a pudmericzi csatavesztés miatt — 1705. sept. 1-söjére Szécsénbe hirdetett országgyülésre; egy tehetetlen öreget Modory Dávidot tevén alispánnak, hon maradandót a négy szolgabiróval. — Az Andrássy négy testvérben, István, György, Pál és Miklósban, vezéreket adott a megye a kuruczoknak. A szécsényi gyülés azon határozata folytán pedig, miszerint minden megye állandóúl két követet tartson a fejedelem udvarában, kik megyéjök érdekét szemmel tartsák, ily követekül Szentiványi Mátyást és Tornallyay Mártont választák Gömör Rendei.

A koronát és kir. jegyzökönyveket 1706-ban a murányi várba rejtetteknek állitja Bél után Bartholomacidesz, de maga Rákóczy azt mondja emlékiratában, hogy „a korona még a háboru kezdetekor Bécsbe vitetett." A nagyszombati béketerv (1706. julius) hetedik pontja ugyan azt tartja, hogy „a korona Murányban öriztessék", de a felelet a volt rá, hogy annak törvényes helye Pozsony.

1706. végén és 1707. elején (mint már láttuk) Rosnyón országtanácsot tartott Rákóczy s az ónodi gyülést, előbb május 1-söjére, majd 16-dikára innen hirdette ki. Forgács Simont, tábornokát, is ide rendelte, kit aztán elfogatván, saját kocsiján küldte Krasznahorkára, az Andrássy tábornok testvérek várába, hol ő a tulajdonosok megegyezésével helyörséget tartott. 1706. nov. 25—26-dika éjelén Csoltón háltnak mondatik Rákóczy. Rázsó Gábor házánál; hihetőleg midön a rozsnyói tanácsülésbe utazott.

Az I-ső József által 1708. febr. 29-dikére hirdetett pozsonyi országgyülésen Gömör sem jelent meg (csak 16 megye volt itt jelen), hanem a Rákóczy által tartatott egrin igen.

Rákóczy szerencséjének lealkonyodta után (1709), mihez járult még a döghalál is: Heister Nógrád és Gömör vármegyét, valamint Heves egy részét hódolásra kényszeritvén, Viard tábornok küldetett Gömörbe (Szepesbe Leffelholz) a megyének az engedelmesség korlátai közé hajtása végett; ki legelébb is a megyei gyüléseket eltiltotta, a jegyzökönyveket, melyek ekkor Rosnyón tartattak, lefoglalta s majd midön mindenek az engedelmességre visszatértek, a tiszti karral a hüségi esküt letétette, a levéltárt visszaadta, a zavarok alatt elveszett régi pecsét helyett ujnak csináltatását, végre a gyülések tartását megengedte; de ezen provisorium a békekötés befejezéseig elhuzódott ugy, hogy a letiltás után az elsö gyülés csak 1711-dik évben tartathatott meg Andrássy István föispáni helytartó elnöklete alatt, Péter a föispán, a háboruskodás egész tartama alatt Bécsben tartózkodván.

1716-ig nem volt a megyének saját physicusa, kerületi orvos ügyelt reá; ekkor hivatott meg elöször Bácsmegyei István (Trencsinböl), lakása Rosnyón, fizetése: száz rhft, tizenkét szapu buza, tizenkét veder ser, egypár sertés vagy a helyett tiz ft. — Ez évben tetetett le a pelsöczi megyeház alapja is, az elsö gyülés 1719 ben tartatván benne. A XVII-dik században Szendrön, aztán Rosnyón, Wesselényi idejében Jolsván, az Andrássyak föispánsága alatt Krasznahorkán, majd Gömörön, Putnokon, Rimaszécsen tartattak a vándorgyülések.

E századra esik a még Pázmán Péter által szükségesnek vélt rozsnyói püspökség felállitása (1776) az esztergomi érsekségtöl elszakasztott 67 parochiából.

II. József korából, ki megyénket kétszer is meglátogatta, a kis-honti kerületet ide csatolta, székhelylyé Rimaszombatot tette: elegendönek látjuk a következö okmányt bemutatni. Meghalt ugyan már akkor a császár, de még nem tudták a megyei Rendek.

Gömör megye Rendeinek — 1790. márcz. 2-án Pelsöczön tartott közgyüléséből felterjesztett — alázatos felirata II. József császárhoz. Felséges Császászár! Bámult Európa a magyar nemzet kilencz évi béketürésén. Nem kevésbé fog bámulni, midön olvasandja, hogy Fged a magyarok feliratai által meggyözetve, 1790. január 28-án kelt kiadványa által, Magyarország ösi törvényeit és szokásait a magyaroknak, következöleg öket hazájuknak visszaadta, még is a magyarok, fejedelmük eme gyöngéd kedvezését daczos ellenszegüléssel — miként ök hiszik — akarják meghálálni.

De nem fog csodálkozni, mihelyt következő érveinket **igazságos**
birói mérlegbe vetendi.

Törvényeinkkel s kir. hitleveleinkkel felfegyverkezve lépüuk fel
azért egész Európának — bármilyen nagy — szine előtt s midőn vo-
nakodásunk okait előadjuk, figyelmet kérünk.

Törvényei vannak a mi nemzetünknek s királyaival kötött szer-
ződései, melyek valamint azt, mivel **a nemzet tartozik, megszabják:**
ugy azt, mit a fejedelem jogszerüleg kivánhat, szorosan meghatározzák.

Törvénynyel vannak megkötve a magyarok kezei, hogy ország-
gyülésen kivül, azaz semmi országos dolgot az ország nélkül, királyuk-
kal — ha akarnák is — tenni ne merészeljenek.

Hasonló törvény parancsolja a magyaroknak, csak azt tartani
igaz fejedelemnek, ki esküt tesz, ki esküjét megtartja és meg van ko
ronázva.

Midőn Fged, nem hallgatva a nemzet kilencz évi **zaklatásaira,**
ezen törvényeken felül akart emelkedni: hogy a nemzet is, **királyától**
s törvényeitől megfosztva, semmire sem érezte magát kötelezettnek,
kétséget nem szenved.

Sokkal méltányosabb ugyan a magyar nemzet, mintsem a halál-
lal küzdő beteg fejedelmét rögtöni koronázással terhelni **akarná, ha tör-**
vényei s jogaira nézve tökéletesen biztositva volna, a fenti **kiadvány**
által; de midőn nem kevésbé látja jogait beteg, mint egészséges feje-
delme által sértetni: kénytelen a kivánt hadsegélyt megtagadni. —
Nemde sérelem?

1-ször hogy az annyiszor esdekelve kért országgyülés, **a folya-**
matban levő török háboru és Fged gyengélkedő egészsége **miatt to-**
vábbá is az 1791-dik évre halasztatik? — Nem uj sérelem-e?

2-szor, hogy az ugynevezett türelmi parancsot, az egyházak ren-
dezését, a jobbágyság sorsát, még most is, saját önkényére felhagyni s
az ország Rendei tanácskozása alól kivenni, jónak látta Fged. **Nem**
sérelem-e?

3-szor, hogy ezen rendeletben is, ujoncz és gabona ország-gyülé-
sen kivül kéretik az országtól? — Ujitják, nem gyógyitják ezek előbbi
sérelmeinket. **Mert**

1) harmincznyolcz országgyülést számlálunk az ausztriai kor-
mány alatt olyat, mely háboru idején tartatott. Hogy ezeket épen há-
boru ideje alatt kelle megtartani, oka az, mert a had és béke joga kö-
zös levén az országgal és királylyal, közös tanácskozást igényel; az
országnak is érdekében áll, az ország közbátorsága felett határozni, a
hadsereg gyakorlatáról s a hadviselés eszközeiről rendelkezni.

Fged gyengélkedése az országgyülést nem hátráltathatja; mert voltak az ország kezdetétöl számtalan országgyülések, melyek a fejedelem távollétében tartattak; annálfogva most is egybehivathatnék, söt hadi segély esete forogván fen, szükségesképen egybehivni kellene. Az országgyülés elhalasztásának felhozott okát tehát kielégitönek, a milyen nyiltsággal, oly alázatossággal el nem ösmerhetjük.

2) ha a törvényhozási jog, szabadságainknak eme fő alkrésze (mit Fged sem tagad) velünk és Fgeddel közös — a minthogy az, — a mi ezen hatalmat bármi tekintetben illeti, a fejedelem fentartott jo·gai közé sorozni, következöleg az országgal közös tanácskozás alól kivonni nem lehet.

Vallás, egyházi rend, jobbágy: kitünő tárgyai a törvényhozó hatalom gyakorlatának. Ha ezek csak egyiknek önkénye alatt lehetnek, legyen a többi is, mint melyek ezekhez képest csekélyek, kisebbszerüek.

A história bizonyítja, mikép voltak fejedelmek, kiknek semmi, mig másoknak sok vallása is volt. Az igen sok vallásuak fanatikusok voltak, teljesek a más gondolkozásuakat üldözö embertelen szellemmel, kiknek pedig semmi vallásuk sem vala, azok elött csak közjáték vala a vallás. Béna nép, béna fejedelem alatt.

Ha a jobbágynak csak fejedelme intése a törvénye, és ha azon fejedelem fukar, prédája lesz a köznek megtartandó jobbágy a vagyonkórságnak. Sokkal felvilágosodottabbaknak hisszük magunkat magyarok, mintsem hinnök, hogy tanácsosabb ezeket egy fejedelem, mint az egész nép itéletére bízni. Tudjuk, mikép egy az ura a lelkiösmeretnek és a földnek. Tudjuk, mikép vannak evang. polgártársaink javára szolgáló békekötések, a bécsi, a linczi és vallásuk bevezetéséröl szóló alaptörvények. Tudjuk az emberi kötelességet, melylyel tartozunk azon testvéreinknek, kiket a sors mi alánk, nem minket ö alájuk vetett. Meg fogja tenni ott, hol helyén lesz, az egybegyült ország e tárgyban is, a mit az emberiség, erkölcsiség, okosság, isteni kijelentés és a jogfolytonosság töle követelni fognak. De miután ezeket szabályozni, kiválólag a törvényhozó hatalom köréhez tartozik, ezen hatalom pedig közös velünk: semmi reservatának e részben helyt nem adhatunk.

3) Megmondtuk már többször, most ujra kijelentjük, hogy hacsak azon törvényeket, melyeket Fged is ezen k. kiadványában szentül megtartani akar, elgázolni, hacsak magunk magunkat tettleg imfámisokká tenni nem akarjuk, országunk élö törvényei ellenére, hadi segélyt, ha akarnók sem adhatnánk semmit.

Hadsegély ajánlata fő indok az országgyülés tartására. Ha a haza állapota hadi segélyt követel, a honi törvények rendelete országgyülést kiván. Legyen meg ez, meg lesz amaz is.

Felséges Császár! Ha mi nem kételkedünk, hogy Fged velünk öszintén kiván bánni: engedje meg, hogy mi is úgy tegyünk és gondolkozzunk. Ekként cselekedvén, bevalljuk, mikép mi jelen k. kiadványában nem látunk nagyobb biztosítékot, mint abban volt, mely meg nem tartatott. Ha amaz, bár önként adatott, ellenkező tettekkel meghiusíttatott, nem lehet-e aggodalmunk ennek tartóssága felett, melyet talán az idők viszonya iratott? De tegyük fel, hogy Fged azt állandóul megtartja és igy teljes biztosítékot nyujt maga személyére nézve: ki fog azért kezeskedni az utódok irányában? Tapasztaláson okulva, félünk a nyomoktól, mik arra mutatnak, mikép gyakorta még az eskük, diplomák és törvények sem voltak elegendő fék némely fejedelmek önkénye ellen.

Még a garantiák is, mik a törvényekhez kötvék, sokszor sükertelenek. A király a törvény ellenőreit megnyeri, másokat a sors tehetetlenekké tesz. Ezek nem segithetnek, mert erötlenek, amazok nem akarnak segíteni, mert a fejedelemnek kedveznek. Igy a törvények gyakran papiroson maradnak; a fejedelem egy intéssel meghiusítja: a törvényre hivatkozót vagy meg sem hallgatja, vagy hogy despotismust gyakoroljon, megijeszti, másokat büntet. — Ekként mi könnyebb, mint az alattvalókba vak engedelmességet verni, a törvényeken erőszakot elkövetni s a szabadságnak az utolsó csapást megadni?

A mi üdvünk egyedül az országgyülésben rejlik. Az ország tiszte felügyelni, hogy törvényei szentül megtartassanak, a javitandók — törvényhozás utján — javittassanak, és mindaz, mit a közjó paran csol, megtétessék.

A szerződésekhez s adott szavához hiv magyar előtt szentek azon kötelességek, melyekkel ő fejedelmének, a törvények szerint, tartozik.

Biztos lehet minden időben a felséges ausztriai ház a magyar királyság örökös voltáról. Világos kötvényen nyugszik: a törvény, a király és az ország.

Végre, miután az ország jelen állapota rögtöni országgyülést igényel, ezen pedig Fged — betegsége miatt (mit különösen fájlalunk) személyesen jelen nem lehet, de az távollétében megtartathatik, alázatosan jelentjük, mikép mai napon tartott közgyülésünkből az országbiráját emlékeztettük, hogy levelünk vételétől számitandó törvényes határnap alatt, az országgyülést törv. tisztéhez képest összehivni el ne mulaszsza, különben az önként fog összegyülni. Ugyanazon ok hivogat minket az országgyülésre, mely Fgedet a hadi segély kérésére ösztönzi. Mert félünk, hogy a nélkülünk kezdett háborunak ártatlanul meg ne igyuk a levét, üres levén az ország minden katonától. Hivogat az országos inség, az adózó nép nyomasztó állapota, mely már alig tartathatik az engedelmesség korlátai közt. Szóval minden dolgainknak hallatlan bonyodalma. Hivogat annálfogva a haza, unokáink és magunk iránti szeretet; hivogat a felséges uralkodóház biztonsága, melyet őseink uralkodónkká tevén, hogy mint király, a törv. értelmében, századokon keresztül fejedelmünk legyen, nem vonakodunk; hivogatnak végre a könnyen történhető oly események, mik nem egykönnyen fognak később orvosoltathatni.

Valamint k. kiadványából örömmel meritünk reményt Felséged nek nemzetünk irányában atyai indulata felöl, ugy ezen bizodalommal térdről esedezünk, méltóztassék Fged addig is, mig az ország összegyülhetne, minapi alázatos feliratunkban kifejtett okoknál fogva — veszélylyel járván a késedelem — a só árát kegyelmesen leszállitani. Kik egyébiránt stb."

Hogy pedig nemcsak tollal tudták védeni megyénk rendei az alkotmányt, hanem fegyverrel is készek valának oltalmazni a királyt és hazát, csakhamar bebizonyitották, midő.1 1796-ban — noha törvényes kötelességből, — 400 lovas és 200 gyalog nemes kelt föl e megyében, a már Bécset fenyegető franczia ellen. 1805 és 1809-ben hasonlóul.

A XIX-ik századnak megyénkre vonatkozó eseményeiből következőket akartuk feljegyezni:

1802-ben — mint már emlitők — Kishont törvényes egyesülésének éve. Helyén látjuk itt Kishont régi viszonyának s Gömörrel egyesülésének történetét röviden érinteni.

Ha nemcsak a nagy távolságot, mely Nagy és Kis Hont székhelyei közt létezett, hanem azt is meggondoljuk, hogy e két hatóság rég óta még csak contiguitásban sem volt egymással : ezen kapocsnak természetellenes voltát egyszerre átláthatjuk s könnyen elhihetjük, hogy ennek valaha másként kellett lenni. Területi elszakasztása hihetőteg a Giskra idejére vihető vissza.

De a kormányzatra nézve is elkülönitették már önkéntesen Balassa Menyhért és Nyáry Ferencz, együttes főispánok, mig az *1542-ik* évi országgyülés ujra egyesíttetésüket elrendelte. Mi hogy teljesedésbe nem ment, jele az, hogy azt az 1552-ik évi országgyülésnek ujolag meg kellett parancsolni.

Számos országgyülésen sürgették a kishontiak kerületöknek

vagy törvényhatósági minőségre emelését, vagy akár Nógrád, ákár Gömör szomszéd megyékhez kapcsolását. Ezek folytán az

1687. 25. t. cz. által megengedtetett ugyan nekik, hogy Hont megye főispánja által Kishont nemesei közül kijelölendőkből egy rendes alispánt, szolgabirákat és esküdteket választhassanak maguknak, külön gyüléseket tarthassanak s ezen biráik előtt perlekedhessenek, de az egész megyét illető közigazgatási és igazságszolgáltatási dolgokban továbbá is együtt maradni köteleztettek. Az

1729. 23. t. cz. az előbbi törvényt azzal módosítja, hogy még egy aljegyző választását is megengedi s a kishonti alispán hatóságát szükség esetére a vármegye többi járásaira is kiterjeszti, egyszersmind bőven rendelkezik az adó s egyéb közös ügyeik felett; de a kapcsolatot ez is világosan fentartani s minden végzéseiket a közös gyülésen előadatni rendeli.

Még ezután is minden országgyülésen megujitotta kérelmét a kishonti kerület, de sikertelenül; mig, a mit alkotmányos úton el nem érhetett, azonkivül mégis kivívta valahára. II. József császár ugyanis — mint már emlitők — két izbeni folyamodványára, teljesítette kérelmét, sőt az egyesített megye székhelyét is ennek kebelébe tette.

1803-tól fogva két rendes physicusa lett az egyesült megyének.

1805-ik év vége s a következőnek eleje arról emlékezetes, hogy akkor vonult keresztül megyénken az auszterliczi ütközetből hazatakarodó muszka verthad.

1806. év augusztus hava pedig József nádor látogatásáról nevezetes. Azon hó 12-én Rimaszombatba jött; 13-án a Garamra és a Királyhegyre tett kirándulást, visszahozván ez által Mátyás királynak több mint három százados emlékezetét; 14-én fölment a murányi várba s a rőczei Kohut nagy hegytetejére s átázottan még az nap Jolsvára ment hálni; 15-én Beje felé Aggtelekre, a Baradlába — az alvilágra — szállt, az éjet Pelsőczön töltvén, 16-án Rosnyó és Krasznahorka felé, a Szepességnek vette útját.

1810. apr. 27. Mariássy István alispánságának, egyszersmind az 1821. april 3-ki kir. rendelet által, melyben hadi segély országgyülésen kivül és nélkül követeltetik, — előidézett alkotmány-harcznak korszaka. — „Huszonöt év Magyarország történelméből" sokkal frisebb emlékezetben van még, mintsem annak megyénkben lefolyt jeleneteit — különben is szükre szabott vázlatunkban ismételnünk szükséges lenne; legyen elég annyit megjegyezni, hogy megyénk ekkor is az előharczosok közt állt, mint mindenkor az alkotmány mellett, a kormány és nemzet közt vivott harczokban és csak a mindent felülmult Bars által előztetett meg szilárdságában.

A kormány és nemzet közötti harczokban mondók, mert a mi már a reform harczokat illeti, e tekintetben 1835-ig azok közé tartozik, mik a „salva avitae constitutionis compage" jelszót tűzték fel zászlaikra.

1832-ben egy jeles bányásztörvény javaslatot dolgoztatott ki bizottmányilag Andrássy Károly gróf elnöklete alatt, utasitásul az országgyülésre.

1834-ben a népnevelés ügyét felkarolván, megyei népiskolai választmányt alakitott, mely a közvizsgákon jelen legyen, a jeles tanitókat jutalmazás végett bejelentse.

Ez alkalommal Forgách Antal gróf a magyar nyelvet kitünő szorgalommal tanuló nem magyarajku növendékek ösztönzésére, Szász Coburg Ferdinand hg és Andrássy György gróf pedig a tanitók e téreni szorgalmuk jutalmazására ajánlatokat tettek s ez által megkezdték az ugynevezett „nemzeti pénztárnak" mások által is követétt megalapitását, melyböl 1842-ben már 300 frtot, 1863-ban 170 frt, 1864-ben 175 frt, 1865 ben 236 frt osztatott ki osztrák értékben, s jelenlegi állása 3975 frt 52 kr. o. é.

1835 végén némely publ. polit. kérdésekben szabadabb utasitásokat küldözött ugyan már e megye az országgyülésre; de csak az 1836-diki restauratio az, melyről azt mondhatni, hogy szellemileg is restaurálta a megyét. Ezután adta tanuságát e megye annak, hogy felülemelkedett a kiváltságok — a nobilismus — szükkeblüségén, ugy hogy az

1839—40-ki országgyülésen már a szabadelvü megyék közt foglalhatott helyet mind követei mind utasitásai által.

Egy szabad eszme azonban még ekkor sem fogamzhatott meg izraeltelen Izraelben. Az 1840-diki t. czikkek kihirdetése alkalmával ugyanis a 29. t. cz. hosszas vita után, szavazat utján, kis többséggel bár, akként értelmeztetett, hogy a zsidók még e törvény szerint sem lakhatnak Gömörben.

1841-ben az áldástagadó lelkészek ellen szigoru határozat hozatott az 1647. 14. t. cz. alapján.

Andrássy György gr. inditványára, megyei fiókgazdasági egylet alakitása, valamint a kővel épités és cserépzsindelleli fedés jutalmazása elhatároztatik; a honi iparegylet pártolása munkába vétetik.

1842-ben takarékmagtárak állitatni rendeltetnek, de csak a vályvölgyi és késöbb a pelsöczi vergödhetett állandóságra. Az

1843-dik év a szabadelvü pártra nézve, diadal egyszersmind ve-
reség éve.

Márcz. 14-én, az országgyülési utasitások megállapitása végett
tartott közgyülésen: az ösiség eltörlésének kérdése 373 szavazattal,
179 ellenében megbukott.

Márcz. 15-kén a házi adó kérdése, nem numeralt, hanem ponde-
rált szavazat utján, 70 szánoklattal 4 ellenében, dicsöségesen keresz
tül ment. Szentiványi Károly két óráig tartott beszéde szivet és észt
meggyőzött. A gyülés tagjainak száma 800 körül lehetett. Köznemе-
sek közül öten szóltak pártolólag. De

April 12-én, a követválasztó gyülésen, ledorongolta a márcziusi
vivmányt a bunkokratia. A veszteséghez járult, hogy ily conjunctu-
rák közt Sz. K. nem vállalta többé ezuttal a követséget, a megye is
elmarasztaltatott a kir. tábla által, az idejében meg nem jelenés miatt,
a törvényes birságban.

Egyébiránt más kérdésekben, mint a birtok és hivatal-képesség
kérdésében, szabadelvü volt az 1843—44-dik évi országgyülésre az
utasitás. A zsidókra nézve is — bár feltételes — emancipatiót tartal-
mazott.

A hasonszenvi gyógymód pártolása is megvolt hagyva.

1845-ben a januári gyülésben morális fellépés inditványoztatik,
volt országgyülési követeink által az elhatalmazott korteskedés ellen,
aláirási ív nyittatván meg, melyen velünk együtt 75 egyén fogadja
becsületszavára, hogy nem korteskedik a következő tisztválasztásra.
De többben azt a záradékot kötvén aláirásukhoz, hogy „ha a többség
elfogadja": miután az meg nem történt s az összes választókat tekintve
meg sem történhetett, a záradékosok magok oldozák fel magukat —
mint mondák — emez impracticus kötelezettség alól. Sükeretlen lön e
szerint a nemes küzdelem a szabadság eme százfejü hydrája ellen. Mi
miatt nemes indignatióval fejezte ki akkor neheztelését, a Pesti Hir-
lapban, Nagy Károly, a megyének számos éven át remek tollu jegyzője,
mult országgyülési követe s az ügy meleg keblü inditványozója.

A márcziusi gyülésben több honoratior feleskettetik táblabirónak,
az uj törvény következtében.

Az aprilisi gyülésben: Ragályi Ferdinand és neje, a házi adót s
közmunka váltságot önként elvállalván, kérik ezen terhet magukra bir-
tokaránylag kivettetni. Dapsy Vilmos követi a példát, évenkint 10
pftot ajánlván e czélra, mig a törvényhozás országosan rendelkezik.
Ök valának elsők megyénkben, kik a nemadózásban rejlett kiváltság
rostélyán rést nyitottak. — Hasonló példát csaknem két századdal az-

elött láthatni jegyzökönyveinkben. 1656. 57. 58. 59. 60-dik években ugyanis nem vonakodtak e megye Rendei habár nem hasonló elvből, hanem szivélyességből, — az adózó nép — már csaknem elviselhetlen — terhének egy részét szűz vállaikra felvenni.

A megyei kórház létrejöttének története ez: 1840. febr. 27-dikétöl 1845. évig hétszer tánczoltak Rimaszombatban a kórház javára, azonfelül szinházaztak, hangversenyeztek; továbbá Rosnyón egy hangverseny, Csetneken egy szini előadás tartatott, mig Rimaszombat, Rosnyó és Jolsva városoknak az ajánlatokbani versenyzése, egyes jóltevők adakozása és czélszerű kezelés folytán, jelenlegi állása: 22523 frt. o. é.

Ugyancsak 1845-ben a szük termés aggodalmat költvén a megye Rendeiben, közönséges végzéssel, a szeszégetést a megye határain belül szigoruan betiltották; annál is inkább, mivel október 28-áról kelt intézvényében a helytartótanács hathatós intézkedéseket javasolt.

Az 1846. évi januariusi gyülésben a helytartótanácsnak 1845. decz. 21-kén kelt intézvénye olvastatott, melyben gf Serényi Alajos és herczeg Coburg Ferdinand kérelmére a szeszégetést betiltó végzés neheztelttetik. A Rendek ugyan kétségbe nem vonták a kormányszék felügyeleti jogát, de el nem ismerték az intézvény törvényességét, s helyhatósági jogaik szabad gyakorlatának korlátolását szemlélték benne. Minélfogva a végzés épségben tartása mellett — az indokokat kimeritő tudósitást küldének a Htó Tanácsra. Ez alkalomból egyszersmind, a különben is közbotránkozást okozható dorbézolások és dözsölések, — a felesleges fogyasztás akadályozása végett, — szigoruan betiltattak. És a szüklöködők összeirását elrendelték.

Ugyanazon gyülésben adakozásokból befolyt 3048 frt 34 kr. gabona vásárlásra forditandónak határoztatván: ezzel a megyei takarék magtár alapja lőn megvetve. Az első kiosztás községenkint a birák kezeihez történt.

Községi takarék magtár állitatik Bellényben.

A gyorsirászat elösegélésére a megye Rendei 1 aranyat és 208 frt 40 krt irnak alá s küldenek Pestre.

A szeszégetést betiltó végzés megszegésében talált balogvári uradalomban 200 ft birság mellett 20 akó szesz 320 akó beforrázott kukoricza, 12 kila kukoriczaliszt, 150 kila árpa, 100 kila nyers kukoricza elkoboztatott. Kokován és Pongyelokon hasonlóul birság vétetett s kobzás történt. Az elkobzott tárgyak eladatván a bejött pénzek az inséges alaphoz csatoltattak.

Az 1846. évi termés sem volt kielégitő. Ugyanazért a gabona

termés mennyiségének — a lehető fogyasztási mennyiség felvételével — összeirása elrendeltetett.

A só felemelt árából 12000 frt kölcsönt kérnek a rendek a szükölködők javára — mi a kormányszéktől határozottan megtagadtatott — és kulcs szerint 20,000 frtot vetettek ki.

1846-ban az adózó nép rovásainak száma a jövő 1847. évre 19,628 volt, melyek után az összes megye területén 64,445 frt 20$^{1}/_{16}$ kr. hadi adóba egy rovás 3 frt 16 kr. és 45,798 frt 40 kr. házi adóba 2 frt 20 krt fizetett.

1847. januárban a szükölködők összeirására kiküldött biztosságok munkálataikat bemutatták. Segélyt igénylő szükölködő találtatott a megye egész területén 3133 egyén, kiknek hat havi ellátására 18,798 véka gabona 75,192 vczft értékben szükségeltetett.

A kivetett 20,000 frt, mely nagyobb részben ugyan már is befolyt, elégtelen levén, a helytartótanács megkéretett, engedné meg, hogy a szükséges összeg a hadi pénztárból elölegeztessék. A helytartótanács azonban, miután a felemelt sóárábóli kölcsönt megtagadta, megtagadja a hadi pénztárbóli elölegezést is, sőt komolyan figyelmezteti a rendeket, miszerint a megye majdnem egy egész évi adójával hátramaradásban levén, annak behajtása szigoru rendszabályok alkalmazása mellett is sikeresíttessék.

1846. márcziusig a Garamon tápszerek hiányából 724 ló döglött el.

A novemberi gyülésben biztosság jelenti, hogy a garami hét helységben a szükséges táplálék hiányából fejlődött typhus 1182 egyént vitt áldozatul, 1043 találtatott betegen és 323 árva vétetett jegyzékbe s megyeileg gondviselés alá.

1848 elején már a typhus átszivárgott a Jolsva völgyére, sőt Pelsőczre is, hol különösen a rabok közt észleltetett.

Februáriusi gyülésben biztosság jelenti, miszerint herczeg Coburg Ferdinánd egy maga, garami uradalmában, a szükölködök táplálására havonkint 5000 frtot áldozott.

1848-ra a rovások száma 17,270-ben állapíttatott meg, tehát 2358-al kevesebben mint mult évre.

A következő idők már egy uj korszakéi. A megyei élet utolsó nyilvánulása az 1848-iki országgyülésre küldött követek részére kidolgozott utasítás volt.

Ezen utasítást, mint zárkövét az eddig folyt időszaknak még ide kell igtatnunk. Szelleme nem a multat, de a jövőt jelzi.

A közszellem annak irányát követte és követi, — vagy eltéröleg haladott volna azóta? nem a monographista, de a történetiró fogja meghatározhatni.

Az 1847-ik év október hó 23-ik és 25-ik napjain mélt. királyi tanácsos j. szeniczei Jankovich Antal főispáni helyettes ur elnöklete alatt Rimaszombatban tartatott követválasztási és utasítás készítési gyülés jegyzőkönyvének hiteles kivonata.

2100. Követi utasítások készítésével megbízva volt választmánynak, utóbbi gyülésről ide halasztott munkálata tárgyalás alá vétetvén,

Bővebb megvitatás után következendőképen alapíttatott meg s követeinknek kiadatni rendeltetett:

1-ször. E megyének egyedüli törekvése a közjólétet előmozdítani: hon és király kölcsönös érdekeit czélszerü törvényekkel biztositani, törvény előtti egyenlőséget mindenkire nézve, és minden hasznos intézkedések létrehozását, a haladó kor kivánati szerint eszközölni — azon esetben tehát, melyekre nézve követeink, határozott utasítással ellátva nincsenek, a megyének ezen alapelvből folyó szelleméhez alkalmazkodjanak. Egyébiránt

2-szor. Felejthetlen nádorunk elhúnytával üresen álló nádori szék betöltését mindenek előtt szorgalmazzák, s e részben István ő cs. k. főherczeg iránt országszerte tanúsitott bizodalomban, szeretetben, tiszteletben osztozva ő fenségének nádorrá leendő törvényes megválasztatását eszközöljék, egyszersmind gondoskodjanak arról, hogy a dicsö elhúnytnak emléke magas érdemeihez s a nemzet hálájához méltólag örökítessék.

3-szor. A körülményekhez képest netalán kivántató tisztelkedések alkalmával követeink megbizó leveleiket az országgyülési elnökségnél bemutatván, a múlt országgyülési gyakorlatot szem előtt tartva, törvény által kimondatni igyekezzenek: hogy a megbizó levelek hitelessége, vagy az illető megyebeliek részéről akár e részben, akár a választás törvényessége felett támasztandó kérdések esetében, érvényessége felett függetlenül s felsőbb befolyástól menten, mindég és egyedül a S. S. táblája itéljen, s azt feszegetni senkinek másnak joga ne legyen, a felső táblai egyének meg vagy nem jelenhetési jogáról pedig eldöntőleg egyedül a felső tábla határozzon.

4-szer. Valamint a kerületi naplóknak gyorsirók által leendő vezetését, úgy az országgyülési hírlapok szerkesztését és szabad nyomását, mint a nyilvánosság nélkülözhetlen eszközeit kivívni igyekezzenek.

5-ször. Az 1791. 13. t. cz. vilagos törvénynyel úgy magyaráztassék, hogy a fölveendő tárgyak sorozatát, kezdeményi jogon mindég a rendek alapítsák meg; mi hogy czélszerübben történhessék, követeink a kegyelmes kir. előadásokat, leérkezésükkel, sebes póstán megküldeni siessenek.

6-szor. A nemzet anyagi jólétét mindenek felett akadályozó ősiségi törvényeknek eltörlését szorgalmazzák, nehogy azonban az által, valamint a birtokképesség kiterjesztésével alkalom nyujtassék idegeneknek nemzetiségünk elleni törekvésekre, az ősiség eltörlésével kapcsolatba, a magyar honósitási törvények rendszeresitését is sürgessék, különösen pedig törvénybe hozatalát annak, hogy Magyarországban fekvő birtok egyedül itt született, vagy törvénynyel honositott, és a közhivataloskodás esetét kivéve, állandóan bent az országban lakó polgár vehessen. Ez alkalommal egyszersmind a nemesi birtokra nézve is behozandó telekkönyvek alkalmazása iránt intézkedjenek.

7-szer. A hivatalképességről alkotott törvénynek azon alkalmazása, miszerint az, ki hivatalra megválasztathatik, egyszersmind választási jogot nem gyakorolhat, a törvény czéljába ütközvén, ezen következetlenség megszüntetése végett követeink azon legyenek, hogy a népképviseleti rendszer törvénybe hozattassék. — Minden esetre pedig eszközöljék azt, hogy a megyei kicsapongások meggátlására, múlt országgyűlésen a rendek által javaslott szabályoknál meghatározott választási kellékek (qualificatiok) szavazatra osztálykülönbség nélkül mindenkit jogosítsanak.

8-szor. A közös teherviselés elvének igazsága, már a múlt országgyűlésen is elismerve és kimondva, s követeink által is pártolandó lévén, életbe léptetése módjának és eszközeinek is mentül előbbi rendszeres kimunkálásán igyekezzenek, s az e részben készitendő javaslatot részletes utasításunk bevárása mellett megküldeni siessenek. Mindenesetre oda utasítatván követeink, hogy ha törvénynyel intézkedni nem sikerülne, úgy, hogy mindennemü közterhek a nemesek és nem nemesek által egyformán viseltessenek, ez esetben az országgyűlési költségek egyedül a nemességre hárítassanak.

9-szer. Az ország és ausztriai tartományok közti vámviszonyok kiegyenlítését oly formán eszközöljék, hogy a vámsorompók mindkét részről fenhagyatván, egyedül a fél vagy egész gyárkészítmények a viszonyosság és méltányosság elvénél fogva — mind az által úgy a kivitelre, mint behozatalra nézve egy arányba vámoltassanak, — a nyers termények pedig mindkét esetben mindig vámmentesek legyenek.

10-szer. A jobbágyi tartozások és szolgálatok örök megváltásának üdvös eszméje, eddigi tapasztalás szerint, egyedül engedélyes törvények által ki nem elégíthetvén; követeink sürgessék az e részben szükséges kötelező törvény megalkotását, úgy hogy előbb egy választmány bizattassék meg, mely a fajzási, legeltetési és szabályozási viszonyokra különösen figyelmezve, a közállodalom (status) hozzájárúlásával legczélszerűbben eszközölhető örök megváltás módjáról, kimerítő javaslatot adjon.

11-szer. Az 1836. 2. t. czikkelyt oda módosítani igyekezzenek, hogy mindazok, kik vasútvonalak létrehozására vállalkoznak, e végett a törvényhozó testület engedelmét kikérni tartozzanak. Ez alkalommal, a múlt országgyűlésen tárgyalt vasútvonalakra nézve a rendek által kifejtett nézetekhez alkalmazva magokat. — Verőcze megyének a vukovár-fiumei vasútvonal iránti felszólítására nézve, várják be követeink a társulat által megrendelt fölmérést s ennek eredményét további intézkedés végett annak idejében közöljék, mindenesetre odautasítatván, hogy a vukovár-fiumei vasútvonal eszméjéhez pártolásukkal járuljanak, a társulattal 4 és 5-ös kamat biztosítás melletti egyezkedést elősegítsék, s az egyeskedési feltételek egyike legyen az is, hogy a vaspálya építésnél, a mennyire lehet, honi vasgyártmányok használtassanak, s magyar egyének alkalmaztassanak. Mindenesetre pedig magánosoknak nyittassék út igazságos engedmények által ilynemü közvállalatokra, úgy hogy a vitelbérek mindég országgyűlésen alapítassanak meg s ott elfogadott terveik kivitelében a kormányi tanácsnokság által ne gátoltathassanak — de azoknak haladék nélküli kivitelére feljogosítva legyenek.

12-szer. A szellemi s anyagi fejlődést érdeklő tárgyak folyamatjának időnkinti hosszabb megszakítása, ugyanennyi káros visszalépés a nemzet életében, azért követeink mindannyiszor sürgetni meg ne szünjenek, hogy az ország gyűlésének évenkénti s bizonyos időben leendő tartása s követeknek mindig három évre leendő megválasztása törvény által kimondassék, s ez esetben, nehogy a két tábla közt eddig tapasztalt hosszas vitatkozások által az országgyűlési tanácskozások czélja hiúsúljon — három és három üzenetnek váltásával a felvett tárgy vagy bevégzettnek — vagy a

jövő országgyülésig — hol annak fölterjesztését a rendek sürgetésére többé akadá·
lyozni ne lehessen — letettnek nyilatkoztassék.

13-szor. Egyik országgyüléstől másikig szaporodni· tapasztalt sérelmek legin-
kább onnan keletkezvén, mivel az egy személyben pontositott biró és tisztviselő, kü-
lönböző hatáskörének irányát megtévesztve, gyakran szerepeket cserél, mellözhet-
len : hogy az igazgatás a biráskodástól elválasztassék — s mindkettőnek hatásköre
kijeleltessék. Ennélfogva követeink oly törvénynek alkotását sürgessék, mely a can-
cellaria, helytartótanácsi- és megyei hatóságot egyedül közigazgatási tárgyakra szo-
rítva, a summás visszahelyezési, nemességi, úrbéri s rövid osztályos örökösödési pö-
röket is rendes biró elébe adván — ott fokonkénti feljebbvitel utján a hétszemélyes
tábla legfelsőbb vizsgálata alá tartozzanak, s ennek folytában a ker. táblai, úri széki,
alispáni és szolgabirói biráskodások is megszüntetvén, a megyében állandó törvény-
székek alakítassanak, melyeknél minden ügyek első folyamodás útján elintéztessenek
a királyi és hétszemélyes tábla pedig egyedül feljebbvitel útján itélhessen. Ezek sze-
rént a pörlekedési rendszernek megváltoztatása szükséges lévén, követeink ennek ki-
munkálását s életbeléptetését, s ha ez nem sikerülne, eszközölni igyekezzenek oly
törvényes intézkedéseket, melyek által a szóbeli rövid osztályú és örökösödési pörök-
ben tapasztalt hiányok s visszaélések, különösen pedig a gyakorlatba vett felsőbb pa-
rancsolatoknak határozott elzárásával, megszüntessenek.

14-szer. Mindazon tárgyaknak, melyek mult országgyülésen bevégzetlenül ha-
gyattak, tanácskozásba vételét s befejezését s már több országgyülésen felterjesztett
előleges sérelmek orvoslását sürgessék, különösen pedig sürgessék :

a) Erdély testvérhazánknak visszakapcsoltatását, mire nézve egy országos vá-
lasztmány lenne megbizandó, mely ő felsége által, Erdély részéről is eszközlendő
küldöttséggel értekezve, mind két hazának viszonyait különös egyezkedéssel kiegyen-
líteni igyekeznék, s munkálkodása eredményét jövő országgyülés elébe terjesztené.
Itt leszen helye az erdélyi részek visszakapcsolását rendelő törvény betöltését erélye-
sen szorgalmazni.

b) A királyi városok szavazatának s elrendezésének, a kor igényeihez és sza-
badabb elvekhez alkalmazva leendő törvénybe igtatását, nemkülönben Turopolya,
Jász, Kún és Hajdú kerületek, szepesi 16 városok, szabad községek és mezővárosok
sorsának elintézését.

c) A hitelintézetnek a rendek által múlt országgyülésen lefektetett elvek sze-
rénti felállítását.

d) A szabad sajtónak nem megelőző (praeventiv), de megtorló (repressiv) elve-
ken alapított törvény általi elintézését, s a törvényeken kivül létrehozott könyvvizs-
gáló intézetek sérelmes müködésének megszüntetését s ezzel együtt a nyilvánosság és
szólásszabadság biztosítását.

e) A póstáknak Magyarország érdekében leendő rendezését.

f) A katonai szállásolásnak és élelmezésnek a múlt országgyülési felterjesztés
értelmében leendő megváltását.

g) A népnevelés rendszerének törvény általi megalapítását.

h) A büntető és bánya törvénykönyveknek a múlt országgyülésen megvitatott,
s a rendek részéről pártoló elvek szerinti életbeléptetését.

i) A görög nemegyesültek vallásbeli viszonyainak kiegyenlitését, s általában
azt, hogy a keresztény vallásnak bármi felekezetü hivei, a kölcsönös jogokat és viszo-
nyosságot, minden tekintetben biztosító törvények oltalma alatt egy arányban
álljanak,

k) Azon pontoknak, melyek a magyar nyelvre nézve, Ő felsége jóváhagyása alá terjesztettek, törvénybe leendő igtatását, egyszersmind a keleti egyház szertartásaihoz megkivántató magyar könyveknek országos költségen leendő kinyomatását.

l) A követ- és tisztválasztásoknál tapasztalt kicsapongások és visszaélések meggátlására múlt országgyülésen a rendek által készített szabályoknak törvényesítését.

15-ször. Zabolch megye felhivása következtében, s általa kifejtett nézetekbeu osztozva, emeljenek szót az időközben rendszeresitetni czélzott főispánhelyettesi hivatal ellen, felhozva törvényeink sérelmét, melyek szerint hivatalokat fölállítani, fizetéseiket és hatáskörüket megszabni, egyedül a törvényhozás köréhez tartozik ; felhozván egyszersmind Zala megyével azon visszaéléseket, zavarokat, botrányokat, — melyeket Honth és Bihar megye főispánhelyettesei előidéztek, s igy tapasztalásból tanúsították azt, mikép rendeltetésük nem a közigazgatás javítása, mint inkább a megyei hatóság törvénytelen megsemmisítése.

16-szor. A szorgalom és iparüzéstöl ünnepnapokon elvont kezek henyéltetése miatt, az egész honra háramló veszteség kikerülése végett, az ünnepnapoknak vasár- napra leendő áttételét követeink eszközölni igyekezzenek.

17-szer. A vadászati törvények úgy alkottassanak, hogy senkinek máséba vadászni joga ne legyen, a vadak által okozandó kárt az illető birtokosok térítsék meg, s nékik tétessék kötelességül a kártékony állatokra, eddig szolgabirák által gyakorlott vadásztatás is.

18-szor. Az országos pénztárak számadásainak czélszerübb vezetése egész ki - terjedésben, országgyülés elébe leendő terjesztése s megvizsgálása iránt czélszerü szabályok hozatalát sürgessék.

19-szer. A zsidók polgárositása tárgyában, ha az szönyegre kerülne, e megye szelleméhez, s eddig hozott végezésekhez alkalmazva nyilatkozzanak.

20-szor. Követeink addig is, mig a fölajánlandó közadó mennyisége iránt utasításunkat veendik, mindenesetre figyelmeztetnek, hogy azon határidö, meddig az adó beszedhető lészen, azon túl pedig semmi esetre sem, — világosan kitétessék, egyszersmind azon legyenek, hogy az adóviselésben a horváthokra nézve semmi külömbség se tétessék, s az erdélyi visszakapcsolt részek is, az adófizetésben aránylag részesítessenek .

21-szer. Egy müegyetem felállitását, úgy, hogy az tökéletesen nemzeti legyen, és minden olyatén vállalatokat, melyek a nemzeti jólét elömozditását czélozzák, követeink teljes erővel pártolják, pártolják néhai Horváth István könyvtárának az ország részére leendő megszerzését, pártolják továbbá Zala megye által felhozott nézetekken teljesen osztozva, Zágráb és Túrmezö sérelmes panaszait, és Heves megyének, hatósági eljárását mellözve, királyi biztost rendelő felsőbb parancsolat elleni felszólalását — s min⁷ ahhoz, mi tanácskozási szönyegre kerül, mihelyest általa, akár sérelem orvoslása; akár a nemzet felvirágzása czéloztatik, az itt kimondott elvekkel s törvényekkel egyezőleg járuljanak.

II. FEJEZET.

Gömör-Kishont lakossága néprajzi és népmozgalmi tekintetben s a kórtani és közorvosi viszonyok.

I. A néprajzi viszonyok.

1) Népfajok, szójárás, testi alkat.

Az iró rendesen elfogadott kapta szerint jellemzi az egyes nép-
fajokat; Gömör megyében ennek nem nagy hasznát veszi; mert a ki
itt a különböző népfajok között csak némi búvárlati képességgel is
fordúl meg és azokat nemcsak egymásmellett, de egymással való sok-
féle összevegyülésökben, közvetitő életmódjuk kölcsönös egymásra-
hatásában akarja tanulmányozni: annak azon szokásos jelzésmintát el
kell ejtenie s magát az emberrajz, a népélet, a szellem- s kedélylét
felötlő benyomásának elfogulatlanúl átengednie. Az emberisme igen
nehéz tan; e czélra évek során át kell a néppel érintkezni. Midőn
Rimaszombat városa a magyar természetvizsgálókat hazafias lelkese-
désével a maga, illetőleg a megye kebelébe hivta, bennünket egy egész
megye néprajzára nézve készületlenségünkben lepett meg és igénybe
vett rajzunk kiállitását rövid időhöz kötötte. Meg kell tehát jegyeznem,
hogy megyénk mozaik ethnographiáját részvények útján állitottuk
össze; több kortárs és egykét lelkész urak pontozatos kérdéseimre ada-
taikat szivesen küldték hozzám; időszakonként húsz év alatt a me-
gyét magam is keresztülkasul utazgattam és népéleti jegyzeteket is
gyüjtögettem, mindezek daczára a köznépre vonatkozó e rajzomat
csak a további búvárkodásra alkalmatos kezdettöredéknek tekint-
hetem.

Gömör megye lakosai **magyarok** (83 ezer); **szlávok** (80
ezer) és **németek** (5—6 ezer). A czigányok a többiek közé
számitvák; a **zsidók** (2 ezer) 1848 után kezdtek települni, beván-
dorlással is folyvást szaporodnak.

A **magyarok** a megye déli felét lakják, legnagyobb részben

tiszta magyarsággal szólnak; palóczok délnyugaton Söregen, Al-
mágyon, Péterfalán, Czereden, Dobfeneken és Báston laknak; a
barkók pedig délen, az u. n. Erdöhátat foglalják el; szójárásuk
tisztább a palóczokénál, ezeknek mégis sok szavaival és kiejtéseivel,
élnek. Például: szap (kemenczeoldal), szapaly (mellette levő pad),
kostros (borzas), pást (gyöp), biczköl (szundikál), sútú (sajtó), mancs
(fagolyó, melylyel a palócz fiuk játszanak), bomlik (ingerkedik), lohol
páhol (megver), morvány (fonott kalács), hideg étek (kocsonya), gyük
(gyökér), megest (megint), peg (pedig); ev kjék menni a papnyi (el
kellene menni a pap lakába), dóga vóna (dolga volna), óma, szíva
(alma, szilva), feteke göbre (fekete bögre), galyavér (gavallér) stb.
Vannak saját kifejezéseik is, például: belejke (függő bölcső), ingesz-
tel (ingerel) stb. Különös az, hogy nincsen semmi öntudatjuk arról,
hogy ők palóczok vagy barkók, de a mely barkó tudja magát annak,
arra büszke. — A rosnyói szójárás is eltér a tiszta kiejtéstől, például:
embör, Dányiöl (Dániel); mentel, ettel (mentél, ettél); epörnye (sza-
mócza); vol̃am Garaynot (Garaynál); megyek Radványinyi (Radvá-
nyihoz). E szójárás annyiból rosz is, hogy sok tót és német, még néha
a műveltebbek által is öntudatlanul használt szóktól hemzseg: például:
nyitölnyi (forrasztani), kröpöl (fánk), szmuditani (perzselni), dremo-
tárni (szunyadni), kopincz (kalapács), peneurák (szepegomba), mantli
(köpeny), kloka (kotlós tyúk), pratálni (rendezni), klipogni (dobogni),
spaisztrun (élés láda), kropilkodik (szemzik), rajnyulka (serpenyő) stb.
Végre a szlávoknak nagy része beszél magyarul, de ezen a tótos éke-
zés és hangejtés könnyen felismerhető.

A magyar rendesen közép-termetü, (Serke körül zömök ala-
csony; magas szálúak nemcsak szórványosan, de tömegesen is talál-
tatnak, Bénán a férfiak és nők is kiválóan magasak); arányosan kifej-
lett csontvázu, erős izomzatu, széles domború mellkassal, inkább ke-
rekded arczczal, gömbölyded fejjel, barnás bőr- s hajszínnel; testben
nem hízik el, karcsú és hajlékony; barkó és palóczvidéken a bőr és
hajszin nem igen barna („se nem szőke, se nem barna, magyaros"), és
a gyermekek széltiben szőke hajuak. A magyarfaj nálunk mind két
nemben arczvonásaira nézve a nehéz kereset, a gondteljes vagy ren-
detlen életmód, illetőleg gyermekágyi kiméletlenség következtében 35
éven túl a valóságnál öregebb kort mutat; kivált a nőknél tapasztal-
hatni ezt.

A szlávok több válfajú népiséget mutatnak. Legrégibb lako-
sai e megyének a régi szarmaták, quádok, jazigok, krobátok és ven-
dek maradékai, kiket hona alkotásakor a magyar már itt talált. Ezek

tóto k vagy s z l o v á k o k a liptó, túrócz, zólyom és a t. megyeiek-
hez hasonlók. — A tizenötödik században husszita c s e h e k nagy
számban települtek Oláhpatak, Ratkó, Kövi, Balogh, Jánosi, Feled vi-
dékeire és a Rimavölgyön Tiszolcztól le Rimabányáig több helységek-
ben; később az 1626-iki fehérhegyi csata után a kimenekült protes-
táns csehek közül újra erős szám települt le ide a régi rokonok közé;
ezek sokban tartották meg cseh szokásaikat, némely helységekben
(Gesztes, Bugyikfala) maguk között még cseh nyelven, különben tótúl
beszélnek; 1864-ben halt el Gyubákón egy 80 éves utolsó husszita, ki
régi vallását tartotta és hogy mely vallás szerént temettessék el, a lel-
készek között vita támadt. — A r u t h e n e k vagy k i s o r o s z o k,
nem tudni mely időben, Pacsán, Uhornán, Sumjáczon, Vernáron, Tel-
gárton települtek le. — L e n g y e l e k e t Forgács család telepitett le
a múlt század végén Forgácsfalán, Ottilián, Drabszkón stb., kik családi
köreikben még lengyelül beszélnek, máskép a vidék tót szójárását
használják. Ezen négy sláv nemzetiségü válfaj sokfelé elszórt letele-
pülésével, egymássali érintkezésével nyelvéből annyit kölcsönzött egy-
másnak, hogy némely vidékről azt lehet mondani, a mennyi falu, any-
nyi a szójárás (Sajóvölgy), melynek leirására külön nyelvészeti munka
kellene. Bibliai és egyházi nyelv a tót evangelikusoknál a régi cseh; az
egyesült óhitü ruthéneknél a régi szláv vagy kyril, mely holt nyelv
egész Keleten az óhitü szlávságnak egyedüli egyházi nyelve; a katho-
likus tótoknál a Hatala-Viktorin-féle tót vagy slovák nyelv, mely csak
is Magyarországon az irodalom és „matica" elfogadott nyelve. — A tót
elem nagy vonalban lakik a magyarral, melyen viszonyosan beszélik
a két nyelvet oly formán, hogy tiszta magyar falu felett van vegyes
tót- és magyarnyelvü helység, e felett tisztán tót: csak önzéstelen és
részrehajlatlan kutatások derithetnék fel a két nyelv közül melyik bir
több olvasztó erővel Gömörben. Homola tiszteletes úr közlése szerint
Szkáros, Visnyó és Felfalu, eredetileg cseh telepek, az első egészen, a
két utóbbi vegyesen magyarosodott el; ennek ellenében felhozhatom,
hogy P. Ardó, Hosszúszó és Dobócza, tót szigetek a magyar elem kö-
zepében századoktól mai napig megtartották tót nemzetiségöket; és
Csetnek, Betlér, Tiszolcz német telepitvényei nyom nélkül eltótosodtak.
Söt még e tekintetben az sem döntő példa, hogy a jánosi és feledi husz-
sziták egészen elmagyarosodtak, kiknek test- és szellemvonásaiban kü-
lönben a magyarétól elütő természet igen szembeötlő.

A szláv lakos egyöntetü testalkattal nálunk nem bir. A közép
hegységben és a Rimavölgyön lakó husszíták maradékai alacsonyabb
termetüek, erősek, izmosak, a testrészeknek kiváló arányosságával,

barna, Röcze vidékén szőke hajjal ; a magasan fekvő **határhegységi**
völgyeket lakó tótok magas termetüek, erősen kifejlett **csontvázzal, rö-**
videbb mell· és hosszabb hassal, aránylag nagyobb fejjel, **szőke haj-**
színnel ; ilyenek a garamiak, Redova, Nagy-Szlabos, F. Lehota, **Kokova,**
M. Hosszúrét, Ráhó és egyéb helységek lakosai. Alantabbi **völgyek-**
ben ily erős alkat mellett barna hajúak és mozgásaikban **nehézkesek**
(Sajóvölgy); a hegyi vidékek lakói nyúlánk magasak, vékony **cson-**
túak, szőkék, soványok, könnyen mozgékonyak ; a bányákat **mivelők**
gyakran törpébbek és satnyák. A N. Szlabos vidékbeli nők **magas-**
ságra vetekednek a férfiakkal és kiválóan szépek ; eszményképök kö-
vetkező : a kissé sápadt hosszú arcz kellemes vonásaival, **szép nagy**
kék szemeivel, klárispiros ajkak — és villogó fehér fogakkal kitünő ;
hajuk szőke vagy barna, az öntetes karcsu testök bőre igen **fehér, és**
nem kövérek. A csehek közül a gesztesi nők szintén szépek, **kevésbbé**
magas termet mellett, gömbölyü piros arczczal testesebbek. A **forgács-**
falvi asszonyok csunyák, és talán e miatt nagyon termékenyek : **ritkán**
de biztos foganattal szerettetnek.

A **német** nemzetiséghez tartozókból csak egy sziget **telepit-**
vény van Dobsina városában (5600) ; 1326-ban vándoroltak be **Szász-**
országból. Szójárásuk a régi német (plattdeutsch), melynél **fogva bi-**
zonyos hangzókat felcserélnek és az r betüt sajátságosan ejtik : **Bosser**
(Wasser), Bein (Wein), Bóld (Wald), buhin (wo hin), Peck **(Bäck).**
Kiach (Kirche). — Testalkotása a dobsinai szásznak közép **magas-**
ságu, jól kifejlett arányos csontvázzal ; haja szőke , bajusza **barkója**
ritka ; sápadt arczán a járomcsontok kiállók, a világos szinü **szemek**
mélyen fekvők ; az egész alak kissé görnyedt, egészben **sovány , de**
igen erős izomzatú ; a kékenyre (Kobalt) való bányamivelés **a nemze-**
dék erejére és tartósságára kártékony befolyással bir, a **kékenyben**
sok mireny (Arsenik) lévén. A hasonló alkatásu nők **egészségesebb**
és jobb szinben vannak.

A **czigány** nálunk is olyan, mint másutt ; ő bár **öntudatlanúl,**
a tettleges bölcs : csekélyli ezt a világot, a holnappal nem **gondol és**
készlete semmiből sincs, élvén a szentirás szavai szerént „non **congre-**
gant in horreis, pater coelestis pascit illa". Éhhassal henyél, **vagy ké-**
reget inkább, mintsem dolgozik ; a falu végen lakik, nyárban, **ha egyebe**
nincsen, nagy tüz mellett vizet főz ; télben nyitott kunyhóban **félmezte-**
lenül a földön szeget csinál ; jobb része népzenész. A **nemzetiség sze-**
rint, mely között lakik, van t ó t c z i g á n y és m a g y a r c z i g á n y,
a szerint megörzött ős nyelve is tót és magyar szavakkal **kevert.**

2) Népviselet.

A **magyar** férfi nyirott rövid vagy hátrasimitott, erősen zsiro-
zott hosszú hajat, fiatalja divatos körhajat is visel; borotválkozik, ren-
desen csak bajuszát hagyja meg, mely néha haja szinének daczára,
szőke; nyárban széltiben szalmakalapot, vagy különben nemez csár-
dáskalapot és kucsmát hord; ing és gatya, hozzá adván gyakran posz-
tómellényt és fekete nyakkendőt, legszokottabb öltözéke; a csizma ál-
landó láböltö; a palócz többnyire mezitláb jár, a csizmát mint illemi
ruhaczikket ünnepicsb menetelre magával viszi ugyan mind a két nem,
de azt csak a megállapodási helyen ölti fel; hidegebb évszakban vá-
szony, vagy posztónadrágot, báránybőr mellényt, fehér szürt vagy csu-
hát hord, melynek alól kötött újja — a csuhúj — a tarisznyát pótolja;
Rimaszécs vidékén szürke vagy fekete fürtös gubát, és bundát visel.
Az asszonyok kontyba kötött haj felett tarka vagy fehér főkendöt, ma-
gyar fekete fejkötöt ünnep napokon csak a fiatalabb nők viselnek; a
többi ruhakellékek az ingváll, sujtásos vagy pitykés mellény (bruszli),
sötétszinű szoknya és kötény, posztó kabát és rövid ködmön. Igen tet-
szős a magyar parasztok — mód szerinti — ünnepi öltözéke a férfi-
aknál: perge kalap szalaggal, strucz-, páva-, túzoktollal, árvaleány
hajjal, vagy virágbokrétával ékesitve; selyem nyakkendő; bő gyólcs-
ing; ólomgombos mellény; zsinóros fekete, kék vagy barna dolmány
és nadrág; sarkantyús kordováncsizma; rózsák és tulipánokkal kivar-
rott fehér szür. A nőknél: arany vagy ezüst fökötő, fekete csipkével,
bolti virágkoszorúval, és nehéz széles selyemszalaggal diszitve; virá-
gos selyem vagy kivarrott kis tülkendö és nagy szemü fehér álgyön-
gyök a nyakon; átlátszó szalagcsokros ingváll; zsalyi (sál) veres, virá-
gos nagy kázmérkendö; zsinóros mellény; rövid gyapjuszoknya arany
vagy ezüst csipkével, pántlikával felékesitve; veres, selyem vagy át-
látszó fehér kötény; hegyes sarkú kordovány csizma; zsinóros fekete
posztózeke, vagy rókaprémes zsinórral, bojttal és rézgombokkal czifrá-
zott mente, mely ruhatárának fő kincse. (Lenner M.)

A **tót** férfi hosszú, hátratolt hajjal jár; egészen borotválja állát,
legfeljebb nyirott kis bajszt és kevés barkót hagy meg; fejét igen ter-
jedelmes, szélben felhajtott karimáju, középen sekély, gömbölyü búbú
kerekkalappal fedi, mely oly nagy, hogy napfény és cső ellen törzsének
haránt köriméjét egészen takarja, és hegyi tanyákon vizedényül is szol-
gál, mennyiben a felső felületébe meritett forrásviz bő mennyisége egy
szénagyüjtö vagy nyájatörző egész társaság szomját elégíti ki. Télben

báránysipkát is visel. Ing és gatya, csizma vagy bocskor és irhaöv
(tüszö, opaszok), ezekfelett gyakran rézgombos posztómellény, rendes
nyári öltözéke; az ing oly rövid, hogy hón alatt csak 2—3 hüvelyknyi
hosszú, mert ez alatt törzsét a lábnyi széles, elöl több fényes sárgaréz-
csattal füzött irha öv fedi, mely terjedékes tárczát helyettesit; a bocskort,
melyet ügyesen feltekert szijjal a lábszárhoz csatolnak, a hegyi lakosok
széltiben hordják; általjában a tót ritkábban jár mezitláb mint a ma-
gyar, de gyakrabban meztelen nyakkal: a fekete gyapot nyakkendő
nélkülőzhetőbb. Téli öltönyei: szür posztóból készült magyar szabású
fehér nadrág, báránybőr mellény, hosszú fehér szür (sirica, szurovica),
vagy hosszú ködmön. A hegyi lakosok meredek járás kelésöknél ily
nehéz felöltöt nem viselhetnek, itt a térdig érö fehér, ritkán barna szür
posztóból készült gallérnélküli zubbony (kabanica) van divatban, néha
a legcsikorgóbb időben is csak derékig érö. — Az asszonyok ál-
landóan hordják a czérnából kötött fehér fökötöt; azt a fejhez szorosan
füzni szeretik, ez okból sok helyütt esküvö után a menyasszony hosszú
haját le is nyirják; ha illemmel kell megjelenniök, a fejkötö fölé szi-
nes vagy fehér nagy kendöt kötnek; Ujvásár és Röcze vidékén ekkor
is a taréjos fekete vagy fehér fökötö marad a fejdisz; a kontyot né-
mely vidéken (Ispánmezö) szalaggal takart huzalkosárkába (kvosik)
foglalják, másutt az úgy nevezett kikába. Ez husszita fej-ék, mely
nyitott legyezö vagy pávafarkalakban hátul a fej felett emelkedik,
váza faabroncsból áll és fehér patyolatkendövel ránczosan bevonva
homlok körül a kontyhoz köttetik; divatja már szünöfélben van, még
csak a vénasszonyok hordják, megyénkben egyedül Valykón, és a
szomszéd Nógrád, Csehbrezó, Poltár, Kánó és Berzencze helységeiben.
Továbbá ingváll felett szines tarka derékot, télben áttört rézcsatokkal
kapcsolt, térdig lenyuló posztó — vagy ködmönzekét viselnek; a he-
gyek között igen jellemzö fekérfekete sávos szörkötény használata van
elterjedve, melyet kender- és gyapjúból maguk készitenek. Szoknyá-
jok sötétszinü vagy egészen fehér vászonykelméböl; láböltöül pedig
csizma, télben gyakran fehér botos szolgál.

A dobsinai szászok télben és ünnepkor sötétszinü posztóból
készült magyar nadrágot, dolmányt és széles karimájú tót kalapot, út-
ban felsö öltönyül csurapét és bundát viselnek; nyárban ing-gatyában
s csizma helyett gyakran faczipöben járnak. Minthogy a férfiak legna-
gyobb része bányász, van mindegyikének a selmeczihez hasonló bá-
nyászegyenruhája is. A nök a fejidomhoz erösen feszített káposztale-
vél alakú likacsos fehér fökötöcskét viselnek, melynek kedveért a
menyasszony legszebb haját is kénytelen feláldozni, ezt mindenkor le-

nyirják; a nagy fejkendő és egyéb ruhájok is sötétszinü kelmékből készül; gyapottal vagy báránygereznával bélelt posztózekét is viselnek.

3) Táplálkozás.

A köznép élelme túlnyomólag növényi, a hús és szalonna élvezete a megye alsó felében és a felsőnek völgyeiben lakó vagyonosabb lakosoknál gyakoribb : a hegyi lakos néha félévig sem jut húshoz. A miatyánkos főeledel a rozskenyér; a magyar gazdasszony szükség esetében kukoriczalisztből is készít kenyeret, melyet, hogy sütés alatt öszszetartson, rozstésztával szokott bekenni; a zabkenyér, mióta a silányabb vidékekre is bevitték a tavaszi rozs termesztését, már a hegyi lakosoknál is ritkább, kiknek azonban a rozskenyér is csak zabliszttel vegyitve jó izü. A kenyeren kivül a m a g y a r n a k legszokottabb eledele nyárban : saláta-sóska főzve; „f e h é r l é“, mely sós, tejjel savóval vegyített forró vizből és apritott kenyérből áll; gyúrott tészta szárazon tehéntúróval vagy főtt levében kevés tejjel zsir helyett; aratáskor füstölt disznóhús. Télben : sült tök (úri, néha disznótök is, hogy sok ne fogyjon) kenyérrel, burgonya, káposzta, főzelék; ünnepkor marha, lúd és tyúkhús, ezek inkább főzve, és a sokféle kalács. Étkezéskor csak az öregebb férfiak ülnek az asztal körül, a család többi tagja ettöl bizonyos távolságban érintkezik a gözölgö tállal. — A felső t ó t vidéknek a burgonya annyira főeledele, hogy például a garamiak néha évszakon át kenyeret nem sütnek, egész nap a burgonya járja, böjtben reá öntött forró káposztalével; a parasztnö ilyenkor csak néha süt forró hamuban egy-egy pogácsát, — főzelék itt csak a jobb módúaknál találtatik; legszokottabb lé a „f u c s k a“ rozs- vagy kukoricza liszt leöntve forró vizzel, kevés tejjel vagy zsirral habarva, hasonló sokban a magyar „fehérlé“hez; öszkor a besózott juhhús és túró, télen disznóhús, aratáskor aludttej az élelmi sorozat. A juhász és bojtárféle hegyi lakosok fél éven át szintén csak kenyeren és savanyú juhsavón élnek. A bányászok főeledele egész éven át a burgonya- és rozslisztből készült felvert haluska, melyet a hegyi karámban maguk *főznek*, húst csak odahaza esznek. — Főfényüzési ital nemzetiségi kivétel nélkül a pálinka; a magyar is napszámmunkánál abból álló „á l d o m á s á t“ — háromszor napjában — bére igen lényeges részének tartja, reggelen kivül azonban a bornak elsőséget adna. Minden férfi lakosnak főélvezési szenvedélye a dohányzás, dohány hijában a bagózás. A tótnak, különösen a garaminak jellemző modora van a pipatöltésnél : vágott d o h á n y á t markában megköpi, öszvegyúrja, ezzel töltött

makra pipáját a tüzbe teszi, — útban e czélra maroknyi szalmát gyújt
meg — és mikor a dohány jól átmelegedve forrni kezd, leve néha a
csutora végén is szortyog, akkor gyújt rá és boldogító érzéssel kezdi
meg a dohány pöfékelését; igy a dohány igen csipős, s kábítóbb lesz
és lassan ferken.

4) Lakházak.

A megye alsóbb magyar vidékein a régibb házak fából, néhol
paticsból is vannak építve; az újabb házak itt, úgy mint a megye kö-
zép harmadán lévő helységekben, legtöbbnyire cseréppel fedett vá-
lyog-, kő- és téglából, a felső vidéken, a hegyeken fazsindely tetővel,
tisztán fából építvék. A szilárdabb anyagu újabb épitvényeket kivéve,
a parasztházak mind kéménynélküliek. A ház belső felosztása minde-
nütt egy minta szerint van berendezve: a pitvarból egyfelöl nyilik a
tágas lakószoba, másfelöl a sötét kamara szelelő lyukkal ellátva. A lak-
szobának negyedrészét a koczka alakú, 4—5 láb magas kemencze fog-
lalja el, magyaroknál a „búbos", mely fütésre és kenyérsütésre hasz-
náltatik; előtte van közvetlen összeköttetésben a kandalló, a főzés és
világítás helye padranyiló kürtőjével, mely a két tüzelő hely füstjét a
padba viszi fel. A hegyekben láttam még a kemencze belső szögleté-
hez egy kissé magasabb kandallót ragasztva, mely fenyő és egyéb szá-
rított forgács benne való égetésével egyedül a világításra használtatik,
midőn a nagyobb kürtő alatt a tüzelésre többé szükség nincsen. E szo-
bában a mestergerenda régi felirásaival ritkán hibázik; ezt a magyar
vidéken a középen egy fenálló támoszlop is, a „boldoganya" tartja,
melynek faszögeiről lógnak: a szür, tarisznya, lószerszámok és egye-
bek; a szobában szokta a palócz gazdasszony aprómarháit, sőt mala-
czos koczáját is megetetni, de elhajtás után tisztára sepri a szobát. A
felvidéken azonkivül, hogy sokan lakják a szobát, tyúkokat, sertést, uj-
don ellett borjút is befogadnak társaságukba; a kemencze körül szá-
rad a mosott ruha, mesterségeknél a nyers agyagedény, kosarak, fa-
eszközök; néha még a hordóra vert káposzta is ott kél és savanyodik.
Adjuk hozzá még a szobának gyakori füstjét, koromszagát, a szellőz-
tetés absolut mellőzését, a talajnak nedves agyagvoltát, a faépületnek
nedvszivó természetét, abban a büdös „acanthia lectucaria"nak köny-
nyü befészkelését és szaporodását, a szénsavgőznek a kürtő időnek
előtti bedugásától származott elterjedését: akkor lehet képzeletünk a
szobai légnek egészségtelen voltáról, melynek itt a lakos többé-ke-
vésbbé ki van téve. A Garamon az ágytól eltiltott vének alszanak a
kemenczén, kik a papnak már ágybért sem fizetnek; a fiatalok a sötét

kamrában hálnak, mely a család ruha- és éléstára, hova duna alá néha
a beteget is helyezik. A lakszoba ajtaja kivülről egy kis lyukon le-
függő zsinórral emelhető facsappantóval vagy eső násfával záródik; la-
katra csak a pitvar ajtaját csukják, ha üresen marad a lak. A házak
egyéb gazdasági részei: az ólak, pajta, félszer, csűr, hátrább, leggyak-
rabban fábúl épitvék. A lakházzal átellenben itt-ott a tűzbiztos ham-
bár vagy magtár áll.

Ha egy csupa kéménynélküli faházakból álló és fazsindelylyel
fedett hegyvidéki helységhez közeledünk, melyben tehát hibáznak a
vidám fehér falak, a súgár kéményekből emelkedő kék füstoszlopok és
többnyire a gyümölcsösök szép zöld lombjai is, akkor az ily házhal-
maznak fakó szine és a széles háztetőkön elterjedt füstlepel szomorú,
lehangoló benyomást eszközöl reánk; és gondolkozásunkat önkényt a
könnyen eshető tüzvész rombolásaira és annak fürkészésére irányozza,
mi lehet oka és haszna a kémények hiányának? És valóban a lakost
folyvást éberségben tartja annak tudata, hogy tűz által laka és épüle-
tei földig leéghetnek; ezért tüzelő helyére nagyon vigyáz: nagy szél-
ben tüzet nem rak, vagy a felett a ház lakóiból egyet őrködni hágy;
ez ébersége felmenti őt a tűzkár elleni biztosítástól, mely ily vidéke-
ken eddig igen kis mértékben vétetett igénybe, mert tudja, hogy tüz-
vész náluk a legritkább szerencsétlenség; Sumjácznak legvénebbjei
sem emlékeznek házégésre. Ha pedig a kémény hiányának okát kér-
dezzük töle, azt nem tudja megmondani, csak azzal válaszol, hogy sok
költségbe kerülne, és hogy itt nem szokás másként építeni. Szerintem
e régi szokásnak oka a fütés rendszerében és a tüzhely architectúrájá-
ban rejlik. Konyháinkban a kéménynek két-három falalapja van, mely
biztosan tartja meg a ráépített kéményt; ezen lakoknál pedig mélyen
a szoba közepe felé esik be a tüzhely, mely egy kémény ráépítésére
gyenge, nem biztos, nem alkalmatos, más modorban csakugyan költsé-
ges; lehet ezenkivül, hogy a tető fölé kinyiló hosszú kémény erős lég-
huzásával igen kihütené a lakot, és ebbe erős szelek idejében tömege-
sebben lökné vissza a füstöt, mint a szél hatását gátló tető alatt nyiló
mostani kürtőnél. Meg kell még jegyeznem, hogy a kürtőnek padoni
nyilása, a szobában függő zsinór kezelése által sarkonhajló fedővel zá-
rathatik; az alsó vidéki magyarok azt egy póznára tüzött és rongyok-
kal kötött kóczcsomóval dugják be. A pad tehát a ház füstgazome-
terje, melyben húst és szalonnát füstölnek, szuszékokban gabnanemüt
tartanak; az egész egy lomtár, melynek szarufakötéseire néhol ösztö-
rün még a tyúkok szálnak fel hálás végett, és melyből a füst zsindely-
réseken át szabadúl ki.

5). Ész, érzelem, miveltség.

Valamely népfaj csak ott szemlélhető észjárási és érzelmi sajátságában, hol tisztán, idegen fajelemek nélkül nagy kiterjedésben és tömegben lakik. Gömörben, miként némely szójárások, ugy az erkölcsök eredeti jellege is többé kevésbé elmosódott. Eltérő fajoknál a helyzet egységéből támadt közös vonások kevervék azokkal, melyek a faj jegeczalakját sajátlag bélyegzik. Rajzunk e legnehezebb töredékét hizelgés és kimélet nélkül adjuk, egyéni nézetképen úgy, miként azt mi és tudósítóink valóban észleltük.

A gömöri magyar eszes, leleményes és ügyes; az állami és hatósági felsőbbség tekintélyét elismeri és tiszteli; erkölcsisége és vallásossága jó, különösen a nők mély vallásossággal ájtatosak; szeret másoktól tanácsot kérni, de maga eszén jár (barkó); a munka nem kedvelt foglalkozása, jól dolgozni másnak még pénzért sem szokott (palócz); szereti függetlenségét, de azt nem egész jellemével védi, nem mindég őszinte, a barkó gyakran ravasz; igen bátor, de néha gyávaságot is követ el (Sajó és Szárazvölgy); a palócz mivelt ember irányában alázatos, háta megett kigúnyolja; a sajómelléki tiszteletet mutat, de maga körében kikel az úri rend ellen; háztartásában, viseletében szereti a tisztaságot és rendet. Az Erdőhát és Almágy vidékén juhász kondás ellop ugyan távolabb határokban egypár juhot, sertést és nyájai közé összevissza keveri, de a lakosság zöme sem ily lopásra, sem rablásra nem vetemedik, legfeljebb marháival a mezei rendőrségi szabályt sérti, vagy éjjeli marhaörzéskor a kukoriczást, gyümölcsöst csoportosan fosztogatja, nem élelmi fogyatkozásból, hanem pajzánságból és megrögzött szokásból; ilyenkor az ifjak tömegéhez a vénebbek is csatlakoznak a faluból. Kedélyét illetőleg a gömöri magyar komoly, de poharak között igen vidám, éleczes és közlékeny lesz; régi rejtett boszúját kitárja és verekedésre csiklandós hajlama támad. Máson kifogni örül (barkó); jótékonyságra, könyörületre nyitott kebellel bir; szenvedélyének hatalma erős, ki ínye szerént beszélni tud — szájhős belátása ellenére is rosz tettre ráveheti. A paráznaság itt-ott szinre lép, mióta az ujonczozás rendszere a jókoribb házasodásnak korlátot szab. A szabadságos katonák leginkább rontják az erkölcsöt. Miveltsége, helyzetéhez képest, egy résznek elég jó; irni, olvasni mindenütt taníttatik, de a mezei munka, a vasárnapi iskolák hiányos volta, a marhaörzés időigénye, az öregebbek tudatlan példája miatt sokan elfeledik azon keveset, a mit tanultak; a palócz pénzt gyermekének könyvre nem szivesen ád; tudtommal lapokat megyénkben a magyar nép nem olvas; a nők szeretnek könyvből imádkozni. A Rimaszombat és Serke vidékbeli magyar lakosokat Csesznok ur, orvostársam, igy jellemzi: „Majd mind tud irni, olvasni; gondolkozni szeret; természetes okoskodása helyes; jelleme szilárd, nyiltszívű, őszinte, bátor, nem hágy magán kifogni, a függetlenséget, szabadságot és hazát nemcsak szereti, hanem érte áldozni is kész; gyakran költői tehetséggel bir." Ez correct magyar schema! lelkemből szeretném, hogy e fény való legyen és árny nélkül!

A tót fogékony eszü, értelmes, szorgalmas, vállalkozó szellemü; öröklött házi és iparczikkeit ügyesen végzi; alázatos, engedelmes, de hát megett makacs; a tettetés kiváló tulajdona. Kedélye vidám, közlékeny, ivás közben veszekedő, a babonának hisz, és előitéletes. Erkölcsös, vallásos; ruházatában tiszta, főkép a nő; a pálinkával való visszaélés sokaknál tunyaságot, házi rendetlenséget okoz, jellemüket erkölcsteleníti. Miveltsége a legnagyobb résznek azon színvonalon alól van, melyre szüksége volna; irás-, olvasásra, hittan és egyébre taníttatnak; kik keresetmódjuk végett sokfelé utaznak, élettapasztalattal birnak. Vannak vidékek és helységek, melyek kiválóbb jó vagy rosz tulajdonokkal jellemzik magukat: legmiveltebbek a köviek és ujvásáriak; őszinték a rokfalvi és gacsalkiak; némely tájak asszonyainak paráznaságáról suttognak az emberek, és e hibát férjeik gyakori és hosszas távollétökkel okadatolják; érdekes adat, hogy e hiba alól a szép gesztesi nőket sem mentik; a r. ujfalusiak és sebespatakiak hazugok, ravaszok; a nagy-szlabosiak kiváló rendes életüek, tiszták és gondosak; a pétermán- és hankovaiak ügyetlenek.

A dobsinai szász jó természetes észszel bir, a gazdag város gondos intézkedésénél fogva minden ott született lakos irni, olvasni tud; nemzetiségéhez hévvel ragaszkodik, de tüzes magyar hazafi, honáért szivesen áldoz; nyilt, szilárd jellemü, önfejü, függetlenségét védi, igen erkölcsös, vallásos, szorgalmas és mértékletes, a nepotismusra nézve a türelmetlenségig összetartó, a „Stodtskind"nek (bennszülöttnek) mindenben előnye van.

6) Foglalkozás, kereset.

A mezei gazdaság, ipar és kereskedés a lakosság foglalkozásának, keresetének fő tényezői. Hol hegyek és erdőségek nagy területet foglalnak el, ott azokon több tagosított kis mezei birtok van elszórva, melyek gyakran nemcsak távol esnek a helységtől, hanem nagy magaslatokban is fekszenek; ezen körülmény **sajátságossá teszi** a mezei gazdálkodás vitelét, és jellemző bélyeget kölcsönöz a **családi** életnek. Ily hegyi birtokon van egy faépület „stodola" (csür), **mely a** gazdasági épületeket helyettesíti; ide gyüjti szüleségét **a gazda**; itt csépeli gabonáját; itt legel, telel szavasmarhája egész éven át, **hogy** trágyáját helyben használhassa fel; kaszálás- és aratáskor a **család** itt tanyáz, télen annak egykét tagja, mikor szánon viszi le innét **kellő** vagy felesleges takarmányát falusi lakához. Igy a ház és „Stodola" között folytonos a közlekedés, ez által a patriarchális életmód némileg vándor szinezetet is nyer. — A megye alsóbb felén lakó **magyarság** mezei gazdasága után javítja anyagi helyzetét; azonkivül a **sófuvar,** fazék-, deszka-, hordókereskedés, és a két évtizedtől megnyitott **kőszén-** bányák, az ozd-nádasdi vasgyári telepítvények jutalmazó **keresetet** nyujtanak számára. Az ajnácskőiek szőlőmivelésből élnek. — **Az ipar** Gömör megyének hegyesvölgyes részében honol: a bányászat, **vaster-** melés és ezekkel összeköttetésben a pagonyfavágás és szénégetés; itt vannak az üveghuták, papir- és számtalan fürészmalmok, **fazekas ke-** menczék; a fa-, vaskő-, szén-, deszka, lécz-, nyers, kovácsolt **vagy** hengerezett vasnak fuvarozása sürü közlekedéssel vidám **élénkséget** kölcsönöz még a lakatlanabb erdős hegyvidéknek is és szép **keresetet** ád a zordonabb éghajlat lakóinak. E tekintetben a Garam vidéke **kü-** lönös előnyben részesül; Koburg herczeg erdei és vasgyári **pénztára** évenként 140 ezer o. é. forintot fizet ki a gyári, erdei és fuvaros **mun-** kásainak, melyből egy garami helységre átlagosan 20 ezer forint esik; pedig Polomka azonkivül sertésekkel is kereskedik, melyeket Sáros, Ung, Mármaros vidékéről Zólyomnak hajt; a többi helység sok **ká-** posztát termeszt eladásra, fiatal marhát vásárol, azt a havasi terjedel-mes legelökön felneveli és nyereséggel eladja. Másutt azonban **hitvá-** nyabb is, nehezebb is a kereset: a kokovai hegyben találkoztam **egy** szegény deszkafuvarossal, ki késő éjben vánszorgott elcsigázott **két** marhájával a meredek fenyveseken falujába, és egész napi **fáradsá-** gáért tiz váltó garasnyi tiszta hasznot bizonyított. Más hegyi lakosok télen orsó, guzsaly, fakanál, tál, teknő, kosár, seprő, pokrócz, **fehér** halinaposztó (Tiszolcz), szörkeztyü (Ratkó, Szuha) készitésével **foglal-** koznak; a nök vászonnemüekkel nemcsak a családot látják el, **de a** felesleggel — pénzzé fordítván azt — gyermekeiket ruházzák; **szá-** mos munkás aratáskor az alföldre vonul és egy évi gabnakészletet **hoz** családjának. A fentebbi gyártmányokkal az illetők, cserépkészitmé-nyeikkel a fazekasok, üvegtábláikkal a vándor ablakosok (Murány-huta), a sonkolyt kereső barkácsolók (Rosnyó, Gesztes vidéke) **alföl-**

dünket minden irányban bejárják, hazulról néha félévig is elmaradnak. Annyiféle életmód természetesen neveli az élelmességet, ügyességet, mivelődést, jólétet; de a test épségére és az erkölcs mivoltára is sokféle befolyással van. Gömör megye egyike a legforgalmasabb megyéinknek, melynek tót lakossága folytonos és organikus életkapocscsal szövetkezik honunk magyar vidékeivel; a magyar nyelvet beszéli; öntapasztalásból ismeri a hazát, mely neki mindent ád, mit szorgalma kiérdemel; melyet ő egész valójával szeret, s védelmére ha kell, szivesen áldozza életét is.

7) Társadalmi élet.

A népélet azon közünnepi és családilag eseményes szakait említjük meg, melyek kiválóbb szokásokban nyilvánulnak; szintúgy a jótékonysági intézkedéseket is megemlítjük.

A keresztelés a magyar vidéken többnyire vendég nélkül igen csendesen tartatik; a komaasszony egy hétig vendégli a gyermekágyast; legfeljebb a vidéki rokonok jönnek később és tartják meg a paszitát vagy posztrikot, és egy éjjel után visszautaznak. A tót lakosoknál ez már zajosabb, nagy számú vendégek jelenlétében két napig eltart, sok étel és pálinka, a Garamon nagy keresztelésnél 300 itcze is fogy el; a gyermekágyast mézes-czukros pálinkával kinálgatják a jókedvü komaasszonyok; Röcze vidékén az ital költsége a vendégekre vettetik ki; Oláhpatakán minden részt vevő két krajczárt fizet a gazdának.

A lakadalom mindenütt nagy mulatság, lakomával zene- s tánczczal és czifra szertartásokkal van egybekötve. Az egybekelés advent előtt és farsangban csoportosan, azaz több párnál egyszerre történik; a Garamon lakadalmi hónap az először házasulókra csak november; a múlt éviben egyik egyházban három izre 21 pár eskettetett; és mivel minden egyes menyegző eltart 4—7 napig — másutt rövidebb ideig — el lehet mondani, hogy itt november hónapján „hegyen völgyön lakadalom" van. A magyar vidéken jobblétüeknél kendőlakással (eljegyzési lakomával) kezdődik a vígasság; esküvő előtt némely helyütt a menyasszony házánál mulatnak; az oltárnál esküvő alatt helyenként a pap is versekben köszöntetik fel (Sz. Simony); esküvő után következik a nagy hérész, a völegény lakánál 2—3 napig; mennyasszonyi ajándék fejében tányéron pénzt gyüjtögetnek; a tánczvigalom néha egy jó barát házánál tartatik: ételben, italban csak a meghivott vendégek részesülnek; némelyeket esküvőről visszajövetelben az útczáról erőszakkal is bekérnek; kit a meghivásból kihágy, ettöl ne várja, hogy hasonló alkalommal általa meghivassék; egy-két czigány, ha irgalmatlan nyirettyüs is, nem hibázhatik. Hat hét múlva a menyasszony szülöi kalácsokkal rakottan jönnek az új házasokhoz, ekkor tartják a k i s h é r é s z t (palócz.) — A t ó t vidéken a házasítás eszméjét a szülék kezdeményezik (Ochtina vidéke); ha a fiú a választásba beléegyezik, estve női pósták eszközlik a két család között fejlödö házassági ügyre nézve a megállapodást; ezt követi a fiu és szülei által tett látogatás a leány családjánál, hol megvendégeltetnek; máskor a leány szülöi viszonozzák a látogatást, de leányuk nélkül, ezek is megvendégeltetnek. A kézfogó sokak jelenlétében estve 9 óra tájban történik; a kérő szentirási idézetekkel felczifrázott mondókával lép fel; a kiadó válasza is hasonló. Esküvö elötti estén felczifrázott lovas- vagy ökrösszekeren viszik a völegény rokonai és nyoszolyólányok is a menyasszony hozományát a völegény házához; az esküvöre gyalog mennek, Oláhpataka vidékén a mennyasszony szintén csak mindennapi ruhájában azon elöitéletes okból, hogy halála esetében szülöi vissza ne kivánják ruháit a völegénytöl. A templomból kilépö menyasszonyt a leányok körülveszik, jegygyürüjét kérik; ki azt szerencsés megkapni, azon át pálinkát iszik, és vak hiedelmében biztos, hogy egy év alatt ö is menyasszony lesz (Garam.) Esküvö után mindegyik fél elébb még haza megy; csak ekkor indúl a völegény virágosan bokrétázva szekeren, ének-zene között vendégeivel mennyasszonyáért; de ez padra búvik elöle és pelyheket ereszget onnét kiséretére; végre is parancsa alá kerül. A völegény házánál annak anyja, vagy, ha ez életben nincsen, annak legközelebbi nörokona szivélyes üdvözlöttel fogadja a menyasszonyt, és mézbemártott újjal keresztet fest homlokára (Garam.); a menyasszony néhol kenyeret és sót hint a ház fedelére, hogy a háznál e czikkek soha ne hibázzanak. A fökötö feltételt dicsmondatok között a legtekintélyesebb nö teszi meg; az ebédnél az új pár elöl ül, és szükséges, hogy szemérmetességböl mitsem egyék-igyék a különben annál többet evö-ivó vendégek szemei elött. Az ételköltséget a lakadalmaknál az egész vendégkoszorú közösen viseli (Sajó, Röcze völgye); másutt ételt és pálinkát küldenek ajándékba a meghivottak, ez okból sokakat szeretnek meghivni (Tiszólcz vidéke). A Garamon egy lakadalomnál rendesen 400, de 1400 itcze pálinka is elfogy.

Ha h a l o t t van a háznál, a gazda megszüntet minden munkát, marháját nem fogja be; a hullát a lakószobában teritik ki, hol azonban föznek, esznek mint máskor; a rokonok s szomszédok virrasztanak a

halottnál és vendégeskednek; másutt nappal szent énekkel ájtatoskod-
nak körüle (Garam.), sőt a tehetősbek e czélra kántort is meghivnak
és éjjel nem virrasztanak (Palócz vidék). Temetés alatt a koporsó a
pitvarban tétetik le, és midőn szertartás végeztével onnan kihozzák,
azt háromszor a küszöbhöz ütik, hogy a halott többé vissza ne térjen
(Oláhpatak). Dicsérni szokták azon nőt, ki szépen tud a koporsó felett
sirni, az az ki zokogásai között jól tudja elénekelni az elhaltnak élet-
beni becsét, a nagy veszteséget, és jövőre siralmas hiányát. — A t o r
röviden, csendesen tartatik; a magyarságnál a rokonok, szomszédok
hoznak öszve étnemüeket (Sz. Simony); a tót vidéken a megszomoro-
dott család vendégel kenyér és pálinkával.

Az e g y h á z n a p is (búcsú), tót vidéken „h o s z t i n a“ (felszen-
telési emlékünnep az evangelikusoknál), ájtatosságon kivül a nép tár-
sadalmi élményei közé tartozik, melyen a lakoma, zene, táncz nem hi-
báznak. Kedélyes különösen a jelenet, midőn az alsóbb megyevidéki
magyarok (palócz) ily napra tova lakó rokonaikhoz utaznak. A család
felkerekedik; a mákos, turós, tejes kalácscsal megrakott nagy vászony-
tarisznyát az erősebbek vállaira akasztja a gazdasszony; mindennel
felkészülve, ünnepies öltözékben, de mezitláb útnak indul. Megérkez-
vén a rokonoknál szives kölcsönös üdvözlések után, felkérés nélkül
első gondja a ház asszonyának a szép fehér tarisznyák terhes tartal-
mát, mint kétségtelen illetőségét átvenni. Isteni tisztelet után a csendes
ház zajos elevenség szinhelyévé lesz; sütés-főzés körül a nők sürög-
nek; a férfiak összeülve ujdonságaikat, a gazdaság és időjárat esé-
lyeit beszélik el egymásnak, a nehéz idők felett panaszkodnak és jobb
jövővel kecsegtetik egymást. A mulatságnak kedélyes része a vidám
közebéddel bevégződik; mert ily napon mindenféle vidéki nép gyül
össze a faluban és lakoma után az italtól felhevült fiatalok gyakran
összeverekednek; többnyire hivatlan rakonczátlanok keresnek erre
ürügyöt vagy borozás közben a korcsmában, vagy házakhoz is ily
szándékkal betolakodnak; igy nemcsak öklözésre, de botra, karóra,
fokosra is kerül a sor, sőt néha a bicska is szerepel; az öregebb fér-
fiak pedig ily vendégségeknél rendesen leittasodnak és harmad ne-
gyednapra vergődnek haza. — Az u t o l s ó f a r s a n g o t vagy kocs-
mában ünneplik, vagy a fiatalok közös költségen egyik másik háznál
rendeznek lakoma- s tánczvigalmat (magyar részen); egyébkor a táncz
és dalolás a fiatalság szokott mulatsága; a palóczvidéken a leányok
mély-, a tót leányok magas hanggal birnak, a magyar vidéken szépen
dalolnak. A barkóságban a legények mulatságai közé tartozik a „m a n-
c s u z á s“, melynél két ellentábor botokkal egymás ellenében fatekét

gurit. — A dobsinai szászoknál pünkösd másod napján v á j n á r t e s-
t ü l e t i (bányászi) ü n n e p tartatik; a vájnárok ismert jelmezökben
elöljáróikkal zászlójok és felczifrázott jelvényök alá sorakozván, az
egyházba mennek; hálaadás után nagy tanácskozmány van az atya-
mesternél (Brudervater), melynek tárgyai: pénztári számadás, atya-
mester választása és ilyfélék, mint czéheknél; a pénz begyűl tagsági
évi díjakból, büntetési pénzekből és temetési parádék illetményéből;
határozott díja van annak, ha a bányászi testület díszegyenruhában
(24 ember) a temetésre meghivatik. Tanácskozmány utáni délután
a testület ládáját zeneszó mellett az utczákon körülhordja; e közben
az előkelőbbek zenével tiszteltetnek meg, kik ezt a láda számára pénz-
beli ajándékkal viszonozzák; az igy gyüjtött pénzt és többet az idő-
sebbek és atyamester házánál, az ifjak a fiumester (Knechtenvater)
vezetése alatt a korcsmában zene táncz mellett ellakmározzák. — A
v a s g y á r o s o k n a k is van ilyféle ünnepjök áldozó csütörtökön;
tisztjeiknek májusfákat tüznek házuk elé, és vasat is hoznak aján-
dékba, melyért ők egykét hordó bort kapnak.

Az illemnek, a becsületnek hamis felfogása, és a legyőzhetlen
álszégyen oka annak, hogy népünk a sokféle hagyományos ünnep és
családi szertartások alkalmával takarékos és mértéket tartó nem tud
lenni; szegénységét, a hol van, számba nem véve, inkább adósságba
veri magát, sem hogy azokról, habár csak esetlegenként is, lemondjon.
Különösen lehangoló hatással van sorsára a pályinkaivásnak félelmes
elterjedése; dr. Mauks Károly úr szerint Sumjáczon (1960 lakos) egy
éven 70,000 itcze pályinka fogyott el; dr. Marczell János úr szerént
Röczén (2100 lakos) évenként ezer akó méretik ki. A legnagyobb
méltánylattal kell ez okból felemlitenünk Telgárd erélyes lelkészét és
biráját, kik a népet ezen visszaélések lemondására tudták birni; itt
most a keresztelésnél csak a keresztszülék jelennek meg, kik rövid
reggelizés után eltávozni kötelesek; a lakadalmat csak egy napig sza-
bad tartani, a tor pedig egészen eltöröltetett: ki ezen, maguk között
szabott, rend ellen vétkezik, büntetésül 10 o. é. forintot fizet a köz-
ség pénztárába. Igy mig más helységek eladósodnak, Telgárd vagyo-
nilag gyarapszik.

A társadalmi élet szenvedéseinek enyhitésére nálunk is műkö-
dik a szeretet és könyörület testületi j ó t é k o n y s á g a; bár mind
az, mit e humanistikus téren felmutathatunk, nagyon kevés és szegényes.
A Rimaszombatban lévő, még zsenge kezdetű m e g y e i k ó r h á z o n
kivül a városokban a g g y á m o l d á k vannak (kórházaknak, ispo-
tályoknak is neveztetnek), melyekben elöregedett vagy munkatehetet-

len szegények kapnak menedéket; a városok rendesen adnak lakot és
fütést; a többi szükségletet pótolják a csekély alapítványok kamatjai,
büntetési, adakozási pénzek, az intézeti tagok kéregetése; a maradó
hijányt végre is a városi pénztár fedezi.

Rimaszombatnak van egy gyámoldája 20 egyénre 6834
frt 59 kr. alapitványi tőkével.

Rőczén 4 ágyra 320 forintnyi alapítvánnyal; e város külön-
ben sok jótéteményben részesíti lakosait; ezekért az adót is fizeti; a
szükségben lévőket felsegíti; közintézeteket feltart; mindennemű fát
lakosainak potom áron ád.

Rosnyón van kath. agggyámolda 12 szegényre 2535
frt; evang. agggyámolda 6 aggottra 1150 frt. alapitvánnyal.
Ezeken kivül van egy szegények pénztára, ennek 7622 frt
46 kr. tőkéjét a városi hatóság kezeli, kamatjaiból hetenként 20—30
—40 krajczárral segédkezik számos szükölködőknek, és az elhalt sze-
gényeket temetteti. Egy leendő rosnyói közkórházra né-
hai megyei főorvos Kósa Károly és neje Mihalovics Alojzia 12,000
ezüst forintot hagyományoztak oly intézkedéssel, hogy e tőke kamatjai
által növekedjék azon öszveggé, mely a 12 ágygyal és kellő személy-
zettel ellátott intézet életbe léptetésére elegendő leend: ezen eredeti
tőke, a már e czélra megvett házon és helyiségén kivül, jelenleg már
23,000 o. é. forintot tészen. Ugyan a fentebbi kegyes alapitók egy
rosnyói árvaintézetre szintén 12,000 ezüst forintot hagyomá-
nyoztak; ennek kamatjait azonban végrendeletileg a még életben lévő
rokonok halálukig élvezendik.

Dobsinán a 6 egyénre szánt agggyámoldának nincsen
ugyan tőkéje, de azt a lakosok könyöre és a községi hatóság segélye
pótolja. E város is szerencsés anyagi helyzeténél fogva lakosainak jó-
létére, bőkezű intézkedésével, jótékonyságával — mint aránylag más
város alig az országban — sokat áldoz; a közintézetek feltartásán ki-
vül (ezek között az 1853-ik évben 20,000 forintnyi alapítvánnyal élet-
beléptetett kisdedóvó intézet kiemelendő), a polgároktól városi
adót nem szed; tűzkárelleni biztositásuk dijának felét maga fizeti;
azoknak fa és egyéb épitkezési anyagokat a kiállitási áron ád; 40—70
özvegyet havonként 1—2—3 forintnyi adománnyal segit; a szegény
előregedett lakosok élelmét 25—35 krajczárnyi napi díjjal biztositja,
kik útkő-törésnél, útczaseprésnél és egyéb városi munkánál dolgoznak,
a mennyire képesek-, és minthogy munkájuk „rettenetes kevés hasz-
not hajt" (dr. Fehér), őket a lakosság „Goldarbeiter"-eknek ne-

vezi. — Van itt egy 200 tagból álló evang. nőegylet, szegény
evang. egyházak és tanulók felsegélésére.

Végre megemlítendők a gömörmegyei vasgyárak és bányásztes-
tületek társládái (Bruderlade), melyek a beteg munkások gyógyí-
tására és segélyzésére a munkabérek aránylagos filléreiből alakulnak.

8) Jólét.

Sok hegyes, silányan termő vidékeink miatt nagyjában elég sze-
gény országrész volna megyénk, ha a vastermelésünk, bányászatunk,
egyéb gyáriparunk, és vándor kereskedésünk körüli munkatér és ke-
reset kárpótlást nem nyújtana a természet mostohaságáért. Ezek vi-
rágzó jólétet adhatnak lakosainknak; de a nagyobb mérvben minden-
felé terjedő szeszes italokkali visszaélés; a lakmározásokban való fény-
üzés, korcsmákbani dőzsölés a keresetet elnyeli; a szorgalomnak, ta-
karékosságnak véget vet; nagy kamatu adósságot eredményez; fize-
tési tehetetlenségnél pár száz forint miatt a telkek a korcsmáros ke-
zére jutnak; ki ez úton, a részben általa is elősegített proletárság kö-
zepett földesúrrá növi ki magát. A zsidó korcsmáros trafikáns is, ket-
tős csáberővel vonzza magához a föld népe vagyonát. Csomán egy if-
junak fél háztelke 3—4 havi trafiklátogatás után a zsidóé lett, kinél
még ezután bér nélkül szolgált hátralevő tartozásának lerovásáért. —
A szegényedésnek oka a birtok családi osztozkodása is; kik 10—20
év előtt a telket együtt birták, azon most nyolczfelé is gazdálkodnak. —
A hűbéri rendszer megszüntetése sem eredményezte megyei népünk jó-
létére mindenütt azon jó hatást, melynek czéljából törvénynyé szentesít-
tetett. A nyert függetlenség, idő és munka nem növelte a paraszt szor-
galmát; holt tőke lett az ekkoráig rája nézve, melynek értékét maga ja-
vára fejleszteni elmulasztotta; tagosítás után pedig kénytelen volt a köz-
legelők megszorítását gazdaságának tevékeny tömörítésével pótolni;
a javára irányzott állami gondoskodás azt nagy részben roszabb
állapotra juttatta : kevés erdeje pusztúl, marhatenyésztése csökken
(Sz Simonyban pl. a helység 1000 darab juha 150-re olvadt); vonó-
marhája kevés és rosz; földjeinek nem adhat elegendő trágyát és kel-
lőleg meg sem munkálhatja; fuvarral való keresetre tehetlenebb: igy
hambárja is, erszénye is szegény. Ezekhez járultak a mult évek száraz
időjárása, a marhavész; az egyenes és közvetett nagy adók; az álta-
lános kereskedelmi pangás miatt a vasiparnak megakasztása; e szerint
szomoruan kell bevallanunk, hogy megyénkben jelenleg az elszegé-
nyedés növekedőben van.

II. Élettani viszonyok s népesedési mozgalom.

Az egyes emberek a tenyésző, állati és szellemi élet szabályai szerint, tehát élettanilag rendes, vagy ettöl elütö állapotban, azaz egészségben vagy kórban léteznek; az egészség az egyéni létadással kezdödik és a kór által vagy félbeszakíttatik, vagy végzetszerüleg megszünik, az egyéniség semmisülését vonva maga után. Az anyaméhen kivüli élettani tartósság teszi a kort, melynek kezdete a születés, vége a halál; a születést lényegileg ivari és társadalmi igenlés, alakilag a vallás szerinti esketés tételezik fel; a halál — természettanilag az új élet — a szerves test bomladozó, vagy erőszakos mivoltából fejlődik ki. E rövid eszmevonalzásban foglalvák azon tárgyak, mellyeket e czikkem számára dolgoztam fel megyénk 150 egyházainak nálam begyült anyakönyvi kivonataiból; ezeket az 1860—1861—1862—1863—1864-ik, igy öt évre terjedö időszakból, és a magas korúakra, elmekórosokra, siketnémákra vonatkozó adatokat, felkérésemre, a három rabbit kivéve, minden vallás felekezetü lelkész urak hazafias készséggel küldék el hozzám.

Ezek szerint volt öt évi időszakból

A) a hivek évenkénti átlagos száma:

a reformátusoknál 29,135.₁
a katholikusoknál 64,753.₆
az ág. evangelikusoknál 54,142.₀
a keleti gör. egyesülteknél 3,794.₀
az egész megyebeli minden kereszt. vallásbeliek összesen 151,824..

B) Esketés volt amaz öt év alatt:

	összesen	évenkint átlagosan	100 lélekre évenként átlagosan
a reformátusoknál	1499	299.₈	1.₀₁
a katholikusoknál	3645	729.₀	1.₁₃
a keleti gör. egyesülteknél	199	39.₈	1.₀₅
az ág. evangelikusoknál	3031	606.₂	1.₁₇
minden ker. hitvallásuaknál	8374	1674.₈	1.₁₀

Nálunk tehát 90.₆₅ lélekre esik egy egy esketés; az egész osztrák birodalomban csak a katonai végvidéken gyakoribb a házasság*), t. i. 87 emberre esik egy, vagy is 100 emberre 1.₁₅ esketés; Karinthiában és Salzburgban legkisebb a százalékos arány, 191 emberre esvén csak egy házasság, vagy is 100 emberre 0.₂₆

*) 1830-ik évtől 1850-ik évig tett felszámítások szerint.

C) Születések öt év alatt:

a) Újszülött volt:

	összesen	évi átlagban	100 lélekre esik évi átlagban
a reformatusoknál	5,162	1032.$_4$	8.$_{54}$
a katholikusoknál	14,322	2864.$_4$	4.$_{12}$
ág. evangelikusoknál	10,573	2114.$_3$	3.$_{93}$
k. gör. egyesülteknél	839	167.$_8$	4.$_{42}$
minden ker. hitvalásuaknál	30,896	6179.$_2$	4.$_{07}$

Nálunk Gömörben 24.$_{91}$ emberre esik egy újszülött; az o. örökös tartományok közől aránylag legtöbb az újszülött Bukovinában, a Vég- és Triestvidéken t. i. 21 lélekre egy, vagy is 4.$_{76}$ százalék ; Karinthiában és Salzburgban legkisebb ez arány, t. i. 3.$_{03}$ százalék, vagy 33 ember után egy újszülött.

b) Törvénytelen ágyból újszülött volt megyénkben:

öt év alatt	összesen	évi átlagban	100 szülésre esik évi átlagban
a reformatusoknál	384	72.$_8$	7.$_{44}$
a katholikusoknál	1495	299.$_0$	10.$_{44}$
ág. evangelikusoknál	576	115.$_2$	5.$_{44}$
k. g. egyesülteknél	32	6.$_4$	3.$_{82}$
az egész megyebeli minden ker. felekeze-teknél	2487	497.$_4$	8.$_{05}$

Nálunk ezek szerint 12.$_{48}$ ujszülöttre esik egy törvénytelen új-szülött; e sajnos arány csak a katonai ujonczozás mostani rendszere óta van, mely a szabadságosok u. n. vadházasságára ád számos pél-dát; meg nem esküdhetvén egyházilag a házassági hüségre, gyerme-keik ideiglenesen a törvénytelenek rovatába iktattatnak. — A katonai végvidéken 75.$_{76}$ szülésre esik egy törvénytelen újszülött, tehát 100-ra csak 1.$_{32}$; Karinthiában minden 2.$_{95}$ szülésre egy, és 100 közől 33.$_{93}$ eset törvénytelen, még csak Isztriában, Velencze-, Dalmát-, Tirol- és Bukovinában aránylag kevesebb a törvénytelen ujszülött mint Gö-mörben.

c) Ikerszülés volt:

öt év alatt	összesen	évi átlagban	100 szülés közől évi átlagban
a reformatusoknál	55	11.$_0$	1.$_{06}$
a katholikusoknál	227	45.$_4$	1.$_{59}$
ág. evangelikusoknál	98	19.$_6$	0.$_{93}$

	öt év alatt	összesen	évi átlagban	100 szülés közől évi átlagban
kol. gör. egyesülteknél		16	3.$_2$	1.$_{91}$
minden ker. vallás felekezeteknél		386	77.$_2$	1.$_{25}$

ezekből h á r m a s volt 5 szülés.

D) I v a r é s k o r:

a) férfi nemből:

	lélek	százalék
f é r f i n e m b ö l az egész megyében	77,800	48.$_{77}$
n ö n e m ö l „ „ „	81,713	51.$_{23}$

b) korosztályi számok és arányok:

	férfi	nö	összes	százalék
6 é v e n a l ó l v a n	12,274	12,004	24,278	15.$_{220}$
6-t ó l 12 é v i g v a n	9,501	9,457	18,958	11.$_{883}$
12-t ö l 24 „ „	18,817	21,134	39,951	25.$_{108}$
24- „ 40 „ „	19,990	21,718	41,718	26.$_{153}$
40- „ 60 „ „	13,529	13,864	27,393	17.$_{173}$
60 é v e n t ú l	3,689	3,526	7,215	4.$_{523}$

Az anyakönyvek és lelkész urak értesitése szerint 80 évtől 100 évig é l ö férfi van 83, nö 71, összesen 154. A 100 évet meghaladott é l ö van 3 nö, a legidősb köztük Bolenyik Kata 106 éves Forgácsfalván, hol 1864-ben két egyén h a l t m e g 104-ik évében; Nagy-Rőczén egy 1861-ben 110 éves, Murányhután egy 105 éves ugyanazon évben haltak el.

E) K ó r l é t.

Gömör megye a földrajzilag bennünket megilletö járványos kórok ellenében kiváltságolt véderővel nem bir; azoknak nem kis mértékben mindenkor meghozta áldozatait, és egészben véve, az alább jegyzett halálozási arányok mutatják, hogy megyénk egy sok betegségeket feltüntetö vidéknek nevezhetö. Ebböl korántsem következik, hogy Gömörnek éghajlata egészségtelen; ellenkezőleg az nagyon is egészséges, csak ne akarjunk sajátságaival daczolni. A tiszta élenydús körlég, hévmérsékletének évszak elleni változása, a zordonabb tél, a gyakran viharos évkelet és télelő — kivált a magasabb fekvésü vidékeken — leginkább a légzö szervek lobos bántalmaira hajlandósitanak, és valóban ha az alantabbi tüdővész, tüdőlob, köhögés, aszkór rovatait szemléljük, és a halálos kimenetelü heveny kütegek nagy részét, — hova a torokgyik is soroztatott, — a légzö szervek szenvedéseihez méltán csatoljuk, söt még a csecsemők anonym bajaikból is egy jutalék részt ide veszünk: világos, hogy a légző szervek lobos betegségei nálunk az uralkodók és összes kóreseteinknek 30 százalékáig felütnek. De ezen nagyobb halandóságnak nem egészben a klima az oka, hanem a lakosok tartós foglalkozása, járáskelése télben is a zordon hegyes vidékeken, bányákban és gyárokban, még pedig hitványul öltözve s nem az időjáráshoz alkalmazkodva; a szeszes italokkal visszaélés; a támadt kóroknak fitymálása, elhanyagolása, sőt visszás kezelése. E kártékony befolyások hatását még az uralkodó kórjellem is élesztette; ugyan is 1850-ik évtől az erőhijányos kórjellemet a lobos váltotta fel, mely mai napig folytonosan állomásozik egészségünk ege felett; ennek tünetei még 1855-ben sem szoritattak háttérbe, midőn megyénk több vidékein a cholera, — némely helységekben öldöklőbb alakban mint a 31-iki nagy járványkor — ütötte fel tanyáját; azért ez időközben eláradt járványaink is olyanok voltak, melyek rendszerint inkább a lobos jellemhez tartoznak: mint a fültömirigy — gerinczagylob, a hólyagos himlő, vörheny, kanyaró és vérhas, melyek amúgy is a lobfolyamathoz hasonló terményrakodással végződnek.

Két tájkórunk (endemia) a golyva és váltóláz egészséges vidékünk jó hirét nem rontja meg; mert az első elég ártatlan, az utóbbi pedig feltételes. Golyvát csak nyugaton a Csertyász hegy lakosainál, a forgácsfalvi egyház helységeiben fedeztem fel kis számmal, jelenleg mind össze vagy 24 esetet, 120 lakosra körülbelül egyet. A vidék talaja gránit, vizforrásai és körlege a legtisztábbak; támadási okát e szerint csakis hypothesisekre lehetne alapitani: a települők e testi sajátságot vagy régi hazájokból Galicziából hozták a mult század végével; vagy ha nem, s ha ott lapály lakói voltak, azt talán új lakóföldjök meredek mivolta okozhatja, hol untalan terhes mászásokkal kénytelenek mindennapi kenyeröket keresni; mind ezekre nézve az idő rövidsége miatt hiteles adatokat nem szerezhettem. Csesznok tudor ügyfelem a megye alsó részében Serkén és Simonyiban, Kishontban pedig Kokován szintén bár kevéssé kifejlett golyva létezését emliti; megvallom azt én ott létemben nem észleltem. — A váltóláz déli irányu völgyeinkben szintén tájkórnak nevezhető nedves évjáratokban; itt minden völgynek megvan a maga patakja, folyócskája, mely könnyen is, gyakran is a medrén túláradozva számos sásas semlyéket ápol vizzel, honnét ez a földár (talajviz) által alólról is nyomott áradmányi agyagrétegen a föld mélyébe nem szüremkedik be, igy a szerves bomlásnak fészkévé lesz, melynek világos vegytani bizonyitéka az, hogy a viz szine vékony fehér, opalizáló hártyával van fedve, alatta pedig a sekély vizfenéken látszik a szerves bomlásból ujdon termő, még sárgaveres szinü **villsavas** gyepvaskö; azonkivül magam is ily völgynek lakója nedves csendes est-éjeleken utazván, nevezett semlyékböl számtalanszor észleltem a bolygó tüzek fellobbanásait: kétséget nem szenved, hogy a pozsgerj (malaria) itt bizonyos mennyiségben teliti a légkört, melynek fertöztetö beszivása annál könnyebben támaszt váltólázat, mivel a völgyek jóval naplemente elött a hegyektöl árnyat kapva, épen a legforróbb napokban hirtelen és aránylag erösen meghülnek, mire a lakosok kevés figyelemmel lévén át is hütik magukat. De mind erre legnagyobb bizonyiték az, hogy rajtam kivül minden itt gyakorló orvos ügyfelem bizonyithatja, mikép a mult évtized nedves éveiben tavasztól késö öszig kezelt szórványos betegeseteink feleszámát minden alakjában és szeszélyeiben a váltóláz képezte; kivált megyénk két leghosszabb, — a Sajó és Rima völgyeiben; ez utóbbiban Csesznok kartársunk bizonyitéka szerint e tájbaj háromnegyed részét képezé a folyó kóroknak: mióta azonban száraz évek járnak, a váltóláz szertelenül meggyérült, söt némely évben a ritkaságok közé tartozott.

A lakosok keresetmódjából támadt kórok közé tartozik a d o b-s i n a i k é k e n y k ó r (Kobaltkrankheit), mely a — többnyire ifju — érczszemelöknek (Scheider) lassú mirenymérgezéséböl származik kik kezeikkel aprózzák e mirenyes érczet és szivják be annak szállékony mérges porát. — A v a s g y á r o s o k, s z é n é g e t ö k és v á j-n á r o k (bányamunkások) sok véletlen, gyakran halálos, sérelmeken kivül a csúznak, köszvénynek és légzésszervi bántalmaknak, ü v e g-k o h ó k b a n pedig az olvadt üveggyurmát fúvó ifjak a tüdögümökórnak vannak gyakran kitéve; sok f a z e k a s a i n k n á l idöszerint megszünt az ólmos mérgezés, mióta az edényeknek ólommal való zománczozása rendörségileg meg van tiltva.

A betegségek o r v o s i s t a t i s t i k á j á t illetöleg, bár mennyire érdekes tudni, bizonyos idöszakban hány ember betegedett meg egy orvosi helyrajz alá vont vidéken, még is egy egész megyére nézve az elérhetlen kivánat marad örökre; mert a legrendezettebb kórházak és magán orvosok naplói is csak egyes község betegségeinek sem adhatják számi tudósitványait hézag nélkül; megközelitöleg az csak járványnál lehetséges, ha egy vagy több községben tüzetes vizsgálat rendeltetik meg hivatalosan. Azonban a halállal végzödött kóroknak rendszeres összeállitását, a halandóság okának és mivoltának országosan igen fontos kiismerése tekintetéböl, lehetséges volna az anyakönyvekböl feldolgozni, ha minden halálesetnek oka ismerve is, feljegyezve is volna. Városokban, hol orvosok vannak, és halotti vizsgálat létezik, a közegészségi ügy e kivánalma még kielégithető; de vidéken, jobb rend behozataláig sok nehézséggel jár: mert a kórnak szakavatott meghatározását az anyakönyvet vezető lelkésztől nem követelhetjük, a nép kórismerete pedig e czélra igen kevéssé használható. Még is egyedül a müvelt és tisztes lelkészi osztály az, mely e téren az államkormánynak segédkezet nyujthat, ha pályatudományaihoz nem csak országos, de emberiségi tekintetből is még a népszerű gyógytant is csatolandja: akkor képesebb lesz beteg hiveinek szemléje, orvos hijányában tanácsa, vagy a kórlejárat felöli tudakolása után, az anyakönyvnek halálozási rovatait bár általánosabb, de megfelelőbb kórnevekkel betölteni. Azért határozám el magamat amaz öt évi időszakból az egész Gömör megyében halállal végződött betegségeknek fáradságos össze állitását kidolgozni, hogy az illetőket e hézagra figyelmeztessem, annak kijavitására ösztönt adjak, és orvosi helyrajzunkban közegészségi ügyünk felett behatóbb szemlét nyújtsak. Igaz, nehéz volt a 750 darab anyakönyvi éves kivonatban ily kórnevek között „természetes halál“, „sinylödés“, „gyuladás“, „mellbaj“, „hosszas betegség“, „vereység“, „daganat“ stb. tisztára jönnöm; és felvilágositást kérő levelezéseim daczára sem kerülhetém el, hogy „határozatlan kórok“ czime alatt egy rovatot ne hagyjak; még is figyelmezve a halottak korára, az épen uralkodó járványra, a vidékre és halálozások számára, sokban sikerült bizonyossággal eligazodnom: azon meggyőződéssel adom tehát kórrovataimat és szám-arányaimat, hogy azok a valóságot igen megközelítik.

a) Halottak száma amaz öt évben az egész megyében:

	összes halott	évi átlag	100 lakosra esik halott évi átlagban
a reformatusoknál	4,710	942.$_0$	3.$_{23}$
a katholikusoknál	11,832	2366.$_4$	3.$_{63}$
ág. hitvalásuaknál	9,152	1830.$_4$	3.$_{04}$
keleti gör. egyesülteknél	564	112.$_8$	2.$_{92}$
minden ker. hitvallásuaknál	26,258	5251.$_6$	3.$_{46}$

A statistika 20 éves korszakból (1830—1850, más hasonlitó párhuzamokra nincsenek kútforrásaim) adja az osztrák birodalom örökös tartományainak halotti arányát, mely szerént Gácsországban volt a legnagyobb halandóság, 100 lakosból 3.$_{79}$ halván el, vagyis 26.$_{31}$ emberre esvén egy halott; Dalmátiában legkisebb volt a halálozás, 100 lakosból 2.$_{21}$ halván el, vagyis 45.$_{07}$ emberre esvén egy halott. Nálunk Gömörben a halottak aránya jóval közelebb áll ama nagyobb halálozási arányszé sőséghez: mert 28.$_{80}$ lakosra esik egy haláleset.

b) A halottak kora és koraránya:

volt öt év alatt	összes halott	100 halottra esik
1 éven alól	6392	24.56
1 évtől 10 évig	7618	29.27
10 „ 25 „	1787	6.87
25 „ 50 „	3909	15.02
50 „ 70 „	4431	17.03
70 „ 100 „	1887	7.25

c) Halálozási okok: *)

öt év alatt elhalt	összesen	100 halottból
húgykőben	4	0.02
kiszorúlt sérvben (hihetőleg mind lágyék-táji)	34	0.14
öngyilkosságból	52	0.20
cholerában	70	0.28
rákban	78	0.31
görvélyben	99	0.39
véletlen erőszakokból	39	1.54
aszkórban leginkább gyermekeknél	557	2.19
hökhurut és köhögésben a csecsemőknél	565	2.22
gutaütés és hüdésben	958	3.77
hagymáz és ideglázban	1152	4.43 (szórványos volt)
vérhas és hasmenésben	1191	4.69
tüdőlobban	1255	4.94
görcsös kórokban	1375	5.41
vizkórban	1712	6.75
aggkor következtében	1751	6.89
heveny bőrkütegekben	2835	11.16
újszülöttek éretlensége és gyengesége miatt egy éves koron alól	3115	12.26
tüdővészben	3410	13.42
határozatlan kórokban	4794	18.87

A véletlen erőszakos halál oka volt:

	esetben
vizbefúlás (többnyire kutbaesett gyermekek)	111
villámütés	6
agyonlövés	3
szándékolt vagy akaratlan gyilkosság	49

*) (235 halottnak a kora, és 856 halottnak kórneve nem volt feljegyezve az anyakönyvi kivonatban, igy a rovatból és arányszámitásból kihagyattak.)

esetben

m e g é g e t é s (többnyire vizzel leforrázása a gyermekeknek   77
m e g f a g y á s   21
m é r g e z é s   1
e g y é b b s z e r e n c s é t l e n s é g   123

d) Az eddig említett egyedül testi betegségek felsorolása által megyénk általános kórképe még nincs kiegészítve; az emberi szervezetben az állati életnek hatványozattabb tényezői, az élet főfeltétele a lélek, és annak közvetlen szolgái, a nagy külvilággal sodronyozott távirati gépei. a külérzékek is megbetegesznek: de ezen kórok nem annyira öldöklők, mint a fentebbiek, hanem egész életre egyéni s családi gyászt hozók, melyek a népnél javában csak állami intézkedések által gyógyithatók vagy enyhithetők, és a társadalomra emberiségi kötelmeket szabnak. Kellőbb állami tekintetből érdekesnek véltem orvosi helyrajzunkban a megyebeli elmekórosokról, siketnémákról és öngyilkosokról annyit bejegyezni, mennyire a lelkész urak szivességéből nyert adataim képesítenek; a vakok számának kitudásáról le kellett mondanom, mert a vakság rovatát nem lehetett volna betöltenem, mivel e kórnév alatt a szemnek több egymástól lényegesen eltérő bajai foglaltatnak, és szakismeret nélkül nem jellezhetők.

Jelenben élő elmekóros van a megyében:

búsméla	örjöngő	örült	hülye
férfi — nö	férfi — nö	férfi — nö	férfi — nö
8 — 7	7 — 9	23 — 14	31 — 32
15	16	37	63

férfi	nö	összesen
69	62	131

68 elmekóros gyermekkorától az, ezek legnagyobb részben agy- és gerinczagyi bántalmaktól erednek, sokan közülök hüdöttek és nehézkórosak és nagy számmal hülyék; 10 elmekórosnak oka a részegség; 9-nek sorscsapás, 2-nek ijedés, 3-nak fejsértés, 6-nak kiállott nagy betegség; a többinek okát nem tudni. Az egész számból csak egy van tébolydában.

S i k e t n é m a van jelenleg a megyében összesen 60, ezek közül csak 3 neveltetett siketnéma intézetben.

Ö n g y i l k o s volt a megyében öt év alatt összesen 55; különösen magát felakasztotta 31; nyakátmetszette 2, megmérgezte 3 (gyufával); vizbefojtotta 7, agyonlötte 8, ismeretlen módon megölte 4.

O k r a nézve öngyilkos volt elmezavarból 6, félelem-

ből 4, szégyenből 4, rendetlen élet- s részegségből 7, sze-
relmi búból 2, életuntságból (magyarok) 4, szegény-
ség miatt 3, busúlásból (magyar) 1, ismeretlen okból
24. — Az ivar tökéletlenül adatott az öngyilkosokra nézve; ma-
gyar volt 29, tót 26.

e) *A lakosok szaporodása öt év alatt:*

	összesen	évi átlagban	egy szaporodás hány lakosra esik?	1000 lakosra hány szaporodott?
a reformatusoknál	452	90.$_4$	322.$_{29}$	3.$_{10}$
katholiknsoknál	2490	498.$_0$	130.$_{27}$	7.$_{63}$
ág. evangelikusok-. nál	1421	284.$_2$	190.$_{50}$	5.$_{25}$
oroszoknál	275	55.$_0$	68.$_{98}$	14.$_{17}$
minden ker. feleke- zeteknél	4638	927.$_6$	185.$_{26}$	6.$_{32}$

Hasonlítás kedvéért felemlítem, hogy az 1830—1850-ki husz évi
korszakban tett összeirás szerént, Csehországban volt a legnagyobb
szaporodás, 93.$_{98}$ emberre esvén egy szaporodás, vagy is 1000 lakosra
10.$_{64}$; Salzburgban volt a legcsekélyebb szaporodás, csak 1095.$_{29}$ la-
kosra esvén évenként 1 szaporodás, azaz 1000 lakosból csak 0.$_{91}$ la-
kos szaporodott.

A szaporodás több tényezőtöl függ: az anyagi jóllét, polgári sza-
badság és függetlenség, erkölcsösség, a közegészségi ügynek jó keze-
lése legkiválóbban hatnak arra; itt még két lényeges tényezőre, a nem-
zetiségi fajra és megyénk tájaira akarok néhány szaporodási arányt
bemutatni.

A gömör megyei magyaroknál évenként — az alapúl fel
vett öt év alatt — 250.$_{74}$ lakosra esik egy szaporodás, vagy is 1000
lakosra 3.$_{99}$; a szlávoknál 142.$_{22}$ lakosra esik egy szaporodás, az
az 1000 után 7.$_{03}$.

De a nemzetiségi fajnál is sokat határoz a vidék, melyen az la-
kik, a hegyekben és nagyobb magasságokban lakók erősebben szapo-
rodnak, mint azt a következő tót helységek mutatják, például:

		szaporodás	fogyás
	Helpán 1000 lakosra évenként	12.$_{21}$	—
	Pohorellán	11.$_{16}$	—
	Polonkán	10.$_1$	—
Ez a Garamvidéke	Vereskövön	11.$_{14}$	—
	Sumjáczon	12.$_{76}$	—
	Telgárdon	14.$_{00}$	—
	Vernáron	19.$_{02}$	—

	szaporodás	fogyás
F o r g á c s f a l v á n	20.₈₆	—
K o k o v á n	19.₄₀	—
F e l s ő - S a j ó n	12.₆₀	—

A völgyekben fekvő tót helységek nem mutatnak fel ily erős arányokat, sőt egyik másikban fogyatkozást is tapasztalunk, pl.:

	szaporodás	fogyás
N y ú s t y á n	6.₉₂	—
R i m a b á n y á n	—	4.₅₁
R i m a b r e z ó n	—	3.₅₉
A l s ó - S a j ó n	2.₅₄	—
O l á h p a t a k á n	7.₀₉	—
K ö v i b e n	3.₈₆	—
H r u s s ó n	3.₄₅	—

Ezen szabály alól nem hijányzanak a kivételek ; igy R e s t é r tót falu völgyben van, mégis a számitás alapjául vett időszakban leg-nagyobb szaporodást mutat, 1000 lakosra 21.₄₅; R é d o v a tót falu pedig egy völgy magas végén fekszik, mégis népessége fogyott, 1000 lakos után évenként 0.₈₄. Megjegyzendő itt, hogy a nevezett 5 év alatt sok halált szóró járványok helyenként a gyermekek között nagy puszti-tást eszközöltek, némely szaporodás csökkentésének legalább részben e körülmény betudandó.

A völgyek alján és a sikságon elterülő m a g y a r helységekben a szaporodás arányainak szélsőségeiből is itt nehány példa :

	szaporodás	fogyás
B a r a c z á n 1000 lakosra évenként	14.₁₀	—
B e r z é t é n	10.₉₃	—
Z u b o g y o n	4.₅₁	—
S z u b a f ö n	1.₈₂	—
V á r g e d é n	1.₀₃	—
Z e h e r j é n	2.₅₇	—
R u n y á n	1.₁₄	—
G e s z t e t é n	2.₀₀	—
B e r e t k é n	0.₀₀	0.₀₀
R a g á l y o n	—	0.₈₈
S z a l ó c z o n	—	0.₄₇
S e r k é n	—	5.₇₃
S z e n t s i m o n y b a n	—	5.₈₂
Z a b a r o n	—	11.₅₉

Végezetül v á r o s a i n k b a n következő volt a szaporodás :

	szaporodás	fogyás
M u r á n y a l l y á n	—	3.₅₉
T i s z o l c z o n	1.₇₉	—
P e l s ő c z ö n	1.₇₉	—

	szaporodás	fogyás
Rimaszombatban	2.₁₀	—
Rosnyón	3.₁₆	—
Putnokon	5.₁₃	—
Dobsinán	5.₃₅	—
Röczén	6.₂₅	—
Csetneken	7.₃₉	—
Jolsván	8.₁₂	—
Sajógömörön	8.₁₉	—
Osgyánban	9.₂₃	—
Tornallján	9.₇₈	—
Klenóczon	10.₅₀	—
Krasznahorka-Várallyán	11.₂₃	—
Rimaszécsen	14.₇₈	—

Dr. Kiss Antal.

Ide iktatunk még néhány adatot, melyek Gömör-Kishont á l t a-
l á n o s és v i s z o n y l a g o s n é p e s s é g é r e vonatkoznak. Ez ada-
tok nagyon eltérők. Ugyanis az általános népesség rúgott:

	r. kath.	g. kath.	ág. hitv.	h. hitvall.	összesen
Fényes szerint 1847.	64,386	4702	75,601	41,699	186,388 lélekre ;
Az 1857-diki hivatalos összeirás szerint	61,647	3037	62,300	31,059	159,293 *) „
A rosnyói püspökség 1865-diki névtára szerint	66,846	4484	63,733	31,096	168,552

A gömöri ág. hitv. esperességi összeirás szerint van 41,184, a
kishonti ág. hitv. esperességi összeirás szerint pedig 18,219, tehát az
ág. hitvallásuak összes száma 59,403. A gömöri helv. hitvallásuak
száma pedig az illető esperességi kimutatás szerint 29,011. Az izrae-
liták száma a püspöki névtár szerint 2381, a rimaszombati förabbi ki-
mutatása szerint 2689. Ha tehát az illető egyházi elöljáróságok által
kimutatott számokat sommázzuk, ugy találjuk, hogy Gömör-Kishont
általános népessége 162,436 lélekre rúgott 1865-ben.

A két prot. felekezet hivei együt véve 88,414-re rúgván, a megye
összes népességének több mint felét teszi, de nem annyira túlnyomók,
mint Fényes s a hivatalos népszámlálás szerint volnának. Ugy látszik

---

*) Az általános áttekintetben a hivatalos kimutatás a megye összes népességét
158,008 lélekre teszi ; köztük az említett felekezetbelieken kivül még 13 orthodox gö-
rög, 15 orthodox örmény s 1222 izraelita volt. A püspöki névtár a gö. ög nem egye-
sültek számát csak 3-ra teszi.

azonban, hogy egyik kimutatás sem tökéletes, s tehát a megye általános népességét kellő szabatossággal nem határozhatjuk meg, s igy a viszonylagos népességet tárgyazó szám is ingatag. Fényes szerint a megye viszonylagos népessége 2452, a hivatalos 1857-diki népszámlálás szerint 2120, a püspöki névtár szerint 2247, az illető felekezetek saját kimutatásai szerint 2166; azaz ennyi lélek jut egy-egy földirati □ mfldre.

Foglalkozásra nézve Gömör-Kishont népessége a hivatalos összeirás szerint ekkép oszlott meg: 237 pap, 907 hivatalnok, 136 katonai személy, 134 iró és müvész, 38 ügyvéd, 90 egészségügyi személy (orvos stb.), 15,404 földbirtokos, 297 ház és tőkebirtokos, 3605 gyárnok és iparos, 145 kereskedő, 4 hajós és halász, 12,110 mezőgazdasági munkás, 3272 ipari munkás, 154 kereskedelmi munkás, 8544 egyéb szolga, 13,611 napszámos, 5426 egyéb 14 éven felüli férfi, 95,179 nö és 14 éven aluli gyermek.

Nyelvre nézve a népesség egyik fele magyar, másik fele szláv ajkú: a németek aránylag csekély töredéket tevén.

Az izraeliták a feljebbi tárgyalásba nem levén bevonva, itt közöljük még a rimaszombati förabbi kimutatását: e szerint a rimaszombati járásban 1432. a putnokiban 712, a rozsnyóiban 545 mózesvallásu ember lakik. 1865-ben született a rimaszombati járásban 30 fi, 20 nö, összesen 50, a putnokiban 26 fi, 27 nö, összesen 53, a rozsnyóiban 19 fi, 12 nö, összesen 31; meghalt az első járásban 8 fi, 8 nö, összesen 16, a 2-dikban 11 fi, 15 nö, összesen 26, a 3-dikban 4 fi és 3 nö, összesen 7. Tehát a három járásban összesen született 134, és csak 49 halt meg! Az 1-ső járás 1432 egyénei közöl 817 férfi, 615 nö, a 2-dik járásban van 360 férfi és 352 nö, a 3-dik járásban végre van 280 fi és 265 nö.

III. Betegedési- s gyógyulási viszonyok.

Az egészségi állapot, éplét, életszivósság átalában.

Mintegy tiz évről, részint a járásorvosiakból összeállitott megyei föorvosi jelentésekből, részint magán orvosi észleletekből vett (bárha nem egészen egyaránt pontos, söt olykor nem is statistikai) adataink nyomán megyénk egész területét az emberi s átalán az állati egészségre eléggé kedvezönek kell állitanunk. Mert itt sem a betegedések nagyobb elterjedése, sem a főleg betegségek miatti halálozásoknak a szokotthoz képest szerfölött szaporodása a későbbi nehány évi időközben nagyban nem tapasztaltatott, sőt péld. az alább említendő adat szerint a megyének mintegy százhetvenezer lakosa közt 33-ra eshetett évente egy halálozási eset.

Kivétel volt az 1847/8-ban kivált a Garamon uralgott (ott éhség okozta) hagymáz és az 1831 és 1855-ben nálunk is dühöngött keleti hányszékelés — cholera — az emberek közt, az állatoknál pedig — a házi szárnyasoknak mostanában észrevett gyakoribb elhullását mellőzve — a közel mult négy év alatt nagyban mutatkozott keleti marhavész; melyek különben országos csapásokúl jutottak el hozzánk, és mint ilyenek dúltak körünkben.

A katonaállitások alkalmával — minden tűrhető egészségi állapotunk daczára — baljóslatú jelenségül tünik föl az ujabb ivadék satnyulása megyénkben is, — mely a magyarok közt leginkább a 60 bécsi hüvelyknyi mérték meg nem ütése, — a szláv ajkuaknál pedig főkép a lúdláb nagy elterjedésével nyilvánúl; a magasb vagy zömökebb termetüeknél alszári s egyéb visszérdagok sem ritkák ez életkorban. A sérvek, — melyek szinte elég gyakoriak földmüves népünk közt — későbbi eredetüek többnyire. Annál többnél gyönge az egész testszerkezet a besorzás alá kerülők soraiban, az első korosztályban kivált.

Az 1862—1863-ik évben az egész megyében elhalt minden hitfelekezetüekről pontosan összeálliott kimutatás szerint, mely Paczek Mór megyei főorvostól került hozzám: 5133 évenkénti közép halálozási számból 3058 egyén huszadik életéveig hal el. A kisdedek halálozása különösen szembeötlő gyakoriságú, minthogy az elhaltak összegének negyedét felülmúlá az első életévben elhaltaké, — az 5 első életévben pedig többen haltak el, mint egyéb korúak összeveve. A koravénülés is igen kifejezett népünk közt, mind a nők, mind a férfiaknál. És csakis mintegy negyede a halottaknak halt el 50-ik életévén túli korban, — a többi mind jóval előbb.

Mindez nem csoda, midőn már az első, s további nevelésnél és a családi életben átalában és különösen annyira szükséges egészségfentartás s megszilárdítás felőli ismeretek hiánya miatt az észszerü életrend alig volt valaha méltatva a nép közt követésre, sőt e tekintetben igen balga fogalmak, előitéletek terjedvék el. Ehhez sokféle kedvezötlen körülmény is járul, igy a szellemi tehetségek fejletlen volta mellett, a vagyoni képtelenség is, melyek miatt az életmód durva, néha alig tápláló étkek, túlságos erőfeszités, átalán a test nem kimélése, s a szeszes italok kiváló élvezete által jellemeztetik. Továbbá a lakhely, annak környezete, a ruházat és a test, lélek tisztaságára, a munka s nyugalom közti arányra, rendre nem ügyelés, — az önuralom, mérséklet meg nem szokása, de annál több rosz szokás, péld. korcsmázás, verekedés stb. elsajátítása. Mindenek fölött pedig, a gyermekek, nők, betegek hiányos ápolása. Mely árnyoldalak egyébként közösek az ország összes köznépével. Nem is javíthatók ezek máskép, mint közerővel, lassanként a müvelödés átalános jobb iránya s kellő közvagyonosodás folytán.

Az orvosi személyzet és gyógyitási viszonyaink.

Betegségekben mennyire függ az ápolás a vagyoni jólét és értelmi fejlödöttség fokától, bizonyítja eléggé az orvosi személyzet városokon nagyobb mérvü megtelepedése, mely, mint egyebütt, nálunk is feltünö. Mert a megyénkben lakó azon 66 egyén közül, kik itt kiválólag képviselik, illetöleg többé-kevésbbé keresetmódkép kezelik az egészségügyet: 33 orvossebész közt 19 az egyenként 3000 lakosnál többel biró Rimaszombat, Rozsnyó, Dobsina, Jolsva, Tiszolczra esik, melyek a föorvosi adatok szerint mostanában 21,624 lakossal birván összesen, bennök 655 lakosra esik egy orvos, tehát hétszerte több, mint átalában a megyében, esvén itt 170,000 lakosra a nevezett összes szám, tehát 5151 lakosra egy, — a megyében lakó 10 gyógyszerész közül ezen városokban hét lakik, tehát míg az egész megyében 17,000 lakosra esik egy, ezekben 3089-re, vagyis 5-szörte több van ezekben, mint amott. 18 okleveles szülésznö közül 8 a nagyobb városok lakosa, tehát az egész megyében 9444, ezekben pedig 2703 lakosra esik egy, vagy legalább 3 szorta több lakik bennök mint a megyében összesen. Öt baromorvos közül is 3 a nevezett városokban települt le.

A hivatalos orvosi személyzetböl, melynek élén 1848 elött két, 1848-ban pedig három megyei föorvos állott, kik egymással vetélkedtek, egymás közt megosztott, tehát tökéletesben végezhetett teendöik teljesítésében, az 1862. év óta ujra egyetlen föorvoson kivül, ki Rimaszombatban a törvényszék mostani székhelyén lakik, a megye öt járásában 6 megyei járás-orvos van elosztva, ugyanannyi szülésznö s egy baromorvos, ki jelenleg Rosnyón székel. Ratkón van egy nyugalmazott járásorvos is.

A megyében szétoszolva levö összes orvosszemélyzet az illetö szakosztályok és az egyetemi rangfokozás szerint egyes helyeken lakására nézve, egyes járásokban következő:

Az orvosi személyzet — lakik	Lakosság száma	Orvos-sebész-tudor, szülész szemész	Orvos-sebész-tudor, szülész	Orvos-sebész-tudor	Orvos-tudor	Sebész szülész mest.	Nyug. cs. kir. fősebész	Sebészmester	Polgári sebész	Baromorvos	Gyógyszerész	Szülésznő	Összes személyzet	Jegyzet
A Felső járásban Rosnyón	5489			2	3					1	2	a. 2	10	Az ,a' mellett egy-egy megyei szülésznő.
Dobsinán	5262		b. 1		1			1		2	1	c. 1	7	A ,b' mellett városi főorvos.
Csetneken	1566	b. 1			1						1		3	A ,c' mellett városi szülésznő.
Jolsván	3231				d. 1			d. 1	1	1	1	a. 1	5	A ,d' alatt járásorvos mindenütt.
Nagy-Röczén					b. 1							c. 2	4	Az ,e' alatt megyei főorvos.
A Vöröskő alatti vasgyárban					1								1	Hasonszenvész.
Helpán													1	
A Ratkói jkrásban Ratkón				1					d. 2		2	a. 1	3	
A Kis-Hontiban Rimaszombat	4363(?)			e. 1	b. 3	d. 1			1		1	a. 4	12	
Tiszolczon	3279		b. 1			d. 1							3	
A Serkiben Serkén													1	
Rimaszécsben													1	
Jánosiban													1	
Simonyiban						1						a. 1	2	
Fel. Csobánka pusztán												2	2	
A Putnokiban Tornallyán	871		1		d. 1							1	1	
Királyiban										1	1	1	4	
Putnokon					1						1	a. 2	6	
Összesen		1	3	4	13	5	1	2	4	5	10	18	66	

Ezek szerint a különben is két szakaszra oszló felsö járásban aránylag legtöbb egyénböl áll az orvosi személyzet (31 összesen). ezután a kis-honti következik (15 egyénnel), majd a putnoki (11-gyel), serkei (6-tal), végül a ratkói (3-mal). A kevesebb számu orvosi személyzettel biró járások a szomszéd járásokból pótolják ebbeli szükségletöket.

Megyénk népe általában kevés orvosi személyzettel beéri. Ennek oka részint — kivált a nagyobb részt földmivelő népnél — az ez irányban alig vagy gyéren mutatkozó szükségérzet, részint az általános nyomasztó anyagi körülményekben rejlik. Az elsö talán a betegedéseknek e néposztálynál nálunk is kisebb elterjedésétöl függ, de nem kevésbé látszik itt szerepelni a kellö természetes gyógyipar gyakori sikere, valamint a szellemi képzettség alanti foka is. Az utóbbihoz az állam részéröli csekély istápolás is járul. Mert csak igen kevés az állam költségén gyógyitott szegény betegek száma, kivált a későbbi idökben. Szintoly csekélyszámu az állam, vagy magántársulatok által e végre fizetett, vagy városi, uradalmi orvos. Néhány gyár munkásai számára rendes orvost tart, pl. a betléri, szalóczi s dernöi vasgyár: a rosnyói orvosok közül egyet-egyet. Minden gyárnál van társláda (Bruderlade), melybe a munkások dijukból egypár %-et fizetnek, — czzel leginkább a gyógyszerek árát fedezik, a mellett hogy némely munkás betegsége alatt egyébként is segélyeztetik. Söt van a ki némi nyugdijat is huz, pl. a garami herczegi gyáraknál. Általában a koburg herczegi uradalmakban van leginkább gond a rendes orvossali ellátásra. Dobsinán, a néhány év óta fennálló bányászati társládába havonként betett összegecskéböl mind az orvosi segély, mind az egész kórlefolyás alatti napdij kitelik. A városok közül Dobsina, Jolsva, Nagy-Röcze tart méltányosb fizetéssel ellátott rendes orvost, leginkább szegény betegek számára.

A megyei fö- s járásorvosok, valamint a magánorvosok is kivétel nélkül vetélkednek egyébkint a szegények ingyen, vagy igen csekély tiszteletdijérti gyógyitásában, — a mi kivált az utóbbiak teljesen biztositatlan állásánál, sokszor a népnek irányukban támasztott követelésével legkisebb öszhangzásban sincs, pl. a távolba göröngyös utakon éjjel, rosz ülésen, zivatarban tett, nem egyszer életveszélylyel járható utazásokért, ad-e még a jobb módu nép fia is csak legkevésbé is méltányos jutalmat? különben is a magánorvosi állást miként egyebütt, ugy itt is a naponta terjedö, az értelmiségre s a vagyonosb aristokratiára a köznéppel együtt egyiránt nehezülö szegényedés mindinkább érzékenyen sújtja.

A csak ritkán, nagyobb bajban, igénybe vett gyógyitást, kivált nagyobb környékü vidéken rendszeresnek mondani egyáltalában nem lehet, mert különösen a köznép, miként eleinte rendesen minden bajt népiesen gyógyit, úgy ismét visszatér a kuruzsolgatáshoz, mihelyt az orvos szere nem segit, — ha ugyan nem hagyja baját egészen magára, a jó szerencsére. Csakis egyes jobbmóduakat, értelmesbeket, ezeket is csupán eleve kijelentett biztosb kórisme s jóslat esetén sikerül néha kitartóbb kezelésnek alávetni. Kivételes azon szokás, hogy az orvos rendesebben igénybe vétessék, pl. Dobsinán, az izraeliták közt egyebütt is. E körülmény maga fölöttébb csökkenti az orvosi naplóvitel becsét, a miért orvosügyfeleink nagy része ezt el is hanyagolja. Ez az oka, hogy betegedéseink statistikájához elég és pontos adatunk ez időben alig lehet.

Kórház megyénkben ugyszólva nincs is, hacsak a pelsőczi megyeházban nyolcz ágygyal ellátott beteg-szobát, mely rabok számára szolgál, valamint a rimaszombati megyeházi hat ágyu beteg fegyenczek számára való szobát annak nem nevezzük. Az orvos rendőri tekintetben elzárandó elmekórosak rendesen a pelsőczi megyeházba kerülnek, és most a Csetneken lakó (felső járási) megyeorvos által gyógyittatnak. Rimaszombatban a megyeházban mostanában a vizsgálat alatti fegyenczek közt a betegeskedés annyira gyér, hogy az itteni — a megyei házi pénztár terhére eső kórház, mint ilyen, alig is szerepel.

A többi úgynevezett kórházak inkább csak ápoldák, pl. Jolsván van ilyen kettő, egyik evangelikus 6 ágygyal, másik r. katholikus alapitvány 10 ágygyal. Rosnyón, Csetneken, Rimaszombatban is van ily szegények háza. Dobsinán agg-gyámolda létezik, hol nehány elnyomorodott vagyontalan aggastyán részesül ápolásban.

Az 1839-től 1855-ig fennállott, majd 1861-ben csak rövid időre fölevenült kisszerü megyei kórházról, mint már nem létezőről csak alább teendünk emlitést, midőn fölsorolandjuk a 20,000 frtot meghaladó megyei nagyobb közkórházra begyült, mostanig kamatozó töke keletkezése történetét.

Adatok betegedéseink átalános statistikájához.

Itt a megyénkben előfordúlt betegedéseknek a legközelebbi években észlelhetett különböző hónapokban elterjedéséről, továbbá némely adatból kivehetett gyógyúlási s halálozási viszonyainkról teszünk jegyzeteket, — alább egyes kórcsoportok és betegségek felől gyakorisági sorrendben szinte ily szellemben lehetőleg értékesítni igyekezvén föl-használható észleleteinket, és másoktól szerzett adatainkat.

Ezek különböző vidékről, nem is mind ugyanazon időkorból kerültek, és a mennyiben számadatokat nyujtanak, sem eléggé pontosak és egyöntetüek arra, hogy egymással jól hozathassanak párhuzamba.

Mégis megkiséreljük az egymással némileg összehasonlithatók egybeállitását. E végre saját (tiz év alatti) naplójegyzeteinken kivül, melyek Tornallya környékéről, különösen a mostani putnoki járás nagyobb részéből szolgáltatnak betegek felöli adatokat, rendelkezésünkre bocsátá Paczek Mór tr. jelenlegi nagy ügybuzgalmú tevékeny, megyei főorvosunk, orvosi képzettsége, gyakorlati irányánál fogva teljesen hiteles saját észleleteit, melyek hat évről, nagyrészt Rimaszombat vidékéről, — de többször egyéb helyeiről is az őt orvosi tanácskozmányokra meghíni szokott megyének — szedett össze, főorvosi jelentéseiben való használat végett. Továbbá a megye szegény betegei s fegyenczei felől azon időből, midőn róluk számszerinti kimutatás kivántatott, minthogy számuk is tetemesb arányban került orvosi felügyelet alá, jutott nehány évről tudomásunkra némi — bárha nem épen hiánytalan — adathalmaz. A szegény betegekről mindenik járásorvos tett ugyan statistikai alakban ezen időben jelentést, de mégis leginkább Rosnyó, Rimaszombat, Pelsöcz, Csetnek, Tiszolczról — hol az állam segélyét többen vették igénybe e végett, mint a megye egyéb vidékein --- kerültek e számadatok, melyek a megyei főorvosok által lőnek öszszeállitva, s igy adattak át használatunkra — némi hiányokkal — a megyei levéltárból.

A betegedések átalános képét ezekből számokkal, a főorvosi jelentésekből pedig hozzávétőleg lehetett némileg körvonalaznunk.

Egyes fontosb, vagy elterjedtebb kórokra nézve egyetmást részint az azok százalékos viszonyait illetőkről péld. Ullman Izidor trtól Tiszolczról 1864 és 1865-röl (febr.—okt. = 21 hóról), részint egyebeket, de csak hozzávétőleges becsléssel tudánk ki, péld. Dobsináról Fehér Nándor tr.-tól és Jolsváról Ludvig Lajos tr.-tól a legközelebbi pár évről. Mindezt illető helyén fölhasználtuk. Sajnos, hogy az annyi jeles orvossal dicsekvő Rosnyóról alig jött hozzánk valami adat.

Egyébként sem statistikai, sem egyéb adatunk becsét józanon nem becsülhetve túl (annál inkább, minthogy mindez nem előre jól átgondolt és közös megállapodással készitett terv szerint, nem is egy irányban történt kutatás eredménye, sőt nem is sok évről és a megye nem minden tájáról nyujt fölvilágosítást), csupán viszonylagos értéket tulajdonitunk neki, azaz csakis hozzávetőleg hisszük vele kifejezhetni betegedéseink mérvét.

Részünkről 1856—65-ből mintegy 8119 beteg felől, Paczek tr. nyomán 1860—65 ből 8703 betegségről, — 1857—58—59-ből pedig 1675 megyei szegény és 559 rabbetegről tudhatók ki körülbelől a betegedések átalános számarányát egyes hónapokbani előjövetelök szerint. Előfordúlt ugyanis:

	Jan.	Febr.	Márt.	Apr.	Máj.	Jun.	Jul.	Aug.	Sept.	Okt.	Nov.	Decz.	Össz.	
Pacek tr. előtt	616	669	603	761	937	798	729	862	796	626	655	658	8,703	Rimaszombat vid.
Előttem	*591	**580	**669	**628	741	730	*756	918	759	653	560	534	8,119	Tornallya körül.
Megyei szegénybeteg	207	**61	**122	138	177	140	146	176	*105	143	150	110	1,675	az egész megyében.
Megyei rabbeteg	75	**30	52	69	66	46	33	46	*50	35	37	20	559	
Együtt:	1489	1340	1446	1599	1911	1714	1664	2002	1710	1457	1402	1322	19,056	

Jegyzei. Az * alatt egy havi, a ** alatt két hónapi kimutatás hiányzik.

Egyes éveket illetőleg pár ezer csettel több, de szinte hiányos adatunk van.

Előjött:	1855	1856	1857	1858	1859	1860	1861	1862	1863	1864	1865	össz.
Rimaszombat vid.	—	—	—	—	—	1176	1632	1636	1439	1356	1184	8,703
Tornallya vidéki	—	401	589	595	718	853	1061	1278	1019	854	741	8,119
Megyei szegény beteg	881	517	695	556	424	532	—	—	—	—	—	3,605
Megyei rabbeteg	253	315	288	173	98	135	—	—	—	—	—	1,262
Összesen:	1134	1233	1572	1324	1249	2696	2693	2914	2458	2200	2225	21,689

Jegyzet. A megyei szegény és rabbetegek közt 1857-ből a február, 1858-ból a sept., 1859-ből a febr. márcz. decz., 1860-ból pedig az utolsó évnegyedi hiányzik. A Tornallya vidékiből 1856-ból januártól május közepéig, — 1857. részben a julius havi, 1858-ban a febr. márcz. aprilisi.

Nem véve figyelembe a megjelölt hiányokat, melyek csak a szegény és rabbetegeket illetőleg szembetünöbbek, de aránylag nem sokat vonnak le a számadatok becséből, — a betegségek leggyakoribb előjövetelével feltünő hónapon kezdve, a mint azok egyes hónapokban mindig gyérebben mutatkoztak, ily sorrend vehető fel: május és augusztus hóban legtöbb beteg volt, ezután junius, majd julius és szeptemberben; april, január, október, márczius, november, deczember és február hóban pedig mindig kevesebb-kevesebb. Május hó első felén gyakran még hideg és fölötte változó hőmérséküek a napok nálunk, azért sok hurutos, lobos — olykor csuzos — bajjal járnak. Másik melegebb felében kezdenek rendesen előtérbe lépni a nálunk, kivált a megye alsó felén, honos csorvás, feles számmal lázas és váltóláz esetek. Ezek számra késő őszig szaporodni szoktak, néha kivált esősebb idő-járás mellett (péld. 1860-ban) járványos kiterjedést is vesznek.

Ugy látszik 1855. óta, midőn a hányszékelés megközelité itt az 1831-ikit (mely két évet e tekintetben a régebbi járványok történeté-nél iparkodunk alább párhuzamba hozni) 1862 és 61-ben legtöbb be-teg fordúlt elő, bárha adataink összehasonlitása minden évről kivihető nem levén, a következtetés sem lehet biztos.

A legközelebbi években átalában a betegedések gyakorisága kö-vetkezőkép viszonylott a kijelölt vidékeken:

	a megyei		A Tornallya	Rimaszombat
	szegény betegek közt	rab betegek közt	vidékiek közt	körül
legtöbb eset	1855-ban	1856-ban	1862—61-ben	1861—62-ben
„	1857-ben	1857-ben	1862—64-ben	1865-ben
„	1858-ban	1855-ben	1860—65-ben	1863-ban
„	1860-ban	1858-ban	1859-ben	1864-ben
„	1856 ban	1860-ban	1858-ban	1860-ban
legkevesebb eset	1859-ben	1859-ben	1857-ben	
			1856-ban	

Az 1861- és 62-ik év számosb betegedési eseteit, az 1860-ban és 61-ben — nálunk annyira ritka — nagyobb csözések folytán gyako-ribbá vált és a következő száraz nyarú évekbe is átszármazó váltóláz látszott leginkább szaporitani, a vele s számos lázas bajjal nálunk oly gyakran társuló csorvával egyben; — ezek péld. Paczek tr. kimutatá-sai szerint, kivált ezen évek május havátol september végeig egyre nagy számmal fordultak elő, — nem emlitve a fültömirigy lob, hagymáz gyakoribb eseteit stb. — valamint hegyvölgyes változatos időjáratú égaljunk miatt, az év majd minden szakában mint rendesen ekkor is előjött hurutos lobos bántalmakat sem.

A gyógyulási s halálozási viszonyokat átalában kutatandók, még nagyobb nehézségekre bukkanunk, kivált magán gyakorlatunkban. Ezért nehány anyakönyvi adatot is segélyül kell vennünk különösen a halálozások szempontjából, a föl- és alvidék összehasonlitásával. Ri-maszombatban magában, mely déliebb fekvésü, közel 5000 lakos közt átalában 1855—64-ben körülbelől 2,80°/₀ lehetett az évi közép halá-lozási szám, a Csesznok Pál tr. által a megyei levéltárból összeállitott anyakönyvi adatok szerint. Egyes hónapokban a halálozások gyako-

risága a legnagyobbról a legcsekélyebbig menve ily sorrendet tünte-
tett töl e városban: august, május, mint leggyakoribb halálozással je-
lölt hónapok után, melyek elsejében a hányszékelés vivé 1855 ben a
föszerepet, másodikában a gümőkór — mely csaknem évről-évre gya-
koribb halál-okká válik e városban, márczius, midőn legtöbb a görcs-
és lobeset, mint halál-ok, majd január és april jött, csaknem egyenlő
mérvben november, februar, september, deczember, ezek után julius
és oktober, végül junius, — midőn leggyérebb haláleset fordult elő
(tiz év alatt középben).

Ullmann tr. szerint Tiszolcz, Fürész, Haracsa, Nyustya, Klenócz,
R. Brezón a fölvidéken 9716 lakos közt 1855—64-ben 2,64% lehetett
az évi halálozási szám átalában. A halálozások gyakorisága szerint
igy követték egymást az egyes hónapok: márcziusban volt legtöbb
halott, majd januar, februar, deczemberben, mind a légzési hurut és lo-
bok tulnyomó volta miatt; ezután auguszt és julius tüntettek még föl
gyakoribb halálesetet, amaz, az 1855-iki hányszékelés, mindkettő a
gyomorbél-hurutok és vérhas végett, mig máj. jun. april. sept. oktober-
ben ez mindig gyérebb volt, legritkább november hóban levén.

Tornallya környékén, a mintegy 25,000 lakosú putnoki járásban,
mely a megye alvidékéhez tartozik, mintegy 3,4%-ot tön a halálozás,
60 évről vett anyakönyvi adatok nyomán. Tornallyán a legközelebbi
(1855—64 képezte) 10 év alatt, mint reformált hitfelekezetű egyház-
ban (Sztárnya-Királyival együtt) 600-at kevéssel meghaladó lakossági
szám mellett évente közép számmal 26 egyén hal el, — tehát 4,3%
— az 1865-ik éven pedig 30 halván meg: 5% volt a halálozás az év
elején, kivált Királyiban uralgott himlő majd a vörheny miatt. Egyes
hónapokra nézve a fönebbi tiz év alatt legtöbb halálozás történt april.
márcz., midőn itt leginkább heveny küteg (vörheny és kanyaró), tüdő-
lob és gümősödés szerepeltek halál-okokúl, nov. decz. sept. hóban,
majd mindinkább fogyó számmal jan. febr., továbbá okt. jul. jun., leg-
kevesebb május hóban.

Az egyes évekbeni feltünőbb halálozásokra még alább is utalunk.
Egyébként az egész megyéröli halálozási adatok már a II. részben áta-
lában is tárgyalva voltak.

A megyei föorvosi jelentések szerint, a megyei szegény betegek
közt 1855—60-ban 3220 ismert eredménynyel kezelt egyén közül el-
halt 255 (59 hányszékeléses beszámitásával), gyógyult vagy javúlt
2786, köztük 48 hányszékelésből, nem gyógyúlt 179. A gyógyúltak te-
hát a meghaltakhoz oly arányban voltak, mint 10,8 az egyhez, —
ugyanez idő alatt a megyei rabbetegek közül 1155 ismert eredmény-

nyel kezelt egyén közt mintegy 20 halt el (köztük 3 hányszékelésben), gyógyúlt vagy javult 109 (köztük 6 cholerás), nem gyógyúlt 26, — tehát 5,4 gyógyúltra eshetett egy haláleset. 1857, 58, 59-ben egyes hónapok közül a megye szegény betegei közül legtöbb halt el auguszt hóban (8), majd decz. (7), jan. aprilban (6—6), máj. okt. (3—3) úgy látszik legkevesebb. A jan. máj. aug. havi számos betegedés mellett aránylag sok gyógyúlás volt. Átalában a nálunk szokásos téli, tavaszi, leginkább a légzés szerveket megtámadó hurutos bántalmak, valamint a hasonló (hurutos) jellemű, de inkább a bélhuzamban és mirigyes mellék szerveiben székelő — ilyenkor leginkább váltólázzal járó — nyári s őszi bajok nagyobb számának aránylag eléggé kedvező (szelid) lefolyása mellett tanúskodnak adataink.

Tornallya vidéki betegedéseink közt az 1862—66-ből kiirt mint. egy 4000 esetből itélve, melyeknek több mint felénél ismeretlen a kór kimenete: 1937 ismert esetben 211 halálos, 1726 gyógyúlással végződő volt, tehát 8,1 gyógyúlási esetre eshetett egy halálozás.

Egyes években itt következő volt az arány:

1862-ben gyógyult 509, meghalt 67 ismert eredménynyel gyógyitott betegeim
1863-ban   „   441,   „   62 közt
1864-ben   „   440,   „   54
1865-ben   „   337,   „   27

Uralgó kórjellem az emberek közt.

Miként az eddig előadottakból is kivehető volt, a legközelebbi, tiz évi észleletek szerint e megyében leginkább lobos, de szelid többnyire hurutos, kevésbé csúzos árnyalatú volt az uralgó kórjellem. Legföltünöbb volt ez télen, de kivált kora tavaszszal és késő őszszel is gyakran jött elő, névszerint mint a légutak takhártyában fészkelő hurut és lob, a gyakori hűs, inkább száraz, mint nedves, igen változó irányú légáramtól, de különösen a hőmérséklet és az ezzel többé-kevésbé ellentétes viszonyban álló légsuly nagy fokú s rövid időközben — naponta — mutatkozó ingadozásaitól, az egyéni kórhajlam, a nem kismérvü érrendszeri fölhevüléssel egybekötött életmód és foglalkozás stb. mellett nem kevéssé függvén. Különösen a tágasb völgyek és a magasb hegyi vidékek lakóinál gyakoribbak e bajok. Nyáron, tavasz végével és ősz elején az emésztő szerveket (a mellék vérmirigyeket — májat, lépet — is a szenvedésbe vonva) szokta a hurut inkább székhelyeül választani, kivált a nedvesebb forróbb években, epés,

h a g y m á z f é l e (typhoid), alábbhagyó (remittens), átalában e r ő h i á-
n y o s b j e l l e m ü l á z z a l, de kivált váltólázzal társúltan. Hihetö-
leg az erjanyagok szerepelnek itt is, mint honunk alföldségén kiváló
kór-okúl, mind az emésztő szervek, mig a körlég utján megfertőzve a
lakosok nagyrészét, a mi a népnek a tisztaság követelményeit alig ki-
elégitő szokásai által elömozdíttatik, péld. Rimaszombat szük össze-
zsúfolt házai szemetes udvarain stb. A vizáradásoknak kitett vizálló
helyek, átalában a völgyfenekek televényes, porhanyó nedves, nem szi-
lárd talajukkal, kivált midőn vizárat okozó bő esőzéseket rekkenő
földkiszáritó meleg követ, — mind meg annyi góczai a hasonló bajok-
nak, főkép alsóbb vidékeinken.

A betegedések főbb csoportok szerint.

Gyakorisági sorrendben osztályozva a Tornallya környéki 8000·et
meghaladó s az együtt csaknem 5000-re menő megyei szegény- és rab-
betegekről egyenként kiirt betegségek felől összesen mintegy 13,000
külön esetről vett, — mindenesetre csak némi becset igényelhető ada-
tokat, következő számarányok merültek föl megyénkben:

I. Leggyakoribb volt a z e m é s z t ö s z e r v e k b a j a, az ösz-
szes betegedések 24,9%; pedig péld. a különben ide sorolható fültő-
mirigylobot is a mirigybajok közé tevők. Ebböl mintegy 3% a száj
és torok bajokra, 20,3% a gyomorbélhuzam bajaira — illetőleg a gyo-
mor és bélhurutra — esett, a lép- és májdag önállóbban 2%-et tehe-
tett, bár jóval gyakoribb volt különben. A c s o r v a talán minden
baj közt a leggyakoribb volt. E három rendbeli betegek közt az én
adataimban legtöbb gyomorbélhurutos esetet a gyermekeknél jegyez-
heték meg, kikből e baj az anyakönyvekbe gyöngeség, aszás stb. név
alatt bejegyzett számos hslálozás tanusításaként nálunk sok áldozatot
ragad el.

II. A z á t a l á n o s b a j o k 22,8%-ot foglaltak el. Felölük alább
terjedelmesben szólandunk még.

Esett %	Tél	Ta-vasz	Nyár	Ösz-re	Esett %	Tél	Ta-vasz	Nyár	Ösz-re
Váltóláz	12,5	21,5	30,5	35,5	Hagymáz	25,5	24,5	12	38
Gyomor és bélhurut	14	25	35	26	Vérhas	7,5	7,5	47	38
Hörghurut és lob	34,5	33,5	16,5	15,5	Szamárhurut	16	12	49	23
Tüdőlob	30	40	14	16	Kanyaró	29,5	62,5	4,5	3,5
Tüdő gümő	25	27	30	18	Vörheny	31	27,5	22	19,5
Heveny csúz	26,5	29,5	25,5	18,5	Himlő	34	34	20	12

A gyógyulási s halálozási arány.

a betegek közt	Tornallya körül tudtomra							A megyei szegény és rabbetegek közt								Mindösze		Jegyzet
	össze-sen	meggyógyult			meghalt			volt össze-sen	gyógyult	nem gyó-gyult	meghalt	volt össze-sen	gyógyult	nem gyó-gyult	meghalt	gyógyult	meghalt	
		fi.	nő	gyer.	fi.	nő	gyer											
Váltólázban	1315	165	171	160		1	1	312	278	11	2	141	116	—	1	890	7	
Senyvben	180	22	19	14	1	1	—	5	5	—	4	64	—	—	—	64	6	
Gyomorhurutban	526	116	95	25	1	1	1	607	538	12	28	304	270	1	6	1045	35	
Bélhurutban	390	41	38	101	7	4	12	116	95	3	9	38	37	1	1	313	31	
Gége s hörghurutban	585	110	87	179	4	5	6	302	236	21	18	81	75	2	1	703	15	
Tüdölobban	388	102	56	37	24	19	9	215	170	9	21	61	48	—	1	411	77	* Sziket
Tüdö gümöben	163	1	6	—	31	21	3	49	13	15	11	14	—	—	1	20	70	
Heveny csúzban	172	31	32	8	1	4	3	177	145	13	5	73	60	1	1	276	14	legföljebb javulás
Hagymázban	124	31	18	10	13	18	5	36	22	—	11	15	10	3	1	91	21	
Vérhasban	126	30	22	17	7	5	9	103	77	1	22	16	12	1	3	138	46	
Szamárhurutban	95	3	10	27	—	1	1	12	6	—	—	16	12	—	—	46	1	
Kanyaróban	51	3	1	34	—	—	4	9	6	—	2	1	1	—	—	45	6	
Vörhenyben	71	1	5	34	—	—	5	10	5	—	5	2	—	—	—	45	15	
Himlöben	53	10	7	20	2	2	10	5	4	—	—	—	1	—	—	41	7	
Alkati bujakórban	193	41	47	18	—	1*	5	96	71	8	—	31	35	—	—	212	6	* tüdö lobban

Jegyzet. Az összeg a gyógyított betegek számát illeti, kik felöl az eredmény soknál nem tudathatott ki.

III. A légzésszervi bajok 17,7%-ra rughattak.

IV. A bőr és sejtszövetiek 11,3%-ot tehettek, köztük heveny ragályos küteg 1,4%, bőrfekély 2,6% volt, sejtszövetbaj 2,7%.

V. A mozgásszerviek 5,4%-ot tőnek, — belőlük 4,3% az izületek bajaira esett, — csontbajra 0,5%, — 0,4% pedig az izombajokra.

VI. Sebészi különbaj 4,3% lehetett, köztük seb 3,5%.

VII. Érzékszervi baj 4,1% volt, — szembaj 2,8%, — legtöbb hurutos. Fülbaj többnyire lob 0,6%.

VIII. Agy, gerinczagy és idegbaj összesen 3,7%. Ebből 1,6% agybaj, közel 2% idegbántalom.

IX. Húgy- és ivarszervi baj 4,1%, — amaz 0,5, ez 3,6%, — ez utóbbiból nőknél 1,6%, igen gyér legalább gyéren megállapíthatott ragályos takárral (0,07%); férfiaknál mint hugycső takár 1,2%, mint helybeli bujafekély 0,4%, — a többi a nem ragályos bajokra esvén.

X. A mirigy és szívbajok 1,2%-ot tehettek, amazok 0,85%; ezek az érbajokkal együtt 0,35-et.

Függelékül megemlithetjük ide sorozva még:

XI. A szülészi eseteket, melyek 0,2%-ot tőnek, és

XII. A mérgezéseket, melyek 0,1%-ot tehettek.

Néhány nevezetesebb kór, egyes évszakok szerint és azok gyógy- és halálozási aránya párhuzamban.

A Tornallya, Rimaszombat környéki, megyei szegény és rabbetegek felől egyes gyakoribb és nevezetesb, — kivált járványos, ragályos kóroknál érdekes levén azoknak évszakonkénti gyakorisága, azt százalékos viszonyban jegyzök föl előleges áttekintésül, bárha csak hozzávetőleg, — mind ez adatokból közép számitással. (Lásd a 127. és 128. lapokon közlött rovatos kimutatásokat).

Egyes érdekesb kóralakok a fontosb szervek és szervrendszerekben.

A fönnebb gyakorisági sorrendben (128. l.) elösorolt kórcsoportokból a gyakoribb, vagy nevezetesb betegségek felől részletesben iparkodunk kimutatni itt főkép azoknak az összes betegedésekhez képesti gyakoriságát százalékokban, bárha ezt csak megközelitőleg vagyunk képesek tenni; némely sajátságaikra, kivált a gyógyulás s halálozás közti arányra, és netán kikutatható, vagy vélt okaikra és a kezünkhöz jutott fölhasználhatóbb anyakönyvi adatokra is utalva.

1) Emésztés és mellékszervi (vérmirigy) bajok.

Ezek közt a száj és torokbajok közül, a fogak igen gyakori szenvedése feltünö. Ludig tr. Jolsván, hol a nök és lánykák aránylag többet szenvednek miatta, ezt a messziröl hordott és ezért a pitvarokban álló, 4°-ig kihülö hideg víz ivásának hajlandó tulajdonítani leginkább, — miként a nöknél ugyanott gyakoribb gyomorzsábákat is, melyek néha gyomorfekélytöl erednek.

Tornallya vidékén a szájtakhártyalobok 0,6% körül lehetnek, néha szájpenész vagy zsebre alakban, majd czinober füstöléstöl stb. Ugyanott a mandola s garatlob 1,8%, mig Tiszolcz, Rimaszombat táján 1,5%. Az utóbbiak tavaszszal és télen gyakoriabbak, hurutos jellemüek sokszor, néha azonban a szövezet mélyebben is szenved. Soknál szokványosak péld. sok görvélyesnél, kivált a gyermek, ifjukorban, söt késöbb is. Croupos vagy diphtheriticus — hártyás, roncsoló — jellem igen ritka aránylag, ezután átalános izomgyöngeség, söt néha a lágy iny hüdésszerü állapota is elöfordúl. A szájürben hasonló jellemü baj olykor fökép az inyt fogmedret — mintegy fenés elpusztulásig viszi, járványszerüleg is fordulván elö, péld. Kálosán 1858-ban kivált gyermekek közt. A vizrák gyér.

A gyomorhurut mint csorva Tornallya körül 6%, a bélhurut néha gyomorhuruttal társúltan 5%-ot tehet, együtt 11-et. Rimaszombatban is ilyforma az arány. A megyei szegény betegek közt 17,8%, a rabok közt 24% volt a gyomorhurut, hihetöleg a durvább tápszerek és tán a tisztátlanabb nedvesebb (penész termelö) szobalégben kifejlö geijbehatás folytán — mint lázas baj. A bélhurut 3—3% körül lehetett itt is, ott is. Tiszolczon 3,7% az elöbbi, az utóbbi 3,2%. Nálunk különösen a váltólázzal, söt csaknem minden lázas bajjal gyomorhurut jár rendesen, — kivált a mint e számadatokból látható az alsóbb vidékeken levén gyakoribb. Mint lázas kór, alábbhagyó láz és epés hagymázszerü baj alakát is veszi föl, bárha gyérebben, — péld. elöjött állitólag 1855-ben jun., jul., aug. havakban sokszor ily alakban; nyáron és öszszel leggyakoribb, néha úgyszólva járványosan is uralg, nyáron különösen epés jellemmel. A téli betegedések többnyire disznótorok, farsangi lakomák stb. étrendi hibák következményei. A bélhurut is legtöbb öszszel és nyáron. Föleg a gyermekek sajátja, kiknél a halálozást nagyban növeli, annálinkább, mert a csecsemö emlötöli elválasztásakor s a fogzáskor elöjövö hasmenés üdvösnek tartatik annyira, hogy még rohamosb neme ellen sem igen történik semmi.

A gyógyúlási arány a csorvánál kedvező, — a bélhurutnál ke·
vésbé, miként előbbi adatainkból és alább is látható.

A gyomorgörcs sokszor a gyomorhurut társbaja, — mint
ideges baj Tiszolczon 3%, Tornallyán 1,7%, a bélzsába itt még
gyérebb (felényi számú lehet). Szeret mindkettő ismétlődni. A has-
hártya lob még ritkább, alig több 0,4%-nél, Tornallya körül. Mind
itt, mind egyebütt ez leginkább a nőket sujtja, különösen mosás alatti
vizben állás — okozta meghüléstöl a havi tisztulás idejében vevén
eredetét.

A vérhas e megyében a gyakoribb járványok egyike, péld.
Tornallya vidékén 1859, 61, 63-ban általam számosabb észleltetett.

Az 1855-ik évi hányszékelés mellett is számosan jelenkezett (ta-
lán hasonló élesztő sejtek által előidézve?). Gyermek legtöbb szenved
benne, minden évben több-kevesebb esetszámmal, — nyáron és ösz-
szel különösen auguszt és sept. hóban leggyakoribb. A meleg évszaki
csorvás hurutos kórjellem mellett — melynek oka hihetőleg, miként a
vele — péld. Tornallya környékén — gyakran szövetkező váltóláz-
nak. gerjben rejlik; — éretlen gyümölcs evése, áthülés is idézi elő, ha
nem egyenesen ragályzás, vagy egyszerü bélhurut fokozódása, péld.
kisdedeknél és egyéb erre egyéni hajlammal biróknál. Sokszor hörg-
hurut is kiséri, mintegy utalva a kór-okra, péld. a fölhevült testteli hi-
deg földre-ülés után.

A legközelebbi tiz év alatt a rimaszombati, tornallyai anyaköny-
vekből nagyobb vérhas járványt nem lehetne következtetni, miután
amott legfölebb 1855. aug., sept. és okt. havaiban haltak el benne (vagy
8-an) legtöbben, Tornallyán is csak 1856. aug. sept. havában volt az
legkiválóbb halál-ok. Horkán 1862-ben sokan voltak benne, el is halt
vagy tiz, köztük hat gyermek. Csetnek vidékén 1863-ban uralgott
pusztitóbban. Klenóczon az idén, aug. hóban és sept elején, miként
Jolsva vidékén is a gyomorbélhurut — járványnyal egyidejüleg, töb-
ben haltak el benne, leginkább gyermekek, — bárha elegen a felnöt-
tek közül is. Tiszolcz vidékén átalában 7—8%-ra emelkedik jul. és
aug. hóban a halálozás az egész évihez képest, miután az rendszerint
május hóban 9,6%-ról juniusban hirtelen 6,9%-re szállt alá, az
addigi tüdőbajok csökkentével, valamint sept., okt. és nov. havakban
is egyre apad (6,5—6,1—5,9%-ra) az utolsó hóban levén a legkeve-
sebb haláleset tiz évröli közép számitással. A tüdő a légutak hurutos
lobos bántalmaival bővölködő téli s tavaszi hónapok után, a fölvidé-
ken is a jul. és aug. havi halálozások az ekkor szaporodó emésztés-
szervi bajok folytán (melyek közt a vérhas, mint könnyebben halá-

lossá váló baj, nagy szerepet visz) leggyakoriabbak. Ullmann tr. ezt
attól származtatja, hogy a hegyesb vidéken épen a késő nyári időszak-
ban folyik a legnagyobb munka a szabadban, hol a nép hideg bérczc-
ken tölti ilyenkor éjeit is, a mellett hogy fárasztó dolog közben sok
üde forrásvizet iszik, édes és aludt tejjel, savóval, sok zöldséggel —
csaknem kizárólag ezzel — élve. Tiszolczon különben és körüle 1,4⁰/₀,
Tornallya környékén mintegy 1,5⁰/₀, Rimaszombat vidéken 8,5⁰/₀, —
a szegény betegek közt a megyében átalában 3⁰/₀, a raboknál 1,2⁰/₀-a
volt a vérhas az észlelt betegségek összegének.

A Tornallya körüli betegek és a megyei szegény és rabbetegek
jegyzékéből kiderül, hogy a bélhurutban szenvedettek közt körülbc-
löl tiz gyógyultra esett egy halálozás, — mig a vérhas-esetek közt 3,5
gyógyulás felel meg egy halálozásnak.

A bélférgek eléggé gyakoriak, kivált az orsónyák gyerme-
keknél, ritkább és néha szinte ezeknél is előfordul a galand-végbélku-
kacz. Ritkaság, hogy ezek miatt támadjon betegség, — mert péld.
a haspuffadás és egyéb jel, melyet nekik tulajdonit még a nép értel
mesb része is, inkább a görvélyes, angolkóros testalkat mellett gya-
kori izomgyöngeséggel járó bélhurutok társa.

A sérvck eléggé gyakoriak mindenfelé erős munkával foglal-
kozó népünk közt, — azonban a csekély ovatosság daczára ritkán jö-
nek elő a népnél — legalább tudomásunkra igen gyérek kizárt sérvc-
setek. Többnyire itt is nagyobbak bélsárteliek levén a leggyakoriabb
külső lágyéksérvck különösen férfiaknál, rendesen sikerül olykor több
nap mulva is helyretételök enyhébb béluritök és péld. ezek után elő-
vett ólomcsörékre stb.

Aranyér gyérebb mint gondolnók, inkább a többet ülő, böven
élő olykor átalános pozsgában is szenvedő uri rend sajátja, — szintily
gyér a májnak péld. vérböségtöl függő daga is; ha csak nem az itt
péld. a Sajó- s Rimavölgy délibb részein uralgó váltóláznak kifolyása,
a még jóval gyakoribb lépdaggal együtt. Mindkettöt, igy háj májat is
nem egyszer igen bövcn táplált, természettöl hizékony felnötteknél,
— kemény lépdagot pedig angolkóros egyéneknél is találhatni, kife-
jezettcbb váltólázszerü rohamok nélkül is.

2) Átalános, alkati bajok.

A megye alvidékein kivált a Rima, Sajó völgyekben, föleg a
nedvescbb években, különösen öszszel, de nyáron és tavaszszal is
eléggé gyakran, mondhatni tájkórúl uralgó váltóláz fö figyelmün-
ket érdemli itt. A fölvidéken e baj gyér, vagy épen elvétve fordul

elő nyáron és öszszel, péld. Dobsinán. Tiszolcz környékén is nemcsak ritka, de szelid is, — mert Ullmann tr. 1260 betege közül 1864—65-ben csak 3%-át teheté az összes betegedéseknek, mig Tornallya körül 17 —18%, Rimaszombat mellett $9—10\%$, a megye szegény betegei közt átalában $8,7\%$, a rabok közt 11%-ot tön, tehát középben ezek közt közel 12%-ot. Tiszolcz táján többnyire mindennapos és harmadnapos e baj; aránylag legtöbb jul. és aug. hóban, a kinalnak mindig könynyen engedett, — a lépdag is elmult rendesen lassankint ezután, váltóláz-senyv, vagy vizkór hátrahagyása nélkül. A megye alsóbb vidékein, hol különösen 1860, 61, 62 és 63-ban volt legközelebb számosb, sokkal változatosb alakú s lefolyásu, sulyosb kimenetü ez. A mindennapos és harmadnapos szabvány ugyan itt is tulnyomó, de nyár végén és öszszel negyednapossá is gyakrabban válik az, ujból más, olykor lappangó alakot öltendő, s néhányhéti látszó szünetelés után nagyobb rohamok által árulandó el folytonos jelenlétét; egyre tartva péld. ösztől tavaszig, söt néha évekig is ugyanazon egyénnél, kinek ivadéka is hajlamossá válik e bajra. Rendesen g y o m o r h u r u t (vulgo: c s o r v a), olykor m á j v é r b ö s é g b ö e p c k i v á l á s vagy p a n g á s s a l, n y o m - b é l h u r u t t a l (sárgasággal) előzi meg sokszor folytonos lázzal kezdödve, majd alábbhagyó lázzal társultan. Ez kiséri további folyamatában is, jeleül annak, hogy a melegebb évszak növénybomlási terményekkel dús volta, mely kivált akkor feltünőbb, midön az esős napok forró derüsebbekkel váltakoznak, — nem egyedül a légkört teheti gerjessé, — hanem péld. a talaj vizének is, mely italúl szolgál, fertözö képességet adhat. E kór — forrás létezése, — illetöleg annak az ottani rosz ivóvizben rejlése, föleg az alföldön megfordúló munkás köznép közt átalános meggyőződéssé vált.

De az ivóvizen kivül a gyomorbélhuzam kiváló elsőrendü bántalmazottságát, mely a bajt ha nem egyenesen elöidézni s fentartani is, de legalább bevezetni s makacsabbá tenni látszik, az éretlen gyümölcs bö éldelete — népünk átalános hiedelme szerint is — leggyakrabban okozhatja, annálinkább, mert épen a késö nyári s öszi hónapokban van legtöbb váltólázas, kivált gyümölcstermelő völgyektöl környezett vidékünkön, még a szárazabb években is néha. Hogy egyéb étrendi hiba is, mely tartósb erjedést idéz elő az emésztési folyam alatt, hasonló eredményre vezethet, könnyen elgondolhatjuk. És ez a meghülésekkel együtt, legalább is fentartója, ha nem egyenes gerjesztöje péld. a téli hosszas váltólázaknak.

A l é p d a g nálunk, kivált Tornallya körül a putnoki járásban igen gyakori, az életében csaknem mindenkit egyszer, néha hosszasabban is meglepő váltóláz miatt minek koronkénti ismétlődése csak növeli e mindinkább keményebbé váló dagot, — mely idővel rendes térfogatához többé alig is térhet vissza s ilyenkor soknál élethossziglani senyves külemmel árulja el magát. A már kiállott váltóláz mint tapasztalhatni, később — sokára, az irántai fogékonyságot sok esetben csökkenteni látszik, a mennyiben a kórgerjesztő hatány megszokása, mint sok egyéb ilyesmié, annak ártalmát később baj nélkül könnyebben elviselhetővé teszi. De mind e mellett ezen olykor járvány képét felöltő baj — kivált a megye alsóbb sikságain — az átalános kórjáratra nagy befolyást gyakorol, — annak jellemét határozván meg némileg, — azért észleleteim szerint a természetes gyógyfolyam vezérlésében sokszor jobban kijelölhetjük a helyes irányt, ha az előrement váltóláznak a vérmirigyek és az idegrendszerrei kiváló befolyását egyes esetekben a számitásból ki nem feledjük. Mutatják e befolyást többnemű szövödményei, — péld. sokszor itthoni hányszékeléssel jár, különösen a lázroham alatt, máskor szinte ez időben fokozódó vérhas, vagy hörghuruttal, gyermekeknél pedig nem egyszer nehéz kórral is (ecclampsia), sőt felnőtteknél agyi gutaszerü rohamoknak is lehet előidézője. A járványos agy — gerinczagykórlobot is pár kitünő esetben rendes szabványú láz előzte meg, vagy kisérte később. Több zsába, néhány börbaj péld. az ajksömör, — néha az orbáncz, kivált arczon görvélyes orri izzagu s egyúttal nyaki nyirkmirigy-dagu egyéneken, továbbá a csalánküteg is szeret föllépni vele, főleg csorvával társultakor. Izzag, — kelések, s ilyszerü pokolvar nem állandó kisérői. Az első inkább görvélykórtól, angolkornál látszik függni, ha mellette föllép is, — az utóbbiak pedig a nedvesebb években tapasztaltattak ugyan vele egyidejüleg gyakoriabbaknak, de nem hozathattak szoros kapcsolatba egyes egyéneken vele, sőt leginkább a legegészségesb, nedvdúsabb, vagy börküteges egyéneket szokták ellepni, péld. rüh, himlő, kanyaró, vörheny után a kelések; mig ezek kiaszott gyermekeknél sokszor lappangó bujasenyvet és pedig a következés tanusitásaként nem egyszer méltán sejtettek.

A s e n y v e s k ü l e m váltóláznál nálunk nemcsak annak nyilt, de ki nem fejezettebb alakainál is gyakori, — a s ü l y ritka utána, de annál gyakoribb a v i z k ó r, mert a Brightféle vese után leggyakrabban váltóláz idézi elő ezt, kivált a putnoki járás tornallyai vidékén. Már csak ezért is gondosabb, több hétre terjedő nem a nálunk szokásos párnapi könnyelmü kezelésre lenne szükség, a váltóláz isméti kitörései ellenében. Rendesebb orvoslás, és tápláló választékos étrend mellett a különben is többnyire kedvező gyógyulási arány és termé-

szetes gyógyipar hozzájárultával az utóbajok elhárítása könnyebb
volna, a baj természetében rejlő gyakori ismétlődéseknek sem levén
majd ez esetben oly fontossága, mint különben.

Hátha még a baj támadása megelőzésére is volna némi gond?
péld. az álló vizek elleni czélszerü csatornázással a házak körüli s az
ivóvizben annyira nélkülözött nagyobb tisztasággal stb.: mennyivel
kevesebben lennének a váltóláz-okozta senyv miatti sinlődés áldozatai!

A h a g y m á z nálunk 1847—48 óta a rendesebben megjelenő
kórok közt aránylag nem volt gyakori, inkább szórványosan fordúlva
elő, kivált Tornallya körül, mintegy 1,5—2%-át teheté az összes bete-
gedéseknek. Legtöbb január és október hóban, majd aug. és aprilban,
sept. és novemberben volt. Sokszor — többnyire — ki lehetett mu-
tatni itt a ragályzást, mint kór-okot, péld. 1858-ban Fügében, hol egy
családban többen voltak egyszerre, vagy egymás után benne, —
1862-ben pedig Hanván, hová sárospataki tanulók hurczolák e bajt.
E falukon, továbbá Ragályon 1863-ban volt legtöbb hagymázeset vi-
dékünkön. Mindhárom helység nagyrészt épen hegy alatti s meglehe-
tős nedvdús és nem épen szilárd talajon fekszik, — a hegyoldalon
aránylag kevés ház épült, — ezek is nagyrészt úri lakok, tehát a baj
e helyeken kedvező talajra talált, kivált tavaszszal és télen, midőn so-
kan betapasztott ablakú és szük, nem egészen tiszta szobákba szoktak
beszorúlni. A tornallyai egyházban, melynek mindhárom helysége a
Sajó-völgy fensikján esik, gyérebbek a hagymázesetek, de azért legin-
kább szaporiták a halálozást mégis 1855, 56 telén és tavaszán, 1857
telén, 1859 jun. havában, 1861, 1863-ban tavaszszal és 1865 végén
(dec.) Rimaszombatban, hol tiz év alatt mintegy 5%-a a halottaknak
benne halt el, 1855 és 60-ban volt legtöbb halálozás miatta, tavaszszal
és télen kivált, ezután 1856, 61 és 64-ben. Paczek tr. szerint 1862 és
65-ben aránylag legszámosb volt különben a hagymáz, legtöbb okt.,
márcz., jul. apr. sept. nov. januárban, az általa észlelt betegségek ösz-
szegének mintegy 0,5%-át teheté egészben. A megye szegény és rab-
betegei közt alig volt több 1%-nál, amott leginkább jan. és márcz.
hóban 1858-ban, ezeknél 1855-ben legszámosb eset fordúlván elő.

Átalában ritkább vidékünkön a küteges, mint a hasi hagymáz.
Tiszolczon, hol 1858 telén is uralgott hasi hagymáz és Rima-Bré-
zón 1865-ben sok eset fordúlt elő. Ullmann tr. szerint mintegy
80-an szenvedtek benne, kiknek fele állitólag gyermek volt, de ő
az agy-gerinczagy kérlob mintegy járványosan előfordúlt eseteit is
mind ide sorolá, — azért 3,7%-re tevé hagymázeseteit. Tiszolczon ta-
vaszszal különösen sokan haltak benne, november hóig mintegy 30-an

az anyakönyvek szerint, azért 1855 óta átalában 1865-ben legtöbb
volt a halálozások száma. A járvány február hóban kezdődött, már-
cziusban tetőfokát érte el, — néhány eset még jun. hóban is fordúlván
elő. Egyes egymással összeköttetésben álló családokban, bizonyos
házcsoportozatok terén belöl számosb esetet lehetett észlelni. Nagyobb
részt küteges volt itt az alak, — nagy láz, álom kór, tévengésekkel.

A halálozás a hagymázban tetemes. Jegyzeteink szerint a Tor-
nallya vidéki, megyei szegény és rabbetegek közt az ismert kimenetü
esetekböl kiszámithatott gyógyult és halálos esetek közti arányt illetö-
leg úgy viszonylottak amazok ezekhez, mint 1,82^0/$_0$: 1,00-hez, vagyis
egy harmada elhalhatott hagymázosainknak körülbelöl.

Az alkati bujakór, melyet népünk süly, vagy süly-
köszvénynek nevezett el, a föorvosi jelentések szerint állitólag nem
gyakori a megyében, — de ha elgondoljuk, hány benne szenvedöt ku-
ruzsolnak czinober füstöléssel stb. és titkolnak el, elég gyakorinak
mondható az. Bár ennyi se volna ! Saját észleteim szerint 2,02%/$_0$: 183
eset — számmal. Tornallya körül, Paczek tr-éi szerint 1,52%/$_0$ (131 eset)
Rimaszombat táján, — a megye szegény betegei közt 2,66%/$_0$ (96 eset),
a rabok közt 3,02%/$_0$ (37 eset) van fönebb emlitett adatainkban följe-
gyezve, de e két utóbbi adat közé ugy látszik 1855, 56, 57-böl a hely
beli fekély is be lön számitva. Összesen volt 21,689 beteg közt mint-
egy 447, tehát 4,06%/$_0$ körül. Ezekböl 226 ismert credményü esetben
Tornallya körül, s a megye szegény és rabbetegei közt többé kevésbé
javult, vagy gyógyult 212, a mi — ha a baj tüneteinek későbbi meg-
ujulása nem volna gyakori — igen kedvező gyógyulási arány lenne.
De a bajnak a késő nemzedékekrei átszármazása arra mutat mégis,
hogy ez nem oly könnyen irtható ki, söt gyökeres megelőző társadalmi
s egészségrendöri intézkedés nélkül mindinkább terjesztetvén a nép
közt, kivált a házasodás akadályai, továbbá a szabadságos katonák,
helyváltoztató cselédek által, a zsenge ivadék halálozását gyakoribbá
tenni, s elsatnyúlását fokozni fogja mindinkább.

Tornallyán és környékén csaknem minden helységben előfordúl
már is, — leginkább a czigányok közt Méhiben levén otthonos, miként
a serkei járásban Dulházán. Mint öröklött bajt kivált Ragályon, Tor-
nallyán lehetett észlelnünk, az idén Szuhafön voltak aránylag sokan
benne. Halálozást vagy 5 esetben jegyzék föl, ily gyermekek közt, itt
is hasmenés és egyéb baj, — egy felnöttnél pedig tüdölob lehetett a
halál közvetlen oka. Mint halál ok néha az anyakönyvekben is előfor-
dul a bujakór. Sok izraelíta, uri rendü, csendör, szabadságos katona,
juhász, — legtöbb férfi, legkevesebb gyermek, szenved benne.

Paczek tr. szerint Rimaszombat körül, miként Tornallya környé-
kén is sokkal gyérebb volt az ide nem is sorozott alább megemlitendő
eredeti — lágyabb — helybeli fekély, mig az alább följegyzett régebbi
főorvosi jelentések szerint a helybeli baj volt számosb. Tornallya kö-
rül már eleinte t. i. a beteg első jelentkeztekor jelen volt többnyire,
legalább is a nyálkás bibircs-alak (plaques muqueuse), borék vagy sze-
mérem ajki izzaggal, — a gége s garat hurutos vagy fekélyes lobja,
majd az idült csontbajok voltak leggyakoriabbak ezek után, — az
utólsók sipcsonti, koponyai, kivált homloki, — kulcs, lapocz, mell, föl-
karcsonti dudorok, éjjeli csont-zaggatások alakában olykor lázas moz-
galommal is; kiséretükben böri geny — tüszök, mikből lassanként ter-
jedő, néha évekig tartó konok fekélyek támadtak, daczolva minden
szereléssel, — de a szegények közt az állam rovására kiszolgáltatott
higany és iblanytartalmu gyógyszerek huzamosb alkalmazása folytán
egyes esetekben ezek is tartósan engednek végre. Pikkely sömör is
gyakran; kemény mirigydagok pedig, péld. a lágyékon, nyakon, kö-
nyökön átalánosan jöttek elő lefolyása alatt.

Tiszolczon és körüle $1,6°_0$-et tön e baj, az esetek harmadánál
kevesebb öröklötten, — 2 uj szülöttnél mint bubor (pemphigus) halá-
los lön. Férfi korban legtöbb volt benne, s a foltos, bibircses alak lapos
függölyök garatlob jöttek elő kiválólag. A higany kül- és belhasznála-
ta, miként egyebütt, úgy itt is csakhamar okozott, bárha nem egyszer
csupán viszonylagos javulást, a mennyiben egyes kórjelek időnként
vissza-visszatértek, csakhogy többnyire már szelidebben. Ott legtöbb
jómódú, szabadságos katona s nőcseléd szenved benne.

Jolsván a város végén lakó czigányok közt jön elő, de itt is gyé-
ren, mint torokfekély. Dobsinán a nép eléggé ment töle, erkölcsös ma-
gaviselete végett és azért is, mert nem sok járókelő fordul meg benne,
a katonajáratoktól pedig meröben el van szigetelve. Hevenyen szabad-
ságos katonák és vándor mesterlegények hurczolják be oda.

Richter Dániel tr. volt megyei főorvos egyik hivatalos jelentése
szerint az egész megyében(a járásorvosi adatok nyomán) előfordult az
elöbbi megyefelosztás szerint:

	átalános bujakór,			helybeli fekély,		
	1855	1856	1857	1855	1856	1857
a rimaszombati kerületben	2	2	1	9	11	7
a rimabrezóiban	1	—	—	4	5	4
a nagy-röczeiben	2	—	2	3	13	5
a tornallyaiban	1	1	1	5	7	3
A rozsnyóiban	3	2	3	6	9	6
3 év alatt összesen	9	5	7	27	45	26
		21 eset			98 eset	

Az alkati bujakórosak közt 14 javúlt, tehát az esetek $^2/_3$-da, az eredeti fekély állítólag majd mind meggyógyúlt, — de ezt bésőbbi s pontosb észleletek deríthették volna csak föl jobban. E gyógyúlási — talán csak látszatos — kedvező arány lehetett annak oka, hogy a helybeli fekélyek, az alkati bajokhoz képest e jelentésben oly számosoknak jelöltetnek meg, — mig egyéb többévi megfigyelésre alapított tapasztalatból ellenkezőt vehetni föl.

A g ö r v é l y k ó r az angolkóron kivül 2—3 százalékát teheté az összes betegedéseknek, Tornallya környékén, összevetve az ily jellemű fül, orr, szem, nyirkmirigy, bőr és izületbántalomban vagy átalánosabban, kiaszás, hörgbélhurutban (angolkórral, vagy a nélkül) szenvedőket. A szegény betegek közt is $2^0/_0$-ra tehető ezek száma. Télen, tavaszszal rosszabbult állapotuk, hihetőleg a sok kivánni valót fölhagyó szobalég, és néha egyéb tekintetbeni nyomor miatt is. A gyógyúlási, illetőleg javulási arány az átalánosban kifejlett esetekben a megyei szegény betegek közt olyan volt, hogy mintegy $^2/_3$ részök jobban lett, de ennek negyedénél alig gyógyúlt föl valamivel több egészen. Tornallya környékén is sokan javúltak, de szinte kevesen gyógyúltak meg lassanként annyira, hogy valami nyoma ne maradt volna föl bajuknak. Többnél a tüdőgümők nyilvánosan társultak vele előbb később, néha már kisdedeknél is.

Tiszolczon $1,9^0/_0$ volt e baj gyakorisága. Mint egyebütt péld. Dobsinán is, hol elég gyakori, főleg gyermekeknél fordult elő. Az öröklést nem lehetett mindig kimutatni. Indokúl a rosz táplálat, nedves lakás vétethetnek föl. Jellemzik a halvány, túlgyöngéd, vagy duzzadt arczbőr, mirígydagok, kivált a nyakon és hónaljban, igen gyakran hólyagcsás vagy genytüszös köthártyalobbal ($1,2^0/_0$), mely néha ugyan e nélkül is jelentkező nagy fényiszony, szemhéjgörcscsel, — továbbá arcz-izzag hörghuruttal jár, — gyérebben és pedig leginkább kisdedeknél bélhuruttal is. Jolsván is gyakoriak az ugynevezett sömörszerü (görvélyes) köthártyalobok.

T ú l h í z á s r a csak egyes példák vannak, ritka a köznépnél, — szinte igy a pozsga, mely már jóval gyakoribb, kivált a bővebben élő jobbmóduak közt.

A s á p k ó r Tornallyán és vidékén $1^0/_0$, Tiszolczon $1,7^0/_0$; pórlányoknál itt leginkább havi tisztulás alatt vizben állás után fejlödött ki, Rimaszombatban $1.5^0/_0$. Dobsinán, Jolsván ritka. A gyógyúlási arány kedvező, bárha némelyeknél évekig fennmarad e bajra hajlam.

S ü l y átalában igen gyér. Leginkább a megye börtöneiben raboknál fordúl elő ($4,3^0/_0$) különben — úgy szólva — mind jó kimenettel. 1856-ban legtöbb volt. 1864-ben is előjött nehány eset, mind Rimaszombatban.

Vízkór mint kórszövödmény igen számos bajnál fejezi be az életet, legszámosb észleleteim szerint a Brightvesénél, váltóláz után és vörheny folytán, az e két utóbbitól eredettnek sikerül többször tovaterelése, sőt néha egy időre a ráknáli is stb elmúlik igy. Az anyakönyvekben ez halál-okúl gyakran van följegyezve, péld. Rimaszombatban 10 év alatt a halottaknak 8%-át tehették a benne elhaltak (az agyvizben elhaltak be nem számitásával, mely hihetőleg egy lobtól eredt.)

Rák gyéren fordúlt elö. A megyei szegény és rabbetegek közt 3—3 emlittetik. Tornallya környékén tiz év alatt vagy 28-at láttam a nöi emlöben (8—9, a méhben (2) és a hasüri egyébszervekben (10 eset), — ebböl 5 gyomori, 1 máji, 2 föleg bélfodori, kettő vastag bélrák, — az alajkon (1), állon (5), nyelven (1). A tenyéren, fejtetön és czombon is jött elö hasonló (velős rákszerü) képlet. A börfarkas évek óta daczol egy tornallyai leány orrán mindenféle kezeléssel. A rák netáni kiirtása után rendesen ismétlődött. Csóltói izraelita nönek hasi rákos daga kifejlödése alatt tömött bajusza, szakála sarjazott. Dobsinán igen ritka ez; Jolsván Ludig tr. 2 gyomor, 2 arczrákot észlelt. Tiszolczon Ullmann tr. 6 közül: 2 gyomorit, 1 májit, melyet bonczolással is földeritett, — egy emlöit, mit 1864-ben szerencsével ki is irtott (83 éves pórnönél), egy fültö-mirigyit a nyakon, és egy fölhámi (sejtes) rákot a fülkagylón.

3) Légzésszervi bajok.

Leggyakoribb köztük a légutak hurutos lobos bántalma (a gégehörg hurut és lob), péld. Tornallya vidékén az e bajban orvosi segélyt keresök közt, kik csak sulyosb esetekben kérnek ellene tanácsot, az összes betegedésekhez képest 8%, Rimaszombat körül 6,8%, a megye szegény betegei közt 8,4%, a rabok közt 6,3%, Tiszolcz táján 6%. Itt a hurutok és lobok tél vége felé, s tavasszal feltünöbb gyakorisága miatt mart. és január hóban legtöbb volt a havonkénti halálozás, t. i. az egész évihez aránylag 10,6—10,5%, — ezután pedig febr. máj. april és deczember hóban (10,0—9, 6—9, 5—8,5%).

Legtöbb eset fordúl elö átalában a tüdőlobbal együtt tavaszszal és télen. Tiszolcz, Dobsina és Tornallya körül öszszel is eléggé gyakori. Nagyrésze, miként maga a tüdőlob is, a légköri mérséklet gyakori s hirteleni változásában, és a hüsnél hüsebb széljáratban találja e baj okát, — mely néha nyáron is számos hasonló betegedést idéz elö. A 1858-iki évi száraz nyáron, midön különben még jun. hóban is sok-

szor igen hűsek voltak az esték — miként 1862-ben is bárha rendesen
a nedves hideg légkört tartják inkább indokául. — talán **a száraz lég-**
nek is, legalább mint hűsebbnek volt rá némi befolyása, miként igen
kemény hidegü teleken a tüdölob gyakoriságára lenni szokott. De az
egyéniséget sem kell a számitásból kifelednünk, mert péld. **gyerme-**
keknél, kik közt a gége valódi hártyás lobja nálunk gyér, de többnyire
halálos, a gége hörghurut igen gyakori, minthogy, ugy a **fogzás,** mint
az ángolkóros testalkat nagy szerepet játszik nálunk. A test **nagy me-**
leghez szoktatása, túlságos elérzékenyítése, elpuhítása, **dunnatakarók**
által, szinte számba veendő itt. Továbbá a baj előtti szokványos meg-
jelenése, a gümő, görvélykór, szintúgy számtalanszor elősegélő s fen-
tartó tényezői e bajnak, — tüdő légdagu öregeknél is gyakori ez stb.
A férfiaknál inkább a tüdölob gyakoribb a nagyobb testi erőfeszitést és
az ezzel járó érrendszeri fölhevülést követő meghülés folytán, péld. a
köznép közt favágás, kötörés után.

Mint **h u r u t á r** (sziket, miként a nép is nevezi Rakottyás kö-
rül) 1858 telén uralgott átalában megyénkben a föorvosi jelentés sze-
rint nagyban a légutak elterjedt hurutja, kivált január hóban, de még
1857 deczember havában kezdödve egészen 1858 juniusáig, csakhogy
igen szelid lefolyású volt.

Léguti hurutban a Tornallya vidéki s megyei szegény és **rabbe-**
tegek közt, csak azokat véve számba, kiknél az eredmény tudva lön,
átalában 46,6 gyógyúlt esetre eshetett 1,0 halálozás, — **ez is inkább**
gyermekek, öregek és különben kimerülteknél történt, mig tüdölobnál
5,3 gyógyúltra esett egy halott, tehát $18,8^0/_0$ volt a halálozás körülbe-
löl, csakhogy ehez is egyéb okok járultak ilyenkor, péld. két oldali
szenvedés igen öreg, vagy gyermekkor, régi betegeskedés, agylob
bélhurut stb. — bárha ezek sem idézték elő mindenkor a halált.

A **t ü d ö l o b,** mely gyermekeknél karélycsás alakában rende-
sen hörglob kisérője, Rimaszombat körül leggyérebb $1,3^0/_0$, Tiszolczon
$2,9^0/_0$, Tornallya körül $4,6^0/_0$, a megyei szegények közt $5,8^0/_0$, a rabok
közt $5^0/_0$. Ezek szerint a sanyarú, kivált földmivesi nagyobb erőfeszi-
téssel járó életmód kedvez kifejlödésének. Tavaszszal legtöbb, majd
télen, — legkevesb öszszel. E télen aránylag kevés eset volt a szeli-
debb téli hideg miatt. Február hóban is inkább hurutok jöttek elő, ki-
vált gyermekeknél, mig 1858, 63 és 64-ben aránylag legtöbb volt Tor-
nallya vidékén a tüdölobeset. Tiszolcz, Jolsva körül szelidnek tapasz-
talták ezt, Ullmann és Ludig trok. A tüdölob tünetei alatt **gyorsan el-**
haltak nagy **számát** Dobsinán Fehér Nándor tr. hevenygümösödéstöl
hiszi függeni. Én gyakran tapasztalám, tüdögümösöknél a **tüdölobot a**

nélkül, hogy ez miatta azonnal halálossá vált volna, — bárha tovább látszék is azt fejleszteni. Vannak, kiket többször megtámad éltökben, kik időközben erősek, egész-égeseknek látszanak.

A mellhártyalob, kivált mellüri nagyobb izzadmány-gyülemmel gyér, hosszas lefolyásu s nem egyszer tüdögümökkel szövetkezik. Szelidebb fokát bajos néha e névvel meg is jelölni, — tüdőlobbal ily alakban úgy látszik gyakran társul nálunk.

A tüdőgümösödés inkább a felsőbb vidékek és városok lakosainak ostora. Tiszolczon 3,3%, kifejlődötten, — de 1,6%-el minden esetre több, ha a vérköpöseket, kiknél idült hurut, mellnyilalás, váltólázszerü lázas mozgalom, gyöngeség, testaszás árulta el csak a baj jellemét, beszámitjuk. Mind gyermek, mind felnött gyakran szenved benne. Sok esetben — feles számmal — öröklöttnek bizonyult be. Többnyire idült alakú. A Tiszolcz körül számosabban — legtöbben — lakó, csizmadiák, kalaposoknál gyakoribb, mint a földmives köznép közt.

Rimaszombatban évről-évre szaporodik e baj, — a legközelebbi tiz évi halálozások közt 12,8%-ot foglal el. Vidékén Paczek tudor szerint 3%, Tornallya körül 2%, a szegény betegekközt 1,6%-át teheté a felhasználtuk adatok szerint az összes betegedéseknek. Gyakori Dobsina táján is. Rozsnyóról Kiss Antal tr. értesít, miszerint Henzlován szinte helyi kórnak volna e baj vehető a bányászok közt, kik benne számosan halnak el, talán azért (lob miatt?), mert hegyes vidékökön a mindig zord szél járatú tetökön könnyedén öltözködve járnak kelnek.

Volt eset, hol e bajban is javulás jött egyidőre, de észleleteim szerint ez mégis rendesen halálos — legalább nálunk.

A szamárhurut (pertussis) koronként a gyermekek közt uralg járványosan az év különböző szakaiban, péld. Rozsnyón, Tornallya körül 1857-ben volt tavasztól öszig, — itt 1858, 59, 63, 64-ben is. Kimutathatólag ragályos szokott lenni. Benne kevés hal el, ez is leginkább szövödményei miatt. Daczol egyébkint minden szereléssel. Kimutatásaink erre nézve igen hiányosak; — az utóbbi ok folytán, miként a heveny járványos, ragályos kütegek közül kevés kerülvén az orvos elé, még akkor is, midön egész falvak gyermekeit lepé meg.

4) Bőr- és sejtszövetbántalmak.

A heveny járványos ragályos, leginkább a gyermekeket, de koronkint a felnötteket is felkereső kütegek, bárha átalános bajok, szokás szerint itt is tárgyalhatók. Ezek rendszerint télen és tavaszszal leggyakoriabbak, öszszel leggyérebbek. Róluk %, szerint bajos szólni, mert a valótól igen messze esnék (sok beteg közül) a csak gyér esetben elénk került egyénekböl vett számadat. Az orvosok felügyelete alá ritkán kerül közülök valamely sulyosb utóbaj jelentkezte nélkül valaha néhány példány. Sok gyermek is hal el hiányos ápolás miatt bennök! A h a l á l o z á s mind az anyakönyvi, mind a megyei szegény és rabbetegekröl, mind saját észleleteinkböl meritett adatok nyomán a v ö r h e n y b e n l e g n a g y o b b, a k a n y a r ó b a n és h i m l ö b e n g y é r e b b. Például Rimaszombatban a halottak 2,4$^0/_0$-a vörhenyben, 1,5$^0/_0$-a kanyaróban, 1,0$^0/_0$-a himlöben halt el 1855—64-ben (tiz év alatt). Mindhárom küteg elöfordul egyszerre, vagy egymás. után, csaknem minden évben legalább itt-ott szórványosan megyénkben, — olykor — bárha — ritkábban egyidejüleg is, egy vagy más helyen eléggé tömegesen lépve föl. Igy péld. midön 1857 tavaszán Rimaszombatban a k a n y a r ó lépett föl, számosabban és többen (17-en) el is haltak benne, miként 1864-ben is (9-en); Tornallya vidékén inkább a v ö r h e n y uralgott (1857-ben) csaknem kizárólag, 1858-ban még számosabbá leendvén. E járvány itt ekkor több sulyos esettel járt, péld. hártyás torokgyik, mellhártyalob és izzadmány, belfüllob, nehéz kór, heveny veselob és vizkór eléggé gyakran kisérték, — még utólag is sokáig maradt föl hörghurut és genytüszök támadtak nem egyszer. Többen el is haltak miatta. 1864, 65-ben is jött e baj itt elö. 1858-ban Rozsnyó, Nagy-Röcze, Rima-Brezó környékén is inkább a k a n y a r ó uralgott, kivált tavaszszal és nyár elején, — midön Tiszolczon, Rima-Brezón, Kokován elterjedtebb, Rozsnyó táján kisebb himlöjárvány is volt egyidöben, — azonban szelidebb alakban mint kecskehimlö különösen, és még inkább az év végén s 1859 elején, tavaszszal ugyanekkor (annak végén) és nyár elején v ö r h e n y nek adva helyet. Eme kütegek, mind elszórt góczokban szokták magukat fentartani, szakadatlanul a nagyobb járványoktól megkimélt években is, — valószinüleg igy termelve ujra meg ujra magukat, mig alkalmuk van nagyobb közlekedés folytán ismét nagyobb kiterjedést is vehetni föl. 1860-ban a megyében szétszórtan volt a v ö r h e n y, — 1862-ben (midön Rimaszombat és Csetnek körül a himlö lön gyakoribb) Pelsöczön és a kis-honti járás pár északnyugoti helységében mutatkozott és mind a küteg kiütése s virágzása, mind az utóbajul támadt heveny vizkór alatt többször halálossá vált. Jolsván az 1864-diki év ösze végétöl az 1865-ik évi tavasz kezdetéig volt v ö r h e n y, gonosz indulatu nyaki mirigylob, a sejtszövet és bör nagyterjelmü, eves szétesésével (mihez hasonlót Runyán magam is láttam), hangrézs-vizenyö, a 2-dik hét végén Brightkórral voltak ádáz kiséröi. Tizenegy esetböl 5 meggyógyult, 6 elhalt. 1865-ben a v ö r h e n y, a felsőjárás Csetnek s Murány völgyén és a serkei járásban nagyon heves rohamos lefolyású volt, leginkább kásaszerü küteggel, — többször üszkösödő torokgyikkal (péld. Pelsöczön) halálossá lön. Állali mirigydagok, heveny, Brightkórral társuló vizkór voltak utókövetkezményei több helyen is — péld. Sajóvölgyünkön — mint már említők.

Tiszolcz körül, kivált itt is Klenóczon, csak kevés gyermeket kimélt meg a k a n y a r ó 1864 tavaszán. Nehány eset már január február hóban volt, marcziusban tovább terjedt, aprilban tetőfokát érte el a járvány mind a betegedések számára, mind hevességökre nézve. Tiszolczon 12, Klenóczon mintegy 90 gyermek halt el benne, azért 1864-ben aránylag itt legnagyobb volt a halálozás. A fejlődési s virágzási kórszakban álomkór, erőkimerültség volt már soknál. Az élet első hónapjaiban levő csecsemők nem igen szenvedtek. Némelyek 4 hét — 3 hó alatt 2-szer is kiállották a kanyarót (hasonlót a v ö r h e n y r e nézve 1858-ban magam is vettem észre). Csak a betegedések kisebb részét képező sulyosb esetekböl is, melyek keze alá kerültek, Ullmann tr. 2%-ra teheti a kanyarósok ez évi számát.

A k a n y a r ó 1864 és 65-ben volt egyébként az egész megyében legszámosabb. Tornallya vidékén 1864-ben Tornallyán, Hubón, Szentkirályon, Recskén, Alsó-Szuhán, — átalában egyebütt is, az iskolás gyermekek közt több helységben felüté fészkét, néha nehéz kórral (ecclampsia) lépett a sorompóba; az orr és szemköthártya lobján kivül, gyakran gége, hörg, tüdő, agykér, és agylobbal járt. Utóbajul állali mirigydagok, makacs, föleg vastag bélhurut, vérhas, néha görvélyes porczhártyalob (keratitis) szegődtek hozzá. — Tornallya körül haltak is benne 1864—65-ben.

H i m l ő Tornallya körül 1863 és 65-ben észleltetett legtöbb, ez utóbbi évben haltak is benne Királyiban jan. febr. hóban. Kokován is jött ekkor elő. Tiszolczon 1864—65-ben nyáron (1°/0?). Beóltottaknál haláleset nem jött elő. 2 oltatlan férfinál összefolyó himlő miatt genyvér okozá a halált itt. Jolsván a város — leginkább nehány pór, pásztor, kertész, fazekas és fuvaros lakta — környi részén a szegényebb tisztátlanabb néposztálynál majd minden gyermek és sok felnött himlössé lett 1865-ben tavasztól nyár végeig, benne tán csak egy csecsemő halt el, a többi könnyen türte, — egy mórt — amaurosis — egy szélhüdést kapott utána.

E g y é b b ö r b a j o k k ö z ü l: Tornallya környékén legtöbb az izzag, (1 c z e m a), miként Tiszolcz körül is: 1,8°/0 arczon, görvélyes gyermekeknél, régi alszár fekélyek, kemény kérges környezetén

stb. A rüh Tornallya körül 1,6% tán legtöbb az izraelitáknál, —
Tiszolczon 0,5% ₀, a megyei szegényeknél 1,4%₀, a raboknál 5,5%₀. Az
orbáncz Tornallya körül 0,5% ₀, Tiszolczon 0,9%₀, a megye szegény
betegei közt 1,3%₀, a rabok közt közel 1%₀. Jolsván tél kezdetén gya-
koribb.

A különböző börsejtszövetlobok, hova a tályog, kelés
stb. sorozvák, a szegények közt 1,2%-ot, 3%-ot a rabok közt, és 2,7%-ot
tehettek Tornallya körül, a börfekélyek közel 2%-et tönek, mind itt,
mind Tiszolczon. Dobsinán is gyakoriak átalában, leginkább az al-
szárat foglalják el, a szegény betegek közt 3,6%-ot, a rabok közt
7%-ot tehettek. Leginkább alszári viszérdagoktól nöknél terhesség
után sok állás mellett támadtak, és a kimélethiány miatt levének ma-
kacsokká.

Pokolvar Tornallyán 0,3%₀ körül lehetett, többnyire ragály-
zási (lépfenétől), Rimaszombat körül 0,5%₀, a megyei szegény betegek
közt közel 1%₀. Tiszolczon mostanában nem jött elö.

Sejtszövetkeményedés fölötte gyér, uj szülöttnél Ludig
tr. jegyzett meg egyet.

5) Izület-, csont- és izombajok.

Mintegy 4%₀-ot tehettek mindössze véve a heveny csúzos
bajok (ide számitva az izomcsúzt is) — Rimaszombat, Tornallya kö-
rül s a megye szegény és rabbetegei közt; — Tornallya vidékén csak
2%-ot, Rimaszombat körül 3,6%, a szegény betegeknél, 4,3%₀, a ra-
boknál 6%₀-ot tevén külön-külön. A Rimaszombatbóli esetek hihetőleg
majd mind csúzos ízlobok lehettek, Tornallya körül ezek 0,8%-ot te-
hetének. Legtöbb heveny csúz-eset volt, miként Jolsváról is tudósit-
tatánk: tavaszszal. Ezek közül mintegy húsz gyógyúltra jött egy ha-
láleset, kik közt egypárnál heveny tüdőgümösödés volt a halál oka.
Tiszolczon a csúz mintegy 3%₀ volt, csaknem annyi idült, mint heveny;
inkább izületekben, mint izmokban fészkelve. Görvélyes izlob
Tornallya körül nem épen gyakori, de kivált a csipizületben igen ma-
kacs és rendesen legalább is megsántulásra vezet. A köszvény
0,2%₀ körül jön elö. Tiszolczon is gyér. Csontlob, mint görvélyes
baj, néhol szuval párosultan, szinte nem gyakori, gyakrabban jön elö
ez utóbbi körömperezloboknál. Angolkóros nem sokszor jön elö
kifejlödöttebb alakkal. Dongaláb (pes varus) gyér, annál több a
lúdláb (pes valgus), a gerinczoszlop átalános, vagy csak nyaktáji el-
ferdülései sem épen gyakoriak, bár némely családban egyes tagok (néha

unokák) az elődök hasonló bajában sinlődnek. Ritka az elidomtalanitó izlob is.

Átalában a tagok, és egyéb testrészek elferdülései nem éppen gyakoriak, bár van erre csaknem minden helységben pár példa, — leginkább görvélyes csipizületlob miatti izmerev, vagy tagrövidülés, — gerinczoszlopi elhajlások vagy köszvényes izbántalmaktól.

6) Sebésziek.

Legtöbb a s e b, kivált a koponyán, verekedések folytán, többnyire csak a bőrre szoritkozva. Számtalanszor jön elő a leforrázástóli s egyéb é g e t ? t t s e b vigyázatlanság miatt, kivált a pórnép tüz mellett hagyott gyermekei közt. Tornallya környékén a sebek 4%-ot tehettek összesen, a rabok közt 5%-ot, a szegény betegek közt 2%-ot, melynek fele égéstöl volt A bányászatnál, péld. Dobsinán számos bonyolult sértés szokott előfordúlni, szikladarabok zúzása s átalán löpor folytán, péld. a szemen. A c s o n t t ö r é s Tornallya körül 0,4% lehetett, — legtöbbször jött elő a bordán, majd a fölkar és kulcscsonton, czombon, alszáron stb. A f i c z a m még gyérebb volt, alig harmada a töréseknek, leginkább a fölkar — fejecs kitérésével. Az u j k é p l e - t e k is gyérek voltak átalában. B ő r f a r k a s n a k csak pár esete került elő. A s e b g y ó g y ú l á s gyors volt. A f e n é s e d é s n e k csak gyér esetét lehetett észlelnünk, péld. vizkórnál az alszáron (öregnél) lött fölkaron, ütér szétzúzástól ugyanott égés folytán gyermeknél (Mihályfalván), fagyás miatt lábbujjakon. G y e r m e k k ö l d ö k f e n é - j é r ő l Tiszolczon értesültem.

Szabadjon itt az e m e g y é b e n s z o k á s o s m ü t é t e k e t is megemlítenem.

A nagyrészt borbélyok és falusi műkedvelők által végzett f o g - h ú z á s o k o n kivül az é r m e t s z é s e k, és átalában a vérvételeknek csak nem rég is nagyban szokásban volt használata érdemel figyelmet, — ezt tavasszal elegendő ok nélkül kivánta a nép még ezelőtt néhány évvel is, mihelyt az erősebb munka beálltával, mihez a meleg is járult, tagjait fáradtabbaknak, és e miatt kissé fájdalmasbaknak érzé, vagy csak puszta szokásból, nehogy „idejét múlja." Az orvosok vonakodása azonban e rosz szokást mindinkább háttérbe szoritja már, — bárha a nép tüdőlob, örjöngés esetén, és megerőtetéstöli karfájdalmai idején, most is megkeresi végette az orvost, tőle e mütét okvetlen kivitelét megvárva, — sokat nem kis feladat is ennek elkerülhetéséről meggyőzni.

Az alább emlitendő, volt megyei kórházban Paczek Mór tr. által többrendbeli műtét hajtatott végre, — péld. fölkar, alszár csonkítá=, ujjkűzelés, — száj, nyelv, ajk, bőr-rák és zsirdagok kiirtása, szürke hályog hátrahajtása (reclinatio), több hascsapolás, hevevizdag műtéte befőcskendéssel, több tömlőkivétel. 1848 táján Adler tr. Tornallyán néhány szürke hályogot is sikeresen műtött. Egyébként műtétek megyénkben a magán gyakorlatban kivált ritkán hajtatnak végre. Péld. Kiss Antal tr. mint műtétkedvelő foglalkozik még most is inmetszés, testegyengetés, kancsalság műtétével stb. E sorok irója kénytelenségből és lelkiösmerete megnyugtatására kisérlett meg párszor gégemetszést is, — egyiket, gégében és a jobb hörgben rejlő idegen testek, másikát gége croup miatt a szénsavvali vérmérgezés, kimerülés szakában, — a műtét maga, mindkét izben szerencsésen sikerült ugyan, de az élet nem lőn jövőre biztosítva általa állandóan egyszer sem. Az általam végzett emlőrák-kiirtásoknak is csak ideiglenes (pár évig tartó) javulás volt eredménye. Keleméren Schwarz' Armin sebészmester, Tiszolczon Ullmann tr. kevesebb több szerencsével végbéli veleszületett zárulatot, és miként én is, pár fitymaszort, húgycső szükületet műtettek. Paczek tr. egy izben szerencsével műtett kizárt sérvet is. Itt ugyan bélsipoly maradt föl, és hónapokig tartó bélhurutos és lobos szenvedés, de végül a pokolkő véletlen — nagyobb lobot, gyorsabb hegedést oko zó — betörése folytán állandó lön a gyógyúlás.

7) Külérzékszervi bántalmak.

Leggyakoriabbak köztök a szembetegségek, 1%-ot tevén, péld. a megyei szegény és rabbetegek közt legalább is. Tornallya vidékén maga a hurutos szemköthártyalob 1,1% körül jön elő, ennek csak harmadát teheti a görvélyes jellemű hasonló baj, — a porczhártyalob is 0,9%; foltjai sem ritkák, kivált heveny kütegek, péld. himlő, kanyaró után és még inkább görvélyes szemlob maradványakint. Szemtakár gyér, de többnyire inkább rosz mint jó kimenetü. Tiszolczon 3,6%-ot tesznek a szemlobok. Stellwag (görvélyes) szemköthártya sömöre 1,2%. Jolsván is majd mind ilynemüek a szemlobok. Éji vakság (hemeralopia) Aggtelken az 1858-ik évi tüzvész után gyakrabban jött elő, — Rima-Brézón pedig a szénégetők közt részint ez, részint a nappali vakság (nyctalopia) észleltetett 1859-ben. Szürkehályog öregeknél jön elő, de nem éppen gyakori. Kancsalság néhol (péld. Felfaluban) több mostanában agy-gerinczagykórlobtól. Elörement agybaj miatti mór (amaurosis), továbbá pár esetben bujasenyv okozta látzavar is észleltetett.

A fülbántalmak közt sok, többnyire folyással járó, nem

egyszer a dobürben székelő füllob fordúl elő, péld. **Tornallya vidékén közel** 1%. Ezek közt sok görvélyes jellemű s néha a csontot is körébe vonva, s ez által agykórlobot okozva, halálossá is nem egyszer válik. — **Nagyothallás** elég gyakori, részint eme leginkább gyermekkori, különösen hevenykütegeket kisérni szokott baj miatt, részint öregeknél. — **Siketnéma** is találkozik néhol. Ennek legközelebb a járványosnak vehetett agy gerinczagykórlob volt párszor oka.

Az orr bajai a mindennapos huruton kivül leginkább izzagos és görvélyes természetüek, — a börfarkas eset is itt fordúl elő. **Orrvérzés** nem éppen gyakori, de jött elő már halálos eset is, midőn az orr garatfelőli bedugaszolása után is a légzés elnehezülése miatt ez nem soká türetvén, kimerítő vérszegénység lőn a halál oka.

8) Az idegrendszer bántalmai.

Köztük az eléggé gyakori ideges fejfájáson — migraine — kivül 1,2%-ot tevő tulajdonképi zsábák után, melyek közt az arcz- és szív-zsába túlnyomó, az agybajokból Tornallya környékén legtöbb **agyvérbőségi eset** fordúlt elő, — ezek közt több a forró nyári napsugarak egyenes behatása, vagy szeszes italok folytán támadt (be nem számítva a láztól eredtet). Tiszolczon 1,2% volt, mig a zsábák itt csak 0,9%-ot tőnek. Itt az eskór (epilepsia) gyakoribb — 1,1%, — mig amott 0,3%, — 29 eset jövén elő gyakorlatomban. A szegény betegek közt 0,4% (16 eset) emlittetik. Ezenkivül a gyermekek, szülő nők nehéz kóra (ecclampsia) s egyéb péld. méhszenvi görcsök Tornallya környékén összesen 0,8%-ot tehetnek. **Vittáncz** 11 esetben észleltetett (0,1%) többnyire vérszegény gyermekeken. **Agyguta s szélhüdés** 0,3% körül, — agy és agykérlob 0,6%, ezek $^{3}/_{5}$-de körülbelől gümős volt. Rimaszombatban 1855—64-ben (tiz év alatt) elhúlltak közt görcsben halt meg 11,4% (legtöbb febr.), agyvizben 2,4%, agygutában 3,5%, szélhüdésben 4%.

Uj jelenségül tünt föl megyénkben is járványos alakot öltve **az agy-gerinczagykórlob.** A föorvosi jelentés szerint 1865-ben a felső járás murányi szakaszában, valamint a kishonti járásban is igen számos volt gyermekek közt kivált, nagy fejfájás, lázzal jelenkezett, hányás, eszmélethiány, — álli, garatizomi, gerinczoszlopi, főleg nyaki merevgörcs kiséretében. Agynyomás folytán a kór tetőfokán többen haltak el benne. Utóbajai közt figyelemre méltók voltak: a süketség, a még irni nemtudóknál a beszélés lassaukénti feledésével, vagy legalább nehéz, akadozó beszéddel, — tántorgó járás, kancsalság, (a ratkai járásban), nehéz fölfogás (Jolsván), szemsorvadás lobos folyam

után. Félheveny agyviz tünetei alatt, melyek mórral, vagy kisebb lát-
zavarral, vagy átalános aszálylyal, szemrekesz és edényhártyalob mi-
atti megvakulással jártak, gerinczi merev és kórszerü rohamok után
hetek havak multával halt el nehány Tiszolczon e bajban. Itt Ullmann
tr. 12 gyermeken észlelte e bajt, kik nehány hónaposok — 12 évesek
lehettek, éppen a küteges hagymázjárvány idejében mart. közepén,
midőn az Tiszolczon legjobban dühöngött és kiválólag a hagymáz lá-
togatta családokban. Nehánynál ajki sömör volt, de kancsalítás vagy
hagymázos rózsacs soha. Négy már nehány napra elhalt, három pedig
a fönebb leirt jelenségekkel járt idültebb agylobban jóval később.

Tor.iallya körül 8—10 esetnél többet alig észlelheténk. A hosz-
szas kórtartam, a láznak némileg a váltóláz vagy inkább az alábbha-
gyó lázhozi hasonlata, csorvás bélhurutos szövödményei, de hörghurut
nélküli jelentkezte s a ragályzásnak teljes kizárhatása e baj mellett:
ha nem engedék is fölvennünk egyenesen Ullmann tr.-ral, hogy a baj
lényegében hagymázos jellemü, de legalább beláttaták velünk, misze-
rint itt alig ha egészen egyszerü lobos folyam, hanem inkább valamely
(a talaj és légkör bomlási terményekkel telt voltától függhető) gerj-
félével szoros viszonyba [hozandó baj forog szönyegen, mely hasonló
ugyan a hagymáz, váltólázhoz, azonban velök azonosnak elhamarko-
dás nélkül alig állitható elözetesen.

Jolsván magában 1865 máj. havától septemberig uralgott ez.
Ludig tr. 8 gyermeknél és 5 felnőttnél észlele. Amazok közül négy,
ezek közül kettö halt el. Tornallya körül még mostanában (tél vége
felé) is jött elő nehány hasonló eset.

A legközelebbi években nehány úri gyermeknél nehézkóros ro-
hamokkal kezdödött és minden szellemi tehetséget csirájában elfojtó
agyi táplálati zavar is fordúlt elö, a gerinczagy hasonló szenvedésével;
mely vidékünkön magában is, de gyéren, elöfordul.

Tornallya vidékén — az eskórtóli gyönge elmüséget nem szá-
mitva — egy butát, 9 busongót, 8 örjöngöt, és pár iszá-
kossági rezgörjben levöt jegyezheték meg. A megyei szegény-
betegek közt három ilyen emlittetik meg, három egyéb elmebaján ki-
vül. De akad több néha vigkedélyü kóborló elmebeteg is, kik közül
némelyik átalánosan ismeretes. Tiszolczon Ullmann tr. rövid idököz
alatt 7 rezgörjet jegyzett föl, 3 egyéb téboly eset (Irrsinn) mellett.
Ott a méhszenv (hysteria) a pórnök közt is elö-elöjön (nálunk
többnyire szivszorongás alakában ezek közt), urnöknél a szellemet le-
verőleg érintö kültbefolyások és az azok ellenében minél csekélyebb
ellenállásra képes ki lelki erő folytán jelentkezik sokszor e baj ro-

hama. Ennek valószinüleg a ferde irányú, leginkább a kedélyt beteges érzékenységben tartó s egyoldalu nevelés, mely a test és önuralom gyakorlatát mellözi s talán a sok példa általi elsajátitás is lehet részben oka, ha nem egyenesen az öröklés. Ehez járul az erős füzködés is, mely egyéb bajok közt az arra hajlamosoknál, kivált a havi tisztuláskor okoz nagyobb alhasi vérpangást s izgalmat.

Jolsván 3 örjöngöt jegyzett föl Ludig tr. mostanában, kettönél átmeneti volt a baj, — a 3-iknál butaság is volt jelen már elöbb. Rezgörj ott alig fordúl elö; guta is ritkaság, zsába, eskór szinte gyér.

A hülyeség, bárgyuság cretinismus — kivált golyvával, sem a felsorolt vidékeken, sem Dobsinán nem honos. Siketnéma is ritka, mind a mellett, hogy közel vérek közti házasság több helyen (péld. Dobsinán) szokásos.

9) Húgy- és ivarszervi bajok.

Ezek közt a Brigthkór érdemel különös figyelmet, mert péld. Tornallya körül legalább is 0,5%-át képezi az összes betegedéseknek, nem számitva a vörhenytöl eredöt. Többnyire ez a vizkór oka, mely sok betegség utolsó kiséröje. Ez okból támadva az, rendesen elöbbutóbb sirhoz vezeti az illetöket, — néha csaknem gutaszerü tünetek mellett. A nyári, öszi, tavaszi hüs éji légkörben a nem ritkán nedves (legalább harmatos) füvön hálás, fölhevült testteli leheveredés a szabadban gyakori elömozditója lehet e kórnak a köznép közt, péld. pásztoroknál stb. Szinte úgy a váltólázsenyv. Olykor nehézkóros (ecclampticus) rohamokat kapott szülönöknél is fölfedezhetni a fehérnye-vizelést, — egy esetre emlékszem mind a mellett, hol minap ennek nyomát sem találhatám.

Húgykő Tornallya környékén tiz év alatt egyszer a vesében, kétszer a húgyhólyagban észleltetett. A megyei szegény betegek közt is 5—6 év alatt csak egy pár, Dobsinán Tiszolczon pár év alatt egy sem jött elő.

Vizeletrekedés húgyhólyaglobtól (péld. húgycsötakár folytán) öregségi s egyéb okbóli szélhüdéses állapot miatt néha pöscsap alkalmazását igényli, bárha ritkán is.

Húgycsötakár férfiaknál elég gyakori. Igy Tornallya vidékén 1,3%-on felüli, — köztük az ismert kimenetü esetek rendesen gyógyultak, vagy legalább javultak, ha sokszor makacsak voltak is. Az eseteknek mintegy negyedénél vele here, vagy mellék herelob

társult. Pár esetben düllmirigylob által is kisértetett e baj. Lágyék-
mirigylob, kigenyedés, vagy a nélkül is jött elő néha mellette.

Méhhüvelytakár, mint ragályos baj gyéren jött kezelés
alá. Gyermekeknél — tán mint ragálytalan — kivételkép szinte for-
dúlt elő.

A megyei föorvosi jelentések szerint előfordúlt járásorvosok jegy-
zeteiként húgycsötakár:

Egyes kerületekben	1855.	1856.	1857.	Összesen.
a rimaszombati kerületben	11	17	15	43
a rozsnyóiban	12	18	11	41
a tornallyaiban	12	5	4	21
a rima-brezóiban	6	6	2	14
a nagy-röczeiben	7	9	5	21
Összesen :	48	55	37	140

Ezek nyolcz állitólag nem gyógyult eset hián mind gyógyultak
vagy javultak.

Rimaszombat környékén 0,8% körül volt a húgycső-takár, a
megye szegény betegei közt 1,2%, a rabok közt 0,5%. Tiszolcz kö-
rül mintegy 0,7%.

Egyszerü ragályos fekély (lágy chancre) gyér volt, péld. Tor-
nallya körül 0,3%. Rimaszombatnál szinte ily formán, a szegény be-
tegek közt : 1,6%. Csaknem mind férfiaknál észleltetett, a gyógyulás
eléggé gyors volt. Szoros határt e fekélynem és a keményebb féleség
közt eleve nem vonhatánk mindig, azért ide sorolók a keményes, de
utóbaj nélkül elmúltakat is.

A női ivarszervi bajok közt Tornallya körül, a méhlob
csaknem 0,5%, — a petefészeklob annak harmada lehetett, és szinte
ennyi a gyermekágyi lázas állapot is. — Idült méhhurut (fehér-
folyás alakában) 0,3% volt, — a szegényck közt 1%. A méhvér-
zés vidékünkön 0,6%. Többször elvetélés látszott itt szerepelni, péld.
a gyermeköket még terhességök kezdetén szoptatóknál. Mert a hosz-
szas, mintegy másfél évig, de sokszor jóval tovább is tartó szoptatás a
köznép közt az ujbóli terhessé-levés megakadályozása végett szokott
jóhiszemüleg divatozni. Idült méhtömülés gyéren jött elő. A
méhiszamot is gyéren mutatják be, azonban ugylátszik eléggé
gyakori az, a gyermekágyból korai fölkelés miatt. A méhfibroid és a
hüvelyes rész rákja ritkaság itt. A havi tisztulás rendellenességei min-
dennapiak. A havadzás alatti vizbenállás soknál okozott halálos méh
és hashártyalobot a köznép közt. A női bajok különben orvoslás

alá ritkábban kerülnek, mint bármely egyéb baj is, — és ha igen, ekkor sem eléggé jókor és kitartóan. Keletkezésök oka többnyire a gyermekágyi állapot alatti test nem kimélésben rejlik. Sok esetben utólag magtalanságra adnak alkalmat. Ezt előidézendő egy kondás hajdanta N. Csoltón nején a petefészek-kiirtást akként eszközlé, mint ezt sertéseken tenni szokta (vagy mint tyukoknál némely nő teszi), szerencsésen sikerült is e műtéte, de végette egy időre börtönbe került.

10) Szív- és mirígybántalmak.

A szívbajok Tiszolcz körül 1%-ot tőnek, mint billentyühibák belszivlob, átalános vizkór mellett köszöntött be miattuk a halál. Dobsinán ritkák, Jolsván pár esetben ütértömesz (embolia) okozta mulékony szélhüdést idéztek elő. Tornallya körül 17 eset billentyü-elégtelenséget észleltem tiz év alatt. Az ideges szivdobogás, és ugynevezett szivszorongás gyakori baj, emez nemcsak az úri rendü méhszerves nőket, de a szegényebb osztályuakat is eléggé gyakran lepve meg, — ezeknél többnyire ijedelem után vérszegénységgel, vagy a nélkül is jelenkezvén. Néha ugyan az utóbbi gyomorzsábával is fölcseréltetik, — sok esetben különben kisebb fokát képezi az eskóros és méhszenves rohamnak. A sziv szervi bántalmainál nem tapasztalám, átalában inkább ideges (agyi?) bajok mellett jött elő.

Az érbajok közt sok a viszsz-érdag, kivált az alszárakon; valódi golyvát pedig tudtommal alig észlelhetni megyénkben (A szegény betegek közt említtetik négy eset).

A mirígybajok közt főemlítést érdemel (itt nem emlitve többé az emésztésszerü bajoknál érintett nagyobb vérmirigyeket: lépet májat) a nyirkmirigyek gyakori, leginkább görvélyes, néha gümös lobos, máskor azonban érzéketlen daga, mely Tornallya körül 0,5 — 6%-ra tehető; a heveny-kütegek után szeret ez különösen támadni, de egyéb közeli lobfolyam a börön, takhártyán szinte előidézi. Péld. a nyaki kivált orri izzag jelenlétében, toroklobnál lép föl. Az előbbi esetben arcz- és koponyaorbáncz által közvetve az életet is veszélyeztetheti. Sokszor kigenyed, körébe vonva a bőr sejtszövetét.

A fültőmirigylob. melyet, ha nem járna többnyire nyirkmirigylobbal, jogosabban az emésztésszervek bajai közé lehetett volna sorolnunk, miként a nők szoptatás alatt leggyakoribb (csecsemöknél gyér) emlőlobja: 0,3%-ot tehetett Tornallya körül. — Rimaszombat körül 0,6%-ot, leginkább tavaszszal fordúlt elő. Járványosan nem igen gyakran, de mégis uralog néha. Igy Tornallya körül febr., mart, apr., máj. hóban 1862-ben jött elő szeliden, mialatt a Vályvölgyön számos

toroklobok mutatkoztak. Ekkor télen és tavasz kezdetén Rimaszombat
körül is, söt az egész megyében számos volt a föorvosi jelentések sze-
rint (miként 1857. okt. havában is), — kivált iskolás gyermekeken,
mérsékelt lázzal egész családokat megtámadva jelenkezett, némi ápo-
lás mellett szeliden folyva le.

Függelékek.

A) Szülészeti adatok.

Az elvetélés, eléggé gyakori megyénkben, különböző okok miatt
péld. szoptatás-, sápkór-, láz-senyvtöl stb.

Tiszolczon a pórnö ülve szeret szülni. Ugy ott, mint átalán a me-
gyében már a szülés utáni elsö napokban, legfölebb egy hétre dolog-
hoz lát, csakhamar fölkelvén, — étkezésében nem tekint választékos-
ságot, söt pálinkát is böven iszik azonnal. Hamar, (egy hétre már)
imára jár, hidegben és jó távolra. Ennyit elég itt megemlítnem a nép
közt e részben még számosb ártékony szokásokból, — melyek az uj
szülött gyermekekkeli bánásmódnál sem kevésbé számosak.

A föorvosi jelentések közt gyakorinak állíttatik a szülö s gyer-
mekágyas nök nehéz kóra (ecclampsia), — állitólag sok esetben sze-
rencsés kimenetellel végzödött az, érmetszés, langyos fördö után stb

A méhlepény müvi eltávolítása tán leggyakoribb szülészi müté-
teink közül, — aztán a lábra fordítás, — szülfogó alkalmazása, — bár-
ha mindezekre gyéren van szükség. Haránt fekvés miatti magzatelda-
rabolásról csak egyszer tesznek emlitést a legközelebbi tiz évröl szóló
föorvosi jelentések. Néhány elöfekvö méhlepény és pár medencze szü-
kület is észleltetett. A gyermekágyi láz nem gyakori, sokszor jó ki-
menetü.

B) Mérgezések.

Tornallya vidékén légygomba, karpátcseppek (vilany) és bor-
szesztöl 3—3 mérgezési esetet észlelék, — egyszer karpátcseppek után,
melyek nálunk váltóláz ellen a nép által — mint olcsó szer — a leg-
közelebbi években igen gyakran alkalmaztattak, halálozás is történt.
Nadragulya, belénd és csodafa (datura stramonium) magvaktól, dohány-
létöl (pipamocsoktól) leginkább gyermekek közt, — kénsav, ólomczu-
kor, körisbogártól is támadt leginkább esetlegesen baj.

A kobalttal dolgozó bányászoknál Dobsinán az idült mirenymér-
gezésnek egy neme szokott, mint sajátlagos helyi betegség, elöfordúlni.
Ezt Fehér Nándor tr. következöleg irja le:

„Ezen, a nép által kéklenykórnak (Kobalt Krankheit) nevezett bántalom legjobban föltünik azon serdülö korú bányásztanúlóknál, kik a kéklenyérczet törik, és minösége szerint osztályozzák (Scheiden). Ők a káros hatánynak leginkább vannak kitéve, s ellene koruknál fogva legkisebb ellenállásra képesek. A baj tünetei következök :

Bizonyos idö mulva a kékleny-munkás kezén és lábán leginkább az ujjak egymás felé nézö oldalain, körülirt pir és fekély támad, látszólag magától, — ez kerekded idommal, szennyes szalonnás alappal bir, és rendesen lencse-borsó nagyságú. Tisztántartás és nyugalom mellett ily felületes alakában gyógyúlásnak indúl, ellenesetben mélyebben harapódzik, bárha nem az izomrétegen túl. Máskor csak az ujjak vége dagad meg, és néha körömperczlob támad, — vagy pedig megorbánczosodik a hereborék, melyet néha valódi herelob követ; — majd ismét a külorr és az ajkak lobosodnak meg környezetükkel együtt orbánczosan, ez alatt többnyire hurutban szenved az orrtakhártya, néha rágó fekélyekig fokozódva. A szöveti folytonosság miatt (talán a belégzett és lenyelt portól is?) rendesen leterjed a hurut a többi takhártyákra is, — gégehurut, rekedtség (reggeli hangtalansággal) ekként támad a munkások közt, söt hörghurut és tüdölob is, — veleszületett és szerzett tüdögümösödésrei hajlam esetén e baj is siettetik. Midőn a hurut a gyomor és bélhuzamra terjed el, szenved miatta az emésztés, és áthasonitás, és vele az egész tenyészeti élet. Az emésztési zavarok gyakran bélzsábával vannak egybekötve, s csúzos izom — és tagfájdalmak sem ritkák a betegség e fokán.

E baj elöre-haladott szakában a beteg következö benyomást gyakorol a vizsgálóra: Börszine fakó, böre fonnyadt, száraz, alattai zsirköt-szövet nélkül, — szemei beesvék, átalában sovány elgyöngült, izmai, taghajlatai fájnak, — láztalan tüdö-gyomor hurut jelei s nyomott kedélyhangulat kiséretében.

Ezen kórtünetek kútfeje a kéklenyércz, mely kékleny és álanyor (Nickel) kivül 41% mirenyt tartalmaz. A mireny ércz lefejtése, különösen zárt légkörbeni porrá zúzásakor nagy mennyiségben illan el, érinti mind a test külrészeit, mind a levegöben szétterjedvén, vele a légzö szervekbe is eljut.

Ez idült mirenymérgezés gyógyítása okának mellözésében rejlik, melyet az illetök igen jól tudnak, tapasztalatilag gyakorlatba is vevén. A bányászok ugyanis nem soká dolgoznak valamely dús kéklenytartalmú helyen, hanem gyakran munkát cserélnek, söt néha egészen el is hagyják azt. Csupán igy lehetséges évekig dolgozniok egy kékleny bányában a nélkül, hogy a betegség pusztitó végtünetei köztük gyakoriak lennének.

Igen meglepő, hogy a gyógyitás másik főeszközét, **a tisztántartást** eddig teljesen elhanyagolták, — nyilvános meleg fürdő **Dobsinán** nem létezvén, mely képes volna a testhez oda tapadó mocskot lemosni, s a már fölvett méreg bőrpárolgás utjáni eltávolitását elősegélleni."

Orvostörvényszéki s rendőri töredékes adatok és észleletek.

Nevezetesb esetek és némely megjegyzések megyénk közegészségügye állásáról.

Az orvostörvényszéki esetek közt a fejsértések nálunk leggyakoriabbak, átalán számosak, többnyire bottali verekedés **eredményei,** azért szerencsére ritkán, — bárha mint alább látható, nem **egyszer —** életveszélyesek. 1855-től 1861 végeig a nagyrészt nem **egyöntetű s** kissé hiányos, mert nem mindig egész évről (péld. 1860-ból **csak $^3/_4$-ről)** vagy nem az egész megyéből (péld. 1861-ből feléről) vett **főorvosi ada**tokból az vehető ki, hogy eddig mintegy 1100 sértés közül **850 könynyü,** 200 sulyos, 40—50 pedig halálos volt. 1862 elejétől **pontosb egy**bevágó adataink levén az egész megyéről, ide foglalva a **nevezetesb** rendőrieket is. Paczek tr. megyei főorvos szerint:

elöjött	összesen	könnyü	sulyos	életveszélyes	halálos	Megkisérlett mérgezés	Törvényszéki	Rendőri	Öngyilkossági eset	Jegyzet
		s é r ü l é s					bonczolat			
1862-ben	275	224	28	4	19	1	19	21	5	* A vizsga
1863-ban	263	222	30	2	9	—	26	24	12	eredménye ne-
1864-ben	264	227	30	3	4	—	22	31	16	hánynál nem-
1865-ben	289	223	54	6	6	—	22	28	9	leges.
Összesen:	1091	896	142	15	38	1	89*	104	32	

Öngyilkosok közt ez utóbbi négy évben következő halálnemek fordúltak elő:

Fejbelövés	Akasztás	Vizbefulás	Torokátmetszés	Kés szivbe szurása	Megégés	Mérgezés gyúfával	tömény kénsavval	Összesen
8	22	2	4	1	1	3	1	32

Az előbbi években nehány önfelakasztás, egy-egy gégeátmetszés, hasátdöfés voltak a kiváló halál-okok öngyilkosoknál.

Paczek tr. szerint az 1861—65-ben tárgyalt halálos sérelmeket következő rovatokban mutathatjuk ki:

A halál legközelebbi oka volt	összesen	Halálos volt			A sérülést okozta:							Jegyzet
		föltétlenül	történetes-	egyénileg	szúrás	vágás	lövés	fejbeütés	zúzás	megfojtás	verés.	
Agyacsseb és agy-nyomás	1	1	—	—	—	1	—	—	—	—	—	
Agy- és tüdővizenyő	1	—	1	—	—	—	—	—	—	—	1	
Agykér és agylob	2	—	2	—	—	1	—	1	—	—	—	
Agylágyulás	2	—	2	—	—	—	—	2	—	—	—	
Agyrázkodás és lob	1	—	1	—	—	—	—	1	—	—	—	
Agy-guta	3	2	—	1	—	1	—	—	2	—	—	
Agynyomás (véröm-lengés)	12	11	—	1	—	—	—	11	—	—	—	
Agyzuzódás	2	2	—	—	—	—	—	2	—	—	—	
Agytályog	13	11	2	—	1	7	1	4	—	—	—	
Nyakgerincz-sérülés	2	2	—	—	—	—	2	—	—	—	—	
Tüdő s májlob	1	—	—	—	—	—	—	1	—	—	—	
Tüdőtályog	1	—	1	1	1	—	—	—	—	—	—	
Hashártya- s béllob	1	—	1	—	—	—	—	1	—	—	—	
Megfúlás	1	1	—	—	—	—	—	—	—	—	—	
Elvérzés	13	9	4	—	2	7	4	—	—	—	—	* Ebböl 8
Genyvér	2	1	1	—	—	—	1	—	—	1	—	bebizonyult,
Ujszülöttsikkasztás	21*	—	—	—	—	—	—	—	—	—	—	13 — nem.
Összesen:	79	40	15	3	4	17	8	22	4	2	1	

Jegyzet. Tehát 47 esetben fejsértés volt a távolabbi halálok, mely 27-szer föltétlenül halálosnak nézethetett. Legtöbb fejbeütés és vágás fordúlt elő. Többnyire utóbajok, de elégszer elvérzés is idézték elő a halált.[1]

A véletlen halálnemek közül a kútba (1) vizbefulás (6), széngőzben való megfulás (1855-ben egy pár), bölcső kötelérei felakadás megfulással (1), leforrázás több esetben, elégés (2) szülők gondatlansága miatt gyermekeknél, gyufátóli meggyulás (1, 1858-ban), megfagyás (3), zúzó malom kölyüje alá esés (1), magasróli lezuhanás (2), bika általi átdöfetés (1), agyonnyomás — gyermeken 2-szer — szekérreli feldülés (1), villámsujtás egy pár, szinte ennyiszer fa általi agyonüttetés, egy-egy esetleges lövés, ütérdagrepedés, ijedés (izzadmányos agylob), vagy ötször ittasság alatti, vagy a nélküli guta, pár tüdölob, stb. emlitendök meg példa gyanánt mint olyanok, melyek rend-

öri bonczolásra adtak alkalmat az előbbi (vagy öt év alatti — 1855—
60 képezte —) időkörben. Az uj szülöttek közt kiválóbb halálokokúl,
magzat elhajtás, elvetélés, gyermekkitevés és szétmarczongoltatás, a
szükséges segély elmulasztása, péld. a köldökzsinór le nem kötése
miatti elvérzés, vizes dézsába fulás stb. lön egyszer-kétszer megje-
gyezve az akkori főorvosi jelentésekben, bővebb részletezés nélkül,
még a törvényszéki s rendöri bonczolatok sem levén elkülönitve azok-
ban, — minthogy nem mindig egy modorban és azonos utasitás szerint
készültek.

A v í z i s z o n y r ó l is itt teszünk emlitést. Ennek legtöbb ese-
tét embereknél 1855-ben lehetett észlelni, midőn Baradnán az akkori
rima-brézói kerületben 12 egyént mart meg dühös (szuka) farkas, kik
— kitörvén rajtuk a viziszony — a rimaszombati megyei kórházba
kerültek, hol 7 közülök el is halt, mig a többieket (leginkább meg-
halni?) haza bocsáták. 1858-ban Rosnyón is egynél, 1861-ben Uza-
panyitban egy czigánynál tört ki e baj, mindkető elhalt, miként szinte
ez évben Kálosán is egy asszony. Erre nézve az nevezetes, hogy
ugyanazon eb által ketten marattak meg, — ö, kinél semmi óvó eljá-
rás nem vétetett igénybe, s egy királyi czigány, kinek sebe harmad-
napra ki lön étetve tömény légsavval és vagy hat hétig nyitva tarta-
tott, mig ö belsőleg vigasztalóúl napjában kétszer venni rendelt $\frac{1}{8}$
szemernyi nadragulyavonattal szereltetett. Ez minden baj nélkül ma-
radt. Hasonló óvó rendszabály többször igazolta magát a megyei főor-
vosi jelentések szerint is. 1863-ban 44 napra a marás után tört ki a
baj egynél, ki 32 órai kín után a pelsőczi megyeházban halt el, — mint
1866-ban egy gyermek Sánkfalán.

Az e l m e b e t e g e k r e eddig orvosrendörileg kevés figyelem
volt forditva, legfölebb a közbiztosságot veszélyeztetökre.

Az o r v o s r e n d ö r i f e l ü g y e l e t a gyógyszertárakban leg-
inkább azok évenként öszszel szokásos pontosb megvizsgálása által
gyakoroltatik.

A f a l u s i t a n u l a t l a n n a g y s z á m u b á b á k n a k — leg-
alább megyei orvosok vagy bábák által kivihetö — némi oktatására
is kevés gond fordittatik már. A k u r u z s l á s o k terjedése napi ren-
den van és gát ellenökben nem igen szokott vettetni.

Az o r v o s i s z e m é l y z e t egészben, a magán orvosokat sem
véve ki, járványok, péld. hányszékelés esetén igénybe szokott vétetni,
— szintúgy a védhimlö-oltásoknál és elöbb — 1850—60-ban — a tör-
vényszéki bonczolatoknál is — azonban vagy elegendö dijazás nélkül,
vagy csak sok utánjárásra megkaphatott dij mellett, mely különben

akárhányszor, mint elévült illeték, meg is tagadtatott, daczára a bün-
tetés terhe alatt követelt szakértői munka szabályszerü teljesítésének.
Az ilyesmihez szükségelt pénzalap hiánya okozza tán, hogy átalában
el van hanyagolva szinte a már néhol (péld. 1857-ben) életbeléptetni
kezdett halottkémlés, kéjhölgyekrei ügyelet, — kik a megjegyzett év-
ben a városokban legalább hetenként rendesebben vizsgáltattak és ha
ragályozva voltak, magánházakban rendszeresen gyógyíttattak; a mi
ugyan nem lehetett igy sem oly eredményes, mint kórházban lett volna.
A húskémlést mostanig csak az izraeliták teljesítették rendszeresen;
— kiknél másrészről a korai temetkezés divatos, mint országos törvé-
nyeinkkel össze nem egyeztethető rosz szokás.

A vásárokon a fazekasok, marhákra való gond mindinkább ernyed-
tebb; az utóbbiak végett legfölebb egy baromorvost tart a megye, nem
véve számba a gazdaközönség nagyobb szükségletét. Az élelmi szerek,
a közintézetek, péld. börtön, iskola, egészségi tekintetben nem igen
vizsgáltatnak meg, azért türetik péld. az utóbbi kútja mellett közvetle-
nül az árnyékszék stb. mig egyszer hányszékelés, hagymáz, vagy vér-
has tömegesen nem pusztitandja el az iskolás gyermekeket.

Átalában a községegészségi rendőrség megyénkben is, miként egész
hazánkban bölcsőjét még nem hagyá el. Például nincs figyelem arra:
egészségesek-e az egybekelendők, nincsenek elegendő számu tanult szü-
lésznők; az ujszülöttek és szülönök e miatt sok esetlegnek vannak kitéve,
a mellett hogy a csak most szült nőket korán engedik templomba járni,
kik szülötteiket csakhamar távolra is hordatják télen-nyáron keresztelés-
re; a gyermekek testi képzésére s életszükségletére alig forditanak gon-
dot népiskoláinkban, hová sok helyen szomszéd faluból jár tél idején is az
apró tanulóhad; — azok aránylag sokszor szűkek, sötétek, szellőzetle-
nek, minden életkoru gyermek számára csaknem egyenlő asztalokkal és
székekkel látvák el, melyekben a gyermek csaknem egész nap, kivált
télen görnyedten ülni kénytelen. A börtönök rendesen minden birála-
ton alóli helyiségek, — a hagymáz, süly fészkei. Bennök jártában kap-
ta el 1847-Pelsöczön a hagymázt a jeles Kósa tr. megyei föorvos, és a
Tornallyán akkortájban putnoki járásorvosi minőségben lakott Ballus
tr. Mindkettő el is halt miatta. De a tisztaságra átalában kevés a gond
egyebütt is. Fördőnek pl. sokkal többnek kellene lennie. A borszeszárulás
nagyban divatozván, egyre terjedni látszik az iszákosság és erkölcstelene-
dés is, melyek a szellemi részt szennyezik be, s ezzel is korcsositják az
ujabb nemzedéket. Ehhez járul az életet és egészséget veszélyeztető
ártalmasabb tényezők semmibe sem vevése. Péld. minő szük, ingadozó,
karfátlan, magas gyaloghidakon kell átjárnia a népnek, péld. Királyi-

nál, Méhinél hátán teherrel, — mily kevéssé vannak a szükebb mere-
dekszélü országutak ellátva karfákkal stb. Erre ugy látszik semmi
gond nincs — Császár ő felsége itt járta óta — rendőrileg. A táji vagy
járványos betegségek keletkezésére s tovaterjedésére is mily kevéssé
iparkodik gátlólag hatni, kivált emberek közt az orvosi rendőrség!
Hány mocsárt szárítnak ki, hány állóvizes vidéket árkolgatnak el czél-
szerüen, hány falu melletti kenderáztató tavat temettetnek be, hány
helyen választják meg az épitkezésre alkalmas szilárd talajt, — tiltják
be a büzhödt kút vize használatát, különítik el a ragályos bajokban
szenvedőket szigoruabban ?

Különösen mennyire becsüli a hatóság orvosait, kik a közegész-
ségügyet képviselni volnának hivatva? Van-e méltányos fizetésök? ki
vannak-e szabatosan jelölve teendöik, nem halmoztatnak-e túl néha,
péld. marhavész esetén, midön baromorvosok többen kellenének; nem
alárendelt-e — a bennök föltételezett képezettséghezi nagy igény mel-
lett is — állásuk, — nincs-e e miatt önkéntes tevékenységi buzgal-
muk is, — melyet kitüntetéssel, előremenetel reményével fokozni kel-
lene — megzsibbasztva? Mindez oly kérdés : melyre könnyen megfe-
lelhetünk, mind megyénkben, mind egész hazánkban. Azonban ez, a
remélhető önkormányzat, szabad társulás és verseny mellett jövöre
mind kedvezöbbre fordul, jobb irányban alakuland át saját igyekeze-
tünk mellett.

De hogy tárgyunktól messzire ne térjünk, itt még fökép a véd-
himlöröl kell pár szóval külön megemlékeznünk.

Védhimlő-oltás.

A védhimlő oltás hivatalosan átalában elővétetik évenként me-
gyénkben is, leginkább a tavaszi és nyári hónapokban. Csak ritkán és
különös kivánatra folytattatik némely orvos által télen át is (kicsiben),
öszszelre pedig inkább a hanyagabbaknak marad oltani-valójuk. Mert
(valljuk meg) e részben is zsibbad mindinkább a tevékenység. Ugyanis
mig itt péld. 1860-ban mintegy 6000 oltatott be sikerrel, azóta 4—5
ezernél bajosan oltottak be többet évente. Ennek oka föleg a napi- s
fuvardijaknak a 10—14-re mehetö oltó-orvosoktól megvonása miatti
kisebb oltási buzgalom. Mintegy 5—600 o. é. ft. meg van ugyan
évenként ily uti költség leszámitásával gazdálkodva, de ezer oltatlanul
maradt kisded meghimlözés veszélyének kitéve, tehát ugyanennyi élet
koczkáztatva ez által. Hány halt el ezek közül himlöben, kivált me-
gyénkben, kinek életbenmaradása a munkaszerzte tökét szaporithatta
s visszapótolta volna az államnak idövel érette kiadott filléreit. Külön-

ben nem is igazságos, hogy midőn adónk nem fogyott, ily ügyben csak hazánk szülötteinél takarékoskodnak *).

A nyomorult fogat, melyet a megye 1861-diki határozatából a helységek adnak, ha ugyan adnak, nem idején, általában rendetlenül szolgáltatván ki : elkésésre, az oltó orvos részérőli kedvetlenségre s az oltás föl-fölakadására ad alkalmat. Kissé — elfoglaltabb magánorvos 10¼ krnyi minden egyes sikerrel oltottért eső díj miatt nem igen hagyhatja ideje egy részét veszendőbe menni, biztosb jövedelemforrással kinálkozó orvosi gyakorlatára nézve. Azért nem örömest foglalkozik oltással. Ennek egész terhe ez okból nagyrészt a járásorvosokra nehezül, kik különben is nem egyszer igen el levén foglalva, ha kissé könnyelmüebbek, elhagyják siklani a gyermekből gyermekbe olthatás alkalmát, számtalanszor. A száraz, vagy hirtelen szedett, tehát vigyázatlan bepecsételéskor nagyobb meleg által nem egyszer fertőtlenitett, vagy részben nyitva hagyott üvegcsébe rejtett oltóanyag, melyet e miatt többször használnak sikertelen. Ezért gyakoribb 1863-tól fogva mindinkább a satnya himlőképződés és a sok sikeretlen oltás. Pedig ez nincs is mindig hiven bevallva a rovatos kimutatásokban, kitudása nem is lehetséges az utó-szemle nélkül, a mi bizony sokszor elmarad, a csekély dijazás miatt, — valamint az ujra oltások is, melyeket lelkiismeretesb orvos soha el nem mulaszthat. Most még, az azelőtt himlőjárványok idejében óvó rendszabályúl alkalmazott bármely időszakban elő-elővenni szokott tömeges oltás sem divatos. Ehez a nép ellenszegülése is járul, mely okozza, hogy midőn 30—32 oltás képesből kettő oltatlanúl marad, — ez csaknem felényinél történik betegség, mint inkább meg nem jelenés miatt, mert maguk a birák is ritkán gondoskodnak eleve arról, hogy minden oltásképes, a kijelölt helyre kellő időben megjelenjék. A gyermekökből oltást is legtöbben ellenzik. A betegségek közt a heveny küteg (péld. kanyaró 1858-ban Rimaszombat, Rozsnyó táján) volt a védhimlő oltás hátráltatója nagyban.

A hasznos házi állatok bajai.

Ezek közül a leginkább rendőri észleletek és intézkedésekre nézve megyénkből következőket jegyezhetünk meg:

A tyúkdög több év óta uralg a putnoki járásban, állitólag májelfajulástól függve.

A lovaknál leggyakoribb a (juhoknál is eléggé gyakori) rüh, úgy hogy miatta 1857-ben az akkori Tornallyai kerületben álta-

---

*) Mig a Lajtán túl az oltó orvos előfogat- és napdijban is részesül.

lános lóvizsgálat is tartatott szükségesnek. Taknyosság és bőrféreg nem igen gyakori baj lovaink közt. Rendesen agyon lövetnek, vagy üttetnek, leszúratnak az ilyenek. Majd minden évben van itt-ott eset erre mégis.

Sertéseknél a torokfájás, sokszor croup és fenés torokgyík alakában, péld. előjött 1856-ban Rédován auguszt hóban, 1857-ben Ochtinán nyárban, 1858-ban Balogfalán, Péterfalán (jul.) a száraz időszakban, esőzés után elmaradván, Rimaszombatban, Rozsnyón aug. hóban. Előjön a nyaki mirigygenyedés szinte eléggé számosan, a borsókás hús is észleltetik néha leölésökkor.

Kutyáknál az ebdüh gyakori, 1863-ban ebmarástól malacz is veszett meg. Rendesen agyon lövetnek jókor a dühös ebek, — kár, hogy — miután veszettségök nincs mindig megállapítva, midőn embert megmartak, nem igen van szokásban a megmart egyén érdekében ajánlható fontosabb megfigyelés végetti elzáratásuk. A kutya nálunk különben nagyon is sok, szájkosár nélkül járkel, gyakran igen harapós az egészséges is, kivált félre eső helyeken péld. a juhászeb.

A juhok közt az alább említendő juhvészen kívül, a himlő leggyakoribb, tömeges oltással és a beteg állatok külön zárásával szokott tovább terjedésének eleje vétetni. Többnyire szelid, inkább szórványos, mint járványos, az 1865-iki járvány alatt oktob. deczemb. hóban Baradnán és Polomon a ratkai járásban 745 juh-létszámból 658 betegült meg, 517 meggyógyult 141 elhullott. A juhmétely mindennapos Imolán és Alsó-Szuha vidékén, kivált nyári s őszi esőzések idején, tehát tájkórúl vehető.

Teheneknél a vérvizelés, tavaszszal és nyáron péld. Csetnek, Rimaszombat, Rimabrézó körül majd minden évben (kivált 1857—58-ban) fordúlt elő. A száj és körömfájás külön vagy együtt, többnyire szórványos baj az egész megyében, egy vagy más helyen (1861, 62, 63-ban több volt). Ispánmezőn és Ujvásáron járványkép lépve föl 1862 sept. okt. havában 31 udvaron, bennök 260 marha létszámból 129 betegedett meg, de mind felüdült.

Lépfene előfordúlt a szarvasmarhák közt 1856. Sebespatakon junius hóban, 1857-ben Tornallyán egy udvaron, 1858-ban szűk legelő mellett Rimabrézón, Rimaszombat körül junius julius havakban, — 1859-ben Tót-Pokorágy, Lucska, Rimabányán, 1860-ban Balogon, hol állítólag a sertések is benne szenvedtek. 1855-ben Imolán ez okozá a marhadögöt, midőn ez év vége felé 100 darab közül, mely mind benne volt, 25 elhullt miatta egy hónapnál tovább huzódó tartama alatt. 1862-ben Hosszúszón volt pár eset embereken pokolvarat okozva, midön levágatott és fölhasználtatott az ily marha. Nálunk ez gyakran megtörténik a nélkül, hogy a hatóság értesülne felöle. Dobsinán tüdőlob volt néha a tehenek közt (1854), Rozsnyó környékén pedig férges tüdővész (1853).

A keleti marhavész nagy és öldöklő kiterjedésének elkülönitésseli gátlásában, sajnos, hogy az azt szárazságtól föltételező nép nem örömest nyujt segédkezet. Először 1862 jul. 25-dikén tört ki az Szentkirályon, hol okt. 12-kén lehetett csak megszüntét kinyilatkoztatni (21 napra a betegedések utólsójának megszüntével). Ide Ongáról Abaujból hurczoltatott be. Kevéssel itteni elenyészte után Kerepeczre Kúnhegyesről juhokkal hozták el a bajt, innen egy cséplő — ki dögöt húzni segitett — saját teheneire vitte át Kövecsesre, hol az illető ólon kivül tovább nem terjedt, bárha a benne levők elhullottak. A Kerepeczről tovább — Kelecsénbe — vitt juhok oda is elterjeszték a bajt, honnan Zubogyra az esett marha husát állitólag cziganyok csenték el, kiktől a csontokat ebek hurczolták szét. Szinte Kúnhegyesről került juhok vitték Sajó-Gömörre is, hol a volt földes-uraság juhai közt mutatkozván előbb a baj, egyik sajó-gömöri lakos juhaira ment át, — midőn ez, a magáéit, a juhászszal egyetértve, titkon az uraságéihoz csatolta. Saját juháról kapták meg szarvasmarhái ily módon azt. A többi helyen e baj tovább terjedési módja kikerülte figyelmünket. Méhibe is külön forrásból, az alföldségről hozták egyenesen a marhavészt. A meglehetős szigorú helységzárlat mellett 1863-ban april 24-kén nyilvánittatott ki teljes megszünése, az 1862 okt. 21-kén a putnoki járásban Kerepeczen kiütött, és 25-kén hivatalosan meghatározott két járási járványnak, (mely a főorvosi jelentésekben együvé hozatott). Utósó esetek voltak ekkor a felső járás Miglész, Nagy-Röcze, Jolsva, Vizesrét nevü helyein. 1863-ban jun. 15-ke körül Mező-Keresztesről Simonyiba hozatván be, gyorsan elterjedt e baj, miután előbb már april hótól kezdve szabad kezdett tőle lenni megyénk. Simonyin kivül a serkei járásban, Tót-Zabar, Dobócza, Várgede stb. szenvedtek, összesen 14 helység itt, a kishontiban Tiszolcz és közép Bakti puszta, a ratkóiban Ratkó, Bisztró, Uzapanyit, Felső-Alsó-Balog, a putnoki járásban 17 helység (egypár pusztát is beleszámitva), a felső járásban 21 helyen volt ez ekkor. 1864-ben eleinte a felső járás néhány községében uralgott, Rédován jun. 19-én megszünt, — jun. 29-én Oláh-patakon ujra fölmerülve, végződött végkép Jánosiban 1865 január 13-án a serki járásban. Ebben négy, a kis-hontiban három, a ratkaiban két, — a felső járásban három helyen jelent meg. Egybevetve mind a négyrendbeli járványt:

1862-ben Szentkirályon 220 marha közül 29 lett beteggé, 19 elhúllt, 6 gyógyúlt, 6 beteg agyon veretett.

1862, 63-ban, a nevezett helységekben összesen 2998 marha közül 119 lett beteggé, 66 elhúllt, 47 gyógyúlt, 6 beteg agyon veretett.

1863-ban csaknem egész megyénkben 23,398 marha közül 4493 lett beteggé, 3028 elhúllt, 1077 gyógyúlt (146 beteg, 242 gyanús).

186⁴/₅-ben 4329 marha közül 599 lett beteggé, 273 elhúllt, 303 gyógyúlt, 23 beteg agyon veretett.

1862—65-ben összesen tehát mintegy 3800 szarvasmarha vesz-teséget okozott a keleti marhavész-járvány megyénkben csaknem 31 ezer marhalétszámból, mely ezer marha közül több mint 122 darab veszteséget tehet. A megbetegedettek közt (5240-ből) ezer közül elhulla összesen 647 (3386) természetes uton, agyon veretett mintegy 72 (423), fölgyógyult 281 körül (1463). 2,2 elhullt és agyonvertre jöhetett e sze-rint egy gyogyulás-eset (mintegy harmada a betegeknek.) E baj ellen bárha többnyire elkésve, főleg az elkülönzés vétetett elő, hajdanta Kósa tr. az oltást kisérlé meg egy járvány alkalmával elég szerencsével, most a lebunkózást használá k inkább, csakhogy későn.

A j u h v é s z a hivatalos adatok szerint (melyek aligha teljesek fölebbi jegyzeteinkből itélve) 1863- ban jelentkezett mind az öt járás-ban julius közepétől 1864. febr. 22-ig, a juhok 27⁰/₆-át megtámadva s ezek 84⁰/₆-ánál többet megölve, a gyan us agyonverettek itt nem számit-tatván. A s e r k i j á r á s b a n Tót-Zabar, Csiz, a k i s h o n t i b a n Tiszolcz, a r a t k a i b a n Ratkó Bisztró ; a p u t n o k i b a n : Aggtelek, Putnok, a f e l s ö j á r á s b a n Polomka, Sumjácz, és Fekcte-Lehota va-lának góczai. Mindenütt a marhavész társbajául fordult elő, a veszteség 3571 darabot tön (38⁰,₀), ugyanis 9423 létszám mellett 3471 megbete-gült, — ezekből 597 gyógyult, 2866 elhullt, azonkivül agyonszeretett 8 beteg és 697 gyanús.

III. Adalékok

a   m e g y e   k o r á b b i   j á r v á n y a i   t ö r t é n e t é h ez.

Bartholomaeides László 1806—1808-ban Gömör-Kis-Hontról irt helyrajzi munkájában a dögvészt — pestist — emliti régebbi adatok nyomán, mint olyat, mely a 17-ik század utófelében és 1710—11 kö-rül különösen Ochtina környékén dühöngött. Továbbá ugyan ö emeli ki, hogy a bujakór 1700 körül a falukat sok helyen keresztül kasul járta, mintegy járványosan, a nélkül hogy szaporitotta volna a halálo-zásokat. Már ö megjegyzé azt is, hogy a lázas bajok különösen a v á ltóláz'o k nemcsak gyakoriak, hanem sokszor előidézői a vizkórnak is megyénben, még annak fölvidékén is.

A h i m l ő az emberiség ezen előbbi századokbeli egyik ostora, a putnoki járásban számos volt a mult század 7-ik tizedében Bejében, 1773-tól pedig Felső-Szuhán, Tornallyán ismételten 1786-ig, szintúgy Csetnek táján 1786-tól e század elejére terjesztve ki csaknem éventei pusztitásait. Rozsnyón is állitólag mintegy ötödét ölé el a kisdedeknek, a felső járásban átalán uralgva a 18-ik század két utó tizedében. A tehén-himlőveli oltás csak a jelen század kezdetén lön valóban megkezdve. Bartholomaeidesként addig az volt az oltonyzás módja a nép közt, hogy a szelidebb bajúnak gondolt himlőshöz elvivék az anyák gyermeköket, ágyába fektették, vagy ruháját adák rá, vagy a pörköket adák be poralakban. Századunkban előjött a himlő putnoki járásunkban 1817-ben Zádorfalán és Imolán, hol miként Sajó-Kesziben is 1812-ben sőt 1823-ban is számos volt. 1822-ben Alsó-Szuhán, ugyanitt és Aggtelken 1829-ben, Sajó-Gömörön 1823 és 29-ben, 1823, 24 ben Hanván, 1823 ban még Királyi, Tornallya s Zubogyon is, 1824-ben Beretkén, hol 1854 ben is gyakoribb lőn. 1842-ben Tornallyán kivül Zádorfalán, Hubón, Keleméren, itt 1840-ben is. Ez időtől mindig gyérebb volt e baj a későbbi időkig, — ennek oka kétségkivül a védhimlőoltás nagyobbmérvü elővételében rejlik, — miként a legközelébb számosabb hasonló esetek ujra ennek kevésbé szigorú kezelésében találják megfejtésöket.

A v ö r h e n y és k a n y a r ó, melyek az anyakönyvi adatokban nem igen különitvék el egymástól, a mult század vége felé s jelen századunk elején rendesen a himlőjárványokat előzték meg és követték Gömör megye felsőbb vidékein. A putnoki járásban is uralogtak ez időben olykor-olykor (péld. Tornallyán, Szuhafőn). Egyébként itt gyakoriak voltak e század egész első felében is, péld. 1817, 41-ben Keleméren, 1842-ben Recskén, 1853-ban Felső-Alsó-Szuhán, 1834, 41, 48, 49-ben Tornallyán, 1842, 54-ben Zubogyon stb. A kanyaró 1853, 54-ben — bárha inkább szórványosan — mutatkozott egész megyénkben a főorvosi jelentések szerint is, kivált a rozsnyai csetneki völgyben ; — a dobsinai Garan-Murány völgyön febr. jun.ban 1853 a vörheny Pelsőczig terjedett le. Halálozást ezek gyakran okoztak, mert ezen adatok is nagyrészt halottakróli anyakönyvekből meritvék.

V é r h a s a mult század két utó tizedén Ochtina körül csaknem minden harmadik évben uralgó volt, átalában a rozsnyói, csetneki, murányi völgyekben és népiesen szerencsésen gyógyittatott, bor, füszerfélékkel stb. A putnoki járásban néhol gyakrabban elő-előjött már ekkor is, péld. Szuhafőn 1775—81-ben, 1825-ben Zádorfalán (aug. september hóban) ,Keleméren, hol 1850-ben is volt, — 1826, 29-ben Hanván, 1827-ben Hétben, 1854-ben Ragályon (jul. okt. legtöbb gyermekhalállal) és Tornallyán. Az utóbbi helység kivételével, hol csakis a malomutcza esik nedvesebb tájra, közel a Sajóhoz, — a többi nagyrészt alantabb fekvő vizenyős talajon fekszik. Némelyikökben a hagymáz, söt a hányszékelés is annak idején kedvező tanyára talált.

Hagymáz-esetek jegyezvék föl a putnoki járásból Tornallyáról 1830, innen és Királyiról 1847, 48, 52, 53, 56-ból, Keleméren 1839, 48, 51-ből; — 1847, 48-ban a garami völgyön éhség idézte ezt elö állitólag, nagy halálozást okozván. Tornallyán állítólag a víz mellé szorult (akkor még általa el nem hordott) czigánysoron uralgott. A pelsöczi rabok közt is sokan voltak benne s egy megyei fő· s járásorvosra is halálos bajt ült etének át, mint már említök. Sajnos, hogy az 1847/8-ki nagy hagymáz járványairól hivatalos öszletes kimutatások nem találhatók. A lelkészektől időközben kapott néhány adat Kiss tr. kezébe kerülvén, általa fölebb értékesitve lön.

A keleti hányszékelés — cholera orientalis — melyhez hasonló szelidebben mint a gyomorbélhurut alakja, olykor nálunk is észlelhető nagyobb váltólázjárványok idején nyáron, — a nagymélt. magyar kir. Helytartótanács levéltárából hozzánk juttatott adat-töredékek nyomán : 1831. jul. hava elejétöl aug. hó 15-ig uralgott elsö izben megyénkben átalában ; — kisebb mérvben, bárha egyes helyeken számosan elöfordult ezen heveny járványos fertőzési kór 1849-ben is több helységben, péld. Sajó-Gömörön (oroszok által behurczolva), — második nagyobb járvány 1855-ben volt, midön megyei levéltárunk lehetőleg teljes adatai szerint junius hó 10-kén Szelczén az akkori rimabrezói kerületben föllépve, egész october hóig megtartá járványos jellemét.

1831-ben, 128 községben 81,951 lakos közöl 5182 lön beteggé, 3027 fölgyógyult, 1293 elhalt.

1855-ben, 144 községben 92,892 lakos közöl 3563 lön beteggé, 2099 fölgyógyult, 1464 elhalt.

Ezek szerint ezer lakosból mintegy 64 betegedett meg 1831-ben, 1855-ben pedig közel 39, — tehát az elsö járványban 16, mig a másodikban csak 10. Elhalt az elöbbiben ugy, mint az utóbbiban körülbelöl a lakosság 1,5—6 százaléka, s a cholerás betegek közül mintegy 23,4⁰/₀ 1831-ben, mig 1855-ben 41,8⁰/₀. A gyógyultak száma az elhaltakéhoz ugy állott az elöbbi évben, mint 2,3·· 4 az egyhez, 1855 ben pedig mint 1, 4 : 1-hez, — e szerint 1831-ben kedvezöbb volt a gyógyitási arány, mint 1855-ben. Ekkor egyidejüleg vérhas is uralgott vele, csorvás, hurutos, néha lobos jellemmel, meglehetős sulyos alakban, kivált gyermekek- s nőknél, főkép aug. sept. hóban; jun., julius, augustusban pedig az epés typhoid (vulgo epeláz). A megye északnyugoti részén az utóbb nevezett évben Szelczén támadt hányszékelés a rimabrezói kerületben 31 helységet keresett föl. Innen dél és délkelet felé terjedt, hol legdühösebb volt, megtámadva az akkori rimaszombati kerületben 38 helység lakosait, a tornallyaiban pedig 46-éit. Már az északkeleti tájakon gyérebb volt. Igy a rozsnyói kerületben 13, a nagy-röczeiben 16 helységben jött csak elő. Itt később is lépett föl, bárha megelőzék egyes szórványos „cholera nostras" esetek. Jun. hóban kezdődve, jul. 2-dik felén és aug. hóban már tetőfokát éré el, sept. hóban feltünőleg fogyva s october hóban mint járvány megszünve egészen. A Richter Dániel tr. készitette főorvosi jelentés szerint, miből e lefolyásmódot megismerők, a járvány elején és vége közelgtével az gonoszabb indulatu volt egyeseknél. Jelleme epésnek mondathatott, — a visszahatási korszakban typhoid volt szokott kisérője. Gyakran egyes helységek és egyes helyekre szorítkozott, hol a közeli környezet sokszor ment maradt töle. A ragályzást csak gyanítni lehetett néhol. A szükség drágaság, a léghőmérséklet és átalában az időjárat rendkivüli változásai, az évszak viszontagságaihoz csatlakozva, elősegélték kiterjedését, ezen egyes helyeken hihetőleg a talaj alanti fekvése s vizenyősb, televényesb minősége által fentartott és terjesztett erjanyagból eredő bajnak. Mint ily tájat kell például megemlítenünk a mostani putnoki (előbb tornallyai) járást, nagyobb részben, mely a váltóláznak is kedvelt tanyája, mind alantabbi sikságán, mind más vizárnak kitett szükebb völgyeiben. Itt novemberig tartott az 1855-ik évi cholera is (juliustól), péld. Keleméren, hol (1849. juniusban) most csak aug. hóban lépett föl, — 1831-ben szinte tartott septemberig, söt októberig is, péld. Ragályon, miként a halálozási anyakönyvekből kiderül. Mindkét évben számosabb volt az: Beretkén, Sajó Gömörön (hol 1849-ben is volt több eset), mig Recskén 1848-ban is volt, — Hubón (hol állitólag 1842-ben is volt vagy 12 haláleset miatta), Sajó-Kesziben, Méhiben (hol szinte volt 1849-ben is), továbbá A.-Szuhán, Zádorfalán, stb. Csak 1831-ben volt számosb a Turócz kiöntéseinek kitett Bejében, továbbá Hanván, Imolán, Ragályon és Trizsben, stb. Mindezen helységek nagy viz- és sárfészkek.

Több férfi halt el vidékünkön, mint nő benne általában, legtöbb öreg, — ezután legtöbb volt a halálozás a közép-gyermekkoruak közt, legkevesebb az ifjak seregében. A megye szegény betegei közt 12,1%

lehetett 1855-ben cholerás, kiknek felénél több elhalt (58 : 107 közül)
jeleül annak, mennyire gyakori a szegényebb osztálynál és mily ve-
szélyes volt e baj. A rabok közt 3,6% volt benne, kiknek harmada el-
halt (9 böl : 3).

Tiszolcz körül az évi közép halálozást felülmulta az 1855-ik év
átalában (tiz év alatt). Miatta volt aug. hóban is ott a legtöbb halálozás
évek során. Tiszolczon magában, a körülte eső helységek közt legtöbb
volt benne. Rimaszombatban 39, 5%-et tett 1855-ben a benne főleg
aug. hóban — bár részben jul. septemberben is — elhaltak száma, az
egyébb ok miatt elhaltakéhoz viszonyitva. Itt sem igen dicséretes, sem
a város — lapályos vizenyős téreni — fekvése, sem udvarainak tisztasá-
ga. Ezen helyeken kivül 1855-ben Kokova, Péterfala, Alsó-Balog,
Gortva-Kisfalud, Runya, Hubó, Naprágy, Zádorfala, Deresk, Putnok,
Dobsina, Oláhpatak és Murányban voltak a hivatalos rovatos kimuta-
tásokban egyenként megjelölgetett halálozások leggyakoribbak. Kár,
hogy ezen rovatok nem vágnak mindenütt együvé az anyakönyvi ada-
tokkal, — tehát nem mondhatók egészen hibanélkülieknek.

Az 1831-ik évi cholera-járványban elhalt az akkori föorvos
nagytornyai Marikovszky György tr. is, ki az akkor e baj alkalmából
megyénkben müködött állandó egézségügyi bizottmány egyik tevé-
keny tagja volt. Kár, hogy ily bizottmányoknak csak akkor engedtek
mind ez ideig némi munkakört, midön már minél kevésbé lehet hatni
a baj ellen, t. i. kitörése után. A járványmentes évek a folytonos éber
egészségügyi felügyeletre, péld. az épitkezési helyek megválasztására
s a házak környéke tisztaságát illetőleg nem igen szoktak ekkorig sem
fölhasználtatni; ha csak Pettenkofer hangos intő szava valahára nem
hangzik el a pusztában. Mind 1831, mind 55-ben bizonyos terület jelölte-
tett ki tevékenysége köréül minden orvosnak, — az elöbbi járvány alatt
a bizottság 1831. jul. 11-kén Pelsöczön kelt végzése szerint, köztük
senki sem hagyhatá el kijelölt vidékét annak egyenes utasitása nélkül.
A csekély orvosi létszám némi pótlására és kiegészitésére, ekkor öt orvost
küldött le e bizottság kérése folytán a n. m. Helytartótanács, vagy há-
rom font bismuthtal, — a mit a gyógyszerészek a Nógrádmegye felöli
szigoru — szinte tulságig vitt — zárlat miatt be nem szerezhettek
Peströl, és mely általánosan használtatott Dr. Leo ajánlata folytán. Je-
lentéseket rovatokban az illető orvosok hetenként tönek a megyei fö-
orvos utján a n. m. Helytartótanácshoz.

A cholera gyógyitása tárgyában kiadott országos utasitás mellé
Marikovszky György föorvos külön véleménye is kinyomatott. A csak
1831-ben megkisérlett bucsujárás közájtatosság stb. tömeges összejöve-

tel megszüntetése, a csak szabad ég alatt jókor reggel történt isteni tisz-
teletgyakorlás, az egyik faluból másikba szökök száz ezüst forintra, s
egyévi börtönre büntetése, ideiglenes kórházak fölállitása, átalában a
veszteg zár, mely 10—20 napig tartott minden utasra nézve, a szerint
a mint az egézséges vagy fertőzött tájról jött — ezek mint meg any-
nyian a járvány terjedése gátlását czélzó többé — kevésbbé helyes in-
tézkedések valának, — melyeknek nagyobb sikerre vezetését tán csak
a fő helybeli, talaji — okok figyelmen kivül hagyása nem engedé meg.
Ezek különben még 1855-ben is egyre fennálltak, mint nevezetes kór-
tényezök és fenállnak maiglan is, csak a baj kitörését meginditó, al-
kalmi erjre várva, hogy ugyan azon hatást jövőre is kifejleszthessék.
1855-ben tán azért haltak el aránylag többen, mert a zárlat nem gya-
koroltatván, a megbetegedettek jobban ki valának több esetben téve a
nem egyszer ragályzó bajnak.

A megyei kórház ügye.

Miként már emlitök fölebb is, megyénkben a szegénység számá-
ra mindez ideig nagyobb kórház nem volt és jelenleg sincs. 1839-ben
Marikovszky Gusztáv tr. akkori megyei főorvos folyamodása folytán a
rimaszombati megyeházban, egy hat ágygyal fölszerelt szoba lön en-
gedélyezve, melyben részint rabok, részint bujakórosak és szegény
adófizetők, kik a sebészi mütéteknek voltak alávetendők, vétettek föl
és a megyei házi pénztár költségére kezeltettek, a nevezett főorvos,
vagy távollétében Paczek tr. által, ki a mütéteket szokott hideg vérrel,
ügyességgel végzé. A kórház 1850-ig maradt ezen helyiségben, midőn
az uj város (eme nedves talajárok ismert vizfészek) egyik házába, mint
bérlakba tétetett át, — 1855-ben egészen bezáratván. 1861-ben a me-
gyei választmányi gyülés hasonló szobát engedélyezett Paczek tr. me-
gyei főorvos kérvényére a mostani megyeházban Rimaszombatban, ez
meg is nyilt april hóban, de a kormányzat változtával 1862 január ha-
vában, mint kórház lenni megszünt.

A mostani rimaszombati s pelsöczi fegyencz kórházak oly jelen-
téktelenek, hogy még érdemesnek sem tartatik felölök rendes jelen-
téseket tenni. A megszünt kórházakban előfordult betegedések is, mi-
után rólok rendes napló aligha vitetett minden évben, és ha vitetett
sem jegyeztetett bele minden eset, annál kevésbbé tudhatók ki ponto-
sabban, mert 1845—51-ről semmi jegyzőkönyv sem található többé.
Leginkább idült bujakóros bajok szerepeltek ott Paczek tr szeirnt. Az
ott végzett sebészi mütétekről már tevénk fölebb emlitést nagyjában

Mindössze statistikailag annyit jegyezhetünk meg felöle, hogy az 1839 —44, 1851—55, és 1861-diki években ápoltatott ott összesen 757 beteg, kik közül körülbelöl 290 rab, 467 nem rab volt — 482 férfi, 275 nö, — gyógyult 638, javult 43, nem javult 27, meghalt 49, tehát a halálozás mintegy $7^0/_0$-ot tön. E 12 év alatt legkevesebb beteg volt a kórházban (16), 1844-ben, legtöbb 1853—42-ben (88, 87), — évenként középben 63. Legnagyobb volt a halálozás 1855-ben, — midön az ott meghalt baradnai viziszonyban szenvedettek szaporiták a halottak számát: $14^0/_0$ volt az, 1839-ben egy se halt meg benne 62 egyén közül, ezután legkisebb 1861 ben volt, midön $3^0/_0$ lehetett az elhaltak száma. A halál oka legtöbbször (9-szer) vizkór volt, és a hagymáz (9-szer), viziszony (6—7-szer), tüdölob, gümökór és cholera (3—3) stb. A bujakór mint alkati baj 113-szor jött elö, tehát $16^0/_0$-nél több volt, ezután a váltóláz 82-szer, (11%), lelki baj 50, ($7^0/_0$), köztük örjöngés 42, busongás 8 izben, fekély 40 (közel $6^0/_0$), csorvás epésláz és láztalan csorva (38 és 24) 5—$3^0/_0$-nál valamivel több, sebzés is $5^0/_0$ körül (36), tüdö-mellhártyalob $4^0/_0$-nél több (30), rüh szintannyi, végül vizkór több $3^0/_0$-nél (25) stb. Az uralgó kórokra nézve ezek kevés fölvilágositást nyujtanak ugyan, de legalább kitünik belölük: 1) hogy valóban elterjedt kórok voltak nálunk ezelött is a váltóláz, fekélyek, csorvás bajok, a tüdölob, vizkór stb. — tehát, mint egyebütt, ugy egyéb adatainkhoz hasonlitva, legalább itt sem találunk ellenmondásra; 2) hogy kórházilag (mely a szegénynek költségébe nem kerül) önként jelentkezö legtöbb szegény gyógyittathatik czélszerüleg bujasenyv ellen, mely itt azért csaknem mind szerencsével gyógyitható, bárha egyszer 1852-ben benne halt is el egy beteg a kórházban (mig a többi mind gyógyult vagy javult). 3) Az elmekórok közt nálunk azelött is gyakoribb volt a még gyógyulást engedhetö örjöngési alak és átalában számos elmekóros fordult elö, kiknek szükséges közintézetbe vitetniök, már csak a közbiztonság végett is.

Különben nagyobb közkórháznak a megye székhelyén, valamint kisebbeknek ugy szólva minden helységben felállitása szükséges, vagy legalább üdvös voltát alig kell bövebben indokolnunk. Belátták ezt nálunk már elöbb is, midön alaptökét iparkodtak teremteni e czélra. Ugyanis Marikovszky Gusztáv tr. inditványára Draskóczy Sámuel akkori elsö alispán karolá föl a kórház ügyét, midön a megye közönségével együtt elhatározá egy megyei nagyobb kórház fölállitását. Fölhivására aláirás utján több önkéntes ajánlat és sorsjátékkal egybekötött tánczvigalmakból igy alakult bizonyos töke 1839-ben.

1840 april hó 17-kén átvett Ratkó József akkori pénzkezelö

Rimaszombatban február 27-kén sorsjátékkal összekötött tánczvigal-
lomból . . . . 420 ft. — krt.
ezüst pénzben.

Julius 8-kán rozsnyói hangversenyből . . .   93 „ 48 „

1841. febr. 27-én egyesek általi adakozásokból   290 „ — „

— Mart. 8-kán Rimaszombatban mükedvelők
által adott szini előadásból . . . .   521 „ 23 „

Igy 1845 ig évenkénti tánczvigalmak, hangver-
senyek és szinielőadásokból bejött még . . . . .   824 „ 22 „

Némi pótlékkal eddig összesen . . . . . . 2162 ft. 13 kr.
1847-ig ehhez jött a fönebbin kivül gyüjtés adako-
zásból . . . . 1299 „ 55 „

Ezeken kivül még több föltétlen és föltétes ajánlatok tétettek még
eleinte, melyek közt megemlitendő a Koburg herczeg ö magassága ne-
vében megajánlt 1000 ft, a rimai vasmüvelőegylet részéről aláirt 100
ft, bold. L. K. 100. ft. a jászói prépostság szinte annyit ajánltak föl.
Rimaszombat és Jolsva a helyiségadás fölött vetélkedtek, — amaz he-
lyet és 50 ezer téglát, az utóbbi pedig azon esetre, ha ott épülne kór-
ház 800 ftot, százezer téglát igért, a kórházi gyógyszerek ¹⁄₄ része fe-
dezésével. Tettek ajánlatokat fa, kő, cserépzsindely s más épitési anya-
gokban, továbbá asztalos, lakatos és egyéb kézi munkában is, — még
hagyománynyal is szaporodott a különféle ajánlatok összege.

Az 1847-dik évi számadás szerint a 2065 ftnyi függö ajánlatokon
kivül 4599 ftra rugott volna már állitólag az összes tökepénz(a „Sür-
göny“ 1863-ik évi 119. számában közlött adatok szerint, melyekből me-
ritők nagyrészt az 1861 óta e részben történtek felölieket is), a föorvosi
jelentés szerint azonban, mely a mostani kezelőtöl került egyenesen,
tényleg 1848-dik évi deczember 30-kán . . . . 4133 ft — kr.
volt csak tökésitve. 1849-ben elhalván Ratkó József
gondnok, számadókönyve s a kötvények a megyei fö-
nökséghez kerültek, mely 1850-dik évben Samaray
József urat nevezte ki kezelőül. Ő 608 ft behajtása
után lemondva, 1851-ben Lengyel Sámuel ügyvéd lön
kezelővé, ki kötvény és készpénzben átvett összesen   4793 „ 10 krt
Mélt. Szilárdi és Gömöri cs. k. megyefönök urak
alatt kevéssel szaporodott ugyan szinte az alap, de
az, hogy minden alapítvány, még a föltételes is be-
hajtatott és sok birság, egyéb büntetéspénzzel együtt
az épitendő megyei kórház pénztárába folyt be, mélt.

Koreska József, elöbb cs. k. megyefőnök, majd királyi biztos ur kiemelendő érdeme.

A kórházi tőke tön 1853 végével már . . . 6825 ftot.

„ „ „ „ 1860 „ „ . . . 16184 „

1861 vége felé a megye élére lépve ujolag a nevezett királyi biztos ur, biztosíttatá a tökepénzeket betáblázás által, intézkedett a kamatok pontos fizetése iránt és annyira gyarapítá a megyei kórház ügyében kifejtett buzgalmával a kezében öszpontosuló teljhatalom fölhasználása folytán a tökepénzt, hogy 1862-ben már . . . . 18444 ftra

1865. jan. elsején pedig mostanig kamatozva . . . 20407 ft 81 krra rugott az.

Adja az ég, hogy az ügybuzgalom e részben átszivárogva e megye jelenlegi s későbbi kormányára s támogattatva nemcsak megyénk lakosai, hanem a magas kormány, illetőleg hazánk összesége által, mielőbb valóban tetté váljék megyénk nagyobb kórházának eddig is melegen fölkarolt eszméje; de a mely mellett a szegénység részére több apróbb kórház is szükséges volna megyénk némely pontjain.

A gömörmegyei népies gyógymódok.

Nem lehet egészen és minden kivétel nélkül rosz néven venni, ha a szegény köznép, mely a megyében egyenlően el nem osztott orvosokhoz nem könnyen juthat, minden ember néha házi szereket használ, melyek közt a legalább egyéb badar eljárástól a népet elvonó hasonszenvieken kivül akad egy két valóban hatályos is. Atyám, ki széles és alapos nyelvismerete s természetes hajlamánál fogva sokat tanulmányozott ilyesmit, mint lelkész felebarátai iránti könyörületből fölhasznált sok régi népies és szelidebb hatású ezekhez tartozó orvosi szert. Rimaszombat,- Otrokocs,- Putnok,- és Zsipben — kivált itt, — a Balogvölgyön laktában szenvedő embertársai, föleg hívei bajainak enyhitésére: egész füzetkét irt össze azon népgyógymódokról, melyek meggyözödése szerint hasznosakúl bizonyultak be. Nagyrészt ezekből és saját e részben részint hallomás, részint megfigyelés utján tudomásomra jutott adataimból állitám össze e külön függeléket, — mely, ugy hiszem, nem lesz egészen érdektelen.

Nagyobb öszhangzat és könnyebb áttekinthetés végett a nevezetesebb szerv-rendszerek szerint soroljuk elő a fönebb elfogadott rendben a nép gyógymódjait.

1.) Az emésztésszervi bajok csoportjából.

A fogfájás ellen a nép a saját olcsó fogászaitól kissé nagyban is gyakorolt foghuzáson kivül, sok helyen péld. Királyiban hólyaghuzót, vagy tormareszelék és lisztbőli tapaszt alkalmaz az állakapocs mögé, vagy meggyujtott csepütartalmú poharat nyom föl oda. Odvas fogba konyha s timsó összevegyitett porát, erős borszeszt vagy sós franczia pálinkát, vagy sáfrányt tesznek pamuton, vagy a tekercsbe hajtott és meggyujtott papir kozma olaját (pyrothonid) teszik bele, mely elcinte a fájdalmat növeli, később megszüntetvén (végkép?). Zsipben egy varrótü fülébe huzott s annak rátekercetéssel gombostü alakot adó selyemszálat, illetőleg gömbjét választó vizbe mártva, a fogürben megforgatják, vagy gombostüt botocskába szurva s gömbje felé meggörbítve, gömbjét tüzben izzitják, és igy nyomják a fogodúba, mások belénd főzet párát alkalmaznak stb.

Szájzsebrénél nyers sárga répa (murok) reszelékruhán átnyomott levét ugyanannyi szinmézzel keverve káféskanalanként adják a gyermeknek. Ez nem árthat, de igen a büröknek mézzel itt szinte alkalmazott bármi kevés kinyomott leve.

Toroklobban egy kanál méz szeges szegfü porával és konyhasóval elkeverve, (vagy tiszta timsópor) a mandolákra gyakran nyomatik belől, bárha fájdalmat okoz, mások az eb fehér száraz bélsarát vajjal gyapjúra, vagy kender és lenszálakra kenve kötik a nyakra, legtöbben fagygyuval bekent ruhát, meleg hamut, mások ismét pállitott bodza virágot vastagon kötnek föl, vagy kenegetik a nyakat.

Csorva, gyomor és bélhurutnál. Az első esetben hánytatóul kétmaroknyi reszelt erős tormát egymesszely vizben jól megfőznek, leszürt levét lágymelegen egyszerre megisszák. Vagy ¹/₄ itcze rozspálinkát öntenek elöbb finomra vagdalt fél fött tojás fehérére, egy éjen át ázni hagyják ezt benne. Ennek kanalanként vett leve erösen hánytat, állitólag két marok borókabogyót egy messzely vizben jól meg főzve (¹/₄—¹/₂ órai forrás után) bodzavirágot tesznek bele s a szüredéket lágymelegen iszszák. A bodzafa lehántott héjából (a fölhámot leszedve) egy jó maroknyit megfőznek messzelynyi vizben, jól megezukrozva leszürt levét hidegen hashajtóul, lágymelegen hánytatóul iszszák. Egy messzely édes tejben egy kanálnyi szinméz fölhabarva reggeli italul, — továbbá egy kanál káposztalé erre azonnal bor, vagy savó, minden fél óranegyedben iva, — szintugy esőtöl ázott tölgy odújában levő nedves reves kissé összeállt porból 10—15 csepp egy pohár tejbe vagy levesbe cseppentve jó hashajtónak tartatnak. Este vacsora helyett egy

negyed iteze édes tej bőven megezukrozva hasonló hatásu, szintugy
éhgyomorra egy jó pohár hideg viz, vagy sári mocsárfü (caltha palus-
tris) 20—30 magva megtörve vizzel, — továbbá tök, dinnye 4 - 5
összezuzott szirma nyárban ugy, mint ősszel összerázva vizzel (lázas
bajnál is).

Ugynevezett megcsömörléskor (sok, vagy undorral evett
étel után) a pápafü (carduus benedictus) finom porát veszik be kevés
timsóval, vagy avas szalonnával duránczi szilvát főznek (hasjatóul),
másutt csak keserü sót vesznek be. Néhol dohányfőzetet használ a nép
hánytatóul, másutt apró riczinmagot héjastól megtörve, elég hibásan,
„gyomorerősitőül" az annyira kedvelt pálinkában tavaszalmát
(fructus colocynthidis), aloét,'— hánytatóul „spanyol bort" kér a gyógy-
szertárokban hánytató borkő tartalma végett, de bizony most már ba-
josabban kap; miután orvos, látatlanban kivált, nem rendel, gyógyszerész
pedig e nélkül ki nem ád könnyen ilyesmiket, mióta többnél nagyfokú
bélhurut lön ezek következménye stb.

Cholerában boróka- magot és farkas alma-levelet, vagy egy
pár egész mákfejet magvastól egy maroknyi lósóska maggal főznek
meg, ezt csupán hasmenés vérhas ellen (az utóbbit magát rátottával is)
használva igy, — csalánnal verdesik a beteg hasát, vagy erős tormás-
tésztát kötnek rá. — Csepütartalmú poharat, amazt meggyujtva, nyom-
nak reá mások. Pusztán csak nagy hányás esetén szerecsen dió
vagy „virága" porát fodormentaecztes forrázatában adják hidegen. Has-
menésben amazt magában adják czukorral, vagy egy tojás fehérét
főhabarnak egy jó negyed iteze vizzel italul használva föl, — másutt
piros füzény (lythrum salicaria), vad szilva, kökény, vad körte s aszu
birsalma főzetét, mely vérhasnál is nyujtatik, adják ellene, — az áfo-
nyát uri házaknál, — gyermekeknél a nép a pichurim-bab reszeléket
levesben „spanyolmakk" név alatt, fürdőket használ különféle babona-
ságokkal, kivált akkor, ha a hasmenés alatt kiaszott gyermekről azt hi-
szi, hogy szemmel verték meg. Királyiban pörkölt rozst káforral so-
káig áztatnak pálinkában, e készitmény mint szepességi hires cholera
— s hasmenés ellenes szer adatik nehány cseppenként.

Vérhasban lúgot iszik a nép, néhol megezukrozva, — mele-
gitett finom fövenynyel telt zacskóra, meleg téglára ül, hasára pörkö-
lésig melengetett zabot, hamut rakosgat föl, — eczetteli párgolást al-
kalmaz, nagy kimerüléskor nem ritkán sikerrel. Palakő, csepegőkő
levakart vagy finomra tört porát, rákszemet, hegyjegeczet porúl, —
pecsétviasz levakart porát, parafafőzetet, égetett csontport, használnak
még vagy mák és lenmag-fejetet ivogatnak enyhitőül a fönebb emlit-

tetteken kivül. Putnok táján rézgáliczot is adnak be ellene. Néhol csak a természetre bizzák, majd az üdülés felé jó vörös bort isznak. Másutt vas troszkás fördőt alkalmaznak sikerrel. Mád tájáról egy szer szinte jutott ide, ez gyalog bodza bogyóinak szárastól (kemenczében való megszáritása után) vörös borrali főzése által készül.

Gyomor bélzsábában az illatos herbatéán, hasmelengetésen kivül, szilva pálinkát isznak (mint péld. szüretkor, sok szőlőevés utáni csikaráskor) néha faolajjal is, mely olykor csak duránczi szilva levével vegyitve adatik be, — nem egyszer helyette zsirral. Másutt lótrágya fehér hamuval. — Hanván czigánymogyorót (xanthium strumarium) herbatéul használnak, Méhiben forróra hevitett kövel kádban száraz meleg fördőt csinálnak a nyakig takart betegnek, mig róla erősen csorog a veriték; gyermekeknek kevés szappan só hamut vagy közönséges hamut adnak. A hastormázás, pohárrali köppölyözés is gyakran jót tesz.

Bélférgek, különösen orsonyák ellen félborsónyi égetett timsót dörzsölnek el jó nagy darab czukorral, 6—8 részre osztják, — egy-egy adag után fél pohár káposztalevet, erre fél pohár savót, néha kevés bort is isznak, mig hasmenés áll be. Uti lapu (plantago) magvait czukorral veszik be, vagy komló s szappanfü magvait szinte igy. Mások fehér eperfa fölvagdalt vékony gyökercit főzik meg vizben italúl, vagy nehány csepp babérolajat sok czukorral, néha borral vesznek be, vagy recsegő tiszta angol czint öntenek gyakran vízbe, s ezt róla letöltve iszogatják. Egy tollnyi higanyt egy negyediteze torró vizzel főzve, a vizet magában adják be, mások egy pár czikk fokhagyma tejbeni főzetét, vagy reszelt sárgarépa kinyomott levét ugyanannyi szinmézzel, — katona petrezselyem — glecoma hederacea — gumóit czukorral. Egy borsónyi vas gáliczot egy darab czukorral eldörzsölve, ezt kés hegyenként adogatják. Tüzes vas szögeket hányva tejbe, ruhán átszürve kanalanként adják ezt gyermekeknek.

Galand ellen, egy itcze káposztalébe egy maroknyi finom vas reszeléket vetnek, és levét kanalanként hidegen isszák. Erre vele fölváltva olajos savót isznak, — mire darabokban szokott elmenni a galand (atyám állitásaként).

Aranyérben piritott zsiros kenyéren kénvirágot esznek, pipacs és ökörfark-kóró (verbascum thapsus) virágai, egérfark (millefolium), kevés beléndfü, s papsajtból készitenek főzetet.

A végbélégés ellen tojás fehére vagy papsajt és köleskása-pép köttetik föl. A gyermekek székszorulásánál szappan-

csap vagy méz-vajcsap van alkalmazásban. Felnőtteknél a ,sannya
mannya' (senna manna), alapi por (jalappa) stb. bevéve.

Holt részegeknél (midőn elaléltság, álomkór van jelen)
állitólag a néha szájukból kijövő spiritus láng eloltására, a szájba vi-
zellenek.

2) Az átalános bajok közül.

Lázaknál átalában a roszúllét és tagfájdalmak ellen a kenés
mindennapos, általa gyomorcsorvánál bizonyos bőr alatti csomókat
hisznek eloszlathatni (miket én tapogatáskor figyelmes kutatásom da-
czára sohasem érezhettem még).

Váltólázban az úri rend a láz kezdetén czitromleves czuk-
ratlan fekete kávét iszik, vagy több czitromot magvastól eszik meg
(Jánosiban); a Balogvölgyön a nép közt 3-ad naposnál czinadonia s be-
lénd összetört nyers leveleiből 20—30 cseppet facsarnak vizbe, s meg-
isszák (miként köhögés ellen is), pápafüvet nyers árpa s timsóval főz-
nek, levét hidegen kanalanként iván. Timsót szerecsendióval vagy vi-
rágával, porúl vagy 8 annyi czukorral kés hegyenként vagy tök és
dinnyeszirmokat czukorral eldörzsölve vesznek, a férfi női, a nő férfi
vizeletet iszik Zádorfalán hamusó, paprika, bors és borral vegyitve.
A középujj körömperczére, a körmön belől beltojáshártyát tesznek
és rajta meghagyják száradni a szaggató fájdalomig (?). Egy messzely
veres borban 48 óráig egész tojást áztatnak mialatt héja megpuhúl, a
bort óranegyedenkint véve elköltik. Hólyaghúzóúl békalábat (ranun-
culus) összezúzva kötnek az alkar beloldalára (miként nekem is gyer-
mek koromban). Negyednapos lázban a bal rászt-tájra kötik ezt, mi-
ként a földi tökből (bryonia alba) készült pépet, terpentint is. Vad
szilva vagy kökény gyökeret fölvagdalva boros vizben forralnak föl
italúl — vagy lencsényi kék követ (cuprum sulfuricum) elegyitnek egy
kanálnyi czukorporral (dörzsöléssel) s óránkint egy borsónyit vesznek
belőle. Idült bajnál is pár szemernyi adagokban a timsó czukorral,
vagy szerecsendió porral sokáig véve néha hatályos; — Rozsnyón e
kettő némely családban hagyományos szer, de egy egész dió ugyan-
annyi timsóporral vétetik be ott kétszerre vizben a lázroham előtt.
Hanván, Fügében hírneves vegyitékül egy-egy késhegynyi puskapor,
konyhasó, hamu s tört bors egy étkanálnyi eczettel szerepel makacs
váltóláz ellen, kivált a köznépnek az úri rendűek által beadogatva.
Bejében a paprikás pálinka, vagy csak a bor, — mely nélkül sóval
hánytatóúl is adatik. Pelsőczön fél, — egész messzelynyi hig mézet
isznak meg egyszerre a roham előtt. Zöld dióhéj pálinkában sokáig

áztatva a ratkai járásba mint galicziai népies szer hozatott be. Gyöngébb lázrohamok ellen néha a füzhéjfőzet, a rum tisztán lázroham előtt, sőt egy tornallyai nőnél a rozs-anya is használt (tőle hányás-hasmenés támadván). Bejében hideg vizzeli leöntés, vizbeugrás is divatos váltó-láz ellen. A babonás eljárásról, mely Méhiben stb. helyt divik, itt nem szólunk.

Hagymáznál egy körtenagyságú földi tök-darabot megtimsózva boreczetben megfőznek, levét kanalanként itatván (Zsipben), Timsós árpalevet pápafű herbatéval adnak, vagy erős boreczetet. A lázas fájdalmas bajokban szokásos kenés, gyurogatás, pállitott füvekkeli haskötözés, a fej krumpliszeletekkeli körülvétele, tormás tészta a vég tagokra itt se marad el.

Bujakór ellen a czinóber vagy pecsétviasz porávali füstölést, amazt kivált nagy mérvben gyakorolják, — péld. egy putnoki kuruzsló nőnél naponta 3-szor vagy fél-fél óráig hordó vagy kádban dunnafedezet alatt, melyet rendesen fekélyes higanymérgezési szájlob kisér. Ehez sótlan savtalan étrend, koplalás, faital használata van kötve, — néha bámulatos gyorsasággal gyógyúlnak is valóban tőle (egy hét alatt is) makacs alszári bujakóros eredetű fekélyek. A faital leginkább édes gyökér és keserü lapu gyöke (radix bardance) főzetéből áll. A higanyt néha (egy tollnyit) egy messzely édes tejjel fölrázva, de amannak fölöslegét tán belőle kiöntve (?) szinte juttatják a szervezetbe, továbbá szürke zsirt is kennek be a fájdalmas tagokba. Kékkő mézzel vagy tejföllel eldörzsölve fekélyekre, függölyökre mint úgynevezett huszár-kura szokott alkalmaztatni. A timsóporrali behintés, a hamuvali étetés a helybeli chancrenél divatos.

Sápkórnál és állitólag sárgaságnál is, melyet úgy látszik össze zavarnak, a kovács tüzes-vas-hütő vizét használják, vagy azt, mely nála a köszörükő vállujából kerül, italúl, — vasas tej, békalencse (lemna), lizinka (lysimachia) virága forrázata, továbbá eső víz és igen czukrozott krétaporral is élnek. Az ágyban dunna alatt izzasztott beteget úgy melengetik még jobban (tán csak sárgaságnál?), hogy szabadon levő fején kivűl forró (akkor sült) kenyérrel veszik körül mindenfelől.

Sülynél, ha már az íny vérzik, a nyers káposztát és annak levét eszik, isszák naponta 3-szor jó büven két hétig, és asszú szilvát esznek. Petecsekben lágymeleg kissé timsózott savót isznak kanalanként minél gyakrabban.

Vizkórban földi tököt reszelnek meg és a hús ételekhez torma helyett eczettel használják. Tojás belhártyáját alkalmazzák a húgycsőre s rajta száradni hagyják. 10—12 méhet czukorral eldörzsölve, porukat késhegyenként adják. Mások csupán boróka- s árpalével itatják hetekig a beteget. A tengeri hagyma (scilla) pálinkába áztatva, mely oly kedves gyógyszere minden testi lelki bajban köznépünknek, a nép közt is igen ismeretes; némely kuruzsló erős hánytató s hashajtó szerrel ér czélt e baj ellen (péld. váltóláztól függő vízkórnál).

3) A légzésszervi bántalmak közt.

Rekedtség ellen timsós savó, vagy savó és kevés bürökfű fözetével öblíttetik a torok. Köhögés ellen 1—2 csepp (?) velenczei terpentin (tán olaj) adatik 1—2 kávéskanálynyi szilvapálinkához reggeli italúl; továbbá többféle kivált bodza, — hársvirágherbaté melegen erős betakaródzás mellett üde hurutnál gyakran használtatik, az úri rendnél thea, krampampuli, langyos limonád, a köznépnél árpa s boróka sürü leve, vagy egy kanál reszelt torma s egy kanálynyi színméz elegyittetvén, reggel — este fél — egy diónyi vétetik be. Reszelt torma zsíros piritósra hintve; vagy tüzes vasaló vasra jó eczet hintetvén, párája fölszivatik fejtakaró alatt, — ily gözfürdö az egész testre hatva többet ér állitólag, mint egy helyrei péld. beszivásra, alkalmazás mellett, mely csak idültebb hurutnál lehet helyén. Foghagymás piritós, — mell — talpbekenés ugyanazzal és zsirral szinte szokásos. Retek szeletkékre mások czukorport hintenek, két tányér közt rázzák és igy nyert levét isszák meg. Száz vagy kevesebb beléndmag jól felforraltatván egy messzely tejben, a magvakróli leszüréskor emez kanalanként fogyasztatik el. Mellfájással egybekötött idült hurutban örvénygyökér (inula) porát mézzel elegyitve nyalatúl használják. Szamárhurutnál Bejében főzetik a fekete ribiszke (ribes aureus) leveleit. A. Szuhán a szamártejet rendes táplálatúl; máskor a tengeri hagyma czukros nedvét (oxymel scillae).

Tüdö mellhártya lobnál Zsipben (hihetőleg a Sauerféle szokás szerint) egy lencsényi kék követ törnek finom porrá rézmozsárban, egy tele evökanálynyi czukorporral eldörzsölik finomra $\frac{1}{4}$ óráig, — ebből fél — egy negyed órában egy borsónyit vesznek a nyelvre. E mellett egy-egy jó maroknyi mák és lenmagbóli fejetet költenek el naponta. Tornallya körül a nép mézes dohánylevelet, tormás tésztát, néha mohval, vagy egyébbel készült nedves meleg pépszerü borongatást használ fájdalomenyhitöül, vagy czukorpapirosra, csepüre tojásfehérét kennek, timsóporral behintik és úgy kötik föl. A tormázás is mindennapos nyilalás ellen.

Tüdövész ellen a beteg vagy egy hóig juhakolban lakik —

még elaléltan is ott fekszik éjjel nappal, — ital helyett is zsendiczével él ez alatt. Kutyazsir, ó szalonna, zsíros piritós finom félmaroknyi tormareszelékkel, vagy egy-egy késhegynyi kénvirággal, — néha kifacsart csanállé megczukrozva, egy-egy kávés kanállal, tölgyfa ág és rügyből készült herbaté használtatik.

4) A bőr-sejtszövetbajok közül.

Heveny kütegeknél (kanyaró, vörheny és himlőben) öszszezúzott fügét pár itcze tejjel sokáig főznek, leszűrt levében sárga (köles) kását főzve ismét, — a betegnek gyakran adják étkül. Különben vagy igen melegben tartatnak, vagy épen semmi gond alatt nincsenek ilyenkor a gyermekek.

Orbáncznál, melyet folyosónak is nevez a nép, belsőleg bodzavirág forrázatát veszi naponta 3-szor, külsőleg tűzre hintve ugyanazt czukorral, füstölésre használja; ha hólyagos és igen lobos (tüzes), kevés timsó porát tojás fehérével dörzsölve el, keni rá taluval. Bab, zab, vagy rozs-liszt fölhintése, vagy zacskóban melegen való felkötése, szintigy bodzavirág, székfű, tört kendermag, — néha káfor-tartalmú párnávali száraz borongatás, káforgolyók ruhára dörzsölése s ekkénti fölrakása, szamár szőréveli füstölés (nőnél csődörével, férfinál kanczáéval), hájjali kenés, vagy annak hashártya burkávali fedezés: mindez szokásos népünk közt.

Izzagnál (Eczema) gyermekeknél néhol kenőcsül egy ideig zabot pirítnak zsirban, és ezt használják, — másutt lugos mosás, finom korompor ugyanannyi zsírral vannak használatban; mások kecskerágó „vörös sapkáit" magvastól édes tejben megfőzve, ezzel locsolják lágymelegen az „ótvarat", — ha pedig hasonló görvélyes baj az arczot szemeket egyaránt megtámadja: 3—4 tetvet vesznek elő más gyermek fejéből és ezt teszik a beteg gyermek nyakszirttáji hajzata közé, mire a nagy vakarástól ott támad hasonló ótvar, az arczi s szembaj csökkenésével.

Rühnél ó-hájjal finomra tört babérborsót dörzsölnek össze, vagy sertés zsírral fehér hunyorgyökér port kenőcsül, miként a büdösköves (kénes) zsírt használva; sok czinadoniát (chelidonium majus) félig lúg, félig vizzel felfőznek, és a testet vele melegen mossák. A nagy (ló) sóska gyökereit is meg szokták főzni vízben, és kevés zsírral (előbb megreszelve) vele a testet gyakran mossák. Két hétig sem vesznek magukra tiszta fehér ruhát (a mi nagyon helytelen eljárás). Májusban réti nagy fű harmatában gyakran törödnek meg ilyenkor.

Juhnál Harkácson erős borszeszt tisztán, vagy terpentin olajjal dörzsölnek föl sikerrel.

Köröm méregnél becsavargatják a fájós íz fölött az ujjat kendővel, végét forró vízbe, tejbe mártják a baj kezdetén néhányszor a fájdalom szünteig, — később a netalán elhalt szöveteket naponta nyirogatják, tojás sárgából timsó és finom konyhasóporral írt készitve, azt gyakran kötözik föl.

Vak-köröm ellen korpát főznek eczettel és borkővel pépül s azt vászonra vastagon fölkenve, éjjelre fölkötik, — elöbb megráspolyozva a köröm felületét. Avas sós túrót, vagy viaszburkot is szoktak ezután tenni föl.

Bőrfekélyeknél, kivált az alszárra a könnyű kerekded (nem szögletes, zsíros, nálunk suskának is hivott) tölgygubacs, vagy tölgyhéj, égetett timsó, szén, egérfark levél száraz pora összevegyitve (néha székfű porral is) kevés káforspiritussal vagy a nélkül még az úgy nevezett sülyköszvényes (bujakóros) természetüekre is naponta párszor fölhintetik porúl. E mellett füstölés zöld kenderrel, de czinóberrel is gyakori (egyszerű bajnál is), a [lapukkal péld. fehérhátu lapu (fol. farfarae) stb-veli fedezést még gyakrabban láthatni. A nyugalmas fekvésre nem adja magát a nép, azért hosszas e baja.

Pokolvarnál összetört malozsa szőllöt, kevés fehér hamut és paprikát, sóval, — borsozott szilvát (bel felületével), pokol füvet (chenopodium olidum) rak fel a nép, miután fölhólyagzott fölhámán sáfrányt, vagy selymet húzott át. Néha tüzes tűvel egész kékes területét átszurkálgatják, eleven pókkal kiszivatják nedvét, és ezután azt összetörve rákötik, (Zsipben atyám ezt néha keléseknél is gyakorolja). Nagy fájdalom esetén csodafa-laput (datura stramonium) összezúzva tesznek rá. Másutt paradicsomot (lycopersicum), sáfrányos kásapépet kötnek föl stb.

Kelés és tályognál kása lenmagpépen kivül Tornallyán tejföl, fehér (fenyö) szurok, viasz, szappan és vöröshagymából (melyet megsütve tisztán is kötnek föl néha) készitnek meglehetösen bőrre tapadó irt, lágyan vastagon ezt hordják, — vagy terpentint, közönséges szurkot, mézes tésztát, avas nyúlhájat (mely a bört meglehetősen átmarja) tesznek föl, néhol ezen kivül a nyúlbört szörénél megfogva, forró tejben megpuhitják, és amazt befedik vele.

Tetvesség ellen köménymagolaj zsirral elegyitve, szürkezsír kenetik föl. Fülbe, sebbe jutott légylárvák (pondrók) ellen terpentint és lenolajat öntenek be (sertésnél babonásan kiolvastatják azt állitólag, mint a váltólázat). A sebeket — leginkább „hogy azok bele nc essenek" — péld. sertésnél stb. kátrányfélével kenik be.

5) Az izületi, izom, csontbajok közt.

Czúznál pörkölt zabot alkalmaz a nép zacskóban lágymelegen, belsőleg bodzavirágteát, repülő zsiron és egyéb úgy nevezett „hangya, gólya" stb. zsiron kivül, melyet a gyógyszertárban mind kaphatni; fördőket és hangyazsombékokkal, — szénapernyéveli párgolást, sós, káforos pálinka bedörzsöléseket, gyakran vesz elő. A levárti fördő, mit igen melegen vesz a nép, jó hirben áll előtte különösen a csúzos és egyéb fájdalmas bajokban, bárha péld. hashártya méhlob maradványai stb. ellen is, és átalában mint hathatós meleg fördő igen jótékony és nagyobb látogatásra volna érdemes, mint ez ideig szokásban volt kevés fördővel dicsekhető helységeink közepette annál inkább, mert mostani birtokosa sokat tőn kényelmi tekintetben ugy, miként a fördőszobák szaporítását illetőleg is czélszerüsége emelésére.

Némely helységben vannak különösen csúzelleneseknek tartott vizek egyebütt is, igy használnak egy forrásvizet Harkácson hideg borongatásra örömest, bárha többnyire félni szoktak e bajban a hidegtől. A. Szuhán az úgy nevezett mogyorós kút lábáztatásra s Tornallyán a város fölötti rétszéli tó — mely inkább langyosan használtatik — fördőül, szinte azért oly becses a nép előtt.

Köszvénynél a roham alatt meleg marhaganéjjali bekötözés, méz avas juhtúróval, vagy reszelt sajttal egyenlő mértékben irrá dörzsölten vastagra vászonra kenve (miként ütés utáni zúzódásnál is) itt jól megsózva alkalmaztatik, — máskor csak állati agyvelő; tört kendermag, lócziprus (salina) lomb, czukor, bodzavirág és zabliszt, sőt néhol dögcsont is parázs tüzön égetve közvetlen füstölésre; nadragulyapor zsirral és csodafa lapuval összedörzsölve kenőcsül lágymelegen. Csoda fa magvaiból egy gyüszünyit néhol egy messzely édes tejben főznek meg, megszürve (mag nélkül) megisszák egyszerre, csakhogy ez két-három napi nagy bódúltságot is okoz, miként a néhol belsőleg is használt nadragulyafőzet is könnyen veszélyes lehet, mint a gyermekeknek Bejében altatóul adni szokott mákhéj főzet. Másutt zabliszt székfü-virág, — tört kendermaggal vászon párnában száraz meleg borongatásra rakatik fel. Tüzes békasó (quarz) vizbe vetve párgolásra szinte alkalmaztatik.

6) A sebészi bajok közül.

A sebekre hideg, boros vizet raknak, ha genyednek, lapukat,

fekete balzsamírt (ungv. basil.), néha mindjárt eleinte a belsőleg (has-hajtóúl) is annyira használt Seehoffer-féle balzsamot teszik föl, ritkán tapaszt, viaszos vajat stb. Az cbmarás ütésre nyers vöröshagymát húst kötnek, a zúzott részekre a köszvénynél is szokásos említett túrópépet. A láb kéztöi rándulások utáni dagra eczetes korpát, vagy famoh, fekete szappan és összetört zöld rutábóli pépet, ismételt kenés után. Égett sebre faolajat kennek, kukoricza lisztet szórnak föl (Sztár-nyában), vagy lencselisztet (Tornallyán), agyagport (miként gyermek kipállás ellen is), vagy a falról vakarnak rá rögtön meszet s azon fe-lül olajjal és spiritussal is kenegetik, bevonják asztalos mázzal, — kövi rózsa (sempervivum tectorum) kinyomott levét, — spiritust, lenolajat, mészvizzel vagy krétaporral kennek föl. A megforrázott kezet azon-nal sóval hintik be, kivált ha föl sem hólyagzott még, — vagy vatát boritnak föl, rajta hagyván a teljes meggyógyúlásig.

Fagyás ellen az illető tagot a szobában káposztalében áztat-ják, savanyu káposztaharaszttal kötik be, — vagy jobban dézsába hóba helyezik egy időre. Némelyek melegített hamuba dugják, ha kékes; ha még fekélyes is az: salétromport dörzsölnek el zsirral, vele kenve az úgy nevezett „vak tetüt" a talpon, melyhez hasonló viszketeg fa-gyási bőrlobféle a kezeken és füleken, illetőleg a fülhagylókon is elő-jövén, reá krumpli reseléket raknak hidegen.

A torokba akadt halszálkát, tüt, csontot stb. burnót orrba szippantással, erős tüsszenés által vettetik ki.

Boréksérvet és méhiszamot hanyatt fektetés közben úgy tesznek helyre, hogy egy ember a lábak közé állva, azokat alszá-rastól fölemeli s ez alatt a beteg maga zsírral, vagy vajjal kenegeti a lecsusszant, (illetőleg beszorult) belet vagy méhet.

Végbél iszamnál köles kása, sóska magvak nyers pora al-kalmaztatik fölhintésre, a felnyomintás előtt, ez 2—3-szor alkalmazva az iszamot megelőzi későbben.

A fölakadt követ a férfi hugycsövéből szájjali erős szivá-sal vonják ki. A ficzam „tudósnök" általi helyrekenése, a tört tag egyengetése és bekötése naponta apró fasinek és alátett nadálytö-gyö-kérpép csepegökő-poros ruhával nálunk nagyhitelü.

7) A külérzékek bajai közül.

Szemlob ellen belöl jól megsózott fél fött tojás fehérét kötik föl, — vagy téjjel megáztatott lágy fris marha trágyát, két rubaréteg közt, továbbá aludt tejbe mártott ruhát szoktak felkötözni, söt fött mar-halépet is. Förödnek. Fött boróka mag vizébe tüzesített quarz dara-

bokat szórva, párája fölé tartják a szemet. Czukorport, sőt lágy sót is
fúnak be naponta többször is a szemhéj alá, — olykor még büzös éji
edényről is levakargatva a vizelet száraz csapadékát, czukorral eldör-
zsölik azt és igy valamint a sárga réz rozsdát szinte ekként elkészitve,
befujják tollon át, — mindezeket csak idültebb bajnál teszik ; a mi
avatlanoknál még igy is alig engedhető meg. A „semmi por" (fehér
gálicz, tinc. sulfur.) vizzel szokott szemviz.

Éji vakságnál az úgy nevezett „farkas hályog" ellen (heme-
ralopia) marha májat esznek föve-sülve, ugyanezzel párgolják és kö-
tözik, néha fött léppel is szemöket egy hétig.

Porczhártya-homályt avas nyúlháj, halepe s májzsirral,
vagy papirból készült kozma olajjal oszlatnak, sőt szürke hályogat is.
Egy messziről került nő ugyanis, kinek férje adó-hivatalszolga volt,
kisérelgette ezt látszólag sikerrel (?) Ez Tornallyán fehér papirból
úgy készitett olajat, hogy összetekergette, hosszu üres szük hengert
képezve, alól csészére helyezte, felül meggyujtá a papirt. Az olajnemü
kozmaszagú anyagból, mely a papir leégésekor a csészén maradt, ujj-
hegyén, vagy tollal egy keveset bekent e nő (1856-ban) mindkét szem-
héj belfölszinére naponta, ha csak nagyon lobos visszahatás nem volt
— melyet euphorbium-tapasz elöleges fülmögé tétele, s a nép által ily
bajnál igy használt szembe fejt női fris tej, vagy beföcskendett vizzel
győzött le. Én egy fiatal nönél, kit nála szürke hályoggal láték eset-
leg, mint házánál gyógyitott patienset, valóban a hályog közepén egy
világosb foltot vehették észre, e mellett az egyén vallomása szerint pár
héti gyógyitás után kezdett látni e szemével is. Ily állapotban már
haza szokta a nő bocsátani betegét, — a lencse egészen átlátszóvá té-
telére (?) bizonyos port fuvatott még be otthon vele, melyben szegfü-
szeget (caryophylli aromat.) lehetett szagjáról fölismerni. Sajnálom,
hogy idöközben elmenvén innen e nöorvos (ki titkos mesterségét álli-
tólag az illetö por vényével együtt — melyet elvesztett ? — egy bécsi
orvostól tanúlta el, kinél egykor szolgált), illetö patiensét is elvesz-
tém egészen szemeim elöl, további észlelhetés nélkül, — tehát nem bi-
rálhattam meg : valódi volt-e a javulás, vagy csak látszatos ?

Süketségnél retekreszelék kinyomott leve, kevés majoránna
vizzel 4—5-ször cseppentetik naponta a fülbe, vagy dióolaj, sőt tenta
is. Fülszakgatásnál dinnyelé beöntés, és párgolások, hólyag-
huzó divnak.

Orrvérzés ellen koldústáska (thlaspi bursa pasztoris) kinyo-
mott leve, s timsós viz szivatik föl az orrba.

Orri régtartó varadzást (eczema?) saját vizeletökkel gyakran nedvesitve gyógyitanak meg némelyek.

8) Az idegrendszer bántalmai közül.

Indulatroham bánat stb. vagy bármely ismeretlen ok előidézte roszullét esetén a nép többnyire gyöngyvirág- vagy egyéb erős eczetet itat, a néha magán kivül levő elalélttal: „szíverősitőül", azt hivén, hogy „szívelszorulás" oka a bajnak, óvszerül még a netáni guta ellen is szinte azt itatják tehát az elájulttal is, eczettel dörzsölve homlokát stb. A kinél erős nyakbeli görcsféle van, pipáztatják, vesicatorozzák, tormázzák, dörzsölik. A nehézkóroson, hacsak lehet, a roham után eret vágatnak (néha állitólag sikerrel?); különben borsmenta, majoránna forrázatot adnak neki, mások régi avas sertés hús közül az állcsontot tüzben megégetve, porát borban adják be apránként. Diót csepüben egészen héjastól megégetve, ennek porát is. Ha gilisztát sejtenek, reszelt vasport káposztalével adnak be, máskor csörcül: egy pipa dohányt édes tejjel forralva föl szüredékét veszik elő. Az alszárakra hólyaghúzót tesznek.

Szellembajoknál keményen bánnak az emberrel, füstölik, péld. mint az erről híres zeherjei pásztor, szemébe köpködve stb.

Fejfájásnál, midőn az láztalan, többek közt csombor — menta (mentha pulegium) herbatét isznak, ha tartósabb, pióczázást, pecsetet (empl. euphorbii), fejökre ismételve tormát tesznek föl, párgolják; pállított petrezselyem-zellerrel, selyem kendővel kötik át a homlokot, ezt jól megszorítva stb. Láznál eczetes vizet is borongatnak föl a forró fejre, vagy csak krumpli szeleteket stb.

Csuklás ellen a kisdedek fejét melengetik, czukros vizet, vagy porczukrot adnak nekik. A felnőttek hirtelen 9 korty hideg vizet isznak; a rózsa száraz szirmaiból borrali leforrázással nyert teát adják be, vagy aszalt birsalmát főznek, levét borral nyujtva, — mások pedig a narancs száraz héját áztatják borban. Égő gyufa vagy kén gőzét szagoltatják, néhol köpölyfélét (melegített poharakat) raknak a fölhasra.

A szélhüdött tagokat csanalazzák, belsőleg gyöngyvirág eczetet itatva.

Viziszonyban ebtej füvet (euphorbia) forralnak föl pálinkában és így isszák (vagy gyógyszertári festvényét), vagy két körisbogarat (fej nélkül) adnak be vizzel, — továbbá egy gyüszünyi csodata magvat egy itcze tejjel főznek meg italúl. Tarnics (gentiana) gyöke porait is használják, — a sebet gyakorta sós lúggal mossák.

Zsába ellen (péld. ül, — farzsábánál) tormás tészta, nehány csepp terpentin olaj zsirral fölkenve, — meleg tégla, zabpárnára ülés, több (tán földi?) giliszta mozsárban összetörve s borszeszszel eldörzsölve lágymelegen mint bekenni való s melegitett pohár-fölrakás van napi renden különféle párolás és füstölés, fördés mellett.

9) A húgy és ivarszervi bajok közt.

A vese s egyéb húgyköveket egy hétig káposztalében ázott vasporral, a szőlővenyige hamvából készült lúg étkanalankénti adogatásával és más, de előttem titokban maradt, (bárha pontosb vegyelemzés végett egy izben, csekély mennyiségben Pestre is küldött) a titokbiró által ivadékról ivadékra hagyományosan (egyik jövedelem-forrásul) használni szokott fehér por vételével hiszik feloldozhatni s elhajthatni többen.

Havi tisztulás elősegélésére a kovász-levet (párkorpa savanyús levét) iszszák Zsip körül naponta 1—2 messzelyenként, ezzel elvetélést is idézve elő nem egyszer. Esős időben mások egyre eső vizet isznak, külsőleg száraz földi bodza — kóró leveleiből készitnek erős fördöt, naponta förödvén benne. Továbbá csombor menta forrázatot isznak.

Méhvérzés ellen fahéj darabokat fözve, levét kanalanként gyakran adják, vagy szurok-port borban; és eczetes kormot tesznek föl zacskóban, — néha eczetes ruhacsomót be is helyeznek. Úti fü (plantago) gyökeret is használ a nép vörös borban fözve e végre.

Szoptatók tejmegfogyás és „elszakadás" esetén óránként egy étkanál bodzavirágherbatét isznak csalbatlan szerül (Zsip körül) hidegen.

Emlő- s csecsbimbódag-sebfájdalomban és tejcsomó képződés esetén folyó viz, vagy vizben főtt bürök, oszlató fü (senecio vulgaris) párájának teszik ki az emlőt, többször naponta, mire a tej szivárgásnak indul és a seb meggyógyúl (?) ha jelen van. Máskor sárgarépa reszeléke kinyomott levével és sótlan vajjal piritott irt készitnek befedésére, vagy csak viasz és vajból stb.

Nehéz-szüléskor kevés összezúzott vörös hagymát áztatva egy pohárnyi vizben, azt megitatják a növel (Zsip körül?) Tiszolcz körül többnyire széken ülve szülnek a nők.

Jegyzet. A fölvidéki népies gyógymódokról átalában keveset tudhaték ki, ezek felöl Kiss tr.-hoz kerülvén az értesitések és onnan hozzám nem juthatván eddig

10) A sziv- és mirigybajok közt.

A köznép nőinél nem ritka **szivgörcsben** a szokásos gyöngyvirágeczet-itatás és szivgödörrei feldörzsölésen, melegitett poharak, torma-reszelék oda rakásán, alkörmös (syr. kermesinus) mint „sziverősitő" itatásán kivül (melyet az ijedt, görcsös gyermekek is rendesen kapnak), szarkaláb virág forrázatot is szokás adogatni (Zsipben).

Golyvánál hamuval összetört füge-tapasz, vajjal összetört földi tök és bürök porral elkeverve köttetik föl.

Török János tudor.

IV. Gömör megye ásványvizei.*)

Számos ásványvizeink közül kettő országos érdekkel bir: az ajnácskői föld-vas-kéncs savanyúviz, és a legujabban felfedezett csizi iblany-büzöny konyhasós viz. Ezek után három ásványvizünk fürdőintézeteivel csak vidéki hirre vergődött: a várgedei föld-vasas savanyúviz, a lévárti meszes és a rozsnyói vasas vizek. A többi legnagyobb részben savanyúvizek, számra még 30, helyi érdeküek, csak italul szolgálnak, némelyike fürdőül és gazdasági vagy műtani czélokra is. Hőmérsékletre valamennyi hideg; hévvizünk egy sincs.

Marikovszky György egykori érdemdús megyei orvos volt első, ki 1813-ban megyénk 18 ásványvizét vette vegyelemzés alá; ujabb időben csak az ajnácskői, csizi és rozsnyói mennyiségi, — a lévárti, tiszolczi és királyi vizek pedig egyedül minőségi vegybontás alá vétettek: ez utóbbiak kivételével tehát e czikkben leirandó ásványvizeink vegyi alkatrészeit Marikovszky György hagyománya után jelölendjük. Kiválóbb vegytani tulajdonaikra ásványvizeink

1. savanyú vizek,
2. konyhasós vizek,
3. meszes vizek,
4. vasgáliczos vizek.

*) Az első rész II-dik fejetében (l. a XLV. s. k. l.) Gömör ásványvizeit csak névszerint soroltuk elő, itt részletesebb ismertetésök következik. Ez ismertetés szerint a röczei viz nem a meszes, hanem a vasas vizek közé tartozik, s egyenlő a rozsnyóival, csakhogy gyengébb. **Szerk.**

1) Savanyú vizek.

Savanyú vizeink szénsavgöz-mennyiségre nézve, egypár kivétellel, nem erösek; leginkább mész-keseréleg-vassókat, kovasavat, ti-manyt és konyhasót tartalmaznak kissebb nagyobb mennyiségben. Földtani helyzetre nézve vagy A) jegeczes tömör s palás kőzetekből, és földtani középkorú (Jura, Lias) képletekből erednek, föld-konyhasó-vasasok, és vas nélküliek, a megye felsö éjszaki és nyugati részeiben; vagy B) a harmadlagos eocen rétegeken áttört vulkanikus bazaltok omladványai körül buzognak ki nagy számmal a megye legdólibb nyugati részén, mind földes és vasas tartalmuak; vagy végre C) özönvizi képletekből jönnek a napvilágra a középhegység alsó völgyeiben, meszet és sziksót tartalmazók. — Fürdöintézettel csak két savanyúvizi helyiség van ellátva: az ajnácsköi 10 fürdö — és három épületben 24 lakszobával, és a várgedei 9 fürdö — és 8 lakszobával. A többi savanyúviz forrás kútképen kö- vagy fafoglalványban, némelyek természetes faköpüben vagy csak természetes eredeti alakjokban léteznek.

A) *A jegeczes és középkoru földtani képletek savanyú vizei:*

a) Tiszolczi savanyú viz a csillámpalára és gnájszra fektetett juramésznek egy alsó lejtöjén fakad a tiszolcz-murányi országút felett; e mészképletet Ulmann orv. tdr. úr közlése szerént a bécsi földészek a triaszhoz sorozzák és az alatta lévö veres homokkövet werfeni rétegzetnek tartják; ámde ezek nem homok, hanem valóságos mészkőpalák, mint azt a savanyokra való pezsgésök is mutatja, és sok okom van állitani, hogy tömeges mészkö-fedelök a jurához tartozik. Ez ásványvizet Tiszolcz városi hatóságának felkérésére Hamaljar Károly rimaszombathi gyógyszerész úr a múlt öszkor minőségileg vegyelemezte; szerinte az nagyobb mennyiségü szabad és kötött s z é n s a v g ö z t, kis mennyiségü k é n és s ó s a v a t, alj-kép föbb alkotó részül m é s z é l e g e t és kis mennyiségben k e s e r é l e g e t tartalmaz, a v a s n a k csak nyomait mutatja.

A következö savanyú vizek timanyon és kovasavon kivül következö vegytani alkrészekkel birnak:

b. c) a telgárti a Királyhegy gránitoldalán 3 forrásból bugyok; a s u m j á c z i is hasonló talajon minöségre amazzal egyenlö, de ásványrészekben szegényebb.

	Kréta	magnesia	vas	konyhasó	salmiak	gyps	sziksó	1 fontban szénsavgöz szabad
A telgárdi vizben	5	0	4	12	0	0	18	4 köb hüvely
d) arimabrezóiban	20	0	4	4	0	0	0	12 k. h.
e) nagyszuhaiben	27	4	0	5	0	0	0	4 k. h.
f) pongyelokiban	0	2	0	0	2	0	0	15 k. h.
g) masztincziban	0	2	0	0	2	0	0	4 k. h.
h) jeleneiben	12	0	3	0	0	0	0	10 k. h.
i) ratkószuhaiban	2	0	0	0	0	3	0	6 k. h.

k) a helpai nem visgáltatott.

B) A vulkanikus eocenképlet területén előjönnek:

a) A sidi savanyúviz források, a helység közép hosszának levonuló pecze folytában kissebb nagyobb számmal; ha valamelyikét az csöviz beiszapolja, más helyen üti fel magát, néha a közel háztelkeken is; azt a tulajdonos beszokta hányni, hogy a vizért járók alkalmatlankodásától meneküljön.

	Kréta	magnesia	vas	1 p. fontban szabad szénsavgöz
a) A sidi vizben	11	5	6	6 k. h.
b) Po-cseviczében (3 forrás)	4	6	8	10 k. h.
c) bizófalviban (Kisfalu)	4	6	6	14 k. h.
d) várgedeiben	4	6	6	14 k. h.

c) Az ajnácskői savanyú viz három forrásban buzog, azonkivül két kútból merittetik vize a melegitésre; a Kemény forrást én elemeztem 1856-ba és az iblanyt elsö fedeztem fel benne (lásd „A két magyar haza gyógyvizei" Török József 1859). Legujabb vegyelemzését 1861-ben *Molnár János* végezte, az következö:

	Kemény forrás	Kovács forrás	Széchenyi forrás
a hőfok C. sz.	+ 10.05	+ 12.58	+ 12.41

mig a levegöé + 16.91 C. sz. volt.

az aránysúly	1,002154	1,001952	1,00192

0 hőtok és 740,6 millim. levegönyomásra kiszámitva.

1000 gramme vizben találtatott gramme-okban:

K0.S0₂	0,01240	0,00990	0,00416
Na Cl	0,07520	0,04110	0,02390
Na F	0,00070	0,00060	0,00060
Forrássavas Na 0	0,08560	0,08580	0,07390

Na O. CO_2	0.01313	0,17900	0,04970
Sr O. $C O_2$	0,00469	0,00420	0,00210
Ca O. $C O_2$	0,72770	0,68030	0,68460
Mg O. $C O_2$	0,17490	0,07410	0,04320
Fe O. $C O_2$	0,13690	0,12740	0,01121
$4Al_2 O_3 . 3PO_3$	0,00390	0,00180	0,00070
Si O_2	0,08330	0,03190	0,03270
Bórsav es Mn O		n y o m o k	
Szilárd testek	1,43650	1,23700	1,02960

Légek szintén 1000 gramme vizben köbcentimeterekben a források közönséges hőfokánál

$C O_2$	1272,30	836,2	878,6
S H	0,26	—	—
$C H_2$	5,60	—	—

C) Az özönvizi képletekbeni savanyúvizek:

	Hat polgári fontban						1 fontban
	Kréta	magnesia	vas	kony-hasó	gyps	sziksó	szénsav göz
a) A szútoriban*)	12	3	0	2	0	3	14 k. h.
b) czakóiban	11	0	½	0	0	3	4 k. h.
c) baracziban	8	0	1	0	2	0	8 k. h.

2) Konyhasós vizek.

Hol a megyo déli felében a Rima- és Sajólapályok érintkeznek, özönvizi agyagdombbal végződik a közép hegységnek egy ága, mely-lyen Csiz helysége fekszik. A falunak egy, ama lapályok felszinénél nehány öllel magasabban létező melenczéjében nehány év előtt feltünt egy kútnak vize sós tulajdonságával; a vegyelemzés ebben a gyógytanra nagy fontosságú ásványos vizet fedezett fel, ez a már is elhiresedett Csizi iblany-büzenyes sós viz. A jelentékeny felfedezés további kutatásokra ösztönözött vállalkozókat és tavaly részvényesek egy másik kútat ásattak 20 ölnyi távolban az elsötöl; e munkával kékes sivajkrétegeket vertek át; a negyedik ölben édesviz jelent meg, másfél öllel lejebb azonban itt is sóvizet találtak, de ez a még közzé nem tett vegybontás szerént sóban is, iblanyban is szegényebb az elsönél.

Than Károly egyetemi vegytanár vegyelemzése a csizi ásványos viznek következö:

---

*) ½ K. h. SH is van jelen.

	tartalma 1000 rész vizben	vegysulyak arány-lagos száma	
Szikeny (Natrium)	6,1383	88,53 Na	100 e.
Mészeny (Calcium)	0,2990	4,96 Ca	
Keserény (Magnesium)	0,1635	4,52 Mg	
Hamany (Kalium)	0,2191	1,86 Ka	
Lavany (Lithium)	0,0026	0,13 Li	
Vas (Ferrum)	0,0008	0,01 Fe	
Halvany (Chlorum)	10,3232	96,46 Cl	100 e.
szénsavas sókban: Széneny (Carbonium)	0,0556	3,08 CO_3	
szénsavas sókban: Éleny (Oxygenium)	0,2222		
Büzeny (Bromium)	0,0531	0,22 Br.	
Kovasavas sókban: Kovany (Silicium)	0,0045	0,11 Si_3	
Kovasavas sókban: Éleny (Oxygenium)	0,0057		
Iblany (Jodum)	0,0308	0,08 J.	
Kénsavas sókban: Kén (Sulfur)	0,0020	0,05 SO	
Kénsavas sókban: Éleny (Oxygenium)	0,0041		
a szilárdrészek összege	17,8245		
Szabad szénsav	0,2471	5,40 CO_2	

Szabad szénsav 1000 térfogatban 127,23 térfogat (Volumen).

3) Meszes vizek.

A mit eddig megyénkben a meszes hévvizekhez soroztak, az mind barlangviz, mely a jura — és liashoz tartozó mészköhegyek alján ömlik sok helyen nagy mennyiséggel elő, és néhol azonnal tavat képez; ilyen tavi vizek a levárti, a királyi, kuntaplóczai, vigtelki és egyebek. E hegységnék torna-abaujmegyei folytatásában is vannak hasonló meszes tóvizek, mint az evetesi, méhészkei, somodi stb. Ezek a vizforrás származásának és a sziklaoldásnak, a hegység barlangos és meszes mivoltán alapúló érdekes tüneményei. A légkör minden alakú csapadékainak vize a meszes kőrétegeken átszürödvén, kötetlen szénsavgőze mennyiségének arányában, a mészkö szénsavas mész-, keser-, vas- és egyéb élegeit feloldja, magába veszi, és vékony szivárgásaival széltiben barlangokra bukkanván, azoknak boltozatjairól, falairól csurog vagy cseppen a talajra; hol vagy elpárologva merő alkatrészeivel a szép csepköveket alkotja, vagy azonnal csercsermelykéket képezve a barlangok örökös setétségében ezer ölnyire, söt egykét mértföldnyire is tova foly; és más hason eredetü csermelyekkel egyesülve a hegyek alján lévö sziklanyilásokon bö mennyiségben jön ki a napvilágra. E barlangoknak tehát minden vizetcseppentő pontja a föld külszinén megjelenö vizforrásnak értelmével bir; és bárha nem hijányzanak e meszes hegyek felületén a források, még is azoknak legnagyobb száma a barlangokba nyilik: mert midőn sziklanyilásokból ismét a felszinre kerülnek, inkább sebes patakokhoz mintsem forrásokhoz hasonlók. Hol a sziklanyilás mélyen fekszik, azaz a belőle kiömlő viz lejtöség helyett öblöt talál, ott a viz előbb az öblöt tölti meg, s tavat képez mielőtt odább folyna. Ily tavi vizek az évnek hideg szakaiban láthatólag gőzölögnek; mert akkor a levegő és barlangi viz mérsékletei között nagy különbség van; télben a tóvize nem fagy be, de kifolyása kisebb nagyobb távolságban mindinkább meghülvén befagy; innét van, hogy a nép e tóvizeket hév- és ásványos vizeknek tartja. Pedig a hévvizek tulajdonaival épen nem birnak, az ásványviznek nevezetét még csak kis mértékben sem érdemlik. Ugyan is a hévvizeknek lényeges tulajdonuk az, hogy höfokuk a küllég hömérsékletének behatásától nem függ; a barlangvizek mérséke pedig az évszakok szerént és a barlang hossza, mélysége arányában mérsékletökre nézve többé kevesebbé változik. Én 1856-ban augusztus 18-kán és 1857-ben február 20-kán visgáltam az aggtelki barlangban a vizek höfokát különféle távolban és mélységben a nyilástól; e szerint volt:

Réaumur hévmérője szerint :	Augusztusban		Februárban	
	viz	levegö	viz	levegö
1. a barlang elött a szabadban reg. 8 órakor	—	+ 16 0°	--	— 7.2°
2. a barlangban, Kistemplomban	+ 7.8°	+ 8.0"	+ 6.5°	+ 6.5"
3. a barlangban, Csontházban	+ 6.2°	+ 7.5°	+ 3.5°	+ 3.0"
4. az uj ág kezdetétől 25 ölnyi távolságban	—	—	+ 6.0°	+ 8.0°
5. az uj „hófúvásnál"	—	--	+ 6.5"	+ 7.5°
6. a „ravaszlyuk" végén	—	--	+ 8.5°	+ 8.5°

Kifolyásuknál és a tavakban tél vagy nyár szerint e vizek höfoka + 6 és + 17° R. között változik. Ezen kevés adatokból is kitetszik, hogy hévmérsékletük felett a barlang hossza, mélysége és az évszak bizonyos fokig határoznak: e meszes vizek tehát a hévvizekhez nem sorozhatók. — Ásványi tulajdonaikat illetőleg, minthogy egy eredetüek, szilárd alkatrészi minöségükre is egyformák, feloldott kis menynyiségü földes anyagokat tartanak. Szinre tiszták, átlátszók, némi lágyságuk kivételével közönséges viz izüek. Nevesebbeknek tartatnak:

a) A l e v á r t i meszes viz, fürdöintézettel, melyben 12 fürdö — és 20 lakszoba van; tóvize Hamaljar Károly gy ógyszerész ur legujabb minőségi vegybontása szerint tart m e s z e t, kevés m a g n e s i á t, a v a s n a k nyomát, s z é n s a v a t és igen kevés s ó s a v a t;

b) a k i r á l y i meszesviz egy a Sajó bal partjának csekély magaslatán fekvő, 120 öl körületü, 3—4 láb mélységü tóból foly ki, melyet t e n g e r s z e m n e k nevez a nép, mivel vize a tó közepén lévő, állitólag 24 öl mélységü, merőleges sziklakút nyilásából, folyvást malmot hajtó nagy mennyiségben ömlik fel. Merö részekben, úgy látszik, valamivel gazdagabb a többi mészviznél, mert a malom kerekét mészkéreggel vonja be és Marikovszky György is 6 szemer, egyedül mészböl álló, merö alkatrészeket fedezett fel egy polgári font vizben 1813-ban; ezen köiülmény és a tónak a meszes hegyektöl fél mértföldnyi távola oda mutatnak, hogy e barlangviznek szikla-alatti útja igen hosszú, és a mésszel sokáig érintkezik. Höfoka *Török János* orv. tdr. úr szerint volt a mult novemberben $+ 11^\circ$ R. a körlégnek $+ 8.5^\circ$ R. höfoka mellett, de nyárban széles medenczéjében azt a nap igen felmelegíti, mert Marikovszky György juliusban $+ 20^\circ$ R. fokúnak észlelte. E tóban öszkor kendert áztatnak, ekkor vize kissé könkénes szagot kap; különben még vászonfehéritésre is kiválóan alkalmatos. — Ifj. *Pósch József* vegytani tudorjelölt ez évben vegyelemezte e vizet minöségileg, abban kevés v a s é l e c s e t és t i m a n y é l e g e t, sok m e s z e t jelölt meg, azonkivül kevés k e s e r-, s z i k- és h a m a n y é l e g e k e t, szabad és kötött s z é n s a v o n kivül s ó, k é n- és k o v a s a v a k a t; a ráfogott könként egy kémszere sem bizonyitá.

c) Végre azon állitásom támogatására, hogy Gömör megyének u. m. meszes hévvizei nem igazi hévvizek, hanem egy eredetüek, azaz barlangvizek, legnagyobb érvemül az aggteleki vizet hozhatom fel. Az a g g t e l k i c s e p p e g ö v i z n e k mennyiségi vegyelemzését, melyet bizonyos tudományos czélból néhány év elött végeztem, több fontnyi a barlang boltozatjáról lecseppenö vizet gyüjtöttem oly pontokból, melyeken a cseppkö épen képzödik; annak vegybontási eredménye kétségen kivülivé teszi mindannyiak azonosságát.

Az a g g t e l k i b a r l a n g c s e p p e g ö v i z é n e k $572._{880}$ gramme-jában (egy polgári fontban) alkatrészei ezek:

S z é n s a v,	összesen	$0,120._{58}$	gramme
K é n s a v	"	$0,020._{49}$	"
H a l v a n y	"	$0,000._{90}$	"
K o v a s a v	"	$0,003._{49}$	"
S ú l é l e g	"	$0,005._{25}$	"
M é s z é l e g	"	$0,041._{54}$	"
V a s é l e c s	"	$0,019._{58}$	"
K e s e r é l e g	"	$0,000._{36}$	"

A víz elpárologtatása után maradt egy polgári font vizböl 0.139 gramme, vagy 1.746 szemernyi merörész; minthogy a vegyelemzett víz a barlang elsö harmadában gyüjtetett, nem kétlem, hogy e barlangviz józsaföi kifolyásánál még gazdagabb merö alkatrészekben, mert e 3000 ölet meghaladó útjában a mészkövel még sokáig marad érintkezésben.

4) Vasgáliczos vizek.

a) Rozsnyón a város felett egy kies völgyben van a püspöki vasas fürdő, 9 fürdő- és 11 lakszobával. E völgynek jegeczes agyagpalája igen terjedelmes vaskö telepeket foglal magában, különösen a fürdő melletti régi bányáknak számos górczai kihányt vaskőhalmokból állanak, és az itt folyó Drazus pataknak talajvize néhány ölnyi mélységre ily vaskőtelepet áztat, melyen két kútból merittetik a tiszta, tentaizű, kifolyásában sárga vasélecsvizegyet lerakó ásványviz az üstbeni melegitésre; e viz tehát a kutakban vaslugozott talajviz, melynek hőmérséklete egy éven át havonkénti észlelésem szerint, az évszak hőfokával $+$ 4.4 Réaumur foktól egészen $+$ 10.6 R. fokig változik. Feljebb a völgyben is van, de már forrásból csörgedező ilyen vasasviz egypár magán fürdő- és lakszobával.

A rozsnyói püspöki vasas víznek vegybontását 1852-ben végeztem következő eredménnyel:

Egy polgári font vizben van	szemer
Kénsavas szikéleg	1.42
Kénsavas vasélecs	0.43
Ketted szénsavas vasélecs	0.38
Halvpirany	0.13
Ketted szénsavas mészéleg	0.03
Ketted szénsavas keseréleg	0.64
Ketted szénsavas cselélecs	0.03
Kovasav oldott állapotban	0.20

3.26 szemer.

E szerint ásványos alkatrészekben szegény ugyan e viz, de vassókból fontja közel egy szemert tart, azért a viz egyedül vasasnak és pedig elég erősnek jellemezhető.

b) A rőczei vasasviz hasonló földtani viszonyok között létezik mint a rozsnyói, de vastartalomra sokkal gyengébb; intézete 6 fürdő- és 6 lakszobából áll.

5) Közönséges vizre való fürdők.

a) Rimaszombatban a részvényes társulati, és a konyhafürdőben van összesen 16 fürdő- és 20 lakszoba.

b) Jolsván a fürdőintézet 3 fürdőszobából áll.

V. Marikovszky György és Kósa Károly orvostudorok.

1) Marikovszky György orvostudor s 1806 ik évtől 1832-dik évig Gömör és Kishonth megye főorvosa, ifj. Marikovszky György, a nagy gyülés ez évi érdemes titkárának éles atyja, született Rozsnyón Gömör megyében 1771 év október 24-dik napján.

Apja ns. Marikovszky Jónás, anyja Sloszár Ráhel volt.

Apjának szent bibliájában a többi között ezen jó és biztos kézzel irott jegyzék találtatik : „Item anno 1771 die 24 octb. született ez világra egy fiunk, kinek neve Marikovszky György. Isten ő Felsége vezérelje maga szent lelke által, éltesse és tartsa ez világon maga neve ditséretére, sok emberséges emberek szolgálatjára, legkivált képpen édes szüleinek örömére és használatyára, hóltya után pedig örökké örvendezhessen velünk együtt."

Igy gondolkoztak és cselekedtek még egy század előtt a jó család-apák, s a buzgó vallásos keresztyének.

Szülei vallásában t. i. evang. ágost. hitvallásban neveltetvén, oskoláit Sajó-Gömörben, Löcsén s a felső gymnásiumot Pozsonyban végezte ; itt Szábel természettani tanár és Dr. Lumnitzer István híres fűvész által, kiknek különös kedveltjök volt, ösztönöztetve, és elhúnyt nagybátya Dr. Marikovszky Márton fényes életpályája által serkentetve, a bécsi egyetemen kezdette s kitünö sikerrel végezte nem csak az orvosi szaktudományokat, de hajlamánál fogva az összes természettani s az astronomiai előadásokat is szorgalmasau hallgatta. Ezen egyetemnél kitünö eredményü orvos-tudori oklevelet nyert 1791-dik évben.

Szeretve és tisztelve tanuló társai, kitüntetve tanárai, jelesül Dr. Frank Péter, báró Jaquén és Dr. és Csász. főorvos Quarin által, s párt fogoltatva az elsö nagy befolyású s európai hirességü szaktudós által, többféle jeles állomási ajánlatokat kapott, jelesül Spanyol- és Oroszországba is.

De hazáját hön szeretve, s talán az európai zavarok által óvatosságra intetve, lemondott a fényes ajánlatokról, s csendes kedélyes hajlamánál fogva szülö földjét, Gömörmegyében fekvő Rozsnyó szabadalmas, püspöki és bányavárosát választá jövendö tudományos müködései színhelyéül. Itt csakhamar alkalma lön a nagy mértékben uralkodó vérhas és hagymáz járványok sikeres gyógyításában magát diséretesen kitüntetni, s ez által mint tudományos, szorgalmas és tapintatteljes orvos, s némely tudományos iratok által mint tudomány em

DꞦ MARIKOVSZKY GYÖRGY.

bere is, jó hirnevet szerzett magának. Ő volt Gömörmegyében első orvos, ki a tehén- vagy mentő himlő oltását nemcsak tettleg életbe léptette, hanem ez ügyet magyar és német nyelven irt értekezései által terjeszteni is igyekezett.

A Jénai ásványtani társulat, 1804-dik év május 15-ki oklevele által, tagjává nevezte.

1806-ban Gömör és Kishonth megye rendes főorvosává választatván, lakását Rimaszombat városába, később Dr. Pillmann Rozsnyón lakó megyei első rend. főorvos hivataláról leköszönte után, ismét Rozsnyóra tette által. — Miképen működött ezen, — az összes orvosi tanokat magában foglaló pályáján, tanúsítják nem csak a megyei hivatalos jegyzökönyvek, — a m. kir. helytartótanácstól nyert dicsérő okmányok — Colaudatorium, — de kartársainak tisztelettel és bizalommal párositott szeretete, s a még élő kortársak vagy azok utódjainak hálás emlékezete is.

Mint kedélyes, szerény, tudományos, fáradhatatlan buzgalommal működő orvos és ember; mint a rozsnyai evang. egyház és iskola felügyelője; mint boldog házasságban élő férj és családapa — felejthetetlen tiszteletben részesült boldog emlékezete.

Gyakran találták e tisztelt férfiut számos barátjai és jó tanácsát kérő tisztelői, még 1831-dik év nyarán, maga alkotta kertjében, hol külön épületben nagy könyvtára, füvész és ásványtani gyüjteménye is létezett, — sirboltja epitésével elfoglaltan. Bölcshöz illő nyugalommal várta és érte el, eredmény dús, szorgalom teljes élte végét deczember hó 21-kén 1832-dik évben.

Csupán ezen fáradhatatlan munkássága tette lehetségessé, hogy nem csak 5—6 megyére kiterjedő orvosi gyakorlatát, s mint megyei főorvos és táblabiró, hivatalos ügyeit kitünően elvégezte, hanem némely kedvelt tanúlmányát p. o. a föld- és ásványtant is mellékesen tanulmányozta, s azokban búvárkodva haladott.

. A salzburgi med. chir. ujságba, s a „Hufeland Journal"-ba beküldött több értekezésein kivűl még a következő munkákat irta :

1. Ueber den Honighandel in Rosenau.

2. Nachricht über die Handlung der Producte des Gömörer Comitates, „Dr. Lübeck „patriotisches Wochenblatt" folyóiratában.

3. Nachricht über Kuhpocken-Einimpfung im Gömörer Comitate Schedius „Zeitschrift von und für Ungarn".

4. A tehén vagy mentő himlő kiterjesztéséről 1805.

5. Physische und analytische Beschreibung der Mineral-Quellen des Gömörer und Kishonther Comitates.

6. A rőczei ásványos viznek felbontásáról, orvosi erejéről és használatáról.

Be nem végzett kéziratai közt találtattak: „A halálos sérelmek megvizsgálásáról"; és Gömörmegye föld- és ásványtani leirásához jegyzékek, 2 photographiai ábrával.

————— —— —

2) *Kósa Károly.* Még egy ujabb időben élt jeles gömörmegyei orvosról kell itt megemlékeznünk, ki terjedelmes orvosi működésében s közhivataloskodásában tanúsított ernyedetlen buzgalma által kitünő érdemeket szerzett s emberiségi ügyre szánt hagyatéka által századokra kiterjedendő emléket alapitott magának Gömörben. *Kósa Károly* osvostudor az, ki mint megyei főorvos Rozsnyón halt el 1847-ben. B. e. Bene Ferencz egyetemi orvostanár ajánlatára, ki alatt kórodai segéd volt, Lajcsák Ferencz rozsnyói püspök 1825-ben udvari orvosává választá. Az országos érdemű tanár ajánló levelében azt irá róla: „mitto vobis manum meam dextram". A Rozsnyón letelepült fiatal Aeskulápnak hamar kezdett orvosi jó hire terjedni; és midőn Marikovszky György halála után 1835-ban a megyének physikusa lett, akkor már Gömörnek első hirü és legkeresettebb orvosa volt. Mi, kik körében éltünk, vele való gyakori érintkezésünkben meggyőződtünk arról, hogy szaktanunk akkori kifejlettségéhez képest a belgyógytannak tökéletesen kiképezett bajnoka volt; közösen kezelt betegeinknél a kórfolyamat épenes mozzanatait, a beillő gyógyjavallatokat kiváló észtannal, ügyes didaktikával és meggyőződést támasztó tisztasággal tudta és szerette elemezni: gyógymódja egyszerü, mindig alaposan átgondolt, következetes és okszerü volt. Köz hivatalában haláláig, 14 éven át buzgón és lelkiismeretesen működött, és éppen annak teljesítésében — mint jó katona a harczmezőn — találta sajnos halálát. 1847-ik év öszében a járványos hagymáz megyénk felső részeiben iszonyúan dühöngött, neki számos helységekben éjjel-nappal kellett gyógyintézkedéseket tennie; hol legnagyobb volt a veszély, ott segédkezett leghuzamosabban, mig végre a hagymázos ragály őt is veszélyes hálójába sodorta, melyből őt, ki százaknak mentette meg életét, nem voltunk képesek körünknek és az emberiség körüli további szolgálatának megtarthatni. Deczember 16-kán életének 51-ik évében Rozsnyón elhalt. Ifjabb korából minden igyekezetünk daczára sem juthattunk részletesb adatokhoz, mert a megyéből eltávozott magtalan neje is néhány év után elhalván, nem volt, ki azokat nyújthatta volna. Bizonyossággal csak azt mondhatjuk róla, hogy Komárom megyében

szegény sorsban született és nevelkedett: gymnasiális ta nulmányait bevégezvén, a kegyesrendüek közé állott, s mint elemitanitó müködött, azután kilépvén, Pesten végezte orvosi tanulmányait és avattatott fel orvostudorrá. — Ethnographiai czikkünkben jegyeztük fel nemes lelkének páratlan tanuságát, egész élete fáradozásainak szerzeményét, betegeinek minden adományát a szenvedö emberiség oltárára tette le: annak nem csak hiv szolgája volt, de felkent jótevöje is lett. Rozsnyón egy kór- és árvaházra 24 ezer czüst forintot alapitott, mely kamatjai által jelenleg 35 ezer forintnyi növekedésével kitüzött czéljához közeledik. Tizenkilencz éve immár, hogy ez emberszeretö orvos a föld alatt hamvad, eddig minden emlékkö és a méltánylat köznyilatkozata nélkül: legyen itt e néhány sorban róla való kegyeletes megemlékezésünk egy babérlevél azon majdan örökké fenálló sírkövére, melyet szent alapitványa által Gömörmegyében maga magának emelt!

Kiss Antal orvostudor.

III. FEJEZET.

Gömör-Kishont mezőgazdasági és erdőszeti viszonyai.

I. A mezőgazdasági viszonyok.

Valamely ország földiparának fejlettségét annak egyes vidékei egy tekintetre előtüntetik. Az angol farm élő képe azon magas tökélynek, hová a brit mezőgazdaságot a farmerek értelmes osztálya századunkban emelte. Hollandban a holdakra terjedő kerti mivelés alatt álló lapályok tükrözik azon szorgalmat, melyet a németalföldi földiparában kifejt; a magános prairie, melyet Éjszak-Amerika ős erdeiben a vállalkozó yankee birtokába foglalt, tanúsága a merész szellemnek, melylyel az amerikai a rengetegek mivelés alá hóditásában tovább halad. Az értelemmel párosúlt emberi szorgalomnak leghálásabb tere maga anyaföldünk, melynek felületén ha gondatlan kezek be nem gyógyitható sebeket ejtenek is, melynek példáját a spanyol Sierrák kopár sivatagjaiban látjuk, de viszont a munka jutalmazásában, semmi sem hálásabb a földnél, s a keleti rege, mely szerint a rosz szellem a búza magvát irigyen örökre a föld alá temetni vélte, a mag azonban százszoros gazdagságban fejté az alól kalászait, tanúságosan jelképezi a hasznot, melyet a földipar a talaj mivelése által előállithat.

Az ember első szükségét, napi táplálékát mindenkor a föld adta meg, s ez nem változott akkor sem, midőn az egyesek egymás segedelmére társadalomba léptek. A polgárisodás mai állásában is minden állam legbiztosabb alapja legfőkép a föld iparban nyugszik, — úgy szólván annak karjain indúlt meg az emberiség századok előtt a fejlődés azon utjára, melyen nagy viszontagságok között a jóllét jelen korbeli fokáig haladhatott, s az ókor köeszközeitől eljuthatott a füstölgő gőzgépekig, melyekkel már mai napság mezei munkájának egy részét végezheti.

De a földipar fejlődésére, természeti alapján a föld felületén kivül, nélkülözhetetlen tényezők a társadalmi, és állami intézmények. Csak hol ezek az emberi értelem kifejtéséről, s a mezőgazdaság segéd eszközeiről kellőleg gondoskodnak, várható a földipar felvirágzása, s a tapasztalás kétségtelenül bebizonyitá, hogy az állam helyes közgazdasági intézményeitől függ legfőkép a földipar emelkedése, vagy ellenkezőleg annak hanyatlása. Az államtudomány korunkban e részben szakítván a régi intézményekkel, uj irányokat jelölt ki, melyek követésétől várja és föltételezi az állam jóllétét, — szabadnak kivánja t. i. a földbirtokot, kereskedelmet, kézmű, mint gyáripart, és a pénzüzletet.

Magyarország mái válságában, melyben lételé áll koczkán, kötött kezekkel van sorsának intézésében; közjogi bonyodalmai megállíták közel két évtized ólta ama haladásban, melyet törvényhozása az intézmények korszerű átalakitása körül kifejteni törekedett. A mi a földipar fejlesztésében ez idő alatt történhetett, az felsőbb kegyelem kifolyása, s ha ki nem elégíti az idő kivánalmait, — oka mindenesetre rajtunk kivül keresendő. Hazánk legalább az elfogúlatlan gondolkodó előtt mindenkor bebizonyitá, hogy a polgárisúlt európai államokban hasznosnak tapasztalt intézmények alkalmazásában országgyülésein soha sem járt utól, s idejekorán felismerte a mezőgazdaság haladására nézve is azt, hogy a birtoknak a hübér bilincseitől kiszabadítását, a birtokolhatás közönségessé tételét, s a nemesi földbirtoknak az ősiségi törvények nyügétől való felmentését, a földipar nagy hátránya nélkül tovább nem halaszthatja. Ha azonban mind a jelenlegi mostoha helyzet mellett is, melybe sodortatva élünk, azt tapasztaljuk, hogy a földipar a hazai termelés kétségtelen gyarapodása után itélve nem sülyedt, következtetnünk lehet, hogy e nagy ország leginkább földmivelő népe hivatásának teljes tudatásával bir, s mindenesetre remélnünk lehet, hogy kedvezőbb viszonyok nyiltával kilátása lehet hazánk földiparral foglalkozó polgárainak azon jóllétre, melyet más boldogabb államok népei immár élveznek, s melytől mi viszonyainknál fogva, fájdalom, elzárva vagyunk.

A mezőgazdaság viszonyai között egyik fontos tekintet a földbirtok elosztása. Hazánkban erre nézve nagy végletekkel találkozunk; mert míg egy részről az elszegényedett falusi nemest sok helyütt egy vékás földön láthatjuk gazdasággal foglalkozni, nem ritkán tapasztalunk egyszersmind nagy földbirtokost uradalmakra szabott birtokokban, az úrbéri birtok felszabaditása után is 50—200,000 holdon folytatni földiparát, s Galgóczy 3600 családra teszi azon birtokosok számát, kik 1000 holdat haladó birtokon gazdálkodnak. Hogy a nagyon elaprózott földbirtokon tágabb értelemben vett mezőgazdaságot haszonnal folytatni nem lehet, azt minden okszerű gazda régen átlátta már, de a tapasztalás leginkább mutatja, hogy hazánk néposztályai között legszegényebb épen a nagyon elosztozott kis nemesség, s a felső megyék azon úrbéresei, hol az úrbéri birtok felosztása 124-ed részig haladhatott. Széchenyi gondoskodó nagy szelleme előtt nem maradhatott elrejtve a veszély, mely közgazdasági szempontból a birtok elaprózása által népünket fenyegeti — felszólalt egy minimum törvény hozatalára nézve, melyben a legkisebb birtokot 50 holdban kivánta meghatároztatni. Ujabban is az irodalom mezőgazdaságra vonatkozó részében emlékezetbe hozatott a földipar érdekében egy minimumtörvény szüksége, s hivatkozás történt Anglia példájára, hol a birtoktörvények a földbirtok elaprózásának gátúl szolgálván, ez oka lett a kézmüipar és kereskedelem felvirágozásának az által, hogy a népesség földbirtokra nem támaszkodható részét ezen két más életmód követésére terelte. Az adósorozati bizottmány által összeállitott adatok szerint, nálunk a földbirtok darabonkénti megoszlása — 20,834,538 részletre rúg 3644$\frac{32}{100}$ ☐ mérföldön, a mi egy tekintetre megdöbbentőnek tünik fel, összehasonlítva az e tekintetben rosz hirben álló Francziaország 9625 ☐ mérföld területével, hol 1815-ik évtől 1844-ig 10,083,731 részletről 11,124,213 részletre növekedett a birtok darabonkénti felosztása (Galgóczy): habár hazánkban, azt megfontolva, hogy az egyes részletekből, melyek közbeeső idegen birtokok, folyóviz vagy más a közvetlen érülközést gátló akadályok által választatnak el, több darab egy birtokos tulajdona, a kitett számból jókora mennyiség elesik is, — még is kedvezőtlen fog maradni ránk nézve az arány, s óhajtandó marad, hogy a törvényhozás gondoskodása által a nagyobb mérvü birtokeldarabolásoknak a földipar érdekében eleje vétessék. Mindenesetre ott állunk most, hogy nálunk épen a legelönyösebb közép terjedelmü jószágok a legritkábbak.

Másik fontos tekintet a földipar felvirágozására az állami intézmények között, a közlekedési ügyek állása. A forgalom gyors közvetitése által a földipar nagy arányban emelkedik, eszközt nyervén abban terményeinek értékesitésére, s a gyors érintkezhetés által a kereslet és kinálat sokszorozódására. A göz alkalmazása a vizi mint vasuti közlekedéseknél közvetve kiszámithatatlan hatásal van a földipar állására, s tapasztalás szerint mig egyrészről kiegyenlíti a termények árát, meggátolván a termény árának szük években azelőtt tapasztalt felszökkenését, s eltávolítván a teljes pangást, mely bő termésü években a termények értékesitését lehetetlenné tette. Hazánk e részben sincs kedvező helyzetben, közlekedési ügyei valamint kereskedelme felett idegen hatalom intézkedik, s csak annyiban részesülhet ezen intézmények hasznában, a mennyiben az osztrák birodalom jól vagy roszul magyarázott érdekei megengedik. Az események elvették tőlünk az államhatóságot, mely a közlekedési s kereskedelmi ügyek önálló kifejtéséhez szükséges.

Befolyással vannak a földiparra, úgy mint a többi ipar nemekre nézve is, az adóztatási viszonyok, s e tekintetben is földiparunk az utóbbi két évtizedben mostoha állapotok nyomása által lankasztatott. Nemcsak hogy a földbirtoknak az 1848-ik évben törvényhozásilag elfogadott közteher viselés alá vont, úgynevezett nemes kézen lévő része az úrbéri felszabadítás után előállott válság mellett tekintve az úgy mondott majorsági birtok még felszereletlen állapotát, — aránytalan adó alá vetetett; de általában a földadó évről évre oly fokokban súlyosbíttatott, hogy a mint az osztrák erősbített birodalmi tanács vitatkozásai közben 1860-ban kifejtetett, tiz év alatt a földadó Magyarországban oly emelkedést mutat, milyen például Csehországban egy század alatt, jöhetett csak létre. A napi sajtóban jelenleg is olvashatunk avatot nemzetgazdáktól felszólalásokat, melyekben egyenesen kimondatik, hogy a magas földadó hazánkban elviselhetetlenné vált, s az adóztatás a földjövedelmén túl már magát a tőkét is megtámadá. Egy nagy részben egyébb körülmények mellett ez is okozta azt, hogy a földbirtok értéke utóbbi időkben tetemesen alább szállott.

A penz és hitel viszonyok is nem kis mértékben folynak be a földipar állapotára, ezek szolgáltatják mindenek előtt a földiparba szükséges befektetési tőkéket. Hazánknak nincs pénzügyi önállása, s a mi támogatásra e részben a mezőgazdaság számíthat, az a pár év előtt felállított pesti magyar földhitelintézet még eddig csekély mérvű kihatása mellett, egy kis részben néhány hazai takarekpénztár hitelműveleteiből telik ki, melyek az e részben mutatkozó szükségleteknek távolról sem képesek megfelelni, s nagy része földbirtokosainknak, — a hatás nélkül életben lévő, s czéltalannak a napi tapasztalás által bebizonyúlt uzsora törvények mellett is, az uzsora körmei közt sínylik.

Nem lehet emlitetlen hagyni azon befolyást sem, melyet a földipar fejlesztésére a gazdasági egyletek gyakorolnak. Anglia mezőgazdaságát több mint ötszáz ily egyesület támogatja, Poroszországban hatszázhuszonhat hasonló intézet áll fenn, nálunk azonban az országos magyar gazdasági egyesületen kivül, melynek a politikai viharok által megakasztott hatása 1850 ik évben indúlt újabban meg, csak kevés számú vidéki gazdasági egyesület tevékenységét szemlélhetjük, — a keletkező félben lévőknek megalakúlása azon akadályok elhárításától függ, melyek a szükséges kormányi engedély kinyerhetésének útjában állanak.

Végül figyelembe kell még venni a mezőgazdasághoz szükséges tudományok terjesztésére fenálló gazdasági tanintézeteket. Ilyen hazánkban Magyaróvárt van, mely azonban az austriai állam segélye által államintézetté avattatott, s tannyelve a mint tudjuk a német. Múlt évi október havában nyittatott meg magyar gazdasági tanintézet Keszthelyen, a régi híres Georgicon helyén, s egy másiknak alapjait épen most rakják le Debreczenben, egy harmadiknak keletkezése, mely szinte magyar lenne, most van vájúdásban, s helyéül az országos magyar gazdasági egyesület felterjesztésében a város nemes áldozatkészsége folytán Rimaszombat van jelölve.

Ez előzmények után térjünk át a rövid dolgozat tulajdonképi feladatára, Gömör és Kishont vármegye földiparának ismertetésére. Ha igaz, a mit e megyéről egyik leírásában olvasunk, hogy „e vármegye Magyarország kicsinyben", úgy e megye földiparbeli köz viszonyai általános állásának egy nagy része a fennebbiekben már rajzolva van. A hasonlat nem is egészen helytelen. Egyik határával a Karpáti havasokra támaszkodva, másikkal Putnoknál a tiszai nagy síkságba, bár keskenyen bele olvadva, képviseli e vármegye a havasok és a lapály mezőgazdaságát. Nagy uradalmak mellett ott látjuk a kis nemesség egyes falvait elaprózott határával, hol az utód, melynek apái Bocskai, Bethlen és a Rákóczyak hazánk szabadsága mellett felemelt zászlaját diadalmasan követék, nagy hűséggel ragaszkodik egy mérő földjéhez, s a szent kegyelet közben, melylyel úgynevezett örökje iránt viseltetik, észre sem veszi, hogy nem földbirtoka az, mely őt táplálja, hanem két keze, idegen birtokba fektetett munkájának jövedelme, s hogy ő tulajdonképen földbirtokosból már napszámossá sülyedt. Ha nem adhatjuk is hiteles adatok hiányában az úrbéri birtok elosztásának állását, annyit még is bizton állíthatunk, hogy az e fajta birtoknak, földipari szempontból káros, eldarabolása mind a tulajdonosok, mind a hatóság részéről vétkes gondatlansággal üzetik, s ha látjuk, hogy a fennálló törvény ellenére az úrbéres gyakran úgy válik meg úrbéri birtoka külső tartozmányaitól, hogy magának belső telke és háza megmarad, s ő ez által földbirtokosból napszámosi kenyérkeresetre szorúl, szomorúan gondolhatunk arra, hogy e néposztály sülyedése két három ember nyom után utólérheti a kis nemesség kétségbe ejtő helyzetét. Egyesek pusztúlása az államot kevésbé érdekelheti ugyan, de midőn az intézmények tökéletlensége, vagy azon könnyelműség által, melylyel az igazgató hatalom ezek fentartásában eljár, a végpusztulás nagy néposztályokat fenyeget, kétszer gondolja meg az állami hatalom, midőn eljárása felől számot vett magával, a sajnos következményeket, melyekböl a legnagyobb kár magára az államra háramlik vissza. Távol gondoljuk magunkat minden protectionalis hajlamoktól, s a mellett, és épen azért, mivel a szabad föld barátjai vagyunk s az egyén kárhoztatandó ösztöneinek legyezgetését a törvényszolgáltató hatalomtól épen hibáztatjuk, mondjuk, épen ezen elveknél fogva kell megrónunk a földbirtok czéltalan elaprózásának megengedését, melynek végeredménye más nem lehet, mint az, hogy az ily módon elmészárlott földbirtok elveszti azon kellékét, mely a földipar legkisebb mérvü fennállhatására egy bizonyos mértékben megkivántatik, s tulajdonosa földmivelö helyett, napszámos lesz, vagy kóldús.

Átmenve a megye közlekedési eszközeire ezek között legnagyobb gondban, de legnagyobb kiadásban is részesül azon úgy nevezett állam útvonal, mely Nógrád határszélétől Tornallya, s innen egyrészt Rozsnyó, másrészt most már Aggtelek felé is átmetszi az egyesült vármegyét, a többi útvonalok megyei közmunka által tartatnak fen, a Sajó, Rima és Túrócz völgyein, — egy szép vonalat pedig Szász Cóburg Góthai herczeg ö fensége állított és tart fen, murányi uradalmában; e közlekedési vonalokon szállithatja a termesztő eladásra szánt készletét, a rozsnyói, rimaszombati, és az újabb időben nagyobb jelentőségre emelkedett putnoki piaczokra, mely piaczok azonban a földmivelésnek előnyös tulajdonságukból vesztettek azóta, hogy a tiszai vasútvonal Kassáig kiépült, s mióta tapasztalás szerint, a miskolczi piacz árai, honnan a fogyasztó megye termény szükséglete azelött szállíttatott, gyakran egyenlők, vagy épen magasabbak, mint a rimaszombati vagy rozsnyói terményárak, s a szepesi, és liptói vevők, kik ez elött szükségleteiket többnyire Rimaszombat és Rozsnyó heti vásárain szerezték be, Kassára járhatnak be vásárlás végett. Heves vármegye felé Egernek a megyei útvonal sem Gömör sem Heves felöl nincs még kiépítve. — Vasútja e megyének, melynek vasipara különben az országban legjelentékenyebb, eddig egyáltalában nincs. Azon elömunkálatok, melyeket az egykori ugynevezett Ipoly-Sajóvölgyi vasúttársulat a megyén keresztül Miskolczig végrehajtatott, valamint a tiszai vasúttársaság által eszközlött elömunkálatok a Sajóvölgyön, Rozsnyó és Dobsina fele, további következmény nélkül maradtak, s ekkép még a megye e tekintetben el van zárva a világforgalomtól; — legközelebb talál vasutat, egyrészröl Miskolcznál Borsodban, más részröl Salgó-Tarjánnál, Nógrádban, feltéve, hogy ez utóbbi pálya végkiépítése valamikor csakugyan létrejöhet.

Mennyire érzi a földipar ezen megyében is az adó elviselhetetlenné vált súlyát, erre nézve némi világot vethet a csaknem folytonos katonai adóbehajtás; melynek terhe alatt és szigora mellett, a mezőgazda, kivált mióta a termények árán azoknak productionalis költsége is alig kerülhet meg, hogy adóbeli kötelezettségének megfelelhessen, gyakran kényszerülve van oly áldozatokra, melyek földiparára károsan hatnak vissza. A hitelviszonyok mióta a megyében Rimaszombatban és Rozsnyón takarék-pénztárak alakúltak, némi tekintetben a mezőgazdákra nézve is kedvezöbbé váltak, legalább egy kis részben óva vannak e pénzintézetek által az uzsora felemésztő nyügeitöl, bár ezen intézetektöl kölcsönözött összegek is, arra hogy a földbirtokos a jelenlegi viszonyokban gazdaságában haszonnal alkalmazza, drágának tünnek fel.

Gazdasági egylet a megyében nincs. Kisérlet történt e részben elébb, hogy „Sajóvidéki gazdasági egylet" czimen Gömör és Borsod megyének e vidéki gazdái egy ily egyletbe lépjenek. Később 1861-ben Gróf Serényi László felhivására összejövén a megyei földbirtokosok, feladva az elöbb emlitett eszmét, egy csupán Gömörmegye területére értett gazdasági egyesület alakítására társúltak s alapszabályaikat hatósági jóváhagyás alá még akkor mindjárt fel is terjesztették, mind ez ideig azonban a gazdasági egyesület ügye nem haladhatott annyira, hogy életbe lépésének idejét csak megközelitőleg is meghatározni lehetne.

Épen ily bizonytalan eddig még a Rimaszombatban tervezett gazdasági tanintézet felállítása is, — az erre szükséges felsöbb engedély megadásától lévén az föltételezve. Kétséget nem szenved pedig, hogy ezen tanintézet, s a gazdasági egyesület, a megyei földipar felvirágoztatására jótékonyan fognának hatni az által, hogy míg a taniutézet a míveltebb mezögazdasághoz szükséges értelmi tényezöket szolgáltatná, a gazdasági egylet gyakorlatilag mozditaná elö a gazdasági ismeretek terjedését s közvetitései által a mezögazdaközönség egyéb érdekeinek is nagy szolgálatokat tehetne.

Keletröl Torna és Borsod, délröl Borsod, Heves és Nógrád, nyugotról Nógrád és Zólyom s északról Liptó és Szepes megyék által környezve, fekszik Gömör- Kishont vármegye Magyarország Tiszán inneni kerületében. Kiterjedése a legújabb fölvetések szerint 74.$_{89}$, Fényes szerint 76.$_{23}$ ☐ földirati mfld. Összes népességét Fényes 1847-ben 186.588, az 1857-ki hivatalos népszámlálás 158,008, Galgóczy 160,174, a m. k. Helytartótanács multévi összeállítása 164,224 lélekre teszik. E népesség Fényes szerint egy püspöki, 12 mezővárosban, 263 falun s 40 népes pusztán lakik. Az 1857-diki összeirás szerint 6 város, 9 mezöváros, 257 más lakott hely s 25,659 ház van. Galgóczy 6 várost, 8 mezövárost, 260 falut, 67 pusztát, 24,666 házat számlál. A megye használható földje az adósorozati bizottmány felvétele szerint 655,338, terméketlen tere 51,336, összes térfogata tehát 707,224 katasztralis hold, melyből szántóföld 170,241, rét 95,261, szöllő 1564, legelő 36,034, erdő 352,188 hold. Fényes felvetése szerint használható földje 784,000, magyar holdra számittatik, melyből a szántóföld 350,000, a rét 40,000, szöllő pedig 2500 holdat tenne. Galgóczy statistikai adatai végre a szántóföldet 202,229, a rétet 66,624, a legelő földet 89,478, a szőllőt 1926, kert, és gyümölcsösöket 8590, az erdőt 286,561 a terméketlen részt 72,753, az összes térfogatot ekkép 731,000 holdban határozták meg.

Ily területen mozog a vármegyének földipara, s a kitett népességnek igen nagy arányban mezőgazdasággal foglalkozó része a földiparnak csaknem minden ágát műveli. Talaj tekintetében e terület három egymástól különböző részre osztályozható. Egyik osztály a megye Borsod és Hevessel határos része, az alsó Rima folyó jobb partján túl legnagyobb részben homok vegyületü talaj, fóltonként vastartalmú agyag, s ennek egy része az itt ugynevezett nyirok földet itt-ott megszakasztva. A Rima folyó bal oldala, a Balog, és Sajó völgy alsó vidéke képezheti a második osztályt, kis részben agyagos homok és televény felrétegü, több helyen azonban, mint a rimaszombati, pálfalvai, dobrai, gernyői, rimaszécsi, s más némely határokban helyenként a nedvességet átnem bocsátó alréteggel, ennél fogva hideg és vizenyős természettel, úgy szintén az ugyan e folyók mellett elterjedő lapályok televény, de helyenként tőzeggel túlságosan bővelkedő, szórványosan szintén vizenyős talajjal. Végre a harmadik osztályt képezheti a megyének egész felső vidéke, hol a talaj többnyire veres agyagos föld, s legfelül épen köves és hideg. Az első osztály kellő trágyázás mellett a gabona fajokat, hüvelyes növényeket, továbbá burgonyát, tengerit megtermi, különösen egyes határok mint a hangonyi, ajnácsköi, gesztetei, kitünő minémüségü rozst adnak. A második osztály a megyének legháladatosabb része, kellő müvelés és trágyázás mellett terem öszi, tavaszi buzát és rozst, árpát, zabot, burgonyát és tengerit, s kivételesen és kisebb terjedésben tavaszi repczét is. Rendes időjárás mellett itt a termés átlaga 1200 ☐ öles holdonként, az öszinél 10—14, tavaszi gabonánál 10—14, burgonyánál 80—90, tengerinél 14—16 alsó austriai mérőre tehető; a vörös lóher jól diszlik, de nagyobb kiterjedésben eddig csak nagyobb földbirtokosok által termesztetik, termése 1200 ☐ öles holdanként 25—30 mázsa takarmányra tehető. Luczerna termesztésre kevés alkalmas föld van, s azért annak mivelése csak kisebb mély rétegü televényes és száraz földekre szoritkozik. A harmadik osztály egy része a tiszta buzát is megtermi ugyan, a Garamvölgyén azonban csak rozs termesztetik már, sőt ennek felső részén, hol a föld igen kavicsos és sovány, csupán zab és pohánka tenyészik. Az éghajlati viszonyok e területeken nem igen kedvezők, legfelső része a megyének hideg és zordon, alsó részén már meglehetős szelid, de száraz és szeles; szárazságtól különösen szenvednek Pálfalvától kezdve le Mártonfalva, Rimaszécs, Czakó, Zádor, Csiz, Hamva s más e vonalba eső határok. A tenyészet ennélfogva nagy eltérést is mutat, a gabona neműek éredési ideje 10—15 napi külömbséggel áll be az alsó és felső vidéken.

A gazdasági rendszer, mely szerint az egyes birtokosok a föld-ipart e megyében általában kezelik, ugy nevezett vegyes, vagy is kül-terjes gazdaságnak mondható. A magyar emberre e rendszer hagyo-mányszerüleg szállott s az előszeretet, melylyel iránta viseltetik, füg-getlen nemzeti jellemében találja magyarázatát, kényelmesebbnek ta-lálja, hogy maga gazdaságából élet szükségeinek legnagyobb részét kie-légithesse, s ehhez a nyers anyagot, a mennyire lehet, gazdaságában maga szereti kiállitani. Épen azért a megyei birtokosok gazdaságaiban, kevés kivétellel, az e tájon diszlő gabona minden nemeit, s állattenyésztésében a haszonmarha és baromfi ez égalji tenyészetét csak nem mind feltalál-juk. A miatt, hogy a tulajdonosok az intensiv gazdálkodás gyakorlatba vételére, részint a tagosztályi birtok elkülönzések most javában folyó válságai, beruházási tőkék hiánya, s sok egyéb a helyi körülmények-ből folyó viszonyok miatt birtokaikban át nem térhetnek, a földmivelés túlnyomólag a három nyomású ugar rendszer szerint üzetik; vannak azonban számos nagyobb földbirtokosok, s nehány kisebbek, kik pusz-tabeli birtokaikon már régebben váltó rendszert hoztak be, sőt a már tagosított többi birtokok mivelésénél is az okszerü váltó gazdasági rendszert részint már behozták, részint behozni fogják. A váltó gazdaságot régebben alkalmazott földbirtokosok közt kiemelendők különösen gróf Serényi putnoki, herczeg Coburg Ágost baloghvári, s báró Vay Alajos bánrévi uradalmával, — továbbá ifj. báró Kemény István Serkei, s Ragályi Nándor puszta Gortvai birtok részeikkel. A megye terményei: gabona fajok és növényekből, őszi tavaszi búza, rozs, árpa, zab, tönköly, tengeri, burgonya, takarmány répa s a több vidéken kitünő réti füvön túl, veres lóher és luczerna; iparnövények-ből az éghajlat mostohasága miatt csak tavaszi repcze, s egy pár év óta gomborka csak kicsiben és kevesek által termesztetik, mint keres-kedelmi czikknek azonban jelentöségök épen nincsen. Kender az alsóbb vidékeken a szükségleten felül termesztetik s kereskedésbe is hozatik — a kender vászon a rimaszécsi vásárokon jelentős czikk, belőle itt évenkint 40—50,000 rőf adatik el; s ezt leginkább szegedi s más alvidéki kereskedők vásárolják össze. A len termesztés nem mindenütt sikerül, de Nagy-Rőcze város és vidéke e növény termesztésére igen alkalmas s a len itt nagy mérvben és nagy haszonnal is termeltetik. — Dohányt termeszteni a megyében csupán Csetneken szabad, pedig a dúlházi, serkei, harmaczi dohány egykor híres volt. A rétek rendszeres mivelése trágyázás vagy öntözés által, azt lehet mondani, hogy e megyében ismeretlen, sőt a rétek termését elsavanyító mocsárok s szabad folyású patakok szabályozására általában keves, vagy semmi gond nem fordíttatik; kitünö takarmányt szolgáltatnak, a Sajó, Turócz, Balogh és Rima folyam alsó völgyei, de a Balogh és Túrócz gyakori kiöntései a jó termést iszapolásaik által sokszor megrontják. Legelő rendszeresen sehol sem műveltetik, a Rima, Balogh és Sajó völgyi gyeplegelők jobbadán rét minémüségüek s a marhát igen jól táplálják, ezeknek nagy része a tagositások után már rétekké fordíttatott; legelőül szolgálnak általán véve az erdő területek is, melyek azonban az erdő cultura fejletlenségénél fogva többnyire nem elégitik ki azon szükségletet, melyet a jelenlegi marha állomány megkiván, s hogy a marha állomány rajtok valaha azon számra felgyarapodhatnék, mely a mivelés alatti földek aránya szerint a trágya szükséglet előállitására megkivántatik, jövőben sem remélhető. E mellett az erdei legelés magának az erdő gyarapodásának sok helyen nagy kárára van, s a gondatlan, s okszerütlen legeltetés (által) miatt, különösen közös határokban több erdőrészt találhatunk vég pusztulásnak indúlva. A szöllő művelés a megyében a Borsod és Hevessel határos részeken, továbbá Tornallyán, Sajó-Gömörön, Bejében, kisebb részben Vályban, Baloghon, Panyiton, Rimaszécsen divatozik, a putnokvidéki fehér borok egyjellegüek a szomszédos borsodi fehér borokkal, — mig az almágyi és ajnácskői hegyeken már túlnyomólag vörös bort szürnek, s az almágyi hegyek közt a Matracs oly kitünö vörös bort ád, mely az egrivel vetekedik. De a szöllő művelés a lakosságnak mindenütt csak mellék foglalkozása, s csak a közönsésebb szöllő fajok, mint juhfark göhér, polyhos hárslevelü, s vörös borra az ugy nevezett török szöllö miveltetnek. Dicséretes kivételkép tekinthetö Szentmiklóssy Viktor bejei, Szentiványi Miklós sajógömöri szöllöje, továbbá a tornallyai, bodolói, rimaszécsi hegyek, melyek jobb fajokat tartalmaznak, s jó asztali bort adnak. A gyümölcs tenyésztés szintén nincs annyira elterjedve, s a mi fődolog a gyümölcs nemesítésére tekintettel mivelve, mennyire a megyének éghajlati fekvése a földipar ezen ágának teljes kifejtését és hasznositását megengedné, bár Gömör e tekintetben jó hirben állott s egyik ismertetésében felöle az állíttatik, hogy itt a gyümölcs oly szorgalommal s müszerettetel kezeltetik, mint valószinüleg az ország igen kevés vidékein. A gyümölcs tenyésztő s nemesitő társulat, melyet jólsvai tanitó Czernek Pál már 1796-ik évben alapitott, s mely külföldről hozatott legjobb gyümölcs fajokkal 37,208 □ öl tért beültetett, melynek értéke aztán csakhamar 1700 ftra becsültetett, s mely társulatnak 12 cseresznye, 53 alma, 53 körtve, 15 szilva, s 3 kajszin baraczk faja volt, fenáll ugyan még, de hatása nagyon helyhez kötött arra, hogy az egész megye területén a gyümölcs tenyésztést, és nemesitést egyetemesen emelhetné. Egyébb birtokosoknál találhatni nemesebb fajta gyümölcsöket, elsö helyre tehetö ezek közt Sziklay Viktornak Rozsnyó és krasznahorkai Váralya közt fekvő majorjában felállitott gyümölcsöse 109 féle nemesitett körtve, s 91 féle almával mint egy kétezer termöfával, s terjedelmes oskolával, mely gyümölcsösnek alapját Tolmács, és Nyitra Pereszlényből ez elött mintegy 20 évvel vásárolt fajokkal vetette meg, s azóta évröl-évre fejlesztvén jelenlegi virágzó állására hozta. A Rozsnyóhoz közelfekvö Csetneki uradalomban a köz nép gyümölcsfa mivelésben, s annak megőrzésében kitünik, itt különösen két helység, Hankova és Berdárka lakossága, mely nemcsak almát, hanem cseresznyét is nagy mennyiségben termeszt, s Szepes megyébe is kihordja, eladás végett, de kitünik általában Csetnek városnak lakossága, mely az alsóbb vidékieknek sok nemesitett gyümölcsöt ad el. Nevezetes volt Sajó-Gömör mező város cseresznye termesztése, söt a lakosságnak jelenleg is 130 hold terület cseresznyése van, mely nevezetes jövedelmet hoz be. A közönséges fajú alma, körte, szilva, baraczk és cseresznyének termesztése s kereskedésbe hozatalára nézve elsö helyen állnak Gesztes, Balogh, Uzapanyit és Zeherje, mely helységek lakossága részint helyben, részint a megyének több részén, söt a szomszéd megyei losonczi piaczon is adván el gyümölcsét, ebböl meglehetösen pénzel. Kiemelendő különösen a gesztesi császár körte s nagyszemü ojtott cseresznye, mely jó.keletnek örvend. A szilva a megyében jobbára pálinkának fözetik, s ekkép használtatik fel, kereskedésbe azonban ebbül sokkal kevesebb jut, semhogy emlitést érdemelhetne. A megyei földipar erdö mivelési ága, már annál fogva, hogy az erdö terület a megyének több mint felét foglalja el, nagy tekintetet érdemel. Nyers állapotban vagy szénül tüzelő szert szolgáltatván; — deszka, lécz, zsendely, gerenda vagy szarufakép épületi anyagúl dolgoztatván fel, mint élöfa egyrészben nevezetes makk és gubics termést adva, s ha uj vágásai annyira felkapnak, hogy kár nélkül lehet beléjök juhot bocsátani számbavehetö legelö tért nyújtva, az erdő a gazda jövedelmének több ágát képviselhetné. A havas fenyveseit, mint a melegebb égalj tölgyeit, gazdag változatoságban megtalálhatjuk a megye területén, csakhogy, ha igaz a mit törvényeink mondanak, hogy az erdők az ország kincsei, fájdalom e kincsek nagy része el van már itt pazarolva. Az élőfa növekedéséhez, addig míg megállapodik, éveket sőt századokat igényelvén, az erdő mivelés természeténél fogva nagy időközök forgásával hozza meg hasznait, azért az élőfának minden oly felhasználása, mely rendszer, vagy számítás nélkül történik, már magában pusztítás.

S e féle kezeléssel a megyei földbirtokosok igen nagy részénél találkozunk. Példányszerü rendszeres erdőmüvelés áll fenn azonban Cóburg Ágost herczeg uradalmaiban, a gf Andrássiak is, valamint gf Serényi, s a Rimamurányvölgyi vasgyár egylet, terjedelmes erdeiket pagony szerint használják fel, de az egykori, a nép mondása szerint — makkal vaddal, és szegény legénnyel — bővelkedő hires Cselény nem az egykori őserdő már; vagy az Erdőhát, mely régi elnevezést bizonyosan erdeitől kapta, kopasz és vizmosásokkal barázdált meredekeivel, mintha azon törvényre várna, melyet a franczia császár múlt évben törvényhozóinak eleibe terjesztett, melynél fogva az elpusztúlt erdő talajokra az államkormány rá teszi kezét, s a kopárokat a terület negyedrészéért állami költségen erdővel ujra telkesíti, ha tulajdonosa nem tudná, vagy nem akarná a telkesítés költségeit az államnak megtéríteni. Nincsenek biztos adataink arról, hogy kézmüileg vagy gyár ipar által feldolgozott faanyag mennyi kerülhet ki a megye erdőségeiből; de látva szorgalmas tót atyánkfiait a megyei utakon naponként hosszú karavánokban faeszközökkel meg rakott szekereiken az alföldség felé vonúlni, jelentékenynek állithatjuk a mennyiséget, melyet az ekkép üzött kereskedés évenként forgalomba hozhat. Nagy mennyiségü szént szolgáltatnak a megyei erdőségek ezen felül a vas iparnak, mely Gömörben most is jelentékeny mérvben üzetik, bár az ez idő szerint kedvezötlen viszonyok a gyárak egy tetemes részének termelését nagyon megcsökkentették, sőt némelyikben egészen meg is állitották. Kedvező években a makk és gubics termések is tekintélyes jövedelmet adnak, s herczeg Cóburg, vagy a derencsényi uradalom erdei terméseinek árverezésein ilyenkor tekintélyes pénzöszszeg szokott megforogni. Szóllanunk kell végre a földipar egyik fősegéd eszközéről, az állattenyésztésről. Mint fönebb már röviden érintve vala, az ez éghajlatot eltűrő állatfajok itt mind tenyésztetnek, szarvasmarha, ló, több juhfajok, kecske, szamár, sertés és szórványosan bival feltalálhatók e megyében. Az alsóbb vidékeken tenyésztetni szokott szarvasmarha túlnyomólag fehérszőrü, czimeres és szép alkotú, az úgy nevezett eredeti magyar faj, a felső vidékeken a fehér szőrű szarvasmarha már ritkább, itt inkább az apróbb vörös vagy vörösbarna szőrű szarvasmarhát találjuk, mely fajnak tehenei rend szerint jól tejelnek s ha kisebb alkatú is e marha faj, de erős és kitartó. Gulyabeli marha sehol sem találtatik, s lehet mondani, hogy a szarvasmarha tenyésztés a legelő korlátoltsága miatt jelentéktelen, s kereskedésbe is kevés saját tenyésztésű marha hozatik. Fejős tehenek a fehér fajban is igen jók találtatnak. Virágzóbb volt a marhatenyésztés a szomorú nyomokat hátrahagyott közel múlt mostoha évek előtt, s lehet mondani, hogy jelentékenyebb lehetne most is, ha annak tenyésztését a terjedelmesebb, s jobb legelőkkel biró községekben a juhtenyésztés nem korlátolná. A gömörmegyei földnép mint marhakereskedő ismeretes, — alföldi marhával kereskedik, melyet a rimaszombati és rimaszécsi vásárokon szokott eladni. A közönséges igavonó lovak tenyésztésében különösen kitünik a rimavölgyi lakosság, s egy pár sajóvölgyi község, Simoniban, Jénében, Sajópüspökiben, s Rimaszécseen 13—14½ markos zömök s kitartó lovak nagyobb mennyiségben tenyésztetnek, s a földmivelés nagyrészt lovak által végeztetik, de kereskedésbe is sok ló jön; a Balogvölgyön is találtatnak jó parasztlovak, Iványiban, Radnóton, Ujfaluban, Zsipben és Tamásiban. Magán ménesek nincsenek, s a kocsiba használt nemesebb fajú lovak többnyire az alsó megyékből kerülnek ide. — A juhtenyésztés napról napra nagyobb tért foglal magának, ez idő szerint a közép és nagyobb gazdaságokban az állattenyésztés ez ágában reméli a földbirtokos gazda, valamint a bérlő feltalálni Jázon arany gyapját. A finom merinojuh herczeg Cóburg Ágost baloghvári uradalmában tenyésztetik, és gróf Andrássy György krasznahorkaváraljai uradalmában, grf Serényi László putnoki juhászata szinte nemesitett nyájakból áll; ilyen volt báró Luzsénszky osgyáni uradalombeli juhászata is, hanem ez utóbbi az ujabb időben egy részben kétnyiretűvé változtatott át. Több nagyobb, s általában minden kisebb birtokosnál a durvább részint egy, részint két nyiretű birkatenyésztés van bevéve, ilyen birka után évenként átlagosan 2—2½ font gyapjú, az anyától pedig 10—12 font sajt nyeretik. A gyapjúnak, mely nagyobb részint a losonczi és rimaszombati vásárokon szokott eladatni, ára a közelebb lefolyt években 80—120 ft közt változott; a losonczi vásárokon tekintélyesen szerepelt mindég a gömöri kétnyiretű gyapjú, s a lendület, melynek az ujabb időben a birkatenyésztés indúlt, annál örvendetesebb, minthogy a tenyésztésnél több birtokosok, különösen gyapjúgazdagság tekintetében, okszerü keresztezési elvek keresztülvitelére költséges kisérleteket sem sajnálnak.

Emlitést érdemlő juhászata van Szentiványi Miklósnak Sajó-Gömörön, Szentmiklóssy Victornak Uzapannyiton, Ragályi Miksának puszta Bodollón, Hámos Gusztávnak Keleméren, Radvánszky Gusztávnak Sztárnyán. Alkalmunk volt ezen juhászatok közül Szentiványi Miklós egynyiretű juhainak 1864-ik évre szóló gyapjútermelési adatait megszemlélni; — ezek szerint saját nevelésű anyajuhai átlagosan adtak darabonként 1 font 28 lat, — alföldről vásárolt anyajuhai 2 font 16 lat; az itt ugynevezett mulasztók vagy még kos alá nem bocsátott juhok 2 font 4 lat gyapjut: e szerint e három különböző osztályu juhok gyapju termelését összeadva a három darab adott 6 font és 16 latot, mely öszszeg háromfelé elosztva, egy darabra 2 font és 5²⁄₃ lat gyapjut adna ki átlagképen; — a tokjuhok adtak 1 font 29 latot, — a kosok 3 font 9 latot, s a gyapjú eladatott mázsája 120 forintért. Tenyésztetnek még, részint pedig kitartatnak e megyében úgynevezett oláh vagy magyar t. i. hosszú szörű juhok, mert a hegyi legelök birkajuh-tartásra inkább alkalmatlanok, s a felvidék lakossága ezen legelökböl akkép von hasznot, hogy leginkább Erdélyböl vásárolt oláhjuh nyájakat hizlal nyáron át rajta, melyeket összel mészárosnak gyakorta nagy nyereséggel ád el. Ugyancsak a felvidéki juhtartás hasznai közé tartozik a hires klenóczi sajt s a túrónak egy máskép készitett neme, mely országszerte liptói túró név alatt ismeretes, s nagyon keresett czikk. Az Erdöháton, vagy a máskép úgynevezett Barkóságon az urbéres birtokosok által is jelentékeny mérvben tenyésztetett a kétnyiretű birka. Szentsimon községben, melynek legelöje e czélra kiválólag alkalmas, igen szép, s gyapjas birkákat lehetett a lakosoknál látni, hasonlókép a két Hangonyban, Gesztetén, Detérben, Csomán, Söregen, de a behozott tagosztály által a tenyésztés e legelötér bekövetkezett korlátoltsága miatt most már egészen megszűnő félben van. Sertés tenyésztetik közép földbirtokosok által önálló nyájakban s a köznép által közös vagy bérelt legelökön közpásztor alatt, az előbb emlitettekben az okszerü tenyésztés dicséretes példáira akadhatunk, míg ellenben a községi közös nyájak eddig legalább zagyvalékai a leggondatlanabb elkorcsosodásnak. Ujabb idökben a megye alsóbb részén régebben tenyésztett úgynevezett vörös szalontai fajt, mely testre nézve nagyobb, tapasztalás szerint izletesebb húsa s kiadóbb szalonnája van, azonban hizlalása hoszabb idöt kiván, a gyorsabb hizásu zsirosabb de kisebb testü fehér mangolicza faj kezdi a tenyésztésböl kiszoritani, — söt itt ott fekete mangolicza fajt is lehet tenyészetben látni. Az egyes urasági nyájak szolgáltatják leginkább a hizlalt állapotban kereskedésbe kerültt sertéseket, a hizlalás pedig eszközöltetik leginkáb makkoltatás által, s arra gyakorta külmegyei távolabb erdőségek is igénybe szoktak vétetni s megvásároltatni. Nevezetesebb sertéstenyésztést találunk, hol t. i. a faj megválasztására s tisztán megtartására is gond fordittatik a Szentmiklósiaknál, Ragályi Gyulánál, Szontagh Bertalannál, a ki egy czélnak megfelelő keresztezés felfedezésében fáradozik, s a Szakáll testvéreknél. A kecske tartás a régi időben az egész megye területére megyei szabályoknál fogva, egyetlen helység t. i. Polom hivetelével, el volt tiltva, jelenleg azonban már az erdő növekedés tetemes kárára, s daczára a rendőri üdvös törvényeknek, leginkább épen oly helyeken, hol kivágott erdőségeket találunk, tartja a köznép a kártékony állatfajt, s egész nyájak lepik el az elnyomoritott cserjéket. A szamártartás a juhászatnak szerény attributuma s tartásából nem sokkal több a haszon annál, hogy a juhász élelmet és almot hord rajta nyájának s komájához szekerezik rajta, mulatság idején. Bivalt egy pár erdőháti úri udvarban teje miatt tartanak, úgy látszik azonban, miképp mind a mellett is, hogy ez állat a legértéktelenebb táplálékon is kiél, s tartása a gazdának sok gondot épen nem ád, tenyésztése inkább apad, mint gyarapszik. Hátra van még a mezőgazdaság egyik kevés kiadással összekötött, kedvező körülmények mellett azonban jövedelmező ágát, a méhészetet megemlítenünk. E hasznos foglalkozást a megye felső vidékén, Rozsnyó és Csetnek táján némi gonddal üzik, alsóbb vidékei a megyének a száraz, és gyakorta szeles időjárásnál fogva méhtenyésztésre nem kelvezők, s azon országos fontosságú méz s viasz kereskedésnek, melyet Rozsnyó város lakosai folytatnak, anyagját nem e megye állitja ki, hanem egész Magyarország. Az összes állattenyésztés a hivatalos adatok alapján következő számokban fejezé ki magát; összeiratott ezen adatok szerint 1864-ik évben 17,621 darab ló, 61,189 darab szarvasmarha, 180,189 darab juh, 2670 darab kecske, 310 darab szamár, és 41,154 darab sertés.

A különnemű viszonyok egyes vidékek szerint különböző eljárást tesznek a földbirtokok mezőgazdasági kezelésére nézve szükségessé. Uradalmakban általában mindenütt majorságilag kezeltetik a mezőgazdaság, nagyobb földbirtokosok közt inkább látjuk már fel feltünedezni a bérrendszert, sőt a felében való miveltetésnek egy pár okszerü példáját is láttuk már, mely a költséges beruházás azon részétől, mely az igás jószág, és gazdasági eszközökbe szokott fektetetni, a gazdát egészen megmenti, s megmenti a, fájdalom, végképi sülyedésnek indult drága cselédség egy részének tartásától. Két figyelemre méltó dolog van még az ujabb időben, mely nagy terjedésnek indult a föld birtoknál s ugy látszik, hogy hivatva van a földipar nagy haladását biztosítani, egyik a birtokok tagosztályozása, másik a javitott gazdasági · szerszámok térfoglalása. Hivatalos adatok 180-ra teszik azon helységek s puszták számát, melyekben a tagosztály ügye biróságilag befejezve van; ezek igen nagy része azonban már tettleg fel is van osztva; s osztályban kapott tagbirtokában a földbirtokos szorgalmának szabad tért talál. Megjegyzendő jelenség gyanánt tünik fel itt azon körülmény, hogy a kisebb nemesség s volt úrbéresek is általában, szántóföldeiket most is dülök szerént s három nyomásos ugarrendszerhez alkalmazva kivánták általában kiadatni, s a közös legeltetést is egymásközt megtartották. — A gyárilag készült gazdasági eszközöket legelébb uradalmak, később nagyobb földbirtokosok alkalmazták; most már középbirtokú gazdáknál is el vannak terjedve s a Vidacsekét széltében lehet szántás idején látni, — vannak alkalmazva szárnyas boronák, rögtörő hengerek, szecskavágók és szóró rosták, valamint répa-vágó gépek is. — Lóerőre készült cséplőgépek dolgoznak Cóburg herczeg csobánkai gazdászatában (Hubazyféle négy lóerőre), gróf Serényi putnoki, báró Vay Alajos bánrévi, Ragályi Gyula, Hevessy Bertalan gazdaságaikban. — Nevezetes áldozattal állitott fel Coburg herczeg részint uradalmai, részint a gazdaközönség ebbeli szükségeinek fedezésére 1852-ik évben, nagy terjü felszereléssel Innfeld intéző tiszt felügyelete alatt, gazdasági gépgyárat Rimaszécsett, — melyben készült egyébb gazdasági eszközök mellett az onnét nevezett tüskés rögtörő henger s a szárnyas borona, mely előbbinek nagy használhatóságát a tapasztalás fényesen igazolta. — Sajnos, hogy e gyár vidéke sokkal szegényebb, gazdászata sokkal fejletlenebb volt, semhogy e gyárüzletet fentarthatta volna, s épen azért nyolcz évi fenállás után megkelle szünnie. Ujabban Krasznahorka-Várallján Gintner József állitott gazdasági eszközök készitésével s eladásával foglalkozó kisebbszerü gyárat, melyben cséplőgép kivételével jobbára minden egyébb, e megyében szükségelt gazdasági eszközök gyártatnak, s az üzlet gyártmányai meglehetős keletnek is örvendenek; legujabban Sztaniszlawszky Rozsnyón szintén nyitott gazdasági eszközök készitésével s eladásával foglalkozó üzletet, s készitményeit, kik ismerik, jónak mondják. A nyers termények feldolgozására használt gépek sorában fel kell emliteni a szeszgyárakat és serfőzdéket. — Közönségesen és országszerte tudva van, hogy a szeszgyártás a terhes és alkalmatlan adóztatás által mindenütt elnyomatik, különösen Gömörmegyében az által, hogy az eladásra elkészített gyártmánynak vevőt nehezen lehet találni és továbbá, hogy az aránytalan adóztatás mellett, a nyert moslék takarmány értékének ára oly magasra rúg, hogy e különben nagy szerepet játszó takarmány pótlék, akármely gazdaságban, hasznossága elvesz; és miután a szeszt is mint üzleti czikket gyártani nyereséggel nem jár, s a gyártásnak csak épen takarmány függeléke az, mely a gazdának hasznot igérhetne; az adóztatás nagysága miatt csupán rövid időközökre lehet takarmánypótlásra is a gyártást folyamatba hozni; de a folytonos és szakadatlan gyártás, a helyi viszonyok mellett úgy szólván lehetetlenné vált s mezőgazdasággal kapcsolatban felállitatott szeszgyár e megyében egy sem tarthatja magát szakadatlan működésben. — Van a megyében gőzkészületű szeszgyár herczeg Coburg birtokain Dereskén, Csobánkán s közönséges gyár Felső-Balogon, — van Szentmiklósy Victornak Uzapanyiton, Radvánszky Gusztávnak Sztárnyán; állitott egyet legközelebb Ragályi Gyula s ezek bizonyos időközökben gyártanak is; de Szentiványi Miklós sajógömöri szeszgyárának működését egészen beállitá. — Sörfőzés van Balogon évenként 600—800 akó termeléssel, ez hg. Coburgé, — van továbbá Kokován, s egy kisebb mérvü Rozsnyón.

Hogy a megyének az adósorozati bizottmány által fölvett összesen 655,338 hold jövedelmező területe, — kihagyva ebből a 352,188 hold erdő mennyiséget, a szorosan vett földmivelés által mily termelést mutat föl, erre nézve csupán a n. m. m. királyi helytartótanács 1864-ik évre szóló országos terményösszeállitásából nyerhetünk utmutatást. — Távol attól, hogy ezen dicséretes szándékkal, de gyarló alapokon létrejött összeállitás tökélyét elismernök, mind a mellett még is erre, mint egyedül létező adatra kell fektetnünk ismertetésünk e pontját: — miután más, e czélra szolgáló munkálatok tudtunkkal nem is léteznek. Ezen hivatalos kimutatás az e megyei tiszta búza termelést 155.503 p. m., a rozs termést 406,795 p. m., az árpa termést 64,493 p. m., zabtermést 353,619 p. m., tengerit 93,002, tenkely termést 400 pozsonyi mérőben mutatja ki. — Burgonya termeltetett 513,171 mérő; répa 7960 mérő. széna bekerült 567,516 mázsa, sarjú 156,684 mázsa, lóhere 7080 mázsa, bükköny 680 mázsa, bor termett 2112 akó, gyümölcs 51,672 mázsa. A hivatalos kimutatásban mindennütt fel van egyszersmind véve a megyei szükséglet is mindezen egyes csikkekben: és ugyan: tisztabuzában 187,350, rozsban 684.974. árpában 61,660, zabban 365.012. tengeriben 83.149. kölesben 2570, burgonyában 499.336. répában 7880 pozsonyi mérő. — Szénában 708,789, sarjuban 174,186, lóherben 7080, bükkönyben 680 mázsa. — Borban 31,788 akó. Gyümölcsben 29,818 mázsa. — Az ekkép felvett szükséglet szerént, a kitett termelés mellett, mutatkozik hiány tisztabuzában 31,847, rozsban 278,197. zabban 11.393 pozsonyi mérő. Szénában 141,273. sarjuban 17,802 mázsa, borban 29,676 akó. Felesleg mutatkozik : árpában 2833 ; tengeriben 9853, kölesben 1000, burgonyában 13,835, répában 80 pozsonyi mérő s gyümölcsben 21,854 mázsa. — Ha az adósorozati bizottmány által fölvett jövedelmező tér összegére, 655,338 holdra, az ugyancsak általa felvett tiszta jövedelmet 995,101 forintot elosztjuk: egy hold tiszta jövedelme 1 ft 51$^5/_6$ krra fog átlagban kiütni ; — mi kétségtelenül azt mutatja, hogy e megye a szegényebb termelésüek közé tartozhatik, tudván azt, hogy az egész ország jövedelmező területére felvett tiszta jövedelmek holdanként 2 frt 37$^3/_{20}$ krnyi átlagot állitottak már a munkálat első befejezésével elő, — a községenkinti felszólamlások után közbejött hivatalos vizsgálat eredményekép pedig ez országos átlag holdanként épen 3 frt 4$^8/_{10}$ krra emelkedett.*) A mezőgazdaság remélhetőleg még tökéletesbedik, nagyobb terjüvé fejlik, a termelés magasabb lesz, de e megye még is inkább látszik arra hivatva, hogy rendes fejlődés s kedvező közgazdasági viszonyok mellett tekintélyesebb gyáriparral birjon mint mezőgazdasággal.

Ha a létező mindennemű marhaállományt a kimutatott takarmánytermeléssel viszonyítva felvesszük, hozzátéve, hogy a tavasz-szalma. tavasznövény s egyéb takarmány pótlékokkal az évenként felemészthető száraz takarmány 1,290,450 mázsára, az alom 402,696 mázsára tehető, — a felemésztett takarmány 3,228,625 mázsa trágyát, az alom 604,044 mázsát, a kettő együtt 3,832,669 mázsát állit elő, — mihez nyári trágyául hat hónapra egy darab szarvasmarha után átlagosan tiz mázsa trágyát, egy darab ló után nyolcz mázsát ; juh és kecske után 1 mázsát ; sertés után szinte 1 mázsát számitván : 61,189 darab szarvasmarha 611,890 mázsa ; 17,621 ló 140,968 mázsa, 182,859 darab juh és kecske 182,859 mázsa ; 41.154 darab sertés 41,154 mázsa trágyát állit elő. mely mennyiség a fennebbihez adva 4,809.540 mázsa trágya értéket szolgáltat e megyében a mezőgazdaságnak. — Ha ebből az 1564 hold szöllő területre évenként holdjára 30 mázsát, az egészre tehát 46,920 mázsát leszámitunk, marad a szántóföldekre 4,762,620 mázsa, melyből esik egy hold földre 84 mázsa trágya. — Ha Boussingault és Payen vegyelemzéseik, melyek szerént a különböző állati trágyák ereje kiszámitva van, kifogás alá nem jöhetnek, ha ekkép a legkevesebb mennyiséggel legnagyobb javitást eszközlő kecsketrágya, s a hugynélküli szarvasmarha ganéj, — melyből hasonló javitáshoz legtöbb kivántatik, — valamint az egyéb közbeszámitott állati trágyák értékéből is a középszámitást megtesszük : ugy a vegyes állati trágyából egy hold megjavavitására 22,556 font vagyis

---

*) Gombos Gusztáv úr adatai a „Pesti Napló" f. 1863. évi 25 és 26-ik számaiban.

255 mázsa és 56 font szükségeltetnék. — Nem bíbelődhetvén e helyen annak pontos kiszámításával, hogy az állati trágyák viszonlagos ereje mikép oszlik el a megyei különböző állatfajok száma szerént : a kitett 4,762,620 mázsa megyei termelhető trágyát, középszámítás szerinti erejű állati trágyának vesszük, — vagyis olyannak, melyből egy hold megjavítására 225 mázsa 56 font kivántatik, s igy az lesz az eredmény, hogy az őszi földekre szükségelt trágya mennyiségnek a megyei mezőgazdaság ez idő szerint egy harmadánál valamivel többet képes csak előállítani, s hogy e szerint tágas mezeje van még a szorgalomnak, addig, a míg a mezőgazdaság trágya termelés tekintetében azon tökélyig juthat, hogy a termő szántóföldek csak egy harmadát és a tudomány és tapasztalás által megállapított trágya mennyiséggel elláthassa.

Alólírt választmány, melynek azon megtisztelető feladat jutott, hogy a megyei földipar rövid ismertetését szerkessze, ugy hiszi, hogy feladatát, az eddigiek után az által fejezi be legjobban, ha a megyei gazdaságok közül egy kettőnek rövid leírását adja, azon közlések alapján, melyeket ezen gazdaságok részéről nyerni szerencsés volt. — Őszintén sajnálván, hogy Gr. Serényi László putnoki gazdasága felől, mely hosszabb idő óta a tökély oly magas fokán van már, — s oly példányszerűleg kezeltetik, hogy az országos magyar gazdasági egyesület figyelmét magára vonván, általa ismertetésre is kijelöltetett, — kimerítőbb adatokat ismételt fáradozásai mellett sem kaphatott s hogy rendezett közép vagy kisebb birtokot, mely váltó rendszer szerént kezeltetik, — bár szándékában vala — szükséges adatokhoz nem juthatván — ismertetésébe nem vehetett fel. — Megnyitja az ismertetendő gazdaságok sorát

Gr. Serényi László putnoki gazdasága.

Az uradalom áll Putnok mezőváros határában 150 hold 1200 □ öles szántóföldből, 160 hold rétből, 26 hold legelőből és 900 hold erdőből, — ennek szomszédságában a Pogony pusztabeli 550 hold szántóföldből, 120 hold rétből, és 40 hold legelőből ; — áll végre a Málé helység határából, ehez tagosztályozott Pázsi és Somos majorságokból, melyek közül az első 252 hold szántóföldet, 26 hold legelőt ; az utóbbi 216 hold szántóföldet, 30 hold legelőt, 1000 hold erdőt s 60 hold erdő alatti legelőt — foglal magában, — már mindenütt tagosított állapotban. — A mennyire a közlött s nem egészen világos adatokból következtetni lehet, a putnoki majorság 8 éves vetésforgásra, a Pásti major 10 éves vetésforgásra, a Pogonyi majorság 12 éves vetés forgásra, a Somosi major 9 éves vetés forgásra van felosztva, és pedig következőkép:

Putnokon

1. Zöld bükköny.
2. Őszi.
3. Kapásnövény.
4. Tavasz.
5. Lóher. ·
6. Lóher.
7. Őszi.
8. Tavasz.

Pásti majorban

1. Takarmány bükköny.
2. Őszi.
3. Kapásnövény.
4. Tavasz-lóherrel.
5. Lóher.
6. Lóher.
7. Őszi.
8. Magbükköny, lencse, köles.
9. Kapásnövény.
10. Tavasz.

Pogony pusztában

1. Zöld bükköny.
2. Őszi.
3. Kapásnövény.
4. Lóher.
5. Lóher.
6. Legelő.
7. Őszi.
8. Kapanövény.
9. Bükköny.
10. Őszi.
11. Tavasz.

Somosi majorban

1. Ugar trágyázva.
2. Őszi.
3. Kapásnövény.
4. Tavasz-lóherrel.
5. Lóher.
6. Lóher.
7. Legelő.
8. Őszi.
9. Tavasz.

Van luczernás Putnokon 6 hold; Pogonyon 40 hold, a Pásti majornál 42 hold s leveles takarmányon kivűl mintegy 50 hold földben takarmányrépa termesztetik, tehenek, ökrök és sörék számára, — száraz években lomb takarmány is használtatik.

A gazdaságban tartatik Putnokon 8 ökör, 4 ló, Pogonyban 40 ökör és 6 ló, ezek végzik az uradalombeli gazdasági munkákat. Haszonmarhakép tartatik Putnokon 15 darab fejös tehén és 17 darab gulyabeli marha, Pogonyban 800 darab anyabirka s télen át 24 darab hizó ökör, a Pásti majorban 600 darab ürü és 100 darab kos, végre a Somoson 600 darab meddő juh. — Az uradalmi tisztség áll egy rendező tiszttartó, erdöbiró (ki egyszersmind magtárkezelő) s ispánból, kiknek két elseje Putnokon, az ispán pedig a Pogonyi pusztán lakik. — A cselédség létszáma két gazda, négy mezei s két erdei kerülő (a juhászok száma nem közöltetett), minden 4 ökör mellett egy nagy és egy kis béres, 4 ló mellett egy nagy és egy kis kocsis. — A fuvarozás két lóval, a szántás két ökörrel történik. Gazdasági eszközök, vasekék, boronák, hengerek, rögzúzók, — részint vett, részint helyben-készűlt szénagyüjtök, szórórosták, répametszök, szecskavágók és cséplőgép. — Trágyázás rendszerént bükköny alá történik télben; mind télben mind nyári ugarra egyaránt 300 mázsa hordatik, s ez kitelik a tartott marha szám által előállitott évenkénti, ezen felül compost, továbbá növényi s végre vásárolt trágyából, — mely utóbbinak 15 mázsába számitott szekereért 60 kr. fizettetik. — A putnoki és pásti legelö gyümölcsfákkal van beültetve s kapa alatt áll. A putnoki erdő 30 éves pagonyra felosztva használtatik most csak ritkitáskép tüzi és épületi fára, — általában pedig juh legelökép; a Somosi majorhoz tartozó erdöség hasonló használat alatt áll 60 éves pagonyra felosztva. — Az öszi rendszerént vagy zöld bükköny alá vagy fekete ugarkép megtrágyázott táblákba vettetik; a repczetermés sem az öszi sem a tavaszi fajta eddig nem sikerült. Az anyajuh nyáj részint merinó részint negretti régi faj. — négy évenként szokott felfrissitetni néha Sziléziából gr. Zierotim, néha pedig gr. Károlyi ördöngösi juhászatából, — néha az alcsuti vagy budaörsi nyájakból vásárolt kosok által. — A gyapjutermelési átlag az öreg juhok által $1^3{}_4$ font, a bárányok után $^5{}_8$ font, a nyirés az előbbieknél junius hó elején, az utóbbiaknál julius utolján történik. — Egy 120 darab anyajuhból álló nyáj kézböl hágatik, azon czélból, hogy a juhnyáj gyapjutermelése mielőbb növekedjék. — Az uradalombeli gabna termés aratása részesek által történik, öszié mint tavaszié 11-edén, a cséplés cséppel 12-edén, cséplőgépen 24-edén tisztán kirostálva és a rostaalját be nem számitva.

Szász Coburg-Góthai fejedelmi herczeg Ágost ö kir. fensége, Balogvári uradalombeli gazdasága.

A Balogvári uradalom Gömörmegye alsó részén fekszik, legnagyobb részben a Balog és Rima folyó völgyén s ez elnevezés alatt egyesitve van 1828-ik év óta a Rimaszécsi uradalommal.

A rimaszécsi uradalomhoz 6 helység tartozott, u. m. Zsip, Újfalu, Czakó, Iványi, Szútor és Dobócza, az uradalom föhelye pedig Rimaszécs volt. A balogvári uradalomhoz tartozott öt helység, u. m. Tamási, Felsö-Balog, Meleghegy, Pádár és Perjése. Ezek közül 10 helységben a tagositás már tökéletesen be van végezve, a hátralévö két helyen pedig folyó 1866-ik évben fog végrehajtatni.

Ezen uradalom gazdasági területének fekvése kis részben hegyes; legnagyobb részben azonban szelid emelkedésü dombos és lapályos. — A szántóföldeknek hegyes részei mész vegyületü veres agyagot, túlnyomólag azonban homokos agyagot tartalmaznak; dombos és lapályos részei vaséleg mellett homokos agyag vagy televény felrétegüek: helyenként a nedvességet átnemeresztö alréteggel, hol a szántóföldek vizenyösek is.

A mezögazdaság területe 3500 hold szántóföld, 1210 hold rét,

1282 hold legelő; összesen 5992 (1200 ☐ öles) hold. A szántóföldek-
ből 2116 hold váltógazdaságilag miveltetik és pedig 5, 6, 7, 8 éves ve-
tésforgásban, következő rendben:

5. fordulatú folyam	6. fordulatú folyam.
1. Trágyás ugar zöld bükönnyel.	1. Kapanövény trágyában.
2. Őszi.	2. Tavasz-lóherrel.
3. Lóher.	3. Lóher.
4. Őszi.	4. Lóher.
5. Tavasz.	5. Őszi.
	6. Tavasz.

7. fordulatú folyam	8. fordnlatú folyam
1. Trágyás ugar takarmánynövénnyel.	1. Ugar takarmány növénnyel trágyával.
2. Őszi.	2. Őszi.
3. Kapanövény.	3. Kapanövény.
4. Tavasz-lóherrel.	4. Tavasz-lóherrel.
5. Lóher.	5. Lóher.
6. Őszi.	6. Lóher egy kászálás s féltrágya után.
7. Tavasz.	7. Őszi.
	8. Tavasz.

A váltógazdasági rendszer már régebben van behozva a csobán-
kai pusztán 562 holdon 8 fordulatú folyamban és két szakaszban, hol
külön szakítva 15 hold luczernás is tartatik; a gernyöi pusztán 238
holdon 8 fordulatú folyamban, a leánymezei pusztán 365 holdon 8 for-
dulatú folyamban, a peszétei pusztán 130 holdon 8 fordulatú folyam-
ban s végre a hájoldali pusztán 108 holdon 5 fordulatú folyamban. —
Ujabb időben rendeztetett a váltógazdaság Felső-Balogon 235 holdon
8 éves forgásban, hol 30 hold luczernás is alakitatott: a herédelyi
pusztán 188 holdon 7 éves forgásban; a szutori pusztán 120 holdon 6
éves forgásban és a kelecsényi pusztán 135 holdon 8 éves forgásban.
— A lefolyt 1864-ik és 1865-ik években tagositott 998 1200 ☐ öles
hold szántóföldből 648 hold a történendő felszerelésig házilag az ugar
rendszer szerént fog müveltetni, — s csak ha a birtok felszerelve lesz,
fog itt is a váltógazdaság behozatni. — A többi 350 hold szántóföld s
65 holdnyi rét, az Iványi, Meleghegyi és Pádári határokban, az illető
helységbeli lakosoknak fog 6—12 évre kibéreltetni oly módon, hogy a
földnek bárminemü terméséből $\frac{1}{4}$-dét és a rétnek terméséből $\frac{2}{3}$-adát
adják természetben az uradalomnak, s azt az uradalmi majorságokba
be is fuvarozzák s összerakják s ezen kivül a kibérelt birtok után eső
bárminemü adót s pótlékokat magok a haszonbérlők fizetnek. Hasonló
föltételek alatt van 264 holdnyi kiterjedésü „Trója" puszta is a balogi
lakosoknak már régebben 24 évre ki bérelve. Ezen bérleti rendszer

eddig az uradalom részére előnyösnek bizonyúlt be, — mivel a trágyát,
vető magot magok a bérlők adják s a földmivelést is azok végzik, en-
nélfogva az uradalmat legkisebb kiadás sem terheli.

Az őszi gabona átlagosan 6—8, a tavaszi 7—9 magot szokott az
uradalomban adni.

A rétek nagyobbrészben szárazak, de rendes időjárás mellett
mégis kétszer kaszálhatók s holdanként átlagosan 20—25 mázsa jó
minőségű takarmányt adnak; a mult 1865-ik évben a nagy szárazság
miatt sarjú csak igen kevés helyen kaszáltatott, s a termés átlag hol-
danként csak 13 mázsára rugott. — A rétek csupán Balogon és Pe-
szétén öntöztetnek; mi végből a hegyi patakok vize felfogatik s ba-
rázdákon a réteknek öntözhető részeire vezettetik; a mult 1865-ik év-
ben az öntözött réteken kevés sarnyú is termett s ezek holdanként 19
mázsa száraz takarmányt adtak.

A vörös lóher általában jól díszlik, s rendes időjáráskor két ka-
szálásra 25—30 mázsa száraz takarmányt ád.

Kapanövények közől a takarmány répa évenként csak 15—20
holdon a marha számára, — a burgonya s tengeri pedig 200—250
holdon a szeszgyárak számára termesztetik. — A tagositás útján nyert
nagyobb terjedésű legelők részint kaszálókúl hagyatni, — részint fel-
töretni, részint pedig legelőkül fognak használtatni.

Az igavonó erő jelenleg áll 110 darab igás ökör és 24 igáslóból,
— melyek a mezei munkákhoz többnyire kettős fogatban alkalmaztat-
nak. — Gazdasági gépek és eszközök használtatnak — saját készit-
ményű vasekék, boronák, sima és tüskés hengerek, szecska és répavá-
gók; — töltögető és túró ekék, és vett szóró rosták, — répavetőgép s
egy Hubazyféle 4 lóerejű cséplőgép.

Szarvasmarha és sertés nem tenyésztetik. Hizlalásra 25 -30 da-
rab ökör szokott beállitatni.

A balogvári uradalomban tenyésztett egynyiretű finom negretti
faju juhok származnak, gr. Erdődy nyitramegyei hajdan hires juhásza-
tából s felfrissitésül használtattak ezelött gróf Hunyadyféle s ugyanily
fajú morvaországi kosok is a hágatásnál, — jelenleg azonban saját te-
nyésztésü kosok használtatnak. — A hágatás kézből történik; — az
utolsó időben a gyapju tömöttségére forditatott főfigyelem; a Felső-Ba-
logon találtató törzsnyáj kitünő gondban részesül s következetesen te-
nyésztetik, a hágatásnál a többi juhászatokban is többnyire törzsnyáj-
beli kosok használtatnak. — A törzsnyáj jelenlegi létszáma áll 98 da-
rab öreg 4 és 2 fogú kosból és 590 darab öreg 4 és 2 fogú anyából.
Az elletés kielégitő takarmány termés mellett rendesen január és fe-

bruár hónapokra esik; a nyári elletés csak a csobánkai juhászatban van állandóan behozva, azonban a mult 1865-ik évben a takarmány szűke miatt csak mártius és április hónapokra esett az ellés. — Az 1865-ik évi átlagos nyirési eredmény volt öreg 4 és 2 fogú kosok után darabonként $2^{15}/_{32}$ font, az anyák után $1^{15}/_{32}$ font, ürük után $1^{7}/_{32}$ font. — Ezen gyapjútermelésnél azonban meg kell jegyezni, hogy a takarmánynak rendkivüli szűke miatt a juhok s különösen az ürük igen sovány teleltetésben részesültek. — A gyapjú rendesen bécsi nagy kereskedő házaknak adatik el; ára mázsánként 180—200 forint között ingadoz. Tenyészmarha eladás már több év óta nem történt, mivel a juhok a tagositás által szaporodott uj birtokok felszerelésére szükségeltetnek. A juhok létszáma az 1865-ik év végével volt 6834 darab, s a folyó évi szaporodásból reméltetik 1800 bárány.

Az uradalomban van két szesz gyár is, egyik Csobánkán 3 lóerejü gőzgéppel, a másik Balogon közönséges szerkezetü, — melyek azonban a nagy adó miatt csak időszakonként gyártanak, s csak is a takarmánykép felhasználni szokott moslék előállitására. — Van Balogon serfőzes és egy hat lóerejü gőzmalom Csobánkán 3 köre, egy pitlével, tengeri s szaladzuzóval, gabnatisztitó s grizkészitö szerkezettel, — öröl az uradalmi szeszgyárak s a vidéki lakosok számára, e malomban valamint a szeszgyárban is tüzelöszerül köszén használtatik, mely a Czenteri köszén bányából vásároltatván Csobánkára szállitva mázsája 24—27 krba kerül.

A gazdászati személyzet áll 1 rendelkező tiszttartóból, ki Rimaszécsben lakik, 1 számtartóból Felsö-Balogon, 1 gazdasági intézöböl Csobánkán, 2 kasznárból Gernyö és Felsö-Balogon és 3 gazdasági segédböl. A cselédek létszáma 11 hajdú s mezökerülö, 1 conventiós kovács, 2 kerékgyártó, 7 szeszgyári béres, — minden két ökörnél egy béres, minden 2 lónál egy kocsis, 4 juhászmester és 29 bojtár.

Gróf Andrássy György Krasznahorka Váraljai uradalombeli gazdasága.

A Krasznahorka váralljai uradalmi gazdászat 1089, 1200 □ öles szántóföldre terjed. — Ebből van:

1. A Dernöi határban 96 hold palaagyag, továbbá meszet tartalmazó veres agyag talajú szántóföld. Ezen gazdaságban 12 éves vetésforgás divatozik két szakaszra osztva:

a	b
1. Bükköny egész trágyában.	1. Ugar trágyázva.
2. Őszi.	2. Őszi lóherrel.

a	b
3 Tavaszi gabona.	3. Lóher.
4. Répa egész trágyában.	4. Lóher.
5. Tavasz-lóherrel.	5. Őszi féltrágyában.
6. Lóher.	6. Hüvelyes növény.'
7. Lóher.	7. Bükköny egész trágyában.
8. Őszi féltrágyában.	8. Őszi.
9. Hüvelyes növény.	9. Tavasz.
10. Takarmány növény egész trágyában.	10. Bükköny egész trágyában.
11. Őszi.	11. Őszi.
12. Tavasz.	12. Tavasz.

Az őszi megad átlagosan 6—8 magot, a tavaszi 5—6 magot, a lóher két kaszálásra 25—30 mázsát, — a burgundi répa 200 mázsát, — legjobb sükerrel müveltetik a sárga ángol répa. Van ezen kivül a dernöi hegy fensikján 40 hold föld, melyen tavaszrozs, zab és burgonya termesztés mellett 1864-ik évtöl a répa is müveltetik s holdanként 150 mázsát ád.

2. A Hárskúti határban van 50 hold meredek fekvésü részint palaagyag, — helyenként tiszta homag és agyag keverékböl álló szántóföld s miveltetik 4 éves vetésforgásban, és ugyan

    1. Bükköny egész trágyában.
    2. Őszi.
    3. Borsó vagy bükköny.
    4. Árpa vagy zab.

Legjobban termi az őszi rozsot, mely rendesen 8—10 magot ád; borsót s bükkönyt szinte kitünöt terem.

3. Krasznahorka-Váralljján van 450 hold nagyobb részt szelid lejtösségü agyag, homag, mész, agyagpala kisebb nagyobb keverékeiböl álló, lapos helyein söt helyenként dombosabb részein is vad vizes rétegekkel biró szántóföld. — Ezen területben 180 holdon szabad gazdaság üzetik s csak 370 hold müveltetik váltó rendszer szerént 9 éves vetésforgásban u. m.

    1. Bükköny trágyában.
    2. Őszi.
    3. Burgonya egy fél trágyában.
    4. Répa egész trágyában.
    5. Árpa lóherrel.
    6. Lóher.
    7. Lóher.
    8. Őszi egy fél trágyában.
    9. Zab.

Van ezenkivül a gombási majorban 192 hold területü gazdaság, melyböl majorságilag csak 60 hold miveltetik, a többi 132 hold 3 nyo másra beosztva, évenként egy nyomás nyilvános árverés utján három évre bérbe adatik, holdanként 8—10 forint évi befizetés mellett. — A majorságilag mivelt 60 hold a trágya szüke és távolság miatt csak magyar juhokkali kosarazással javittatik s következő 5 éves vetésforgás· ban müveltetik

1. Ugar kosarazva.
2. Őszi lóherrel.
3. Lóher.
4. Lóher.
5. Zab.

Ezen gazdaságokban legjobb sükerrel termesztetik a rozs, mely 6—8 magot ád; az árpa 6—7, a zab 5—8 magot, a burgonya 3—5 magot, a lóher első évi két kaszálása 34—40 mázsa, bükköny 18—20 mázsa, bükköny 18—20 mázsa, répa 200—250 mázsa takarmányt szolgáltat.

4. Krasznahorka·Hosszúréten van 211 hold nagyobbrészt sikon fekvö szivós agyag, kis részben mész vegyületü nehezen művelhető s kevés kivétellel vadvizes szántóföld, melyben száraz időjárásban a vetemény jól diszlik, ellenben nedves években az őszi kiázik, eldudvásodik s a tavaszi termények közül legfeljebb a zab termeszthető sikerrel. — A termés átlaga egyre másra az őszinél 5—6 magra, — zabnál 8—10 magra rúg. — A vadviz eltávolitására tett alagcsövezések nem mutatnak kedvező eredményt. — Az uradalom tagositott szántóföldei 13 szakaszba beosztva következő kétféle vetésforgásban miveltetnek :

a) belső gazdaság
1. Bükköny egész trágyában.
2. Őszi.
3. Lóbab.
4. Répa.
5. Zab lóherrel.
6. Lóher.
7. Lóher.

b) külső gazdaság
1. Ugar egész trágyában.
2. Őszi lóherrel.
3. Lóher.
4. Lóher.
5. Köles.
6. Zab.

A hosszúréti hegyek lapályain van egy 50 hold kiterjedésü gazdaság, mely az ott nyaraló juhoktól nyert trágyával trágyáztatik s következő 6 éves forgásban miveltetik :

1. Burgonya féltrágyában.
2. Répa egész trágyában.
3. Tavaszi repcze.
4. Őszi féltrágyában.
5. Borsó-magbükköny.
6. Árpa.

Itt a tavaszrepcze csak két év előtt jött vetésforgásba s a szárazság miatt csak 4 magot adott; az őszi 8—10, a tavaszi 6—7, a burgonya 4—5 magot szokott adni.

5. A Jólészi határban csupán 60 holdnyi rétbirtok van, mely kétszeri kaszálásra holdanként 15—20 mázsa vegyes minőségű takarmányt terem.

Egyébként rétjei ezen uradalomnak hegyi és völgyi rétekből állanak; amazok 8—10 mázsa, különösen a juhoknak jó és egészséges takarmányt adnak, a völgyi réteknek egy része száraz jó takarmányt ád, ezek közül Váralján 40 hold a Pacsáról lefolyó hegyi patakból öntöztetik s holdankint 30—35 mázsa jó széna s sarjú termést szokott adni; a Hosszúréti réteknek szárazabb része holdanként 18—25 mázsa jó takarmányt adnak; a vadvizes rétek egy részén száraz időben termett vegyes minőségű szénát szarvas marhával is sikerrel lehet etetni, de vannak oly vadvizes rétek is, hol büdös csáté s bábaguzsalynál egyéb nem terem.

Az uradalom eredeti vérű spanyol s nemesített birkajuhot tenyészt; ezenkivűl tart magyar juhokat is kosaralás végett.

Váralján van eredeti vérű 900 darab juh,

nemesített 600,

magyarjuh 500,

Hosszúréten van nemesített 1400,

a hárskúti pusztán 600 ürü. Az eredeti spanyol juhokról 1832-ik évtöl s igy 35 év óta származási könyv vezettetik; a hágatás kézből történik s hágatáshoz csak eredeti vérű kosok használtatnak úgy Váralján valamint Hosszúréten is. A silányabb 5—6 osztályú kosok, ha vevők jelentkeznek, tenyésztésre, ezeknek hiányában felhizlalva mészárszékre vitetnek; gyapjut az anyák egyremásra 1², a kosok 3 fontot adnak évenként.

Van az uradalomnak Hosszúréten schweiczi tehenészete, melyből az évenkénti szaporodás által előidézett felesleges 5—6 éves jó tejelő tehenek árverés utján jó árakon szoktak eladatni.

Van végre az uradalomnak Váralján tégla gyára, melyben gép alkalmazásával fedélcsövek s alagcsövek is készitetnek, ez utóbbiak „" vastagságtól 5" vastagságig; az alagcsöveknek azonban az uradalom szükségletét kivéve, kelete nincsen.

* * *

A fennismertetett gazdaságok a megyének elsőrendü gazdaságai; alkalmazva találjuk bennök a művelt gazdaság rendszereit, a mint a

talajterjedelem s az uradalmak más bensö viszonyai megengedik. —
Azonban a megyei mezőgazdaság általános képe még nem hasonlit-
ható ezen gazdaságokéval. Az utas, ki Heves megye felől jöve az Isten-
mezei és Szederkényi kopárok után eléri Zabart, megyénk határfaluját,
megdöbben a pusztitáson, melyet e helység határán emberi gondatlan-
ság és rosz akarat véghez vittek, a mely pusztitásnak sebei, hogy be-
hegedjenek, a falu lakosságának félszázados okszerü szorgalma is
aligha elégséges leend. Beljebb érkezve a megyébe s az almágyi for-
dúlónál az ajnácskői kies völgybe jutva már a tagosztály üdvös hatá-
sai szemlélhetők. — Az egyéni szorgalom függetlensége, melyet az el-
különzött birtok biztosit, már itten elötünedezik s a völgyön lehaladva
a Rima és Sajó tájaira, egy két helység kivételével, mindenütt a tag-
osztályra mutató birtok alakzatok tünnek szembe s bennök a kezdet-
leges törekvés nyomai a mezőgazdaság tökéletesbb nyomai felé. —
Sok még az, mi e megyében a földipar általános felvirágzására megki-
vántatik, s a mezőgazda, ki magát a helyzet felől jól tájékozta, kör-
nyezve oly cselédségtül, melyet az osztrák esetlen és boszantó rend-
öri gyámkodás szánakozásra méltó módon elaljasitott, s mely, ha az-
előtt a régi magyar közmondás szerént gazdájának „fizetett ellensége"
volt, mai nap már valóságos ostorává vált : — s arra gondolva, hogy a
közel multban nem egy mezőgazdaság cserélte meg a mentö pénzinté-
zetek felállitása nélkül behozott váltótörvény keserü jótékonysága ál-
tal urát, hogy továbbá az állam adókövetelésével kereskedésének na-
gyobb részét magának foglalja, és hogy végre felszereletlen birtokábúl
ezen terheken túl most alig képes még annyi hasznot bevenni, mellyel
gazdaságát csak mostani helyzetében fentarthassa, nemhogy jövedel-
mével a földipar tökéletesbbitésére megkivántató befektetéseket eszkö-
zölhessen : gyakran elcsüggedhet. Csak egy kedvezőbb jövö reménye
az, mely öt nemes életmódjához még kötheti s ösztönt adhat neki, hogy
a rideg anyagiság e századában önmegtagadással türje a mostoha vi-
szonyok elkedvetlenitö hatását, s törekedjék megtartani apáitól örök-
lött földbirtokát magánál, tán szerencsésebb korszakot érö utódjainak.

**A Gömör és Kishont t. e. vármegye földiparának
ismertetésével megbizott választmány.**

II. Gömör erdőszeti viszonyai.

B e v e z e t é s.

Gömör egyike Magyarország legerdősebb megyéinek. Erdőségei kivált a megye felső északi hegységein terjednek el. Ott mérföldekre kiterjedő folytonos erdőket találunk, melyeket csak itt-ott szakasztanak meg elszórt havasi rétek és legelők. Azt vélhetné tehát az ember, hogy ott nagy bőviben vannak az erdőnek és fának, de az nincs úgy. — A természet azon hegyekben egy igen becses kincset rakott le, mely az erdő- és fabeli gazdagsággal egybekötve a megye lakosainak nevezetes keresetforrásává lett, kivált pedig a hegyek között, hol a zordon égalj, a szántóföldek csekély kiterjedése s részint meredek fekvése miatt a gazda csak szük aratásnak örvend. E kincset a sok és jeles vasérczek teszik, melyek e hegyek gyomrában rejlenek, s az ezekre meg a fatermelésre alapitott vasgyártás, mely évenkint sok százezeret, sőt mondhatni milliókat jövedelmez; ugyanis a nyersvas, öntvények, rúdvas, bádog stb. pénzértéke az utóbbi években több mint 2 millió ftra rugott évenkint, miből egy rész az erdők, vasgyárak és bányák birtokosainak jut, legnagyobb rész pedig a megye lakosai kezébe kerül, kik az erdőkben, vasbányákban és vasgyárakban a sokféle munkát és fuvarozást végezik, s kiknek keresete azáltal annyira gyarapodik, mint ez csak ritkán történik amolyan hegyes vidékeken.

Nemcsak a megyében termelt tetemes famennyiség értékesittetik és fogyasztatik el, hanem a vastelepzetek fa- és szénfogyasztása néhány évtized óta annyira növekedett, hogy a gömöri erdők nem képesek többé szükségletöket fedezni, s más megyékből is kell szenet ide szállitani, mint az alábbi statistikai kimutatásokban látni fogjuk.

Gömör erdői az egész megye hegységeire terjednek ki, mégis leginkább az északi hegységeket foglalják el, hol csak a völgyekben létező szántók és kaszálók szakasztják meg. Magokban a hegységekben néhány kisebb nagyobb hegyi réten és legelőn kivül csak kevés más telket, s helységet vagy más lakott helyet is ritkán találunk. A helységek leginkább csak a völgyekben és ágazataikban vannak, különösen a Garami, Rimai, Baloghi, Ratkói, Murányi, Csetneki és Dobsina-Rozsnyói (Sajó) völgyekben.

Tehát megyénk erdői a K. H. 37° 26'-től a 38° 27'-ig (Ferrótól) s az É. Sz. 48° 6'-től 48° 56'-ig terjednek el.

A megye domborzati viszonyai már feljebb levén előadva, itt csak röviden érintjük meg, hogy északi részében a hegyek az erdei tenyészet felső határáig s ezen túl is emelkednek; déli részében alacsonyabbak s lassankint dombozatokká törpülnek. Láttuk, hogy az Alacsony-Tátra tetői s a 6115 l. m. K i r á l y h e g y emelkednek legmagasabbra, azután következnek: a F a b o v a (4541') Murány, Breznobánya és Polonka határjaiban; a K o h u t (4481') K. Rőcze és Fekete-Lehota határjában; a K l y a k (4480') a murányi hegységben. Ez utóbbitól nem messze a S z t u d n a nevű erdőkerülői lak van (az azon vízben szükölködő mészhegységben fakadó forrásról neveztetik így), mely 3721' magasságban fekszik; onnan lefelé délkeletre menve Murányvár romjai láthatók egy 2973' magas meredek sziklafokon, s ennek tövében Murányalja fekszik már csak 1243' magasságban. Tehát a Klyak hegytöl Murányváráig a hegység, körülbelöl 1 mfldnyi távolságban, 3257, s a várhegytöl a Murányi völgyig, körülbelöl ¹⁄₈ mérföldnyi távolságban, 1730 lábbal ereszkedik alá. Jólsva ugyanazon völgyben s 2 mfldnyi távolságra Muránytól 828' magasságban van *), s Putnok környéke csak 400—500 lábnyira fekszik a tenger felett. — Megemlítjük még a V e p o r t (4260') Tiszolcztól nyugatra s a V o l o v e c z e t (4020') Betlér felett.

Erdőszeti tekintetben a hegységek főleg agyag- és mészkőhegységekre oszlanak, s e szerint az erdei talaj is agyag- és mészkötalajra szakad.

Az agyaghegység leginkább van elterjedve s magas sorokban nyúlik felfelé a fővölgyek között, azután a Királyhegyen és Fabován át. E hegyekben gránit is van, de kevés, továbbá gnájsz és sok csillámpala s helyenként agyagpala. Többnyire sok forrás és patak van bennök, talajuk fris, jobbára mélyrétegű s azért mint erdei talaj igen termékeny. A mészkő-hegység Murány és a Garam völgye között emelkedik nagyobb kiterjedésben, s Tiszolczon át nyúlik el; továbbá nagyobb mészköterületek vannak: Vernár és Jolsva környékén s a Sajó völgyében, kivált Rozsnyótól Pelsöczön át S. Gömörig; kisebb szakadékokban a Csetneki és Ratkói völgyekben stb. is előfordúl a mészkő. A mészhegység többnyire száraz, talaja sekély és kevesbbé termékeny; mindazáltal zárolt erdőálladékokban, hol a föld nem szikkad ki annyira, az erdei fák azon hegyekben is díszlenek.

A Murányi mészkö hegység fent 3000—4000 lábnyi magasságban a tenger felett dombos felsíkot képez, melynek kiterjedése vagy

---

*) Ezen s e czikkben említett többi magasságméréseket, melyek a murányi uradalomra vonatkoznak, értekező úti barometerek által lehető szabatossággal tette meg elébbi években.

³/₄ □ mfld, s mely csaknem egész körületében meredek sziklatornyok-
kal és falakkal ereszkedik le. Az egész felsikon csak 3 forrás találta-
tik, és pedig Sztudna, Lopusno s a vár alatt levő erdőkerülői lak mel-
lett; e források vize is nemsokára a sziklák közt eltünik s nem képez
állandó csermelyeket. Ámde a felsikon mindenütt kisebb nagyobb tö-
böröket, üst- és tölcsér alakú mélyedéseket találunk, melyek az eső és
hó vizét felfogják s földalatti csatornákba vezetik, melyekben az to-
vább foly, mignem valahol előbukkan. S igy a hegytömeg tövén, Mu-
rányhoz közel, két igen erős forrás bugyog, melyek legott patakokat
képeznek: söt az egyik néhány száz lépéssel alább már egy kölyü mal-
mot hajt.

A mészhegységet már messziről is elsö tekintetre meg lehet kü-
lönböztetni az agyaghegységtől; kiálló meredek sziklatornyok és szik-
lafalak jellemzik, mig az agyaghegység többnyire gömbölyded tetőket
és terjedelmes, de nem meredek hegyoldalokat mutat.

A Ratkói és Rimai völgyek közt a derencsényi urodalomban s
más helyeken talkagyag hegyek is vannak, ezeknek talaja szintén fris,
mélyrétegü s az erdei tenyészetnek igen kedvező.

Végre a völgyekben s kivált a megye alsó részeiben, hol a völ-
gyek széttágulnak, áradmányi és diluviumi torlaszföldet is találunk,
mely többnyire homokkal és mészkővel kevert agyagtalaj; ez föleg
oly fafajoknak felel meg, melyek erős s mélyen ható törzsgyökereket
hajtanak, pl. a tölgy.

A többi kőzetek és talajok, melyek megyénkben találtatnak, cse-
kély kiterjedésück s azért erdészeti tekintetben elmellőzhetők.

A megye égalji viszonyai, mint ezt már más fejezetben
láttuk, nagyon különbözök, és pedig e különbség nem annyira a föld-
irati fekvéstől, mint inkább a domborzattól függ. E szerint az égalj-
ban három fokozatot különböztethetünk meg: az enyhe, mérsé-
kelt és zordon égaljt.

Enyhe égaljt a megye alsó részeiben, Rimaszombat, Rimaszécs,
Balogh és Tornalja környékein találunk, hol a bor és dinnye is meg-
terem. E vidéknek az észak és északkelet felé fekvő hegységek is
nyujtanak ótalmat a fagyos északi és északkeleti szelek ellen.

Az ezen alsó vidék felöl Brezón, Ratkón, Jólsván és Rozsnyón
át Tiszolczig, Murányig és Alsó-Sajóig elhuzódó völgyekben mérsékelt
égalj uralkodik. A bor nem terem ugyan, de a gabnanemek, kuko-
ricza is, a kerti vetemények, paradicsomalma, spárga, ugorka, bab, répa
stb. s mindenféle gyümöles buján teremnek. A levegő elég nyirkos,
az esök rendesen nem maradnak ki, a tél már tartósabb.

Muránytól felfelé a völgy több szük mellékszurdokra ágadzik szét, melyek erdős és meredek hegyek között huzódnak el s melyekben már nincsenek szántók és kerti vetemények. A Rima völgye is Tiszolczon felül nagyon megszükül s a magas erdős hegységekben vész el, hol tehát szintén nem igen termeszthetnek gabnát és gyümölcsöt. Murány és Tiszolcz gabnaföldjei csak 1200—1300 l. magasságig terjednek fel. A Rimai, Murányi és Sajói völgyek közötti hegyvonalokon még 1500, sőt helyenként 2000 l. magasságban is termesztetik öszi rozs.

Murány-Hutta határában 2200—2400 l. magasságban már a zab is alig érik meg, s többnyire csak burgonya, káposzta és len termesztetik. Épen ez az eset Dobsina határában 2400 lábnyi magasságban.

Tehát a zordon égalj körülbelől 2000 l. magasságban kezdődik s annál zordonabbá válik, mennél magasabbra emelkedik a hegység. E magassági övben Murány-Huttán kivül a garamvölgyi hat helység fekszik: Polonka, Závadka, Helpa, Pohorella, Sumjácz és Telgárt, továbbá Vernár és Dobsina. Ezek közöl legmagasabban fekszik Sumjácz (2803') s legalacsonyabban Polonka (1975'). E helységek határában csak zabot, némi árpát, sok burgonyát, káposztát és lent termesztenek. De Polonka és Závadka még sok öszi rozst is termeszt. Ugorkát, tököt és babot csak a Garam völgye alsó s védett vidékein lehet termeszteni, de a többi főzelék, káposzta és kél, a kartifiol is, kalarábi, murok, retek, petrezselyem és mák mindenütt díszlik. De a Sztudna kerülői laknál 3721' magasságban már, ugyszólván, semmisem terem, noha dél felé nyilik s észak felöl az erdős hegyek által van védve; csak a retek még ott is diszlik. Azon magas vidékeken a levegő nyirkos és igen zord; a köd, harmat és esö igen gyakori s többnyire hátráltatja a mezei termények kifejlését, miért is a gabnafélék ott jobban érnek meg száraz években. Hó rendesen sok esik, tavasz ugy szólván nincsen; mikor a hideg és szelek megszünnek, mindjárt a nyár is beáll. De nyáron is gyakoriak a zimankós napok, s a hófergetegek néha elég messzire szállnak alá. 1865-ben pl. Sz. János napja elött 8—10 nappal, tehát jun. közepén havazott, és pedig 3000' lábnyi magasságig lefelé, tehát az erdő felsö környékében is. Itt azért mindig készen kell lenni a fütésre, egy hónapban sem lehetünk biztosak abban, hogy fagy nem lesz. S jó, hogy a garamvidéki erdők elegendő fával kinálkoznak; hasznát is veszik annak, s oly erősen fütenek, hogy más ember, ki nincs hozzászokva, a meleg szobákban alig maradhat meg.

A magas fekvés által okozott zord időjárás s a szomszéd szepesi és liptói magas havasok által okozott északi szelek és viharok az erdei gazdaságnak is igen ártalmasak, kivált tavaszkor, mikor a fákban a nedvkeringés már megindúlt s a rügyek fakadni kezdenek, vagy a fris hajtások részint már kiképződtek. Akkor azután a rügyek és hajtások elfagynak, a régibb fák növése hátráltatik, a fiatal csemeték pedig gyakran egészen elfagynak, ha nincsenek megvédve; s ha meg is maradnak, mindenesetre csak nyomorúltan tengődnek. Azért szükség, hogy a vágásokban a serdény s a vetések és ültetvények védelméről legyen gondoskodva megkimélendő régi álladékok által, s a régibb álladékokat sem kell a vágások czélszerütlen vitele által a viharoknak védetlenül kitenni, ha nem akarjuk, hogy a szél által elpusztittassanak. Az erdész, ki az ezen hegyekben s általában a Kárpátokban előfordúló helybeli égalji viszonyokat nem ismeri és tekintetbe nem veszi, s tehát a fiatal csemeték s az öregebb és öreg fák védelméről az elfagyás és a szélvészek ellen nem gondoskodik, nem igen örvendetes dolgokat fog tapasztalni az erdei gazdaságban.

1) A mivelési ágak egyenkénti területei s az egész megye területe.

Jóllehet ujabb időben az úrbéri szabályozás és tagositás czéljából a legtöbb helység határa felméretett, s tehát a mivelt földnek, valamint a termötlen területeknek kiterjedése elég szabatosan meg van határozva, mégis azon felmérési eredmények még nincsenek egybeál lítva, s bajos is volna, a megye összes helységeiből azon eredményeket pontosan összegyüjteni.

E felméréseken kivül az adószabályozás végett ujabb időben tett területi meghatározások megközelitőleg legszabatosabbak, mert ezek mellett, mint tudva van, sok urbéri és egyéb felmérés is használtatott, hol megvolt.

Ez adószabályozási munkálat szerint Gömör megye területéből:

Szántóföld	170,241	kat. hold
Kaszáló	95,270	„ „
Szöllő	1564	„ „
Legelő	36,079	„ „
Erdő	352,184	„ „

Összesen 655,338 kat. hold.

Tehát az erdőségek az egész termő területnek valamivel több mint felét teszik. Miután Gömörmegye egész kiterjedése a véghezvitt trigonometriai és katastralis felmérések szerint 70.7 osztrák ☐ mfldre rúg, termö területe pedig 655,338 k. hold, azaz körülbelöl 65.5 ☐ mfld (10,000 k. holdat egy osztrák ☐ mfldre számitva), tehát a termötlen terület (sziklák, hompolyök, háztelkek, utak, patakok stb.). 5.2 ☐ mfld. tenne.

2) Birtokviszony.

A gömörmegyei erdőségekből az állam csak igen csekély részt bir, u. m. 3100 kat. holdat a tiszolczi közbirtokosságban; a rozsnyói, csucsomi és nadabulai erdőknek egy része — mindössze 3700 hold — püspöki birtok; a többi mind részint magánosok, részint Jólsva, N. Rőcze, Rimaszombath stb. városok, részint pedig — az ujabban történt birtokszabályozások (a faizás megváltása) folytán — falusi községek tulajdona.

Legterjedelmesebb erdőtest a herczeg Sz. Cóburgféle (előbb h. Koháryféle) murányi uradalomban létezik, mely, a kihasitott falusi és városi községerdők leszámitásával, körülbelül 65,000 kat. holdat tesz; a terület pontosan ki nem mutatható, miután az urbéri és telekszabályozás némely községben még teljesen befejezve nincsen. — Azonkivül a h. Cóburgféle erdőségek kiterjednek még 11,000 k. holdban a baloghvári uradalomra, hol a községi erdőrészletek és legelöknek kihasitása már majd nem teljesen be van végezve; azután 7107 holdban a Csákyféle zálogbirtokra (Deresk, Kövi, Rákos és Nandrás községekben), hol a községi erdők és legelök elkülönitése még nem történt; végre körülbelül 5900 holdban a derencsényi közbirtokosság egy részére, hol az elkülönités épen most folyamatban van.

Terjedelmes erdőségek vannak továbbá Gömörmegyében a gróf Andrássyféle birtokokon, melyek a már kihasitott községi erdőrészekkel együtt, be nem számitva a csetneki közbirtokosságban való jelentékeny részletet — 17,825 holdat tesznek; a csetneki közbirtokosság, a még el nem különített községi erdőrészekkel 16,000, a derencsényi közbirtokosság, a még kihasitandó községi erdőkkel 14,780, a rimamurányvölgyi vasgyár egylet a Rima és mellékvizeinek völgyeiben közel 11,000 holdat tesznek; Dobsina bányaváros 9320 holdat bir. Jolsva és Nagy-Rőcze mezővárosok is szép erdőket birnak, melyekkel tüzifa szükségletöket teljesen fedezik. Jolsva községe, mióta az uradalomtól magát kiváltotta, már sok fát el is adott; mely eladások azonban jövőre ily kiterjedésben nem folytattathatnak, hogy ha azonkivül a lakosok faszükségletét is fedezni akarják. Ily erdőtestek valamely községre nézve nagy kincset képviselnek, főleg szegényebb tagjait illetőleg nagy jótetemény az, ha a szükséges tüzifát a községi erdőböl kevés költséggel nyerhetik és nem kénytelenek csekély jövedelmöknek nagy részét a kellő fára kiadni, vagy pedig fázni. Igen kivánatos azért, hogy azok, kiknek feladatuk, a polgárok jóléte fölött örködni, az annyira értékes erdei kincset megtartani igyekezzenek.

Különösen áll ez azon erdőkre nézve is, melyek ujabb időben, az urbéri szabályozások következtében, a falusi községek számára hasítattak vagy jelenleg hasitatnak ki; ezekre csakugyan szükséges a czélszerü felügyelet, különben rövid idő alatt a túlságos felhasználás következtén el fognak pusztulni.

3) Erdészeti személyzet.

Előbbi időkben, még csak 40—50 évvel ezelőtt, keveset gondoltak még ezen megyében az erdőknek ápoló kezelésével. A fatermés ezen terjedelmes erdőségekben sokkal nagyobb volt mint a faszükséglet. Sokáig tehát gond nélkül dúslakodtak a roppant fakészletben, melyet a meglévő régi, részben még öserdők szolgáltattak; leginkább csak a közelebb fekvő erdőrészeket, melyekhez könnyen lehetett férni, s ezekben is csak a legszebb fát használták fel, a többi fát, főleg a félreeső erdőkben ott hagyták elrohadni. A szükséges serdény nevelésére, az erdők tartós használhatása érdekében, senki sem gondolt; a mi pedig önmagától minden mivelés nélkül sarjadzott, azt részint a volt urasági jobbágyoknak csordái, részint a szénégetők és szénfuvarosok legelő meg igás marhája jobbára elpusztitották.

De miután a vastelepzetek mind inkább kiterjeszkedtek, a faszükséglet mind nagyobb lett, az erdei gazdálkodás pedig minden rendszer nélkül a megszokott slendriánban folytattatott: tehát azon fakészletek elvégre felmészteltek, és az erdők az érdekeltek meglepetésére szerfelett gyérültek, túlságosan vágattak, sőt részben végkép elpusztultak, olyannyira, hogy a megyei erdők a fa- és szénszükségletet többé nem fedezhették és más megyékből kellett szenet bevinni.

E szomoru tapasztalatok indokúl szolgáltak arra, hogy az erdők rendszeresebben és tervszerübben kezeltessenek és használtassanak, s hogy szakavatott erdőtisztek alkalmaztassanak.

Legelébb is a gróf Andrássyféle erdők vétettek rendesebb kezelés alá, hol már fél század előtt, szakértő erdészek alkalmazása és az erdőbirtokos urak igazgatása mellett, nemcsak az erdőségek czélszerübb felhasználása, hanem az erdőségnek gondosabb mivelése és ápolása is foganatba vétetett.

A második nagy lépés a gömörmegyei erdőségek okszerübb kezelésében a most herczeg Cóburgféle (elébb h. Koháryféle) uradalmakban történt, különösen a terjedelmes erdőkkel és vastelepzetekkel megáldott nagy murányi uradalomban. Midőn ezen uradalmak, nem egészen 40 év előtt néhai Szász-Cóburg-Gothai herczeg Ferdinánd birtokába jutottak, és ő Fensége uradalmainak beutazása alkalmával egy-

részt ezen erdőknek eddigi helytelen kezeléséről, részben elpusztulásáról, másrészt pedig azoknak, úgy az uradalomra magára, mint különösen ezen hegyes vidék lakó'ra való nagy fontosságáról meggyőződött vala : azonnal elrendelte, hogy egy a czélnak megfelelő, szakértő
erdészszemélyzet szerveztessék, mely csakhamar életbe is lépvén, azon
idő óta, a körülményekhez képest mind inkább kifejlődött. — Negyven év előtt még egyetlen szakavatott erdőtiszt sem volt ezen uradalomban alkalmazva, jóllehet erdőségei, a jolsvai és rőczei városközségek kiszakadta és a községerdők kihasíttatása előtt, a dereskei kerülettel együtt nyolcz négyszög mértföldnyi területet foglaltak el. Jelenleg alkalmazva vannak :

Egy erdészeti igazgató (kinek igazgatási hatásköre a Magyarországban fekvő
többi herczegi uradalmak erdőségeire is kiterjed),

Egy igazgatósági assistens,

Egy erdészeti segéd,

Négy erdőmester,

Tiz erdész és főerdész,

Egy erdészeti pénztárnok,

Egy erdőbecslő (taxator), egy segéddel,

a kellő számú erdészeti védszemélyzet — jelenleg 38 erdőkerülő.

Az erdészek és segédeik a tiszti személyzethez tartoznak, melynek erdészeti és egyébb tudományos képzettsége van; az erdőkerülők a cselédek osztályába soroltatnak, tőlök tudományos miveltség nem
követeltetik, csak olvasni és irni tudjanak, különben hivatalbeli teendőiket az erdőben gyakorlatilag tanulják meg.

Ha tovább tekintjük Gömörmegye erdőségeinek elébbi és jelen
kezelését, azt találjuk, hogy a rimavölgyi vasgyár-társulat (előbb Coalitio) szinte már több mint 30 évvel ezelőtt gondoskodott egy szakértő
erdőmesternek és a szükséges segédszemélyzetnek felállitása által erdőségeinek gondosabb kezeléséről és czélirányosb használtatásáról.

Dobsina bányaváros 1847 óta alkalmazott a 9320 k. holdra kiterjedő erdőségében egy szakképzett erdőtisztet.

Hasonlókép gondoskodtak, az utóbbi évtizedekben, ezen megyének más erdeiben is a jobb rendnek behozataláról s e végett erdőtiszteket alkalmaztak, és bizton remélhető, hogy e megyének többi erdőiben
is, hol az okszerübb kezelés tekintetében eddig még semmi sem, vagy
igen kevés történt, a gazdálkodás a már meglévő jobb példák után
czélszerübben fog rendeztetni.

4) A fanemek és elterjedésök.

Azon körülmény következtében, hogy Gömörmegyének hegységei 400 lábtól 6000 lábnál magasabbra emelkednek a tenger szine fölé, és e miatt éghajlatának szelid, zord, sőt igen zord fokozatai vannak: ezen megyében majd nem minden tülevelü és lombos fanemeket találunk, melyek általában az egész országban elöfordúlni szoktak. Éjszaki magas zord hegységeit terjedelmes fenyvesek boritják fel egészen a henyefenyüig; a középhegységeken és alacsonyabb dombozatokon ellenben a lombfákat találjuk le a tölgyig sőt a cserfáig, mely fanemek szintén jókora erdörészleteket képeznek.

Három fanem van leginkább elterjedve, u. m. a **lúczfenyö** a zord magas hegységen, **bikkfa** kivált a mérsékelt éghajlatú közép- és elöhegységeken, és a **tölgy** az alantabban fekvö szelidebb éghajlatú tájak dombozatain.

A **lúczfenyö** magában alkotva erdörészleteket legmagasabban emelkedik hegységeinkben, és pedig 4500—4600 lábig a tenger szin felett; egyes törpe példányokban még nagyobb magasságban is elöfordúl, lefelé pedig 2000 lábnyi magasságig ereszkedik; itt-ott még alább is találtatik. Különösen vályogtalajban díszlik; mésztalajon is jól növekedik, noha nem oly buján; fája azonban itt annál szilárdabb.

A **bikkfát** a mésztalajon (Murányi hegységben) még 3500' magasságban is majdnem vegyületlen erdörészletekben találtam; egyenkint vagy csoportosan, lúczfenyök között, még 300—400 lábbal magasabbra is emelkedik; sőt találtam egy 5—6 hüvelyknyi vastag és meglehetösen aránylagos magasságu bikkfát a 4480' magas Klyak hegyen a Murányi hegységben egy öreg lúczfenyvesben, mely már egészen a havasi fának jellemét mutatta. A bikkfa azonban a zord hegységben ritkán terem magot, tehát e tekintetben mint erdei fa nem igen van ott a maga helyén; lúcz- és jegenyefenyökkel keverve azonban a bikkfa (gazdag lombhullása által) ez utóbbiaknak növekvését magasabb fekvésekben tetemesen elömozdítja — meleg takarót és kitünö televényt kölcsönözvén a talajnak. Legjobban díszlik itt a bikkfa 1000—2500' magasságban; ily magasságban gyakran magot is terem, mely teljesen megérik, s ez által azon szép meg hasznos fanemnek szaporodása leginkább biztosittatik. Kitünöen sikerül továbbá a bikkfa a vályog- és magnezia talajon, azonban mésztalajon is jól növekszik, hacsak ez nem nagyon sekély és száraz. Alább a bikkfát jobbára nyirkosabb talajú éjszaki partoldalokon találjuk; míg déli lejtökön a tölgy vegyül nagyobb arányban hozzá, vagy magában uralkodva vegyületlen erdörészleteket is képez, melegebb fekvést igényelvén és szárazabb talajt megállván.

Különben a tölgyfa legjobban díszlik az alsó vidékeken, az áradmányi dombozatoknak mélyebbrétegü talaján. De bikkfákkal és más lombfákkal vegyesen még 2000' magasságban is előfordúl. A murányi várhe ynek déli oldalán (mészközet) 3000 lábnyi magasságban is találtatik, de itt már satnya, magot igen ritkán hoz és általában nem oly erdei fa, mely magasabb helyekre való. Helye a szelídebb éghajlatú vidéken van, hol kitünöen díszlik, igen jó fát szolgáltat, makkot és gubicsot böven terem, és az erdöbirtokosnak jelentékeny jövedelmet hajt.

Ezen három fanemnek megyénkre nézve igen nagy becse van, minthogy a különböző éghajlati és talajbeli viszonyoknak leginkább megfelelnek, mit nagy elterjedésök is bizonyít, és minthogy magában ugy mint vegyesen egyaránt igen jól sikerülnek.

Igen elterjedt és becses fanem továbbá a jegenye fenyü; azonban inkább lúczfenyővel és bikkfával keverten találtatik, mintsem magában, különösebben vályog- meg jobbféle mésztalajon tenyészik. A lúczfenyő óltalma alatt 4000' magasságra is terjed fel; és főleg bikkfával keverten némely helyeken 1500 lábnyira ereszkedik le a mérsékelt tájban. Elterjedése ennél fogva igen tetemes; miért is sokkal több figyelmet érdemel, mintsem általában reá fordíttatik. Azután a talajba mélyebben hatoló erős gyökérzete, főleg törzsgyökere, által sokkal inkább képes a gyakori, és magas hegyekben sokszor igen rohamos viharoknak ellenállani, mint a sekélyebb gyökérzetü lúczfenyö; a rovarok, különösen a szúk pusztításainak is kevésbbé van alávetve, mint a lúczfenyö; mindezeknél fogva ott, hol a lúczfenyvek közé vegyül, ezeknek úgy mint a bikkfa, sokszoros védelmet nyújt. Ezenkivül a jegenye fenyünek tüzi- és szénfája sem áll a lúczfenyöé megett; épületfának is becses; tönkjeiböl pedig jó, noha nem oly keresett, szelvényárúkat készithetni. A jegenye-fenyü gyakrabban hoz magot, és öreg erdök óltalmában jól diszlik; még a korosabb erdőrészletek sürü árnyában is tenyészik, ugy hogy azokat, mikor ritkúlni kezdenek, beveteményezi és jobb zárlatban megtartja. Azonban a jelen körülmények között ezen kitünö fanem mindinkább fogyni fog. Mert fiatal korában nagyon is szüksége van védelemre a fagyok és a legelö marha ellen, mely tekintetben eddig, fájdalom, igen kevés történt, minek következménye az, hogy a jegenyefenyü serdény részint elfagy, részint a legelömarha miatt elpusztúl, mert ezen fenyünek igen gyönge, sarjképessége lévén, a fiatalosok lerágásuk következtében satnyulni kezdenek és végre elvesznek.

Igen értékes fanem a magas hegységek erdőiben a v ö r ö s f e n y ö is. Ezen fa igen gyorsan nö és kitünően tartós épületfát szolgáltat, kivált vizi épitkezésekhez, úgy hogy e tekintetben a tölgyfával ér fel. A vörös fenyö tehát e tekintetben a tölgyfát pótolja, és az itteni hegyes vidékekre nézve annyival becsesebb, mivel a sok vastelepzeteken sok ily vizi épületfára van szükség. Azonkivül a vörösfenyő padlók (vastag deszkák) kádak készitésére, (péld. sörházakba, szeszgyárakba) s más effélére igen. kerestetnek; a vörösfenyőből való zsindely is igen tartós stb. Tehát ezen tekintetekből a veresfenyő fentartása és szaporitása erdeinkben igen ajánlatos, annál is inkább, minthogy a zord éghajlatnak csak oly jól állhat ellene, mint a lúczfenyő, és oly magasságra is terjed fel; söt a magas tájakon még üdébb kinézése van, mint a lúczfenyönek. Lefelé a vörösfenyő 2000 lábig száll alá. Magában csak ritkán fordul elő, és a hol ez az eset, az erdőrészletek, kivált ha korosak, mindig gyérek és hézagosak; a tisztásokban más fanemek, kivált lúcz- és jegenyefenyök fészkelnek meg, melyek a vörösfenyöt lassan-lassan kiszoritják. Egyébiránt azt magvetés vagy ültetés által könnyen lehet termeszteni, csakhogy oly években, mikor a mag megérik, mi nem épen igen gyakori, elegendö magkészletröl kell gondoskodni; a jó vörösfenyő mag több évig tartja meg csirázási képességét. — Ezen fanemet itt föleg csak a mészhegységben találjuk, ritkán az agyaghegységben vályogtalajon, ámbár ezen is megterem, ha a földet megmunkáljuk, csakhogy azután fája nem oly kemény és tartós, mint a sovány mésztalajon. Nem volna érdeknélküli feladat természetvizsgálóra, azon jelenségnek okát kimutatni, miért kerüli a vörösfenyö hegyeinkben az agyaghegységet és miért diszlik különösebben a mészhegységben? — vajjon oka a vályogtalajnak dús fünövésében rejlik-e, mely a magvak csirázását és a csemeték fejlődését hátráltatja, vagy másutt keresendő?

Az e r d e i f e n y ö oly fa, mely a szelid és zord égaljt egyaránt eltüri, tehát igen nagy területen fordul elö, s nevezetesen egész Gömörben van elterjedve, fel a lúczfenyö tenyészeti határáig; mindamellett csak helyenkint találtatik, és ritkán képez vegyületlen erdőszléteket, hanem többnyire más fanemekkel, kivált pedig a lúczfenyövel van keverve. Legkevésbbé elöfordul a magas hegyekben; mert ott sokat szenved a hó- és zuzmaranyomástól; ugyanis a hó és zuzmara a hosszú tüvelek közé ülepedvén, lekonyitja a fiatal csemetét, söt a nagyobbacska fát is, s ekkor elsatnyúl; az öregebb fáknak pedig csúpjait és

ágait töri le, s így csonkitja meg. Alacsonyabb hegységeken, 2000—
3000' magasságban, gyakrabban fordul elő, de itt is leginkább csak a
soványabb mésztalajon; mert itt nem nő oly erőteljesen, kisebb levelei
vannak, melyek közé kevesebb hó és zuzmara ragad, s a vékony hajlé-
kony ágakról közönségesen lehullván, kevesebb kárt okoz.

Régebben kisérletet tétettem a f e k e t e f e n y ő (pinus aus-
triaca) tenyésztésével körülbelül 3000' magasságban, jó vályogtalajon.
A csemeték a zord égaljnak jól ellenálltak ugyan, de hosszú tűleve-
leiknél és vastag ágaiknál fogva a hónyomástól annyira szenvedtek,
hogy gyöngélkedni, lassan-lassan elszáradni kezdettek, mignem végre
a rovarok, főleg a betűző szúk annyira ellepték, hogy az egész, bár
ugyan nem terjedelmes, ertvény végképen elpusztult.

A j á v o r, s z i l és k ö r i s három kitünő fanem, melyeknek
fentartása és szorgalmas tenyésztése az erdőgazdáknak eléggé nem
ajánlható, mert nemcsak igen gyorsan nőnek és jókor nagy termést
szolgáltatnak, hanem egyszersmind kitünő használati fát nyujtanak az
asztalosok, bognárok, hangszerkészitők stb. számára; jeles tüzi meg
szénfát is adnak, mely utóbbi tekintetben főleg a sarjerdő tenyészté-
sére nagyon ajánlhatók. Tiszta zárolt álladékokban ugyan általában
igen ritkán találhatók, minthogy ezek csakhamar ritkúlnak és akkor
közéjök más fanemek keverednek, melyeknek a mérsékelt beárnyalás
és az ezen fák alatt találtató televényes talaj kedvez; egyenkint azon-
ban vagy csoportosan más fanemek közé elegyedve itt is mindenfelé elő-
fordulnak a lombos és fenyves erdőkben és kitünően diszlenek. Köris
és szilfákat ugy az alantabbi vidékeken, mint a magasabb hegységben
találunk. 3000' magasságig még szép példányokat találtam; a f e j é r-
j á v o r (Acer pseudoplatanus) még magasabbra is terjed fel, egész 4000
lábig, mig a j ó k o r i j á v o r (Acer platanoides) az alantabbi vidékek
hegységein mindenütt előfordul és igen jól diszlik. Ezen fanemek a vá-
lyog- és mésztalajt szeretik, a jávor és köris pedig az üde, bár kissé
nyirkos talajon, források és patakok mellett, mély völgyekben és
árnyékban díszlik legjobban.

A g y e r t y á n kitünő fanem sarjerdőnek, minthogy a tősarjak
a 30—40 éves korig igen jól növekednek. E mellett jókor terem ma-
got és pedig gyakran s oly bőven, hogy a környező ritkásokat mind
beveti. Igen jó tüzelő fát, kitünő szenet és jó szerszámfát is szolgáltat
malmokba stb. Szálas erdőbe azonban a gyertyán nem ajánlható, mert
későbbi korában igen lassan nő, csekély termést ad, és más gyorsab-
ban fejlődő fák által túlszárnyaltatván elnyomatik. A zordabb éghajla-

tot sem türi el, és csak a szelid éghajlatú vidékeken fordúl elő, s ezeken nálunk is leginkább találtatik.

Az é g e r f á t — hamvas és mezgés égerfát — mindenfelé találni erdeinkben, völgyekben, források és patakok mellett, üde és nyirkos. sőt mocsáros talajon, hol más fanemek roszúl vagy éppen nem tenyésznek. Ezen okból e fanemek igen ajánlhatók, valamint gyors növésök és nagy termésök miatt is. Tüzelő fának és szénnek is ajánlhatók.

A hamvas éger nálunk 3000' magasságig még jól tenyészik, mint bokor azonban még nagyobb magasságban is található s másfelől az alsóbb vidékeken is előfordúl. A mezgés éger 2000' magasságig emelkedik és leginkább az előhegyek völgyeiben meg az alsóbb vidékekben találtatik.

A n y i r f a és r e z g ő n y á r f a szintén mindenfelé található az alsó vidékeken úgy mint a magas hegységben; az elöbbi föl a lúczfenyőnek tenyészeti határáig egyenkint vagy csoportosan más fákkal keverve, főkép a sarjerdőkben, hol a tisztásoknak bevetése által, — a rezgő nyárfa pedig egyszersmind gyökhajtásai által is jó szolgálatot tesz, és gyors növésénél fogva nagy termést is ad, ugy hogy ez által fájának csekélyebb értéke pótoltatik. Különben ezen fanemek sokféle használati fát is szolgáltatnak, és pedig a nyírfa a kerékgyártók, a rezgő nyárfa a képfaragók számára; a rezgő nyárfa szárazban épitésre is használható, és e tekintetben a lúcz- meg jegenye-fenyőt pótolhatja, hol ezek elő nem fordúlnak.

Szálerdő üzletre azonban ezen fanemek nem ajánlhatók, minthogy álladékaik nagyobb korukban igen ritkúlnak; belökben is könynyen megrevesülnek.

Ajánlható fanem sarjerdőbe még a f e k e t e g y ü r ü j á v o r. (Acer tataricum), mely azonban csupán az alsóbb vidékeken fordúl elő és nem igen magasra terjed fel az előhegyekben, de 20—30 éves koráig gyorsan növekedik, jó tüzi-, szén-, és használati fát szolgáltat és jókor, gyakran meg sok magot terem, ennélfogva szaporodása igen alkalmatos.

A többi fanemek erdészeti tekintetben nem birnak jelentőséggel. Gömörmegyében a nevezetteken kivül még a következő fák és cserjék fordúlnak elő:

Nagy- és kislevelű hárs,

Vad körte- és almafa,

Vad vörös és fekete cseresnye,

Diófa, bokréta és gesztenyefa,

Czirbolyafenyő (a murányi uradalomban, de csak egyes vetett v. ültetett példányokban),

Sima fenyő (a dobsinai erdőkben mesterségesen tenyésztetve),

Fekete fenyő (szintugy),

Veres berekenye, fojtós berekenye, lisztes barkócza,

Kecskefűz és egyébb fűz fajták,

Fodorjávor (Acer campestre),

Zelnicze (az erdőben ritka),

Fürtös bodza és fekete bodza,

Veresgyűrű és húsos somfa,

Saj meggy (Prunus Mahaleb),

Henye fenyő (a Királyhegyen).

Havasi fenyű (egy kis tőzegtelepen a Murányi hegységben),

Ternyő tiszafa (Taxus baccata ; ritka),

Mogyorófa, csikos kecskerágó (Evonymus europeus),

Varjutövis benge (Rhamnus catharticus),

Kutya benge (Rhamnus frangula),

Sóska borbolya (leánysom, Berberis vulgaris),

Kánya bangita és ostormén bangita (Viburnum opulus és lantana),

Iszalag bércse (Clematis vitalba),

Csere galagonya (Crathaegus oxyacantha),

Kökényfa, vad rózsa és havasi rózsa (Rosa alpina),

Ükörkeloncz (Xylosteum),

Veres és havasi ribiszke (Ribes rubrum et alpinum),

Pöszméte ribiszke (Ribes grossularia),

Könászpolya (Mespilus Cotoneaster),

Farkas boroszlán (Daphne mezereum),

Repkény borostyán (Hedera Helix),

Seregély szederj (Rubus fruticosus),

Málna szederj (Rubus Idaeus),

Fekete Áfonya (Vaccinium myrtillus),

Veres Áfonya (Vaccinium vitis idaea),

Börvén meténg (Földi borostyán) (Vinca minor).

5.) Az erdők kezelése a vágat, mivelés s a. t. tekintetében.

Gömörmegyének erdőségei részint mint szálerdő, részint mint sarjerdő kezeltetnek, némely erdőpagonyban a középerdő-gazdaság is gyakoroltatik. A szálerdő kezelés ismét a vágásszerinti szálerdő, (mely itt a legterjedtebb), azután a szálaló- és a makerdő-üzletre oszlik.

A vágásszerinti szálerdő-üzlet alatt azon kezelésmódot értjük, melynél az erdő nagyobb korban, 60, 80, néha 100, sőt több éves korában szakaszonkint (vágásonkint) taroltatik le, és a serdény leginkább természetes maghullás vagy mesterséges vetés és ültetés által neveltetik fel. Ezen üzletmód főleg a magas hegységnek egyetlen s bikk és más lombfákkal kevert fenyveseiben gyakoroltatik, de a közép- és előhegységnek, nemkülönben az alsóbb dombvidéknek tölgyesei- és bükkeseiben is; tehát erdeinknek nagy részére terjeszkedik ki.

A letarolás jobbára m a g v á g a t o k b a n és t a r v á g a t o k b a n — v é d f a l a k k a l — történik. M a g v á g a t o k leginkább csak a középhegységnek bikkfákkal jobban kevert erdőiben és az előhegyek meg a dombvidék bükkeseiben és tölgyeseiben eszközöltetnek, még pedig többnyire úgy, hogy legelsőbben az épület-, töke- és egyéb használati fák vétetnek ki, és az álladékok ekkép megritkíttatnak, hogy kellő maghozó vágást képezzenek, és miután a természetes bevetés legalább részben megtörtént s a serdény is kissé kifejlődött és ennek diszlésére kivánatos, hogy az erdőrészlet még jobban gyéríttessék : akkor egy g y é r í t ő v á g a t alkalmaztatik, ugy hogy a meglevő fáknak körülbelül fele kivétetik; mihelyt pedig az illető terület teljesen be van vetve s a fiatal facsemeték már annyira megnőttek, hogy magokban is képesek megmaradni, akkor a v é g s ő v á g a t hajtatik végre, vagyis az eddig még fennhagyott fák is kivágatnak és feldolgoztatnak ; a még fennmaradt tisztások pedig alkalmas csemetékkel ültettetnek be.

Ámde a magas hegységben, hol jobbára csak fenyvesek vannak, ezen vágatási és nevelési mód nem alkalmaztatik, minthogy a gyérített erdőt a szél többnyire megkárosítja s mivel az i s m é t e l t faszállítás egy és ugyanazon vágásból (mi többnyire csusztatókon történik) sok költséggel jár. Hogy ezen hátrányok eltávolíttassanak, a kezelés egyszerüsbittessék, a serdénynek a zord éghajlatú hegységekben a kellő oltalom biztosittassék és felnevelése minél rövidebb idő alatt eszközöltessék, a következő eljárás követtetik : a vágatok 15, legfeljebb 20 ölnyi szélességben tétetnek, minden két-két vágat között ugyanily szélességü pásztán a fa érintetlen hagyatik — v é d f a l gyanánt s ebből csak az elszáradt vagy elnyomott fák, (melyek a zárlat fentartására nem szükségesek), vágattatnak ki. Azután a letarolt vágások mindjárt maggal vettetnek vagy ültetvényekkel ültettetnek be; később pedig a védfalak is, midőn a serdény oltalmára többé nem szükségesek, kivágattatnak, a tér pedig, melyet elfoglaltak, — föltéve, hogy rajta a ter. mészetes magvetés meg nem történt és a serdény a két oldalróli világosság következtében, elegendőnek még sem mutatkozik — szintén mesterséges ültetés által teljesen megmüveltetik; e végre a kellő csemeték többnyire csemeteoskolákban — rigólozott talajon és kerti kezelés mellett — neveltetnek.

A forgási időszak ezen szálas erdőkben jobbára 70—90 évre terjed, a szerint a mint erősebb vagy gyöngébb fát akarunk nevelni és a talajviszonyok megengedik; vannak azonban 60 és 100 éves forgással való erdőink is.

A sarjerdő-üzletnél a fa már 30, 40 éves korában, néha elébb is vágatik, és a serdény többnyire tő- és gyökhajtásokból neveltetik, ennélfogva ezen vágatási mód csupán lombfáknál alkalmatos. — — Gömörmegyében szintén nagy kiterjedésben találtatik, kivált a közép- és előhegyekben. Ez a legegyszerűbb, s meredek hegyoldalokon és sekély talajon, hol rendesen az erdők előfordúlnak, legalkalmasabb s azért igen elterjedt vágatási és erdőmivelési mód. Minthogy azonban a fatövek sarjazási képességöket lassankint elvesztik és elhalnak, azért némi magfák tartatnak fen, körülbelül minden 20 lépésnyire egy, hogy ezek által a hézagok a forgási időtartam alatt maggal bevetődjenek s a magból nőtt csemeték által kitöltessenek. A következő letarolásnál azon magfák kivágatnak és fiatalabbak által helyettesíttetnek, s igy egyszersmind egyszerű módon valamivel erősebb fa is neveltetik. Ezen vágatási mód ennélfogva különösen a községi és kivált falusi erdőkre nézve ajánlható, melyek jobbára csekély kiterjedésüek s melyekben nincsenek szakértő erdőszök alkalmazva, kik az erdők mivelésére gondot viselnének.

A forgástartam nálunk is jobbára 30—40 évre terjed a sarjerdőkben; itt-ott azonban a 30 ik év előtt is vágatik a fa, ha t. i. az erdőt mértéken túl kihasználják, s az öregebb vágható erdő részleteket már elfogyasztották, s most a faszükséglet fedezése végett a fiatalabb erdőrészletekhez kénytelenek nyúlni.

A középerdő-üzlet, a sarjerdő- és szálerdő-üzletek egyesítése; nálunk, nem igen gyakoroltatik, s rendezett állapotban tán sehol sem divatozik.

Rendezett szálalóvágot sem fordúl elő, noha itt-ott, kivált az alsó vidéknek kisebb erdőiben sokat szálalnak; a szálalás azonban csak abban áll, miszerint a legszebb tönkök kivágatnak, a mint épen szükségeltetnek, és a hol legközelebb kaphatók, vagy legkönnyebben az erdőből kiszállíthatók, — a serdény ápolására, óltalmára és felnevelésére kevés vagy semmi gond se fordíttatik.

Egy egészen sajátszerü erdőkezelés, mely csupán Magyarországban fordúl elő és Gömörben is gyakoroltatik — a makkolás tölgyerdőkben. Találtatnak ugyanis az alsóbb vidékeken tölgyesek, vén és igen vén, 100, sőt 200 éves fákkal, melyek 6, 8, 10 és több ölnyi távolságra vannak egymástól és terebélyes koronákkal birnak. Ezen vén, igen ritkás tölgyesek hihetőleg maradványai a hajdan jól zárolt szép tölgyeseknek, melyek a legszebb tönköknek folytonos kivágatása által annyira megritkúltak, miszerint csak a kevésbbé szép, bütykös, rövidderekú, eltörpült szálak maradtak meg, a mint valóban csak kevés szép növésű fát találni bennök. Minthogy azonban ezen tölgyek oly ritkásan és szabadon állanak, tehát koronáik igen kifejlödtek és sok makkot, meg (hol kocsános tölgyfa van) gubacsot teremnek, a talajt középszerűen beárnyalják és a kiszáradás ellen óltalmazzák, miért is efféle erdökben a legelő sem sül annyira ki, mint az e meleg tájakan a kopár helyeken nyáron gyakrabban történni szokott.

Efféle erdöknek fő haszna abban áll, hogy makkot és gubacsot hoznak, s hogy legelöül szolgálnak; fát keveset szolgáltatnak, mert rendesen csak az elszáradt szálakat, vagy a száraz csúpokat és gallyakat vágják ki, néha azonban a szükséghez képest egyes még egészséges és jobb növésü fákat is kivágnak.

Ámde a makk- és gubics egyik másik efféle erdöben s némely esztendöben igen nagy hasznot hajt, mely kedvczö, az északi szelek ellen védett fekvésekben gyakran nagyobb mint az, melyet a zárolt erdökben a fatermés nyújtana, föleg ha még a legelöböl eredö haszon is számitásba vétetik, mely némely gazdaságokra nézve nagy értékkel birhat.

Miután azonban a vén fák ezen makkos erdökben lassan-lassan elhalnak, s egyszersmind egynémely tönkök a tulajdonosnak házi szükségletére vagy eladásra is idöröl idöre kivágatnak, a folytonos legeltetés mellett pedig serdény nem támadhat s mesterséges magvetés vagy ültetés által sem pótoltatnak a hézagok: tehát azon jövedelmes erdök mindinkább ritkúlnak, s a makk- meg gubacstermésnek fokozatos csökkenése mellett elvégre végképen el fognak tünni, a mint csakugyan már számos ily erdö tettleg eltünt, s a talaj, hol arra alkalmatos, eke alá vétetett, a hol pedig nem elég jó, sovány legelövé változott, melyen még csak itt-ott látszanak egyes nyírfa- vagy boróka-csoportok; végre sok helyütt a dombos föld vizmosások következtében részben vagy teljesen kopár pusztasággá lett.

De hogyha ezen erdök rendesen kezeltetnének, ha t. i. fentartásukra magvetés, vagy helyesebben nagyobb fiatal tölgycsemetéknek, kivált a kocsános tölgynek, ültetése által — kellö gond fordittatnék: akkor azokból négyszeres hasznot lehetne tartósan húzni; t. i. a makkolásból, a gubacsbúl, a legelöböl és fából. De e végre arról kellene gondoskodni, hogy az ezen erdökben előfordúló nagy hézagok (tisztások) lassan-lassan kitöltessenek, és hogy kiszáradt vagy kivágott fa helyébe azonnal nehány fiatal csemete ültetetnék stb. Azonban ennek részletesebb tárgyalása nem ide való, szerzö e tárgybani nézeteit bövebben kifejtette a magyar erdész egylet közleményeinek I. évfolyamában, 4·ik füzetében.

Hogy ezen makkerdőkben művelés által eddigelé oly kevés történt, annak oka részben az eddig fennállott legelöviszonyban, kivált az úrbéri legelőben keresendő, mi mellett az ily erdőgazdaságnak czélszerü szabályozása alig vihető keresztül, minthogy az a mellett szükséges ültetvényeknek óltalmazása igen sok nehézséggel jár.

Annál örvendetesebbek azon előmenetelek, melyek fiatal erdőrészletek nevelésére más, főleg hegységi, erdőségekben eszközölt vetésekre és ültetésekre nézve újabb időben tétettek. Negyven évvel ezelőtt még nyomát is alig lehetett ily erdei mivelésnek találni, jelenleg pedig nagyobb erdőkben, melyek szakavatott személyzet kezelésére bizvák, mindenütt javíttatnak a vágások, magvetés és ültetés által, s ezáltal oda törekszenek, hogy jól zárolt fiatalosok ép, egészséges, ne pedig a legelésző marha által megrágott és eltörpült serdénynyel neveltessenek. A herczeg Kóburgféle uradalmakban magtermő években nagy mennyiségü lúcz-, jegenye-, vörös- és erdei fenyő magvak, továbbá makk, bükk és lombfa magvak szedetnek és részint a vágásokban, részint pedig a csemetekertekben elvettetnek, hogy az ezekben nevelt csemetékkel a vágások, hol szükséges, kiültessenek. Minden erdőpagonyban, hol csemetékre szükség van, csemetekertek is találhatók.

Ezekben a talaj többnyire rigóloztatik, és a magvak sorban ágyakra vettetnek; nyáron át az ágyak minden fü és gaztól tisztán tartatnak és porhanyíttatnak, mi által nemcsak rövid idő alatt, hanem mindenféle időjárás mellett is, száraz és nedves években, egészséges, erőteljes csemeték neveltetnek.

A magas hegységi fenyvesekben az ültetés jobbára csomókban történik (Büschelpflanzung), az alsóbb vidék lomberdőiben inkább az egyenkinti ültetés van alkalmazásban, kivált ha nagyocskák a csemeték. A vágásokban való vetés közönségesen fészkenkint történik, (Plätzesaat.)

Sarjerdőkben, kis tisztásokon a dugvány általi szaporítás is alkalmaztatik.

Hasonló modorban eszközültetik a fatenyésztés gr. Andrássy, továbbá Dobsina és a Murányvölgyi vasgyár-egylet erdőiben, és a vágások vetés meg ültetés által javíttatnak, a mennyiben természetes maghullás által teljesen be nem vetődnek maggal.

A kokovai erdőkben 20 év óta a fatenyésztésnek még más módja is divatozik. A vágások ugyan is, letaroltatásuk után, egypár évig mezei mívelésre, különösen burgonya vagy hajdina termesztésére fordíttatnak, azután pedig kertekben nevelt fenyőcsemetékkel ültettetnek be, ez eljárást erdei mezőmívelésnek is hivják (Waldfeldwirthschaft); de az nem valami sajátságos erdőgazdaság, hanem csak egy sajátságos mívelési eljárás, mert ott a szálerdő-üzlet divatozik. Különben ezen mívelésmód csak ott jöhet alkalmazásba, hol egyfelől sok munkaerő áll rendelkezésre, másfelől pedig kevés a szántóföld, vagy pedig a mezei növények termesztése (péld. dinnye az alföldön) a fris televénydús erdőtalajon igen hálásnak mutatkozik.

De kisebb erdőkben is találni már itt ott favetéseket és ültetvényeket, ámbár vannak még oly erdőségek is, hol mesterséges mívelésre épen nem, vagy alig gondolnak és mindent csak a jó természetre biznak; ámde ott az erdők mindinkább hézagosokká és ritkásokká válnak, termőképességökben hanyatlanak és lassan-lassan tönkre jutnak meg elenyésznek, főleg midőn a vágások óltalmazására sincs kellő figyelem, és a serdény a marha által károsittatik és fejlődésében gátoltatik.

Egyik nagy akadályát az erdőmívelésnek tette és részben még most is teszi az erdei legelőnek tekintetnélküli gyakorlása. Azelőtt kivált a volt úrbéri jobbágyoknak barmai egyesülve a földbirtokosok barmaival, nevezetesen birkáival, rongálták az erdei serdényeket, favetéseket és ültetvényeket. Ez okból minden, még a jobban kezelt erdőkben is nagy nehézségekkel járt, a vágásokat, vetéseket és ültetvényeket kellőleg megótalmazni és tökéletes fiatalosokat kevés költséggel folnevelni, — mint ezt alább az erdei szolgálmányok tárgyalásánál még bővebben ki fogjuk mutatni. Miután azonban most az úrbéri legelő jobbára már elkülönittetett, és hol ez még nem történt, nemsokára elkülönittetni fog, tehát ezen akadály nagyrészt elmozdittatott és ezáltal az erdőmívelésben kétségtelenül nagy előmenet tétetett. Az erdőbirtokos most legalább képes erdőit kellőkép tilalmazni s a serdényt mególtalmazni, hacsak önmaga nem teszi ki saját barma rongálásainak, a mint ez csakugyan némely pagonyokban meg is történik, minthogy általában magok a birtokosok az erdőben barmaik által okozott kárt helyesen megitélni gyakran nem tudják, s a jobban kezelt és zárolt erdőkben található silány legelőnek értékét igen magasra becsülik; a kisebb birtokosok pedig a barom legeltetés tekintetében sok esetben csakis az erdőre vannak szoritva. Ha azonban ez utóbbiak ritkitják az erdőt, hogy a legelőt tágitsák és a mellett még egy kevés fát is nyerjenek, úgy azt még ki lehet mentenünk; de a nagyobb erdőbirtokosok sokkal jobban tennék, ha erdőségök egy részét egészen legelőnek hagynák, hogy sem barmaikkal az egész erdőt bebarangoltassák, melyben azok a silány legelő következtében csak akkor élhetnek meg, ha a vágásokat lelegelik s igy az erdőt már csirájában elpusztítják.

Továbbá az erdei gazdálkodásra nézve még ki kell emelni, hogy Gömörmegyében már sok erdő meg is van becsülve; azonfelül a rendszeres gazdálkodás czéljából erdőkezelési tervek is készültek. Ide tartoznak a h. Kóburgféle Murányi uradalom erdői, hol már 48,000 k. hold van megbecsülve, a többiekre nézve pedig a becslés és a gazdálkodási tervek készitése folyamatban van.

Hasonlókép gr. Andrássy, Dobsina városi, a Rima-Murányi vasgyár-egylet erdői is nagyrészt már megbecsülvék s gazdálkodási tervek szerint kezeltetnek; a derencsényi közbirtokosság erdőiben is megtörtént a becslés és fáizás szabályozása.

Azonkivül helyenként az erdők **vágások szerinti beosztása** is megtörtént, főleg a kisebb erdőbirtokokon, hol a sarjerdő kezelés divatozik, miszerint tartós fahaszonvét biztosíttassék. Itt azonban meg kell jegyezni, hogy ilyféle beosztások és ezekre alapított gazdálkodási tervek czéljoknak teljesen meg nem felelnek, hacsak a kezelés, vagy ennek legalább ellenőrzése szakértőkre nem bizatik. Ily beosztások vágásokra könnyítik ugyan az ellenőrzést, vajjon a fát nem vágták-e ki az előirt határon tul, miután ezeket mindenki megismerheti, a ki csak valamit a mértani térképekhez ért; de mindamellett az erdőknek túlságos kihasználását és elpusztítását nem gátolják; mert ha mindjárt a vágások a kiszabott kiterjedésben eszközöltetnek is, de bennök tilalom, vetés, ültetés által a szükséges serdényről s a fiatal teljes álladékok felneveléséről meg az öregebb álladékok (középálladékok) fentartásáról nem gondoskodnak: akkor a termés, kivált a második forgásnál, a vágások szerinti beosztás ellenére is tetemesen csökkenni fog, tehát a haszonvét korántsem lesz tartós.

6.) Fatermési viszonyok és össszehasonlítása a termésnek a faszükségletekkel.

Az első szakaszban adott kimutatás szerint Gömörmegyének összes erdőterülete 352,184 kat. holdat teszen. Ezen erdők alólirtnak saját tapasztalásai, valamint más szakértő erdészek közlései szerint termőképességök szempontjából a következő osztályokba hozhatók:

30,000 k. hold szálerdő kitünő talajon, leginkább lúczfenyvesek, azután lúcz és jegenye fenyvesek némi bikkfával keverve, ad évi átlagtermésben egy kat. hold után 1¼ bécsi öl fát (2 bécsi öl = 1 köböllel.)

70,000 k. hold szálerdő jó talajon, szinte részint tiszta lúczfenyvesek, részint lúcz- és jegenyefenyvesek, bikkfával keverten, továbbá tölgyesek, bükkesek, vagy e kettőnek keverékéből álló erdők-, átlagosan holdanként 1 bécsi öl fát adnak.

100,000 hold szintén efféle szálas erdők középszerü talajon meg hosszabb forgással — évi átlagban $^3/_4$ bécsi ölet adnak holdankint.

100,000 k. hold sarjerdők középszerü talajon, melyek bikk, tölgy, gyertyán, jávor, szil, kőris, rezgőnyár, nyír, éger s m. efféle fanemekből állanak, és pedig egyrészt tiszta, de jobbára kevert erdők, adnak k. holdanként $^3/_5$ b. öl évi átlagot.

52,184 k. hold hasonló sarjerdő rosz talajon vagy tökéletlen, ritkás és hézagos álladékokkal, ide számítva a makkerdőket is — évenként csak $^2/_5$ b. öl átlagtermést nyújt.

Az itt felvett termésmennyiségeket nem fogjuk nagyobbra tehetni, ha tekintetbe vesszük; hogy nyesegetések (Durchforstungen) még csak kis mértékben történnek; hogy a töfa a fenyvesekben részint csekély ára, részint az irtás költsége miatt, ugy szintén a vékonyabb gally, ág és heverő fa is a távolabb erdőkből csak keveset vagy éppen nem használtatik fel; és végre, hogy számos erdőrészlet nem eléggé zárolt, hanem hézagos és vigályos.

E szerint az összes fatermés a következő számokban fejezhető ki :

30,000 k. hold 1 $^1/_4$ b. öllel ád összesen 37,500 bécsi öl fát.								
70,000	„	„	1	„	„	„	„	70,000 „ „ „
100,000	„	„	$^3/_4$	„	„	„	„	75,000 „ „ „
100,000	„	„	$^3/_5$	„	„	„		60,000 „ „ „
52,184	„	„	$^2/_5$	„	„	„	„	20,873 „ „ „
						Összesen		263,373 „ „ „

Ha már most ezen erdőknek összes fatermését a szükséglettel és különféle használtatással összevetjük, a következő eredményekre jutunk :

Előttem levő tapasztalatokra alapitott felvetés szerint a fönn kimutatott összes fatermésnek legalább $^1/_8$ részét, tehát 32,921 bécsi ölet a következő czélok veszik igénybe : u. m. száraz-, víz- és bányaépitkezések, zsindely, padló-, deszka- s effélének készitése, szer- és más haszonfa, lángfa a vastelepzeteken, tüzifa a különböző gyárakban, ugymint : kőedény-gyár Murányban, üveg-gyár Kokova mellett, papir-gyár a csetneki, dobsinai és rimai völgyekben, (a szükséges helyiségek fütésére), cserépedénygyártás, mész és téglaégetés, szeszgyártás és serfőzés, szénégetés kovácsok és lakatosok számára, nyilvános épületek fütése, cserkéreg timárok számára stb. stb.

Még nagyobb famennyiség szükségeltetik továbbá a lakházak

fűtésére, főzésre és sütésre, mely szükséglet megközelítőleg következőleg mutatható ki:

A lakosok száma körülbelől 160,000 lélek. Ezen népesség nagyobb részére, kivált a falusi lakókra, kik közönségesen csak egy szobát fütenek, hol egyuttal főznek és sütnek, tapasztalás szerint számíttathatik egy egész évi szükséglet fejében egy-egy emberre ½ b. öl vagyis egy családra, átlagban hat személylyel 3 b. öl fa. Jolsva, Dobsina, Nagy-Röcze sat. városi községekben egy 6 tagból álló családra évenkint 4 b. öl, vagyis 1 személyre ⅔ b. öl keményfa számíttatik ugyan; azonban ezen városi lakosok száma az összes népességhez képest aránylag nem nagy, és a falusi lakosok szegényebb osztálya, kik a szükséges tüzifát legnagyobbrészt hátukon hordják vagy szánon és taligán szállitják haza, jobbadán kevesebbel is kénytelenek beérni, mint 3 öllel, hogy sok időt ne veszítsenek a kellő fának beszerzésével, azonfelül sok gally és hullófát is feltüzelnek, mely a fatermés feljebbi felvetésében nincsen befoglalva; ezáltal a városi községek nagyobb szükséglete némileg kiegyenlittetik.

Ha tehát ½ ölet számítunk egy-egy személyre: akkor az évi átlagos faszükséglet 160,000 lakos után 80,000 b. öl fa.

Ezen tüzifa-mennyiséghez azonban még egy pótlék adandó azon lakásokra nézve, melyekben a tüzifa-fogyasztás jóval nagyobb. Ide tartoznak a föld- és gyárbirtokosok, lelkészek és tanitók, bérlők, megyei, erdei és gazdatisztek, bányászati és kohászati tisztek, orvosok, gyógyszerészek, kereskedők sat. lakásai, melyekben, tudvalevőleg, a szobák nagyobb száma és a külön főzés meg sütés miatt jóval több fa fogyasztatik. Ilyen lakás Gömör megyének 268 helységében, majorjaiban és gyártelepeiben legalább 1000 vehető fel. Ha most ezen lakások mindegyikéhez, a fennebbi 80,000 ölben már benfoglalt 3 ölen kivül, átlagban még 10 b. ölet számítunk, még 10,000 ölet kapunk, tehát az összes tüzifa-szükségletet 90,000 b. ölre tehetjük.

Vagy ha 3 öl tüzifát számítunk átlagosan egy házra, úgy a 25,800 ház után, mennyi az ujabb számítás szerint Gömör megyében találtatik, esnék 77,400 b. öl, ha ehhez ama 10,000 ölet a fönn kitett tágasabb lakásokra hozzáadjuk, s tekintettel vagyunk arra is, hogy sok házban több lakás van; — szintén legalább is 90,000 b. öl fog kikerülni, mint a lakások fütésére, a főzés és sütésre szükségelt tüzelőfa mennyiség.

Minthogy már most a fennebbi kimutatás szerint az évenkinti fatermés 263,373 b. ölet tesz, ebből pedig épület-, dorong-, szer- és egyéb haszonfára, meg gyárakba sat. szükségeltetik . . . . 32,921 b. öl
tüzelőre a lakházakba . . . . 90,000 „ „
tehát ezen szükségletek fedezésére összesen esik . . . . . 122,921 „ „

Tehát marad egyéb használatra 140,452 öl, mely jelentékeny famennyiség ezideig szénné égetve és a vastelepzetekben használtatott fel.

Ha a dorong- és gallyfából (le egész 1—2" vastagságig, mint ez a sarjerdőkben jobbára előfordul), egy köbölre 10 mérő szenet (8 köbláb a hézagokkal együtt) számítunk, és a hasáb, meg a kevés dorongfából, mint lomb- és fenyő-szálerdőkben előfordul, egy köb-ölre 14 mérő, tehát átlagban a szál- és sarjerdőből 12 mérő szenet vagyis 6 mérőt 1 bécsi ölre számítunk: akkor a fennebb kimutatott szenesitendő 140,452 b. öl 842,712 mérő szenet szolgáltat.

Gömör megye összes vastelepzeteinek szénszükséglete, történt nyomozások szerint, az utóbbi években átlagosan közel 1.060,000 mérő, tehát 217,288 mérővel többet tett azon szénmennyiségnél, mely a szenesítésre rendelkezésre álló fából előállíttathatott; és csakugyan a rendelkezésre álló szénfának elégtelensége a minden szomszéd megyéből, és részben távoli vidékekről történt szénszállítás által is bebizonyult, mely szállítás néhány évtized óta fokozatosan emelkedett, azon idő óta t. i., midőn az elébbi nagy készleteket vágható fában, sőt még az akkoriban létezett őserdőket, legnagyobbrészt fölemésztették és a vastelepzetek lassan-lassan nagyobbodtak és szaporodtak.

Úgy látszik azonban, mintha a gömöri vasgyárak aranykora már elmúlt volna; adja Isten, hogy sorsuk nemsokára jobbra, ne pedig roszabbra forduljon, mi nemcsak azoknak és az erdőknek birtokosaira, hanem általában a megye mindazon lakosaira nézve, kik a vastelepzetek és erdők körüli keresetből élnek, nagy csapás volna. Hajdan minden vastelepzet, hacsak nyers és némi rúdvasat előállítni képes volt, szép jövedelmet mutathatott ki; most a vaskereskedésben beállott nagy pangás és a vasáraknak tetemes csökkenése mellett a dolog megváltozott, és az elébbi kedvező viszonyok alig fognak valaha megint visszatérni; mert a kőszén, vaspályák és gőzhajók sat. mindent kisodortak a régi kerékvágásból, és már most az alapos készültségü szakférfiaknak feladata: új módokat és eszközöket találni fel, hogy a meglevő kincsek vasérczben és fában czélszerüen értékesíttessenek.

7.) Eddigi felhasznalása és értékitése a fának és faáruknak s pótlása a fának más tüzelő anyagok által.

A fának felhasználását, és értékitését általánosan már az elébbi szakaszban láttuk.

E szerint az évenkint használat alá kerülő fának nagyobb fele szénné égettetik, és a szén majd mind az e megyebeli vashámorokba és gyárakba szállíttatik, s ott fogyasztatik el; továbbá a fának nagy része lakások fütésére (25,800 házban), gyárakban stb. fogyasztatik el; a többi épület- s egyébb haszonfára dolgoztatik fel.

A szenesités ennélfogva legfontosabb ága az erdei iparüzletnek. Leginkább az erdöben történik, u. n. tót milékben és csak a murányi uradalomban, a Garam völgyében, (a Polonkai erdöhivatalban) létezik két geréb-szenesde, hova a szénfa csúsztatókon és két rekesztékkel ellátott patakon szállitatik és nagyobb mennyiségben u. n. olasz milékben égettetik.

A szénfának hasábhossza jobbára 6, 3 és 4 láb, és pedig a szálerdöböl, különösen fenyvesekböl való hasábfa jobbára 6 és 4 láb, a vékonyabb fa pedig, kivált a botfa a sarjerdöben 3 láb hosszú. A vastagabb fa jobbára fürészeltetik, a vékonyabb pedig fejszével vágatik.

Az átlagos szénmennyiség, melyet egy b. öl fából nyernek, az elébbi szakaszban már ki van mutatva, mely azonban még nagyon függ attól, mikép mérik a vastelepzeteken a szenet, mert itt néha sok önkény fordúl elö, mely leginkább abban áll, hogy a szenet tömötten rakják a méröbe, ezt többé kevésbé meghalmozzák, vagy pedig a szenet csak szekér számra veszik át.

Tüzifa átadás vagy nagybani eladás sehol sem fordúl elö. A legnagyobb átadások vagy eladások, egyenkint véve 500—1000 köbölre rugnak és lángfából állanak, mely a h. Kóburgféle vastelepzeteknek és köedénygyárnak a murányi urodalomban, az üveggyárnak Kokova mellett stb. adatik át. Különben az ölfa csak kis mennyiségekben, mint tüzifa adatik el és pedig fütésre, szeszgyárakba, sörházakba, mész és téglaégetésekbe stb.

Nagyobbmérvü szálfa-kereskedés és eladás szinte nem fordúl elö és a mi szálfa eladatik, az mind a megyénkben szükséges száraz-, viz- és bányaépitkezésekre fordíttatik. Csupán a Garami hegységböl szállitatik 1000—1500 darab szálfa a Garamfolyón az alsóbb vidékekre, és a talpak deszkával meg egyébb szelvény-árúval (Schnittwaare) rakatnak meg, szinte az alsóbb vidékeken eladásra; e fakereskedés idövel sokkal nagyobb jelentöséget nyerhet, ha majd a fát nem lehetend ugy, mint eddig a vastelepzetekben értékesiteni, és a Garamfolyó a tutajozás végett jobban szabályoztatandik.

A legkitünöbb használati fához tartozik a czölönkfa (Klotzholz), mely deszkákra s egyébb szelvény árúkra dolgoztatik fel és mint ilyen részint a megyebeli terjedelmes vastelepzetek szükségleteire, épitkezésre stb. használtatik fel, részint az alsóbb vidékekre, Torna·

Borsod, Nógrád, sőt Heves megyékbe szállíttatik, részint pedig a Ga
ramfolyón tutajoztatik le.

Erre leginkább fordíttatnak a lúcz-, jegenye-, vörös- és kevés
erdei fenyvek meg tölgyek. A legtöbb czölönkfa, évenként közel 10,000
db, jobbára lúcz- és részben jegenyefenyő, ehhez járul még 500—600
darab vörösfenyő czölönk, melyek a murányi uradalomban állíttatnak
elő és vágattatnak fel, két nagyobb és két kisebb fürészmalmon. A
szerfeletti czölönkfa-vágatok, és a murányi erdőknek az előbbi idők-
ben gondatlan kezelése miatt a czölönkfa erdőrészletek majdnem egé-
szen fel voltak már használva; miután azonban az erdőszemélyzetnek
a 3. szakaszban említett szervezése és az erdőgazdálkodásnak szabá-
lyozása által egy más rend állott be, és időközben a fiatal erdők is fel-
serdültek, a czölönkfa-előállítás évről évre növekedik, s azon erdők
egykor nemcsak Gömör megyének legnagyobb részét, hanem az alsóbb
vidékeket is fogják deszka és más szelvény áruval elláthatni.

Továbbá sok metszett árúk készíttetnek és kereskedésbe hozat-
nak Kokava vidékén, hol sok kis fürészmalom működik. A legtöbb
czölönk, évenkint majdnem 6000—7000 darab a gr. Forgáchféle
erdőkből kerül; egyébbiránt úgy látszik, mintha ezen erdők, terjedel-
mök mellett, nem lesznek képesek, hasonló mennyiségü czölönkfát tar-
tósan szolgáltatni.

A dobsinai erdőkben évenkint közel 3000 db czölönkfa vágatik,
köztök 500 db bikk és 200 db vörösfenyő- meg erdeifenyő-czölönk;
a metszett árúk azonban jobbára saját szükségletre, épitkezéseknél,
bányáknál stb. használtatnak fel.

Azonkivül fürészmalmok még Klenóczon, Tiszolczon, a csetneki
meg rozsnyó-dobsinai völgyben is vannak, melyeken azonban csak ki-
sebb mennyiségü czölönkök vágattatnak fel és az itt nyert szelvény
árúk jobbára az erdő- vagy vasműbirtokosoknak saját szükségleteire
vagy a környékbeni eladásra fordíttatnak.

Ezen deszkaczölönkökön kivűl még némely más tönkfák vágat-
tatnak és különféle czélokra használtatnak fel, u. m. kalapácsnyélre stb.
a vasművekben, malmokban és gyárakban, bognár és kádárfára stb.,
de ezen tönkök száma nem igen nagy.

A f a z s i n d e l készitése megyénkben szintén elég nagy, miután
az épületek nagy része, főleg a hegyes vidékeken, zsindellel fedetik
s igy a szükséglet igen tetemes. Legtöbb zsindel a murányi uradalom-
nak fenyveseiben (fenyüzsindel) készül és részint az uradalomban
használtatik fel, részint a megyének alsóbb vidékeire, sőt még mesz-
-zibbre is szállitatik. Évenkint körülbelül 1,000,000 fazsindel készül.

Vörösfenyőzsindel csak különös megrendelésre készítetik. — Azonkivül **Kokován,** a csetneki és dobsinai hegységben sok lúczfenyő zsindel is metszetik, jobbára azonban csak az erdőbirtokosok saját szükségére vagy a környékbeni eladásra. Dobsinán e czélra egy különös zsindelvágó-gép állitatott fel. — A murányi uradalomban is volt egy zsindelvágó-gép egy fürészmalommal összeköttetésben, de nem mutatván különös előnyöket, felhagytak véle.

A nevezett faárúkon kivül készittetnek még többfelé: különböző **kádárárúk** u. m. hordóabroncsok, vizvedrek és más facdények; faragott árúk u. m. kalánok, tálak, tányérok, teknök s m. eff. Ezen tárgyak részint vásárokra a megyében, részint az alsóbb vidékekre szállitatnak. A Martinyféle papirgyárban a Csetneki völgyben nyárfa is köszörültetik pakolópapir készitésre és ezen papiranyag részint saját használatra fordittatik, részint más papirgyárakba eladatik.

Más tüzelő anyagok, u. m. köszén- barna-szén, tözeg, Gömör megyében nem használtatnak. A murányi hegységben van ugyan egy kis tözegtelep, de kis területe miatt nem használtatik. Ugyanez áll egy másik kis tözegtelepre nézve a Volovecz hegyen Uhorna határában. — Köszenet eddig tudtomra sehol sem találtak; szalma szintén nem alkalmaztatik a tüzelésre. Barna szenet azonban hoznak Borsodmegyéből, különösen a Gömörmegye határához közelfekvő Czenterről és használják péld. a Rimaszécs melletti csobánkai szeszgyárban és a Hornbachféle papirgyárban a csetneki völgyben.

8) Fa- és munkaárak.

Ölfaárak.

Még körülbelül 40 évvel ezelött a tüzifa- és szénfa árak igen alacsonyak voltak. 1 köböl szénfát (a vágatási ár nélkül) 1 f 20 — 2 ftjával lehetett venni, a mostani pénz szerint; tehát 1 bécsi ölet (6' széles 6' magas és 3' hasáb hossz) 60 – 100 kron! Miután azonban a kész letek vágható fában a divatozott rendetlen kezelés és a vas telepzetek szaporitása következtében mind inkább felemésztettek, a faárak jelentékenyen emelkedtek, és pedig az utóbbi időben 5—6 ftra és többre köbölenkint. Kemény és puha fa közt régibb időben nem tétetett nagy különbség, minthogy a kemény szenet az olvasztókban az érczek felolvasztására, a puhát pedig a készelőkben és nyujtó hámorokban használták fel.

Rozsnyón, Jolsván, Rimaszombaton a tüzifa ára (beleszámitva

vágó- és fuvarbért) utóbbi időben 10—12 frt volt, hová azonban jobbára csak kemény, különösen bikk- gyertyán- és tölgyfa szállitatik.

Egy két év óta a tüzi- és szénfának ára a vaskereskedésnek csökkenése miatt lejebb szállott.

Szálfa (épületfa) és czölönkfa- árak.

Ezekről ugyanaz áll, mi az ölfák árára nézve mondatott; csakhogy azok azelőtt aránylag valamivel magasabban állottak.

A murányi uradalomban eddigelé a czölönkök ára volt lúcz, jegenye, erdeifenyö-, bikk-, nyír-, éger-, és nyárfából 12—15 o. é. kr. köblábonkint, a szálfák ára pedig, ugyanezen fanemekböl 8—12 kr köb. lábonkint. A göröndüfa (Wellenholz) 15—20 kr.

Veresfenyö szál- és czölönkfa körülbelül felével drágább.

Tölgy czölönkfa köblábja 15—20 kr, szálfa 10—15, göröndüfa 20—30 kr.

Hasonló szálfa és czölönkfa árak léteznek a megye többi részeiben is, bár a helyi viszonyok szerint valamivel magasabbak vagy alacsonyabbak.

Fakéreg árai.

Egy négyfogatu szekér luczfenyö kéreg kerül átlagosan 1 f 50 krba, tölgy kéreg fiatal fákról a sarjerdöben 4 f o. é.

Szelvény áruk árai.

Egy darab 12' hosszu, 12" széles és 1" vastag lucz-, jegenyevagy erdeifenyö deszka kerül a felsöbb vidékeken, hol a szelvény áruk elöállittatnak, jelenleg 30—35 krba, az alsóbb vidékeken a fuvarbér beszámitásával 40—45 krba. Hosszabb, vastagabb vagy szélesebb deszkák árai méreteik arányában növekednek; a szélesebb deszkák, mert ritkábbak, valamivel jobban fizettetnek, a keskenyebbek ellenben aránylag ölcsóbbak, mert kevésbbé kerestetnek.

Közönséges metszett, 12' hosszu, 2" széles és 1" vastag léczek luczfenyö- és vörösfenyüfából kerülnek az elöállitási helyen, darabonkint 5—6 krba.

A vörösfenyö metszett áruk körülbelül felével drágábbak mint a luczfenyökböl valók.

Jávor-, szil-, és körisfa metszett árukért két annyit adnak, mint a luczfenyöböl valókért.

Tölgyfából kevés metszett áru készittetik, és ez ¼ vagy ½-vel drágább, mint a luczfenyö áru.

Fazsindely ára.

Egy ezer db fazsindely, 20'' hosszu, lúczfenyöböl, kerül előállitási helyén jelenleg 5—6 frtba, vörösfenyö zsindely 12 ftjával és még drágábban is adatik.

Erdei munkások bére.

A munkabérek nemcsak a könnyebb vagy nehezebb munkától hanem attól is függnek, milyen munkaerők kaphatók a végzendö munka közelében. A közönségesb munkadíjak e következök:

F a v á g ó k dija egy köb-ölért (= 2 bécsi öl) 80—100 kr. o. é. a szálas erdöben; némely vidéken 1 ft 20 kr. — Sajerdöben 65—80 kr.

T u s k ó i r t á s é r t fizettetik lúczfenyö erdökben köbölenkint 2 fttól 2 ft 20 krig; azelött 2 ft 50 kr. és még több is fizettetett.

Z s i n d e l y m e t s z ö k n e k 1000 db után 1 ft 60 krtól 2 ftig.

S z é n é g e t ö k dija, az erdei szenesdékben, a szerint a mint a szénfa többé vagy kevésbé távol van, vagy elszórt, 8—10 kr egy mérö szénért (8 köbláb a hézagokkal együtt); a g e r é b s z e n e s-d é k b e n (Rechenkohlungen), hol a fa együtt van 6—7 kr.

N a p s z á m az erdei mivelésekben 15—25 kr, mire leginkább nök, leányok és gyermekek alkalmaztatnak; nehezebb munkáknál, péld. utkészitésnél, hol férfi munkások szükségeltetnek, 30—40 kr.

A faárakat és munkabéreket csak általánosan lehetett felhozni, mert ha azokat egyes vidékek szerint akarnók részletezni, igen sok tért kellene evvel betölteni. — Egyszersmind csak a legkitünöbb erdötermékek árait és a legközönségesebb erdömunkák bérét vettük itt fel, azonban ezekböl a többi még elöforduló faárak és munkabérek is megitélhetök.

9.) E r d e i m e l l é k - h a s z o n v é t e l e k.

Legjelentékenyebb mellék-haszonvétel a gömöri erdökben a m a k k- és g u b a c s t e r m é s. Már fönnebb az 5. szakaszban láttuk, miszerint ezen haszonvét az alsóbb vidékek makk-erdöiben sokszor igen tetemes. De a többi tölgyfa-erdökben is sok makk meg gubacs fordul elö. Továbbá a közép- és elöhegyekben lévö kiterjedt bikkesek is sok bikkmakkot szolgáltatnak, mely utóbbi azonban a tölgymakk-nak jóval megette áll, mivel nem oly sikeres a sertésekre nézve, és mivel a bükkesekben, kivált ha sürük vagy fiatal erdök, a sertésörzés több nehézséggel jár.

Jobb években, melyek nem oly ritkák, ezen erdökben több ezer sertés hizlaltatik; oly években is, midőn a makktermés kevésbé sikerül, azon erdőkben nagy mennyiségü sertés táplálkozik az őszi hónapokon át, sőt egy ideig télen is, ha nem kemény. Makktermő években nagyszámu birka is tartatik, gyakran több hónapon át, a makkon részint az erdőben, részint az istállókban, mi kivált takarmányszük években nagy elöny.

Egy másik terjedelmes mellékhaszonvét eddig az e r d e i l e g e l ö volt, kivált az urbéri legelő. Az erdei legelő által azonban rendesen több kár okoztatik, mint mennyit a haszonvét megér, mint ezt már az 5. szakaszban megemlitettük és alább a 10. szakaszban még bővebben kimutatjuk. Az erdei legelő tehát csak ott igazolható, vagyis csak ott szolgáltat valódi hasznot, hol az a gazdasági marhaállomány fentartására okvetlenül szükséges, vagy teljesen mellözhetlen, vagy hol a fának kevés vagy semmi kelendösége, tehát csekély értéke is van, és az erdő jövedelme a legelöhasználat által némileg emelkedik.

Hasonlót mondhatni az e r d e i l o m b t a k a r m á n y r ó l is, mely elöször más takarmányfélékhez képest közönségesen elég drága takarmány, miután szedetése meg száritása sokba kerül, és ha a száritás meg eltartás gondosan nem eszközöltetett, sok belöle megpenészedik, elrothad és élvezhetlenné válik; és másodszor, hogy a szedéssel gyorsabban elkészüljenek, igen közönségesen a helyett, hogy csak a galylyak s ágaknak végeit részben lenyesnék, a fáknak egész ágait, sőt nem ritkán még csúcsait is vágják le, miáltal az erdők tetemesen megkárosittatnak.

A lombtakarmány szedetése ennélfogva csak ott czélszerü, hol az föleg csak a nyesési fára terjed ki. Egyébiránt rendkivüli takarmányhiány idején lehet a marhaállomány fentartásán a takarmánylombbal valami keveset segiteni, a mint ez az utóbbi száraz és takarmányszük években valóban történt is; mégis az ilyen n a g y m é r v b e n gyakorolt lombtakarmány-szedetéssel közönségesen sok kár okoztatik az erdöben, mely kár a lombtakarmánynak értéke által nem mindenkor pótoltatik, azért is az erdönek ez iránybani igénybe vétele csak rendkivüli takarmányhiány idején menthető és igazolható.

Még károsabb mellékhaszonvét az erdőre nézve az erdöalom szedetése, föleg midön ezen haszonvét annyira kiterjesztetik, hogy televény se képződik többé az erdöben, s a talaj természetes trágyájától megfosztatik, mely annyira szükséges a fák diszlésére. Szerencsére ezen mellék-haszonvét a gömöri erdökben csak ritkán fordul elö és sehol se nagy kiterjedésben, miért mindenütt, hol az erdök zártan tartatnak, kitünő talajerő találtatik és e mellett a gyökereknek megma-

rad a jótékony lomb-, moha- és televény-takaró, mely kivált a magas
hegységben a kemény hideg ellen védelmül szolgál; ezen kedvező kö-
rülmények között az erdők a magas hegységben mindig épek marad-
hattak eddig és a rovaroknak, kivált pedig a szúknak (Lorkenküfer)
pusztitásaitól is mentve voltak.

· Hasonlókép áll a dolog a gyántanyerésre nézve is, mi ál-
tal a fák szintén elerötlenednek, betegekké válnak és a rovarok sza-
porodására alkalmul szolgálnak. Ezen mellékhaszonvét itt szintén igen
ritkán és csekély kiterjedésben fordúl elő.

Sokkal czélirányosabb ellenben a lúczfenyö- és tölgyké-
regnek használata cseranyagul, miböl itt nagymennyiség áll rendel-
kezésre; jelenleg azonban a cserkérget föleg csak a gömörmegyei ti-
márok keresik. Reményünk van azonban, hogy a Garam vizén a tá-
volabb fekvö alvidékekre is lesz szállitható.

Az erdöhasználat többi neme nem birván jelentöséggel, itt hall-
gatással mellőzhetö.

10.) Szolgálmányok.

A jövedelmezö erdök felnevelésében és fentartásában, valamint
általában az erdők czélszerü kezelésében nagy akadályul volt a fenn-
állott és részben még most is fennálló úrbéri fáizás és legeltetés. Azért az
utóbbi időben megtörtént és folyamatban lévö törvényes megszüntetése
az úrbéri fáizásnak és legeltetésnek, s a községi erdöknek és legelök-
nek elkülönítése nagy haladást jelez az összes erdögazdaságban, a
mennyiben ez által az erdöbirtokos képessé tétetik, erdöiben akadály
nélkül rendezettebb kezelést folytathatni. A divatban volt úrbéri fáizás
által kártételekre, falopásra bö alkalom szolgáltattatott, minthogy a jo-
gosúltak nagy része az erdönek minden zugában forgolódott a faszedés
ürügye alatt, ilyenkor pedig a legszebb zárolt álladékokat megritkítot-
ták, föleg a helységek közelében, mikor a gallyfa, melynek szedése
meg volt engedve, el volt fogyva.

Még nagyobb bajt okozott az úrbéri legeltetés, mert tudomás sze-
rint a zárolt teljes, kivált öregebb erdöben kevés vagy csak silány legelö
van; tehát leginkább csak a ritkább, hézagosabb és vigályosabb erdö-
részletekben, meg a vágásokban, vetésekben és ültetvényekben van
legelö. E szerint az erdei legelö — mert a vágások tilalom alá tétet-
nek, s hogy az erdö már csirájában el ne pusztíttassék, kell hogy tilal-
maztassanak, tökéletlen erdörészleteket tesz fel, ezek
pedig a legeltetés által nemcsak fentartatnak, hanem mindinkább ki-
terjesztetnek, minthogy a ritkás hézagos erdörészletek nem képesek

benőni és zárolt teljes álladékokká képeződni, miután a **marha** leginkább a kisebb-nagyobb vigályokra van szorítva, hol minden **sarjadék**ot és serdényt lerág és letapos. Legjobb legelőt a marha a **vágások**ban talál, miért is a pásztorok, bármennyire legyen eltiltva, különösen azokat keresik fel, hol azután a marha a legnagyobb és sokszor **pótolhat**lan károkat okozza és az erdőrészleteket már fiatal **korukban** hézagossá és foltossá teszi.

Sok pagonyban, hol önként nem mutatkozott serdény, a vágások jelentékeny költséggel mesterséges mívelés alá vétettek és **azután** betiltattak; de a tilalommal a legelőre jogosúltak nem sokat **gondoltak**: a vágások többé-kevésbbé legeltettek, a serdény letiportatott, **megrága**gatott vagy máskép elpusztíttatott, és habár egyik másik **kártevő** elfogatván, megbírságoltatott, ez a kárt teljesen nem pótolta. Sok **ily** esetben nehány év múlva új kultúra volt szükséges, de **a marha ráhajtása** és a serdény megrongálása nem ritkán újra bekövetkezett, és már most harmadszori kijavítás is lett volna szükséges, mely azonban részint a a nagy költség, részint pedig a miatt nem történhetett, mivel a legelőtilalom már hosszu időre terjedett. A jogosúltak panaszt indítottak az erdöbirtokos ellen, hogy a legelőt kelleténél túl betiltja. A tényállás megvizsgálására egy bizottság jelenik meg, mely meggyőződvén arról, hogy a kérdés alatti vágás már 10, 12, 15 év óta be van tiltva, és látván, hogy itt-ott nehány csoport rezgő nyárfa, kecskefűz, és más kevésbbé értékes fa meglehetősen felserdült, a vágást fölszabadítja — mely, minden józan erdőmíveléssel annyira ellenkező, eljárásnak sajnos következménye egy hézagos, foltos, tökéletlen fiatal álladék. Ily ferde eljárás menthető volt akkor, midőn a fát még nem lehetett értékesíteni és mesterséges erdőmívelésre szükség sem volt; de a jelen körülmények között ily viszszásságnak megszüntetése az erdőgazdaság sikeres fejlődésére okvetetlenül szükséges.

De a községekre nézve is előnyös a községi erdőnek és legelőnek kihasítása. Mert a mi az erdőt illeti, meg kell jegyezni, hogy először is a község mint kihasított erdő-illetményének jogi tulajdonosa maga rendezheti egyéb gazdasági viszonyai szerint erdőbeli gazdálkodását, és ha valódi érdekét szeme előtt tartja, szép hasznot huzhat erdejéből; másodszor a község nem függ többé annyira az erdöbirtokostól, ki nem ritkán oly rosz gazdálkodást vitt az erdőben, hogy a fáizás lassan-lassan mind csekélyebb lett, és néha egészen is megszünt, miután t. i. a tulajdonos és a faizásra jogosúltak az erdőt tulságosan igénybe vették és tönkre juttatták.

Megtörténhetik ugyan, hogy némely községek is érdeikel rövid idő alatt felhasználni vagy elpusztítani fogják, de ennek egy czélszerü és nagyon szükséges erdötörvény és a községi erdöknek kellő ellenőrzése által elejét lehet venni; mert az ily község, mely erdejét elpusztítja, csak maga árt magának; azután általán véve a nemzeti jóllétre nézve mégis csak sokkal kevésbbé káros, ha a kisebb községi erdő idö elött felhasználtatik vagy kevésbbé jól kezeltetik, mintha az egész erdőtest, melyböl a községi erdö kihasíttatott, minden irányban meg károsíttatik és lassankint elpusztíttatik.

Az erdöbeli legeltetés az illető jogosultakra is sokféle hátránynyal járt. Midőn a vágások és fiatalosok igen szigorúan védettek, és a jogosúltak marhái csupán az öregebb és vén erdörészletekre voltak utasítva: akkor a legelő valóban nagyon silány volt, és a gazdák sokszor igen tetemes büntetés alá estek, ha márháikat mégis valamely tilosban érték; másfelől némely erdökben magok a tulajdonosok oly számos marhát, kivált juhot tartottak, miszerint a jogosultak barmai számára csak igen kevés legelö maradt. Azért nem kell kevésre becsülni értékét azon legelőtérnek, mely az erdei legelő pótlására a községeknek — jobbára a helységek közelében — hasítatik ki, és melyet a községek mint teljes birtokukat legjobb belátásuk szerint használhatnak.

A többi teher, melyet megyénk erdőségei viselnek, áll azon fa adományokban, melyek a legtöbb helységben a lelkészeknek, kórházaknak járnak ki, továbbá épütetfában sok patronatusi épületre. Ezen terhek azonban nem olyanok, hogy az erdök rendes kezelésére káros befolyást gyakorolnának, minthogy azon kevés jogosultakkal sokkal könnyebb a szükséges rendet fentartani, mint egész községekkel lehetséges.

Végül kötelezve érzem magamat, mind azoknak, kiktöl kérésemre statistikai adatokat nyertem, és ezen értekezésnél használtam, legbensőbb köszönetemet kifejezni, nevezetesen B a l o g h P é t e r katastrális felügyelö urnak Kassán, T o m o r y J á n o s, T e r r a y P á l, B r e c z S á n d o r, K o l b e n h e y e r J ó z s e f, W e i s z k o p f A l a j o s erdömester uraknak, és S z o n t á g h L a j o s föerdész urnak.

Greiner Lajos,
Kóburg herczegi erdőtanácsos.

IV. FEJEZET.

Gömör megye bányaipara.

(Két bányatérképpel.)

Bevezetés.

Az isteni gondviselés az egyéni szükségletek kielégítési ösztönébe helyezte az emberiség szellemi mivelődésének és anyagi gyarapodásának alapját és feltételeit. — Ez ösztön : az auri sacra fames, a hatalmas rugó, mely a zordon s hegyes, de érczdús vidékeket, s a forró éghajlat porrá égett, de aranyszemercsekben gazdag sivatagjait virányos emberi lakokká változtatja át.

Az ősember csakis ott verte fel első tanyáit, hol a dús természet áldásait szükségleteinek kielégitésére könnyen szedheté. Megszaporodván, s szomszédjai, kényelmes életének versenyzői által szoríttatván, gyakran kényszerült a hegyek sziklái közé menekülni. S szerencse reá nézve, ha a tápláló növényekben szükölködö hegyek vízmosta lejtöinek verőfényében az érczek csillámlását vette észre, mert ezen kincs felszedése által eszének leleményességét fokozva, s testi erejét edzve, csakhamar urává lett annak, a ki a dús rónák arany kalászai s édes gyümölcsei közt elpuhulva elsatnyult.

A bányaipar tehát az emberi mivelődés leghathatósabb eszköze; mert azt a terméketlen hegyek közé helyezvén, az emberi mivelődésnek oly téreket nyit, hol nélküle az emberi nem, a tenyészö feltételek szüke miatt, csak gyéren lakhatnék, vagy csak nyomorúltan tengethetné életét.

A bányászat történelme az ösregék homályába téved el. Az arany, réz, vas és czüst már a Genesisben emlittetnek. Homér hőseinek fegyvereit aranynyal és czüsttel ékesiti. Az argonauták aranygyapja nem más, mint az aranymosáshoz alkalmazott báránybör.

A Genesis szerint Ábrahám kincseit ezüst, arany és barom képezték.

Mig a Genesis Thubalkaint — mint a réz kovácsát és a vasnak feltalálóját, és egyszersmind kovácsát is — emliti; — Homér mitsem tud a vasról; s hőseinek fegyvereit, de a házi eszközöket is rézből készitteté. A görögök a Thubalkainnál sokkal későbben élt Kadmust tartják a réz feltalálójának.

Az assiriaiak, az egyiptomiak, s az indusok régi történelme a vasról nem emlékezik; habár a roppant egyiptomi épitmények, melyeknek egy része még a Móses előtti időben épült, a vasnak azonkori használatát kétségtelenné teszik.

Igen természetes, hogy a fémek közül annak használata lett legelébb ismeretessé az ember előtt, mely a természetben tiszta fém alakjában legnagyobb mennyiségben s legkönnyebben található. Az arany volt tehát azon fém, melynek használatát az emberi ész legelőbb is kitanulta; mert az arany azon egyedüli fém, mely nemcsak tiszta fém alakjában is találtatik, hanem egész hegységeknek is képezi alkatrészét kisebb nagyobb szemek vagy lemezek alakjában levén bennök elhintve, ugy hogy a kőzetek elmorzsolódása következtén a völgyek áradmányi rétegeiben leülepedik s könnyen felkutatható. Ez áradmányi rétegek voltak tehát az arany első s leggazdagabb lelhelye s azok még korunkban is.

Az ezüst és réz tiszta fémalakjában majdnem kizárólag csak a kőzetek hasadékaiba s mélyedéseibe leülepedett telérekben és telepekben található; azért igen természetes, hogy azt sokkal később kezdék megismerni és használni mint az aranyt.

Mennyi tömérdek ismeretet, s mily fejlett társadalmi életet kell feltennünk azon korban, melynek a vasnak feltalálása és használata sikerült! miután a vas fém alakjában csakis a légkőben találtatik, mely ritkaságánál fogva az ösidökben inkább a babonának, mintsem a közhasználatnak szolgálhatott tárgyául, s tehát a vasnak nagyobb mennyiségbeni előállitása érczekből, csak a tüz s az emberi ismeretek roppant összegét feltételező szerszámok segitségével történhetett meg! Még Róma első korszaka, a királyok alatt a rézmüvesek és más czéhek mellett, a vasmüvesek czéhét nem ismeri, bizonyitékául annak, hogy azon időben a vasnak használata még igen csekély lehetett. — Herodot s más régi irók bizonyitása szerint a Skyták nevezete alá foglalt népek, Ázsiának északra fekvő hegylánczolataiban roppant kiterjedésü bányászatot üztek. És a perzsák roppant ezüst kincsei, melyek Nagy Sándornak martalékul estek, csak ugy magyarázhatók meg, ha mint bizonyost feltesszük: hogy ezen birodalom népei az Ural és Altai hegyeket lakó, s a bányászatot üző Skyta nemzetekkel kereskedelmi összeköttetésben voltak; mert ez időben Ázsiának más részeiben ezüst bányászat nem létezett.

Kétségtelen, hogy a bányászat, és ezzel a fémek előállíttatása s használata az Ázsiából kiköltözött indo germán néptörzsök által hozatott be Európába.

Hazánkban a bányászat, Tacitus tanusága szerint, már a Gothinok által miveltetett; és Claudius Ptolemaeus szerint a Quádok is foglalkoztak azzal. Ez utóbbi szerint a „Montes Sarmati" tövében kószáló Jazygok, és az „in Sylva Lunae" tanyázó Quádok több várost épitettek. Ezek közül való „Germanum", mely Bartholomaeides szerint annyi mint Ghemerum, vagyis Gömör.

S tagadhatatlan, hogy Gömörmegyében a bányászat és ezzel kapcsolatban a kohászat, az ezen vidék őslakói, a szláv törzsü sarmaták és jazygok, nem különben a német származásu quádok és gothinok által miveltetett; a mint ezt nem csak a csákány segitségével, tehát a puskapor használata előtt kivájt tárnák, de a garami hegyek magaslatain vezetett vízcsatornák romjai is bizonyitják.

De bizonyos, hogy a magyarok is jártasak voltak a bányászat és kohászatban nem csak azért, mivel közép-ázsiai őstanyáikon közeli érintkezésben voltak a világ legrégibb bányászatával; hanem mivel Leo bizanczi császár tanusága szerint, az Árpád alatt 889-ik évben Pannoniába beköltözködő magyarok fegyverzete kard és mellvas vala s paripáik elörésze is vassal volt fedve. A vasnak ily nagy mennyiségben használata feltételezi, nem csak a vas — de a többi nemesebb fémek bányászatának ismeretét: mert az arany- ezüst- és rézbányászat, a fenebb emlitett természetes kifejlődés rendje szerint mindenütt vagy megelőzte a vas termelésnek ismeretét, vagy bizonyosan azzal együtt járt.

Hazánkban a bányászat kifejlődésének történelme a leglényegesebb pontban különbözik a német birodalométól.

Törvényhozásunk soha el nem ismerte a fejedelem kizárólagos jogát az érezekre, s folytonosan ragaszkodott a földbirtoklási jog azon természetes fogalmához, hogy a a föld mélyében levő érez is a földbirtok tartozéka; mert az 1573. évben Miksa által kibocsájtott bányatörvény törvényhozásunk által soha el nem ismertetett, és az 1723. 108. t. cz. szavai: „Judicia montanistica secundum privatas eorundem leges, ultra seculum stabilitas, in suo esse manebunt;" csakis a bányabíróságok szervezésére vonatkozik, s Miksa törvényét a legtávolabbról sem emliti.

Igaz ugyan, hogy ezen fejedelmi előjogot az érezekre még az

Árpád házbóli királyok is igényelték, és ennek gyakorlatában — különösen az aranyra és ezüstre nézve — legkevésbbé se gátoltattak.

Igy III. András király a jászói prépostságot 1290 évben azon joggal ruházta fel : hogy a birtokainak határaiban találtató arany és ezüstre a kiaknázási szabadalmat akárkinek adományozhassa és az urburát beszedhesse.

A fejedelmek ezen törvényellenes igénye azonban sok surlódásokra szolgáltatott alkalmat. Ezen viszony következménye lehetett, hogy midőn Bebek György földbirtokos jogainál fogva, a Dobsina határában levő czembergi gazdag ezüstbányákat 1475-ik évben elfoglalta, ezeket Mátyás király — Dobsina községe panasza folytán — 1483-ban karhatalommal visszafoglalta és a dobsinaiaknak visszaadta.

Ebből következett, hogy mig András király 1291-ik évben az esztergami érsekségnek Rozsnyót mint „possessionem pure regalem" ezüstbányáival együtt adományozta, s ezen adományozást 1323-dik évben Károly király megerősité, — az időközben hatalomra emelkedett község tulajdon kezére több ezüstbányát birtoklásba vett, a melyek mivelésében azonban az érsekség által gátoltatván, Zsigmond királyhoz folyamodott, ki őt 1418-ik évben jogába vissza is helyezte.

A fejedelmek ezen surlódások kikerülése végett, s hogy igényelt jogukat legalább szinleg megmentsék, az ércz kutatási jogot hatalmasabb dynastákra, községekre és egyházi testületekre átruházni jónak látták. Ezt tette Miksa király csak két évvel bányatörvényének kibocsáttatása előtt, midőn ezen joggal a Battyán családot összes magyarországi birtokaira nézve felruházta. Ezt tette még 1669-ik évben I. Leopold király is, a ki az Andrássyak grófi családját a krasznahorkai uradalom határában találtató mindennemü érczekre a kizárólagos kutatási és miveltetési joggal felruházta, mely jog 1860-dik évben az 1854-ik évben kibocsátott bányatörvény életbeléptetése után is, még további 10 évre meghosszabbittatott.

Eltérnék a czéltól, ha bebocsátkoznám azon gyakori összeütközések elősorolásába, melyek különösen Miksa bányatörvénye után a földbirtokos, — mint ki a bányatörvény érvényét el nem ismerte, és a bányamivelő — közt, ki a bányatörvény értelme és a bányai hatóságok védelme alatt a bányákat mivelte, keletkeztek, mely összeütközések kiegyenlitése különösen 1608-dik évben II. Mátyás királyt sok munkával elhalmozta.

A bányászat ezen rövid általános történelmi ismertetése után átmegyek kitüzött czélomra : a gömöri bányászat ismertetésére.

17

Az arany-, ezüst-, réz- s higany-bányászat Gömör-
megyében.

Az arany-ezüst és ez utóbbival összeköttetésben a réz-
bányászat tették le alapját Gömörmegye legnagyobb községeinek.
Rozsnyó, Csetnek, Dobsina, Jólsva, Röcze, Tiszolcz, Berzéthe, Ochtima,
Jólsva-Taplócza nagyobbrészt német bányász telepítvényeseknek kö-
szönhetik létöket.

Az aranybányászat azonban nagy kiterjedésü sohasem lehetett;
mert habár a 13-ik század második felében IV. Béla király a Bebek
családot a berzéthei aranybánya jövedelmével adományozta meg, mégis
már maga ez adományozás az aranybányászat csekély kiterjedését és
alárendelt fontosságát mutatja; mert tudnunk kell, hogy régi kirá-
lyaink a gazdagabb aranybányáktól nem oly könnyen váltak el.

Az említett berzéthei aranybányákon kivül kétségtelen nyomai
vannak az aranymosásnak a Rimavicza völgyében, közel Kokova hely-
séghez.

Az arany kutatása végett ugyanezen helység határában a Bo-
hato nevü hegyoldalban — nem külömben Nyústyán az Osztra
nevü hegyen kivájt tárnák csakis némely bányakedvelők vérmes re-
ményét bizonyítják; mert az aranybányászat az 1783-ik évben felha-
gyott Rokfalusi tárnával e megyében végkép megszünt, az aranymo-
sást pedig az emelkedett munkabér gazdasági szempontból akadályozza.

Az ezüst, és ezzel összeköttetésben a réz- és higany-bányászat
már a magyarok bejötte előtt virágozhatott e megyében. Ezen bányá-
szat főhelyei: Dobsina és Rozsnyó valának. És minthogy a fentebb
említett IV. Béla király a Bebekéknek kiadott adománylevélben a
„possessio Dopsucha“ is előfordul, és Bebek Miklós fia, László de
Dobsina 1326. évben a szepesi káptalan előtt a Korponáról Dobsinára
betelepedett több családnak némi szabadalmakat biztosított, magának
a mindennemü érczbányászat jövedelmeinek egy harmad részét bizto-
sitván, bizonyos: hogy Dobsina már is a 13-ik század előtt tekintélyes
bányatelepítvény volt. Ugyanis Dobsinát IV Béla diplomája azon hely-
ségek közé sorozza, „quae quondam Bors Comitis fuerunt,“ melyek
tehát már a magyarok bejöttekor léteztek. Az ezüst és rézbányá-
szat korábbi fontosságát és kiterjedését bizonyitja az is, hogy a
19-dik század első negyedéig Dobsina tőszomszédságában, Sztraczenán
nem csak kincstári beváltás létezett, de egy réz-olvasztó is müködött.

Megemlítendőnek tartom még a veszverési, oláhpataki és a nagy-
hniléczi határokban régenten virágzó rézbányászatot is, mely legin-

kább az Andrássy grófok és némely, szepcsi bányapolgárok által miveltetvén, saját olvasztóval is el volt látva.

A grófok, a szepcsi bányapolgárok szomszédságát nem türhetvén, nagy-hnileczi bányáikat leromboltatták, és habár őket Mária Therézia jogaikba karhatalommal visszahelyező, mégis a bányapolgárok leomlott bányáikat többé fel nem nyitották. Ezen bányák felnyitása a vállalkozó s erélyes gróf Andrássy Károly által 1835-dik évben, — daczára egy felállitott költséges vizemelő gépnek — nem sikerült.

Gróf Andrássy Manót illeti azon dicséret, hogy törhetetlen erélylyel őseinek nyomdokait követve, nemcsak a fenebb emlitett beomlott veszverési bányákat új mivelés alá vette; de az alsó-sajói régi czüst-, réz- és higany-bányákat is felnyítván, és ezeket kielégitő eredménynyel miveltetvén, ezen iparunkat a közjó javára felélénkitette.

Az emlitett helyeken kivül Gömörmegyének egyéb czüst-, réz- és higany-bányászata emlitésre nem méltó, és itt-ott szétszórt kisérletnek nevezhető csak.

A réz, ezüst és higany kizárólag az agyag- és csillámpála anyaközetben találtató telérekben fordúl elő. — A rézércz nagyobbára rézkéneg. Az czüst a fakóérczben találtatik. — A higany részint kisebbnagyobb fémcsepekben, részint pedig mint czinóber a fakóérczben jön elő.

A telérek majdnem kivétel nélkül keletről nyugatra csapnak, és délnek dölnek.

Kivájása czen érczeknek tárnákban lőpor és csákány segitségével történvén, a kiszállitás bányatargonczákkal fa járdákon eszközöltetik.

Jelenleg ezen bányászat 117,000 négyszögölnyi területet foglal el; évi termelése: 2419 mázsa ércz, mely 158 mázsa rezet, 5461 lat ezüstöt és 35 mázsa higanyt tartalmaz, és 19,141 ftnyi értéket képvisel. Ezen érczek a szepesi bányatársulatnál beváltatván, annak olvasztóiban dolgoztatnak fel.

Minden csekélysége mellett is ezen bányászat 100-nál több munkásnak, és legalább is 350 családi tagjaiknak 13,000 ftnyi keresetet nyujtván, egy családtag fenntartására 37 ft juttat, és az erdei gazdaságot 10,000 köbláb fa fogyasztásával gyarapitja.

A kékeny-nikol bányászat.

Kiváló emlitést érdemel a kékenynek és nikolnak a Dobsina-Rozenyói völgyben, de különösen Dobsinán virágzó bányászata.

A kékeny a dobsinai bányákban ugyan már a múlt század első

felében felismertetett; de értékesitése ismeretlen levén, — s minthogy az ezüst érczekkel vegyítve ennek tisztitását nehezítette és drágította: az áhitatos dobsinaiak imádságaikban óltalmat kerestek ezen ellenségök ellen; — nem is sejditve, hogy aránylag rövid idő mulva ezen félelmes ércznek fogják köszönhetni, hogy községök egyike a leggazdagabbaknak e hazában, hogy ez leend azon áldott kútforrás, melyből a jótékony szellemü, szilárd hazafiui érzelmü község iskolák és neveldék épitésére, kórházak felállitására s egyéb czélok előmozditására, a népnevelés, a jótékonyság s általában az egyház és haza javára oly jelentékeny áldozatokat fog meríthetni.

Egy bizonyos Schön Gottlieb, szász születésü, kincstári hivatalnok volt az első, a ki a kékenyt a Kögel Michaeli bányán észrevevén, kieszközölte a kincstárnál, hogy a dobsinai Kögel Michaeli, Czemberg és Mária nevü bányákból a kékeny beváltassék és Joachimsthálba, Csehországba szállittassék értékesités végett.

Előttem ismeretlen okoknál fogva, de bizonyosan a kékeny fém előállitásának nehézsége és költséges volta miatt, a kincstár a kékeny érczek beváltását beszüntette, s igy ezen bányászkodásnak is 1810-ik évben vége szakadt.

Csak is 17 év lefolyása után sikerült az akkori rozsnyói kincstári bányamesternek, Dulovics Andrásnak, egy kiviteli engedélyt kieszközölnie, és Malvieux pesti nagykereskedő közvetitése által a kékenyérczeket a külföldön értékesitenie. Az élelmes angolok, a kik az emlitett úton ezen ércz ismeretéhez jutottak, nem késtek, ennek lelhelyeivel megismerkedni, s már is 1828-ik évben Evans et Askin birminghami iparosok az összes kékeny-termelést Angolországba kivitték, és ez idő óta ők majdnem kizárólagos vevői ezen érczeknek. Mert az időnkint Szászországba kivitt, és a losonczi vegyszergyárban felhasznált érczmennyiség alig emlitésre méltó, azért is: mert az utóbbi az általa feldolgozott ércznél leginkább csak a nikol tartalmára szorítkozik.

A dobsinai kékeny érczek becsét a nikol felhasználása emelte, mely 1834-ben kezdődött, mert a nikol többnyire társa a kékenynek.

A kékeny-nikol érczek kelendősége, emelkedő ára nagy tevékenységre ébreszték Dobsina szorgalmas bányász népét, és az előkelőbbek vállalkozó szellemét; mely támaszt és biztos irányt nyert a tudományban, mely szabályait a tapasztalásból merité.

Azt hiszem, hogy csak hiv tolmácsa vagyok a dobsinaiak érzületének, ha itt elismeréssel megemlékszem D o b a y V i l m o s hazánkfiáról, ki 20 évi bányatiszti működése alatt, különösen a czembergi bá-

nya körül sok érdemet szerzett magának, és általjában a kékeny-nikol
rendes és czélszerü kiaknázásának azzal tette le alapját, hogy felismerte: miszerint ezen ércz kizárólag csakis a dioritban, és a zöldkőben fordúl elő. Ezen általa felismert, és a tapasztalásból merített szabálynak, a kékeny-bányászat jutalmazó üzlete mellett, természetesen
azon következménye volt, hogy azon közet területe az egész Dobsinarozsnyói völgyben, adományozott telkek és szabadturzások által elfoglaltatott.

A dobsinai kékenynikol ércz a fénylék osztályába tartozik, és
alkatrészei a következők:

Kékeny	. . . .	0.15"/₀
Nikol	. . . .	0.30 „
Kénkö	. . . .	0.10 „
Miniom	. . . .	0.40 „
Vas	. . . .	8.10 „
Mész	. . . .	10.18 „
Kovásagyag	. . . .	3.15 „

Néha némi csekély rézzel és czüsttel is van keverve.

A kékeny-nikolércz telepekben fordúl elő. — Telepeknek nevezem azért, mert ezek feküje az eddig feltárt bányákban az agyagpala,
míg födüje a diorit; és habár csapása délnyugotnak vonul, — dölése a
fekü közet hullámzása szerint a telepek éjszaki részén délnek, és a déli
részein éjszaknak tart. Ezen telepek szakadozva erősebb avagy vékonyabb, hosszabb avagy rövidebb szalagokból, itt-ott pedig fészkekből
állanak.

A vastagabb telepek zömét a szénsavas vaséleg — vaspát — a
szénsavas mészéleg — mészpát — képezi; de a vékonyabb szalagokban többnyire tiszta érczből áll.

A kivájási és szállitási mód ugyanaz, mint az czüstbányászatnál.

A kékeny-nikol bányászat által elfoglalt terület 320,352 ☐ öl, és
az évenkint 12,000 mázsával kiaknázott érczben 372,600 fontnyi értéket képvisel.

Dobsina városa népessége ezen bányászatnak köszöni jóllétét, és
szellemi felvirágzását: mert ez maga 4. tiszt, 6. alsóbbrendü tiszt, és
548. munkásnak, s 1604. tagból álló családjaiknak nyujt évenkinti
62,000 ftnyi keresetet, melyből minden családtagra 39. forint esik,
tehát 2 fttal több, mint azon családtagoknak, kik az czüst- réz bányászatnál vannak alkalmazva.

A bányászat ezen ága által felhasznált fa 20,600 k. lábra, kezelési tökéje pedig 10,000 frtra tehető.

Dárdany-bányászat.

Hogy a gömörmegyei bányászat egész képét nyújtsuk a t. olvasónak, a dárdany-bányászatról is meg kell emlékeznünk, annál is inkább, mert a rozsnyói antimonium egy állandó rovatát képezi a lapok kereskedelmi tudósitásainak.

Habár a dárdany-bányászat kezdete hiteles adatok nyomán meg nem határozható, bizonyos: hogy ez mint az arany és ezüst érczek kisérője Gömörmegyében ezen utóbbi bányászattal együtt miveltetett és jelentöségre emelkedett a nyomdászat terjesztésével, minthogy a betük vegyitékének föalkatrészét képezi.

A rozsnyói dárdany kitünö tiszta kezelése és a vevők által kivánt csillogó és széles sugárú jegeczedése folytán az 1840-ik évig igen keresett világkereskedelmi áruczikk vala; mert nemcsak, hogy a gyógyszertárakban jelenleg is kizárólag használtatik, de az üveg gyöngyfestésére is fordittatván, Velenczébe, Triesztbe és Angolországba kivitetett. 1840-ik év óta azonban erösebb versenyzöre talált az afrikai szigeteken kiaknázott dárdanyban, mely által nemcsak szükebb fogyasztási térre szorittatott, de eladási ára is nagyon csökkent.

Tegyük még hozzá, hogy a rendetlen, csakis a mai napról gondoskodó „raboltatási" vájás folytán, a dárdany-bányák mivelése napról napra költségesebb lett, ép oly arányban, a minö arányban viszont az eladási árak csökkentek. — Ily körülmények közt természetes, hogy a bányászat ezen ágában a tevékenység évről évre csökkent, és jelenleg az összes „antimonium crudum" termelése a 300 mázsát felül nem mulja, melynek értéke a 3000 ftot meg nem haladja.

A dárdany-bányászat Rozsnyó szomszédságában, a csucsomi határban, három bányatársulat által 9830 □ ölnyi téren üzetik, s némi reménymunkálatokat egy szabad turzás is fed; — az egész azonban csak 12 munkást vesz igénybe, a kik összesen 1200 ftot keresnek, miböl a 28 számra menö családtagok fejenkint 43 ftban részesülnek. — Az ezen bányászatba befektetett töke a 800 ftot felül nem mulja.

Az ismert és munkálatban lévö telepek a rozsnyói határban Drázus patak völgyében vevén kezdetöket, délkeletröl éjszaknyugotra csapnak és délnyugotnak dölnek. Ezen telepek födüközete az agyagpála, feküje keselykö, keselypala és síkpala. A nyers dárdany tartalma az érczekben 33—70%-ig közt változik.

Vas-fény-foszlány.

Ezen érczek csakis mint mint mellékes termény vájatnak a

kincstár által a Rozsnyó melletti csucsomi vasércztelepekben és évi készletük 346 mázsára rúgván 1211 ftnyi értéket képvisel.

A vas-ipar.

A társadalmi kifejlődésnek leghívebb tükre a vasipar történelme. Elágazó szálaival a társadalmi élet sokoldalu viszonyaiba beleszövödvén és alapját a természeti tudományokban találván, a vasipar folytonos előhaladásában észlelhető nemcsak a segédtudományok kifejlődésének áldásos hatása, de tapasztalható egyszersmind a társadalom békés és lázas mozgalmainak hatása is.

Nagy Károly császár parancsára a 9-ik század első felében Privesia, a marahánok herczege által a Pécsvárad környékére (ad radices montis ferrei) a vasérczbányák miveltetése végett telepített salzburgiak, a 11-dik század közepén az egri püspökség által behozott flandriaiak, a 13-ik század harmadik tizedében bevonult karantánok; — a tatárok pusztitásai után 1241—1242-ik években németekkel, olaszokkal és csehekkel telepitett felső megyék tanusitják egy részt az „unius linguae uniusqne moris regnum imbecille" politikai szabály után való törekvést; — másrészt pedig következményei az álladalmat megrázkódtató eseményeknek.

Már felebb emlitök, hogy vasiparunk leginkább a német és tót telepítvényesek által miveltetett az Árpádok uralkodása alatt honunkban.

A zselezniki (vas hegyi) és a hrádeki hegyeken, a vas ércz telepek töszomszédságában találtató nagy mennyiségü vassalak majdnem kétségtelenné teszi, hogy a vas készités ősi eszköze oly egyszerü lehetett, mint czigányaink jelenlegi kovácsmühelyei. Segédeszközei voltak egy mozgó kis kemencze, kézi fuvó s kalapács; mert a minden vizerő nélküli hegymagaslatokon más mint élő erők alkalmazása lehetetlen volt. Ezen ős régi időkben azonban már is a kovácsok és vas kohászok külön-külön osztályt képeztek.

A társadalom kifejlődésével emelkedő vas szükséglet annak becsét emelvén, csakhamar ösztönül szolgált a termelés szaporitása végett a természeti erőket segitségül keresni fel. És ugy is történt: mert mind a Zseleznik mind pedig a Hrádek aljában fekvő közeli völgyek salakhalmai mutatják, hogy a mozgó hegyi kemenczék a patakok mentében állandósitattak, a fuvó és kalapács mozgatása pedig a vizerőre bizatott.

És igy keletkeztek az állandó tót kemenczék, melyek a mozgó kemenczéktől csakis nagyobb köbtartalmok által különböztek;

mert a kezelés módja és eredménye, vagyis a kovácsolható vasnak közvetlen előállítása a vasérczekből, mindkettőnél közös vala.

Ezen átalakitás nemcsak azért nevezetes, hogy a vasipart a természeti erők használata által a lehető legnagyobb kifejlődhetés terére tette át; de azért is, mert egy igen jelentékeny társadalmi átalakulásnak biztos jele egyszersmind.

Mint még jelenleg Török — Boszniában, ugy nálunk is, a magyar birodalom megállapitása első századaiban a vas termelés bizonyosan urbéri munkások által végeztetett; és ha szabad lakosok, az ugynevezett Libertinusok is foglalkoztak a vas iparral, a föld birtokos, vagyis a nemesi osztály részéről temérdek zaklatásoknak voltak kitéve, a mint Miksa főherczeg a murányi vár kapitányához báró Herbenstein Gyulához intézett rendeletéből is kitetszik, mely kötelességévé teszi, hogy a jolsvai lakosokat a csetneki és ochtinai vasérczbányák mivelésében védje, különösen az őket háborgató Mariássy Ferencz és a Csetneki vár urai ellen. Ugyanezt bizonyitják II. Mátyás király 1600, 1604 és 1609-ik években ugyanezen bányamivelők védelmére kibocsájtott decretumai.

Midőn tehát a mozgó vaskemenczék, melyek könnyü áthelyezése a zaklatások elöli menekülést nagyon könnyithette, a folyók mentében kiterjedtebb és költségesebb előkészületek mellett állandósitattak : a tulajdonjognak már biztositottnak kellett lenni. ugy hogy a zaklatások ellen védelmet lehetett találni.

Azt, hogy a vastermelés azon időben, midőn még a mozgó kemenczék által a vasércz közelében kezeltetett, urbéri munka és a földbirtokos dynasta közvetlen örködése mellett történhetett csak : bizonyitják leginkább a zselezniki és a rákosi vaskötelepek közt fekvő várromok ; e várnak feladata fekvésénél fogva nem lehetett más, mint az ott lévő vastermelést ótalmazni.

A tót kemenczék korszaka a 19-ik század elejéig tartott, és csak anynyiban szenvedett változást, hogy a vas ércz bányákhoz ugyan közelebb, de vizerőben szegény völgyekből áttétetett a távolabb fekvő. de nagyobb víz erővel rendelkező völgyekbe.

De még az ekképp szaporitott vastermelés is alig volt képes megfelelni a keresletnek. Ezt nem csak az álladalom kifejlődésével szükségkép járó vasfogyasztás öregbitette, hanem különösen a 16-ik században a felső- és alsó- magyarországi bányavárosok legvirágzóbb állapotja is. A vas, és az ezzel öszszekötött kézmüiparra különös jótékony befolyással lehetett, midőn 1600. körül Zrinyi György inditványára az akkori könnyü hadi öltözet vas pánczéllal cseréltetett fel.

A 17-ik és a 18-ik században dühöngő belháboruk különösen emelék vasiparunkat, mely daczára a bécsi udvari kamara által iránta tanusitott ellenséges indulatnak, a mint ez a besztereczei polgárok által a Garam völgyében felállitott vasgyári telepek megszüntetésében, — a Gömörben és a Szepesben termelt vasra vonatkozó erőszakos elővételi kisérleteiben, és temérdek más, különösen az urbura fizetésére vonatkozó önkényes intézményeiben nyilvánult, — daczára ezen ellenséges indulatnak mondom — vasiparunk még is a 18-ik század elején, különösen Rákóczy Ferencz valóban államférfiui gondoskodása folytán addig nem ismert virágzásnak indult.

Ezen fejedelem, a ki helyes nemzetgazdasági tapintattal, és a bécsi udvari kamara intézkedéseivel ellenkezőleg keveset gondolva a már hanyatlásnak indult nemes ércz bányászattal, kiváló gondját a vasipar emelésére forditotta.

Lányi Pál, sajó-gömöri földbirtokosban, mint a vasipar felügyelőjében, a gömöri vasipar vezetésére oly férfiut választott, a ki buzgalma és gyakorlati ismeretei által nemcsak nagy tevékenységet idézett elő e téren, de az által, hogy a nemesi osztályban is érdekeltséget tudott ébreszteni ez ipar iránt, nagy szolgálatot tett a hazának is.

Ezen kitünő férfiu müködésének köszönhető leginkább, hogy Dobsinán egy második olvasztó, — az első már 1680-ik évben épittetett vala, és azon kivül Nagy-Röczén és Rhedován egy-egy nyersvas olvasztó állittattak fel. Rákóczy parancsára jött létre a hajdan hires dobsinai kardgyár is.

A nemesi osztály felébresztett érdekeltsége és tettleges részvéte által nagy lendületet nyert Gömörben a vasipar; mert az által nemcsak a földesúri zaklatásoktól megmenekült, hanem azon értelmi erők közvetitésének azt is köszönheti, hogy nemsokára a szétszórt egyes vállalatok egyesülése által uj és nagyobb vasipar társulatok alakultak. — Igy jött létre 1808-ik évben a „Murányi Unio", — igy 1811-ik évben a „Rimai Coalitio", kiválólag Sturmann Márton; — igy 1836. évben a csetneki „Concordia", a még most is élő Madarász András közremüködése folytán. A „Concordia" Madarász András igazgatója ösztönzésére 1843-ik évben a pécsi hengergyárat is alapitá, s habár ezen gyár eredményei nem nagy ingerül szolgálhattak a követésre, mégis 1845-ik évben, leginkább Rombauer Tivadar és Szathmári-Király Pál müködése folytán a „Gömöri vasmüvelő társulat" keletkezett, mely az ózdi hengergyár épitése által a vasfinomitást a barna köszén által tüzte ki czéljául. Végre 1852-ik évben alakult a „Murányi Unio", — „Rimai Coalitio", és fennebb emlitett „gömöri vasmivelő társulat" egyesülése

által, — a jelenleg is létező „Rimamurányvölgyi vasgyári egylet",
mely jelenleg felső Magyarországban a legnagyobb vastermelő társulat.

A tót-kemenczék.

A vasipar történelmében három időszakot különböztethetünk
meg: a tót kemenczék; a kohó és higgasztó, és végre a
kohó és kavaró, vagyis a henger üzlet időszakait.

A mint már fentebb említők, a „tót kemencze" a mozgó ke-
menczétől csak nagyobb terjedelme és azon géptani előnye által kü-
lönbözött, hogy az előállitott vasat nem emberi kézzel mozgatott, de
vizi erővel hajtott kalapácsok által idomította.

A „tót kemencze" magassága 10—12 láb közt változott és 20—
25 hüvelyk átméröjü, és 16—18 hüvelyk magas olvasztási térrel birt.
A légfolyás egy agyagból égetett csövön vezettetett be az olvasztási
térbe, deszkákból készült két darab gulaalaku fuvóból. — A vasércz,
keverve a szükséges mennyiségü faszénnel, a kemencze felső nyilásán
beadatván, az égő szén és a szél hatása alatt salakká és vassá átváltoz-
tatván, ez utóbbi egy tömbben a kemencze aljára leülepedett, a honnan
a kemencze mellkasának kitörése által, salakjával együtt kihuzatott,
és ettől megtisztitva egy nagyobb, 5—6 mázsás hámor alatt nagyjából
kikovácsoltatván, két darabra szétvágatott. Ezen kezelés tehát azt
eredményezé, a mi, különösen a 19-ik század harmadik tizedében, any-
nyi kisérletek tárgya volt, t. i. a nyujtható vas előállitását köz.vetlenül
az érczekből. Igaz, hogy az említett kisérletek egy, a tüzelő anyag és
vasércz fogyasztására vonatkozó gazdaságos eljárást tüztek ki czélul,
mig a tót kemenczék ezen anyagokbani gazdálkodása, — a mint alább
emlitendem — követésre nem buzdithatott.

A tót kemenczék készitménye az úgynevezett izzó tüzekben ki-
melegittetvén, súlyosabb kalapácsok alatt 8—15 hüvelyk hosszu, 2 —3
hüvelyk vastag vasdarabokra kinyujtatván, a nyujtó hámoroknak ada-
tott át; a hol kisebb tüzekben kimelegittetvén, a vas kisebb súlyú ka-
lapácsok alatt a kereskedelem és a fogyasztó közönség által kivánt
formákra nyujtatott. Ezen finomítási tüzek tüzelő anyaga faszén volt,
a kalapácsok és a fenebb leirt itt is használt fuvók, vízhajtotta kere-
kek által tétettek mozgásba.

Két tótkemencze mellett egy nagy és kisebb súlyú kalapács, hoz-
zátartozó izzó és melegitő kemenczéivel használtatott. Egy tótkemen-
cze napi termelése két darab 250—300 font súlyú tömbből állván, heti
termelése nyujtott vasban a 40—50 mázsát meg nem haladhatta. A
szénfogyasztás egy mázsa kész vasra az 50—56 köblábat is megüté,

és a 45 — 50% tartalmú érczekből csakis 16—18% vas állíttatott elő. Ezen 5—6 mázsára menő napi termelés körül el volt foglalva: a tót kemenczénél 2, az izzó kemencze és kalapács mellett 3, és a melegitő tüz és nyujtó kalapács körül 2, és igy felváltott nappali s éjjeli munkában 14 munkás.

Ha felvesszük, hogy századunk első éveiben a vasiparral foglalkozó munkás napi dija a 30 v. krajczárt felül nem haladta, nem hibázok, ha a „tótkemencze" munkásainak napi keresétjét fejenkint 25 v. krajczára teszem; és igy a 14 munkás 5 ft 50 krnyi keresetjéből esik az 1 nap alatt készült 5 mázsa vasra munkadij fejében 1 ft 10 kr, vagy is 1 ft 22²/₄ kr o. ért. Ezen munkadij-illeték a jelenlegi hámori munkadij-illetéknél közel 25, a hengergyári munkadij-illetéknél pedig 50 krral o. ért. nagyobb.

Bartholomaeides szerint 1808. évben Gömör megyében 9 nyers-vaskohó, 81 tótkemencze, és ez utóbbiak használatára 62 nagyobb, és 38 kisebb súlyú kalapács volt működésben.

Minthogy azon időben a nyersvas kivitelét a magas vámok lehetetlenné tették, mint bizonyost fel kell tennünk, hogy azon nyersvas itt dolgoztatott fel, és pedig a Bartholomaeides által is megemlitett higgasztó kemenczékben, melyek a fenebb emlitett és a tótkemenczéknél használt izzó kemenczéktől lényegesen nem is különböztek.

Tudjuk, hogy az akkori nyersvasolvasztók heti termelése 150—180 mázsa közt változott, és egész működésök egy éven át 30 —40 hétig tartott. Ezeket előrebocsájtva, egész határozottsággal állithatom: hogy egy nyersvasolvasztó egy évi termelése az 5000, és igy 9 darab kohónak egész évi termelése összesen a 45,000 mázsa nyersvasat felül nem haladhatta. Ezen összegből levonva az öntménynek felhasznált 5000 mázsat, finomitás alá juthatott körülbelül 40,000 mázsa nyersvas; ebből a nyersvas 25%-kánák elemésztése mellett összesen 30,000 mázsa nyujtott vas készült. — Minthogy továbbá egy tót kemencze évi termelékét 2000 mázsánál többre nem lehet tenni: a gömöri 81 darab tót kemencze egy évi termelése 160,000 mázsára tehető, és igy az öszszes egyévi termelés e század első éveiben Gömörben körülbelől 190,000 mázsára rughatott nyujtott vasban.

A mütani kezelés akkori állása szerint a tótkemencze csak 18 — 20%-ot értékesített a vasércz súlyából; a nyersvas-kohászat pedig 24%-ot.

Ezen emésztési arányok szerint a fenebb kimutatott 190,000 mázsa nyujtott vasmennyiségre felhasználtatott az e czélra kivájt leggazdagabb, és igy 45—48% vastartalmu érczekből 1,010,000 mázsa tehát egy mázsa kész vasra több mint 530 font vasércz esik.

Még nagyobb volt a tüzelő anyag pazarlása. A kohó kezelés egy mázsa nyersvasra 14—33 köbláb faszenet vett igénybe, — a tót kemencze kezelése 50-től 60 köblábig használt fel. Ezeket számitásba véve, és figyelve arra, hogy a nyersvas finomitás a higgasztó kemenczékben és a nyujtó tüzekben 40—45 köbláb szenet emésztett fel egy mázsa készvasra: az akkori 190,000 mázsányi nyujtott vastermelés Gömör megyében 10 millió köbláb faszenet vett igénybe. — Egy mázsa készvas előállitására tehát több mint 52 köbláb, vagyis körülbelül 623 font faszén használtatott fel. Minthogy az akkori szenelés többet 80 köblábnál egy köb-öl fából nem állitott elő, a fogyasztott 10 millió köbláb faszén előállitására közel 180,000 köb-öl fa, és ennek termesztésére — egy hold erdőtalajnak termő képességét 0.35 köb ölre szá-mitva — rendes erdészeti kezelés mellett 514,000 hold erdőterületet vett igénybe.

Vasiparunk ezen időszakában tehát egy mázsa kész vasra 530 font a legjobb minőségü 45—48" 0 tartalmu vasérczet, és 52 láb fasze-net használtak fel. Ha ezen tételeket összehasonlitjuk a mostani nyers-vas olvasztás, higgasztás, és hámorok alatti vasnyujtás kezelésének ered-ményeivel, a mely egy mázsa nyujtott vasra 321 fontot, — nem egé-szen 39° 0 vastartalmu érczet, és összesen 30 köbláb szenet fogyaszt, méltányolni fogjuk vasiparunk ez utolsó félszázad alatti haladását, és belátandjuk: hogy a tót kemenczék kezelésének további fentartása már csak azért is lehetetlenné vált: mert ezt hosszabb időre elegendő tüzelő anyaggal a körülötte levő megyék erdőterülete sem láthatta volna el.

Nem lesz érdektelen ezen korszak kereskedelmi viszonyait is kö-zelebbről szemügyre venni.

A tárgyalt időszak kezdetén és majdnem a 18-ik század végéig a vaskereskedés több községekben létező „fuvarosok társulatai" által közvetittetett. Ezen fuvaros társulatok a vasat a gyárakban megvevén, azt az ország minden szögletcibe elvitték, s az eladott vas árán ösz szevásárolt élelmi és más fogyasztási czikkekkel tértek vissza.

Ezen cserekereskedés élénkségét és nyereséges voltát bizonyit-ják azon számos kereskedési, fuvarosokból álló társulatok, melyeknek Csetnek, Jólsva, Nagy-Rőcze, Kövi, Nandrás, Ratkó mint székhelyeik hajdani virágzásukat nagy részt köszönhetik.

Azon társulatok egyike, „Ország" név alatt, Jólsván még mai napig is fenáll, és névleges fenállását évenként ünnepli. Irományai közül figyelmünket vonja magára egy 1656-ik év junius 1-én Rákóczy György által kibocsátott s Radnóton kelt rendelet, mely szerint a fejedelem erdélyi vámhivatalnokainak szorosan meghagyá: hogy a jólsvai vaskereskedőket a vámfizetésre ne kényszeritsék. Nem kevésbbé érdekesek Wesselényi Ferencz 1659-ik év april 25-én és 1663-ik év január 8-án, — mindkettő Murányvárában kelt — rendeletei, a melyek elseje által inti a városok elöljáróit: hogy a „vassal és sóval kereskedő szegény embereket" vásári sátoraikban nyugton hagyják; — másika által azonban a községek biráit figyelmezteti: hogy a jólsvai „szekereseknek az Magyar Ország koronás királioktól arrúl való szép Privilegiumjok s szabadságok vagion (a mely Privilegiumokat producáltak is előtte)", miszerint peres ügyeiket tulajdon birájuk előtt intézhetik el; — a miért is inti a községek biráit, hogy az illető szekeresek peres ügyeikbe ne avatkozzanak. „Nemes szabad kir. Debreczen várossának lakosi, Kovács, Lakatgyártó és Csiszár czéhbeli mesterek" pártfogásában is részesült a nevezett jólsvai kereskedelmi társulat; mert a fenebb emlitett tisztességes mesterek, egy, ugyan kelet nélküli, de mindenesetre a 17-ik század közepéből való levelökben követelik „vasáros uraiméktól esztendőnkint 12 pénzt, a melyet szoktunk híni orpinznek", ezért kötelesek levén őket „tisztesigesen eltemetni, tolvajos időben pedig két mélyföldig ő kegyelmek mellé kisérőket adni."

A Wesselény Ferencz által kiadott rendelet kétségtelenné teszi, hogy ezen vaskereskedelmi társulatok a 15-ik és 16-ik századbeli királyaink különös figyelmét vonták magukra, s tagadhatlan: hogy, tekintve az akkori közlekedési viszonyokat, ezen „szekeres társulatok" közvetithették legczélszerűebben a vaskereskedést.

Pestnek e század elején rendkivül emelkedő kereskedelme nagy változást idézett elő a fenebb emlitett viszonyokban; mert nem csak hogy a gyárosok nagy része a pesti kereskedői czégek vezetése alatt bizományi raktárakat alakitott Pesten; de a pesti kereskedők is közvetlen összeköttésbe lépvén a vasgyárosokkal, a vaskereskedés igen nagy részét magokhoz vonták. Mind a mellett azonban a „szekeresek" cserekereskedése a tiszai vidékre a tiszai vasuti vonalok kiépitéséig tartott folytonosan, és még jelenleg is nem tartozik épen a ritka esetek közzé.

Mielőtt ezen vaskezelési időszak leirását bevégezném, szükségesnek tartom még megemlékezni az e század elején uralkodó fa, vas és más, az akkori vasgyártásra vonatkozó, anyagok árairól és munka bérekről.

A vas akkori valódi értékét csak úgy határozhatjuk meg, ha en-

nek eladási árát, nem a franczia háborúk folytán fenekestül felzavart
valuta idejében keressük ; mert ezen árak 1805-ik évtől 17 frtról p. p.
1811-ik évig 300 ftra v. cz. emelkedtek. Rendes ára volt azonban
1795—1798-ik években, a mely 5 és 6 ft közt változott; mely árak a
jelenlegieknél csak 40—50 krral o. ért. kisebbek. — A fának az ára
a gyártóli távolsága szerint köbölenkint 30 krtól 3 ftig változott. Egy
mázsa vasércz a gyárba beszállitva 15—18 krba került. A szénégetési
bérek egy mérő = 8 köbláb széntől 3—7 kr.; munkások napi bére
20—30 kr. közt változott. — Uri jog czime alatt egy olvasztótól 15
ft és urbura czimén a kincstárnak 105 ft, és ugyanezen czimeken egy
tót kemenczétöl 25 ft, és illetőleg 42 ftot köteles volt fizetni a vas-
gyáros.

A nyersvas olvasztási és higgasztási rendszerrel összekötött na-
gyobb termelési képesség és takarékosabb széngazdálkodás tette le-
hetségessé, hogy az e század első tizedében rendkivül emelkedő vas-
szükségletnek megfelelhessenek egy részt, de más részt a már is érez-
hető fahiányból eredhető magas fa árakat is kikerülhessék vasgyáro-
saink.

Nyersvas, kohó és higgasztás.

A vasgyártásnak „tót kemencze" féle rendszere átváltoztatását
a nyersvas ujabb olvasztási és higgasztási rendszerévé még azon kö-
rülmény is elömozditá, hogy a „tót kemencze" csak is a barna vas ér-
czeket (vaséleg vizegy) használhatta fel előnyösen, ellenben a pát vas-
érczeket (szénsavas vaséleg) csak erösen pörkölve értékesithette. Ezen
körülménynek tulajdonitható leginkább, hogy a „tót kemencze" kor-
szakában a gömöri vasgyártás a zseleznik-rákosi és a hrádeki barna
vasérczet tartalmazó hegyek körül csoportosult, és a Sajó völgyében
leginkább a Dernö és Pelsöcz közti vidékre szoritkozott, mely csopor-
tozat a nadabulai pát-vasércztelepek tetején lévö barna vasköveket
dolgozta fel leginkább.

A pát érezek nehezebb értékesitése a tót kemenczék által egy-
szersmind azt is okozá, hogy a nyersvas ujabb kiolvasztási és higgasz-
tási rendszere már 1680-ik évben vette kezdetét egy bizonyos Fischer
Dániel szász eredetü gépész által Dobsinán épitett olvasztóval.

Csak ezen rendszer behozatala folytán lettek értékesithetők a ki-
tünő minőségü pát vaséreczek, melyeket a Dobsina és Rozsnyó közti
hegylánczolat rejt méhében. Ezen völgy vasipara, vasának kitünő mi-
nösége által alárendelt helyzetéből csakhamar versenyzőit túlszárnyalta.

Az 1808-ik évben Gömörmegyében fenálló 9 nyersvas olvasztóközül 6, az említett Dobsina-Rozsnyói völgynek pátvaskö csoportozatához tartozott, s az uj gyártási rendszer előnyös eredményei igen kecsegtetőleg hathattak a többi vasiparosokra is. Mert három év lefolyása alatt a régi tót kemenczék nagyobb része nyersvas olvasztókra alakittatott át.

Ezen átalakulásnak, kapcsolatban a fentebb már említett érdekeltséggel, mellyel a nemesi birtokos osztály vasiparunk iránt viseltetett, még azon jótékony következménye is volt, hogy az egyes tót kemenczék birtokosait egyesülésre kényszerité.

Az ekkép alakult társulatok: az „Unio" és a „Coalitio" már az 1808 ik és 1811-ik évben a nyersvas termelést egynehány olvasztóban központositván, a régi tót kemenczék helyein higasztó tüzeket állitottak fel. Ezeket csakhamar *Hámos Pál* is követte, a ki a Szalóczi és Pelsőczi „tót kemencze"-féle gyártelepeket megvevén és higasztókká átalakitván, nyersvas-termelését egy olvasztóban egyesítette t. i. abban, melyet az 1816-ik évben bérbe vett Gombaszögi telepzeten épitett.

Mindezeket megelőzte *Nádasdy Rebeka* grófné, a ki még 1780 —1781-ben betléri vasgyárait egy olvasztóval látta el.

Az *Andrássyak*, vasiparunk körül oly kitünő érdemeket szerzett grófi családja, is sietett a Dernöi vastelepzetet egy olvasztóval látni el.

Ezen átalakulási mozgalmat: a kohó és higgasztó időszakát, — mondhatni, a csetneki „Concordia", fejezte be, mely az 1830-ik évben kezdett átalakitását 1836-ik évben bevégezvén, egyszersmind a jelen korszakot, vagyis a „k o h ó s k a v a r ó k o r s z a k á t" kezdé meg az 1843-ik évben Pécsett felállitott hengergyára által.

Ezen uj vasgyártási rendszer mütani tekintetben lényeges javitásokat vont maga után. Most a nyersvas üzlet nemcsak a tulajdon finomitási szükséglet fedezésére szoritkozott; de minthogy a nyersvas egy független kereskedelmi czikké lett, minden olvasztó-tulajdonos a nyersvas termelésének szaporitását tüzte ki föczéljául, hogy azt mentül nagyobb mennyiségben a piaczra vethesse. De ezen szaporitás csak is nagyobb kohók és szilárd anyagból készült fuvókkal volt elérhető, és vasiparosaink nem is késtek ezen átalakitások keresztül vitelével.

És itt megint első sorban találjuk az Andrássyak grófi családját. Az érdemekben dús gróf *Andrássy György*, a ki hálára kötelezte le vasiparosainkat az által, hogy gyakori utazásainak tapasztalatait rendkivüli áldozatokkal és kitartással Dernöi vasgyárában érvényesitvén, itt — ugyszólván — egy vasgyári iskolát alapított, a melyben minden uj találmány kitartó utánzásra talált. Dernő volt az első vastelepzet, hol a nemes gróf még az 1821-ik évben egy 40 láb magas nyersvas-kohót, s ehhez egy porosz Sziléziából. Gleiwitzből hozott öntött vas fuvót állíttatott fel.

Századunk 3-dik tizedében a mozgalom a kohók átalakítása körül általános lett: ujak építtettek, a régiek átalakíttattak és nagyobbíttattak, egy szélesö helyett kettő három alkalmaztatott, a régi faláda fuvók eltüntek, és helyökbe öntött vas fuvók állíttattak fel.

De ugy látszik. hogy ezen évtizedben a javítások leginkább a nyersvas-olvasztásra szorítkoztak, mert a higasztásnál és a nyujtásnál a tüzelő anyag fogyasztása még mindég nagy volt. mert az első üzleti ágnál 32—36, a másiknál pedig 7—8 köbláb közt változott.

Ezen időszakban a higasztás különféle módjai voltak alkalmazásban, melyek lényege azonban abban állott. hogy egy öntött vas táblákból összeállított négyszögü nyílt kemenczében a nyersvas egy szélcsö előtt beolvasztatott, a szél és a faszén hatása alatt idegen vegyítékétöl megtisztitatván, a kemencze alján egy tömbbé lett: ezen tömb a nyersvas tisztább vagy tisztátalanabb minősége szerint feltöretett, s egyes darabjai megint a szél és szén hatásának tétettek ki. mignem a kivánt tisztaságu tömbben ülepedett le. Ezen tömb a tüzből kivonatván. 6—7 mázsa sulyú öntött vas hámorok alatt 2—4 darabra szétvágatott. és ezen darabok ugyanezen higasztó-kemenczében a nyersvas beolvasztása alatt izzóvá kimelegittettek, és részint vastagabb rudakba, - mint kereskedelmi áruczikk - kinyujtattak, részint rövidebb és 2—3 hüvelyk vastag darabokra kikovácsoltattak. és kisebb nyujtó tüzekben kimelegittetvén, finomabb vasrudakra kinyujtattak.

Ezen gyártási rend-zer tehát a „tótkemencze"-féle gyártás módjától az által külömbözik, hogy mig ez utóbbi a nyujtható vastömbeket közvetlenül a vasérczekből állitá elő, az első az érczeket a kohóba nyersvassá átalakítván. ennek finomitását a higasztó tüzekben végzé be.

A harmadik évtizedben véghez vitt nyersvas kohók átalakítása, folytán a nyersvas előállitása nagy mérvben növekedett; — és minthogy a fennálló magas közbensö vámok mellett a kivitel csak kisebb mennyiségekben. és csakis a bécsi piaczra szoritkozott: magától előállott azon kényszerültség: hogy nyersvasunkat tulajdon gyárainkban finomítsuk, annál is inkább. minthogy rudvas-termelésünk még a honi szükségletet nem fedezte.

Ezen irány tettleges kifejezését nyerte a 4-ik és az 5-dik évtizedben véghezvitt javításokban és átalakításokban, melyek egyszersmind a vastermelés harmadik korszakának: a nyersvas kohó s kavarás korszakának kezdetét jelzik

Kohó és kavarás.

Az 1837-ik évben Straczenán (Szepesen) és Rhoniczon (Zólyomban) legelöbb felállitott szélmelegitök, tehát az olvasztóból kiszálló égő gázok által melegitett szélnek alkalmazása a nyersvasolvasztásban, melynek folytán a szénfogyasztás egy mázsa nyersvasra 25—30%·el kisebb lett, — Gömör megyében is csakhamar általánossá lön.

Ezen javitással összeköttetésben a 4-ik évtized második felében nagy zajt okozott Fabre du Faur találmánya: az emlitett kohógázokkal fütött kavaró kemenczékben a nyersvasat finomitani; mert ennek sikerülése rendkivül kisebbitette volna a tüzelő anyag fogyasztását.

Gróf Andrássy György, itt is az élén, herczeg Cóburg Ferdinand, és a „Rimai Coalitio" siettek nagy áldozatokkal a Wasseralfingenben kisérletezö tudós találmányát megvenni, de azon szép remények füstbe mentek: mert nemcsak hogy a helytelen elvekre alapitott kavarási s illetőleg tüzelési mód a kohók rendes menetét lehetlenné tette; de terménye is a további finomitásra hasznavehetetlen volt.

Ezen hiu kisérletek közt azonban utat nyitott magának egy, a viszonyokhoz alkalmazott, alapos ismeretekre és tapasztalásokra alapitott más javitás, mely a helyi viszonyok szerint két irányban nyilvánúlt. A fával bővelkedő gyártulajdonosok a higasztásra nézve az úgynevezett Comtétüzeket, vagyis a fával fütött kavaró és forrasztó rendszerét, kapcsolatban a hengerrendszerrel hozták alkalmamazásba. A fában szegényebb gyárosok pedig a barna köszénnel fütött kavaró kemenczéket vették használatba.

Comté higasztás.

A Comtétüzek elsö s föelönye a higasztási müködés alatt elszálló égő gázok használatában állott, melyek a finomitandó nyersvas, vagy a kinyujtandó vasdarabok kimelegitésére alkalmaztattak; — második elönyét pedig a termelési mennyiség szaporitása képezte. Ezen kezelési rendszer kifejlése körül kitünö érdemeket szerzett magának Müller János, ki herczeg Cóburg-Koháry pohorellai gyáraiban a Comté tüzekkel a rúdvas, vas- és pléhhenger-kezelést összekötvén, a tüzelő anyag fogyasztását tetemesen leszállitotta. A fával való kavaró és forrasztó fütést is Müller vezette be legelöször Pohorellán, a honnan későbben felsö Magyarország több gyáraiba elterjedt.

A mint már felebb emlitém, e két eljárási rendszer csak is a fában oly gazdag vidékeken, mint Rhónicz Zólyomban, Pohorella Gö-

mörben, Mária völgye Sárosban és Szina Abaujban volt alkalmazható;
mert csak a fának azon vidékeken értéktelensége teszi ezen üzleti
rendszerek fennállását lehetségessé.

A nyersvas-termelés főcsoportjai u. m. a Zeleznik-Rákosi, a Hrá-
deki és a Rozsnyó-Dobsinai nem csak egészen elfogyaszták a közelök-
ben találtató fát, hanem még a nyersvas olvasztáshoz szükségelt faszén-
nek igen tetemes részét kisebb-nagyobb távolságról Abauj, Borsod és
Torna megyékből kénytelenittettek beszerezni.

Igen természetes volt tehát, hogy mindenek előtt ezen csoporto-
zatokkoz tartozó nyersvas olvasztók tulajdonosai igyekeztek a vas fi-
nomitásnál a köszenet alkalmazni. — Úttörő e tekintetben a „Concor-
dia" volt pécsi hengergyárával 1843-ik évben; azt csakhamar követ-
ték 1845—47. gróf Nádasdy Tamás és a gömöri vasgyári egyesület,
jelenleg a Rimamurányvölgyi vasgyári társulat; az első a Bethlérben
Gömörmegyében, a második Ozdon Borsodmegyében épittetett nagyobb
gyárakat köszénre.

Az első, a bethléri kisérlet, halva született gyermek volt; mert
épitésénél azon lényeges hiba követtetett el, hogy nem a Czen-
teri köszénbányák közelébe rakták a finomitó gyárat, miután akkor
7 mázsa barnaszén volt szükséges egy mázsa finomitott vasra, — ha-
nem a 7 mértföldnyi távolságra fekvő Bethlérre, a nyersvas olvasztó
mellé tétetett át, holott egy mázsa finomitott vashoz csak 134 font
nyersvas szükségeltetett. A messziről szállitott köszén költséges vitele
tette lehetetlenné az üzletet. — Az Ozdi hengergyár, a mely tőszom-
szédságában fekszik a köszénnek, jelenleg is virágzik, sőt a szomszéd
Nádasdy-féle hengergyárban szaporitást is nyert. — Gróf Andrássy
György kisérletei barna köszénnel Dernői gyárában, sok oldalu tapasz-
talással bővitették a tudományt a barna köszén használata körül,
de nagyban nem leltek alkalmazást.

A Gömöri vasipar jelenlegi állapotja.

A vasércz bányák.

Előadván, és tán bővebben mint szükség volt, vasiparunk régibb
fejlödési viszonyait szükségesnek tartom mostani állapotját is leirni.

Életképes és a legmostohább körülmények közt bámulandó mó-
don erősen kifejlett vasiparunk alapja: a kitünő minöségü vasércz,
melylyel hegyeink nagy mennyiségben kinálkoznak.

A vasércz, és igy az erre alapitott nyersvastermelés is, Gömör-
megyében négy fő csoportozatra osztható.

A Vashegy-Rákosi csoportozat kizárólag barna vasérczeket tartalmazván, az erre alapított vasolvasztás kitünö szürke és öntött nyersvasat szolgáltat.

A Hrádeki csoportozat kiválólag barna, de pát vasérczekkel kevert vegyitéket olvaszt, és nyersvas terményei kitünö erősségük miatt nagyon keresett öntményanyag.

A Betlér-Nadabulai csoportozat nagyobb mennyiségben pát —, kisebb mértékben kevert barna vasérczeket használ fel, és nyersvas terménye kitünö a finomitásra, de kevésbbé használható az öntésre.

A Dobsinai csoportozat majdnem kizárólag pátvasérczeket dolgozván fel, nyersvas terménye általjában a finomitásra, de az aczél gyártásra is fordittatik haszonnal.

Vashegy-Rákosi vasbányák.

A gömöri vasérczek közt méltán elsö helyet foglalnak a Vashegy-Rákosi vaskötelepek, melyek a liasz mészkő által körülövedzett timpálában települnek, keletről nyugotra több mint 2500 ölnyi hosszaságban csapnak, és délnek lejtve 15^0—$75''$ alatt dőlnek, vastagságuk 2 öltől 20 ölig változik.

Ezen hatalmas telep, melynek tiszta vastartalma 42—$45^0/_0$, agyaggal és kova földdel kevert barna vasérczböl (vaséleg vizegyböl) áll; közbevonuló keselykö lerakodások által négy külön részre, vagy telep szakaszra osztatik, melyek közül az egymástól 20—100 ölnyire fekvö három telepszakasz a vashegyi csoportozatot; — az ezektöl majd nem 400 ölnyire csö rákosi telep pedig más közbenesö kisebb telepekkel együtt a rákosi csoportozatot képezi. — (Lásd a bányatérképet.)

Jóllehet ezen telepek egy idöben képzödtek, mégis barna vasköveik mellékvegyitékeinél fogva lényegesen különböznek egymástól. = Ugyanis a vashegyi kisebb vastagságu elsö telep sok mangános vasérczet tartalmaz; a második már vastagabb telep vasércze helyenkint némi villót foglal magában, de nem káros mennyiségben; a harmadik, helyenként több mint 20 öl vastag telep, nem különben a kitünö, 15—20 öl vastag, rákosi telep is ezen ártalmas keveréktöl egészen tiszta és csakis a kedvelt mangánnal vegyitett vasérczet nyujt.

A legcsélszerübb vájási mód az oszlop és omlás rendszere, de a kincstári bányákban a jóval költségesebb keresztvájás hozatott be az utolsó idöben kisérlet gyanánt. A kiszállitás a tárnában rakott fajárdákon közönséges — és bánya — targonczákkal történik.

Az A) rovatos kimutatás szerint ezen csoportozat vasbányáiból, melyek területe az 5000,000 négyszög-ölet megközeliti. majdnem 1

millió mázsa vasércz aknáztatik ki; és daczára ezen évenkint kiakná-
zott tetemes mennyiségnek, a Vashegy-Rákosi telepek eddig ismert
mélységökben még több mint 100 millió mázsa érczet tartalmaznak,
tehát nyersvas-termelésünket jelenlegi kiterjedésében egy századra biz-
tositják.

Az ottani bányászkodás nemzetgazdasági fontossága kitetszik
ebből, hogy 15 tisztnek s felvigyázónak, 375 munkásnak és ezek
1300-ra menő családtagjainak 67,325 ftnyi keresetet nyujt. Az erdőgaz-
daságra azzal hat jótékonyan, hogy közel 22,000 köbláb bányafát
használ fel; — a mezőgazdaságra nemcsak a lakosság nagyobb kere-
sete folytán növekedett fogyasztási tehetsége, de közvetlenül az által is
hat, hogy a mezei munkáktól szabad időben igényelt több mint 60,000
két vonó marhájú napszámért 103,000 ftot fuvarbér fejében fizet.

Dobsina-Alsó-Sajói vasércz bányák.

Az emlitett csoportozatot fontosságban közvetlenül a Dobsina-Alsó
Sajói, sokkal nagyobb területen elterjedt csoportozat követi.

Földismei tekintetben lényegesen különböző viszonyokat mutat
fel. — Itt vaskőtelepek és telérek felváltva jönnek elő; — és mig az
elsők siluri, ez utóbbiak a metamorph anyakőzetben találtatnak,
mindannyian keletről nyugotra csapnak és különféle fokok alatt délre
dőlnek. Vastagságuk 3 lábtól 15 ölig változik. Ezen vasércz telepek s
telérek majdnem kizárólag szénsavas vasélegből (pát vasércz) állanak,
35—40% fémvasat tartalmazván. Ezen vasérczek — kivévén az im-
itt amott előjövő kénvasat (Eisenkies) — menten minden ártalmas ve-
gyitéktől, tetemes mennyiségben a kedvelt, mert a vas aczéltermésze-
tét előidéző mangánt tartalmazzák. A telérek felső részei a levegő s
viz hatása alatt rendesen barna vasérczczé változtak át.

Ezen csoportozatokban kiváló figyelmet érdemel a dobsinai
„Kogel-hegy" déli lejtőin lévő telep, vagy is inkább fészek, melynek
feküje timpala, födüje azonban keselykő, keletről nyugatra való csa-
pásában 100 ölre. szélességében 60 ölre terjed, és 15 öl vastagságot
mutat.

Általános figyelmet gerjesztett ez utóbbi időben gróf Andrássy
Manó által a „Reinberg" hegyen az alsó-sajói határban nyitott vasércz
telep, a mely a Dobsinai fészekhez hasonlitván, ezt kiterjedésében
nem csak megközelíti, de a mennyire a még hiányos feltárásból itélni
lehet, felül is múlja.

A vájás a telérekben tárnák segitségével, a telepekben és fészekben lefedés által általán repesztő porral történik ; a szállítás nem különbözik az előbbi csoportozat szállítási módjától.

A kivájt vaskő mennyisége az 573.000 négyszög-ölre menő bányatelkeken évenkint a 800,000 mázsát megközeliti. Bányaépítő fát 4,400 köblábat fogyaszt. A foglalkozó 7 tiszt és segédszemélyzet, 210 munkás, és ezek 960 ra menő családtagjaik évenkint közel 38,000 forintot keresnek, a 64.000 két igás fogat 129.000 ftnyi bérrel pótolja terméketlen földjének jövedelmét.

A Rozsnyó-Nadabulai vasércz bányák.

A Rozsnyó-Nadabulai csoportozat nagy területet foglal el, és Alsó-Sajótól kezdve lefelé a Sajó mentében fekvő helységek határain Rozsnyóig terjedvén, az e körül lévő Csucsom, Rudna, Rekenye helységek határait foglalja magában.

Az e vidéken találtató vasércz telepek majdnem kizárólagos anyakőzete a timpala, melynek keselykőbe és keselypalakőbe való átmenetei — mint Betlér mellett — igen gyakoriak, a timpalát azonban gyakran a csillámpála és zsirlapála váltja fel. — Kiváltképen a rozsnyói Rákoson találtató vas csillámkő egy kétségkivüli telérben jön elő. A vasércztelepek délről éjszakra csapnak és 30—80° alatt rendesen e lenlejtesen dölnek.

A bányákban fejtett vasércz vagy pátvasércz, 32--48°/0 vastartalommal, — vagy pedig mindenféle barna vaskő a bótartalmu vesealaku üvegércztől kezdve az agyag és vasas erektől áthúzott s elváltozott paláig.

Ezen telepek vastagsága 4 lábtól 12 ölig terjed, és ezek legkitünöbbike a nadabulai határban lévő Bernátbánya vasércztelepe.

Vasérczei, kivévén a ritkán mutatkozó kénvasat, minden ártalmas vegyitéktől tiszták, és a finomitásra kitünö minöségü nyersvasat adnak.

Ezen csoportozat bányászata 872,000 négyszög öl terjedelmü bányatelkeken 450—460 ezer mázsa vasérczet szolgáltat, és 1200 köbláb bányafát használ fel. Az e körül foglalkozó 4 tiszt. 177 munkás. 423 családtagokkal együtt évenkint 27,000 ftnyi, — és a 24,000 két igásfogatu fuvaros napszámos 28.000 ftnyi keresetben részesül.

A Hrádeki vasérczbányák.

A Hrádeki, a Csetnek-völgyi hegységekben szétterjedő csoportozat vasércz-telepei s telérei a keselykőpála és zsirlapála anyakőzetben fordúlnak elő, rendesen keletről nyugotra csapnak, és változó fokok alatt délre dőlnek. Közűlük legnagyobb a Hrádeki, melynek vastagsága 7—42 láb, s hossza mintegy 400 öl; a zsirlapála mint feküje, és a keselypála mint födüje közt vonul, és a legkitünöbb barna vasérczeket szolgáltatja. Ezeknek vastartalma 39—55% közt változik; minden ártalmas vegyitéktöl mentek, azonban tetemes mennyiségü mangánt tartalmaznak.

A Sebespataki, Feketepataki és Bisztrai telepek a keselyköpálába csapván, 40—48% vastartalmu pártvaséreczböl állanak.

Mindezen, mind pedig a Rozsnyó-Nadabulai csoportozatokban a vájás egyenlö módon történik, t. i. tárnák segitségével; az érczek fa talpakon bánya targonczákkal szállitatnak ki.

Ezen csoportozat a 98,737 négyszög ölre menö bányatelkekben 260,000 mázsa vasérczet váj ki. A foglalkozó 6 tiszt, 164 munkás és 475 fönyi családtagjaik évenkint 33,000 ftot keresnek, és a 17,000 két igás vonatu fuvaros napszám 19,000 ftnyi évi díjban részesül.

Minthogy a Szepesmegye Sztraczenai két olvasztója vasércz szükségletét kizárólag a gömörmegyei vasércz telepekböl szedi, és igy lényegesen ezen megye vasiparához tartozik, ezen két olvasztó a Dobsina — Alsó-Sajói csoportozatba felvétetett.

A vasércz bányászat ezen rövid leirása után, átmegyek a nyersvas olvasztáshoz. Rövidség végett, a nyersvas olvasztás leirásánál is ezen csoportozatokra szoritkozom.

2. A nyersvas termelés.

A Vashegy-Rákosi csoportozathoz 10 nyersvas olvaszda tartozik, és pedig: Nagy-Röczén 3, Nyústyán 1, mind négy a Rimamurány völgyi vasgyár-egyleté; Gerliczén 1, a Tapolcsányi társulaté; Ploszkón 1, a Latinák családé; Podhorán 2, a Czékus családé; Chizsnovodán 1, Heinzelmanné; Tiszolczon 1, a kincstáré. Ezek közül az utóbbi a legnagyobb, és 40 láb magassaga s aránylagos belterjedelme által, jó 3 cylinder fuvója mellett 70,000 mázsa évi nyersvas készitményre képes. A többi olvaszdák 22 láb s 32 láb magasságig terjednek; mindnyájan szélmelegitökkel és cylinder fuvókkal ellátvák, a melyek mozgatására általán vizzel hajtott kerekek alkalmaztatnak. A Ploszkói és a Chizsnavodai olvaszdák azonban az elfutó meleggel fütött segitö gözgépekkel vannak ellátva. Közel négy öt éve, hogy ezen olvaszdák túlnyomó része zárt mellel dolgozik.

Ezen csoportozat 10 olvasztója évenkint ·384,000 mázsa nyersvasat és azonkivül 14,000 mázsa öntményt szolgáltat, összes termelése tehát a 398,000 mázsát üti meg, és műtani tekintetben kitünö eredmé-

A. Vasércz bányászat.

Csoportozat	Bányatelkek terjedelme □°	Kiszállított vasércz mázsa	Felhasznált bányafa köbláb	Foglalkozó tisztek s felvigyázók száma	Foglalkozó munkások száma	A foglalkozók család tagjainak száma	A foglalkozók keresetje forint	Foglalkozó 2. igás-fuvaros nap száma	A fuvarok bére forint	A bányák kezelési tőkéje forint
1. Vashegy-Rákosi	437,470	965,000	21,900	15	375	1300	67,325	64,333	102,975	30,000
2. Dobsina-Alsó-Sajói	573,045	790,918	4,400	7	210	960	37,800	64,413	128,826	33,100
3. Rozsnyó-Nadabulai	872,024	355,600	1,190	4	177	423	26,950	23,706	28,447	9,090
4. Hrádeki	98,737	256,142	3,553	6	164	475	32,918	17,049	18,907	25,980
Összesen	1.981,276	2.367,660	31,043	32	926	3158	164,993	169,501	279,155	98,170

nyeket mutat fel. Mert 3,184,000 köbláb faszenet fogyasztván el, csak 8 köbláb, vagyis körülbelől 90 font faszén esik egy-egy mázsa vasra. Vasérczből 965,000 mázsa olvasztatik ki, tehát egy-egy mázsa vasra 240 font esik s e szerint egy mázsa vasérczből 42 font nyersvas állittatik elő.

A mint már fentebb emlitém, ezen csoportozat termelése, a majdnem kizárólag felhasznált barna vasércz miatt, nagyobbrészt szürke öntmény-nyersvasból áll, kivévén a tiszolczi és a rimamuránvvölgyi társulat olvaszdáinak termelését, melynek nagyobbrésze fehér és fekete nyersvasból áll.

Dicséretes emlitésre méltók a chizsnavodai gyár országszerte ismert öntményei: ezen gyárra a csoportozat 14.000 mázsa öntményéből 12,000 mázsa esik.

Egy olvaszda átlagos évi termelése megközeliti a 40,000 mázsát. Az egyes társulatok és birtokosok közül e csoportazatokban legtöbb nyersvasat a rimamuránvvölgyi vasgyári egylet termel, t. i. évenkint több mint 200,000 mázsát. A tiszolczi kincstári olvasztó, mint már emlitém, 70.000 mázsa termelési képességgel bir.

E csoportozat 10 olvaszdája fuvóinak mozgatására 160 lóerőt vizi, s 60 lóerőt gőzerőben használ fel.

Nyersvasiparunk hatását az erdei s mezei gazdaságra, a lakosság kereseti módjára, s a kitünő helyet, melyet nemzetgazdasági tekintetben érdemel, alább fogom kimutatni.

A dobsina-alsó-sajói csoportozat 7 működésben levő olvasztóból áll; egy Dobsinán van s a kincstár birja haszonbérben: egy ugyancsak Dobsinán, kettő Pohorellán, kettő Sztraczenán Szepesmegyében van, ez utóbbi négy Coburg-Koháry herczeg tulajdona, a dobsinait ugyan ő haszonbérben tartja, és végre a hetedik Oláhpatakán gróf Andrássy Manó tulajdona.

Ezen 7 olvaszda évi nyersvastermelése több mint 301,000 mázsa. Ebből 4500 mázsa öntmény, mely csak a tulajdon gyári szükséglet fedezésére készittetik. A felhasznált 2.817,000 köbláb faszénből egy mázsa nyersvasra 9 köbláb esik, melynek súlya azonban, minthogy általánvéve puha faszén, a 90 fontot meg nem üti.

A felolvasztott 791,000 mázsa vasérczből egy mázsa nyersvasra 260 font szükségeltetvén, az ércz vastartalma a 39°/₀-et el nem éri. Nyersvas terménye általán fehér és feles, de aczél készitésre kitünő minőségü.

Ezen 30—40 láb magas hét olvasztó átlagos évi termelése a 40,000 mázsát felülmulja. Az egyes nyersvas-termelők közül Coburg-

Koháry herczeg 214,000 mázsányi termelésénél a legnagyobb. E csoportozat fuvógépeinek mozgatására 155 vizi lóerőt és Sztraczenán 20 gőzlóerőt használ fel.

A rozsnyó-dobsinai csoportozathoz 4 olvaszda tartozik : kettő Betlérben, gróf Nádasdy Tamásnéé; 1 Henszkón Sárkány örökösökéj és végre a negyedik Berzéthén, a berzéthei vastársulaté. Ezen csoportozat készitménye szürke, feles és fehér, öntményekre kevésbbé használt, de a finomitásra kitünő tulajdonságu nyersvasból áll; a miért is összes öntménye az 1000 mázsát el nem éri. Összes egy évi 137,000 mázsa nyersvas termeléséhez 983,000 köbláb kizárólag keményfaszenet használván fel, ebből 7 köblábon felül s súlyra 90 font esik egy-egy mázsa nyersvasra.

Ezen 30—40 láb magas 4 olvaszdának átlagos évi termelése a 34,000 mázsát üti meg. A betléri két olvaszda birtokosnéja e csoportozatban 90,000 mázsa termelésével a legnagyobb nyersvastermelő.

Ezen 4 olvasztó fuvógépeinek mozgatására 46 vizi és 16 gőzlóerő használtatik fel, ez utóbbi a berzéthi olvaszdánál.

A hrádeki csoportozat olvaszdáinak száma 5. — Kettő Csetneken van, az egyik Sárkány Károly örökösöké: a másik Madarász Andrásé; — egy Gombaszögön herczeg Eszterházy Pál tulajdona, s bérben tartja a szalóczi vas-társulat; egy Vigtelken, ez utóbbi társulat tulajdona: és végre egy Kun-Taplóczon Sárkány Károly örökösöké.

Ezen csoportozat a legkitünőbb, öntményekhez kizárólag keresett szürke nyersvasat állit elő, és a csetneki Madarász András olvaszdája mellett egy öntödét mutat fel, melynek jelenlegi öntmény-készitményei az 5—6000 mázsát érik el.

Az egy évi 98,000 mázsára rugó nyersvas termeléséhez feltüzelt 838,000 köbláb faszénből egy-egy mázsa nyersvasra 8.₅ köblábat, és súlyra 100 fontot használ fel: a felolvasztott 244,000 mázsa vasérczből 250 font esik egy mázsa nyersvasra és igy vasérczeiből 40°/₀ nyersvasat hoz ki.

E csoportozatban az egyes gyárosok s társulatok közt Sárkány Károly örökösei 75.000, és ha henszkói olvaszdájukat is ide számítjuk, 90,000 mázsa nyersvas termelésökkel az elsők.

A fuvógépek ezen csoportozatban 60 vizi és 15 gőz lóerőt vesznek igénybe. Egy gőzgép Madarász András csetneki gyárában használtatik.

Az összes gömöri nyersvas termelés — ide számitva a szepesmegyei sztraczenai két olvasztó 90,000 mázsa készitményét is, melyre

kizárólag gömörmegyei vasérczek használtatnak fel — 936,000 má-
zsára tehető, miből 26,000 mázsa öntmény.

Ezen számitásból kihagyatott a Zólyomban létező rhóniczi kincs-
tári olvaszdáknak, a tiszolczin kivül, több mint 100,000 mázsára rúgó
egy évi nyersvas termelése, azért mert, habár vasércz szükségletének
nagyobb részét a vashegyi, nadabulai és a dobsinai telepekből nyeri,
mégis más tetemes részét zólyommegyei bányáiból fedezi.

Tekintetbe véve, hogy ezen termelés az 1864 5-ik éveknek át-
lagos eredménye, tehát oly időszaké, mely alatt vasiparunk a belső
közjogi s a külső zilált europai viszonyok bizonytalansága folytán be-
állott kereskedelmi pangás súlya alatt görnyedett; tekintetbe véve
ezen körülményt, mondom, — bizton állithatom, hogy ezen egy évi
termelés 1,200,000 mázsa nyersvasra annál biztosabban vihető fel,
minthogy rendelkezésére állanak ezen iparnak a roppant, és századok
szükségletét fedező vasérczek, s a fatüzelő anyagban sem szenved és
fog szenvedni hiányt, annál kevésbbé, minthogy a tagosítások keresz-
tül vitele után, az erdömivelésre is nagyobb gond fordittatik.

Ez iparág elemzését nemzetgazdasági szempontból későbbre tart-
ván fel, itt csak azt emlitem meg: miszerint az ezen nyersvas mennyi-
ség termeléséhez szükséges tüzelő anyag 7,822,000 köbláb szénre rúg,
és ennek kiállitására 87,000 köb öl fa, — ezen famennyiség fedezésére
pedig 248,000 hold erdöterület egy évi növése — szükségeltetik.

Ezen roppant mennyiségü faszükséglet fedezésére hozzá járul-
nak Gömör, Borsod, Zólyom, Szepes és Nógrád vármegyék erdöte-
rületei.

Ezen ipar szivós életképességét csak az birja felfogni, a ki tudja,
hogy mily nehézségekkel van összekötve járhatatlan mellékutainkon a
faszénnek 12 mértföldnyi távolságból való szállitatása a gyárakhoz.

3. A vasfinomítás.

Gömör megye vasfinomítása magában véve csekély és összes
egy évi termelése alig üti meg a 100,000 mázsát. Minthogy azonban a
Borsod megyében fekvő ozd-nádasdi s a tapolcsányi vashengergyárak
nemcsak a megye szellemi és anyagi ereje által emeltettek fel, de
nyersvasszükségletöket is kizárólag e megye nyersvasipara fedezi,
ezen hengergyárak méltán Gömör megye iparához sorozandók, és
azért több mint 110,000 mázsa hengerelt vastermelésökkel számitá-
sunkba fel is vétettek. A rhóniczi 160,000 mázsa hengerelt rúdvas és

B. Nyersvas termelés.

Csoportozat	Olvasztók sz.	Felolvasztott vas-ércz mázsa	Felhasznált faszén köb	Termelt nyersvas mázsa	Termelt öntmény mázsa	Összes termelés mázsa	Feldolgozott nyers-vas mázsa	Eladható nyersvas mázsa	Foglalkozó tiszt s felvigyázó sz.	Foglalkozó munkás sz.	A foglalkozók családtagjai sz.	A foglalkozók keresetje f.	Foglalkozó 2. igás fuvaros nap sz.	A fuvarok bére f	Befektetési tőke f.	Üzleti tőke f.	víz	gőz
1. Vashegy-Rákosi	10	965,000	3.184,000	384,000	14,000	398,000	182,150	201,850	40	873	3200	157,000	210,000	267,000	400,000	800,000	160	60
2. Dobsina-Alsósajói	7	790,918	2.817,000	297,140	4,506	301,646	110,746	186,394	21	582	2100	106,380	259,000	310,000	450,000	621,000	155	20
3. Rozsnyó-Nadabu-lai	4	344,100	953,170	137,000	800	137,800	5,750	131,250	12	252	709	57,524	44,300	81,400	146,000	285,000	46	16
4. Hradeki	5	243,640	838,110	91,233	6,876	98,109	13,678	77,555	16	300	740	46,026	75,400	98,000	259,000	340,000	60	15
Összesen	26	2.343,658	7.822,280	909,373	26,182	935,555	312,324	597,019	89	2007	6749	366,930	588,760	756,400	1.285,000	2.046,000	421	111

vasúti sin készitési képességgel biró hengergyárak a nyersvasipar le-
irása mellett emlitett okoknál fogva itt is kihagyatnak a számi-
tásból.

Mütanilag vasfinomitásunk három részre oszlik:

1-ör. A faszénneli higgasztásra, az ezzel összekötött **hámorok**
alatti nyujtással, mely jelenleg még összes termelésünk több mint ¹/₃
részét, és a kizárólag gömörmegyei termelésnek majdnem **fele** ré-
szét teszi.

2-or. A fával vagy faszénnel higgasztásra és kavarásra, **az ezzel**
összekötött hengerezéssel, a mely ép oly arányban mutatja **magát, mint**
az elsö osztály: végre

3-or. A barna köszénnel kavarásra, forrasztásra, az ezzel össze-
kötött hengerezéssel. Ezen osztály az összes termelés ³/₅-öd ré-
szét teszi.

Az elsö két osztály gépmüvei vizerő által hozatnak mozgásba. —
kivévén a tapolcsányi vasgyárat, a mely hengersorozatát gözerövel
forgatja.

A 3-ik osztály gépei kizárólag gözerő által müködnek.

A hely szüke meg nem engedi, hogy az egyes finomitó gyárak
leirását adjam. Itt is csak az egyes csoportozatokat veendem tekin-
tetbe, kiemelvén az egyesekből, a mi kiemelésre méltó.

A vashegy-rákosi csoportozatokhoz tartoznak az ozd és nádasdi
két hengergyár. a rimóczai és a málnapataki — ez Nógrád megyében
— vashámorok, mind a rimamurányvölgyi vasgyári egylet tulajdona;
a borosznoki hámor. Latinák család tulajdona, a tapolcsányi vasgyár,
a hasonnevü társulaté: — és végre a fürészi hámor. a kincstár tulaj-
dona; és igy számra összesen: hét gyár.

Ezen gyárak közül az ozdi és nádasdi hengergyárak különös
emlitést érdemelnek. nem csak azért: minthogy felsö Magyarországban
uttörői azon iránynak, melyet az összes e vidéki vasiparnak, ha fel-
adatának megfelelni és létét biztositani akarja, elkerülhetlenül követ-
nie kell: de azért is: mert a csoportozat 136,000 mázsára rúgó terme-
léséből e két hengergyárra 118,000 mázsa esik.

Az ozdi hengergyárnak keletkezési idejét már fentebb emlitvén,
itt csak azt emelem ki: miszerint az ozdi gyár tulajdonos társulata ál-
tal 1863-5-ik években a nádasdi hengergyár is épittetett két mértföld-
nyi távolságban Ozdtól, a nádasdi barna köszéntelep közvetlen szom-
szédságában.

Az ozdi gyár a barna köszénbánya fötárnájával egy 1400 öl
hosszú lóerejü vasuttal van összekötve: — a nádasdi gyár egy rövid

200 ölnyi vasúton kapja közvetlenül a bányából szükséges kő-
szenét.

Mindkét gyár jelenleg 16 kavaró és 8 forrasztó kemenczével
dolgozik, és a termelés kikovácsolására és hengerezésére két gőzhá-
mort és hat hengersorozatot mozgat.

A hengersorozatok s más a gyártáshoz szükséges gépek mozga-
tására 260 gőzlóerőt használ fel, melynek gőzét a kavaró és forrasztó
lángkemenczékből kiszálló meleg gázok állitják elő. Mint tüzelő anya-
got kizárólag a barna köszenet használja.

Vasúti sinek készitése mellett termelési képessége e két gyár-
nak 160,000 mázsára vihető fel.

A kereskedelemben jó néven ismert terménye többnyire a rúd-
vas különféle vastag és legfinomabb nemeiből, szöglet vasakból és plé-
hekből áll, mely utóbbiakból 8000 mázsát készit.

E csoportozatban emlitésre méltó még a tapolcsányi gyár is, —
mely egy, fával fütött lángkemencze, és egy hengergőzgép felállitása
által utóbbi időben ismert jó minőségü vastermelését tetemesen sza-
poritá.

A Rimóczai, Málnapataki, Borosznoki és Fürészi higgasztó és
hámor gyárak csekély fontosságuak, — összes termelésük alig üti meg
a 10,000 mázsát. vizi erővel hajtatnak, s tüzelő anyagul a faszenet
használják.

Ezen 7 gyár összes termelése 136,000 mázsára rúg évenkint;
ebből 10,000 mázsa faszén mellett higgasztott és hámor alatt nyújtott
rúdvas; 8000 mázsa fatüzelés mellett kavart, és faszén mellett izzitott
s hengerelt, — és végre 110,000 mázsa barna köszén mellett kavart
forrasztott és hengerek alatt nyújtott rúdvas. — és ugyanezen tüzelő
anyag mellett hengerelt 8000 mázsa pléh.

A fogyasztott 344,000 köbláb szénből. 19 köbláb esik egy-egy
mázsa a hámor alatt nyújtott vasra, a mely arány-rész a Tapolcsányi
gyárnál, minthogy a higgasztókban készült vasat a kihengerelés végett
fával lángkemenczében melegiti, — több mint 3 köbláb fával nővek-
szik mázsánkint. Az Ozdi 118,000 mázsa hengerelt rúdvas és pléh ké-
szítmény mellett felhasznált 724,000 mázsa köszénből több mint 6
mázsával terheli az egy mázsa készítményt. A fogyasztott 158,000 má-
zsa nyersvasból közel 134 font esik egy mázsa kész czikkre.

Az ezen gyárakban működő gépek szolgálatára 230 vizi s 270
gőz lóerő használtatik.

A Dobsina-Alsó-Sajói csoportozathoz tartoznak a Dobsinai hámo-
rok, melyek évi termelése faszén mellett higgasztott és hámor alatt

nyujtott vasban 72,000 mázsára rúg évenkint; — műtani tekintetben
más emlitésre méltót nem nyújtanak, mint azt, hogy kitünő aczél ter-
mészetü vasuk igen kedvelt árucikk.

A faszénneli higgasztást alkalmazó gyárak közt azonban a Co-
burg-Koháry herczeg Garamvölgyi Pohorellai gyárai kitünő helyet
foglalnak el honi vasiparunk terén, nem csak rudvas készítményeik-
nek elismert jó minősége, de különösen pléheiknek a birodalom akár
melyik gyár pléhkészitményével versenyző kitünősége miatt.

Azon gyárak műtani szervezése az alkalmazott higgasztás mel-
lett igen czélszerü: mert a higgasztásnál elszálló égő gázokat azon
anyag vasak melegitésére használják fel, melyek a vizzel hajtott hen-
gerek alatt pléhekre és rúdvasra kinyujtatnak.

Termelési képességöknél fogva elsö helyet foglalnak a faszénnel
tüzelö gyárak között; tettleges évi termelésök: 65,000 mázsa kész-
árú, ebböl 26,000 mázsa pléhvas.

Ezen csoportozat egy évi termelése több mint 25,000 mázsa há-
mor alatt nyújtott, 23,000 mázsa hengerelt, és 24,000 mázsa pléhvas,
vagyis összesen 72,000 mázsa. Ha az ezen kész vasáruk előállítására
feltüzelt 1.100,000 köbláb szénhez hozzáadjuk a felfogyasztott, és
50,000 köbláb szénre átszámitott 107,000 köbláb fát: az egy mázsa
terményre feltüzelt 16 köbláb szén dicséretes tanuságot teszen a köve-
tett üzleti rendszer mellett.

Az elöttem fekvö kimutatás szerint ezen 72,000 mázsa készit-
ményre közel 111,000 mázsa nyersvas kivántatnék meg, tehát egy
mázsa kész vasárura 153 font nyersvas esnék. Ezen aránytalan nagy
fogyasztásnak oka csak a nagy pléhtermelésben lenne kereshetö, de
itt sem levén indokolható, a közlö tollhibájának tartom.

Ezen csoportozat gépeinek mozgatására 550 vizi lóeröt hasz-
nál fel.

A rozsnyó-alsó-sajói csoportozathoz tartozó többi vasgyárak alig
emlitésre méltók.

A betléri vasgyárnál van két higgasztótüz, egy melegitö kemen-
czével; hozzá egy bakó, s egy hengermü. A henszkói vasgyár szintén
két higgasztó tüzzel s egy nyujtó kemenczével van ellátva. Mindkét
gyárnál az átlagos évi termelés hámor alatt nyujtott rudvasban 3200,
s hengerelt vasban 1300 és igy összesen 4500 mázsára rúg.

A hrádeki csoportozathoz csakis a szalóczi gyárak tartoznak, a
10,000 mázsát meghaladó átlagos évi rudvas termeléssel; melyet 10
higgasztó és 5 nyujtó kemenczék segitségével állitanak elö s hámorok
alatt nyujtanak ki. A kitünö müvezetést leginkább a csekély faszénfo-

gyasztás jelzi, midőn egy mázsa kész vasra 14 köbláb szén sem esik; a nyersvas fogyasztása is csekély, mert egy-egy mázsa kész vasra 130 font nyersvas sem esik.

A szalóczi vas minősége régi jó hirét folytonosan megőrizte.

Ezen és az előbbeni csoportozat gépei összesen 356 vizi lóerőt vesznek igénybe.

A vasfinomitás fa és faszén szükségletét ugyanazon megyék területe fedezi, a melyekből ezt a nyersvas termclése szedi.

Még megemlitendőnek tartom, hogy jelenleg 1 köböl szénfa ára 2—6 ft, a távolságok szerint, s általán egy köbláb szén a gyárnál 9 — 10 kr, egy mázsa vaskö beszerzési ára a gyárhoz szállitva 8 – 30 kr. közt változik. — Egy vasgyári munkás napidija 40—150 kr; egy mázsa közönséges vas eladási ára 5 ft 50 kr.; 1 mázsa vaspléh eladási ára 8 ft 50 kr, egy mázsa vasuti sin 7 ft.

A gömöri vasipar nemzetgazdasági fontossága.

Hogy erről világos fogalmat adjunk az olvasónak szükséges: hogy az A. B. C. táblázatokban foglalt számokat összesitve elemzés alá vegyük.

E megyei vasipar az 1,981,276 négyszög ölre terjedő bányatelkeken 935,555 mázsa nyersvas és öntmény termeléséhez szükséges 2,343,658 mázsa vasérczet váj ki. — Ezen nyersvas mennyiségből 312,324 mázsát használ fel a finomitó gyáraiban készitett 223,923 mázsa rúd- és pléhvashoz, és marad e szerint az egy évi nyersvas- és öntménytermelésből eladásra 597,049 mázsa nyersvas és 26,182 mázsa öntmény.

Ez vasiparunk tevékenységének egy évi eredménye, és ennek elérése végett 189 tisztnek és 4378 munkásnak ad foglalatosságot és 14,265 főre menő családtagjaik fentartására 876,962 ftnyi keresetet.

A vasércz, fa, faszén, köszén és a nyers és kész vas a fogyasztási és eladási helyekre való elfuvarozása, a földmivelő népnek mellékkeresetül 2,158,467 ftot ad.

Az erdei gazdaságnak a felhasznált 106,360 köböl faért, ezt csak 3 ftjával számitva, közvetlenül 319,080 ft jövedelmet hajt.

Vasiparunk befektetési tökében . . . . . . 3,357,000 ftot
és forgó tőkében . . . . 3,540,970 „
és igy összesen . . . . 6,897,970 ftot
képvisel.

Az ezen tekintélyes erő által kiállitott érték, ha a termelt nyersvasat és öntményt együtt 2 fttal, a finomitott vasat s pléhet 6 fttal, ebből azonban a fogyasztott nyersvas értékét levonva — és az előállított kőszén mázsáját 12 krral számitjuk, 2,686,880 ftra.rug a gyári helyen. a mely érték sz áru czikkek fogyasztási helyeikre való szállitási díjak hozzáadása által 3,500,000 ftra emeltetik.

Iparunk áldásos hatását e környék mezei és erdészeti gazdaságára, és a lakosság jólétére és adó képességére ezen számok világosan bizonyitják: mert midőn a közvetlenül foglalkozók 14,265 főre menő család tagjainak, a melyek ezen ipar nélkül e vidéken nem létezhetnének, élelmet nyújt; ha az egyes fő fenntartására szükséges élelmi czikkeket 8 kila gabona értékére átszámitjuk, — a mezei gazdászatnak nem csak az élelmi czikkek fogyasztása által 230,000 ftnyi bevételt ád, — de a kifizetett 1,281,505 ftnyi különféle fuvarbérek is kizárólag a mezei gazdászatnak esnek javára: mert ezen kereset hasonlíthatlanul tulnyomó része a mezei munkáktól szabad időben, és különben is a mezei gazdaság szükségletének fedezésére tartott vonómunka által nyeretik meg.

Vagy, hogy ezen 1,281,505 ftra rúgó mellék fuvarkereset rendkivüli nemzetgazdasági befolyását kiemeljem, fel kell hoznom, hogy ezen összeg közel 7000 család fentartására elégséges.

Az erdei gazdaság a vasiparunk által felhasznált 106,360 köböl faért 319,080 ft jövedelmet nyer, ha a fának köbölét 3 ftjával számítjuk. És minthogy ezen fa állandó termesztéséhez 303,000 hold erdő szükségeltetik, az erdei gazdaság holdjának évi jövedelmét legalább is 1 ftjával értékesítheti.

Ha végre tekintetbe vesszük, hogy ezen iparág kezelési és forgó tőkében 6 millió, és közel 900,000 forintot képvisel, lehetetlen ennek kiváló fontosságát el nem ismerni, különösen iparszegény hazánkban.

Vasiparunk jelene, jövője, hiányai, szükségletei.

Hogy vasiparunk — melynek nyersvas terménye az összes magyarországi termelésnek, a hozzácsatolt részeket is ide számítva — $^2/_3$, és az összes birodaloménak $^1/_5$ részét teszi, — a fenebb leirt kitünő álláspontját elérte — ezt kizárólag szivós életképességének köszönheti; mert ennek történelmi részéből meggyőződtünk: hogy a kormányok részéről nem csak hogy semmi támogatásban nem részesült, de szüntelenül, az utolsó időkig, részint helytelen és zavaros nemzetgazdászati elvekből, részint pedig ellenséges indulatból folyó nyomasztó intézkedések által zaklattatott.

Csak két intézkedésök van a mult idők kormányainak, a melyek — habár önhaszonleső indulat által sugaltattak — mégis iparunkat

hathatósan előmozditák. — Értem itt az 1842-ik évben a nyersvasra
eltörült közbenső vámot, és az 1850-ik évben történt közbenső vámvonal eltörlését.

És minek köszönheti tehát iparunk fennállását s folytonos gyarapodását, daczára a szüntelen küzdelmeknek az ellenünk irányzott
vámpolitica nyomasztó következményeivel; daczára a közlekedési kö-
s vas-utak majdnem teljes hiányának; daczára a drága tökének és
minden szellemi, felülröl ápolt elhanyagoltságunknak?

Köszöni ezt épen ezen ellenséges viszonyoknak, mert hogy ezeket legyőzhesse, oly térre kelletett iparunkat ültetni, a hol minden kül-
ápolás nélkül, az idők zordon s a viszonyok barátságtalan hatásának
ellenállhasson.

Ezen küzdelmek által megedzett, és az ausztriai tiltó s védvámok által védett, és üvegházilag nagyra növesztett vasiparával való
szabad versenye által megerősödött életképes iparerőnknek köszönhetjük: hogy az ellenünk emelt vám-sorompók eltörlése folytán nyersvas iparunk a 40-ik évben bizonyosan lehetlennek hitt oly kifejlődési
fokra emelkedjék, a mely lehetségessé tevé: hogy terményei, a birodalom nagyra nőtt s hatalmas nyersvas iparával versenyezve a határszélekig hatoljanak, a külföldre való menetelben csakis a védvámok által
feltartóztatva.

A birodalomban megállapitandó kereskedelmi vámrendszer körül tartó heves küzdelmek idején, nem tartom feleslegesnek ismételve
kiemelni azon körülményt: hogy vasiparunk az 1842-ig évig súlyos
kiviteli vámok, és a többi birodalmi tartományokból való korlátlan bevitel, tehát egy keletkező fejletlen ipar elfojtására kiszámitott kereskedelmi és üzleti viszonyok közt keletkezett, s mégis a vám-sorompók
eltörlése után a többi tartományok minden oldalról ápolt vasiparával
versenyezve, ezt nemcsak hazánk piaczairól leszoritotta, de tulajdon
fogyasztási területén is kisebb körre szoritotta; és a mi legföbb: a vas-
árú czikkek árát 25%, el mérsékelte.

Tekintve azon körülményt, hogy nyersvas iparunk nem rendel-
kezhetik közel fekvő, az olvasztáshoz használható, és kokszolható kő-
szénnel; ez a tudomány jelenlegi állása szerint kizárólag csakis a fa-
szén használatára szoritkozhatik. De ha figyelembe veszszük, hogy a
még aránylag nagy kiterjedésü, a fára és faszénre állapitott vasfinomi-
tásunk nem csak nemzetgazdászati elveknél fogva káros; — mert a
fában igen becses anyagot használ fel, a mely igen czélszerüen a kö-
zel fekvő nagy mennyiségü barna köszén által is pótolható, — de drá-
gább árúczikkeivel hosszabb időre a versenyt sem állhatja ki: igen

C. a) Vas finomítás.

Csoportozat.	Finomító gyárak sz	Kemenczék száma					Henger sorozat száma		Mázsa				köb-láb	mázsa	
		Higgasztó	Nyujtó	Kavaró	Forrasztó	Láng-	Rudvas	Pléh	Vert vas	Hengerelt vas	Hengerelt pléh	Összes termelés	Felhasznált fa	Felhasznált faszén	Felhasznált kőszén
1. Vasbegy-Rákosi	7	16	7	16	8	6	6	1	10,000	118,000	8,000	136,000	25,000	344,000	724,000
2. Dobsina-Alsó-Sajói	12	20	5	—	—	3	2	3	25,535	23,228	24,000	72,763	106,920	1,100,816	—
3. Rozsnyó-Nadabulai	2	4	1	—	—	1	1	—	3,200	1,260	—	4,460	—	90,760	—
4. Hrádeki	3	10	5	—	—	—	—	—	10,700	—	—	10,700	—	147,000	—
Összesen	24	50	18	16	8	10	9	4	49,435	142,488	32,000	223,923	131,920	1,682,576	724,000

C. b) Vas finomítás.

Csoportozat	Felhasznált nyersvas	Foglalkozó tiszt s felvigyázó	Foglalkozó munkás	A foglalkozók család-tagjaik	A foglalkozók keresetje	Foglalkozó 2, igás fu-varos nap	A fuvarok bére	Befektetési tőke	Üzleti tőke	A használatban lévő gépek ló ereje	
	mázsa	sz.	sz.	sz.	ft.	sz.	ft.	ft.	ft.	viz	göz
1. Vashegy-Rákosi	182,150	40	920	2,750	221,000	103,000	134,800	956,000	942,000	230	270
2. Dobsina-Alsó-Sajói	110,746	20	344	1,056	100,369	64,000	90,000	800,000	400,000	550	—
3. Rozsnyó-Nadabulai	5,750	1	41	72	5,760	3,300	4,600	16,000	3,300	36	—
4. Hrádeki	13,678	7	140	450	17,920	1,200	16,350	300,000	60,500	320	—
Összesen	312,324	68	1,445	4,328	345,049	182,370	245,750	2,072,000	1,405,800	1,136	270

természetes, hogy az ezen iparág által jelenleg felhasznált **fa s faszén a**
nyersvas termelésnek rendelkezésére álland, és ezt legalább is 200,000
mázsa évi nyersvastermeléssel emelni fogja. — Nyersvas **ipararunk** te-
hát jövőre is csak a jelenlegi irányban s alapon fejlődhetik **ki ugyan,**
de hogy a fogyasztási jogos igényeknek — az olcsó vasra — **egyrészt**
megfelelhessen ; más részt jutányos áruczikkeivel a bel- s **a szabadke**
reskedelmi elvek életbeléptetése esetére a külföldi versenynek is el-
lentállhasson, elkerülhetetlenül szükséges : hogy **a szétszórt kisebb**
vállalatok nagyobb tömbekbe csoportosúljanak.

És ha ez bekövetkezik, s a közlekedési vasuti vonalak **kiépíttet-**
nek, életképes nyersvas iparunk a legkorlátlanabb **vámkereskedelmi**
viszonyok közt is diadalmasan megállhat.

Finomított vas-iparunk jelenlegi viszonyait a C **táblázat** tünteti
elő világosan. Szerintem még igen lényeges bajokban szenved ezen
iparágunk : mert abnormis állapotnak tartom, hogy **nyersvas-termelé-**
lésünkhez aránylag oly csekély kiterjedésű ; hogy **nagy része még a**
fa-tüzelésre van állapítva ; s hogy végre a kitünő minőségü **nyersanyag**
mellett is kizárólag a közönséges kereskedelmi rúdvas- és **pléhterme-**
lésre szoritkozik. Ezen bajok oka azonban hatásunkon kivül esik, **mert**
egyes egyedül a közlekedési vasuti vonalak hiányában fekszik. **A kö-**
zönséges rúdvason kivüli vasczikkek gyártása csakis egyenes **rendel-**
ményre szoritkozhatik ; és ez biztos időre való elszállitást feltételez ; **a**
mi, közlekedési eszközeink hiányossága mellett, lehetetlen. **De ha-**
sitsa s vegye csak körül vasiparunk területét egy czélszerüen **vezetett**
vasuti hálózat: finomitó vasiparunk azonnal hatalmas lendületet **fog**
venni s gyári telepzeteit Nógrád és Borsod közel fekvő **barna köszén-**
telepei szomszédságában állitván fel, nemcsak Gömör, hanem **a szom-**
széd megyék nyersvasát is fel fogja dolgozni. — És ennek **további kö-**
vetkezménye az leend : hogy iparunk a vasfinomitás minden **ágaira**
kiterjeszkedvén, s egészen a barna köszén használatára **szoritkozván,**
a rendelkezésre álló fa-anyag a nyersvas előállitására **fog fenmaradni.**

Ugyancsak ezen feltétel alatt remélhető, sőt biztosan **várható,**
hogy kitünő nyersvasunk s tiszta és czélszerün használható **barna kö-**
szenünk mellett, egy nagyszerü Bessemerféle aczél-gyártás is **fel fog**
virágozni.

És melyek ezen, reánk nézve életfontosságú vasuti vonalak ?

Szerény értekezésünk szük kerete meg nem engedi, hogy ezen
tárgyat hosszasabban fejtegessem ; itt csak azt akarom kiemelni : mi-
szerint Gömör, s a vele egy közlekedési rendszerhez tartozó **Torna**
megye nyersvas ipara, 1 millió mázsánál nagyobb ; és hogy az **összes**

többi felső magyarországi nyersvas termelés — Szepest is ide értve —
a 400,000 mázsát meg nem üti; továbbá: hogy a gömöri vasiparnak
a szomszéd Nógrád és Borsod barna köszén telepjeiben kimeríthetlen
tüzelő anyag áll rendelkezésére. Mindezekből következik, hogy a felső
magyarországi vasút-hálózatnak megállapitásánál Gömör vasiparának
s különösen összeköttetésének a borsodi s nógrádi köszéntelepekkel
döntő befolyásunak kell lennie.

Ezen szempontból tekintve e fontos ügyet, elkerülhetlenül szük-
ségesnek tartom: a pest-losonczi vasut kiépitését, és ennek Füllektől
Miskolczczal való összeköttetését. Továbbá a kereskedelmi viszonyok-
nál fogva a debreczen-nagyvárad-kolozsvár-oláhországi vasut a dunai
tartományokat és Török birodalmat; az Alföld-Fiumei vonal a társor-
szágokat és a külföldet; a Losoncz-Oderbergi vonal végre a birodalom
éjszak-nyugati részeit nyitandja meg vaskereskedelmünknek.

E helyen lehetetlen meg nem emlitenem még azon káros hiányt,
melyben iparunk különösen a szakképzett müvezetőkben, s alsóbb
rendü tisztekben is szenved. Van ugyan a selmeczi bányász akadémiá-
ban egy jeles intézetünk; de ez nemcsak hogy, mint magasabb fokú
intézet, az emlitett szükségletnek meg nem felelhet; de idegen tan-
nyelve mellett, magyarajku ifjainknak hozzá is férhetetlen; különben
is fő iránya a bányászat. A Windschachti, s a Szomolnoki bányász-is-
kolák bennünket ki nem elégithetnek.

Vasiparunk első rangú fontossága, azt hiszem, megérdemli, hogy
a törvényhozás egy, Gömör megyében alkalmas helyen, felállitandó
gyakorlati vasipar s köszénbányászati tanodáról gondoskodjék. A
Stájerországi rendek példája, kik a Leobeni tanoda felállitása által oly
rendkivüli nagy szolgálatot tettek hazájoknak s iparuknak, bizonyára
utánzásra méltó.

Záradékul még kiemelem: hogy egy, viszonyainkhoz alkalma-
zott ipar s bányatörvényre is elkerülhetlenül szükségünk van.

Vas-kereskedés.

Nyersvas termelésünk az 1842-diki vámreform s a közbensö vá-
moknak 185⁰/₁-ik évben történte ltörlése óta rendkivüli lendületet és ter-
jedelmet nyert. Szürke nyersvasunk a bécsi piaczon döntő állást fog-
lalt. Morva s Szilézia finomitó gyárainak nagyobb része a magyar
nyersvas feldolgozására volt kizárólag utasitva. — Jobb minőségü fe-
jér nyersvasunk, a vámok daczára, Poroszországba is behatolt; és hogy
a jelenlegi belföldi véghetetlen vasüzleti pangás mellett, a midön sze-
rencséseknek tartjuk magunkat, ha a nyersvas mázsáját az előállitási

helyen 1 frt 60 krjával értékesíthetjük; nagyobb mennyiségű **nyersvasat** Poroszországba ki nem vihetünk, csakis a 45 krnyi **vámtétel** akadályozza. Az eladható, közel 600,000 mázsa **nyersvasból**, **normalis** üzleti időkben a bécsi piacz 100,000 mázsánál többet, a **pest-budai** öntödék 50—60,000 mázsát igényelnek, a többit a sziléziai, **morva** — s gácsországi finomító gyárak használják fel.

Rudvasunk és pléheink fő fogyasztási helyei a bécsi piacz, mely 224,000 mázsa termelésünkből közel 60,000 mázsát emészt fel; a pesti 120,000, a tiszavidéki és aldunai piaczok 35,000 mázsát, a többit a kö. zel fekvő felső megyék s Gácsország használják fel. Itt meg kell említenem: miszerint vasunk, a pesti és a miskolczi kereskedés **közvetítése** mellett, Szerbiában kizárólagos fogyasztási piaczot **talált**, és a Dunai fejedelemségekben is tetemes kelendőségnek örvend.

Zárszó.

Végül, szives köszönetem kifejezése mellett, kötelességemnek tartom megemlíteni, miszerint jelen szerény dolgozatomat szives **közléseikkel** és igen becses adalékokkal elömozditották: *Dobay Vilmos*, bányaigazgató; *Szontágh Pál, Schmidt Otto, Czibur Kálmán, Binder Jenő, Schlosser Albert* vasgyári igazgatók, s *Dapsy Viktor* gyakornok urak. — Történelmi részéhez: *Zippétöl* a fémek történelmét, *Biedermann* T. H. „A vasipar Magyarországban", és *Bartholomaeides* „Notitia Cottus Gömöriensis" etc. czimü munkáit használtam fel.

Volny József.

V. FEJEZET.

Gömör megyének ipara s kereskedelmi forgalma.

I.

Gömör megye, a vele törvényesen egyesült Kis-Honttal, hazánk legiparosabb megyéinek egyike, sőt ha az előállitott gyár- s kézmű-iparczikkek értékforgalmát tekintjük : megyénk, tán kérkedés nélkül, hazánkban e tekintetben az első helyet igényelheti magának.

Legfontosabb iparága kérdésen kivül a v a s i p a r. E részben a természet megyénket böven megáldotta min·lennel, mi a vasipar biztos felvirágzásának természetes alapfeltételéül szükséges : a vashegyi, rá-kosi, ochtina·, csetneki, rozsnyói, nadabulai, dobsinai stb. vasércz ke-rületekben oly böséges, oly gazdag tartalmú s oly jó minöségü vas-ércztelepeket bir, melyek minden, még ha túlzott igényeknek is, telje-sen megfelelnek.

Nagykiterjedésü erdőterülete a legjobb szénfát s kitünö épület-fát elegendő mennyiségben szolgáltatja.

Megyénk déli határszélein, vagy ezen szélekhez közel szomszéd-ságban elnyúló roppant barna szén-telepek vasiparunkat távol jövőre biztositják ;

Mozgató erökül a legszebb vizeséseket bírjuk, a gőzgépekkel pedig vasiparosaink régóta megbarátkoztak ;

Felvidéki népünk munkaszokott, értelmes és józan ; iparos osz-tályunk szakképzett, előre törő, vállalkozó.

Hogy mind ezen részint természeti, részint időfolytán kifejlett előnyök daczára Gömör megye vasipara a legutóbbi időkben nem csak kellőleg nem fejlődött, sőt inkább a többi, megyénkben mivelt iparágakkal egyetemben hanyatlásnak indult : annak oka, a jelen is-meretes állam-kormányzási viszonyok között, egyszerün abban rejlik, hogy azon a téren, hol a magánosok szorgalma hatáskörének határát érő, s az állam beható müködésének tere kezdődik, az állam-kormány maiglan semmit, de semmit nem tett, mi az államnak e tekintetben természetszerü hivatásához tartozik, s mit minden jól rendezett állam bel iparának fejlesztése s ez által a közjólét emelésének érdekében tenni, elsörendü kötelességének ismer el.

Megyei gyár s kézmüiparunk fejlödésének fökellékei az egész országéival közösek: olcsó, korszerü közlekedési eszközök, különösen vasutak kiépitése; a fenálló szállitási bérek leljebbitése s átalában a vasutakon olcsó vitelbér megállapítása; oly közintézetek felállitása, melyek az állampolgárok szellemi s anyagi kifejlődését elösegitik, különösen a népnevelés elömozditása minden áron; ólcsó s gyors igazság-szolgáltatás s a magán jogviszonyok kellö rendezése; rendszeres s beható kimélése a honpolgárok vagyonának az adónak productiv czélokra való felhasználása által, s átalában a pénzügy gyökeres rendezése az összes államban . . . . mind természetes s igen egyszerü kormányzási elvek, de a melyeket az állam-kormány ez idö szerint, úgy látszik, foganatositani nem bir, s melyeknek teljes hiányját nem csak megyénk ipara, de az egész országé, nem csak az országé, de az egész birodalomé sajnosan érzi.

A megyénkbeli ipar, lényegénél fogva, nagy terheket mozgat, reá nézve tehát föfontosságuak a k ö z l e k e d é s i e s z k ö z ö k; miért is legyen szabad mindenek elött ezekre egy futó pillantást vetnünk.

A fenálló országos vasutvonalak föképen hadászati s némi részben földipari szempontból épitvék, a gyáriparra még ott sem volt tekintet, hol a gyáripar érdekét a két elébb megnevezett érdekekkel öszhangzásba lehetett volna hozni. Különösen megyénk, aránylag nagy kiterjedésü gyári s kézmüiparával, e tekintetben tökéletesen elszigetelve áll, mintha csak ellenséges indulatú, vagy irigy versenyző szellemek adtak volna irányt a létesitendő vasut rendszernek. — A Tiszai vasútnak megyénkhez legközelebb eső pontja Miskólcz; ezen vasut is azonban megyénk iparának igen csekély szolgálatot tesz, mert legfőbb iparczikkeink a nagy kerületet Debreczennek Pestre s a többi eladási piaczokra, meg nem birják. Vizi utunk egyátalában nincsen; a Tiszát ugyan Lúcznál érjük legközelebb, s a Dunagözhajózási társulat ez irányban dicséretes erölködéseket tesz folyvást, járatván gözhajóit a Tiszán is fel egész Tokajig: de ki a Tiszának hosszú útját s tekervényes folyását ismeri, s figyelembe veszi, hogy a Lúczon megrakodott hajó csak Titel alatt kanyarodhatik fel a Dunába, hogy innen viz ellenébe felfelé evezzen Pestig s Bécsig — az könnyen meggyözödhetik, hogy a megyénkbeli ipar ezen vízi utat, egyébb hátrányai számbavétele nélkül is, milyenek : a szállítás bizonytalansága, a megérkezési idő meghatározásának lehetetlensége, stb. költséges volta miatt is egyáltalában nem használhatja.

Megyei iparunk egy része, különösen a vasipar, készítményeinek továszállítására Morva- és Sziléziába, a Vágfolyót is használja Liptó megyén keresztül Szentmiklóstól lefelé Zsolnáig, tengelyen szállítván gyártmányait először a Telgárt-Poprádi ut vonalon Szt.-Miklósig, Zsolnától azután a Jablonkai vonalon ismét tovább ; de ezen szállítási mód a szállítmánynak oly gyakori átrakodása, a szállítás bizonytalansága s hosszas volta miatt annyi nehézséggel van összekötve, s annyi idő s költség-vesztegetéssel jár, hogy annak mindezeknek daczára igénybe vétele nem annyira ezen vonal czélszerűségéröl tanuskodik, mint inkább azon szomoru helyzetre vet világot, melylyel a közlekedési eszközök tekintetében gyár-iparunk küzdeni kénytelen, és tanúbizonyságot tesz iparosaink életrevalóságáról, s vállalkozó szelleméről, mely szerint ily s ennyi akadályokkal tud megküzdeni, csakhogy gyártmányainak piaczot hódítson, s egyéni erőfeszítéssel törekszik az állam mulasztásait, vagy a körülmények hátrányait a lehetőség határáig ellensúlyozni.

Megyénk ipara ennélfogva gyártmányainak piaczra való szállításában leginkább a kőutakra van ntalva, átalában ipar s kereskedelmi forgalmunk leginkább úgynevezett országutainkon történik. Kiki tudja, hogy ezen ódonszerü közlekedési szállitási mód a legnehézkesebb, egyszersmind pedig a legköltségesebb ; s ha tekintetbe vesszük, hogy a megyénkbeli ipar összes, eladásra szánt terményei, az azok előállítására szükséges nyersanyagokkal egyetemben sok millió mázsányi teherre rúgnak : könnyen be fogjuk látni, hogy ezen egy körülmény is, t. i. az olcsó s korszerü közlekedési s szállitási eszközök hiánya valóságos nyüg az ipar életmüködésében, s egy maga elégséges arra, hogy iparunkat természet engedte kifejlődésében megakassza s előhaladásában megakadályozza.

De itt már némely szomszédaink azon hiedelemben lehetnének, hogy utak tekintéhen helyzetünk elég szerencsés s kifogásra kevés okunk van, mert hiszen régi, talán országosan ismert ama közmondás : „Gömörnek jó utjai vannak !" Nem kutatva ezen jó vélemény okát s eredetét, — csak annyit mondhatunk, hogy a Gömörmegyei ipart s kereskedelmet képviselő osztály nehezen hozta forgalomba ezen közmondást, s ha hallotta is olykor emlegetni, annak mindig csak viszonylagos értéket tulajdonított s úgy értelmezte, hogy Gömörben kevésbbé roszak az utak, mint sok helyen az országban. Megyénk minden lakó-

ja már ma épen ugy tudja, mint az iparos, hogy utjaink jelen **állapota**
megyénk kiterjedt ipari s kereskedelmi szükségleteinek **egyátalában**
meg nem felel.

Ipari s kereskedelmi forgalmunknak két főiránya van: az első
Rosnyóról Rimaszombaton át Váczra, Pestre; a másik Tornalyáról
vagy R.-Szombatból Putnokon át Miskólczra, s az egész Tiszavidékre.
Az első irányban Gömörmegye kéz- s gyáripara készitményeinek leg-
nagyobb részét, mint kiviteli czikkeket, Pest-Bécs felé szállítja, a ke-
reskedés pedig a két fővárosból a belfogyasztásra szükséges összes ke-
reskedési czikkeket behozza; a másik irányban kézi s gyáripar ter-
melésünk egy részét, leginkább vasöntményeket, papirt, kő- cserép- s
faedényeket s más különféle faneműcket s épületfát kiviszünk, s élel-
mi szükségleteink összes hiányát: gabonát, sót, szalonnát és **marhát**
behozzuk.

Az első vonal Kassát egyenes irányban köti össze Pesttel, e te-
kintetben tehát strategicus, fő s posta vonal is, ezért mint állami út az
állam költségén tartatik fen; egy részben, nevezetesen Balassa-Gyar-
mat és Vadkert közt, mintegy 3 mértföldnyi területen, még kiépítve
nincsen; s e miatt, de különben is czélszerűtlen vezetése, különösen
számos meredek emelkedései miatt teherszállításra igen alkalmatlan, s
igy egy kereskedelmi nagy útvonal kellékeivel épen nem bir. Mint-
hogy pedig kiváltképen megyénk forgalmi viszonyait ismertetjük, he-
lyén látjuk itt megemlíteni, hogy ezen főútvonal megyénk területén,
nevezetesen Bejétől Rimaszombatig egyenlötlen s meredek emelkedé-
sei által teherszállításra oly annyira alkalmatlan s az ipar és keres-
delmi forgalom méltányos igényeinek oly kevéssé felel meg, mikép ha
e hiányokon mielőbb segítve nem leend, bizton előre látható, hogy a
megyénkbeli ipar s kereskedelmi forgalom kényszerítve lesz Rimaszom-
bat mellőzésével Pest felé más irányt keresni s magának könnyebb
utat törni; mi által R.-Szombatnak, mint fő átmeneti helynek, jelen s
még inkább jövendőbeli jelentősége nagyon csökkenne, s e város, mely
megyénkben tán a legtöbb átalános rokonszenvvel dicsekedhetik, e kö-
rülménynek kimaradhatlan következményei által megyénk kisebb ran-
gú városainak osztályába esnék vissza.

A másik főutvonalunk a tornallya-miskolczi vonal, mely talán
gyáriparunkra nézve kevésbbé fontos, a mennyiben a Tisza vidéke
különösen vasiparczikkek fogyasztásában nem versenyezhet egyrész-
ről honunk, más részről a birodalom fővárosaival; de ha tekintjük,
hogy megyénk népességének ³/₄ része fogyasztó, s élelmi összes szük-
ségleteinek egy csekély részét ugyan megyénk alsó áldottabb földü

vidékének feleslegéből, de a hasonlíthatlanúl nagyobb részét a Tisza vidékéről fedezi, melynek raktára Miskolcz; ha továbbá tekintetbe vesszük, hogy nem csak megyénk, de a szomszéd Szepes megyének egy nagy része is Miskolczról élelmezi magát s e végre a tornallya-miskolczi vonalat hsználja kizárólag, hogy tehát e vonal két megye kitünően iparos népességének első szükségü élelmi czikkek fedezé-sére szolgál egyedüli közvetitőül; viszont megyénk kézmü- s gyáripar készítményeinek számos czikkeit, nevezetesen vasat, öntményeket, pa-pirt, üveget, kő s cserép edényeket, mindennemü faedényeket s eszkö-zöket, valamint épületfát nagy mennyiségben szállit ez uton a Tisza vidékére: mindezeket tekintetbe véve, ez útvonalnak megyénkre nézve nagy fontosságát eltagadni nem lehet, s az értelmes s gondolkodó ha-zafi alapos s méltó megütközéssel szemléli: mikép ezen főfontosságú útvonal, mely megyénket közvetlen, s általa közvetve a szomszéd Sze-pes, sőt Zólyom megyéknek nagy részeit is egy országrészszel — a termékeny Tisza vidékével köti össze, oly elhanyagolt, oly valósággal kezdetleges állapotban van, hogy az ember, ha nem látná, nem hinné; mert okát felfogni nem tudná s ezt annál kevésbbé, mert ezen útvonal fekvése s helyzete a legkedvezőbb, mert sik s. egyenes, s nem csak műút építésére, de vasút létrehozására is a legalkalmatosabb.

Ezen két fő útvonalon kivül Gömör megyének még számos mel-lékvonalai vannak, a megyebeli ipar s forgalom mind annyi élesztői s közvetitői.

A százbérczü Gömörnek hegyei között számos és terjedelmes völgyek terülnek el, melyeknek mindegyike egy vagy több iparágnak székhelye, s mint ilyenek elkülönitett helyzetüknél fogva külön-külön útvonalat szükségelnek. — Itt van, felülről kezdve, a d e r n ö i v ö l g y, kitünő vasiparával, vasércz bányáival s terjedelmes erdeivel; utána a D o b s i n a vagy felső S a j ó völgye, kiterjedt vasiparával, roppant vasércz-, nikol és kóbalt gazdagságával, virágzó bányászatával s nagy terjedelmü erdeivel; mellette a C s e t n e k völgye számos vas, réz s papir gyáraival, s vasércz bányáival, valamint jó gyümölcs s hires do-hánytermesztésével; utána a jó hirü M u r á n y - J ó l s v a völgye vas-olvasztóival, vasöntödéjével, gép-, szög-, kőedény- s fürész gyáraival s roppant erdeivel; e közt s a R a t k ó völgye közt a hires Vashegy nagyszerü vasércz telepeivel s rendszeres bányászatával; továbbá a R a t k ó völgye vasgyáraival s több nemü kéziparával; mellette a B a-l o g völgye dísz- s vadaskertjeivel, makkot és suskát termő kiterjedt erdeivel; végre a nagy R i m a völgye a klenóczi s kokovai mellék-völgyekkel, vas-, üveg- s papir gyáraival, roppant erdeivel s terjedel-

mes fakereskedésével — mind ezen, többnyire nagy hosszaságban ter-
jedő, völgyek egymás mellett majdnem egyenközüleg nyúlván éjszak-
déli irányban, valamennyi függőlegesen esik be a rosnyó-rimaszombat-
pesti főútvonalba, külön külön útjaik megannyi mellékcsatornákat ké-
pezvén, melyeket a főútvonal magába fogad. Mindezen utak egyik
jobb, másik roszabb karban lévén, teljesen kielégítő állapotban közü-
lök egy sincsen, s mind ezért, mind pedig hosszas kiterjedésükért úgy
a nyersanyagok beszerzését, mind a gyári készítmények piaczra szál-
lítását tetemesen drágítják.

A régi megyei kormányzat alatt ezen útvonalak többnyire a
2-ik osztályba soroztattak.

E tárgynál is tán első helyen kellett volna említenünk a Garam
völgyét, megyénknek egyik legszebb s ipar tekintetében legneveze-
tesebb részét, mely az imént elősorolt fővölgyektől különválva, egé-
szen más irányban, amazokkal majdnem egyenes szöglet alatt keletről
nyugatra huzódva, megyénk éjszaki szélein végig terjed, s Gömörme-
gyének legéjszakibb részét képezi, de a legjobb utakkal dicsekedhetik·

A Garamvölgye, mielőtt benne az ipar meghonosodott, egy, hoz-
záférhetetlen hegyek által a világtól elzárt rengeteg erdőterület volt,
egyetlen nyilással folyója mentében Zólyom megye felé. Most az ipar,
névszerint a vasipar e vidéket nem csak lakhatóvá tette, de meg is né-
pesitette; ez egykori vadrengeteg most Gömörmegyénk egy legkiesb,
egyszersmind legjelentékenyebb gyáros vidéke, mely munkás népének
iparával folytonos keresetet nyujtva, annak nem csak megélhetését
biztositja, de e vidék birtokosának Szász Coburg Góthai her-
czeg ő fenségének ép oly nemeslelkü mint böles előrelátó gondosko-
dása s bőkezüsége folytán felálliott templomok, iskolák s egyéb, a köz-
jót czélzó, magán intézetek által a nép mivelődését és szellemi kifejlő-
dését s ez által anyagi jolétének állandósitását is, hathatósan előmoz-
ditja.

Midőn a Garam völgyének ipar tekintetébeni jelentőségét másutt
részletesebben s adatokkal fogjuk feltüntetni, itt a szönyegen levő tár-
gyat érdeklőleg még csak azt kell megjegyeznünk, hogy e vidéknek ki-
tünő műutjai vannak, melyek a birtokos herczeg költségein épültek s tar-
tatnak fen, s melyek számos elágazásaikban egy felől a Garam folyó
mentében Breznyóbánya felé Zólyom megyével, másfelől Vereskötől
Murány s Tiszolcz felé a Sajó Rima völgyeivel, ismét Vereskötől felfelé
Telgártnak a Csuntava hegyen át a Dobsinai völgygyel, Telgárttól
Pusztamező felé a Sztraczenai völggyel, végre Pusztamezőtöl Vernárnak
Szepes megyével kötik össze e vidéket, ez utóbbi, u. m. Vernár, Tel-

gárt, Vereskö-Murányi vonal lévén egyszersmind Szepest Gömörmegyével összekötő főutvonal.

Ez átalános vonásokkal megyénknek felső, az egésznek jóval nagyobb, részét kivántuk, ipar s kereskedelmi szempontból helyrajzilag is, röviden feltüntetni, azon vidéket, melynek népessége csaknem kizárólag gyári s kézi iparral vagy kereskedelemmel foglalkozik; s hol az ezekből foiyó kereset képezi a lakosság létezésének főalapját.

Ezzel hasznos ellentétlen áll megyénknek alsóbb vidéke, hol a gyáripar nehány vizi malmok és egy két szeszgyár kivételével képviselve nincsen, de hol a földipar annál virágzóbb s annál jutalmazóbb. Fekvési sorozatánál első helyen emlitjük, az áldott nagy Sajóvölgyét Tornallyától, illetőleg Csóltótól Lénártfaláig (a Sajóvölgy felső részét Pelsőczön át Rosnyóig számos jól berendezett vasgyáraival, kifejlett kézmű-s malomiparával, a felvidékhez számitván), jó buzatermő földjével s terjedelmes rétjeivel, bal oldalán a Cselény s más erdők által beszegélyezve; a szép alsó Balog völgye Balogtól Rimaszécsig, gazdag bötermő rétjeivel; az alsó Rima völgye Rszombattól Lénártfaláig, hol ezen völgy a Sajóvölgyével, a Rima és a Sajó folyam egyesülése által egybeolvadván innen „Sajóvölgy" nevezete alatt, Putnok és Dobicsány közt megyénk határát elhagyva s azután folyvást szélesedve egész a Tiszáig terjed.

Minthogy e vidék, valamint egész megyénk földipari s gazdászati állapotának megismertetése egy külön értekezésnek feladata, itt erre kiterjeszkednünk szükségtelen, hanem az előnkbe tüzött feladatot tartva szem előtt, áttérünk már most megyénk gyár s kézműiparának, azután ezzel kapcsolatban, a kereskedelmi forgalom részletes megismertetésére.

1.) Legföbb fontosságu gyáriparág megyénkben tagadhatatlanul a vasipar. Évi termelésének jelentékeny volta s értéke, azon pénzmennyiség, melyet forgalomba hoz s mellyel termékenyitöleg hat egyébb iparágakra is; a jótékony hatás, melyet megyénk földiparára, különösen erdészetére gyakorol, emelvén a föld s erdei birtok értékét; a jutalmazó foglalkozás s keresetmódok, melyeket a különben terméketlen felvidék sürün lakta nép ezreinek terjedelmes bányászata, vasköfuvar, szénégetés, szénfuvar, kézimunka s egyébb soknemű foglalkoztatás által állandóan nyujt — ezen iparág valódi fontosságát, ipar szempontjából eléggé feltüntetik. De fontos ezen iparág megyénkben társadalmi szempontból is, nem csak mert jólétet terjesztvén, az átalános mivelődést elömozditja: de azért is, mert e kiterjedt iparág számos és mivelt kezelői az alsóbb néposztályokkal folytonos, közvetlen érintkezésben állván, ezeknél a közszellem ébresztésére s annak irányára hathatós befolyással vannak, s a tényekben nyilvánúló tapasztalás bizonyitja, hogy megyénk gyáriparos vidékein a nagy részt szláv ajkú nép, számos ellenkező kisérletek daczára, mindig hazafias érzelmű maradt.

Egyébiránt megyénk vasgyáriparát, ezen iparágnak egyik első rendű képviselője s avatottja a feljebbi értekezésben részletesebben ismertette: ezért e helyen annak csak rövid vázlatára szoritkozhatunk.

Megyénkben jelenleg 23. felszerelt vasércz olvasztó létezik több mint egy millió mázsa évi nyersvastermelési képeséggel, de melyek a mostani kedvezőtlen üzletviszonyok közt a m. 1864-ik évben csak 836,000 m. és e közt mint egy 26,000 m. kereskedési öntmény czikkeket termeltek.

A fentebbi nyersvas mennyiségből a megyebeli vasfinomitó gyárak, névszerint:

a Garami, Szalóczi, Dobsinai, Csetnekvölgyi és Rimavölgyi gyárak emésztenek	143,000	m.
az Ózd-Nádasdi gyárak emésztenek	158,000	,,
a Rhoniczi kincstári gyárak emésztenek	60,000	,,
a Tapolcsányi gyárak Borsodban emésztenek	11,000	,,
a Bujakovai gyár Zólyomban emészt	5,000	,,
Összesen	460,000	m.
marad kivitelre	377,000	m.

A finomított vastermelés, mióta megyénk legnagyobb vasgyártársulata, a Rimamurányi egylet ujabb rendszer szerint átidomított vasfinomítását megyénk szélére, a már Borsodban fekvő Ózd- s Nádasdra tette által, a volt számos kisebb finomító gyárak pedig ez iparágukat beszüntették, jelenleg megyénk határai között 98,000 mázsára apadt le; ha azonban az Ózd-Nádasdi gyárakat is a megyénkbeli vasgyárakhoz számitjuk, mit annál biztosabban tehetünk, minthogy azoknak életszálai csakugyan megyénkben gyökereznek, s e gyárakat Gömöri társulat, Gömöri pénz, Gömöri vállalkozó szellem hozta létre: akkor a finomított vas évi termelése, amazzal együtt 224,000 m., s nem csak belfogyasztásunkat feleslegesen fedezi, de megyénknek legjelentékenyebb kiviteli czikkét is képezi, mely kivált kedvező időkben pénzt, s ezzel jólétet hozván megyénkbe, ezáltal termékenyitőleg hat minden irányban, s a további átalános előrehaladásnak legfőbb tényezője.

2.) R é z i p a r. Réz id. Madarász András Csetneki és Ochtinai hámorjában állittatik elő. Mult évi (felére sülyedt) termelése 500 mázsa különféle réz üst, m. e. 30,000 f. értékben.

3. **Papir ipar.** Papirgyáraink nem birnak a jelenkori ipar szinvonalára felvergődni, miért is ezen iparág épen nem emelkedik. Papirgyár 9 van a megyében: Nadabulán egy merítő papirgyár Roxer Pál tulajdona, készit évente 600 m. különféle papirost. Dobsinán van 2 merítő papirgyár, készit 1300 m. különnemű papirost.

A Csetnek völgyén van 4 papir gyár: a Masznikói és Nagyszlabosi részvénytársulatoké, gépelyes papirgyárak; Rokfalván Martinyi Lajos, és Ochtinán Lindner Hermann merítő papirgyárai; készitnek összesen 11,000 mázsa közönséges és középfinom papirost.

A Rimavölgyén a tiszolczi határban van egy merítő papir malom, Gyürki Pál tulajdona; készit 300 m. közép finom és 500 m. közönséges iró és borító papirost. A kokovai határban van 1 papirmalom, Kuchinka Istváné, 2000 mázsa évi termeléssel.

Összes évi papir termelés   14,700 mázsa

"   "   "   értéke   280,000 frt.

4. **Üvegipar.** Üveggyár csak egy van megyénkben a Kokovai határban az Ujantalvölgyi Kuchinkaféle üveghuta. Készit kitünő üveget mindennemű szükségletre. Évi termelése m. e. 12,000 mázsa üveg. Értéke m. e. 80,000 ft.

5. **Bőrgyár** megyénkben egy van Rozsnyón, a régóta jó hirben álló Marko József örökösei bőrgyára, mely nagyobb mérvben s teljesen felszerelve s a szükséges helyiségekkel kellőleg ellátva. Készitményeinek jeles minősége nem csak a közel vidéken, de Erdélyben, Galicziában s Bécsben is eléggé ismeretes. Készit böröket mindenféle használatra, föczikke azonban az ugynevezett „fontos talpak." Évi készitménye 10,000 db. bör; ennek pénzértéke 150,000 ft.

6. **Szeszgyár.** Rosnyón kettö van Sztankovits János és Szepesi Andrásféle, mindkettö marha hizlalással van összekötve s készit évente 120,000 itcze szeszt. Sztárnyán a Radvanszky Gusztávé és Dereskén s Csobánkán Cóburg herczeg uradalmaihoz tartozók, az első készit 100,000 itczét, az utóbbiak 1600 akót, mindkettö marhahizlalással van összekötve. Várallyán gr. Andrássy György szeszgyára 100,000 itcze évi készitménnyel. A szeszipar is jelenleg a kis árakat s nagy adót sinyli. A felhasznált anyag leginkább burgonya, a terméshez képest kukoricza és rozs.

Sörház kettö van Dobsinán 600 akó, és Balogon szinte 600 akó évi készitménnyel. A sörivás megyénkben kevéssé van elterjedve.

7. **Malomipar.** Mümalom megyénkben csak egy van: a Baki

mümalom Rosnyó mellett a Berzéti határban, Schlosser Károly tulaj-
dona. Egyike a legelső műmalmoknak az országban, a pesti henger-
malommal egyidejü. Vizerőre épült. Van 4 őrlője a műlisztre, franczia
kövekkel, egy griz és egy daraörlője, négy hollandi hengerrel a dara
gömbölyítésére. Van egy cséplőgépe is vizerőre alkalmazva, melyen a
tulajdonos saját termése kicsépeltetik, és egy szecskavágója, melyek a
szükséghez képest ki s beakaszthatók. A mümalom a száraz hideg'őr-
lést használja, az ujabbkori javítások felhasználásával van berendez-
ve, s mindenféle gabona-neműekből igen jó lisztet őröl.

Egyébbiránt megyénk minden városában, sőt majdnem minden
egyes falujában van egy, néhol több, közönséges vizi malom, mit a
majdnem minden vidéken rendelkezésre álló vizi erő, a kellő csések-
kel ellátva könnyen kivihetővé tett. A falusi malmok rendesen két, a
nagyobb malmok, kivált a városokéi, négy s több örlövel, s többnyire
egy vagy két kása, kender vagy lóheremag kallóval vannak ellátva, s
legnagyobb részének szerkezete olyan, hogy ugyanazon gabonából há-
romféle lisztet készíthetnek. Ilyen vizi malom összesen 168 van a me-
gyében, csak is helybeli szükségre örölnek s még erre sem mindenütt
elegendők, mit bizonyít azon körülmény, hogy Pestről, Egerből, Mis-
kólczról, kivált finomabb őrleményekből tetemes a behozatal.

8. F ü r é s z m a l o m i p a r. Fürészmalmaink készítenek összesen :

Lágyfadeszkát	1,145,000	dbot
Sindelyt	8,900,000	„
Léczet	530,000	„
Veresfenyüdeszkát.	6,500	„
Épületfát folyóöl	175,000	„

mintegy 600,000 ft. értékben. Névszerint:

Rosnyón 1 fürész malom 10,000 deszkát, u. a. léczet.

Dobsinán 1 fm. 40,000 deszkát, 20,000 léczet, 20 ezer folyó öl
épületfát.

Csetnek 1 fm. 30,000 szál deszkát s léczet.

Murány 2 fm. 75,000 deszkát, 1,000,000 sindelyt, 5000 db veres-
fenyü deszkát, 5000 f. öl épületfát.

A Garamon 3 fm. 100,000 deszkát, 500,000 sindelyt, 10,000 f.
öl épületfát.

Tiszólcz 2 für. m. 20,000 lágyfa, 1500 veresfenyü deszkát, 10,000
leczet, 400,000 sindelyt és 50 ezer f. öl épületfát.

Klenócz 1 f. m. 10,000 deszkát s léczet, 5000 f. öl épületfát.

Kokova 800,000 deszkát, 2,000,000 sindelyt, 400,000 leczet,
80,000 f. öl épületfát.

Antalvölgye 60,000 deszkát, 40,000 leczet, 5 millió sindelyt ;

készit azonfelül rostaabroncsokat és gyufaszálakat m. e. 12,000 f. ér-
tékben.

9. K ő e d é n y g y á r egy Murányban, készít évenként m. e.
30,000 f. értékü edényeket; és egy Rosnyón, melynek tisztakészítmé-
nyei keresettek voltak, de mióta a porczellán edények ára annyira le-
szállott, azóta jóval kevesebbet készít.

10. S z ö g g y á r u n k kettő van; egyik Rosnyón a Nehrer Má-
tyásé igen jól berendezve készít m. e. 70 millió darab legkülönfélébb
szögeket, leginkább kivitelre, és felemészt 2000 mázsa vasat; a másik
a Murány völgyén van a Lubenyiki határban; kevésbbé jelentékeny.

11. V a n egy gyufagyárunk Rosnyón, Pekár és Radvá-
nyi tulajdona; jó gyártmányt készít.

12. Van több g é p g y á r; egy Pohorellán herczeg Coburg vas-
gyáraihoz tartozó; egy más N.-Rőczén a Rimamurányi vasműegylet
tulajdona; leginkább vasgyári gépek készítésével foglalkozik; egy
más gépgyár Rosnyón Sztaniszlovszky Venczel tulajdona; gazdasági
eszközök s gépek készítésével foglalkozik; végre Várallyán Günthner
gazdasági eszközök s kocsigyára.

13. C s e r é p g y á r. Várallyán gr. Andrássy Györgynek egy cse-
répsindely-prése, s egy földcső-gyára van (Drainage-Röhren Maschine.)

A kézműipar — számos különféle ágaiban — megyénkben erő-
sen van képviselve. Népünk átalános jelleme a munkásság és szorga-
lom, miután megyénk területe legnagyobb részben hegyes, földmive-
lésre kevésbbé alkalmatos levén, e vidék lakosai élelmük megszerzé-
sében vagy fuvarozásra, vagy két kezök szorgalmára s ügyességére
vannak utalva. Bár kiváló kézműiparunk, különösen műiparunk épen
nincsen s csak is közönséges kéziparral dicsekedhetünk: ez azonban
lakosaink igen nagy részének biztos, sokszor egyedüli keresetforrása,
s mint ilyen, azok létezésének majd egyedüli, majd főalapját képezi.

Megyénkben legelterjedtebb kézműiparág az agyag gyártmá-
nyok készítése. Számos vidékeinkben az agyagos képletben szép fejér
agyag jön elő, mely könnyü idomíthatási sajátságai által fazékkészí-
tésre igen alkalmatos. Sőt Pongyelok, Szuha, Zaluzsány és Susány ha-
táraiban, egészen nógrádmegyei Poltár helységeig, egy kitünő tiszta-
ságu fejér agyag fordúl elő, mely fentérintett sajátsága által nemcsak
fazék s kályhakészítésre igen alkalmas, de azonfelül kevés ércz-éleg
tartalma miatt, mint tüzálló agyag gyáriparunk terén is előnyösen sze-
repel, a mennyiben a vasérczolvaszdákban és üveggyárakban, bélés-
téglának és olvasztási csuproknak idomítva, igen jó szolgálatot tesz.
Egymaga Fazekas-Zaluzsány és Susány, Kis-Hontban, ily vasolvasz-

dákba való béléstéglát mintegy 600,000 dbot készít, azonfelül vagy ugyanannyi igen jó cserépzsindelyt, vagy 10,000 db virág cserepet, m. e. 350,000 közönséges hosszukás és négyszögü téglát, vagy 150 db kályhát, és m. e. 60,000 db különféle fazekat és korsót.

Pongyelok-Szuha hasonlókép nagy mennyiségü cserépzsindelyt, téglát s fazekat, különösen pedig jó hirben álló kályhákat készít. Osgyán szintúgy sok jó fazekast számlál. Azon felül ezen vidékről évente m. e. 50,000 mázsa agyag más vidékekre eladatik.

A Rima völgyén: Bakostörék, Varbócz, Keczege; a Balog völgyén: Balog, Pápocs, Pádár, Perjés; a Ratkó és Kövi völgyein: Visnyó, Deresk, Levárt; a Murány völgyén: Licze, Gicze, Mikolcsány, Nasztraj foglalkoznak fazék- s cserép-készitéssel.

Fazék s korsó összesen 600,000 dbra, cserépzsindely m. e. hat millióra tehető. Az elsőből sok vitetik a Tisza vidékére.

A kézműipar terén a második helyet tán a s z ü r c s a p ó k foglalják el. Ratkó, Jólsva, Csetnek, és Klenócz, kivált az ez előtti időkben ezen czikk előállításával erősen foglalkoztak. Magyar juhgyapjuból, fonó s szövő székek, valamint vizerőre alkalmazott kallók segedelmével, durva pokróczféléket, és közönséges s középfinom szürposztókat készítenek, mely köznépünk közönséges ruhaviselete, egyszersmind pedig kereskedelmi czikk is. Ratkón ily szürposztó előállítására egy kis fonógyár is van, 100 orsóju fonógéppel és gyapjútisztitóval ellátva. Kedvező időkben különösen Ratkó városának lényeges kiviteli czikke; ilyenkor csupán Ratkónak 75 szürcsapója 1600 vég szürposztót készít s felhasznál 400 mázsa gyapjút. Piaczai Pest, Gyöngyös, Eger és Miskolcz.

Harmadik helyen a v a r g á k és t i m á r o k állanak szintén kiviteli czikkül szolgáló börkészítményeikkel. Ezek megyénk valamennyi városában kisebb nagyobb számmal képviselve vannak, de leginkább Ratkón, Rimaszombatban, Jólsván, Nagy-Röczén és Tiszolczon. Ratkónak 86 vargája s timárja évenkint kikészít: az első 800 ökör s tehénbőrt, leginkább talpaknak; az utóbbi 10,000 apró marha bőröket, melyeknek eladási piaczuk Abauj, Zemplén és Borsod, valamint Nógrádnak közeleső része. Tölgy s cseres erdeink bőven szolgáltatják a szükséges cserhajat, melynek összetörése vizerőre épített egyszerü csertörő malmokkal birnak az illető kézmüiparosok. Ezen, valamint az előbbeni pontban ismertetett, iparágban még a czéhrendszer fennáll. A kézmüipar azon készítményei között, melyek a kiviteli czikkeket képezik, e helyen kell felemlitenünk a jólsvai k o l o m p - k é s z í t ő k e t is, kik évente több ezer mindenféle nagyságú kolompot szállitanak a Tisza vidékére, Debreczenbe, Erdélybe, sőt Oláhországba is, hol azok jó tiszta hangjok miatt mindig jó kelendőségnek örvendnek.

Az eddig ismertetett kézműiparágak, t. i. az agyag feldolgozása, a szürposztó s a börkikészítés, megyénkben az egyedüliek, melyeknek készítményei a belfogyasztáson felül, jelentékeny kereskedési s kiviteli czikkeket képeznek, s ugyan azért a kézműiparágak sorozatában az első helyekre véltük azokat teendőknek.

Ezen sorozat alá lehetne számítani a fakészítményeket is, u. m. fakanalak, rocskák, dézsák, kádak, hordóabroncsok, kosár, gúzsalj, orsókat, melyek megyénk felső erdős vidékein, névszerint Kishontnak, a Balog, Ratkó és Murány völgyeinek felső részeiben nagy mennyiségben készíttetnek s megyénknek szintén egyik kiviteli czikkét képezik: de minthogy ezek előállítása a lakosságnak inkább mellék, mint rendes foglalkozása, a mennyiben mind ezen czikkek csak a téli hónapokban, más munka hiányában, készíttetnek, s igy állandó, rendes mesterségűzést nem képeznek; azért ezen készítmények leginkább csak a kereskedelmi forgalom tekintetéből birnak némi jelentőséggel s a kézmű iparágak sorában alig foglalhatnak helyet.

Ilyen többféle foglalkozást ismer a mi felvidéki köznépünk, melylyel más munka hiányában, a téli hónapokat, különösen a női nem, hasznosan kitöltik. Ilyen az ugynevezett „halena" posztó készítése, mely kötés által történik, s melyből a felvidék legszegényebb helyein a köznép ruhát és bocskort visel. Lényegesebb ennél a len- s kenderfonás és szövés, mely egész megyénkben a köznép sőt sokszor a jobb osztályok női részének is átalános s egyik kedvencz foglalkozása, s melylyel, többnyire saját terméséből, a földmives gazdaszszony egész házi szükségleteit fedezni szokta, s mert a saját fonását nem minden gazdasszony képes megszöni, azért vannak Rozsnyón, Jolsván és Nagy-Röczén ügyes szövők, kiknek a szövés rendes mesterségök.

Egyébiránt megyénkben a kézműipar majdnem minden ágai elégségesen képviselve vannak, ugy hogy az e részbeni belszükségletet tökéletesen fedezik. Ezek közt vannak olyanok, kik vásári munkát készitenek, s ezzel nemcsak megyénknek, de a szomszéd megyék közelebb eső városok vásárjait is rendesen látogatják. Ilyenek a rozsnyói, rima-szombati, jólsvai szürszabók és csizmadiák, ilyenek a rimaszombati kalaposok, a jolsvai kötélgyártók, a rozsnyói és jolsvai mézeskalácsosok, a rozsnyói festők és gubások. A többi kézművi czikkek csak a helyi szükségletek fedezésére szolgálnak. A rimaszombati és rozsnyói kocsigyártók készitenek néha Kassa, Miskolcz, sőt Debreczen számára is kocsikat, melyek könnyüségök s jó formájuk által előnyösen kitünnek; de ezek rendes kiviteli czikket nem képeznek. Az esztergályos munkák közt a rozsnyói megy, pipaszáraknak, a sze rémi megygyel versenyzik. Rima-Szombatban az asztalosegylet igen csinos szobabutorokat készit.

Az emlitetteken kivül megyénkben még a következő kézmüipar ágak miveltetnek.

Ács- s épitömester, szabó, czipész, lakatos, kovács, molnár, pék, czukrász, mészáros, szappanos, kerékgyártó, szijgyártó, gombkötő, fé süs, üveges, bádogos, rézmives, órás, aranymives, könyvkötő, puska mives, kőfaragó, kőmives, bodnár stb.

Mindezen kézmüiparosok a helyi szükségleteket több vagy ke vesebb ügyességgel tökéletesen ellátják.

II.

Gömörmegye kereskedelmi forgalmát egyrészt a fent előadott gyári s kézmüvi czikkek s nyerstermények kivitele, másrészt a belfogyasztásra szükséges élelmi czikkek, különféle ruházási s fény üzési kelmék, melyeket a városainkban lévő számos kereskedők köz vetitenek, gazdasági s egyéb gépek, nyersbőrök, sonkoly, szürposztó készitéshez használt durva gyapju, rongyok sat behozatala képezik.

Finomitott vas, az ország különféle vidékein kivül Er délybe, Galicziába, az aldunai tartományokba s Bécsbe is kivitetik. Az összes évi kivitel 224,000 mázsa, értéke 1,500,000 forint.

Nyersvas, a belfogyasztáson felül, melyhez a szomszéd ozd nádasdi finomitó vasgyárak 158,000 mázsával, a tapolcsányi vasgyá rak 11,000, a bujakovai vasgyár Zólyommegyében 5—6000 mázsával járulnak, nagy mennyiségben vitetik ki a morva és sziléziai vasfinomitó gyárakba, valamint a pest-budai és bécsi öntödék- s gépgyárakba, hol nyersvasunk régóta jó hirben áll. Az összes évi kivitel 460,000 mázsa, értéke 920,000 forint.

Réz, a belfogyasztáson kivül, melyhez a megyebeli vasgyárak s némely kézmüiparosok járulnak, leginkább Pestre vitetik ki, hol ál landó raktára van. Az összes évi kivitel m. e. 500 mázsa, értéke 30,000 forint.

Papir, a belfogyasztáson kivül az ország minden vidékeire, valamint Pestre is kivitetik. Évi kivitel m. e. 14,000 mázsa, értéke 260,000 forint.

Üveg, a helybeli fogyasztáson kivül az ország különböző ré szeibe, de legtöbb Bécsbe vitetik ki, hol e czim alatt: „Első magyar országi üveggyár raktára," állandó eladási piacza van, s a külföldi üveggyártással győzedelmesen versenyezik. Évi kivitel 9—10,000 má-zsa, értéke körülbelöl 80,000 forint.

V a s s z ö g, mindennemű használatra s formában, m. e. 70 mil-lió darab, kis hordócskákba csomagolva, Debreczenbe, Pestre, a dunai tartományokba s Velenczébe vitetik ki. Értéke 40,000 forint.

B ő r ö k. A közönséges timárok készitményei, a helybeli fo-gyasztáson kivül, leginkább a szomszéd Torna-, Abauj-, Ung-, Beregh-, Zemplén- és Borsodmegyékbe vitetnek ki. A rozsnyói Markó-féle bőr-gyár készitményei igen jó hirnek örvendenek, s hazánk fővárosain ki-vül Erdélyben, Galicziában s Bécsben mindig jó keletre találnak. Évi kivitel 8—10,000 mázsa, értéke 70,000 forint.

M é z. Ezelőtt a megtisztitott mézzel Rozsnyó városa jelentékeny kereskedést üzött, kivitele egész Hamburgig terjedvén. Az utóbbi időkben ezen kereskedelmi ágat a zsidók magokhoz rántották, s ke-vésbbé tiszta eljárás s különösen az által, hogy a mézhordócskákat, melyeknek meghatározott súlya volt, nehezebb súlyban készitették, s ez által azok méztartalmát hiányosan bocsátották a kereskedelembe: ezen czikk hitelét megrontották, s a külkivitelre alkalmatlanná tették· Jelenleg Rozsnyó városa még m. e. 1500 mázsa tisztitott mézet visz ki, részben Galicziába, leginkább azonban Pestre, értéke 18—20,000 forint.

V i a s z. A rozsnyói viasz a pesti piaczon, sőt a külföld előtt is igen jó hirben áll, s fővárosunk piaczán s átalában a kereskedelemben nem is ismernek más magyarországi viaszt, mint a rozsnyóit. A valódi rozsnyói viasz kitünő tisztasága által tünik ki minden más viasz felett, ment lévén minden tisztátalan, főkép a fehéritésének ártó idegen al-katrészektöl. Egyébiránt Rozsnyó alig állit ki többet évenkint 100 má-zsa viasznál, melyet a bécsi kereskedők mindig helyben vesznek meg, s valódi rozsnyói viasz a pesti piaczon soha se fordul elő. Azon viasz, melyet a pesti piaczi kimutatásokban találunk rozsnyói viasz név alatt, gömörmegyei készitmény ugyan, de nem rozsnyói, hanem hrus-sói, s általában balogvölgyi, honnan több helységek lakosai, legin kább Lipócz, Dobrapatak, Hrussó, Szilistye, Bugyikfala, Gesztesből évenkint számos sonkolyszedő bejárja az alföldet, leginkább a Tisza vidékét, s az ott összeszedett sonkolyt Hrussón, Lipóczon, Dobrapata-kon e czélra felállitott sajtókban viaszszá préselik s rozsnyói viasz czime latt Pestre szállitják. Ezen kereskedelmi czikk számos e vidék-beli embernek a köznépből jólétét eszközölte s az ottani lakosságnak egyik fökeresetforrása. Évi kivitel m. e. 1000 m., értéke 90—100,000 forint. Jelenleg a viaszkereskedés is pang.

Dohány. A fennálló államegyedárúság mellett, csak a csetneki dohány (melyhez az ochtimai is tartozik) jöhet mint kereskedelmi czikk tekintetbe; m. e. 650 mázsa szolgáltatik be évenkint a monopolium részére, körülbelöl 10,000 frt értékben. Engedékenyebb rendszabályok, vagy szabad termesztés mellett, a dohány megyénknek jelentékeny kereskedelmi czikkét képezné.

Antimon. A pesti piaczi árjegyzékben a rozsnyói antimon mint kereskedelmi czikk rendesen előfordul. A rozsnyói antimón mindig a legkitünöbbnek tartatott, mivel királya (regulus) gazdag érczekből nyeretvén, törésében a legszebb, minden más antimontól különböző jegeczedési formát mutat, sugarai képződése pedig s azok fénye a Liptói és Szepesi antimont előnyösen felülmulja, miért a kereskedésben rendesen két forttal drágábban fizetettetett, mint más antimon. Jelenleg Rosnyó alig termel többet egy-két száz mázsánál, s a mi ennél több kerül piaczra, az nem rosnyói.

Nikol-Kolbalt. Dobsina városának s számos egyesek jólétének főforrása. Többnyire Angolországba vitetik ki, kis része a Losonczi pakfonggyárba.

Égetett mész. Csak a belfogyasztásra készittetik: kivitelre közlekedési eszközeink mellett nem alkalmatos. Előállitani nagy bőségben lehetne.

Cserépedény: korsók, fazekak minden formában és nagyságban, nagy mennyiséggel vitetnek ki a Tisza vidékére, hol rendesen gabonáért s élelmi szerekért cseréltetnek el.

Cserép-sindely, nagy sulya miatt, csak kevés szállitatik a közel szomszéd megyék határain tul.

Tégla csak belszükségletre készittetik. A pongyeloki és zsaluzsányi tüzálló téglák a szomszéd Zólyom, Nógrád s Borsod megyék vasgyáraiba s üveghutáiba is szállitatnak.

Kályhák leginkább belszükségletre; a murányi kályhák Miskolcz tájékáig mennek.

Faneműek. A faneműekkeli kereskedése megyénknek igen jelentékeny. Miskolczot s vidékét lágyfa neműekkel, mint fenyödeszka, sindely, lécz, söt épületfával is, egészben megyénk látja el. A Miskolczra megyénk különböző vidékeiről, leginkább a Garamról, Kokova és Klenóczról elszállitott faneműek mennyisége deszkákban 400,000, sindelyben 6 millióra, léczekben 100,000, épületfában 40,000 folyó ölre tehető, ezenkivül számtalan kanál, guzsaly, kosár, hordó abroncs szállittatik megyénkből a Tisza vidékére. A Garami fürészmalmok készitményei ezenkivül nagy mennyiségben szálfákon usztattatnak le a Garam folyón Esztergomig, s ezen kereskedési ág ott élénk forgalmat szül.

Az Uj-Antalvölgyi Kuchinkaféle fürészmalmok pedig tetemes mennyiségü gyufaszálakat, valamint rosta abroncsokat is készitenek kivitelre, melyeknek értéke most is már m. e. 12000 ftra rug — s Gömörmegye fakereskedése jóval nagyobb mérveket ölthetne magára kétségtelenül, ha közlekedési eszközeink hiánya azt oly nagyon nem akadályozná; tudjuk ugyan is, hogy e kereskedési czikkel foglalkozó iparosaink már Triesztből is kaptak fürészmalmi készitményekre tetemesb megrendeléseket, melyeket azonban szállitási eszközeink jelen állásában el nem fogadhattak. Megyei fakereskedésünk jelentőségét kimutatja azon egy adat is, hogy csupán az egy kokovai vidék m. e. 84,000 f. értékü fakészitményeket ad át évenkint a közforgalomnak, melyek majdnem 84,000 mázsányi sulyban, leginkább Miskolcz, Gyöngyös, Debreczen és Pestre szállitatnak.

Mennyi fát szolgáltatnak ezeken felül a megyebeli erdők a vas- s más gyáraknak tüzelő anyagul, azt az erdészeti értekezés bővebben tüntette ki.

G y a p j u t, egy és két nyiretüt, m. e. 3000 mázsát szolgáltat megyénk kivitelre.

S u s k á t m. e. 10,000 mázsát, mely Pestre szállittatik.

D u r v a   s z ü r p o s z t ó t több ezer véget, mely czikk kivált háboru idején megyénkben igen keresett.

Jolsva városa igen jó k o l o m p o k a t készit, melyek Erdélyben s a dunai tartományokban jóeletüek.

Lényeges megyénkben a s e r t é s k e r e s k e d é s is. A sertések megyénk makkot bőven termő erdeiben kihizlaltatván részint a helybeli fogyasztásra szolgálnak, részint a szomszéd Nógrád, Zólyom és Szepes megyékbe, sőt Pestre is kivitetnek.

Egy kereseti czikket nyujt megyénkben még a v á s z o n f e h é r i t é s is, mely megyénk több vidékein, nevezetesen Rosnyón és a Ratkó völgyén, régóta üzetik, hova Debreczenből s a Tisza vidékéről évente több ezer vég vászon jön fel kifehérités végett, s a vele foglalkozóknak — s ezek kizárólag nők — jó keresetet nyujt.

Lényeges kereskedési ág megyénkben még a m a r h a k e r e s-k e d é s, nem csak azért, mert minden városban, sőt minden nagyobb községben vannak mészárszékek, melyekben egész éven át rendesen méretik hús; hanem mivel a községekben átalában véve igen sok marha tartatik, s a lakosok nemcsak tulajdon szaporodásuk nagy részét fel szokták nevelni, de azonkivül számos falu van megyénkben, még pedig a felvidéken is, nevezetesen a Garamon, melynek lakói igen sok fiatal marhát vásárolnak a környéken, s azt felnevelve, azután mint felnött marhát adják el rendesen a körülfekvő városok országos vásárain.

A s z e s z behozatalát mennyiségileg meghatározni — kellő adatok hiányában — igen nehéz. Tekintve megyénk községeinek s azok korcsmáinak számát, a szeszfogyasztást hozzávetőleg 20—24,000 akóra becsüljük évenként, mely Miskolczról s a Szepességről hozatik be.

Ugyan ez áll a bor behozatalára nézve, melyet szintén csak hozzávetőlegesen 20,000 akóra lehet tenni. Ez jobbára Miskolcz s Eger vidékéről hozatik be.

A b e h o z a t a l t képezik továbbá különféle gabonaneműek, buza, rozs, árpa, kukoricza, leginkább Miskolczról; liszt Pestről, Egerből, Miskolczról; főzelék félék Miskolcz s Eger tájáról; borok Miskolcz, Eger, Gyöngyös vidékeiről, só, szalonna, zsir, szappan, Miskolcz, Debreczen és Szegedről; nyersbörök, rongyok az ország minden vidékeiről; nyersméz és sonkoly az alföldről; magyar juhok Erdélyből; hizlalni való sertések a szomszéd megyékből; továbbá mindennemü ruházási s fényüzési kelmék leginkább Pest-Bécsből, czukor kávé s egyébb gyarmatczikkek többnyire Pestről; végre gazdasági s gyári gépek, az elsők Pestről, az utóbbiak Bécsből. Mindezen behozatali czikkek mennyiségét, s értékét részletes adatok hiányában, pontosan meghatározni nehéz.

A b e l k e r e s k e d é s t városaink heti s országos vásárai, valamint számos boltos kereskedéseink követitik. V á s á r i j o g g a l birnak :

R i m a s z o m b a t hat országos és két heti vásárral bir. Vásárai megyénkben legjelentékenyebbek, s csak is ezek évi forgalmáról birunk megbizható adatokkal, melyek eléggé érdekesek, hogy azokat alább részletesen közöljük. Ezeken leginkább gabonanemückben, szarvasmarhában, gyapjuban és fanemüekben élénk a forgalom. Ezenfelül van R.-Szombatban hat bejegyzett, 10 be nem jegyzett boltos kereskedő és 10 kisebb kereskedő, 1 könyvárus, 2 üvegkereskedés, 2 gyógyszertár; egy rendezett kereskedelmi testület ahoz tartozó kereskedelmi iskolával, egy takarékpénztár és egy könyvnyomda.

Itt közöljük a r i m a s z o m b a t i v á s á r o k évi forgalmára vonatkozó kimutatást:

Buza	15,000	P. Mérő	Sertéshús	1,200	Mázsa
Ros	14,000	„	Gyertya mindennemű	1,800	„
Árpa	4,000	„	Szappan	1,200	„
Zab	15,000	„	Tollú	100	„
Kukoricza	12,000	„	Gyapjú	3,000	„
Burgonya	3,000	„	Suska	5,000	„
Tüzi fa	4,000	B. öl	Méz	140	„
Épületfa nagyobb	20,000	öl	Viasz	300	„
Ugyanaz kisebb	40,000	„	Mák	150	„
Deszka	20,000	darab	Lóhere mag	450	„
Lécz	160,000	„	Olaj különféle	600	„
Fasindely	600,000	„	Repcze mag	200	Mérő
Cserépsindely	50,000	„	Szűr és Guba	700	darab
Tégla	—	—	Szűr posztó	1,500	„
Kávé	200	Mázsa	Posztó	800	„
Czukor	1,500	„	Vászon	150,000	Röf
Egyébb fűszer áruk	100	„	Liszt	16,000	Mázsa
Szesz 30°	3,500	Akó	Kenyér különféle	156,000	darab
„ 36°	100	„	Hüvelyesek (főzelék)	3,200	Mérő
Bor fehér	5,000	„	Szárnyas aprólék különf.	11,000	darab
„ vörös	500	„	Szarvasmarha	2,500	„
„ palaczkokban	200	darab	Juh	4,000	„
Sör	1,200	Akó	Sertés	5,000	„
Szalonna	4,000	Mázsa	Ló	900	„
Zsir	1.600	„	Kender és Len	120	Mázsa
Hal	20	„	Tojás	80,000	darab
Vad	300	„	Gyümölcs különnemü	2,000	Mérő
Marhahús	1,800	„	Só	3,000	Mázsa
Bárányhús	800	„	Faedény	800	darab
Borjúhús	800	„	Szőr és szalma kalap	12,000	„

Rosnyó. Még csak nehány év óta bir országos vásári joggal, de ezen vásárai mind eddig semmi jelentőségre nem birtak felvergödni. Heti vásárai különösen gabonaneműekben sokkal élénkebb forgalmat eszközölhetnének Szepes megye felé határszéli fekvésénél fogva, ha az uti összeköttetése Szepes megyével jobb volna. Van rendezett kereskedelmi testülete, 52 bejegyzett taggal, egy vasárnapi iskolája, egy takarékpénztára, egy könyvnyomdája, 15 bolti kereskedése, egy bőrraktára, 1 üveg, 1 vaskereskedése, 1 gyógyszertára. — Mind két város egy jó reál iskola hiányát élénken érzi.

Dobsina, főképen bányaváros. Nikol kékleny kereskedése legnevezetesebb. Jelentékeny a fakereskedése is. Egyébb piaczi forgama leginkább élelmi czikkekre szoritkozik. Van 7 bolti kereskedése, egy gyógyszertára.

Jolsva rendes heti és négy országos vásárral bir. Forgalmát leginkább gabona, marha és fakészitményekkeli kereskedés teszi. A Garam völgyi lakosságnak rendes piacza. Van 5 bolti kereskedése, egy gyógyszertára.

Csetnek kereskedése jelentéktelen. Dohányát a kincstár váltja be. Termő években gyümölccsel, szénával és burgonyával élénken kereskedik.

Nagy-Röcze
Murány
Tiszolcz
Ratkó
} heti országos vásárokat tartanak, csak helyi jelentőségüeket.

Pelsücz, Tornallya és Putnok, országos vásáraikon leginkább élénk marhakereskedést, az utóbbi jelentékeny gabona kereskedést is üznek.

Mint kereskedelmi egyletek csak a feljebb futólag érintett rimaszombati és rosnyói kereskedelmi testületek léteznek, melyeknek feladatuk ugyan az, mi mindenütt, u. m. rendezett állapotok fentartása a tagok s az övéik között, különösen a tanulási s szolgálati viszonyra kellő figyelemmel lenni; kereskedelmi iskolákat alapitani, vagy a fennállókra kellő felügyelést s figyelmet forditani; a hatóságnak jelentésekct s magánosoknak felvilágositást vagy véleményt adni hatáskörükhöz tartozó viszonyokról. A R.-Szombati keresk. testület 71, a Rosnyói 52 tagból áll.

Megyénkben csak négy év óta válhatott a takarékpénztárnak üdvös eszméje valósággá, s azóta ezen intézetek évi pénzforgalma már is kétmillió forinton felül emelkedvén, a megyebeli gyár s kézműipar, valamint a kereskedelemnek is megbecsülhetetlen szolgálatot tettek, nem csak azok fejlödésére, hanem fökép a jelen általános pangás és pénztelenség közepett, sokak feltartására is hathatósan befolyván.

Jelenleg takarék pénztárunk kettö van: egyik Rimaszombatban, másik Rosnyón; egy harmadik Jolsván alakuló félben van.

A biztositási ügy nemcsak városainkban, de a vidéken is megyeszerte különféle ügynökségek által erősen van képviselve. Következö társulatoknak vannak megyénkben felállitott ügynökségeik:

1. Az elsö magyar átalános biztositó társulat, összekötve jégelleni és életbiztositással.

2. Hungaria-Bank.

3. Pesti biztositó társulat.

4. Azienda Assecuratrice.

5. Phönix.

6. Riunione Adriatica di Sicurtà.

7. Apis biztositó bank.

8. Bécsi első átalános biztositó intézet és takarékpénztár.

9. Anker, életbiztositó.

A postaügy megyénkben az itteni ipar s kereskedelmi forgalom méltányos igényeinek teljességgel meg nem felel; kivált azon iparosoknak, kik a rimaszombat-rozsnyói főpostavonaltól távol esnek — pedig iparosainknak a nagyja van ezen helyzetben — a postaügy berendezése és kezelése ellen számos és alapos panaszaik vannak. A postaigazgatás Kassán lévén, a kassa-rimaszombat-pesti vonalon napontai rendes posta- és hetenként négyszeri málhakocsi összeköttetés van, mikor utazók is felvétetnek. A Rima völgyének Tiszolczig s Murány völgyének Murányig még elegendő postafordulatai volnának, hanem egynémely vidéki állomásokon a kellő felügyelet nélküli posta-kiadók hanyagsága s rendetlensége által az illetők zúgolódva szenvednek.

A Csetnek, Ratkó és Balog völgyein, sőt Dobsina völgyén is a községek vagy magánosok tartják fel a postaösszeköttetést, mi a postafordulatokban az illetőkre nagy késedelmet okoz, főképen a téritvényes és pénzes leveleknél.

Távirdai összeköttetésünk eddigelé nincs; de biztos a reményünk, hogy még ez év folytán olyannal birandunk, kilátásban lévén, hogy a már Losonczig előretolt távirdai állomást Rima-Szombatig s Rozsnyóig, innen Kassáig, Tornallyától pedig Miskolczig fogják kihuzni.

Midőn ezzel Gömör- és Kis-Hontmegye ipar s kereskedelmi forgalmának rövid ismertetését befejezzük, még csak a rimaszombati takarékpénztár keletkezésének s eddigi fejlődésének rövid történelmét valamint az utolsó két évi üzletforgalmának s mérlegének kimutatását akarjuk előterjeszteni.

A rimaszombati takarékpénztár 1861-ik évben alakult. Ezen város polgársága már jóval előbb felfogta egy ilyen intézet anyagi s erkölcsi hasznát, s létesitésén régóta fáradozott, de megállapitásának eszméje és kész terve, az előbbi kormánynak az egyleti intézmények iránti türelmetlensége miatt, ismételt kérvényezések daczára is több évig lett a kiviteltől elzárva; — végre az 1861-ki évi szabadabb mozgást engedő lendület behatása alatt, az ügy élén állók elhatározták az intézet önerejű felállitását. Az egyelőre 800-ban megszabott részvények a város mint fő- és pártoló részvényes, s annak polgárai által néhány hét alatt aláirattak, és a 100 frtnyi részvénydíjból 50 frt azonnal befizettetvén, a pénztár ezen 40,000 frt alaptőkével 1861. év jul. 1-én kezdette meg működését.

A mutatkozó siker a vállalatnak, ha nem is egyszerre nyereséges, de életrevaló voltát igazolván, — a részvényes polgárság, — nehogy a vidék irányában kizárólagosságot gyakorolni láttassék, a részvényeknek még 400-zali szaporitását elhatározta, s ezen részvények nagyobb részben vidékiek által iratván alá, a **takarékpénztár** megszünt szorosan városi intézet lenni.

Az intézet ügyeit az alapszabályokhoz, s a részvényesek évenkinti **közgyülésének** határozataihoz alkalmazkodva, évenkinti választás alá eső egy 24 **rendes** és 12 póttagból álló választmány, (melynek tagjai a napi biztosi ügyeletet is **felváltva viszik**), abban elnöklő két igazgató, egy választmányi jegyző és egy 8 tagból álló **váltóbiráló** bizottság, a pénztárt egy pénzzárnok, s a könyvvitelt egy könyvvezető **kezelik. A rész**vénytársaság élén egy — három évenként választott — elnök áll, s a közgyülésnek saját választott jegyzője van.

Jótékony és hova tovább nagyobb tért nyerő üzletének ágai: fekvő **javakrai** kölcsönzés, váltók leszámítolása és ingó zálogok s tözsdei papirokrai elölegezés ; — segéd eszközeit pedig a részint 5, részint 6%,-el kamatoztatott betételek képezik, melyeknek biztosítására a fentebbi kihelyezési módokban nyert alapokon kivűl — a részvénydíjakból előállott 60,000 frt alaptőke, egy közelebb 20,000 frtra **kiegészítendő** tartaléktöke, s a részvényeseknél még kint lévő, szükség esetén befizetendő **részvény**díjak másik fele része szolgál.

Az ezen alapokon megindúlt üzlet forgalmát 1861-ik évi jul. 1-től 1862-ik év végeig terjedt másfél évi kezdetleges időszakban következő táblázat tünteti fel :

Mennyire fogta s használta fel azóta a közönség ez intézetnek a pénzbetételek biztos gyümölcsöztetésében nyilvánúló jótékonyságát, s viszont mily mértékben részesiti ez mérsékelt kamatú pénzkölcsönökben a befolyamodókat, azt az 1863-ik év ide iktatott forgalmi kimutatása és mérlege tanusítja, melyre nézve figyelembe veendő, hogy a szomszédos rozsnyói takarékpénztár üzletének mezejét is ezen megyének s részben Rima-Szombatnak vidéke képezi.

Sajnosan kell felemlíteni, hogy ezen takarékpénztár alapszabályainak felsőbbségi helybenhagyó megállapitására még mind ekkoráig várakozni kénytelen.

KIMUTATÁSA

A RIMASZOMBATI TAKARÉK-PÉNZTÁR Forgalmának

1861. évi Julius 1-től 1862-ki Deczember 31-ig bezárólag.

Fökv. lap-szám	Bevétel	Osztr. ért. frt	kr.
1	Részvénybefizetés	60,000	—
26	Részvény kamatpótlék	1,600	—
2	5% Betét tőkék	48,629	93
3	6% Betét tőkék	18,992	53
8	Arany, ezüst pénz visszafizetésre póttöke	1,230	40
9	Visszafizetett előlegtőkék	29,375	60
10	„ váltó tőkék	280,607	68
11	Előlegkamat	853	93
12	Leszámitolás	7,390	03
13—18	Különféle dijak	1,013	27
21—22	Visszatérített felszerelési s bútorköltség	205	60
23	„ perköltség	3	14
	Összesen	449,902	11

Fökv. lap-szám	Kiadás	Osztr. ért. frt	kr.
2	5% Betét tőkék	25,807	—
4	„ „ tövült kamatok	101	15
6	„ „ folyó „	375	15
3	6% Betét tőkék	150	—
5	„ „ tövült kamatok	3	50
7	„ „ folyó „	3	82
9	Előlegek	45,048	60
10	Váltók	371,381	33
19	Hivatali személyzet fizetésére	1,950	—
20	Bútor megszerzésére	652	63
21	Felszerelési s kezelési költségre	1,471	75
12	Visszatérített leszámitolás	3	75
23	perköltségre	3	14
22	1862 évi deczember 31-én készpénz	2,950	29
	Összesen	449,902	11

Harmatzy Béla,
könyvvivő.

KIMUTATÁSA

A RIMASZOMBATI TAKARÉK-PÉNZTÁR

Mérlegének 1862-ik évi December 31-én.

Fökv. lap-szám	Vagyon	Osztr. ért. frt	kr.
22	1862. évi deczember 31-én készpénz	2,950	29
9	Előlegekben	15,673	—
10	Váltókban	90,773	65
20	Butorzatban használatért 1½ évre 15% levonva	386	—
	Összesen	109,782	94

Fökv. lap-szám	Teher	Osztr. ért. frt	kr.
1	Részvénybefizetés	60,000	—
26	Részvény kamatpótlék	1,600	—
2	5% Betét tőkék	22,822	93
4	„ tövült kamata	497	58
6	„ folyó	118	1?
3	6% Betét tőkék	18,842	53
5	„ tövült tőkék	393	78
7	„ folyó	129	92
8	„ tövült kamata	1,230	40
24	Arany és ez. pénz visszafiz. pötröke	52	1
25	„ folyó	2	26
9	„ tövült kamata	98	83
10	1863. évre előre befizetett kam. elölegtül váltóktól	196	86
22	1861. félévben felm. jöved. 360 frt 5 kr.) 1862-ki első félévben 1577 » 48 „ » második félévben 1560 » 12 „	3,497	65
—			
—	Összesen	109,782	94

Hudoba Samu,
pénztárnok.

KIMUTATÁSA

A RIMASZOMBATI TAKARÉK-PÉNZTÁR

Forgalmának

1865. évi Január 1-től Deczember 30-ig bezárólag.

Fökv. lap-szám	Bevétel	Osztr. ért. frt	kr.
22	1864. évi deczember 31-én készpénz	10,370	41
2	5% Betét tökék	59,444	18
3	6% Betét tökék	94,697	36
8	Arany, ezüst pénz visszafizetésére póttöke	163	52
9	Visszafizetett előlegtökék	70,059	—
10	„ váltó	854,642	48
36	„ ingatlan vagyonra kölcsönzött tökék		
11	Előlegkamat	2,200	76
12	Leszámitolás	2,454	23
32	Ingatlan vagyonra kölcsönzött tökéktől kamat	18,628	25
13—18	Különféle díjak	1,568	—
		3,648	81
	Összesen	1,117,877	—

Fökv. lap-szám	Kiadás	Osztr. ért. frt	kr.
2	5% Betét tökék	59,229	43
4	„ „ tövült kamata	2,023	18
6	„ „ folyó „	723	23
3	6% Betét tökék	18,670	31
5	„ „ tövült kamata	2,623	38
7	„ „ folyó „	839	9
8	Arany, ezüst pénz visszafizetésére póttöke	118	95
9	Előlegek	74,784	—
10	Váltók	907,382	90
31	Ingatlan vagyonra kölcsönzött töke	27,450	—
19	Hivatali személyzet fizetése	1,532	—
21	Felszerelési, kezelési költség, adó és jótékony adakozásokra	1,089	94
11	Visszafizetett előlegkamat	1	—
12	leszámitolás	13	93
26	Részvények utáni kamat 1864. évre	2,400	—
22	1865. deczember 30-án készpénz	18,995	66
	Összesen	1,117,877	—

Harmatzy Béla,
könyvvivő.

KIMUTATÁSA

A RIMASZOMBATI TAKARÉK-PÉNZTÁR Mérlegének

1865-ik évi December 30-án.

Fökv. lap-szám	Vagyon	Oszt. ért. frt	kr.
22	1865. évi deczember 30-án készpénz	18,995	66
9	Előlegekben	48,219	—
10	Váltókban	248,617	20
31	Ingatlan vagyonra kölcsönzött tőkékben	31,750	—
28	Elmaradt kamatban előlegek után	133	53
30	" " " váltók	312	81
20	Bútorzatban		
	Összesen	348,028	20

Fökv. lap-szám	Teher	Oszt. ért. frt	kr.
1	Részvénybefizetés	60,000	—
2	5% Betét tőkök	80,600	21
4	" tövült kamata	3,977	55
6	" folyó	276	37
3	6% Betét tőkék	164,684	8
5	" tövült kamata	7,000	82
7	" folyó	686	87
8	Arany és ez. pénz visszafiz. póttőke	1,524	14
25	" tövült kamata	280	15
9	" folyó	259	82
10	elöre befizetett kamat előlegtől	1,615	23
32	Ingatlan vagyonra kölcsönzött tőkéktől váltóktól	477	80
26	Részvények utáni 4% kamat 1865. évre	2,400	—
33	1861. évi julius 1-től a részvények után elmaradt		
	31-ig a részvények után elmaradt		
	2% kamat	5,400	—
34	Jótékony adakozásokra	200	—
31	Tartalék tőke	18,644	42
	Összesen	318,028	20

Hudoba Samu,
pénztárnok.

VI. FEJEZET.

Gömör egyházi és közoktatási viszonyai.

I. Egyházi dolgok. *)

Láttuk már, hogy Gömör-Kishont népességéből 66,846 (más ki-
számítások szerint 64,932 vagy csak 64,776, az 1857-diki népszámlálás
szerint 61,647) a r. kath. anyaegyház tagja; 4484 (más felvetés szerint
3395, az 1857-diki népsz. szerint 3037) g. kath.; 60,540 (az 1857-diki
népsz. szerint 62,300) ág. hitv.; 29,011 (az 1857-diki népsz. szerint
31,059) h. hitv.; 2689 (az 1857-diki népsz. szerint 1222) mózesvallású.

A) A r. kath. egyház.

A r. kath. nép a rozsnyói püspökség joghatóságához
tartozik, mely Mária Terézia alatt VI. Pius pápa helybenhagyásával
1775 marcz. 13. alapíttaték, s egész Gömör és Torna vármegyéket,
Nógrád vármegyét az Ipoly rárosi hidjáig, Abaúj és Szepes vármegyék
egy részét magában foglalván, közel 140 ☐ mfldnyi téren terjed el. E
területen, midőn még az esztergomi főmegye egy részét tette, 1397-ben
létezett 174 lelkészi állomás, mely szám utóbb szaporodott, de a 16.
században nagyon megapadt. Fölállításakor az uj egyházmegye 67
plebániával bírt; jelenleg van 98 plebániája és 1 curatiája, melyekből
Gömörben van 47 pleb. és 1 curatia. Három főesperességében van 14
alesperesi kerület, melyekből Gömörre 7 esik. Minden kerület papsága
évenkint két gyülést tart, tavaszit és őszit. A püspöki megyében van

---

*) E könyvben az egyházi és közoktatási ügyeket csak statistikai
szempontból lehet tárgyalni; azért az egyháztörténelmi viszonyok tüzetes előadásába
nem bocsátkozhatunk, s a t. lelkész urak által beküldött egyházi monographiákat el
kell mellőznünk. Csakis Lenner Miklós rozsnyói tiszt. kanonok, rimaszécs-
kerül. alesperes és sz.-simonyi plebánus ur dolgozatát; valamint Szigligeti Ká-
roly lelkész, Czékus István és Holkó Mátyás ág. h föesperes urak, s
végre Szentpétery Sámuel ref. esperes ur dolgozatait és kimutatásait közöl-
jük, hol egészben, hol kivonatilag.   Szerk.

21*

6 valóságos és 6 tiszteletbeli kanonok; van 3 czímzetes apátság: a jánosi, hárskuti és losonczi; prépostság a káptalanin kivűl 1 valóságos: a jászói, és egy czimzetes: a garábi; 2 oltárjavadalom vagyis altaria: a rimaszombati és k. h.-vári. A szentszék egyszersmind itélőszék a házassági ügyekben. A plebániai javadalmak elnyerésére az áldozároknak vizsgát kell kiállaniok a zsinati vizsgálók előtt. A megye kegyesalapítványi pénztára a káptalan kezelése alatt áll. Van 3 szerzetes ház: Rozsnyón a prémontréieké, és sz. ferenczieké, Füleken ez utóbbiaké; 5 plébániát a prémontréiek, egyet a ferencziek látnak el. Van anyatemplom 99, fióktemplom 67; azonkivűl templom és kápolna, hol isteni tisztelet tartatik, 28. A 99 lelkészi állomás közől 49 tisztán magyar, 12 magyar-tót, 26 tisztán tót és 12 tót-német, s német-tót ajkú híveket számlál. Segédlelkészet van 40; a 10. számu huszárezredhez a rozsnyói püspökség adja a tábori káplánt. A kiérdemült és elaggott lelkészek intézete Rozsnyón van. Az összes hivek száma 143,746, ide nem értve a gör. kath., kiknek száma 9733.

Az egyházmegye püspökeinek sorozata ez:

1) Galgóczi János, 1776 apr. 5-én elhúnyt, mielőtt főpapi székét elfoglalta volna;

2) Gr. Révay Antal, 1776 - 1779, mint nyitrai püspök meghalt 1783 decz. 26;

3) Gr. Andrássy Antal, 1780—1799, megh. 1799 nov. 12.;

4) Szányi Ferencz, 1802—1810, megh. 1810 marcz. 29.;

5) Gr. Eszterházy László, 1811-—1824, megh. Szolnokon 1824 szept. 11.;

6) Lajcsák Ferencz, 1825—1827, elhúnyt N.-Váradon 1843;

7) Scitovszky Ker. János, 1828—1839, jelenleg az ország primása és bibornok;

8) Gr. Zichy Domonkos, 1841—1842, átment a veszprémi püspökségre, de erröl 1849 lemondott;

9) Bartakovics Béla, 1845—1850, most egri érsek;

10) Kollárcsik István, 1850-től, v. b. t. tanácsos és lipótrend középkeresztese.

Az egyházmegye történelméből megemlítjük még a következöket:

A Ker. Sz.-Jánosról nevezett j á n o s i a p á t s á g a benczéseké volt; alapítója, ugy mint alapítása s eltörlésének ideje ismeretlen. Virágzott a 14. században; faragott kövekből épült kéttornyu temploma pusztulásnak indúl.

A r i m a s z o m b a t i a l t a r i a mikor alapíttatott, nem tudatik.

1771-ben a r.-szombati r. k. lelkészi hivatallal örökre egyesíttetett; a kinevezési jogot ö felsége gyakorolja.

A kraszna-horka-vári altaria 1700 körül vette kez-detét; a vári káplánnak megszüntével 1814-ben a váraljai lelkészi tisztséggel köttetett össze.

A ferencziek zárdája Rozsnyón 1733-ban Pecz-féle ház-ban vette kezdetét.

Ez 1748-ban leégvén, a kolostor épült s 1780. befejeztetett. A templom 1761-ben adatott át az isteni szolgálatnak, de csak 1826-ban hozatott tökéletes állapotba. Gömörben az egyedül fennálló monostor.

A B. sz. Máriáról nevezett zárdája a pálosoknak Gomba-szegen. A gombaszegi vicariatust, mely alatt Pázmán szerint a nyárdi és háromhegyi perjelség állott, 1371-ben Bebek György és László alapíták és gombaszegi birtokával megajándékozta Csetneki László. Ben ger Miklós, a rend történetirója szerint 1534-ben Bebek Imre titkárja, Simontornyai Gergely, ellen védte itt a rk. ügyet a zárda fönöke Bánffy György. — Bebek György 1566-ban a zárdát erőddé változtatta, melyet később Svend Lázár dúlt föl. A templom igen magas falromjai a gombaszegi pusztán ma is szemlélhetők.

A pálosok Sz.-Annáról nevezett hangonyi zárdája, a remete Sz.-Pál rendének évkönyvei szerint 1368-ban Lázár és Domon-kos hangonyi nemesektől alapíttatott. Talán, mint Pázmán véli, a ladi vicariatushoz tartozott. — A rend feloszlatása után pusztulásnak in-dúlt. A monostor köveiből 1776-ban a sz.-simonyi lelkész-ház épült. — A templom falai még a jelen század elején állottak, de nemsokára le-égvén Hangony, a hivek minden követ és téglát onnan elhordtak és laképitésre felhasználtak. A f. hangonyi határ azon völgye, melyben e kolostor létezett, most is Barátvölgynek neveztetik.

A pálosok sz. Lélekről nevezett ilsvai zárdája (Péterfy szerint Ilsva-Illova, Ilsova, Jolsva). Említik ezt a rend évkönyvei, mást róla nem tudunk. Egy Jolsvával határos helység ma is Mnisán (barát-hely) nevet visel.

A nazarénok ujvásári kolostora. Ennek romjai ta-láltatnak a derenchi puszta erdejében. Hagyomány után tudatik, hogy temploma egy Ujvásár (Ribnik) alatt emelkedő parton állott, melyet most az ág. vallásuak isteni szolgálatra használnak. Ma is barátszokás szerint itt „Complet"-re harangoznak.

A sz. ferencziek kolostorát Köviben megemlíti Páz-mán. Ki mikor épité vagy elpusztitá? nem tudatik. Hogy 1533-ban már nem létezett, kitetszik onnan, mert a rend történetirója Fridrich **Orbán** a rend azonkori zárdái közt fel nem hordja.

Jézus társasági atyák székhelye Rozsnyón. Ide hozta be öket Lippay György esztergomi érsek 1659. jul. 31. **Az alapító** okmánynak a pozsonyi káptalan által 1659-ben kiadott hiteles **máso**lata olvasható a „Magyar Sion" 1865-ki évfolyama 306 – 110 l. — Is-teni szolgálatra átadatott nekik a piacz közepén akkor ujból épült templom, a torony és harangokkal. Nagy Lipót megerősitö oklevele kelt 1659 nov. 7. Itt müködtek ök a lelkipásztorság terén feloszlatá-sukig, 1773, kivéve az 1682. jun. közepétöl 1687 februárig lefolyt idö-közt, melyben Rozsnyóról számkivetve voltak. Residentiájok a jelen püspöki lak nagyobb részét teszi.

Simonchich Incze a kegyesrendiek 1805-ben kiadott évkönyvei-ben emliti, hogy Wesselényi Ferencz ország nádora 1667-ben meghívta a piaristákat Murányba, és Széchy Mária számukra Jolsván **házat** ké-szitett, de szándéka kivitelében az országos zavarok akadályozták meg.

A Gömör vármegyében létezö r. kath. plebániák. *)

I. A székes föesperességben.	Nyelv	A plebá-nia lélek-száma	A kerü-let lélek-száma	Fióktemplomos helyek
1. Rozsnyó	m. t.	4122	4122	A székestemplomon ki-vül van ft. Berzétén, Rekenye-Ujfaluban , s 1. az erdök közt.
a) A rozsnyói kerületben				
2. Csetnek	t. m.	1093	— —	
3. Dobsa	t. n.	1515	— —	Fióktemplomos helyek :
4. Kraszna-Horka-Várallya	m. t.	2261	— —	Vár. Hosszúrét. Pacsa.
5. Nagy-Veszverés . .	t.	845	— —	Betlér. Henczkó.
6. Pelsücz (curatia) . .	m.	503	6217	
b) A várgedei ker.				
7. Egyházas-Básth (gö-möri r.) . . .	m.	912	— —	Almágy.
8. Gesztete . . .	m.	1354	— —	
9. Péterfala . . .	m.	671	— —	
10. Söreg	m.	1762	— —	
11. Várgede . . .	m.	2067	— —	Balogfala. Kerekgede.
12. Zabar	m.	857	7623	Pogony.
c) A putnoki ker.				
13. Deresk	m.	1549	— —	Lévárt (elhagyott).
14. Harkács-Sánkfala .	m.	1088	— —	
15. Licze	m.	693	— —	
16. Méhi	m.	1280	— —	
17. Nagy-Csoltó . .	m.	1125	— —	Kecső. Melléte.

*) Rövidítések : m. = magyar ; t. = tót; m. t. = magyar-tót ; t. m. = tót-magyar ; t. n. = tót-német, ft = fió ktemplom.

	Nyelv	A plebánia lélekszáma	A kerület lélekszáma	Fióktemplomos helyek
18. Putnok	m. t.	2653	— —	Abafala. Málé (ft). Sz.-Király (nyilv. kápol.)
19. Ragály	m.	1007	9395	
d) A rimaszécsi ker.				
20. Baracza	m.	1226	— —	Füge.
21. Dobócza	m. t.	1095	— —	
22. Feled	m.	900	— —	Jánosi (pusztuló).
23. Rimaszécs . .	m.	1339	— —	
24. Sajó püspöki . . .	m.	1393	— —	Lénártfala. Velkenye (itt romban.
25. Szent-Simony . .	m.	2508	8461	Hangony. Uraj.
e) A murányi ker.				
26. Jólsva	t. m.	1067	— —	Chisnyó.
27. Murányallya . . .	t.	1268	— —	
28. „ hosszúrét .	t.	825	— —	M.-Lehota.
29. Nagy-Rőcze . . .	t.	1292	— —	Vizesrét.
30. Rákos	t.	221	— —	Szirk (romokban).
31. Ratkó-Lehota . .	t.	544	— —	
32. Süvete	m. t.	284	5501	Perlász, kápolna.
f) A garami ker.				
33. Helpa	t.	1589	— —	
34 Murány-hutta . .	t.	541	— —	
35. Pohorella . . .	t.	2217	— —	
36. Polonka . . .	t.	3735	— —	Závadka.
37. Vereskő	t. n.	1040	9122	
II. A nógrádi főesperességben.				
A füleki kerületben némely részek.				
Füleki pl. Síd fiókja m.	—.	444	— —	
Püspöki pl. Béna fiókja m.	—	327	— —	Béna.
38. Guszona (gömöri része)	m.	719	— —	
39. Osgyán „ „	m.	713	2203	
g) A kishonthi ker.				
40. Antalfalva . .	t.	1559	— —	
41. Forgácsfalva (gömöri r.)	t.	1450	— —	
42. Kokova . . .	t.	1414	— —	
43. Nagy-Szuha . .	t.	1726	— —	Fazekas Zaluzsán. Susán.
44. Nyústh . . .	t.	587		
45. Ráhó . . .	t.	424		
46. Rimaszombat . .	m. t.	1962	— —	
47. Tiszolcz . . .	t. n.	1096		
48. Uzapanyit . .	m. t.	1189	11407	F. Balogi kastély. (kápol.)
Szomolnok fiókja Uhorua t.		567		
Összesen	20 m. 7 m. t. 2 t. m. 16 t. 3 t. n. 48 plb.	Összes plebániák lélekszáma Gömör vmegyében s a rozsnyói püspökségben 64,619		f. t. 30, káp. 3. tehát anyatemplom 47 fiók „ 30 más „ 3 kápolna 10

	Nyelv	A plebánia lélekszáma	A kerület lélek száma	Fióktemplomos helyek
Ezenkivül α) a szepesi püspökségben az i s t v á n- f a l v i p l e b á n i á h o z tartozó — gömöri részről való S z t r a c z e n a fióknak van rk. hive . . .	m.	273		— — — — —
β) az egri érsekséghen a d o m a b á z i p l e b á n i á- h o z tartozó gömör-vmegyei pusztákon (Csobánkó, Czinegés, Répás, Szilakszó)	m.	41	314	— — — — —
Tehát Gömör vármegyében az 1865-ik évi névtárak szerint van rkath. öszszesen	—	— —	64933	

B) A protestáns egyházak.

A monda szerint Szent-István az országban szerte tanitván és keresztelvén, szombaton érkezett a Rimához, hogy a megye ezen főpontján vasárnapra összegyüjtvén a népet, a pogány szertartásokat megszüntesse, s a jelenlevőket megkeresztelje. A körül fekvő hét falu: Sz. Margita, Gernyó, Gacs, Tormás, Rákos, Tarnócz, Möcsén első királyának megérkeztét Rimaszombat mostani helyén a hármas forrásnál — Kiskut, Csurgó, Zuhatag, mellyet zöld berek vett körül, fehér lovat — utoljára — áldozott, s az áldozat beleiből a jósok és táltosok nagyszerü változások jövendölésével voltak elfoglalva, midőn a király kiséretével megérkezett. Az isteni ige, s az apostolkodó király tisztes alakja előtt meghajlott az ősi vallásához ragaszkodó nép s megkeresztelkedett. Az apostoli király kivágatta a berket s fájából a legszebb helyen — a mostani piacz közepén — a Sz. háromságos Isten tiszteletére templomot épittetett. A hely tőle István-falvának neveztetett; később midőn a tatárjáráskor a hét falu feldúlatott, a nép az egyesülésben keresvén boldogulását, a Rimánál csoportosult s e folyótól és a nevezetessé lett szombat naptól, mellyen heti vásárait tartja: Rimaszombatnak hivatott.

Hogy a ker. vallás gyökeret verjen és felvirágozzék, s hogy az ősi hit pogány szertartásaival együtt minél inkább feledésbe menjen, Sz. István püspökségeket, zárdákat, egyházakat alapitott. A nép tanitását az egyházi rend kezelte. Innen van, hogy a hány zárda — Rozsnyón, Gombaszegen emlittetik, ugyan annyi iskolákat számithatni. Irás és olvasás, vallástan és szentek élete és számtan voltak a tantárgyak, melyekhez a felsőbb tanintézetekben: latin nyelv, theologia és történelem járult.

Gömör tanügyére nézve a megye iparának, már Nagy Lajos alatti virágzásáról, kedvező következtetést vonhatni. Ugyanis honunk belkereskedésének ez időben két főpontja volt: Debreczen és Jolsva. S hogy e vállalat országos érdekü lehetett, bizonyitja az, hogy az iparüzők és kereskedők ezen testülete **o r s z á g n a k** neveztetett, s üzletük kifelé Boroszlóig terjedett. Szabadalmaik Mátyás király által erősitettek meg. melyekből látjuk, hogy Jolsva fa és vas készitményekből és anyagokból számos szekereket megterhelve, időnként küldött Debreczen felé, s hogy Debreczen kötelezte magát, ha zavaros idők jártak, a buzával, pénzzel ellátott, vállalkozó testületet, visszatértében a pusztákon keresztül fegyveres poroszlókkal kisérni, s a megrablástól védeni. A testület birája „Országbiró" vagy személyesen vagy helyettese által kiséré őket, s az előforduló eseteket gyakran már utközben is, de többször a Jolsván évenként tartatni szokott összejövetel alkalmával hozott itélet által döntötte el. — E régi intézmény emlékeül fenn áll még egy évenként divatozó összejövetel Jolsván „O r s z á g" nevezet alatt, melynek időnkben a mulatságnál egyébb czélja nincs.

Gyászos, ámbár kiváló szerep jutott megyénknek a 13-dik század közepén, midőn IV-ik Béla alatt, a Sajónál gondolták feltartóztathatni a tatároknak hazánkat elözönlő sokaságát. Maig él a nép ajkán azon erdős helyek emlékezete, hol a lakosok a „kutyafejü" tatárok ellen rejtőztek. Ezen vad csorda dulásai hazánk és megyénk virágzását, valamint vallás és tanügyünket is tönkre tették.

Midőn a 15-dik században Albert király halála után annak özvegye Erzsébet a huszita Giskrát Csehországból hivta védelmére s a lengyelekre támaszkodó Ulászló ellen Zólyomtól Kassáig az erdöket neki átadta, a pártvezér seregének zömét Gömörmegyénkben, Ostyán, Derencsény, Rozsnyó körül helyezte el. Azon 2¼ évtized, mely Giskra kalandozásáról nevezetes, részint uj lakókkal szaporitotta megyénket, részint Husz János tanainak ismertetése által utját egyengette a XVI dik századbeli vallásmozgalomnak.

Luthernek okt. 31-én 1517-ben a vittembergi vártemplom kapujára tüzött s a bünbocsánat árulása ellen intézett 95 tétele 10 nap alatt egész Németországban s rövidebb mint egy hónapi időköz alatt Rómába is eljutott. Hazánk felvidéke s különösen a Szepesség kereskedelmi s nyelvrokonsági viszonyainál fogva szinte korán megismerkedett a ker. vallásmozgalommal. Már 1520-ban szükségesnek látszott hazánkban is kihirdetni X. Leo pápának Luther és követői ellen inté-

zett bulláját. Iratok olvasása s egyes utazók jelentése nyomán lassan_
ként terjedett a megtisztított evangyéliom tana, ugy, hogy már 1530
körül tanitókra és lelkészekre volt szükség. Fischer András Szepes
megyéből kiüzve Rozsnyón müködött az ujitott tan érdekében, mig Be-
bek Ferencz által elfogatva s a Krasznahorkai várba záratva, a mara-
dék szikláról letaszíttatott. A löcsei káplán Leudischer György Boroszló-
ban az ev. hitre térvén Rozsnyón és vidékén tanitott, mig Bebek üldö-
zése elől Kézsmárkra menekült. Bebek Ferencz bátyja Imre, székes-
fehérvári prépost, Verancsics szerént igen kegyes és tudós férfiu, az ev.
hitre térvén, Budán megházasodott, s az uj tant Bebek Györggyel, s a
nagyhirü Csetneky családdal megismertette.

Az erdélyi török mozgalmak korában és érdekében Murányvára
német katonasággal volt ellátva II. Miksa idejében, melynek parancs-
noka Maszko Melchior az ev. vallás nagy pártfogója, hogy a megye
főispánját Bebek Györgyöt fejedelmi ura részén megtartsa, szivesen
beleegyezett nemcsak a megujitott vallás szabad gyakorlatába, hanem
abba is, hogy 1565 körül az uj tan követői összegyülvén, a murányi
tábori papot Friedt Cypriant válasszák superintendensül, hatósága kiter-
jeszkedett Gömör és Kishont megyékre. Ezen szabad vallás gyakorlat
1585-ben Herberstein Gyula murányi kormányzó által megerősitve
egészen a XVI-ik század végeig virágzott. Sőt a Csetnek völgyén lakó
magyarok, a kik Calvin tanához szitottak, miután Csetneky István
1590, a murányi egyházszervezetet aláirta, a gömöri egyházak lelké-
szeivel együtt, amazokkal egyesültek s közakarattal fogadták el az V.
szabad kir. város által I. Ferdinándnak benyujtott hitvallást. S ámbár
Gömörmegye a XVII-ik században török járom alatt nyögött, az egy-
házak az 1606-dik törvény ótalma alatt békességben éltek, sőt betlen-
falvi Thurzó György nádortól 1610 jul. 10-én szabadalmat nyertek saját
superintendenseket választani. Bakos Cábor, Szécsy György megyei fő-
ispán nejével Homonnay Máriával elömozditották a prot. ügyeit. Szo-
kássá vált, hogy mielőtt a megye főispánjai a beligazgatáshoz fogtak, a
prot. egyházak szabad vallásgyakorlatát hitlevelükkel biztositották.
Ezen XVI-dik század vége felé a megye magyar ajku lakói között már
el volt terjedve a Calvin tana s a csepregi és debreczeni zsinatok a
reformált elvek követőinek két külön felekezetre válását megállapi-
tották.

Sem az iró ideje sem a tér nem engedi, hogy a XVII és a XVIII-
dik század viszontagságai részletesen előadassanak. Szabad legyen te-
hát a föbb pontok kijelölése után a jelen korra térnünk át, a részletes
leirást másokra bizván.

Még a török járom sem volt lerázva, már a jezsuiták Rosnyóra bevitetvén, zavarták a prot. nyugalmát. A rozsnyói Delegatum Judicium, mintha különösen Gömörmegyére nehezedett volna, holott a beidézett egyházi férfiak nagy része innen került ki. Midőn Mária Theréziát gyontatója rávette, hogy az ugynevezett cretnekeket birodalmából irtsa ki, a kegyes királyné Batthyányi esztergomi érsek javaslatára a prot. bővelkedő vidékekre róm. kath. püspökségeket alapitott. Gömörmegye is ezek sorába esett, a Rosnyói püspökség felállitása által. A Jezsuiták müködését 1769 junius 24-kén Rimaszombat városa sajnosan érezte Karaba György galsai lelkésznek és Ráhóra behelyezett hittéritőnek fellépése által, a ki Rimaszombatba bejövén, mindenünnen hatóságilag összecsődített nép tömegével a kishonti megyeház előtt misézett, épen azon időben, midőn a helv. hitvallásuak piaczon álló templomukból az isteni tisztelet végeztével kifelé mentek, a piaczon keresztül vezetvén tömegét verekedés keletkezett, mely a polgárok befogatásával, a prot. templom és oskola elfoglalásával, lelkészeik és tanitóik elüzésével s a róm. katholikus lelkész behelyezésével végződött. Ekkorig Rimaszombatban tógátus deákok is voltak, de ezen rázkódtatás meggyengité az egyház erejét.

Szomoru volt a 18. század második felében a protestánsok állása a gömöri esperességben. A lelkészek hivataluk teljesitésében azon néhány anyaegyházakra valának szoritva, melyek, bár szük korlátok közt meghagyattak volt; a fiókegyházakba kirándulások kemény büntetések alatt tiltva valának. Ekkor hirdetteté ki a protestánsokra nézve halhatlan emlékü II. József a türelmi parancsot, s felesleges megemlitenünk, mily hálásan fogadták ezt az evangelikusok, főleg oly időben, midőn majdnem gondolhatták, hogy végelpusztulás várja őket.

Ezen türelmi parancs Gömörmegyében 1782-dik évi marczius 9-én kihirdettetvén, természetes következménye volt, hogy számos uj egyház keletkezett; s a protestánsok, a hol csak a törvény kivánalmainak megfelelhetni gondolták, magokat szervezni kezdék, s egyházakat alapitának. Igaz, itt is nem egy akadálylyal kelle megküzdeniök, de e megye soha sem volt szegény oly férfiakban, kik az elnyomott igazságos ügyet felkarolni készek, s ilyen férfiak segitségével ügyöknek is győznie kellett. A türelmi parancsot hasznukra forditandók, magán isteni tisztelet gyakorolhatásának szabadságáért folyamodtak 1782-ben Szirk, Turcsok és Rákossal együtt; Nagy- és Kis-Veszverés, Henczkó és Bethlér; Chisnó, Lubenyik, Mnisán Koprással; Süvete, Perlász, Jólsva-Tapolcz és Miglésszel és Visesrét Umrló-Lehotkával, s bár különböző időben, a folyamodók mindannyian czélt érének.

Nagy-Röcze és Jólsva a multra hivatkozva, nyilvános isteni tisztelétért folyamodtak, de csak magán isteni tisztelet gyakorolhatását nyerheték meg. A rozsnyói egyház Berzétéről, hová hazájából mintegy száműzve volt, Rozsnyóra hazatért. Rédova és Fekete-Lehota anyaegyházaiktól, amaz Felső Sajótól, emez Nagy-Szlabostól elszakadván, önálló egyház lett, valamint Murány-Hosszurét is, odahagyván Nagy-Röczét, saját lelkésze meghivhatásáról gondoskodék. Hrussó, mely régibb időktől fogva Lipócz és Dobrapatakkal Derencsényhez tartozék, a két emlitett fiókegyházzal anyaegyházzá alakult, később Jólsva-Tapolcz is Miglésszel együtt Süvetétől elválván, önálló egyház lett, valamint Betlér és Sebespatak, Rekenye is. S igy alakult a jelenlegi gömömöri ág. hitv. evang. esperesség, 40 anyaegyházat számitván kebelében, melyek következők :

1) B a r a d n a Poloma, Rónapatak, Poprocs és Zdichava leányegyházaival. 2) B e t l é r. 3) B u g y i k f a l v a Gesztes és Szilistyével. 4) C h i s n ó, Mnyisán, Lubenyik és Koprással. 5) C s e t n e k Gencs fiókegyházával. 6) D e r e n c s é u y Pápocs s Esztrénnyel. 7) D o b s i n a. 8) F e k e t e p a t a k, Brdárkával. 9) G e c z e l, Kis-Szlabos és Petermán fiókegyházakkal. 10) S a j ó - G ö m ö r, melynek Löküsházán kivül több szétszórt fiókegyházai vannak. 11) M u r á n y - H o s s z ú r é t, melyhez a garami Vereskői fiókegyház tartozik. 12) H o s s z ú s z ó Ardó és Kecsövel. 13) H r u s s ó, Lipócz és Dobrapatakkal. 14) J ó l s v a. 15) K i e t t e Sztrizs s Babaluskával. 16) K ö v i. 17) F e l s ö - L e h o t a. 18) N a n d r á s, Rákossal. 19) O c h t i n a, Rokfalvával. 20) O l á h p a t a k, Góccsal. 21) P á d á r Perjés és Meleghegy fiókegyházaival. 22) G ö m ö r - P a n y i t, Mellétével. 23) R a t k ó, hova Ratkó-Szuha, Répás, Ploszkó és Rónapataka egy része tartozik. 24) R a t k ó - B i s z t r ó, Fillér, Gerlicze és Krokova fiókegyházakkal. 25) R é d o v a. 26) R e s t é r, Markuskával. 27) N a g y - R ö c z e, Kis-Röcze és Zdichava fiókegyházaival. 28) R o z s n y ó, C s u c s o m, Nadabula, Jólész, Rudna s más fiókegyházakkal. 29) R o z l o z s n o, Gacsalkkal. 30) A l s ó - S a j ó, Henczkóval. 31) F e l s ö - S a j ó, Hankovával. 32) S e b e s p a t a k, Rekenyével. 33) S ü v e t e, Perlász, Mikolcsán, Nasztrajjal. 34) S z i r k, Turcsokkal. 35) N a g y - S z l a b o s. 36) J ó l s v a - T a p l o c z, Miglészszel. 37) K ú n - T a p l o c z. 38) U j v á s á r, Ispánmező, Szásza és Boroszuok fiókegyházakkal. 39) N a g y - é s K i s - V e s z v e r é s. 40) V i z e s r é t Umrlo-Lehotkával.

A gömöri ágostai hitvallásuak ügyeiket régi idők óta hittanaikhoz képest magok szabadon rendezék. Történt ez mindig esperességi gyüléseckben, melyekben mind a világiak, mind pedig a lelkészek részt vevén, az egyház java fölött tanácskoztak. II. József azon rendelete, hogy minden nagyobb tanácskozmányok kir. biztos jelenlétében történjenek, a dolgok folyását megakasztotta volt, utóbb a viszonyok változván, ez is jobbra fordult. Az esperesség élén állt a főesperes és a világi fölügyelő, kik, mindenik saját köréhez képest bár, de közösen igazgatják az esperességet s annak ügyeire felügyelnek. Haynau rendelete folytán a gyülések kir. biztos jelenlétében, de mindig ikerelnökség mellett tartattak. Az 1859-dik évi septemberi pátens következtében az eperességben szomoru szakadás következett be. Már 1859-dik évben őszszel Nagy-Röczén tartatott esperességi tanácskozmány alkalmával kezdődött ez. Mert miután a lelkészek egyrésze az akkori főesperessel a pátens elfogadására hajlandónak mutatkozott, nagyobbrésze pedig s a világiak a késmárki egyházkerületi gyülésnek a pátens visz-szavonására czélozó határozatát osztva a pátens ellen nyilatkozott volna, a bizalmatlanság magva már is el volt hintve. Ennek következtében történt, hogy miután a patentális rész a főesperes által Vizes-rétre esperességi gyülés megtartása végett összehivatott; az önkormányzathoz hű felügyelő s első alesperes Csetnekre gyülést hirdettek, s bár azok, kik nagy számban e gyülésre siettek, Csetneket rendőrök s rendes gyalogsággal megrakva találták s visszautasittattak, sokan közülök Rozsnyóra menvén, ott az emlitettek elnöklete mellett a gyü-lést meg is tarták. A májusban kibocsátott legfelsőbb intézkedés nyo-mán a pátens felfüggesztetvén, azon egyházak is, melyek a pátenst el-fogadták volt, az önkormányzathoz visszasiettek, s azóta ahhoz, mint őseiktől nyert legdrágább kincshez ragaszkodnak.

Az esperességi ügyek vezetésére még két alesperes, egy pénz-tárnok, két világi és két egyházi jegyző, hat körlelkész s ugyanannyi világi iskolai felügyelő hivatvák.

II. József korától fogva a gömöri ág. hitv. evang. esperesség élén, mint annak világi kormányzói a következő felügyelők állottak: S z o n-t a g h G á s p á r, ki 1778-ban felügyelővé megválasztatván, a gyülé-sekben szorgalmatos részt vőn s Dobsinán 1786. évben meghalt; — G ö m ö r y P á l a nevezett évben felügyelőnek megválasztatván, mint a gömöri esperesség egyik képviselője, a pesti zsinatban részt vett s 1809. évben kimult; — S z o n t a g h M i h á l y, 1806. évben helyet-tes felügyelő lett, 1809-ben rendes felügyelő s e hivatalt 1812-ig vi-selé. Következett utána S z o n t a g h Á d á m, ki 18 évig fáradhatlan lévén e hivatalában, elaggott korában attól búcsút vett s 1831-ben if-jabb D r á s k ó c z y S á m u e l b e n utódot nyert. Ez 1843-ban egy-házkerületi felügyelőnek választatván meg, helyébe S z o n t a g h L a-j o s, ki 1831-dik év óta mint helyettes felügyelő az ág. esperesség ügyeibe befolyt, — választatott. — Hivatalábani utódja lett fivére, S z o n t a g h I m r e, ki a bekövetkezett válságos időkben óvatosan vezeté az ügyeket, mig az evang. egyház legválságosabb időpontján, s oly időben, midőn az egyháznak lelkes s áldozatkész védőkre legin-kább szüksége volt, 1860-ban S z e n t i v á n y i M i k l ó s állott az ügyek élére, s hivatalát három évig viselvén, Szontagh Pálnak, ki mint közszeretetü esperességi felügyelő jelenleg működik, helyt engedett.

Az esperesség kormányzatában, mint ezen férfiak méltó társaik, a következő főesperesek működtek: Schramko Mihály, kövi lelkész s 1779—1784-ig főesperes. Ennek helyébe Institoris Samu csetneki pap választatván meg, a hivatalt aggkora s gyengesége miatt elfogadni vonakodott, s igy történt, hogy 1785-ben Coronyi Frigyes akkori ratkai lelkész lett főesperes s hivatalát különféle viszonyok közt 1813-ig viselé. Jelen volt, mint gömöri főesperes s ez esperesség egyik képviselője a pesti zsinaton, s abban tettleges részt vett. A fenemlitett évben hivataláról lemondván, utódjául Valaszky Pál jólsvai pap választatott meg, ki az előbbinek társa volt az emlitett zsinaton, s mint „Conspectus historiae literariae in Hungaria" czimü jeles műnek szerzője nevet szerzett magának. 1819-ben papi hivataloskodásának félszázados örömünnepét megülvén, főesperesi hivataláról 1821-ben lemondott, mely hivatalban több munkájáról nevezetes, de főleg „Notitia Comitatus Gömöriensis" czimü munkája által Gömörmegyc ismertetése körül érdemeket szerzett férfiu Bartholomaeidesz László ochtinai pap következett, ki azonban aggkora miatt e hivatalt csak rövid ideig viselvén, 1824-ben az akkori nagyrőczei papnak Raisz Sámuelnek csinált helyet. Ez hat évi hivataloskodása után hivataláról lelépvén, 1831-ben Karlovszky József csetneki lelkész lett főesperes, annak pedig 1836-ban Spissák György sajó-gömöri pap utódja, ki a hivatalt számos évek folytán nagy erélylyel viselé, mig a viszonyok annak letevését igényelvén, utódjául Ferjencsik Samu jólsvai lelkész választatott. Ennek nem várt halála bekövetkeztével a megürült főesperesi székbe Tomasek Samu chisnói lelkész ültettetett; mig az egyház terén felmerült septemberi pátens okozta surlódások és viszonyok miatt ez utóbbinak lelépése szükségessé válván, az önkormányzathoz ragaszkodott s az ahhoz visszatért egyházak által Bartholomaeidesz János csetneki lelkész s első alesperes választatott meg, ki azonban rövid hivataloskodása után az esperességből eltávozván, 1861-ben Czekus István rozsnyói lelkész lett főesperes.

Ezen időfolyam alatt a gömöri ág. hitv. papok közül három superintendensi hivatalt is viselt. Mindannyian Dobsinának érdemteljes papjai valának. Elsö volt Rufinyi János, második superintendensi hivatalának áldozata szenvedéseiről ismeretes Packh Mihály, a harmadik Máday Károly, a tiszai ág. hitv. ev. egyházkerület jelenlegi tisztelt superintendense.

A kishonti ág. ev. esperességet a következő 15 anyaegyház alkotja: 1) Cserencsény, Orlai-Törék és Bakos-Törék leányegyházakkal; 2) Fürész, Hacsava l. e.; 3) Klenócz; 4) Kokova; 5) Kraszkó, Lukovistye l. e.; 6) Nyústya; 7) Osgyán, Nagy-Keresztúr l. e.; 8) Pokorágy; 9) Pongyelok, Szelcze, Valykó és Susány-Zaluzsány l. e.; 10) Ráhó, Keczege és Varbócz l. e.; 11) Rimabánya, Rimócza, Rimazaluzsány és Priboj s Rima-Lehota l. e.; 12) Rima-Brezó, Likér l. e.; 13) Rima-Szombat-Tamásfalva, Dúzsa, Várgede és Zabar l. e.; 14) Alsó-Szkálnok, F. Szkálnok és Tót-Hegymeg l. e.; 15) Tiszolcz.

A gömöri esperesség 40 anya és 68 leányegyházaiban az illető főesperes jelentése szerint 42,321 ág. hitv. ember lakik; a kishonti esperesség 15 anya és 20 leány egyházaiban pedig 18,219, összesen tehát Gömör-Kishont megyében 60,540 ág. hitv. ember volna. De a r. kath. püspökség névtára a gömöri ágost. hitvallásuak számát 64,526 lélekre teszi.

Mindkét esperesség a tiszáninneni superintendentiához tartozik.

A helvét hitvallástételt követők a gömöri reformált egyházmegyét képezik. Kálvin tanait kivált a született magyarok vették be 1560 táján. Gömör Kishont délkeleti része Putnoktól fel a határon Berzétéig, innen Pelsőcz, Gicze és Balogon át Rimaszombatig, megint innen Kisfalud és Harmaczon át Putnokig körülbelől 100 községgel 1600 táján csaknem egészen az úgynevezett magyar hitet, a kálvinismust követte. De nemsokára beállt az ellenhatás, s az Eperjesen működött Karafának, valamint a Putnokon lakott Herkó páternek még most is él nem irígylendő emlékezete. Még Mária Terézia alatt is a hatalom fegyverével töretett meg a kálvinista Rimaszombat, Csoltó, Feled, Dobócza stb., széthányatott néhány templom s elfoglaltattak úrasztali készletek, anyakönyvek és fekvő birtokok. A kálvinista hitü magyarság nem egy helyen az utolsó csemetéig kiirtatott s helyébe igazhitü tótság plántáltatott. De fátyolt a multakra! Isten jó voltából még most is meg van kerék számmal 30,000 kálvinista, kik testben lélekben magyarok. Minden anya- és leányegyháznak van rendes iskolája s türhetöen, sőt több helyt jól fizetett iskola-tanitója, s a hol a nép kevésvolta miatt önálló iskola nincs, társként van csatolva az ily kis gyülekezet szomszédjához s ketten tartanak egy tanitót. Többnyire minden iskolaköteles jár iskolába, s a népség legnagyobb része tud irni és olvasni, több helyen már egyesek vagy apró társulatok jó könyveket, újságokat is olvasgatnak.

Az egyházmegyei kormányzó testület áll: egy esperes, hat papi tanácsbiró, két papi jegyző, fögondnok, 6 világi tanácsbiró, egy ügyvéd s egy világi főjegyző, összesen 18 tagból. E testületnek **ország-szerte ismert tagjai**: Fáy Gusztáv, Ragályi Nándor, Dapsy Vilmos, Ragályi Miksa, Bodon Ábrahám, Tompa Mihály a koszorús költő, Borsody József stb.

Az esperesség anya és leányegyházai: A) Putnoki járásban: 1) **Agtelek és** Kecsö; 2) Alsó Szuha; 3) Hét, Bánrév és Pogonyi puszta; 4) Imola; 5) **Kelemér és** Poszoba; 6) Putnok és Dobicsány; 7) Ragály és Trizs; 8) Szuhafő; 9) **Zádorfala;** 10) Zubogy. B) Tornallyai járásban: 1) Alsó-Bátka, F. Bátka és **Rakottyás;** 2) Hamva, Lénártfala s Csíz; 3) Hubó; 4) Kövecses és Kerepecz; 5) **Naprágy;** 6) Sajó-Keszi és Sajó-Lenke; 7) Radnót; 8) Recske, Szentkirály, Abafala; 9) **Runya;** 10) Rimaszécs, Zádorháza, Susa, Jene, Czakó, Iványi; 11) **Tornallya, Királyi, Sztárnya;** 12) Zsíp, Ujfalu, Dulháza, Barcziháza, Bodoló. C) Pelsőczi járásban: 1) **Alsó-Kálosa,** F. Kálosa és Dapsi puszta; 2) Beje, Oldalfala, Zsór, Otrokocs, Füge; 3) Be-retke, Csoltó, Lekenye, Gömörpanyit, Melléte, Tiba; 4) Berzéte, Körös, **Rudna, Rozs-nyó,** Jólész s vidéke; 5) Felső-Vály és Bikkszög, Alsó-Vály, Gergelyfala, **Mihály-fala;** 6) Gicze, Nasztraj, Mikolcsány; 7) Horka; 8) Pelsőcz, Páskaháza; 9) **Szalócz,** Vigtelke; 10) Szkáros, Alsófalu, Visnyó, Felfalu, Rás. D) Rimaszombati **járásban:** 1) Alsó-Balog és F. Balog; 2) Harmacz; 3) Jánosi, Pálfala, Bellény; 4) **Kisfalud, Fe-led,** Gortva, Balogfala, Ajnácskö; 5) Mártonfala; 6) Rimaszombat, Majomi, Tamás-fala, Bakti; 7) Serke; 8) Simonyi, Darnya; 9) Szútor; 10) Uzapanyit, **Tamási;** 11) Zeherje, Pokorágy. Összesen tehát 47 anya és 65 leányegyház van. A hivek száma az illető kimutatásban 14,114 férfira és 15,897 nőre, összesen 29,011-re tétetik; a r. kath. püspökség névtára 30,860-ra teszi.

A h. h. gömöri egyházmegye a tiszamelléki egyházkerülethez tartozik.

II. Közoktatás.

A r. katholikusok elemi tanodái az egyházmegyei fötanügyi igazgató alatt állanak, ki valamelyik kanonok, továbbá az alesperesek mint kerületi tanfelügyelök s a plebánusok mint helybeli iskolaigazgatók alatt. A hol tanoda van, ott világi iskolagondnok is létezik. Minden alesperesi kerület tanitói évenkint tanácskozmányra szoktak összegyülni. Vannak kerületenként tanitói könyvtárak, melyek azonban csak lassan alakúlnak. A szegényebb állomásokon levő tanitók egy felsegélésökre alakúlt pénzalapból évenkint némi segélyben részesülnek. Az egész egyházmegyében 3 főelemi és 189 alelemi tanoda van. Ezekből Gömör vmegyére esik 2 főelemi és 94 alelemi tanoda. A Gömör megyében létező iskolaköteles, azaz 6—12 éves gyermekek száma 5792, ezekből valósággal 5249 járt iskolába, tehát 543 gyermek oktatás nélkül marad.

Rimaszombaton van egy főelemi tanoda 4 tanítóval és 173 tanulóval.
Rozsnyón   „   „   „   „   4   „   „ 235   „

A többi iskolák vannak:

1) A rozsnyói kerületben:

Hely	iskolaköteles	iskolába járó
Berzéte	33	27
Csucsom	19	17
Nadabula	29	29
Rekenye-Ujfalu	20	17
Csetnek	53	46
Dobsina	106	100
K. H. Váralja	75	69
K. H. Hosszú rét	58	53
Pacsa	51	50
Jólész	35	33
N. Veszverés	17	17
Betlér	20	26
Pelsőcz	60	29
Összeg . . . 13	573	507

2) Várgedei kerület:

E. Bást	90	90
Almágy	40	40
Gesztete	95	62
Détér	40	31
Péterfala	41	41
Dobfenék	22	22
Söreg	82	75
Csoma	47	47
Ajnácskö	33	29
Várgede	76	60
Balogfala	70	62
Kerekgede	47	42
Kis-Gömöri	13	13
Korlát	13	13
Külsö-Zabar	6	6
Belsö-Zabar	23	22
Pagony	12	45
Összeg . . . 17	737	687

3) Putnoki kerület:

Deresk	106	106
Lévárt	11	11
H. Sánkfala	96	89
Licze	67	62
Méhi	41	46
N. Csoltó	24	27
Beretke	14	13
Kecsö	21	21
Melléte	12	12

Putnok	105	79
Abafala	70	57
Málé	66	66
Ragály	17	17
Összeg . . . 13	680	637

4) Rimaszécsi kerület.

Baracza	35	29
Füje	26	14
Dobócza	68	52
Feled	21	19
Rimaszécs	75	61
Czakó	11	10
Püspöki	64	6
Velkenye	55	52
Sz. Simony	69	67
A. F. Hangony	99	84
Uraj	46	35
Összeg . . . 11	569	493

5) Murányi kerület.

Jólsva	81	80
Chisnyó	20	20
Murányalja	130	96
M. Hosszúrét	42	38
M. Lehota	39	32
N. Röcze	41	41
K. Röcze	39	35
M. Zdichava	41	41
Vizesrét	16	16
Rákos	5	5
Ratkó-Lehota	28	28
Süvete	6	6
Összeg . . . 12	494	438

6) Garami kerület.

Helpa	223	227
M. Hutta	82	62
Pohorella	199	199
Pohorellai masa	52	52
Polonka	285	285
Závadka	167	167
Vereskő	39	39
Ferdinándvölgy	76	76
Összeg . . . 8	1124	1107

7) Füleki kerület.

Sid	31	31
Béna	39	39
Guszona	67	65
Osgyán	78	78
Összeg . . . 4	2 5	213

8) Kishonti kerület.

Antalfalva	98	77
Gyubakó	65	42
Hidegkút	19	19
Forgácsfalva	92	72
Drabszko	47	37
Homolesán patak	43	37
Kokova	60	50
Utekács	36	26
Zlatno	41	27
N. Szuha	42	42
F. Zsaluzsány	58	58
Susány	80	72
Nyusth	72	17
Ráhó	19	6
Tiszolcz	129	129
Uzapanyit	119	48
Összeg 16	1020	759

Ez adatokat Lenner Miklós rozsnyói tiszt. kanonok, rima-szécs kerül. alesperes és sz. simonyi plébánus úr szedte ki az 1865-ki megyei névtárból. Statistikai szempontból nem tarthatjuk egészen szabatosaknak, mennyiben t. i. az iskolára köteles gyermekek számát tárgyazzák. Mert a népszámlálási eredményekből tudjuk, hogy a 6—12 éves gyermekek az összes népességnek több mint 12 százalékát teszik s Dr. Kiss Antal úr feljebb közlött felszámítása szerint is Gömörben a 6—12 évesek a népességnek 11.685 százalékát teszik. Ha tehát ez arányszámot veszszük alapúl, akkor 66,846 r. kath. lakosra 7807 iskolaköteles gyermek esik, s miután az iskolát tettleg csak 5249 gyermek járja, valósággal nem 543, hanem 2558 r. kath. gyermek marad oktatás nélkül. Az 1865/6-ik iskolaévre vonatkozó kimutatás szerint a r. katholikusoknál az elemi iskolák állása az volt: 2 főelemi, 91 alelemi, összesen 93 tanoda; ezek közöl 56 magyar, 32 tót, 3 magyar-tót, 2 német-tót. Tanköteles gyermek: 3111 fiú, 2816 leány, együtt 5927; ezek közöl 3340 magyar, 2542 tót, 45 német; tettleg járt az elemi tanodákba 2980 fiú, 2399 leány, együtt 5379, ezek közöl

3040 magyar, 2300 tót, 39 német. Tehát fentebbi észrevételünk szerint összesen 2428 iskolaköteles r. kath. gyermek nem járt tanodába. — A rendes elemi tanítók száma 100, a segéd tanítóké 4, ezek közt van egy világi pap és 2 szerzetes; a többi mind világi.

Az ág. hitvallásuaknál a gömöri esperességben a népiskolák 6 kerületre (dekanatusra) vannak felosztva, mindegyiknek élén egy egyházi s egy világi felügyelő (dékán) áll, kik a tanítókra felügyelnek, a vizsgálatokon megjelennek s a tapasztaltakról az esperességnek kimerítő jelentést tesznek. A tanítás városokban septembertől jun. végéig, falukon rövidebb ideig tart. Az összes elemi iskolák száma 91, ezek közöl a dobsinai elemi fötanoda 6, a rozsnyói 3, a jólsvai szintén 3, a nagyröczei, kövi, ratkói iskolák két-két rendes tanítóval ellátvák, a többi iskolák mind csak egy-egy tanító alatt állanak: de helyenként segédtanítók is vannak. Dobsinán kisdedóvó is van.

Czékus István főesperes úr tudósítása szerint a gömöri Ágost. hittv. esperességben van:

	iskolaköteles	tettleg iskolába járó.
Balogvölgyi dekanatus	575	568
Ratkóvölgyi dekanatus	815	815
Murányvölgyi dekanatus	888	808
Felső-Rozsnyóvölgyi dekanatus	1345	1284
Alsó-Rozsnyóvölgyi dekanatus	272	264
Csetnekvölgyi dekanatus	655	650
Összeg	4750	4389

A kishonti esperességben Holko Mátyás főesperes úr szerint iskolaköteles gyermek van összesen 1997, iskolába járó pedig 1835; tehát a két ág. hitv. esperességben az iskolaköteles gyermekek száma 1865-ben összesen 6747, az iskolába járóké pedig 6224 lett volna, s e szerint csak 523 gyermek maradt iskolai oktatás nélkül, t. i. 361 a gömöri és 162 a kishonti esperességben. De 59,403-ra menő lélekszám mellett a 6—12 éves gyermekek számát legalább 6938-ra kell tennünk, s igy az iskolai oktatás nélkül maradó ág. hitv. száma valósággal 714.

A reformátusok iskolaügyét Szentpéteri Sámuel esperes úr irja: „Mi nem értjük azt, mit teszen ez: be nem iskolázott helység, — mert nálunk minden anya és leányegyháznak rendes iskolája, s türhetöen, sőt több helyt jól fizetett népiskola van, s a hol a nép kevés volta miatt önálló iskola nines, társként van csatolva az ily kis gyülekezet szomszédjához, s ketten tartanak egy tanítót. Van is látatja, itt többnyire minden iskolaköteles jár iskolába, s ezért a

népség legnagyobb része írni olvasni tud. több helyt már egyesek
vagy apró társulatok jó könyveket, újságokat is olvasgatnak. A nép-
tanitók száma 66, ezek közt van gyenge is, mint mindenütt; arány-
lag azonban annyi jeles szakképzett buzgó tanitó alig van több bár
hol is a hazában, mint e kis körben. Kitünő a közszellem, előretörek-
vés, mely itt honos. Öröm látni, miként küzdenek megvívni diadalma-
san az útjokban álló nehézségekkel, miként fáradnak anyagi és szelle-
mi jobblétök, özvegyeik, árváik lehető biztositása után, természetesen
a szabadelvü, s a népnevelés fontosságát méltányló s ezen pálya baj-
nokait buzdító és gyámolító egyházi kormány folytonos pártolása
mellett.

Dicsérettel emelhetem ki a gömöri ref. népiskola tanítók hatal-
mas éneklő karát. Volt ez már akkor is, mikor még a dalárdáknak
hire sem volt hazánkban. Azonban új lendületet vett ez az énekügyet
kiválólag pártoló mostani esperes sürgetésére. — Szöllősi István és
Beke József szakképzett jeles tanitók vezetése, Bata Bálint és Borsodi
József lelkészek elnöklete s t. Diószeghi Zsigmond világi tanácsbiró hat-
hatós pártolása mellett. Sajó és Rimavölgyi éneklő kisebb karokra van
oszolva az egész és folytonos gyakorlás és rendszeres tanulás mellett
ugy állanak. mint kevés ilynemü társulat a hazában."

A helv. hitvallásuaknál az esperességi jelentés szerint van:

Járás	iskolaköteles			iskolába járó		
	fiú	leány	együtt	fiú	leány	együtt
Putnoki	299	290	589	268	214	482
Tornaljai	445	354	799	381	276	657
Pelsőczi	389	342	731	362	288	650
Rimaszombati . .	454	410	864	446	362	808
Összeg . .	1587	1396	2983	1457	1140	2597

Tehát az iskolaköteles gyermekek közöl 130 fiú s 256 leány,
együtt 386 nem látogatja az iskolát. Azonban 29,011 h. hitv. lélekre
valósággal legalább 3,388 iskolaköteles, vagyis 6—12 gyermek esik,
tehát az iskolai oktatás nélkül maradó h. hitv. gyermekek száma 791,
a mi sokkal kedvezötlenebb arány. mintsem az esperességi jelentés
felállítja.

Az illető jelentések szerint 1865 ben a r. kath., ág. és h. hitv. ele-
mi iskolákban járó gyermekek összes száma 14,070 volt, kiszámitá-
sunk szerint a felvett lélekszám után a 6—12 éves gyermekek száma
legalább 18,133, tehát ezek közöl az iskolába nem egészen 78% jár
s több mint 22%, vagyis 4,063 gyermek oktatás nélkül marad. Lát-
tuk hogy dr. Kiss úr a 6—12 éves gyermekek számát 18,958-ra teszi, te-

hát még valamivel többre mint mi, mert a g. katholikusokra legfeljebb 448 iskolaköteles gyermek esik. Ezeknek iskoláztatásáról nincsen adatunk.

A mózesvallásuaknál az iskolaköteles gyermekek száma: fiú 206, leány 158, együtt 364; iskolába jár fiú 161, leány 112, együtt 273, tehát 91 gyermek, t. i. 45 fiú és 46 leány nem jár iskolába, vagyis épen 25%.

A felsőbb kiképezés végett létezik a megyében egy r. kath. papnövelde, egy r. kath. s 4 prot. gymnasium.

A r. kath. főgymnasium és papnövelde Rozsnyón van.

Bár igen valószinü, hogy Rozsnyónak, melyet Demeter esztergomi érsek 1382-dik évben kiadott okiratában már városnak nevez, s melynek Zsigmond király 1410 dikben „bányaváros" czimet tulajdonit, régibb időktől fogva tanintézete volt; ennek biztosabb nyomaira mindazáltal csak a 16-ik század közepe táján — a protestantismus elterjedtével — akadunk.

1656-dik évben Zombori Lippay György esztergomi érsek a gömöri kath. ifjuságnak a kath. hit alapján történendő czélszerü neveltetése tekintetéből két Jézustársulatbeli atyát egy mesterrel Rozsnyóra küldött, — ezen társulatnak alapitványkép 5,000 forintot adományozván azon 10,000 forintból, melyeket Késmárk városának a végett kölcsönözött, hogy az magát Tökölyi István uralma alól kiválthassa, egyszersmind biztositván számára 200 tallérnyi évi jövedelmet, melyet Rozsnyó városától, bizonyos birói elmarasztalás, s ennek alapján a várossal kötött szerződés folytán, huzandana. Ez utóbbi egyedül Lippayt, s nem az érsekséget illető összeg a pozsonyi káptalan előtt 1659 dik évben tett vallomás alapján adatott át. Ugyancsak Lippay György az emlitett társulatnak ez alkalommal átengedte a város piaczán lévő templomot is a toronynyal és harangokkal együtt, mely toronyról megjegyzendő, hogy azt a város épitette ugyan, hanem fentebb érintett elmarasztalás folytán a Jézustársulatnak kénytelenittetett átadni.

Mindezek háboritlan birtoklása mellett a Jézustársulatiak Rozsnyón egész 1705-dik fényes sikerrel müködtek részint mint lelkiatyák, részint mint tanitók s nevelők. Valószinü, hogy az utóbbi minőségben eleinte csak az elemi tanodákban foglalkoztak, s csak a 17-ik század végén szerveztek gymnasiumféle tanfolyamot. Annyi bizonyos, hogy midőn a szécsényi gyülés határozata folytán 1705-ik évben történt száműzetésükből 1708-dikban, a trencséni ütközet után, Rozsnyóra visszatértek, a tanintézet már érseke gymnasiumnak czimeztetett, melyben működésöket egész 1773-dik évben történt eloszlatásukig folytatták. —

1776-dik évben a pesti m. k. egyetemnél tartott pályázat alapján a jászói prépostság bizatott meg a rozsnyói gymnasium ellátásával. Midőn a nevezett prépostság e gymnasiumot átvette, egyszersmind a város piaczán helyzett — Xaveri sz. Ferencz tiszteletére felszentelt — templom, és a hozzá tartozó torony a harangokkal együtt az ő birtokába ment át, a tanárok lakhelyéül a jelenlegi átigazitott gymnasiumi épület jelöltetvén ki. — A torony és a harangok használatára nézve a város és a gymnasiumi igazgató között 1786-dik évben keletkezett vita az országos főkormányszék 1799. Jun. 19-én 14,565 sz. a. kelt intézvényével akkép döntetett el, hogy a torony a harangokkal együtt ezentul is xaveri sz. Ferencz templomához tartozzék, egyébiránt az ágostai hitvallásuak vallási gyakorlataikra naponta kétszer harangoztathassanak, temetések alkalmával a harangozásból begyült pénzt a város szedje, s abból a torony s harang fentartási költségeit fedezze. — Minthogy a premontréiek részint alkalmatos egyének, részint lakhely hiánya miatt az intézet kezelését véglegesen csak 1778/9-ki tanévben vehették át, — 1777-dik évben august. 11-kén kelt helytartótanácsi intézvény folytán, a tanítást a tankerületi főigazgatóság által választott s a jászói prépostság által fizetett egyének teljesítsék.

A premontréi kanonok rend Magyarországban 1786-ban eltöröltetvén, az ifjuság nevelését e gymnasiumnál, mely az államgymnasiumok közé soroztatott, részint a volt tanárok, részint világiak kezelték. A tanárok ez évtől fogva a tanulmányi alapból dijaztattak, s ugyanebből fedeztettek a gymnasium egyéb költségei is.

1802-ben I. Ferencz apostoli király Ő Felsége a premontréi rend előbbi jogait visszahelyeztetvén, a már akkor a leleszi s nagyvárad-hegyfokival egyesitett jászóvári prépostság visszakapta a rozsnyói hat osztályu gymnasiumot is, az előbbi lakhelylyel, templommal és a régebben eldöntött harangjoggal oly módon, hogy annak hat osztályában az ifjuság nevelését s oktatását meghatározott számu egyének által, mint azelőtt, saját birtokainak jövedelmeiből eszközölje. E gymnasiumbeli tanszékek azonban az épület igazitása, de leginkább a szükségelt tanerők hiánya miatt premontreiek által véglegesen csak 1809/10 tanévben töltethettek be.

Az 1849-ik évben megállapitott újabb tantervhez képest az eddig létezett bölcsészeti tanfolyamok a hat osztályu gymnasiumokhoz csatoltatván, több helyen 8 osztályu gymnasiumok szerveztettek , — minélfogva Rozsnyó városa is 185½-ben az addig létezett **hat osztályu gymnasium**, s a szabályozott püspökségek alapjából 1818-dik évtől kezdve fentartott bölcsészeti lyceum helyett, — a fenálló körülmény méltányos tekintetéből — 8 osztályu gymnasiumot **nyert, s ennek kezelésével a jászóvári egyesült prépostság bízatott meg. Minthogy ezáltal a tanárok száma nagyobbodott , s a prépostság összes jövedelme kisebbnek találtatott, hogysem e mellett még más három 8 osztályu gymnasiumot is kezelhessen, a lőcsei gymnasium ellátásától még ez évben, a kassaiétól pedig 185²/₃-dik tanév végén legkegyelmesebben felmentetett. a rozsnyói gymnasiumi tanszékeket azonban, — mivel a lőcsei tanodát még egy ideig egyénekkel kellett ellátnia, saját tagjaival teljesen csak 185⁷/₈-diki tanévben tölthette be,** s minthogy a gymnasiumi épületben csak 7 egyén számára volt elegendő helyiség, — az idővel 13-ra szaporodott premontréi tanárok közől hat a gymnasiumi épületen kivül, a papnöveldében, s a szent Ferencz rendiek klastromában lakott.

Azon körülménynél fogva, hogy a jászói prépostság 186½. évi tanévtől kezdve a kassai főgymnasiumot ismét magára vállalta, — saját kérelme, s a megyés püspök ő kegyelmessége ajánlata folytán 1862-dik évi aug. 25-kán 43,068. sz. a. kelt kegyelmes udvari rendelettel azon évi 58,211. számu helytartótanácsi intézvény szerint a premontréi rend a rozsnyói nagy gymnasium három felsőbb osztályának tanárokkali ellátása alól felmentetett, s megengedtetett, miszerint ezen osztályokhoz szükségelt 5 tanár a rozsnyóegyházmegyei clerusból a tanulmányi alapból kiszolgáltatandó évi 500 forintnyi fizetés mellett a rozsnyóegyházmegyei püspök által kineveztessék, **ki a jászóvári premontrei préposttal egyetértőleg a gymnasiumi igazgatót is** felsőbb megerősítés mellett kinevezi. egyetértés nem sikerülése esetében, ezt az országos főkormányszék teljesíti.

Jelenleg e tanintézetben az igazgatóval együtt 12 tanár működik, u. m. 7 premontrei rendi, 5 rozsnyóegyházmegyei áldozár. Ezeken kivül 1 világi tanító a szépirásban, egy másik pedig a müénekben ad oktatást.

Ez évben egy premontrei tanár által a franczia nyelv is rendkivüli órákban taníttatik.

A gymnasium alapitványai illetőleg megjegyezzük, hogy a rozsnyói gymnasiumnál a premontréi rendből alkalmazott 7 tanár azelőtt saját rendje jövedelmeiből láttatott el, legközelebb azonban e rend méltóságos prépostja abbeli kérelmére, hogy ezen tanárok is a tanul

mányi alapból évi 500 forintnyi fizetéssel látassanak el, 1864-ik évi
Julius 5-én kelt legfelsőbb elhatározással azon évi Julius 14-én
12,464 sz. a. kelt kegyelmes udvari rendelettel. (61,909,864 sz. a.
helytartótanácsi intézvény) a premontrei rendből e gymnasiumnál
alkalmazandó tanároknak is 186¹⁄₂-ki tanévtől kezdve a tanulmányi
alapból évi 500 forintnyi fizetés engedélyeztetett, mely illetmények elő-
leges évnegyedi részletekben a premontrei jászóvári prépost nyugtá-
jára kifizettetnek. A rozsnyómegyebeli clerusból akalmazott 5 tanár
szinte a tanulmányi alapból húzza évi 500 forintnyi fizetését.

E gymnasium szükségletei a tanulmányi alapból fedeztetnek,
minél fogva a tandíjak is azon alapot illetik.

Továbbá a rozsnyói gymnasiumi igazgatóság által egy Schlos-
sár Erzsébetféle ösztöndíji alapítvány kezeltetik, melynek évi kamat-
jából 3 szegény sorsu gymnasiumi tanuló segélyeztetik.

1863 ik évben a jó hazafi s lelkes emberbarát Hollók Imre nagy-
prépost ur ő nagysága elnöklete alatt ily czímü társulat: „a szegény
tanulókat segélyzö egylet" alakult, ezen egylet alaptökéjéből láttatik
el a többi között a helybeli kath. tápintézet is, melynek jótéteményé-
ben több szegény sorsu tanuló ifju részesül. — A megyéspüspök ő ke-
gyelmessége, azonkivül, hogy saját udvarában több szegénysorsu, de
jó viseletü s jó igyekezetü tanuló ellátásáról atyailag gondoskodik, a
fentérintett egylet alaptökéjének gyarapításához évenkint 100 forint-
tal kegyes járulni. — Ugyan ezen czélra, az egyes nagylelkü adomá-
nyokat ide nem értve, a tavaly és az idén tartott mükedvelői előadás
majd nem négyszáz forintot jövedelmezett.

Taneszközök.

A tanitás sikeresb eszközlése tekintetéből a tanárok rendelke-
zésére áll: 1-ör a helybeli premontrei ház könyvtára 1290 kötettel;
2-or a gymnasiumi könyvtár 765 kötettel; 3-or a természettani tár
mintegy 100 darabbal; 4-er a természetrajzitár az állat-, növény-
s ásvány országból mintegy 2569 darabot számláló különféle gyüjte-
ménynyel. 5-ör 585 darabból álló arany- ezüst- és rézpénz- s érem
gyüjtemény. Mindezen taneszközök, a helyiség szük volta miatt, kü-
lönféle helyeken vannak elhelyezve. —

A tanuló ifjúság előtt, melynek évenkinti száma a két és három
száz között változik, nyitva áll egy tanár mint könyvtárnok felügye-
lete alatt az ifjusági könyvtár mintegy 360 kötettel. — E könyvtár,
a magyarországi gymnasiumok legújabb szervezése óta, a beiratás al-

kalmával az egyes tanonczok, vagy azok szülői által adatni szokott csekély öszegekből nyeri gyarapodását, és fedezi évi kiadásait. —

1865-ben a gymnasiumi növendékek száma volt: 263.

A rozsnyói papnövelde 1814 óta áll fen; történetét Telgárti Lipót a „Magyar Sion 1864-diki évi, 752—760 lapjain adja; vele püspöki lyceum van összekötve. A növendékek szabályszerü száma 32 (1865-ben 35 volt), kik közöl 3 a bécsi Pazmaneumban s 2 a pesti központi papnöveldében van elhelyezve. A bölcsészeti tanulmányok 1851-ben a lyceumból a gymnasiumba kényszerültek menekülni.

A papnövendékek tudományos kiképeztetésöket 4 tanártól nyerik, kik közöl választvák előljáróik is. A növelde mostani tantárgyai és előljárói e következők:

Ft. Hollók Imre nagy prépost ő nga, lyceumi főigazgató.

Ft. Szekeres János ő nga, káptalani tag, a papnövelde igazgatója, kanon. theologus, az egyházi jog és történelem ny. r. tanára.

Xt. Klinger István hittudor, a növelde lelki atyja, a lelki pásztorság és erkölcstan ny. r. tanára;

Xt. Tremko Máté hittudor, a növelde tanfelügyelője s a sz. hittudomány ny. r. tanára;

Xt. Szegedy József, hittudor, a bibliai tantárgyak s a keleti nyelvek ny. r. tanára.

A szokott tanári felolvasásokon kivül a növendékek tudományos kiképeztetése előmozditására szolgál még a nagy intézeti könyvtár, valamint a növendékek által szerzett, többnyire magyar irodalmi mű kézi köyvtára is.

A rozsnyói Sz. Lászlóról nevezett papnöveldében 1814-től kezdve mostanig képeztetést nyert növendékek összes száma a jegyzőkönyv alapján 368-ra megy fel; ide nem számitván a papnövelde jelenlegi növendékeit, kik névsora a következő:

I. Negyedéves hittanhallgatók:

Deutsch Rudolf, Duchnovszky István, Hajdú Mihály, Mészáros András, Suszter Antal. —

II. Harmadéves hittanhallgatók.

Miszl Zsigmond, Ökrössy István, Teschler Antal. —

III. Másodéves hittanhallgatók.

Alk Antal, Antolik András, Bresztovszky István, Hubay Miklós, Mayer Lajos, Saskőy Ferencz.

IV. Elsőévi hittanhallgatók.

Bednárik István, Fabián Kamil, Grotkovszky Nándor, Káposztásy Imre, Majoros Mihály. —

A helybeli róm. kath. nagy Gymnasium VIII-ik osztálybeli pap-
növendékek.

Jamiska János, Kolláresik András, Kovács József, Láng Antal, Liptay Samuel,
Majkuth István, Turcsan Béla.

VII-ik osztálybeli gymnasiumi papnövendékek:
Faller Sándor, Hirsch Ferencz, Holczmann Zsigmond. —

A pesti központi papnöveldébe a rozsnyói papnöveldéből
küldetvék:
Répássy Alajos, másod évi hittan hallgató. Gotda János, első évi hittan hallgató.

A bécsi Pazmaneumba pedig küldetvék:
Deutsch Károly, harmadévi hittan hallgató, Gaulinsky Károly, másodévi hittan
hallgató, Podraczky István, első évi hallgató. —

A protestánsok gymnasiumai Rozsnyón, Rimaszom-
baton, Nagy-Röczén és Sajó-Gömörben léteznek.

1) A rózsnyói ág. hit v. evang. fögymnasium első alapi-
tását a régi idők homálya fedi. Honunk egyháztörténetéből ismere-
tes, hogy felső Magyarország bányavárosaiban a szász bányászok
mindjárt a reformatio kezdetén lettek a hitújitásnak indítói; s a rozs-
nyói egyház már 1538. Luther tanait nyilván vallotta. Azon kitünő ál-
lásánál s protestans szelleménél fogva, melyet Rozsnyó városa már a
17. század első felében tanusított, föl lehet tenni, hogy az új hitre át-
tért egyház gyermekeinek is abban való neveltetéséről, s az egyházi
szolgálatra képezendő ifjuságról korán gondoskodott.

Midön 1671. máj. 27-kén mind a német, mind a magyar prot.
egyház papja (Regius és Zarewitzius) számkivetésbe küldöttek: és a
sopronyi országgyülés után hiveikhez visszatérvén, 1687. febr. 27-kén
ujonnan „a tanintézet tanitóival együtt" elüzettek (Szelepcsényi
György esztergomi érsek által): találjuk Sárossy Mihály, Bombyk
Mihály és Bánóczy János alatt a Rozsnyón virágzó prot. magyar tan-
intézet első világos megemlitését. — A hit szolgálatára nevelt számos
ifjak a tanitók elüzetésével elszéledvén, biztosabb helyre költözköd-
tek és a Sajó-gömöri iskola alapitásának lettek indítói. — Igy szünt
meg a helybeli prot. tanintézet, melynek megújitásáról mind addig
gondolkodni nem lehetett, mig nem II. József alatt a helybeli egyház
számkivetéséből visszatért. — 1783-ban megnyitattak az elemi osztá-
lyok; s egy 1785. a trónhoz felküldött biztosság elérte, hogy 1786.
leérkezett a császári kegyes leirat, mely által az egyháznak megada-
tott a felhatalmazó engedély, a hit és tudomány terjesztésére annyira
szükségesnek érzett nyilvános iskolának megalapitására. Az egyház
csodálatos sebességgel felszerelte az iskolai épületeket minden szüksé-

ges eszközöklel, s még azon évben megnyittatott a tanintézet, melyben 1794-ig három tanító működött. (Sárkány Mihály, Beke és Bilnicza Pál; a vegyes elemi osztályokba Kristóf György, s a nagyobb leányok osztályába Purtz János alkalmaztatott).

1794 ben egy negyedik tanszék nyittatott meg a Syntaxis és Rhetorica előadására, (melyben Koblovszky János, ritka tudományú férfiú három esztendeig munkálkodott. 1797-ben a megürült rhetorikai tanszékre Farkas András hivatott meg, ki ritka tudományos képzettségét a Csetneken fennállott paedagogikumban tannsitotta).

II. József alatt az általánosan felköltött nemzeti érdekek tették, hogy a magyar nyelv és irodalom ápolására kerületünkben egy tanszék megnyitása az összes Superintendentia által elhatároztatott. A felállitandó tanszék helyének kiszemelése a gömöri és kishonti esperességre bizatott, azon hozzáadással, hogy azon tanintézet, melyben az érintett tanszék felállíttatnék, „kerületi nemzeti gymnasiumnak“ neveztessék. A két esperesség 1807. sept. 10-kén Rimaszombatban tartott tanácskozás folytán a rozsnyói tánintézetet választá, melyhez a magyar nyelv és irodalom érintett tanszéke köttessék.

Az 1849. év után az idő parancsoló viszonyai szükségessé tévén a tanintézet átalakulását, a pártfogóság azt az 1851-ben tartott eperjesi kerületi iskolai gyülés határozata értelmében 1852-ben egy 8 osztályu fögymnasiummá átalakitotta. — 1857-ben megkapta a tanoda az érettségi vizsgák megtarthatásának jogát. Jelenleg is mint 8 osztályu fögymnasium működik a magyarhoni ág. hitv. evang. egyetemes gyülés által megalapitott tanterv szerint.

Tanári személyzet:

Rendes tanárok: Dr. Pelech János, igazg. s VIII o. oszt. tanára.

Hajcsi Sándor VII „ „
Kramarcsik Károly VI „ „
Scheffer Gusztáv V „ „
Ráffay János IV „ „
Justh János III „ „
Geyer Gyula II „ „
Krausz Lajos I „ „

Segédtanárok: Wittchen Aurél, Nagy Antal.

Kerületi felügyelö: dráskóczi Dráskóczy Gyula.

Helybeli felügyelö: Szerecsen Lajos.

Pénztárnok: Scheffer Gusztáv, tanár.

Jegyző: Justh János tanár.

Könyvtárak s egyéb gyüjtemények.

A gymnasium bír:

I. Három rendbeli könyvtárral:

    a) A nagy hallgató teremben felállitott néhai Császár András által hagyományozott 3000 kötetből álló esperességi könyvtárral.

    b) Egy 588 kötetből álló ifjusági könyvtárral.

    c) Egy 530 kötetből álló gymnsiumi könyvtárral.

II. Természettani eszközökből: 60 darabot.

III. A természetrajzi gyüjteményben van:

    a) Az ásványországból: 524 darab.

    b) Az állatországból: 1128 darab.

    c) A növényországból: 634 faj.

IV. Pénzgyüjteményben van: 336 darab.

V. Jegecz minta: 110.

VI. Térkép: 40.

Tápintézet.

A gymnasium mellett fenálló tápintézetben 45 frtért láttatnak el a növendékek az egész iskolai éven át ebéddel és vacsorával. A tápintézeti növendékek száma ez évben 36; ezek között van 12 jótéteményes, kik részint ingyen, részint csekélyebb dijért élelmeztetnek.

Testgyakorlóintézet.

A gymnasiumnak van testgyakorló intézete, melynek vezetője Scheffer Gusztáv.

Az 186⁷ tanév elején beirt tanitványok száma.

A VIII. osztályban: 21

    VII. „ 16

    VI. „ 17

    V. „ 18

    IV. „ 23

    III. „ 25

    II. „ 24

    I. „ 28

összesen: 172

Ösztöndijak.

Kilencz ösztöndij és 2 jutalom után évenként 230 frt. o. é. osztatik ki.

2) A rimaszombati egyesült prot. Gymnasium.

egy részről Osgyánban létezett kishonti ev. ág. hitv. esperességi gymnasiumból, másrészről a Rimaszombatban volt helv. hitvallású gymnasium egyesítéséből keletkezvén, az 1853-ik évi sept. 1-ső napján Rimaszombatban kezdé működését. Az egyesülés, nem tekintvén az alapítványok mennyiségét, az iskola igazgatására és a tanárok számára nézve, tökéletes egyenlőség alapján történt.

I. Az iskolai felügyelés. A gymnasiumra felügyel az iskolai választmány, melynek három tagja az egyik, három a másik felekezetből választatik, s mely évenkénti elnökéül a tekintélyesebb prot. egyéniségek egyikét szinte a vallásfelekezet szerint változva kéri fel. Ez évi ig. elnök: tek. Pelsőczi Hámos József ur. Ig. vál. tagok a helv. hitv. részről: t. Lengyel Sámuel ügyvéd úr, t. Széplaky Lajos úr és t. Pászthor Pál lelkész úr. Az ev. részről: a kishonti esperesség elnöksége t. Kubinyi Ödön felügyelő úr és nt. Holkó Mátyás alesperes úr, úgy szinte Paczek Móricz megyei főorvos úr. — Pénztárnokok: t. Zehery Gábor városi főjegyző úr az alapítványok és egyéb jövedelmek kezelője és t. Tóth József rajztanár úr a tandíjak kezelésére.

II. A tanoda szervezete. A gymnasium hat osztályból áll; az alsóbb osztályokban azok, kik a tudományos pályán nem szándékoznak maradni, a régi nyelvek helyett a rajzban, alkalmazott számtanban stb. nyernek oktatást.

III. A tanárok nevei:

Terray Károly) az V. és VI. osztályban.
Raksay István)

Miklovics György, a IV. osztályban.

Szeremley Károly, a III. osztályban.

Séverlay Károly, a II. osztályban.

Fábry János, az I. osztályban.

Tóth József, rajztanár.

IV. A tanulók száma:

A folyó 186__ tanévben a tanulók száma:

A VI-dik osztályban 16.

A V-dik osztályban 13.

A IV-dik osztályban 18.

A III-dik osztályban 33.

A II-dik osztályban 37.

Az I-ső osztályban 56.

S így az összes tanulók száma az 186__ tanévben: 173.

V. A tápintézet.

A tápintézetben van 30 tanuló, kik részint ingyen, részint 10—16 forintnyi évi dij mellett részesülnek ebédben, s kiknek egy része vacsorával is elláttatik az erre kivetett költségek megtéritése mellett.

VI. A gymnásium könyvtára.

A nagyobb könyvtár több mint 2000 kötetet számlál, a tanuló-ifjuság számára rendezett kisebb könyvtár 650 kötetből áll.

VII. A muzeum.

1. Természettaniak gyüjteménye: 86 teljes készlet és számos vegyszerek.
2. Kitömött és egyébb állatok gyüjteménye 750.
3. Száritott növények száma 450.
4. Ásványgyüjtemény 1310.

VIII. A gymnásium testgyakordája.

A gymnásium testgyakordája a tanépület udvarán van felállitva.

IX. Az 1861/5. tanévben kiosztatott egy Jettin-féle ösztöndij 42 osztrák é. forintokban, s azonkivül 22 o. é. forint magyar irályi pályaművek díjazására. — Ez évben már valószinüleg gyümölcsözni fog a Huszt József-féle 1000 forintnyi ösztöndij-töke.

3) A nagyröczei ág. hitv. evang. szláv gymnasium.

1. Keletkezése: Keletkezett az 1862-ik évben, főleg a gömöri evang. esperesség közmüködése által. Legelőször az esperességi bizottmány Szentiványi Miklós akkori esp. felügyelő ő nagysága elnöklete alatt azon szükség kivánta inditványt tevé, hogy a szláv ajkú ifjuság anyanyelvén való neveltetésére Nagy-Röczén egy gymnasium alapitassék. A nagyröczei ev. egyház ezen eszmét üdvösnek ismervén el, a tanintézet kezdetéül egy tanárifizetést ajánlott s az intézetet kebelébe fogadni határozta. Nem sokára az esperességi közgyülés Dobzsinán 1862 majus 9-kén az intézetet saját kedves gyermekévé fogadta, s mind azon jótéteményekben és jogokban részesitette, melyeket a rózsnyói ev. gymnasium élvez. Egyszersmind dekanatusonként alapitványokat gyüjtetett az egyházaktól és egyesektől, s igy lehetségessé tette, hogy az intézet még ugyanazon összel két osztálylyal nyittatott meg.

Későbben elismerést és megerősitést nyert az intézet a kerületi és egyetemes gyüléseken, amazt Jolsván 1862 Julius 22-kén, hol kerületi felügyelő Zsedényi Ede Ő Méltósága 2000 f. o. é. ajándékozott azon kikötéssel, hogy az autonomiánál maradjon; — emezt Sept. 2-án. Pesten.

S igy minden egyházi hatóságok által megerősítve a **magas kormánytól** is elismerést nyert, engedélyt kapván egész országszerte a hitrokonoknál segélyt gyüjteni.

Az ifjuság évről évre nagyobb számmal gyülekezik, mit föleg annak tulajdonithatni, hogy anyanyelv útján a magyar és német nyelvben nagy előmenetelt tesz s a mellett egyéb tantárgyakban sem marad hátra. Hogy pedig ez bizton történjék, a magyar nyelvre hetenként az alsó osztályokban 6 óra fordittatik.

2. **Alapítványai** 12,000 o. é. felrúgnak, azon kivül egy tanár fizetése biztositva van az egyház által, s egygyé a város által.

3. **Szerkezete** egészen autonom az auton. ev. egyház iskolai terve és törvényei szerint. Az alapítók és pártfogók közgyülésén hozatnak szükséges határozatok, ugyanott választatnak a tanárok, felügyelők, pénztárnok és tápintézeti gondnok, s a számadások évenként előterjesztetnek.

A pártfogósági gyülés maga köréből az igazgató választmányt. mely a közgyülés határozatait életbe lépteti s az intézetet vezeti:

Az előadási nyelv az anyanyelv, a tót nyelv.

Az élőnyelvekre nagy gond fordittatik, különösen a magyar nyelv tanitására az alsó osztályokban hat, hat óra fordittatik, mi által a tanulók annyira haladnak, hogy magyar könyveket is sikerrel olvasnak

A franczia nyelv, körének és gyorsirás betanulására rendkivüli órákban ingyen alkalom nyújtatik.

A rajzolás hetenként két két órában mint kötelezett tárgy tanittatik. Testgyakorolda nincs.

A zeneintézet alakulóban van, már két zongorával nyittatik meg.

A tápintézetben jelenleg 113 szegény fiú, nagy részt ingyen vagy igen csekély áron ápoltatik. A legnagyobb taxa egész évre 30. f. o. é. Azért kapnak ebédre ¼ font marhahúst, levest és főzeléket a mennyit akarnak, kenyeret ½ font. Vacsorára kapnak levest, főzeléket és félfontnál több kenyeret; hogy reggelire is maradjon.

4. **A tanárok nevei:** Ormisz Samu ez idén igazgató, a mennyiségtan és magyar nyelv tanára: Homola Rezső a latin, német nyelv tanára s az énekkar igazgatója: Skultéty Ágoston a vallás és szláv nyelv tanára. Krmann a latin és görög nyelv tanára: Holub József a természet tudományok, franczia nyelv és gyorsirás tanára, Suhmidt Gusztáv a történelem és rajz ideiglenes tanára.

5. A könyvtárban van 280 kötet. A muzeumban 176 állat, 2000 növény, — 647 ásvány, 50 darab physikai apparát — összesen 2873 darab.

6. A Gymnasium jelen állapota. Jelenleg még csak 6 osztály létezik, a hetedik csak akkor nyittatik meg, ha az Egek Ura a jóltévők által a szükséges alapítványokkal áldja meg az intézetet, hogy az egész tót népnek legalább ezen egyetlenegy oskolája virágozhassék.

Az iskolai épület megvétetett 2000 o. é. forinton, s igy a gymnasium tulajdona.

7. A tanulók száma. Elsö osztályban van jelenleg   36 tanuló

Másodikban	„	„	42 „
Harmadikban	„	„	16 „
Negyedikben	„	„	18 „
Ötödikben	„	„	14 „
Hatodikban	„	„	10 „
	Összesen		136 „

4) A s. gömöri ev. ág. hitv. gymnasium.

S. Gömör városában, az Á. H. E. Gymnasiumnak keletkezése valószinüleg egyidős a helybeli ev. egyház keletkezésével. Részletes leirással tanintézetünkről hiteles adatok hiánya miatt nem szolgálhatunk, de annyit hiteles kútfők felmutatnak, még pedig tanodánk anyakönyve, hogy Herczeg János, már 1616-ik évben mint igazgató tanár az intézetben működött.

Az intézetben 1810-től 1840-ig a növendékek száma legmagasbra emelkedett. Bach rendszere alatt három éves tetszhalottá lőn. 1856. négy osztályú elemi gymnasiummá alakult át. Végre 1861-ben ősi jogaiba visszahelyeztetett. Most nemzeti középtanodánk három osztályt képez, melyben két rendes s egy segédtanár oktatja az ifjuságot, kik a tápintézet jótékonyságaiban és Clementis-féle ösztöndíjakban részesülnek.

Az iskolának van 105 kötetü könyvtára, 133 darabból álló ásvány-, 40 jegecz-, és egy kisszerü rovar-gyüjteménye.

Az 1865 ... tanévi ifjuság létszáma: a III-dik osztályban 7 tanuló, osztály t. Mikola György; a II-dik osztályban 8 tanuló, osztály t. Zachar Gusztáv; az I-ső osztályban 20 tanuló, osztály t. Rohaach Károly i. sz. igazgató.

Ezek szerint a gymnasiumi növendékek száma 186³/₆-ban ez volt :

A rozsnyói r. kath. fögymnasiumban . . . 242

A rozsnyói ág. hitv. fögymnasiumban . . . 172

A rimaszombati egyesült prot. gymnasiumban. 173

A nagyröczei szláv gymnasiumban 136

A sajógömöri kis gymnasiumban 35

Az összes gymnasiumi növendékek száma . . . 758

De különös, hogy azon megyében, melyben a müipar oly fontos szerepet visz, egyetlen egy polgári, ipar- vagy reáltanodát sem találunk, s hogy az elemi iskolák is igen kevés kivétellel vegyesek, **azaz**: melyekben a fiúk és leányok együtt járnak, s legtöbb helyen egy **tanitó**, ki talán egyúttal jegyző és kántor is, az egész iskolát látja el. Ideje volna már arról is gondolkodni, vajjon oly gymnasiumokkal, milyen a sajó-gömöri, melynek összes alapja csak 10,000 frt., miből tulajdonkép egyetlen-egy tanárt sem lehet illően dijazni, s melynek könyvtára csak is 105 darabból áll, — lehet-e a közoktatás czéljait elérni?

TARTALOM.

II. RÉSZ.

Gömör történelmi és statistikai viszonyai.

I. FEJEZET.

II. FEJEZET.

Gömör-Kishont lakossága néprajzi és népmozgalmi tekintetben s a kórtani és közorvosi viszonyok.

III. FEJEZET.

Gömör-Kishont mezőgazdasági és erdőszeti viszonya

IV. FEJEZET.

V. FEJEZET.

VI. FEJEZET.

Sajtóhibák és igazítások.

Lap	sor	helyett	igazítandó
XI	7 felülr.	brezno-bányaiak	brezóiak
XXIII	16 alulr.	ho	hol
XXIV	1 felülr.	keleti	nyugati
XL	25 felülr.	kölen	kölen
XLIX	9 alulr.	egyesül	egyesült
LVI	21 alulr.	örökös feszerejének . . . feszerejének örökös . páráját szilárdabb párájának	szilárdabb
LX	22 aluli.	Benyén	Bején
LXXIX	14 felülr.	1708	1798
10	1 alu'r.	aranyt forinnyi	arany forintnyi
27	10 felülr.	törvények	töltvények
29	20 „	elfogadtatván	elfogattatván
51	12 alulr.	ötvös, kovács s egyesült czéh	ötvös czéh
52	6 felülr.	Szésy	Szécsy
52	20 felülr.	pro ut	prout
54	6 alulr.	XVIII	XVII
67	7 alulr.	rakoskodik	vakoskodik
68	2 felülr.	Sisquae	Sirque
70	4 alulr.	Szathmáry Károly	Szathmáry Király
70	17 alulr.	Rosnyák	Bosnyák
71	6 alulr.	felmentére	felmentése
71	18 felülr.	ni	mi
72	1 alulr.	Rázsó	Bazsó
75	14 alulr.	bevezetéséről	bevétetéséről
78	8 alulr.	1810 apr. 27.	1810—1827
80	18 alulr.	velünk	velök
87	11 alulr.	kortárs	kartárs
88	21 alulr.	nyitölnyi	nyitölni
88	20 alulr.	dremotárni, pençurák	dremotálni, pençurák
90	10 felülr.	eszményképök következö	szépségök eszményképe ez
92	19 alulr.	fej fölött	fej fölé
92	12 alulr.	fekérfekete	fehérfekete
96	7.8 alulr.	szájhös belátása	a szájhös — belátása
98	3.4 felülr.	mely a gazdasági	mely a lak és gazdasági
100	8 alulr.	ételköltséget	italköltsé g
102	13 felülr.	és atyamester	az atyamester

108	15 felülr.	gerinczagyloh	gerinczagyhártyaloh
111	8 alulr.	határozatlan	határozhatatlan
111	1 alulr.	a	e
116	7 alulr.	III. Betegedési stb.	III Kórtani s közorvosi adatok. Betegedési stb.
122	3 felülr.	idökorból	idökörböl
122	7 alulr.	Ludvig	Ludig
123	22 alulr.	Jegyzei	jegyzet
125	10 felülr.	Haracsa	Havacsa
127	11 alulr.	hslálozás	halálozás
128	7 felülr.	senyvben	váltólázi senyvben
131	1 alulr.	A tüdő a légutak	A tüdő s légutak
133	16 alulr.	kór — forrás	kórforrás
134	16 alulr.	angolkórnál	angolkórtól
135	2 felülr.	gyakori ismétlödéseknek	gyakori rohamismétlödéseknek
136	19 alulr.	4.₀₆" ₀	2.₀₆"₀
137	5 felülr.	jelent	jelen
137	15 felülr.	engednek	engedtek
137	21 felülr.	függölyök	függölyök
138	2 felülr.	bésöbbi	késöbbi
139	9 felülr.	egylobtól	agylobtól
139	1 alulr.	nagyrésze	nagyrészt
140	10 felülr.	elötti	elöbbi
142	1 felülr.	(sok beteg közül) a csak	a (sok beteg közül) csak
143	7 felülr.	is	és
143	2 alulr	lezema	Ecz ma
146	2 felülr.	ujjküzelés	ujjki-izelés
146	3 felülr.	hevevízdag	herevízdag
147	3 tel. s alább	agykórloh	agykérloh
147	13 alulr.	elhöllták	elhaltak
148	3 felülr.	és kórszerü	eskórszerü
151	15 felülr.	méhszerves	méhszenves
151	25 felülr.	emésztésszeru	emésztésszervi
151	8 alulr.	a bör sejtszövetét	a bört, sejtszövetet
152	15 felülr.	és	is
154	7 felülr.	Orvostörvényszéki stb.	IV. Orvostörvényszéki stb.
155	11 felülr.	vérömlengés	vérömlenyes
160	5 felülr.	a torokfájás, sokszor	a torokfájás fordul elö, soksz.
160	15 felülr.	fontosabb	pontosabb
162	9 aluli	III. Adalékok	V. Adalékok
163	1 felülr.	lázok	lázak
163	2 felülr.	megyénben	megyénkben
166	18 felülr.	járványban elhalt	járvány alatt
166	19 felülr.	tr. is, ki az	tr. az
167	5 felülr.	mint	mind
167	15 felülr	A megyei kórház ügye	VI. A megye kórházügye
167	11 alulr.	talajárok	talajáról

XXXIV lap, 15—16 sor alulról : az igért értekezést Kubinyi Ferenez úr gyeng élkedése miatt el nem készitheté.

LX lap, 9 sor alulról megtoldandó ezzel : A mi pedig a Rimaszombat és Tornallya alatt elterülő lapályainkat illeti, azokon a növényzet tenyészetének mivolta, gazdasága és égövének heve már az alföldihez közel jár.

3 lap 5—6 sor felül. megjegyzendő hogy Bodon Ábrahám úr mindazon czikkeket irta, melyek alatt a szerző neve nincs külön kitéve, kivevén K r a s z n a h o r k á t, me l y S t y m m e l S o m a urtól van.

87 lap, 11 sor a „lelkész urak" szavak után beigtatandó : Csesznok F., Libay L., Textorius A., Lojdl M., Paczek M., Török J, Marczel J, Fehér N., Ullmann J., Mauks K. orvos urak és Ft. Lenner M. Findura J., Tavasy L. lelkész urak.

120 lap, 1—5 sor felülről, megjegyzendő : Az 1867 april végén történt tisztujitás óta Rozsnyón is van megyeiföorvos, s a csetneki járás orvosa Pelsöczön lakik : baro.norvos pedig egyáltalában nincs a megyében.

131 lap, 13 sor fel ülről „elöidézve" szó után beigttatandó : Rozsnyón Kiss t r. szerint a cholerát látszott helyettesiteni.

167 lap, 8 sor felülről „a főhelybeli" szavak után beigtatandó : a betegek bél-ürülékében rejlő s bomlási terményökkel ártalmas.

fészek

Jósva Gallya

Baradla vize forrása völgye

Lightning Source UK Ltd.
Milton Keynes UK
UKHW030702300123
416172UK00008B/383